《大同平城年鉴（2022）》编审委员会

《大同平城年鉴（2022）》编纂人员

▲平城区御河两岸城市新貌

（武 涛 摄）

数字平城 SHU ZI PING CHENG 2021

◆土地面积：243.68 平方千米

◆年末常住人口：112.12 万人

◆地区生产总值：483.64 亿元

◆第一产业增加值：1.88 亿元

◆第二产业增加值：105.21 亿元

◆第三产业增加值：376.56 亿元

◆人均地区生产总值：43136 元

◆社会消费品零售总额：395.50 亿元

◆建筑业总产值：121.74 亿元

◆房地产开发投资：199.70 亿元

◆地方一般公共预算收入：9.80 亿元

◆地方税收收入：6.39 亿元

◆城镇常住居民人均可支配收入：40147 元

◆农村常住居民人均可支配收入：20343 元

平城荣誉

PING CHENG RONG YU

◆全国社会治安综合治理工作先进集体

◆全国民政工作先进区

◆全国群众体育工作先进区

◆全国科技进社区先进区

◆全国红十字服务示范区

◆全国和谐社区建设自主创新先进城区

◆全国和谐社区建设示范区

◆全国社区睦邻文化建设工程示范城区

◆国家智慧城市创建试点

◆ 2021 中国特色美食百佳县（市）

◆全国节水型社会建设达标县（区）

庆祝中国共产党成立100周年

▲ 2021 年 7 月 15 日，平城区召开庆祝中国共产党成立 100 周年先进事迹报告会　（孙一越　摄）

▲ 2021 年 6 月 28 日，平城区召开优秀共产党员、优秀党务工作者、先进基层党组织表彰大会
（孙一越　摄）

▲ 2021 年 5 月 30 日，平城区在万金街举行“红领巾心向党 我与祖国共成长”少儿演出　（孙一越　摄）

▲ 2021 年 6 月 9 日，平城区举行庆祝中国共产党成立 100 周年群众歌咏活动　（孙一越　摄）

党史学习教育

▲ 2021 年 5 月 4 日，平城区在和阳美术馆举行“红色耀平城　青年永传承”“学党史 强信念 跟党走”主题图片展

（彭乃栋　摄）

▲ 2021 年 2 月 22 日，平城区召开党史学习教育部署会　　（郝文波　摄）

▲ 2021 年 4 月 1 日，平城区领导干部在大同市革命烈士陵园举行“学党史、感党恩、永远跟党走缅怀革命烈士”主题活动　（郝文波　摄）

▲ 2021 年 3 月 24 日，平城区在御河小学举行“党史学习教育进校园”活动　　（郝文波 摄）

▲ 2021 年 4 月 15 日，平城区开展“进军营讲党史 传承红色基因”主题活动　　（郝文波 摄）

▲ 2021 年 6 月 25 日，平城区在水泊寺街道文源社区举行“党史学习教育进社区”活动　　（郝文波 摄）

大同古城

2021年，大同市建立由历史城区、历史文化街区、文物保护单位及历史建筑3个层次组成的大同古城保护框架，启动《大同古城公共服务设施提升专项规划》编制工作，不断提升古城公共服务水平。

大同古城位于平城区中心，始建于北魏登国三年（公元388年），明代洪武五年（公元1372年）由大将军徐达在原来历代旧城遗存上增筑而成，略呈方形，东西长1.80千米，南北长1.82千米，周长7.24千米，面积3.28平方千米。从2009年开始，大同实施为期8年的古城墙修复工程，修复后的城墙高14米，上宽12米，下宽18米，保护范围26.50万平方米。古城设四门，东为和阳门、南为永泰门、西为清远门、北为武定门，四门之外建有瓮城、月城、护城河。大同古城内有华严寺、善化寺、九龙壁、法华寺、鼓楼、朝阳寺、清真寺等名胜古迹。

▲ 2021年6月30日，大同古城西城墙乾楼下新建的中国共产党平城历史展馆开馆

▲ 2021 年 9 月 27 日世界旅游日，游客在华严寺景区前排队免费领取门票　　（李　毅　摄）

（姚建军　摄）

▲ 2021 年 5 月 5 日，大同古城墙护城河开始注水。图为注水后的东城墙景观　　（李　毅　摄）

▲ 2021 年 12 月 17 日，云路坊雪景　　（李　毅　摄）

五大商圈

平城区是大同市中心区域，商贸中心区是平城区商贸业的主体。2021年，平城区第三产业增加值376.56亿元，占全区地区生产总值77.86%，同比增长6.70%。平城区加大商贸中心区建设力度，印发《平城区推进服务业提质增效2021年行动方案》，提升以商贸为主的服务档次、增加服务功能、拓展服务范围。开展特色街区申报工作，帮助凯德世家广场成功申报首批省级高品质步行街。挖掘夜经济消费潜力，支持星茂汇、万达举办美食节活动，发展夜间经济，不断提升“五大商圈”（即永泰南路商圈、云中商城商圈、御东万达商圈、站前商圈和清远西街商圈）的知名度。

▲2021年，永泰南路商圈客流量近2000万人次。图为百盛商场　（杨成亚　摄）

▲2021年，御东万达商圈客流量近2100万人次。图为万达商场　（杨成亚　摄）

▲ 2021 年，清远西街商圈客流量近 2500 万人次。图为华林新天地 （高 瑾 摄）

▲ 2021 年，站前商圈客流量近 1500 万人次。图为大同魏都爱琴海购物公园 （张俊伟 摄）

▲ 2021 年，云中商圈客流量突破 4000 万人次。图为东信商贸城 （杨成亚 摄）

经济建设

2021 年，平城区地区生产总值 483.64 亿元，同比增长 6.70%，总量占全市三分之一。全年招商引资签约项目 17 个，投资 108 亿元；建设项目投资 156.55 亿元。不断完善为农服务体制机制，发展观光农业、巩固设施农业、做强休闲采摘农业。推动企业技术创新，国电电力大同发电有限责任公司的 8 号 600 兆瓦亚临界机组低位能供热技术节能改造工程、山西美川大唐新型建材有限公司综合利用项目完工。扶持扩建天和牧业 5000 头奶牛规模养殖，进一步巩固提升全市奶业大区地位。加快构建高端制造业，中车大同公司研制的首台国产氢燃料电池混合动力机车成功下线。

▲ 2021 年 2 月 25 日，平城区政府与五矿证券举行战略合作签约仪式（郝文波 摄）

▲ 2021 年 7 月 22 日，2021 中国古都大同精品房博会在东城墙广场举行开幕式（田志新 摄）

▲ 2021 年 1 月 27 日，中车大同公司自主研发的中国首台 700 千瓦氢燃料电池混合动力机车成功下线（张湛滨 摄）

▲ 2021 年，平城区扶持扩建天和牧业 5000 头奶牛规模养殖。图为养殖场一角（赵 慧 摄）

▲ 2021 年 1 月 19 日，山西美川大唐新型建材有限公司 ALC 新型装配式板材生产线投产（赵 慧 摄）

▲ 2021 年，国电电力大同发电有限责任公司的 8 号 600 兆瓦亚临界机组低位能供热技术节能改造工程完工。图为改造后厂区（李佩宏 摄）

生态建设

2021年，平城区持续开展“巩固大同蓝、建设大同清、厚植大同绿”生态文明建设行动。全年二级以上优良天数315天，优良天数比例86.30%。投入3200余万元精细化管护所辖约300余万平方米绿地，同时补植行道树5000余株，绿化覆盖率逐年上升，进一步提升生态治理能力。

▲图为文瀛湖生态公园一角　（李　毅　摄）

▲图为东城墙带状公园　（李　毅　摄）

▲图为文瀛湖生态公园全景　（杨成亚　摄）

▲图为御东山水园林花园城　　（杨成亚 摄）

▲图为平城郊外风光　　（郭 伟 摄）

▲图为南城墙带状公园东南角　　（姚建军 摄）

文化活动

2021年，平城区为丰富全民文化生活，举行书画展、全民阅读系列活动，发行北魏历史文化名人传记丛书，并充分利用大同古城这一厚重历史文化的重要载体，开展“春满古都 又见平城”群众文化系列活动，活动形式以歌舞综艺表演、戏曲专场、器乐专场为主，分别在华严寺广场、纯阳宫、县楼南街、云路街设立舞台，每场活动分别设立不同主题：欢歌齐舞颂盛世、民族团结一家亲、丝竹悠扬奏和谐、红歌倾情跟党走、诗意古都心向党、初心使命筑梦想、激情舞动中国梦、大美平城筑未来、曲苑杂坛专题演出。活动期间，组织各类演出、巡游480场次，参与的演职人员4.50万余人次，受众100万人次。通过各类媒体和自媒体的宣传，吸引大量游客抵同旅游，大同古城内接待游客276.64万人次，其中外地游客69.93万人次，占25.20%，进一步带动古城“火起来”。

▲2021年4月23日，平城区在纯阳宫门前广场举行“筑首善之区 鉴书香平城”全民阅读系列活动暨藏书票艺术展启动仪式

（郝文波 摄）

▲2021年5月8日，平城区举行北魏历史文化名人传记丛书首发暨研讨会。图为启动现场（郝文波 摄）

▲ 2021 年 2 月 26 日，平城区在华严寺广场举行群众花鼓表演活动（高　瑾　摄）

▲ 2021 年 9 月 19 日，《游龙戏凤》情景剧在古城步行街巡游（高　瑾　摄）

▲ 2021 年 9 月 19 日，《锦绣鸿图》历史情景歌舞剧在华严寺广场演出（高　瑾　摄）

▲ 2021 年 9 月 20 日，“金秋平城 · 礼赞祖国”活动在鼓楼东街巡游（高　瑾　摄）

▲ 2021 年 10 月 31 日，西子墨韵大同巡展在大同美术馆启动（郝文波　摄）

新冠疫情常态化防控

2021年，平城区按照“外防输入、内防反弹”防控原则，加大高速路口、商铺、酒店、小区等新冠肺炎疫情防控力度。开展新型冠状病毒疫苗接种工作，设立固定接种点38个、方舱接种点7个，设置接种台225张，日接种能力3万剂次，全年接种185.93万针剂。

▲2021年5月6日，平城区疫情防控工作人员在高速公路防控值守 （吴宗浩 摄）

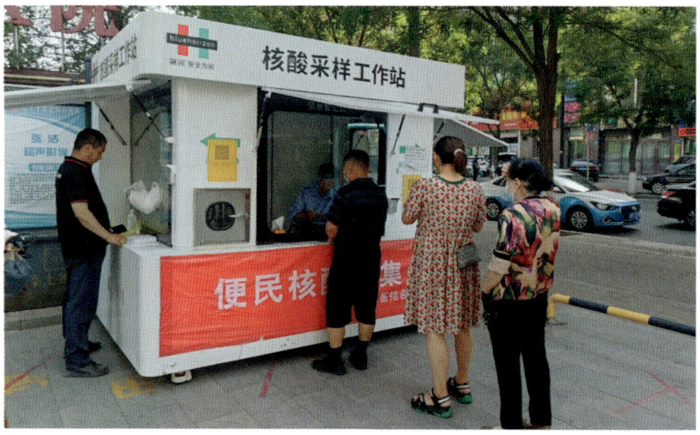

▲2021年6月18日，居民在晋河医院便民核酸采集点做核酸 （冯晋慧 摄）

▲2021年8月9日，居民在社区新冠疫苗接种点了解情况 （吴宗浩 摄）

▲2021年9月15日，平城区青年突击队组织居民在小区开展核酸检测 （郭 伟 摄）

▲2021年10月9日，平城区疫情防控工作人员排查商户扫码登记测温情况 （郭 伟 摄）

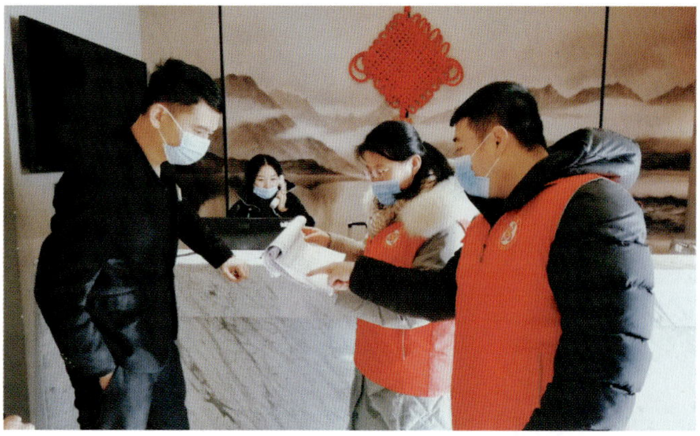

▲2021年12月11日，平城区疫情防控工作人员在酒店检查登记记录 （郭 伟 摄）

序

国务院办公厅2015年8月印发的《全国地方志事业发展规划纲要（2015—2020年）》（简称《规划纲要》）要求，到2020年要做到地方综合年鉴一年一鉴，公开出版，实现省、市、县三级综合年鉴全覆盖。《规划纲要》还要求，坚持存真求实，正确处理质量与进度的关系，将精品意识贯穿于年鉴编纂出版工作全过程。2015年12月，中国地方志指导小组办公室启动中国年鉴精品工程，将其与先期实施的中国志书精品工程视为姊妹工程，一道作为加强地方志质量建设的重要抓手。

实施中国年鉴精品工程有助于推动中华优秀传统文化传承发展。近年来，在党中央、国务院的高度重视和关心支持下，全国地方志事业发展迎来最好的发展时期。年鉴编纂发端于欧洲，鸦片战争后被引入我国，在我国走过了100多年的发展历史。在长期的编纂中，年鉴在内容和形式上不断发展，逐渐演变成为适合反映中国国情、具有鲜明中国特色的一种文化载体，并在改革开放后出现了快速发展的局面。2006年5月，国务院《地方志工作条例》颁布施行，明确将地方综合年鉴纳入地方志工作范畴，年鉴工作走上了有法可依的轨道。《规划纲要》出台，为从依法编鉴转变到依法治鉴指明了方向。2016年12月，中国地方志指导小组印发《全国年鉴事业发展规划（2016—2020年）》，更进一步明确了到2020年全国年鉴事业的任务书、时间表、路线图。经过多年的发展，年鉴工作已经成为地方志工作的重要组成部分，成为中华民族优秀文化传统的有机组成部分，其存史、育人、资政作用日益彰显。实施中国年鉴精品工程，是年鉴工作者紧扣时代脉搏、坚持创新发展的一项重要举措，对于坚定文化自信，传承弘扬好中华优秀传统文化意义重大。

实施中国年鉴精品工程有助于为全面建成小康社会提供更多智力支持和历史借鉴。党的十八大作出全面建成小康社会的战略部署。党的十八届五中全会提出到2020年如期实现全面建成小康社会的目标要求。完成《规划纲要》确定的目标任务是年鉴工作者的神圣使命，更是年鉴工作者以自身力量为全面建成小康社会献上的厚礼。一方面，可以更好地利用年鉴这种年度资料性文献，及时记录各地区在全面建成小康社会伟大征程中每年取得的新成绩和新经验、出现的新情况和新问题、涌现的优秀人物和典型事迹等；另一方面，可以更好地积累地情、国情资料，为推动经济社会发展和深化改革提供智力支持，为推进国家治理体系和治理能力现代化提供历史借鉴。

实施中国年鉴精品工程有助于全面推进地方志事业转型升级。地方志不是单纯修志编鉴工作，而是全体方志人“修志问道，以启未来”的一项事业，这项事业包含着巨大的时代担当与使命追求。地方志工作要在“五大建设”总体布局和“四个全面”战略布局中发挥与其自身价值、功能相匹配的作用，就要因时而谋、乘势而上、顺势而为，全面推进地方志事业转型升级。转型升级，当下最重要的目标就是完成“两全”目标，包括“年鉴全覆盖”目标；长远的目标就是基本形成地方志编修体系、理论研究和学科建设体系、质量保障体系、资源开发利用体系、工作保障体系“五位一体”的地方志事业发展综合体系，包括“五位一体”的年鉴事业发展综合体系。中国年鉴精品工程是一项探索工程，也是一项创新工程，是推进地方志事业转型升级的重要内容。通过实施中国年鉴精品工程，不仅有助于确保年鉴质量，不断编纂出版具有鲜明时代特征、年度特点和地域特色的精品年鉴，也有助于推动年鉴工作适应经济社会发展形势和时代需要，不断改革创新，与时俱进。

多年来，在中国地方志指导小组办公室的指导和全国各级地方志工作机构的共同努力下，年鉴种类数量快速增长，年鉴成果粲然可观，为实施中国年鉴精品工程奠定了坚实的基础。实施中国年鉴精品工程，就是要在全国地方志系统起到示范作用，进一步培育精品意识，打造精品年鉴，以点带面，在提高年鉴质量方面探索出一条切实可行之路，使这项探索工程和创新工程能够积累经验，发挥引领作用。

“万山磅礴，必有主峰；龙衮九章，但挈一领。”实施中国年鉴精品工程，是筑牢地方志事业特别是年鉴事业发展根基之举，其意义与价值不言而喻。但编修出年鉴精品佳作，绝非朝夕之功，需要付出长期艰辛的努力。希望通过实施中国年鉴精品工程，能够进一步推进年鉴质量建设，使年鉴真正成为传承中华民族优秀传统文化的重要载体，成为展示中国国情、地情的重要窗口，成为“为当代提供资政辅治之参考、为后世留下堪存堪鉴之记述”的资源宝库，在全面建成小康社会过程中作出更大贡献。

是为序。

中国社会科学院原副院长

中国地方志指导小组原常务副组长

编辑说明

一、《大同平城年鉴》是由中共平城区委、平城区人民政府主办，中共平城区委党史研究室（平城区地方志研究室）组织编纂出版的年度资料性文献。《大同平城年鉴》逐年记载平城区自然、政治、经济、文化、社会、生态等各个领域的新思路、新举措、新进展、新成就和新经验，为读者了解平城区、认识平城区、投资平城区、建设平城区提供基础信息和资料。

二、《大同平城年鉴（2022）》坚持以马克思列宁主义、毛泽东思想、邓小平理论、"三个代表"重要思想、科学发展观、习近平新时代中国特色社会主义思想为指导，坚持辩证唯物主义和历史唯物主义的立场、观点和方法，围绕大同建设省域副中心城市的战略定位，打造全市"首善之区"的发展定位，坚持为建设现代服务聚集区、创新生态实验区、市域治理示范区、幸福大同先行区服务。

三、《大同平城年鉴（2022）》记述时限为2021年1月1日至12月31日。

四、《大同平城年鉴（2022）》全书采用分类编辑法记述，分类目、分目、条目三个层次编排，个别分目设次分目。全书共设特载、专记、大事记、区情概览、中国共产党平城区委员会、平城区人民代表大会、平城区人民政府、中国人民政治协商会议平城区委员会、中国共产党平城区纪律检查委员会 平城区监察委员会、民主党派 工商联、群众团体、法治、军事、经济管理、产业功能区、商贸中心区、大同古城、农业、工业 建筑业 房地产业、商贸服务业、金融业、旅游业、交通运输、城市建设、乡村振兴、生态环境、教育、科学技术、文化、卫生健康、体育、应急管理、社会生活、街道、人物 荣誉、统计资料、附录37个类目，下设225个分目、1461个条目，收录143幅图片、47张表格。总字数

628千字。

五、《大同平城年鉴（2022）》框架在保持相对稳定的基础上，结合平城区实际情况作了调整，增设“民主党派 工商联”“军事”“产业功能区”“商贸中心区”“大同古城”“金融”“交通运输”“乡村振兴”“应急管理”“统计资料”类目；把“卫生健康 体育”类目分为“卫生健康”“体育”类目，“工业 商贸服务业”类目分为“工业 建筑业 房地产业”“商贸服务业”类目，“教育 科学技术”类目分为“教育”“科学技术”类目；“纪检 监察”类目改为“中国共产党平城区纪律检查委员会 平城区监察委员会”类目，“农业农村”类目改为“农业”类目，“街道 乡”类目改为“街道”类目，“人物”类目改为“人物 荣誉”。

六、所用“统计资料”由平城区统计局提供，正文中数据由各部门提供，因行业和地区统计口径不同等原因，个别统计数据不一致的地方，引用时以平城区统计局数据为准。凡计量单位，原则上采用法定单位，个别现实通行、民众认可者遵从习惯。数字用法、标点符号用法分别采用国家标准《出版物上数字用法》（GB/T 15835—2011）、《标点符号用法》（GB/T 15834—2011），计量单位采用国家技术监督局1993年12月发布的《量和单位》系列国家标准。

七、索引采用主题词编纂，主题词按首字汉语拼音音序排列。所载信息由区辖党、政机关和企事业单位提供。

目　录

卷　首

特　载

专　记

大事记

区情概览

中国共产党平城区委员会

平城区人民代表大会

平城区人民政府

中国人民政治协商会议平城区委员会

中国共产党平城区纪律检查委员会 平城区监察委员会

民主党派 工商联

群众团体

法　治

军　事

经济管理

产业功能区

商贸中心区

大同古城

农 业

工业 建筑业 房地产业

商贸服务业

金融业

旅游业

交通运输

城市建设

生态环境

教　育

科学技术

文 化

卫生健康

体　育

应急管理

社会生活

街　道

人物 荣誉

统计资料

附 录

索 引

区委常委会工作报告（节选）

（2021 年）

2021 年，区委常委会团结带领全区干部群众，以习近平新时代中国特色社会主义思想为指导，深入学习贯彻习近平总书记视察山西重要讲话重要指示精神，认真落实省委全方位推进高质量发展的重大思路和要求，紧紧围绕“一核四区七高地”的发展思路，统筹疫情防控和经济社会发展，全力做好“六稳”“六保”工作，扎实推进“首善平城”建设，全区各项工作顺利推进，经济社会持续健康发展。

一、聚焦学思悟、知信行，党史学习推向全新高度

区委常委会坚决贯彻落实中央和省、市委部署要求，牢牢把握党史学习教育重点和目标任务，坚持从高处站位、从实处发力，实现党史学习教育全覆盖、学习研讨全方位、方式方法全开放、严督实导全过程，大力弘扬伟大建党精神，赓续红色血脉。《中国共产党大同市平城区历史》由中国文史出版社正式出版；中共大同市平城区光辉历史展厅挂牌开展；在清明节、烈士纪念日开展了缅怀先烈、祭扫烈士纪念陵园活动；举办“光影照初心 红色耀平城”银幕上的共产党人电影文献资料主题展；表彰“两优一先”先进典型并作为宣讲团成员深入基层宣讲；在全区开展党史知识竞赛；“庆祝中国共产党成立 100 周年”主题征文活动，共收到征文作品 400 余件并评选颁奖。始终将“我为群众办实事”作为党史学习教育的着力点和落脚点，紧紧围绕全区发展目标和群众所需所盼制定行动方案，通过转型升级、乡村振兴、民生普惠等 10 项行动，切实解决基层的困难事、群众的烦心事。全年全区各单位列入清单的办实事项目 3284 件，完成 3031 件，待完成 253 件。

二、聚焦转作风、提效能，从严治党得到纵深推进

区委常委会牢牢把握新时代党的建设总要求，始终坚持党要管党、从严治党，切实扛起主体责任，推动党建工作迈上新台阶。

（一）突出政治引领，发挥党委核心领导作用。始终把党的政治建设摆在首位，贯彻执行《关于加强和维护党中央集中统一领导的若干规定》。深入开展中国共产党成立 100 周年庆祝活动，认真学习习近平总书记“七一”重要讲话精神，组织宣讲团成员开展多形式、分层次、全覆盖的学习宣讲，宣讲 741 场，受众 8 万余人，在全区范围内持续掀起宣讲学习热潮。在习近平总书记视察山西一周年之际，召

开专题会议，总结一年来工作成绩，安排下一步落实举措，形成《平城区贯彻落实习近平总书记视察山西重要讲话重要指示工作汇编》，确保习近平总书记视察山西重要讲话重要指示精神在平城真落地、深扎根、结硕果。支持人大、政府、政协按照各自职能积极履行职责；加强对工青妇和工商联等人民团体的领导，支持其依法、依章开展工作；加强对统战工作的领导，支持各民主党派履职尽责，画出最大“同心圆”；完善国防动员体系，加强国防后备力量建设；扎实开展双拥工作。

（二）突出思想建党，筑牢党员干部政治立场。认真贯彻省委常委、大同市委书记卢东亮在平城区调研指示精神，在全区开展“我为首善平城做贡献”大讨论活动，全区上下争一流、作示范、当样板的劲头不断提升。履行意识形态主体责任，进一步健全完善意识形态领域分析研判机制，区委书记切实做到“三亲自三带头”，区委常委会每半年听取意识形态领域专题汇报一次，意识形态分析研判领导组每季度召开一次意识形态领域分析研判会，真正把意识形态工作纳入重要议事日程、绩效考评、领导班子和领导干部目标管理，意识形态各项工作落细落实责任到人。

（三）突出强基兴党，提升基层党建服务水平。以“双百工程”为引领，不断强化党建引领，不断优化顶层设计，推动城市治理现代化迈出坚实步伐。重点推进社区场所规范化建设，2021年在党建方面的投入突破1亿元，新增社区面积9200平方米，打造7000平方米的全市首个规模最大的社区服务中心和1.37万平方米全省县域一流党校；以社区大党委为平台，把人大联络站、政协议事室、矛调室、助老站、物业公司等资源调动起来，推动基层党建在融合中共赢、在共赢中发展；积极推进“两新”组织覆盖，组建起120人的党建指导员队伍，培育孵化出4家新的非公企业党组织和1家楼宇党建联盟，全区非公和社会组织党组织覆盖率分别为93.55%和92.74%。“双百工程”的做法受到省、市的充分肯定，其工作经验和成效被省内外媒体广泛报道，作为示范，全市城市基层党建现场会在平城区召开。

（四）突出选贤任能，打造敢为善成干部队伍。围绕营造风清气正换届环境和政治生态的要求，圆满完成“四套班子”换届工作，进一步优化班子结构。坚持以人为本、人岗相适的原则，顺利完成全区乡街改革和事业单位改革工作，研究选配56名35岁以下的优秀年轻干部担任街道领导干部，干部队伍向年轻化、知识化、专业化迈进。把村（社区）“两委”换届工作作为党的基层组织建设的头等大事，围绕实现“五好”换届目标，高标准、高质量推进各项工作，选出新一届村（社区）“两委”班子成员1534人，各项结构性要求全面达标。面对基层人才匮乏、留不住的问题，形成以“三岗十八级”为基础的社区干部薪酬体系，社区干部月平均工资达到2500元以上。从服务满三年以上的社区干部中定向招录60名事业编制人员，打破身份天花板，增强社区干部底气、激发活力。

（五）突出整改落实，提高履职尽责能力。坚持问题导向，着力增强抓落实的紧迫感、责任感和使命感，坚决完成巡视整改。区委第一时间研究整改落实工作，集体讨论《十一届省委第八轮巡视平城区问题清单、整改清单、责任清单》，对29个问题制定107条具体整改措施；召开3次专题会议，听取整改工作进展情况汇报，对整改任务不达标的坚决“回炉补课”；召开8次区委常委会，研究整改落实相关工作。区委书记认真履行第一责任人职责，主动认领5项整改任务，主持召开全区党政班子巡视整改专题民主生活会，带头查找出12项问题，带动班子成员以刀刃向内的态度找问题、挖根源。各牵头区领导以身作则、以上率下，长期带头抓、亲自审、下去看，确保整改任务有效落实，省委第八轮巡视反馈平城区问题全部整改完成。

（六）突出正风反腐，构建风清气正政治生态。严格执行《党委（党组）落实全面从严治党主体责任规定》，区委常委会每半年听取一次各级党（工）委、党组全面从严治党主体责任汇报。完善领导干部廉政档案，开展政治生态分析研判。扎实开展党政领导干部违规入股企业专项清理和“大棚房”问题专项清理整治“回头看”等各类专项整治，退缴违规获利69.7万元，党纪政务处分44人，组织处理4人。持续引深民生领域反腐败工作，严肃查处在民生资金、“三资”管理、征地拆迁等方面的违纪违法行为，共查处群众身边腐败和作风问题72件，党纪政务处分64人，组织处理8人。2021年，全区纪检监察机关受理信访举报706件次；处置问题线索569件，立案247件，结案249件，给予党纪政务处分236人。其中，处分乡科级及以上干部50人，一般干部和其他人员180人。采取留置措施6人，移送司法机关4人。拍摄完成村（社区）“两委”换届题材微电影《选择》，积极营造风清气正的换届环境。坚决肃清祁学峰流毒影响和王建成案件恶劣影响，持续净化政治生态，“三不”一体推进总体效果进一步增强。

三、聚焦稳增长、调结构，转型发展迈出坚实步伐

全年各项经济指标总体保持稳中有进、稳中趋优态势，平城区逐渐向经济强区迈进。地区生产总值460亿元，同比增长8.50%；第三产业增加值380亿元，同比增长10.30%；规模以上工业增加值44亿元，同比增长2%；固定资产投资额260.80亿元，同比增长20.50%；社会消费品零售总额392.15亿元，同比增长15%；一般公共预算收入9.70亿元，同比增长5.41%；城镇常住居民人均可支配收入4.15万元，同比增长10.80%；农村常住居民人均可支配收入全年完成2.27万元，同比增长23.60%。

（一）围绕稳产保供，推动农业产业高质高效。以高质量发展现代农业为抓手，不断完善为农服务体制机制，发展观光农业、巩固设施农业、做强休闲采摘农业。省级有机旱作农业133.33公顷脱毒马铃薯种植封闭示范片区创建工作完成，666.67公顷高标准农田建设任务全部完成。坚持“数量与质量并重”发展原则，深入推进省级龙头企业伊欣园面业食品有限公司小杂粮种植基地建设。依托平城奶业省级现代农业产业园，大力实施畜牧振兴工程，推进规模养殖场建设，培训畜牧技术骨干，发展家庭牧场，大力建设奶牛、生猪产业集聚区。推进奶业生产基地建设，重点扶持扩建天和牧业5000头奶牛规模养殖，进一步巩固提升全市奶业大区地位。

（二）围绕企业实际，坚持工业发展稳中有进。推动企业技术创新全覆盖，紧盯重点项目建设，持续跟进企业研发情况。同车公司的新造机车线下试验顺利完成；国电电力大同发电有限责任公司的8号600兆瓦亚临界机组低位能供热技术节能改造工程、大同二电厂煤场封闭改造等10个工业转型升级项目顺利完工。深入开展入企帮扶，建立规下工业企业名录库286家，重点对山西美川大唐新型建材有限公司一期工程的电厂粉煤灰、铸造砂无害化处理及综合利用项目实施点对点政策帮扶，培育成为规模以上企业，规模以上工业企业研发机构实现占比80%。全面深化国有企业改革，完成111家企业5.44万名退休职工社会化管理的自查工作，并通过省财政厅聘请的第三方核查组核查，正在通过国家级国企退休人员社会化管理验收。

（三）围绕转型升级，助力现代服务提质增效。按照“项目带动、品牌集聚、功能集成、错位发展”的原则，印发《平城区推进服务业提质增效2021年行动方案》，抓好以商贸为主的服务档次提升、服务功能增加、服务范围拓展。认真开展特色街区申报工作，帮助凯德世家广场、潘家园成功申报首批省级高品质步行街。挖掘夜经济消费潜力，支持华林、星茂汇、万达举办美食节活动，发展夜间经济。开展2021年全省消费促进月暨“礼享生活·晋情消费”促消费系列活动，发放平城区数字消费券5.18万张，投入资金400万元，拉动消费6618万元，杠杆撬动16.84倍，为提振消费信心提供强大动力。

（四）围绕融合发展，提升全域旅游业态品质。不断加快古城内上下华严寺、善化寺等文物古迹修葺修复工程。积极推进大富翁商业综合体项目、老电影主题公园项目、古城东北隅文化旅游项目、南城墙广场文旅综合体项目建设，进一步为古城文旅深度融合赋能增力，国家全域旅游示范区已通过省级验收。挖掘文化潜力，丰富文化内涵，成功发行《北魏历史文化名人传记丛书》，彰显北魏深厚的历史文化底蕴，弥补北魏文化作品的空白。充分利用大同古城这一厚重历史文化的重要载体，联合曲江文旅开展为期2个月的“春满古都 又见平城”2021年平城区群众文化系列活动，接待游客300万人次；国庆节期间古城内上演的大型历史情景剧《大明·锦绣宏图》《太后巡游》及大明护卫、游龙戏凤等表演吸引65万游客，其中外地游客15万人。启动创建省级全域旅游工作，推进永泰门南广场商业体旅游集散中心建设项目，助力大同成功入选2021年全国“五一”黄金周热门排名增速最快的十个目的地城市之一，平城区创建国家全域旅游示范区已通过省级验收。

四、聚焦破瓶颈、增活力，改革开放呈现崭新局面

区委常委会以敢于啃硬骨头、敢于涉险滩的决心，坚定不移抓好各项重大改革举措，扭住关键、精准发力，全面深化改革各项任务落到实处。

（一）持续深化改革，着力强化审批服务能力。深化“放管服”改革和“一枚印章管审批”工作，不断优化营商环境。开展“五减四办”、试行“容缺受理、承诺审批”，在原有证明材料基础上压减32.50%，审批时限压缩92.84%；全面推行“证照分离”改革，取消审批2项，审批改备案4项，优化审批服务36项，实行“告知承诺制”11项。规范审批流程，方便群众办事，与省建设银行对接“三晋通”，网办率100%，272个事项可“网上办”，其中12项实现“最多跑一次”、260项实现“一次不用跑”业务办理功能。将小食品备案证等5项审批事项下沉街道，实现“就近办”；推出235个“一件事”套餐业务。2021年度办结各类审批事项4.75万件（套）。全面落实减税降费政策，新增减税降费1.73亿元。平城区“跨省通办”“全省通办”的工作走在全市的前列。

（二）持续激活发展，着力优化开放引资效力。立足“引项目、促发展”要求，坚持走出去与请进来相结合，重点围绕城市更新和功能补缺、文化旅游、康养休闲、商贸物流、数字经济、现代农业、融入双循环等方面深度谋划项目。全年共洽谈谋划亿元以上项目59个，总投资306.19亿元。制定《全区项目建设实施方案》，把项目建设作为经济工作的总抓手，全力打造全市项目建设的主战场、主阵地、主引擎，实现规模扩大、结构优化、服务精准、保障有力、落地率提高的总目标。先后召开项目推进会10次，签约项目36个，总投资约148.90亿元。全年建设项目221个，总投资881.77亿元，年度计划投资240.10亿元。

（三）持续融通创新，积极推进创新体系建设。加快创新平台建设，不断壮大创新主体，集聚创新人才，形成富有区域特色的创新文化。为创新创业者搭建人才、项目和资金平台，获得市级认定众创空间3家、无人机遥感技术及应用等重点实验室5家，全区重点实验室12家；31家科技型中小企业通过省市级评价机构审核并取得入库编号；被市级受理的科技项目23项；区级科技计划项目立项9项；组织9家科技企业完成高新技术企业的申报工作，预计净增5家。深化产学研合作，促进科技成果转化，组织全区23家企业参加市第二届产学研合作大会，通过合作创新使科技成果落地开花，促进区域科技实力和综合竞争能力增强。

五、聚焦筑和谐、提品质，城市管理绽放文明之花

区委常委会以城市功能提升、城市环境优化为目标，大力实施城市更新、功能补缺、精细化管理等一系列专项行动，不断提高全域融合发展水平，营造优美宜居生活环境，助力大同创建全国文明城市。

（一）加快城市更新速度，提升生活品质。认真做好土地房屋征收工作，截至2021年底，已征收平房1368户、院落1235个、楼房876户。深入开展土地房屋征收冬季行动，对历年来遗留的历史问题开展集中攻坚，加快征收工作进度，着力破解征迁难题，确保市区重点项目按计划、有步骤、高效率推进。大力实施棚户区改造，改善城市人居环境，新开工任务 1044 套；城镇保障性安居工程投资 2.40 亿元，完成投资 2.23 亿元。全面推进老旧小区改造，17 个项目、104 个小区全部开工。

（二）拓展乡村振兴深度，改善人居环境。21 个村完成城镇化改造，全部接入城市污水管网。在 4 个村推进“厕所革命”，完成 1948 座农村户厕改造工作，普及率 64%。稳步推进农村饮水计量收费改革工作，为 25 个村加装村控智能水表，完善供水计量设施。全面开展“六乱”整治百日攻坚专项行动，投入资金 1950 余万元，清理交通沿线积存建筑垃圾、生活垃圾、农业生产废弃物等约 54.40 万吨；整治四乱 2901 处，拆除违章、废弃建筑及杂乱杆线 823 处，清理遗留、废弃的广告牌和无实际用途、有碍观瞻的视觉污染设施 722 处，复垦农田面积 11.27 公顷，城乡良好形象得到进一步提升。

（三）拓宽文明创建广度，营造良好氛围。坚持把“创建全国文明城市”作为推动“首善之区”建设的重要抓手，制定并实施《大同市平城区 2021 年度创建全国文明城市工作方案》，确保全区文明城市创建工作扎实稳步推进。以创城为契机，推进城市精细化管理，出动执法人员 3 万余人（次），车辆 4500 余辆（次），规范便民市场内商贩 5000 余处，清理占道商贩、店外经营等 1.20 万余处，清理垃圾死角 155 处，清运垃圾约 4600 吨，城市整体面貌得到极大改善。完善环境监管长效机制，大力开展“门前五包”责任状签订工作，与 6000 余户临街门店签订“门前五包”责任状。大力推动全区执法权限和力量向基层延伸和下沉，有效解决平城区综合执法存在的突出矛盾和问题，提升城市精细化管理能力和水平。

（四）加大环境保护力度，打造宜居之城。持续开展“巩固大同蓝、建设大同清、厚植大同绿”生态文明建设行动，坚决打赢打好污染防治攻坚战。深入推进清洁取暖工作，6000 户“煤改电”任务全部完成。全年二级以上优良天数 315 天，优良天数比例 86.30%。严格落实河长制，加强河道巡查排查，基本杜绝非法排污、河道放牧、挖沙、洗沙等违法行为。红卫桥国考断面水质达到Ⅳ类水体，完成省市考核目标。

六、聚焦办实事、惠民生，民生保障注入强劲动力

坚持以人民为中心，把为人民谋幸福作为检验民生工作成效的标准，着力做好教育、养老、医疗、就业、社会保障等各项工作，年初承诺的十件民生实事全部兑现，平城区发展成果更好惠及广大人民群众。

（一）切实加强养老保障。建设 40 个社区助老站，引进第三方大同市智慧居家和社区养老服务中心（398 康养）运营，为老年人开展助救、助医、助购、助餐、助行、助洁六助服务。争取省市社区养老服务设施建设补助资金，在育才、迎宾路、柳航里等社区服务场所配套建设养老服务设施，成功申报马军营街道十里店、清远街道惠达 2 处社区幸福养老工程项目。在各街道社区推广大同市智慧居家养老服务平台 398 助老卡和贴心宝，推进互联网 + 社区养老服务，解决老年人运用智能技术困难问题，提升平城区养老服务科技水平。

（二）不断提升教育质量。以学校标准化建设为重点，加快古城内平城区第十八小学和阳校区、平城区第四十七小学武定校区新建校区建设，平城中学改扩建及新建工程已全部完工并交付使用，平城二中新建食堂、公寓主体已完工。从“校外”“校内”两方面稳步推进“双减”工作，严厉打击违规校外培训机构，同时立足校内教育教学发展，用心做好“1+X”课后托管服务，全面提高课堂效率，做到因材施教、对症下药。顺利完成 120 名中小学教师招聘工作，进一步充实教师队伍、提升师资力量，教育教学水平不断提升优化。

（三）持续保障就业稳定。搭建就业平台，提供就业岗位，共举办 6 场招聘会，为求职者提供用工单位 313 家，达成就业意向 2062 人次。积极开发岗位，安置就业困难人员就业，“零就业家庭”公益性岗位安置 86 人；招聘专项公益性岗位 18 人。持续深化“人人持证、技能社会”建设，共培训 5152 人，全区城镇新增就业 9366 人，失业率一直控制在 4.20% 以内，就业服务质量显著提升。

（四）扎实筑牢防疫屏障。按照“外防输入、内防反弹”的防控原则，压实各级疫情防控责任，强化机制严防严控、强化责任联防联控、强化宣传群防群控，慎终如始抓好疫情防控。全区储备25个隔离酒店、2150个房间，启用晨悦、时光、方唐等7家集中隔离酒店，累计集中隔离1950人，解除隔离1772人，目前集中隔离178人。强化“人物同防”，严防“冷链输入”关口，妥善处置涉疫奶枣、车厘子等食品。区疾控中心PCR实验室通过验收，单日最大检测量400份。全面构筑免疫屏障，有序开展新型冠状病毒疫苗接种工作，设立38个固定接种点和7个方舱接种点，设置225张接种台，日接种能力3万剂次，全年龄段累计接种185.93万针剂。

七、聚焦保稳定、促和谐，社会治理达到更高水平

着力推进社会治理体系和治理能力现代化，坚决防范和管控重大风险，增强人民群众安全感和满意度，维护改革发展稳定大局。

（一）积极履职尽责，推进平安平城建设。深入开展政法队伍教育整顿工作，常委会先后六次研究有关工作，八次召开领导小组会议推动各项任务，四次组织线索分析研判会加快案件线索办结，2541条顽瘴痼疾整治到位，135项制度机制长效坚持，全区政法系统政治生态进一步优化、纪律作风进一步好转、能力素质进一步提高、执法司法公信力明显增强。结合乡街区划调整，18个街道全部增设一名副书记兼政法委员，统抓政法综治有关工作，坚决落实党对政法工作的绝对领导。着力推进“平安平城”建设，制定《平城区市域社会治理现代化试点工作实施方案》，选树出振华街道综治中心、区社会组织服务孵化中心、迎宾街道迎宾路社区等一批市域社会治理的亮点，提炼出“1330工作法”“55810”等一批经验做法，以点带面全面推进试点工作。强力推动化解疑难信访积案，开展集中治理重复信访、“大排查、大交办、大化解”及“平安建设”等活动，健全社会矛盾纠纷多元预防调处化解综合机制。全年接待信访群众711批次3027人次，同比批次下降7.69%，人数下降31.32%。

（二）大力排查隐患，消除安全生产风险。强化安全生产责任制，建立公共安全隐患排查和安全预防控制体系，全区安全生产形势持续稳定。配合完成国务院抗震减灾指挥部办公室对重点地区地震灾害防范应对准备检查工作，成功组织抗震减灾桌面应急救援演练，进一步提升预案实战性，增强全区协同救援能力。实施安全生产责任挂牌制，实现重点行业领域安全责任挂牌全覆盖。扎实开展高陡边坡隐患排查、森林防火专项督查、安全生产大检查“三个专项行动”，持续推进三年专项整治工作，对危化和重点监管企业全覆盖检查，同时对“八大行业”企业开展专项检查，共计发现一般隐患700条，已全部整改。全年未发生较大以上安全生产责任事故。

（三）创新工作方法，提升基层治理效能。在全市率先开展“全科网格”建设工作。区级层面先后投入2000余万元用于三级综治中心标准化建设，建成1个区级核心平台、18个街道分平台以及203个行政村（社区）子平台，同时接入135个老旧小区、69所小学、29个智慧安防小区3066路视频监控资源，平城区是晋北地区第一家实现综治视联网区、街道、村（社区）三级全覆盖的县区。出台《关于深化网格化服务管理实施方案》《网格员管理考核办法》等制度，重新优化网格1736个，补强配齐网格员队伍，积极研发“掌上平城”“平城网格通”“领导驾驶舱”APP等应用系统，通过开展巡查走访、矛盾调处、隐患排查等，动态掌控“人、地、物、事、组织”各类信息，基本实现横向到边、纵向到底的应用要求。平城区网格化管理工作受到省、市高度肯定。

此外，统战、人武、工会、团委、妇联、残联、科协、档案、老干部、关心下一代等工作都取得新成效，人民幸福指数、安全指数全面提升，全区呈现政治安定、经济健康、社会稳定的良好局面。

政府工作报告（节选）

——2022 年 1 月 26 日在大同市平城区第二届人民代表大会第二次会议上

大同市平城区人民政府区长 郭 政

一、2021 年工作回顾

2021 年，全区深入贯彻落实习近平新时代中国特色社会主义思想和习近平总书记视察山西重要讲话重要指示，紧紧围绕省、市委高质量发展目标任务，统筹疫情防控和经济社会发展，扎实做好“六稳”工作，全面落实“六保”任务，全力推动转型发展，实现“十四五”良好开局。经济社会发展取得较大进展。

一是经济实力更加强劲。全区地区生产总值 460 亿元，总量占全市三分之一；一般公共收入 9.70 亿元，总量位居全市前列，突破 10 亿元指日可待；固定资产投资额累计 260.80 亿元，总量全市第一，发展基础进一步夯实。招商引资签约落地项目 17 个，总投资 108 亿元，招商成果显著。全区经济实力稳步增强。

二是发展动能更加充沛。建设项目实现投资 156.55 亿元，为经济发展提供有力支撑。市场主体 9.85 万家，市场更具活力。净增 5 家高新技术企业、省市重点实验室 12 家，科研力量明显增强。社会消费品零售总额 395.50 亿元，占全市 60% 以上，服务业大区地位更加巩固。高端制造、跨境电商、现代物流、大数据等现代产业体系加快构建，同车公司研制的首台国产氢燃料电池混合动力机车成功下线。农业示范区省考发展指标全部完成，农业产业不断壮大。一、二、三产占比为 0.26∶18.55∶81.19，三次产业结构比例持续优化。

三是城市面貌更加靓丽。完成城镇保障性安居工程投资 2.23 亿元、开工建设 1044 套住房，房屋征收 4000 余户、安置 3625 户，对 104 个老旧小区实施改造，城市品质进一步提升。完成 21 个村城镇化改造，城市污水管网全部接入，1948 座农村户厕改造完成，美丽乡村建设加快推进。古城 27 条配套道路全部完工，引进落地 2 家高端品牌酒店，整体风貌和各种业态加快恢复，古城建设取得重大进展。全面开展“创城”行动，城市文明程度、精细化管理水平明显提高。

四是生态环境更加宜居。二级以上优良天数 315 天，优良天数比例 86.30%，大气治理实现预期目标。红卫桥国控断面水质自动监测站建设完成，水质类别为Ⅳ类，各项指标均达标，水环境质量显著改善。投入 3200 余万元对所辖约 300 余万平方米绿地实施精细化管护，同时补植行道树 5000 余株，绿化覆盖率逐年上升。生态治理能力进一步提升。

五是人民生活更加幸福。城乡常住居民人均可支配收入分别增长 11.80%、23.60%，人民获得感进一步增强。城镇新增就业 9366 人，失业率控制在 4.20% 以下，就业形势好于预期。认定 6 所普惠性民办幼儿园，新建续建 6 所公办幼儿园，招聘 120 名中小学教师，教育发展继续加快。养老、失业、工伤参保人数约 22.40 万人，基本实现应保尽保。为社区配置 30 个助老服务站，养老体系更加完善。新改扩建 4 个便民市场，人民生活更加便利。完成 4 个数字化门诊建设、产前筛查 6771 例、免费婚检 4503 对，公共医疗服务水平全面提高。常态化疫情防控精准有效。安全发展形势持续平稳。年初确定的 10 件民生实事全部完成。人民幸福感不断增强。

2021 年各项目标任务圆满完成。一年来，我们主要完成以下工作。

——抓转型、促提升，产业结构进一步优化。深入推进转方式、调结构、促升级，不断做强做优主导产业，三次产业保持协调发展。服务行业快速发展。其他营利性服务业实现营业收入 15 亿元，同比增长 6.20%，新争取合规达标入库企业 7 家。全面推进“双创”工作，一对一跟踪指导云中购完成国家级示范基地资料申报，发展壮大民营经济。开展“礼享生活·晋情消费”系列活动，发放数字消费券5.18万张，投入资金400万元，撬动社会资金6500余万元，全面提振零售、餐饮、住宿等领域消费信心。服务业实现提质增效。工业发展稳中有进。培育山西美川大唐新型建材成为规模以上企业，同车公司产值较去年同期明显增长，规模以上工业增加值45.23亿元。全力破解融资难题，申请省工信厅资金项目8个，同车公司“升级智能制造示范企业”和山西万腾公司“ISS3级资质奖励”项目获得省级数字经济发展专项资金支持。全面深化国有企业改革，完成111家企业5.44万名退休职工社会化管理自查及省财政厅聘请的第三方核查工作。工业发展形势稳定向好。农业产业不断壮大。坚决防止耕地“非农化”“非粮化”，现有耕地3133.33公顷，农作物播种面积稳定在2600公顷左右，全面守住耕地红线。加快设施农业发展，现有设施农业1039栋，蔬菜产量1.20万吨，逐步形成北杂粮、中蔬菜、南玉米的种植结构。加快示范区建设，紧扣“三个一批”，签约新型建材等7个项目、总投资3.59亿元，开工建设项目6个、完成投资2.23亿元，森海食用菌种植园、标准化规模奶牛养殖和乳制品加工项目建成投产，实现投资1.13亿元。特色农业发展效果明显。

——挖潜力、树品牌，文旅融合进一步深化。围绕古城保护与发展，深入挖掘平城文化内涵，做大做强文旅融合新业态。在古城“火起来、活起来”上出实招、出亮点，加大旅游宣传力度，启动创建省级全域旅游工作，推进永泰门南广场商业体旅游集散中心建设，助力大同成功入选全国“五一”黄金周热门排名增速最快的十个目的地城市之一。深入挖掘文化内涵，与市作家协会合作编写的“北魏历史文化名人传记丛书”成功发行，举办“国家读书日”活动。联合曲江文旅开展为期2个月的“春满古都 又见平城”群众文化系列活动、成功上演《大明·锦绣宏图》《太后巡游》等大型历史情景剧，接待游客365万人次；成功举办“成龙电影周”。全面提升大同知名度。

——抓改革、破难题，市场活力进一步激发。大力推动治理理念创新、服务模式创新、体制机制创新，全面发力、多点突破，不断释放创新创造活力和强劲动能。营商环境持续优化。深化“放管服”改革和“一枚印章管审批”工作，开展“五减四办”、试行“容缺受理、承诺审批”，在原有证明材料基础上压减32.50%，审批时限压缩55%。规范审批流程，方便群众办事，272个事项可“网上办”，网办率98%。将小食品备案证等7项审批事项下沉街道，实现“就近办”。全面落实减税降费政策，累计新增减税降费3.30亿余元。营商环境进一步优化。重点改革成效显著。积极推进城管力量下沉街道改革工作，完善以街道为主体的城市综合行政执法队伍机构设置，构建权责明晰、运转协调、治理高效的城市管理体系，全面提升街道处办能力和水平，提升居民的参与度和满意度。科技创新不断加强。为创新创业者搭建人才、项目和资金平台。完成9家高新技术企业认定申报。大力培育科技服务中介机构，推荐瑞龙等2家公司申报市级科技项目，支持全科盟等3家公司建设科技信息服务平台。落实创优环境引才、高校毕业生回同就业等政策，为创业者提供住房、子女上学等便利。科技创新创业成果明显。

——抓项目、促投资，发展基础进一步夯实。精心谋划和实施一批事关长远发展和民生福祉的大项目、好项目。洽谈对接项目52个，计划投资188.20亿元；签约玖街时光里、凤台晓月等25个项目，总投资129.08亿元；新招商项目中开工建设1个，实际到位资金2.70亿元。实施建设项目170个，总投资726.45亿元，竣工53个。谋划亿元以上项目31个，总投资135.50亿元；认定省级重点项目15个，总投资158.85亿元；申请市级重点项目16个，总投资57.22亿元。经济发展动能十足。

——抓统筹、促融合，城市品质进一步提升。对标一流城市，高标准建设、精细化管理，全力打造最佳宜居、宜游、宜业环境。城乡建设全面加快。大力实施棚户区改造，全面加快老旧小区改造，改善城市人居环境。农村城镇化改造完成率约50%；为25个村加装智能水表，稳步实施农村饮水计量收费改革；全面开展“六乱”整治百日攻坚专项行动，马家小村、艾庄村等8个村的污水治理工程开工建设；5个村的垃圾中转站完成建设，城乡环卫一体化加快推进；农村环境整治统筹推进。城乡整体风貌得到有力改善。开展全民创城行动。规范居民文明举止，强化小区、主次干道、集贸市场、社区居委会、校园周边环境和建筑工地周边的动态环境卫生和停车秩序等管理，全区参与创城测评点位667个，整改问题9000余条，顺利通过第一阶段验收、成功入围第二批次创城名单。生态建设深入推进。持续开展生态文明建设行动。完成6000户“煤改电”任务，深入开展爱国卫生运动、两高沿线环境综合整治、文明城市创建等专项行动，大气治理取得实效。有序推进小南头断面、十里河入御河生态湿地水处理工程等；加大巡河力度，各级河长巡河2853次；水污染得到有力管控。开展废品收购站、垃圾乱倒、建筑违建等专项整治行动，加大绿化面积，有效保护土壤环境。

——办实事、惠民生，民生福祉进一步增强。坚持把保障和改善民生作为政府工作出发点和落脚点，完善社会保障、强化公共服务，让发展成果惠及全区人民。保障水平不断提高。社会基本保障能力持续加强。城乡居民基础养老金最低标准提高至每人每月113元，城乡居民基本医疗保险财政补助标准提高30元，城乡最低生活保障标准每人提高20元；为困难群众发放采暖补贴196.70万余元，发放低保金3870万元；为2053户公租房住户发放货币补贴326万余元；全面加强医保结算管理，本地结算17279.18万元，异地结算1312.24万元。医疗卫生和体育健康水平显著提升。开展“星级村卫生室”创建、“优质服务基层行”活动，举办平城区2021年国家基本公共卫生服务项目培训班，提升基层医疗服务能力；加强婴幼儿照护服务工作，有效促进婴幼儿健康成长；实施23个社区全民健身惠民工程。养老服务得到更好保障。争取省市资金在育才、迎宾路等社区服务场所配套建设养老服务设施；成功申报马军营街道十里店、清远街道惠达2处社区幸福养老工程项目，省市补贴262万元发放到位；构建“3+N”居家养老服务体系，开展“六助”服务，打造15分钟助老服务圈。就业率显著提升。搭建就业平台，提供就业岗位，举办6场招聘会，初步达成就业意向2062人次；持续深化“人人持证、技能社会”建设，培训5152人。社会保障基础更加坚实。办好人民满意教育。强化基础教育建设，改善教育教学条件。加快普惠性幼儿园认定及公办园建设；推进2所古城新建校区建设；平城中学改扩建及新建工程全部完工并交付使用，平城二中新建食堂、公寓主体完工。全面落实“双减”政策，切实提高作业管理水平、课后服务水平及课堂教学质量。完成中小学教师招聘工作，进一步充实师资力量。教育教学水平不断提升。疫情防控稳中向好。坚持“外防输入、内防反弹”原则，慎终如始抓好疫情防控工作。常态化疫情防控有效落实，疫情防控投入2980万元，6486名机关干部下沉到社区（村），累计出动各类人员2.50万人次。严格落实重点地区来返人员管控措施，排查1.22万条数据信息；储备25家隔离酒店、2150个房间，集中隔离1950人（现均解除）。建立多点触发机制，为交通场站、学校等配备1022名健康管理员。做到人、物、环境同防，快速精准处置“贺某某和刘某祥”假阳性事件，科学妥善处置车厘子等涉疫食品。构筑全民免疫屏障，新冠疫苗全年龄段接种192.22万针剂。疫情防控形势稳定。

——重预防、治短板，稳定局面进一步巩固。防范化解重大风险工作全面加强，安全生产局面整体稳定，信访形势稳定向好，社会治安防控体系不断完善。坚决遏制安全风险。持续开展安全专项整治、隐患排查整治行动，重点对3个小区氢烃罐予以取缔，投入1000万元对约16万户居民自有燃气设施升级改造；对辖区内1.98万户农房、9498幢楼房质量进行全覆盖检查。本质安全程度不断提高。健全社会矛盾纠纷多元预防调处化解综合机制。接待信访群众711批次3027人次，同比批次下降7.69%，人次下降31.32%。信访形势稳定好转。保持社会治安稳定。持续深化扫黑除恶斗争，着力推进“平安平城”建设。刑事案件破案821起，打处各类犯罪嫌疑人503人。稳步推进全民普法工作，全年开展免费法律援助848件，免费咨询3400余人次。法治政府建设全面加强。

——转作风、提效能，政府建设进一步加强。深入推进政府系统党风廉政建设和反腐败斗争，严格落实中央“八项规定”精神，坚决整治形式主义、官僚主义等突出问题，区级会议和文件均比上年减少。自觉接受区人大、政协和社会各界监督，办理人大代表建议233件、政协委员提案129件，办结率、满意率均为100%。深入开展党史学习教育，加强队伍建设，着力营造风清气正的干事创业氛围。

与此同时，退役军人、宗教、档案、法制、人防、残联、妇幼、老龄、红十字会等工作都取得新进步。

在肯定成绩的同时，我们也清醒地认识到面临的困难问题：市场主体总量偏小、产业规模不大、企业竞争力不强，抵御市场风险的能力较弱；固定资产投资中房地产占比仍然较大，产业类投资占比太小，不利于经济的长期发展；新兴产业发展缓慢，现代产业体系还未完善，对经济的贡献不明显；民生和社会事业领域还存在不少短板等。所有这些问题，我们必须采取有力措施加以解决。

二、2022年重点工作安排

2022年是党的二十大胜利召开之年，是实现“十四五”规划的承上启下之年，也是落实市委提出的“奋斗两个五年、跨入第一方阵”的第一年。做好政府工作，要以习近平新时代中国特色社会主义思想为指导，全面贯彻党的十九大和十九届历次全会精神，弘扬伟大的建党精神，深入贯彻落实中央经济工作会议和习近平总书记视察山西重要讲话重要指示精神，坚持稳中求进工作总基调，立足新发展阶段，贯彻新发展理念，构建新发展格局，全方位推动高质量发展，围绕“奋斗两个五年、跨入第一方阵”的总目标，全力推进“四区”建设，统筹疫情防控和经济社会发展，统筹发展和安全，继续做好“六稳”“六保”工作，保持经济运行在合理区间，持续改善民生，保持社会大局稳定，攻坚克难、加压奋进，奋力谱写现代化大同首善之区建设新篇章，以优异成绩迎接党的二十大胜利召开。

主要预期目标是：地区生产总值增长8%以上，规模以上工业增加值增长8%以上，固定资产投资增长9.50%，社会消费品零售总额增长9.50%，一般公共预算收入增长12.94%，城乡居民人均可支配收入分别增长12%、10%以上。居民消费价格涨幅3%左右。城镇新增就业7700人以上，城镇登记失业率控制在4.50%以内。

完成全年任务，要重点做好六个方面工作。

（一）立足特殊区位优势构建现代产业体系，提升产业高质量发展新活力。按照稳中求进的总基调，巩固三产核心地位，提升二产竞争力，增加一产多样化，全面构建适合平城区发展的现代产业体系。

——稳住服务业基本盘。抓住以内循环为主的新发展格局，坚持传统与现代并重、线上与线下联动、消费与休闲共享多种营销方式，全面激发市场活力，提升服务业高质量发展新动能，服务业增加值实现400亿元。巩固提升传统服务业。传统服务业要以商贸为主，提档升级服务质量。丰富服务层次。构建以百盛、星茂汇为首的高档消费商圈，以东信、云中商城为首的批发零售商圈，以金牛、红星美凯龙、大红门为首的建材商圈，形成多层次消费体系，激发实体经济活力。增加服务功能。对亿丰国际、上河时代、云中商城、东风里集贸等总体量约200万平方米的商业体进行提质升级，着力推进总投资1亿元的金茂集团东小城项目，有效盘活东小城闲置资源，打造辐射晋北地区的美食娱乐街区和夜经济集聚区。拓展服务范围。深度挖掘体验业态、服务业态、休闲业态等消费方式，寻找新的增长点，推进投资30亿元的大同海乐城项目，打造集生活、购物、休闲、娱乐等为一体的商业地产项目，辐射带动全市及周边区域消费升级。集聚服务业态。打造具有区域特色的商贸集聚区，加快形成永泰南路主商业中心，东信广场—云中商城、御东高铁—万达—方特副商业中心，站前、清远西街及居住区周围以点状分布多个社区商业中心的“一主两副两片多点”的商业布局。重点推进源茂街“万达广场”项目、高铁枢纽现代商贸区建设。创新发展现代服务业。依托主城区所赋予的政治、经济、区位禀赋，建设以现代产业体系为主导的现代服务业集聚区。大力发展现代物流。推进生产性服务业向专业化、链条化延伸。以独特区域位置、便利交通条件，依托互联网、物联网、大数据等信息技术，整合运输、仓储等物流资源，大力发展网络货运、多式联运、城乡共同配送等新业态新模式，打造晋北地区商贸集散中心、农产品集散中心。大力发展电子商务。支持新兴服务业向数字化、高端化迈进。以全市建设跨境电子商务综合试验区为契机，积极培育本土电子商务企业，加快电商直播基地建设，推进投资3000万元的阿里云平台项目，打造集数字经济、大数据中心、线上线下销售于一体的云平台；加快电商小镇建设，整合振华、康园、北方药材等大型货物交易中心，打造集农特优产品、中药材产品、进出口商品为主导产业的线上线下电子交易平台，助推我区电商经济发展；加快推进跨境电商孵化基地、物流园、智能仓储基地、物流信息中心建设，促进商贸物流从传统业态向高增加值业态转变，重点推进占地面积1万平方米的华远大同跨境电商示范园区项目，建成集“企业人才孵化、线上线下展示销售、仓储物流配套”于一体的综合性数字经济园区。大力发展会展产业。推动生活性服务业向品质化、多样化转变。举办“2022中国大同新能源汽车国际高峰论坛”“2022第五届社会治理与协同创新中国镇长论坛”，以“产业＋会展”“市场＋会展”“文旅＋会展”“总部＋会展”模式带动相关产业发展。大力发展康养产业。助力公共服务业向市场化、普惠化发展。打好“清凉夏都”避暑牌，利用交通便捷、城市功能齐全优势，培育引进养老服务、医疗保健、养生康复等康养企业，做大做特做优健康养老、休闲养生等商业业态，大力支持大同398博爱康养中心建设，组建总投资2亿元、可安置500人就业的398康养中心＋康复医院＋平城区社区助老站，建成中国第一个医康养联动，线上线下联接的康养服务体系，全面推动社区康养和居家康养做大做强。

——提升工业整体竞争力。利用东大齿、西中车“双轮驱动”工业发展的有利态势，加快布局装备制造、新能源汽车、工业升级改造等领域的5G、人工智能、大数据等先进技术融合应用，提升工业高质量发展新动力，形成百亿级装备制造产业集群。聚焦六新寻求突破。聚焦高端打造新装备，发挥优势做强新产品。聚焦新技术产业。依托中车国家级企业技术中心、中国重汽制造业创新中心的科研优势，围绕先进装备、轨道交通、新能源等领域打造交通技术合作平台，形成产学研共建产业联盟，加快高端机械及智能装备制造、战略新材料等研究和应用，丰富产品结构，做长、做强产业链。聚焦新装备制造。大力发展轨道交通精密铸锻造，推动轨道交通产业转型发展，加快中车公司转向架数字化网络化制造技术改造，建立国际领先转向架机车制造平台。聚焦5G应用发展。以5G新技术及新材料应用为主，鼓励制造业、教育、电力等行业企业组建5G高水平研发平台，加强5G融合创新发展。重点推动中车集团以国家级企业技术中心为基础打造新型5G创新平台试点，积极带动下游各企业技术创新创业、生产增效。聚焦六新精准发力。瞄准前沿突破新技术，抢占先机发展新项目。聚焦新业态领域。进军数字医疗领域，推进投资1000万元的易康医疗人工智能研发基地建设项目，在与医疗相关的人工智能和大数据的核心研发、系统交付、技术支持等IT领域取得成果。聚焦新产品领域。推动中车公司投资30亿元的氢燃料电池动力包及混合动力牵引机车应用。抓住新能源汽车快速发展有利时机，力争在新能源汽车领域取得突破，重点推进投资5.33亿元的“光储充换”智能微网电站项目，可为5000辆车提供换电服务。

——拓宽农业发展新路径。加快农业产业发展，推进农旅深度融合，多渠道增加农民收入，促进农业高质高效、乡村宜居宜业、农民富裕富足，提升农业高质量发展新潜力，农业产值实现两位数增长。用好6.50亿元的PPP资金，力争带动社会资本投资15亿元，推进农业嘉年华二期、小石子乡村振兴示范带项目和现代奶牛养殖项目建设。深化农业产业发展。推进都市农业、设施农业发展进程，延伸农业产业链，增加农业附加值。着重发展设施农业，升级改造200座、新建50座日光大棚。紧扣“现代农业”主题，围绕14个新兴战略产业集群，坚持现代农业＋康养、现代农业＋文旅发展思路，打造一二三产融合发展的新业态，加快推进投资3亿元的农业嘉年华升级改造项目建设。力争特色农业产业取得新突破。打造农旅示范试点。加快发展乡村旅游产业，通过建设精品民宿区、观光游览区、科技成果展览区，打造集现代农业、休闲康养、旅游度假为一体的乡村振兴综合农业文化旅游项目，建设晋北地区乡村文旅与科技振兴先行区。重点推进投资1.60亿元的北部乡村振兴示范带项目，以小石子村为主，建设农产品智慧物流配送中心、电商销售平台、农产品农药残留检测中心等，实现农旅产业共同升级，共兴共荣。农业产业提质增效。大力实施高素质农民培育工程，加大农业合作社覆盖范围，拓宽农民增收渠道，缩小城乡居民收入差距。引进现代化农业产业项目，提升农业现代化、科技化。以做强做大“平城乳业”为导向，重点推进投资1.90亿元的奶牛现代养殖产业园建设，打造集生产加工销售于一体的现代化、自动化、产业化养殖体系。推进投资6350万元的北方药材交易市场扩建及果药茶提质增效项目，建成全市最大的药材交易中心及果药茶研发、生产、销售基地。丰富农产品种类，提升农产品附加值。

（二）着眼未来发展趋势深化文旅产业融合，提升文旅高质量发展新魅力。接续推进古城保护修复，全面提升古城价值，深入挖掘平城旅游资源，全力推动文化和旅游深度融合，建成国际知名文化旅游目的地。

——提升古城整体形象。全方位提升古城形象，把古城打造成为历史风貌再现、文化特色鲜明、休闲休憩共享的名都名城。整治古城风貌。开展沿街商铺风貌整治提升行动，拆除与古城风貌不符合的门窗等建构筑物，统一门牌店匾制作标准，规范经营场所布局。加大征拆力度，做到应征尽征，清理“半拉子”建筑、只圈不盖的项目等，还古城“古色、新色、亮色”。提出古城街区功能划分及整体发展的平城思路，协调市级规划部门加快实施，加快古城整体建设步伐，实现古城功能分类清晰、土地合理开发利用、闲置建筑开门运营，让古城“活起来、火起来”。传承古城文脉。深挖北魏平城传统文化，开展文艺、影视创作，打造“文化古都”品牌，让“文化大同”绽放在平城每一处角落。拟联系全国名家，创作《千古平城》等一批展示大同文化、弘扬平城精神的精品佳作。积极申报国家、省级非遗项目，做好铜瓷技艺、大同皮具等非遗项目的保护和传承。强化文物保护利用，坚持把保护放在第一位，做好文保单位修缮工作；引导社会资本修复名人故居，丰富旅游文化内涵；推进投资1000万元的红色遗址保护利用项目，重点打造徐永昌将军纪念馆、大同和平谈判纪念馆，创立平城红色旅游线路。留住市井气息。完成古城内现有小区的升级改造，探索古城内长期闲置的房屋优先考虑予以原住民租住的办法、鼓励原住民回古城就业创业等的相关政策，让世代居住在古城的原住民回到故土，加快恢复古城市井气息，重现往日“烟火气”。

——打响全季旅游品牌。做好全周期旅游的整体规划实施，推进文旅市场蓬勃发展。打造四季旅游城市。按照国家全域旅游示范区验收、认定和管理办法，推进平城全域旅游发展。以打造节日之城为目标，以古城、“两河”、乡村、民俗等为主要载体，把握节日节点，整合区域旅游资源，积极引入赛事、展览、音乐节等，按照“一节一主题”做好全年旅游规划，分步实施。打造“文旅夜经济”。开发符合平城城市气质、凸显文化个性的夜间旅游产品，通过活化历史文化、弘扬民俗节庆，打造夜间文化旅游消费街区，有效带动古城内餐饮、住宿、文创、旅游、会展、演艺、研学等服务业发展，繁荣古城“夜游经济”。打造成熟旅游市场。实施“旅游服务品质提升”行动，推进旅游标准化工作，全面提升平城旅游形象，为游客创造“舒适、舒心、舒畅”的旅游环境和氛围。推动投资6400万元的大同文旅综合体项目，建成区域旅游大集散中心、游客综合消费中心，依托线上旅游服务平台，开展“线上＋线下”全方位综合服务，促进平城旅游发展。

——做强做大文旅产业。拓展商、休、学、养、情、奇旅游新业态，促进文旅深度融合。推进“美食之都”建设；实施振兴“老字号”老品牌行动，打响地方品牌，提升平城知名度。有效利用古城现有建筑、文化资源、历史遗存等，强化招商引资，加大商业策划运作力度，逐步形成“一街一特色”“一街一景观”，集聚效应明显的古城旅游业集聚区，全方位提升古城“食住行游购娱”业态，重点推进投资12亿元的户部角项目开工，形成四合院居住区、商业区及户部角文旅产业等，带动旅游市场进一步活跃。推进投资6.20亿元的华严安麓酒店和凯悦臻选酒店项目，填补顶级高端酒店空白，促进古城旅游服务业发展。

（三）围绕转型发展责任深化体制机制改革，提升经济高质量发展新动能。深化营商环境、教育、农村、执法体制等改革，加快对外开放节奏，强化项目招引落地，激发全区发展动力。

——深化重点领域改革。进一步加大改革措施的推进力度，力争见到成效。深化营商环境改革。全面营造一流服务氛围，让“微笑大同”绽放在平城每一个窗口。深化“放管服”改革，加快互联网＋政务服务建设，除法律法规另有规定外，政务事项全部纳入一体化在线政务服务平台，实现线上线下申请、受理、审批全流程全环节无缝对接；开展办事指南、事项目录标准化建设，做到政务事项“一次认证、全网通办”。加快证照分离改革，通过“多证合一”将信息采集、记载公示、管理备查类事项与营业执照整合，逐步实现市场主体“一照一码走天下”。全面推行审批告知承诺制，落实“承诺制＋标准地＋全代办”改革；实行“项目长责任制”，对市、区重点投资项目一对一精准服务，力促项目落地。打造公平公正的法治环境、高效便捷的政务环境、诚实守信的信用环境、开放开明的人文环境、优质完善的要素保障环境。深化体制机制改革。完成古城保护发展中心的机构设置、人员配置，积极开展古城保护研究和开发利用。通过校长轮岗、教师交流等方式，缩小城乡教育差距，逐步实现均衡教育。做好第二轮土地承包到期后再延长三十年工作，稳慎推进宅基地制度改革试点，落实好土地出让收益优先支持乡村振兴政策。大力推行“互联网＋监管”，提升监管能力，加大失信惩处力度，以公正监管促进优胜劣汰。发展动能进一步释放。

——强化项目招引落地。项目建设是全方位推动高质量发展的第一支撑，经济发展最终要落在项目上。扩大项目招商成果。积极开展长板招商、以商招商、主题招商、委托招商，抓住冬奥会举办的有利时机，按照乌大张旅游协同发展、联合营销区域合作机制，全面融入京津冀协同发展国家战略，布局文旅产业、冰雪产业、现代康养产业，以地缘优势助推新能源、智能制造、区块链、大数据等新型产业落地平城。以人口红利、消费潜力、基础设施完善及交通条件便利等优势引进项目，大力发展数字经济、总部经济、楼宇经济、民生经济和新能源项目。有效利用、盘活现有闲置资源，采取租金优惠、共同参与、合资合作等方式提高项目落地率。招商引资当年签约项目实现100亿元左右，重点推进投资3亿元的大同静态交通运营、投资8000万元的大同万向青年城优客工场等项目落地。增强项目建设后劲。强化重大项目谋划，聚焦产业转型、基础设施和重大民生领域，按照市域核心区定位，围绕特色文旅、康养休闲、大健康、跨境电商、新能源产业等领域谋划项目。拓宽渠道储备项目，储备建设项目223个、投资890亿元，其中：产业类项目40个、投资106亿元，10亿元以上项目19个、投资405亿元。用好项目专项资金，储备专项债券项目13个、投资8.70亿元、拟争取额度3.50亿元，储备中央预算内投资项目12个、投资6.50亿元、拟争取中央资金2亿元。全面夯实经济发展基础。

——培育壮大市场主体。扎实开展“市场主体建设年”活动，优化市场主体发展体制机制和创新创业环境，按照总数增长15%、企业增幅20%以上的目标培育市场主体，激发市场活力。支持大众创新创业。坚持新发展理念，创新扶持措施，重点支持新业态，新经营模式发展，支持退役军人、科研人员、高校毕业生、返乡农民工等重点群体创业创新。坚持“非禁即入”“法无禁止皆可为”，鼓励民营企业通过特许经营、PPP等方式，进入基础设施、公共服务、公用事业、生态保护修复等领域。市场主体力争突破10万户，企业突破1.20万户。支持企业做大做强。加快推进民营经济发展，落实好国家和省市扶持小微企业发展的各项支持，搭建“政银企”合作的融资担保平台，发挥创业担保贷款贴息支持作用，用好中小企业转贷基金，促进中小微企业融资增量、扩面、降价。培育小升规企业3家以上，“专精特新”企业培育有效突破。落实财税政策，不折不扣执行新的减税降费政策，2021年底到期的支持小微企业和个体工商户的政策全部延期，增值税留抵退税改革向先进制造业倾斜，真正让企业减负担、得实惠。

（四）聚焦首善之区目标加快城市更新步伐，提升城市高质量发展新品质。加大城市更新力度，完善城市服务功能、提升城市整体形象，不断提升“首善之区”城市的承载力、吸引力和辐射力。

——加快城市更新补缺。对标发达城市，高水平、高质量地开展城市更新行动，补齐城市服务功能、公共设施短板。加强特色街区建设。开展建筑外立面专项整治行动，进一步美化城市；升级南广场、华严寺广场等服务功能，打造一批功能齐全的“城市客厅”。加大征拆力度，整治景区景点周边环境，重点推进涉及古城、道路、民生项目的房屋拆迁、环境整治。补齐公共服务短板。加快推进电动自行车集中充电场所、电动汽车充电桩、区域停车场、公共服务设施等建设，完善城市服务功能，重点推进投资4850万元的城市供水综合服务中心（寺儿村站）建设，建成后可满足5.60万人和企业生产生活用水；整合利用各类闲置地、小型畸零地块，打造一批“15分钟便民生活圈”，投资5000万元重点推进老旧小区周边生活圈建设。公共服务水平全方位提升。盘活现有存量资产。推动有道公司与五矿证券、渤海银行等金融机构深度合作，做好企业获得AA级信用等级后的专项债券发行等投融资工作，盘活东小城、亿丰世贸中心，打造奥特莱斯和阳光天地商业综合体，央地协同市场化处置烂尾项目、化解社会矛盾。加快中心城市品质升级。

——加快人居环境改善。全面改善人居环境，提升城市整体形象。保障住房建设发力。对具备棚改条件的小区、老旧住房整体打包，引入优质企业整体建设，以消极房源置换消极空间，全面改善居民居住条件。重点推动投资4亿元、占地160亩的中车三期棚改项目，惠及1090户居民；继续推进投资78.70亿元的寺儿村、向阳东街、七里村等6个续建项目8372套保障房建设。老旧小区改造提速。按照基础类、完善类、提升类，分类编制年度改造计划，符合改造的老旧小区应入尽入。加快实施投资5亿元的104个小区改造，有效改善近2万名群众居住环境。房地产业销售增量。支持商品房市场更好满足购房者合理住房需求，鼓励房地产行业与家电、建材、家装等行业“捆绑”促销，采取有效措施化解现有65万平方米的待售商品房，减缓房地产业下滑趋势，促进房地产业健康发展和良性循环。

——加快实施精细管理。以“创城”为契机，树立高标准城市管理理念，提升居民文明素养。让“文明大同”绽放在平城每一个人心中。全面规范市容市貌。按照一流标准打造城市管理标杆街、严管路，起到“一街一路带一片”的良好示范作用。重点打造迎宾街为示范街。全面提升管理能力。打造智慧城管，加快市区两级数字城管资源共享进度，推动形成“用数据说话、用数据决策、用数据管理”的智慧城市管理新模式。加快推进景区、景点周边停车场、位、库的建设，缓解停车难停车贵问题。继续推进城乡环卫一体化建设，完善环卫收运体系，升级换代环卫设施，逐步建成垃圾密闭处理体系。全面构建长效机制。严格落实“门前五包”责任制，结合“两下两进两拆一提升”行动，规范管理游商游贩、店外经营等问题，重点整治大塘路周边、十里河两岸以及城乡结合部的环境问题。

——加快美丽乡村建设。高标准推进农村现代化建设，加大道路交通、清洁供暖、文化体育等方面的建设力度，补齐农村公共基础设施短板。推进环境整治提升。做好农村生活污水管网建设和农村生活垃圾收转运一体化建设，抓好“厕所革命”整村推进改造，建立健全改厕和污水、垃圾处理常态化管护机制，推进燕庄、田村2个村的污水治理工程及马军营、小南头街道461座户厕改造，改善农村人居环境。推进城乡融合发展。以乡街优化调整为契机，推动农村水电路气网、商贸物流等基础设施建设，引导品牌企业、功能项目、特色文化活动落户，促进产业功能与农民就业、生活方式转变有机衔接，形成生态生活生产有机融合的田园城市空间，尽快融入晋北城镇建设圈。

（五）贯彻生态文明理念推进一体生态治理，提升环境高质量发展新标准。全面落实习近平生态文明思想，一体推进山水林田湖草沙生态治理，打造天更蓝、水更清、空气更新鲜的生态宜居之城。

——实施双碳治理工程。强化大气污染综合治理和联防联控。提前谋划，分阶段实施“碳达峰”措施，全面完成能耗“双控”约束指标，坚决遏制“两高”

项目发展，力争与省市同步实现“碳达峰”。继续落实国三车辆淘汰、高耗能高污染企业禁入、小散乱污企业关停政策措施。抓住“碳达峰”的有利政策机会，大力发展“碳中和”相关产业，重点推进投资5.33亿元的爱驰新能源汽车项目，完成20—25座换电站建设，带动汽车充电桩建设及相关产业发展。

——实施能源替代工程。推广新能源车辆使用，环卫、园林等采购不少于50辆的新能源汽车及装备等。推进投资2400万元的5.95兆瓦屋顶分布式光伏发电项目，提升可再生能源比例。推行城市生活垃圾精细分类和减量化处理、资源化利用，在全社会倡导简约适度、绿色低碳生活，重点推进投资1亿元的新型固废利用环保建材项目，有效处置工业固体废弃物。确保空气质量优良天数达到省市考核标准。

——实施水质提升工程。加大御河、十里河的治理力度，严查污染水环境行为。加快推进十里河生态湿地保护水质提升工程，彻底改善红卫桥断面水质，稳定达到Ⅳ类标准。加快农村饮用水水质提升工程，完成陈庄村、田村、新添堡村饮用水质提升。加快水源地置换进程，重点推进投资5300万元的马军营街道井灌片区水源置换工程项目，推动水生态系统保护与修复，保障地下水资源安全。

——实施全域绿化工程。开展全域绿化美化工作，计划投入资金4355万元，实施36项绿化美化工程，持续深入推进城市拆迁腾退空地、边角地、废弃地、闲置地、综合整治后空地等绿化美化，建设一批绿地微景观，建设不少于4处“口袋公园”等游园、景点，逐步形成“城在绿中，园在城中，城绿相融”的城市绿化新格局。

（六）坚持人民至上理念健全民生保障体系，提升民生高质量发展新水平。兜牢民生底线，用心解决好社会关注度高、群众热切期盼的就业、社保、医疗、养老、教育及安全稳定等民生问题，增进人民福祉。

——坚持保障让人民舒心。全面提升就业、社保、医疗、养老等服务水平，群众幸福感进一步增强。提升社会保障水平。搭建招聘平台，增加公益岗位，强化技能培训，出台人才激励机制等，拓宽就业渠道，力争城镇新增就业人数7700人以上，下岗失业人员再就业4500人以上。以中小微企业、灵活就业人员为扩面重点，提高参保缴费率；严格执行社会保险费申报缴纳管理规定，力争做到应保尽保、应收尽收，切实维护职工合法权益。计划再投入3900万元，梯次推进破产职工养老、医疗保险补缴工作。在建工程项目全部实现用工实名制、农民工工资专用账户等制度管理，确保农民工权益受到保护。按政策及时分配廉租房、保障住房。加强军人军属、退役军人和其他优抚对象优待等工作。强化基础医疗建设。完善卫生应急指挥系统和疾病预防控制体系，规范基本公共卫生服务，提升公共卫生服务水平。实施农村医疗创新工程，投入320万元新建小南头卫生院、迁建新旺卫生院、打造6个标准化示范村卫生室，提升群众便捷就医的满意感。投入180万元对社区卫生服务中心硬件设施进行改造；加快推进区人民医院复建、中医院新建和卫生应急保障中心建设，提升卫生健康服务水平。深化医疗卫生机构一体化改革，优化调整基层医疗机构布局、合理调整服务范围；深化三医联动改革，推进医疗集团持续稳定发展，加强分级诊疗制度建设，做实做细家庭医生签约服务，优化医疗资源配置，更好地服务群众看病就医，让群众真切感受到医改红利。提升养老服务能力。为老年人提供优质服务。对已建成的30个社区助老服务站予以每站不少于5万元的运营补贴，保证正常运营，今年再建设30个，力争助老服务全覆盖；实施社区养老幸福工程，拟申请省市资金140万元在马军营街道博学社区建设幸福养老工程，可新增床位60张。强化养老服务保障能力。投资5000万元建设普惠型综合养老服务机构，可提供床位300张；完成街道社工站试点和推广，加强公益性、普惠性社会组织孵化培育。养老服务水平进一步提升。

——坚持教育使人民放心。巩固发展更加公平而有质量的教育。学前教育普惠发展。新建续建公办幼儿园3所，认定普惠性民办幼儿园6所，推动全区公办园在园幼儿占比和普惠率再提升。义务教育优质发展。整合43小学校与三中北校区，成立一所全日制九年一贯制学校；加快信息化建设进程，投入1961

万元为13所学校建设精品课堂录播教室、为17所学校配备移动录播设备、为34所学校教室更换护眼灯、为44所学校教室安装数字监控。投资600万元推进“三心工程”学校建设，促进学生健康成长。加强校外培训机构监管，坚决落实“双减”政策到位。提高教师队伍素质。加强师德师风建设，组织教师各级各类培训5000人次，加大教师表彰力度，切实保障教师权益，全面夯实教师发展之基。教育教学质量全面提升。

——坚持安全让人民安心。全面提升社会治理水平、本质安全程度，保持经济社会安全稳定局面。坚决维护公共安全。抓好常态化疫情防控，坚持“外防输入、内防反弹”工作方针，精准防控、持久防控。健全完善多点触发、灵敏高效的反应机制，强化人员培训和防控物资储备，增强核酸检测能力，周密做好新冠病毒疫苗接种工作，提高人群接种率，形成全民免疫屏障，保障人民生命安全和身体健康。坚决守牢安全底线。深入开展重点行业领域三年专项整治和安全生产隐患排查治理行动，重点加强消防、建筑领域安全监管，强化食品药品监管。健全应急体系，强化应急处置能力建设，提高防灾减灾救灾水平，坚决遏制重大安全风险。投入1000万元完成17万户居民自有燃气设施升级改造，全面完成城乡“六类”房屋安全鉴定工作。坚决维护大局稳定。常态化开展扫黑除恶斗争，严厉打击非法吸收公众存款、集资诈骗、电信网络诈骗等犯罪行为，最大限度化解风险隐患。大力开展“治理重复信访、化解信访积案”专项工作，减少信访存量，控制信访增量。完善便民服务机制，规范接待、受理等环节，提高法律援助质量。全面落实“12345”热线接诉即办制和首接负责制，严把响应率、确保解决率、提升满意率。

名词解释

六稳：稳就业、稳金融、稳外贸、稳外资、稳投资、稳预期。

六保：保居民就业、保基本民生、保市场主体、保粮食能源安全、保产业链供应链稳定、保基层运转。

创城：创建全国文明城市。

三个一批：签约一批、开工一批、投产一批。

放管服：简政放权、放管结合、优化服务。

一枚印章管审批：一个机构管审批、一枚印章发证照、一个大厅办成事。

五减四办：五减：减事项、减时限、减环节、减要件、减证明；四办：马上办、网上办、就近办、一次办。

双创：创新、创业。

容缺受理：对具备基本条件、主要申报材料齐全且符合法定条件，但次要条件或手续有欠缺的行政审批事项，职能部门可以“暂时性容忍”办理，办事群众和企业只需在相应时间内补齐相应材料即可。

承诺审批：申请人提出行政审批申请，行政审批机关一次性告知其审批条件和需要提交的材料，申请人以书面形式承诺其符合审批条件，行政审批机关即为其办理相关审批事项。

证照分离：将企业经营所需要的营业执照和能分离的许可类证件相分离。

六乱：乱搭乱建、乱堆乱摆、乱拉乱挂、乱停乱放、乱涂乱画、乱扔乱倒。

3+N：总部、中心、站所＋特色项目的居家养老服务体系。

六助：助救、助医、助购、助餐、助行、助洁。

双减：有效减轻义务教育阶段学生过重作业负担和校外培训负担。

专精特新：专业化生产制造、精良产品生产、产品或服务的特殊性、高新技术产品。

15分钟便民商圈：以居住社区为单元，加快补齐社区蔬菜、智能家政、智慧养老等业态发展不足的短板，推动全区生活性服务业品质持续提升。

六新：新基建、新技术、新材料、新装备、新产品、新业态。

碳达峰、碳中和：碳达峰就是国家承诺在2030年前，二氧化碳的排放不再增长，达到峰值之后逐步回落；碳中和就是到2060年，针对排放的二氧化碳，要采取植树、节能减排等各种方式全部抵消掉，实现二氧化碳“零排放”。

两河：十里河、御河。

“双百工程”蹚出基层治理现代化“平城之路”

蓝天、白云、暖阳；小亭、长椅、老人……在平城区振华街道建设里社区，这样一幅画面在冬日里又一次被温馨地定格。社区回应居民需求建设的室外便民设施，成为居民休闲娱乐的好去处，也让群众倍感党和政府的关心关爱。这是平城区实施百项行动牵引和百家组织示范工程（简称“双百工程”）推进基层社会治理的一个小小缩影。经过近一年的探索与实践，平城区各级党组织和广大党员干部践行践诺、求新求变，“双百工程”“大合唱”正将党的组织优势转化为基层治理的效能和活力，全区基层党建工作标准化、规范化水平大幅提升，基层治理体系和治理能力显著提高，党群关系、干群关系深度密切，以高质量党建引领基层社会治理的“平城之路”越走越宽广。

高起点谋划，一条红线开新局

站在“两个一百年”奋斗目标的历史交汇点上，站在“十四五”开局之年的新起点上，作为大同城市基层党建的主阵地，如何走好新时代、新征程的基层党建之路，平城区委审时度势，立足基层党建实现战略性、重塑性、全面性提升，作出全面实施“双百工程”的决定，按照“一年解决突出问题、大见成效，两年不断深化拓展、显著改观，三年实现整体提升、全面进步，五年蹚出新路、形成示范”的总体思路，通过实施100项牵引性工程、培树100家示范党组织和大批优秀党组织书记，全面打造党建示范集群，让全区各级基层党组织真正成为宣传党的主张、贯彻党的决定、领导基层治理、团结动员群众、推动改革发展的坚强战斗堡垒，在推进“首善之区”建设进程中让党建率先首善。

推进社会治理体系和治理能力现代化，关键在党，重心在基层。平城区在“双百工程”的实施中，高起点谋划，科学进行顶层设计，创新推出“33686”工作法，即坚持创造性、理论性、实践性“三性统一”；把握党的领导、现代化治理、一切以人民为中心“三个方向”；创新项目规划、组织保障、督导执行、扩容提质、落地见效、全面推广“六种机制”；搭建思想夯基、组织管理、人才引流、资源整合、党建联建、文明实践、党员作为、精准服务“八个平台”；注重项目设计与实际实施、常态落实与攻克难点、阵地建设与制度创新、党建内涵与服务外延、长效机制与短期目标、选树典型与全面推广“六个结合”。平城区各级党组织领导干部主动带头，先行先试，全区共落地实施党建牵引项目57项，实现各类体制机制创新452项，在探索和创新“平城模式”上取得新的成效。

高标准推进，一颗初心担使命

高起点要有高要求，敢破敢立，抓改革，强治理，平城区各级党组织切实担负起治理主体责任，固本强基，精准发力，督导组、25个牵头部门党员干部奔波调研推进项目；18个街道的党员干部，废寝忘食听民情察民意，找症结想办法……所有党员干部充分发挥主观能动性，把初心落在行动上，勇当先锋，积极作为，激发起干事创业的蓬勃热情。

走在平城区的大街小巷，细心的市民发现道路更加干净整洁了，市容市貌规范有序了，这是该区深化综合行政执法体制改革，推进执法力量下沉基层的真实写照。“执法力量下沉街道，切实解决基层执法有责无权的难题，真正将‘街道吹号，部门报到’深化为‘群众需要，街道报到’，达到减负增效的目标，基层社会治理又上了一个新台阶。”大庆路街道党工委书记任军军说。新模式带来新成效，在全国文明城市创建中，18支下沉街道的执法力量第一时间发现问题，第一时间科学解决，成为平城区一道别样的“创城”风景线。以“平城最美”工程为抓手，寻找“平城最美”形象、塑造“平城最美”品牌，平城区“平城最美”系列评选活动的举办，营造出良好的社会氛围，凝聚起时代正能量，“弘扬最美、学习最美、争当最美”蔚然成风。

集聚更多、更年轻、更优秀的人才投身到基层一线来，平城区在去年的村（社区）换届中选优配强“领头雁”队伍，35岁以下“两委”干部873名，本科以上学历占比65.70%，其中研究生学历29人，实现年龄、学历大幅“一降一升”，村（社区）干部素质全面提升。

高标准打造社区党群服务中心，80%的社区阵地面积500平方米以上，1000平方米以上的社区25个，其中大庆路街道与辖区内中车大同公司携手打造全市首个占地7000平方米的社区党群服务中心。同时有效整合党建、政务、社会服务等各类资源，实现“平城一网通办”；借助全区细化的1196个网格，构建起网格同“吹哨”、多支服务队伍报到的“1+N”网格体系，有力地打通基层治理的“末梢”，推动平城区基层精细化社会治理平台越夯越实。

高质量发展，一种精神惠民生

开新局，破难题，真正让“双百工程”成为一次思想的觉醒、工作的革命、形象的再塑、能力的提升，平城区各级基层党组织大力弘扬首创精神，实事求是、精准施策，在推进“双百工程”中持续注入力量源泉，工作上有方向、有计划、有步骤，制度、技术、模式上有改革、有创新、有实效，在基层社会治理的动能积蓄中，“双百工程”的内涵得到延伸、机制得到完善、平台得到拓展、组织更为顺畅、路径更为多元、形式更为丰富。

群众在哪里，党就在哪里。平城区试点建设2个“平城党员先锋站”，组建170支党员110志愿服务队，实现党和群众零距离、心连心。迎宾街道党员先锋站推出一系列便民服务，开展健康义诊、志愿宣传疫情防控、关爱困难群众……社区党员真正成了居民的知心人。新旺街道以党建为引领，构建新旺“双百工程”志愿服务活动示范网络，推动志愿服务提质增效，学雷锋、做好事，践行社会主义核心价值观，成为辖区群众的行动自觉。

在持续的工作推进中，在一次次首创精神的弘扬中，“双百工程”呈现出百花齐放、百舸争先的可喜局面：引领党群共建，122名党建指导员队伍深入企业开展服务，培育孵化4家新非公企业党组织和1家楼宇党建联盟，促进新兴领域党的组织和工作全覆盖；振华街道党工委创新推出“1330”基层一线服务群众抓落实工作法，“目标上墙、问题挂牌、结果倒排”的步骤闭环管理模式，构建起党组织领导的区域统筹、条块协同、共建共享的基层社会治理工作新格局；水泊寺街道以“红心物业”为突破，推进社区物业党建联建，描绘出基层服务群众的“同心圆”；马军营街道西水磨村党群服务中心以支部党建、美丽乡村建设、书香水磨等为载体，推进“一站式服务”；区民政部门积极应对人口老龄化，重点打造“3+N”即总部、中心、站所+特色项目的居家养老服务体系；

建立 1 个新时代文明实践中心、18 个新时代文明实践所、222 个新时代文明实践站，265 支志愿者服务队、3982 名社区服务志愿者，在城市精细化管理、创建全国文明城市、基层社会治理中，正发挥着越来越大的作用……

（摘自《大同日报》2022 年 1 月 9 日第一版）

平城区党史学习教育总结报告

平城区委党史学习教育领导小组办公室

党史学习教育开展以来，平城区委坚决贯彻落实中央和省、市委部署要求，牢牢把握党史学习教育重点和目标任务，坚持从高处站位、从实处发力，实现党史学习教育全覆盖、学习研讨全方位、方式方法全开放、严督实导全过程，同时紧紧围绕全区中心工作，立足“一核四区七高地”战略定位，紧盯“十项民生实事”落实，以实干实绩推动党史学习教育走深走实，见行见效。

在党史学习教育中，平城区委坚持把“我为群众办实事”作为党史学习教育的着力点和落脚点，按照“切口小、发力准、效果好”的标准，通过“12345”政府服务热线工单梳理、入户了解、建议征集等多种形式，从最困难的群众入手、从最突出的问题抓起、从最现实的利益出发，深入实施转型升级、乡村振兴、民生普惠等 10 项行动，切实解决基层的困难事、群众的烦心事。为确保“我为群众办实事”取得实效，我们建立区级领导带头的“第一责任人”处办落实机制，实行调研制度，定期深入基层察民情访民意，建立项目清单台账，逐一攻破解决；建立定期通报制度，对“我为群众办实事”进展情况密切跟踪，让老百姓切实感受政府部门有担当有作为；加强督导追责问效，及时跟进“我为群众办实事”项目完成效果和居民反馈评价，发现问题督促整改，严防应付懈怠、不紧不实和走过场的现象，确保各项民生实事件件有落实，事事有回音。

一、坚持“三个到位”，聚焦聚力增强实效

区委始终把党史学习教育作为一项重要政治任务，通过“三个到位”确保党史学习教育高起点开局、高标准开展、高质量推进。一是部署到位。深入贯彻落实中央和省、市委党史学习教育工作部署，制定区级实施方案和专项方案，召开全区党史学习教育部署会，统一思想，凝聚共识；区委党史学习教育领导小组及办公室定期召开会议，研究全区党史学习教育开展情况，部署阶段性任务；适时召开全区党史学习教育现场推进会、专项部署会、专题工作会议，总结成果，指出问题，及时整改，并通过现场观摩、交流发言，实现学习共进。二是组织到位。区委第一时间成立党史学习教育领导小组和工作机构，区委书记亲自抓，常委班子率先垂范，全区 28 个党（工）委、800 余个党支部全部成立党史学习教育领导小组，以完善的组织体系促进责任落细落实；对非公有制经济组织和社会组织通过联系包抓、座谈交流、调研指导等方式加强组织领导；为全区高龄离退休党员同志和行动不便的党员同志亲自送书上门，强化流动党员、退休党员学习教育。三是督导到位。区委成立 9 个巡回指导组深入基层开展工作，同时以工作函或提醒卡形式，对各部门各单位、重点工作和关键领域进行全方位督促指导；定期召开巡回指导组例会，及时报告督导情况，增强巡回指导能力和效果。

二、打造“四大课堂”，学习教育生动有效

在党史学习教育中注重创新学习载体，推动党史学习教育提量更提质、走“新”更走“心”。一是“领导课堂”带头学，区委中心组第一时间将党史学习教育内容纳入重点学习范畴，通过集体学习研讨提升政

治三力，通过下基层讲党课和专题宣讲等形成示范引领，目前已组织专题学习19次，交流研讨13次，撰写交流发言421篇，宣讲1162场次，受众10.20万人（次）。二是“经典课堂”深入学，围绕习近平总书记在党史学习教育动员会上的重要讲话、“七一”重要讲话和在广西、青海、西藏、陕西榆林等地考察时的重要讲话精神，开设“书香平城”文化大讲堂，邀请知名党史专家授课，加深全区党员干部对百年党史和系列重要讲话精神的认识和理解；全区各级党组织以“三会一课”、主题党日为载体，通过读书班、领学讲学、竞赛答题等形式学习党史著作、品读红色经典。三是“云上课堂”从“新”学，利用云视讯平台每日转播《党史故事100讲》，依托“平城故事”等媒体平台开设党史学习专栏，举办学党史系列活动并同步推出线上阅览；组织做好中央、省庆祝中国共产党成立100周年图片展网上观展，用好“学习强国”山西平台、山西干部在线学院“党史学习”专栏开展线上学习。四是“实践课堂”拓展学，充分运用革命遗址、纪念场馆等红色资源开展主题实践活动；区四套班子领导在清明期间赴大同市革命烈士陵园，祭扫烈士墓，缅怀革命先烈；9月30日与社会各界人士代表在烈士陵园，向烈士敬献花篮，表达敬意；10月1日，在平城区行政中心举行升旗仪式，庆祝中华人民共和国成立72周年；全区各基层党组织先后赴平型关大捷纪念馆、大同红色记忆馆等开展党性教育，参观中共大同市平城区光辉历史展、“纪念抗日战争暨世界反法西斯战争胜利76周年”主题展等，拓宽形式，提升学习教育实效。

三、抓好“四项活动”，政治引领贯穿始终

以开展主题活动为抓手，推进党史学习教育走深走实。一是主题宣讲活动。整合专家资源，组建党史宣讲团，开展“五老六进”宣讲活动，弘扬红色文化；区四套班子领导分赴各基层单位开展专题宣讲，以上率下学以践行；各街道党工委创新形式，打造各具特色“接地气”的宣讲活动，如迎宾街道与大同市广播电视台直播间联合录制老中青四代党员“对党的心里话”节目，新华街道运用“居委会田大妈”抖音形象制作一系列党史快问快答短视频，在社区开展“家庭党校”活动，开源街道组建党史学习教育快板宣讲流动小分队，深入田间地头、社区广场、城市基层党建联盟成员单位等开展“快板”流动宣讲；依托新时代文明实践中心（所、站）开展理论宣讲，让党的理论“飞入寻常百姓家”。二是“七个一”专题活动。区委党史研究室编撰《中国共产党大同市平城区历史》由中国文史出版社正式出版；中共大同市平城区光辉历史展厅挂牌开展；在清明节、烈士纪念日开展缅怀先烈、祭扫烈士纪念陵园活动；举办“光影照初心 红色耀平城”银幕上的共产党人电影文献资料主题展；表彰“两优一先”先进典型并作为宣讲团成员深入基层宣讲；在全区开展党史知识竞赛；“庆祝中国共产党成立100周年”主题征文活动共收到征文作品400多件评选颁奖并刊登汇编；开展“学党史 悟思想 办实事 开新局”党史学习教育主题宣讲大赛。三是群众性文化活动。以庆祝中国共产党成立100周年为主线，区、街道、社区（村）三级联动，讲好党的故事；先后开展“春满古都·又见平城”2021群众文化系列活动、“学党史、颂党恩、跟党走”文艺汇演、歌舞展演、主题演讲、歌咏比赛、“红色记忆”器乐展演、长征经典音乐会等群众性活动，推动党史学习教育深入群众、深入基层、深入人心；古城街道依托其辖区内文化旅游资源，以“红色+”模式，助推党史学习教育与文化旅游发展深度融合。四是党史进校园活动。全区教育系统将党史学习教育融入中小学校思政课中，打磨“党史进课堂”精品校本教材系列读本，以“童心向党”为主题组织开展教育实践活动；在御河小学校打造党史长廊，并举行“党史解说员”竞选；在大同大学附属小学开展学生进社区环保宣传、课本剧展演、师生书画展等活动，在广大师生中引深文化传承，厚植红色基因。

四、抓好“三个环节”，学习教育走深走实

1.安排部署环节。2月22日，平城区召开党史学

习教育部署会，全区上下将思想和行动高度统一到中央决策部署上，结合学习贯彻习近平新时代中国特色社会主义思想、结合贯彻落实习近平总书记重要讲话重要指示、结合全区党建“双百工程”、结合区情和中心工作，定目标、明任务、履责任，务求党史学习教育高质量推进。会后，全区各部门各单位及时召开部署会，结合各自领域和职能实际，精心谋划，细化措施，全区党史学习教育全面铺开。

2.“七一”关键环节。7 月 1 日，区四套班子领导收看庆祝中国共产党成立 100 周年大会电视实况直播，区属各部门各单位同时组织党员干部集中收看。次日区委中心组召开庆祝中国共产党成立 100 周年座谈会，重温党的光辉历史，展望平城发展的光明前景，与区退休老干部、“两优一先”代表进行座谈交流；中心组成员围绕习近平总书记“七一”重要讲话精神开展交流研讨，各级党组织相继安排深入学习交流；整合全区党史专家资源，组建学习贯彻习近平总书记“七一”重要讲话精神宣讲团开展专题宣讲；全区上下把学习贯彻习近平总书记“七一”重要讲话作为党史学习教育新阶段理论武装的重中之重，迅速兴起学习贯彻“七一”重要讲话精神的高潮。

3. 对标提质环节。按照中央、省、市党史学习教育统一安排，平城区各基层党组织于 7 月上旬至 8 月中旬，召开党史学习教育专题组织生活会，区领导均以普通党员身份参加所在党支部专题组织生活会。会前各支部组织党员认真学习习近平总书记在党史教育动员大会上的重要讲话和在庆祝中国共产党成立 100 周年大会上的重要讲话，严格按照规定程序，深入全面交心谈心，对标要求、联系实际进行盘点检视，讲收获，找差距，开展批评和自我批评，真正达到“红脸出汗”的效果，针对查摆出来的问题，各党支部和党员干部进一步明确整改事项、措施和时限，建立清单，作出承诺，逐项改进提高。通过“严、实、细”的高标准查摆整改，全区党史学习教育实现跨越式提升。

五、依托“五个平台”，舆论引导凝心聚力

充分发挥“报、网、端、微、屏”五个平台优势，全方位做好党史学习教育舆论宣传。一是拓展广度深度。按照“1 个矩阵 +2 个群体 +3 个精品”的党史学习教育宣传思路，发挥区属新媒体矩阵效应，开辟专题、专栏、专版，深入采访、深度报道，发挥讲师团成员和文明志愿者的扩大效应，依托“平城新闻”“平城故事”“平城在线”开设“党史学习教育”精品专栏专题系列节目，推出在线党史精品课程，全方位深入报道学习教育进展。打通网络新闻媒体、政务发布、商业媒体发布渠道，对全区开展党史学习教育重点稿件进行全网推送。加大与中央和省级媒体合作，强化对外宣传力度，在中央级媒体发稿 300 条，省级主流媒体发稿 1350 条，市级媒体发稿 1700 条，《平城在线》发布 365 期、2820 篇推文，今日头条平城在线栏目发布文章 2820 篇，平城在线抖音官方账号发布视频 60 条。二是注重典型引路。打造党史学习教育示范点，以“两优一先”党员和基层党组织为榜样，对党史学习教育中涌现出的优秀典型进行深入跟踪报道；对便民利民解难题、用心用情办实事的典型事例进行深度报道，带动全区党史学习教育提质增效。三是营造社会氛围。在城乡公共场所开展公益宣传，播放党史学习教育宣传标语，在街道、社区（村）开辟党史学习教育宣传栏，各基层党组织根据实际设计党史学习教育布局，实现全区党史学习教育宣传氛围全覆盖；举办“书香平城”全民阅读系列活动，邀请全国读书会联盟知名人士分享感悟伟大精神力量的阅读体会，在全区掀起“四史”学习新高潮。

六、聚焦“十项行动”，惠民实事落地见效

始终将“我为群众办实事”作为党史学习教育的着力点和落脚点，紧紧围绕全区发展目标和群众所需所盼，制定行动方案，通过转型升级、乡村振兴、民生普惠等 10 项行动，切实解决基层的困难事、群众的烦心事。全区县级领导列入清单办实事项目 144 件，其中完成 142 件，基层单位列入清单的办实事项目

3410件，其中完成3390件。聚焦转型升级，为企业纾难解困，挖掘营销潜力，深化国有企业改革，激发文旅融合发展潜能，开展服务业提质增效行动；结合全区工业产业集群特点，以中车集团大同公司本部为龙头，以其集团企业为主干，以规模以下企业为血脉，整合企业技术、资源、设备、人才、品牌优势，打造平城区装备制造业合作平台；2021年申报战略性新兴产业企业5家，组织规模以上工业企业参加创新理论知识培训2次。聚焦乡村振兴提质，以实现农村精美治理为目标，开展农村人居环境“六乱”整治百日攻坚行动；以“道路沿线两侧、村中街巷、田间地头、房前屋后、庭院内外”为整治重点，以“一拆三清一改”为抓手，组织实施村庄清洁；全区48个行政村均已建立村庄清洁监督机制，均已纳入城乡一体化环境卫生管护制度。聚焦民生普惠，围绕“一老一小一青壮”，建设社区养老服务站38个，认定普惠性民办幼儿园务6所，新改扩建幼儿园6所；全区各部门立足职能，以真招实策为民解难，有效提升群众满意度与幸福感，如区人民检察院推进“三类”案件听证工作，以听证促公开、以公开促公正、以公正促廉政；振华街道制定“1330”服务群众基层一线抓落实工作法，解决辖区群众最急、最忧、最怕的问题，提升基层治理能力和治理水平；区房产服务中心组织党员干部深入104个小区施工现场推进小区改造工程。聚焦项目建设，对接浙江恒太集团、中交第四公路工程局开展商务合作，推动大同万向城产业孵化创新体项目，与五矿证券、中国农业银行大同市分行战略合作，与曲江文旅合作举办群众文化系列活动；与在建项目单位建立常态化联络机制，建立健全项目建设协调机制，做好项目跟踪调度。2021年建设库项目190个，总投资809亿元，年度计划投资217亿元，截至9月底，累计投资120.55亿元；竣工库项目26个，总投资68.83亿元，年度计划投资22.81亿元，本年累计完成投资19.08亿元。聚焦政务优化，与大同交通广播联袂打造8期《直播平城政务》栏目；以“最多跑一次”为原则，将企业、群众需跨部门、跨窗口办理的“一揽子”事项优化整合，打造由31项“一件事”审批形成的套餐服务清单，行政审批时限在原有基础上再压缩30%以上，审批效率提高40%，网办率98%；在行政审批大厅新增2个办事窗口，缩减群众等待时间，增设“办不成事找我”窗口，由局带班领导两人一天解决群众痛点难点问题；区商务局通过召开企业座谈会、基层调研等，了解企业经营状况，精准施策助力企业发展；区审批局与山东惠民县签署《政务服务“跨省通办”联动机制合作框架协议》，携手为群众提供“就近办”政务服务，满足异地办事需求。聚焦矛盾纠纷化解，以平安平城建设为抓手，率先开展网格化管理，1196名网格员充实到基层工作一线，推动社会治理重心向基层下移；全区各街道、成员单位密切配合，综合运用多种手段解决群众诉求，健全社会治安防控体系，强化安全隐患排查，社会安全感和群众满意度不断提高。聚焦党员志愿服务，依托平城区新时代文明实践中心，18个新时代文明实践所、178个新时代文明实践站，组建以区委书记为总队长，各街道党工委书记、各部门主要负责人、各村（社区）支部书记为分队长的新时代文明实践志愿服务队。成立志愿服务队265支，培育精品服务项目38个。包括在职党员、科技能人、“五老”人员、退休文化工作者、先进人物、道德模范、文艺工作者、大学生志愿者、创业返乡人员等在内在志愿者，在政策宣传、疫情防控、环境保护、助老帮困、应急救援、文化建设等领域，为群众提供暖心服务，形成一批有亮点的新时代文明实践服务品牌项目。聚焦基层减负，严格落实中央八项规定精神，规范基层责任权限，为基层减负赋能，严格控制督查检查考核总量和频次，实行计划管理，精简整合督查项目；制定网格化服务管理相关制度，以“平城网格通”为统领、以全科网格为支撑，以永泰街道为试点，做到“五必访、四必问”，动态掌握“人、地、物、事、组织”各项基础信息。聚焦生态环保行动，持续开展清洁取暖改造、露天烧烤餐饮业油烟治理、建筑施工工地扬尘管控、城市市容市貌改善、水环境综合治理等工作，减污降碳、协同治理、综合施策、精准治污，全年优良天数 314 天（最终数据以省厅核定为准），优良比例 86%，环境空气质量基本达到国家二级标准，国控红卫桥断面水体达到Ⅳ类水质（最终数据以省厅核定为准），呈现出绿色宜居的平城区生态美景。聚焦城市精细化管理，区委区政府成立城市精细化管理总指挥部，由区委书记、区长任总指挥，设立 7 个城市精细化管理分指挥部，集结各方力量，解决城市环境顽疾；深化“街道吹哨、部门报到”联动机制，形成政府主导、社会参与的“大城管”格局；按照“疏堵结合、标本兼治、尊重民生、兼顾市容”的原则，刚柔并济，对流动摊贩占道经营进行专项整治，在解决占道经营问题的同时最大限度地方便群众生活，开启城市精细化管理的新篇章。

党史学习教育开展以来，平城区通过健全组织体系、落实有力措施、拓展专题活动、融合为民实事，在学习教育和实事解难中不断取得显著成效，但对标中央和省、市委党史学习教育要求，在学习教育效果、区域特色、实事成效等方面还有差距。本着立行即改，补齐短板弱项，更高标准谋划、更高质量推进。在党史学习教育上“求深”，在为民办事上“求实”，在活动形式上“求活”，在整改提升上“求效”，举一反三查找差距，对标对表全面整改，继续深入学习贯彻落实“七一”重要讲话精神、十九届六中全会精神、省第十二次党代会、市第十六次党代会精神，必须坚持党的基本理论、基本路线、基本方略，坚决拥护“两个确立”，进一步增强“四个意识”、坚定“四个自信”、做到“两个维护”。

在全党开展党史学习教育，是党中央立足百年党史新起点、着眼开创事业发展新局面作出的一项重大战略决策。12 月 24 日，党中央召开党史学习教育总结会议，习近平总书记作出重要指示，从政治和全局的高度，深刻阐明开展党史学习教育的重大意义，充分肯定党史学习教育的显著成效和重大成果，对深入学习贯彻党的十九届六中全会精神、推动党史学习教育常态化长效化提出明确要求，为总结好、巩固好、拓展好党史学习教育提供重要遵循。我们要深入学习领会、坚决贯彻落实。要巩固提升党史学习教育成果，全面总结我区党史学习教育工作成效、经验做法，建立常态化、长效化制度机制，特别是要按时序进度推进“我为群众办实事”重点项目，同时对已经完成的项目进行再检点，确保见到实效。

平城区作为全市“首善之区”和“一核三区”融合发展的核心，把党史学习教育“我为群众办实事”实践活动同创建全国文明城市、与“双百工程”深度融合，充分发挥全区各部门职能优势，真抓实干，久久为功，把党史学习教育成果转化为经得起实践、人民和历史检验的实际成效，确保党史学习教育劲头不松、标准不降、力度不减，不断推进党史学习教育取得新突破。切实将党史学习教育成果转化为，助推大同全方位高质量发展，奋力谱写现代化大同“首善之区”建设新篇章，以实际行动迎接党的二十大胜利召开。

1月

5日

◆平城区第十小学邀请古文字学研究专家、北京教育出版社《小学生说文解字》主编李鹏飞到学校讲学。

6日

◆平城区委召开统一战线成员座谈会。区委书记李继忠，区委副书记、区长唐胜出席。与会代表围绕“十四五”规划编制和平城区经济社会发展的重大问题建言献策。

◆平城区文化馆在水泉湾龙园社区举办分馆授牌仪式，为新建南路街道、南关街道、振华南街街道、新建北路街道、北关街道及南街街道等22家分馆授牌。

22日

◆平城区委一届七次全体会议暨平城区委经济工作会议召开。李继忠代表区委常委会作工作报告，唐胜安排部署2021年经济工作。会议审议通过《中共大同市平城区委关于制定国民经济和社会发展第十四个五年规划和二〇三五年远景目标的建议》，表决通过《中共大同市平城区委关于实施百项行动牵引和百家组织示范工程奋力蹚出基层党建科学化基层治理现代化新路的意见（试行）》等。

30日

◆由平城区委宣传部主办，市美术家协会、市书法家协会、市连环画收藏促进会协办的“年味城”活动在平城区举行。

同月

◆由中国航天基金会主办、平城区科协组织开展的“少年强国·太空筑梦”全国航天科普校园行公益活动（大同站）到大同市10所小学开展航天知识科普活动。该活动分为太空知识讲座、航模展示及太空相关知识体验活动三部分。

◆平城区委政法委纪律作风督查组联合区公安分局和司法局开展平城区政法系统2020年下半年度纪律作风督查情况通报存在的问题“回头看”活动。

◆平城区开源街道民和社区被国家卫健委、全国老龄办授予“全国敬老文明号”称号。

2月

3日

◆由平城区委宣传部、大同市连环画收藏促进会共同举办的以“奋斗百年路 启航新征程”为主题的“连环画中的红色平城故事”在线上展出。

4日

◆平城区市场监督管理局主要针对食品、药品和特种设备对平城区内的企业、药房、超市等各大小经营门店，开展为期一周的大检查。出动600余人次，查验1000余家商户。

10日

◆区委书记李继忠一行到“全国文明家庭”孙秀兰家中慰问，与孙秀兰一家拉家常、包饺子、话新春，为他们送上新春问候和慰问品、慰问金。

19日

◆平城区纪委一届四次全体会议召开。会议听取《推动新时代纪检监察工作高质量发展 为平城“四区建设”战略提供坚强保障》的工作报告。

22日

◆平城区党史学习教育部署会召开。会议传达学习习近平总书记在党史学习教育动员大会上的重要讲话精神及全省、全市部署会议精神。

25日

◆平城区人民政府与五矿证券、中国农业银行大同市分行签署合作框架协议。五矿证券协助平城区开展资产整合及后续地方国有企业（有道公司）的直接债务融资工作，意向两年融资不少于50亿元；未来五年内，农行大同市分行倾斜不少于50亿元的意向性融资额度，在实体经济、普惠金融、乡村振兴、智慧政务、民生服务、文化旅游等领域与平城区开展合作。

同月

◆由平城区委宣传部主办，市美术家协会、市书法家协会、市连环画收藏促进会协办的“年味平城”系列年画展在平城区大十字街五龙巷社区内展出，共展出4个主题100余幅年画作品。

◆平城区委印发《关于落实中央和省市区委巡视巡察反馈意见整改工作“回头看”的实施方案》，全区各级党组织开展巡视巡察整改工作“回头看”。

3月

3日

◆平城区“学党史、悟思想、办实事、开新局”专题讲座在区党群服务中心举办。讲座邀请原中共大同市委党史办主任景京授课。

◆平城区残联围绕“人人享有听力健康”主题，联合大同市第一人民医院开展线下宣传教育活动，并结合新媒体方式开展线上宣传。

8日

◆平城区妇联开展“庆三八、送温暖、系真情”慰问环卫工活动，为平城区环卫处清洁一公司的环卫女工送去节日祝福和“娘家人”关心。

9日

◆平城区扫黑除恶专项斗争常态化暨“三零”单位创建主题宣传活动在星茂汇广场举行，向群众普及扫黑除恶和“三零”单位创建相关知识，发放宣传彩页及“扫黑除恶”纪念品2000余份。

15日

◆大同市市场监督管理局（市知识产权局）、平城区市场监督管理局联合主办主题为“守护安全 畅通消费”的“3·15”国际消费者权益日主题活动。

18日

◆平城区人民检察院联合中国工商银行平城区支行、中国农业银行在迎宾广场开展反洗钱相关法律知识主题宣传活动。活动发放宣传资料400余份，制作专题展板12块，现场解答群众问题100余人次。

20日

◆大同市政法委和平城区政法委联合在明堂公园南门举行全市防范非法集资、电信网络诈骗现场宣传活动。

22日

◆由平城区行政审批服务管理局和大同交通广播共同打造的《直通平城政务》栏目开播，播放时间为每周一早晨8时30分至9时时段，邀请平城区行政审批服务管理局专业人士在直播间与听众互动。

26日至28日

◆中国共产党大同市平城区第二次代表大会在大同大剧院举行。李继忠代表中国共产党大同市平城区第一届委员会向大会作题为《打造核心区 构筑新高地 奋力谱写“十四五”转型出雏型平城篇章》工作报告。余儒代表中国共产党大同市平城区纪律检查委员会作题为《坚守初心使命 忠诚履职尽责——为平城“十四五”转型出雏形提供坚强保障》工作报告。

28日

◆中国共产党大同市平城区第二届委员会举行第一次全体会议。全会选举产生中国共产党大同市平城区第二届委员会常务委员会委员，李继忠当选区委书记，郭政、郭雁明当选区委副书记。表决通过区纪委二届一次全体会议选举产生的领导机构，余儒当选区纪委书记。

4月

1日

◆“春满古都·又见平城”2021群众文化系列活动在华严寺广场启动。此次活动由平城区人民政府主办，持续至5月5日。活动分4个主题区域，结合21组灯组，在华严寺广场、纯阳宫广场、鼓楼东街等处开展文艺演出、民俗展示等活动。

◆平城区御河小学水泊寺分校开展主题为“做党的好孩子，为中华民族振兴时刻准备着”庆祝中国共产党成立一百周年校园系列活动。李继忠等领导与孩子一同参加活动启动仪式。

6日至8日

◆中国人民政治协商会议第二届大同市平城区委员会第一次会议举行。会议选举产生政协第二届大同市平城区委员会领导机构。赵世彪当选政协第二届大同市平城区委员会主席。

7日

◆民营企业助力平城区经济发展专题讨论会召开。李继忠、代区长郭政出席会议并讲话，为区人大代表民营企业联谊会颁发“会长讲堂授课创新奖”。民营企业代表围绕商贸、医疗、文旅等产业情况交流发言。

7日至9日

◆大同市平城区第二届人民代表大会第一次会议在大同大剧院举行。会议表决通过平城区政府工作报告、“十四五”规划和二〇三五年远景目标纲要、国民经济和社会发展计划、财政预算、人大常委会工作报告、人民法院工作报告、人民检察院工作报告，选举产生新的领导机构和人员，票决出2021年10件民生实事项目。

10日

◆平城区高素质农民技能提升培训班在马军营街道和御河街道开班。

13日

◆党史学习教育市委宣讲团平城区专场报告会举行。区四套班子领导出席会议。

◆平城区召开事业单位改革动员会。会议传达《大同市平城区深化事业单位改革实施方案》《关于做好区直事业单位重塑性改革中单位和人员转隶工作的通知》等。

15日

◆由平城区委主办的书香平城大讲堂之党史学习教育系列之“进军营讲党史 传承红色基因”主题活动在平城区人民武装部举办。老党员现场讲述亲身经历的革命故事。

◆平城区省、市、区三级“专家团队”包联服务活动工作小组对接会召开。平城区“专家团队”服务工作小组组长、山西省畜牧兽医学校高级畜牧师贺晓燕围绕中央一号文件、《山西省农业农村厅关于组织专家团队项目工队营销战队开展包联服务的通知》等开展解读宣讲。

19日至26日

◆由平城区市场监管局主办的主题为“全面加强知识产权保护推动构建新发展格局”的知识产权宣传周活动在平城区举行。

22日

◆平城区与灵丘县共蹚转型新路、共促乡村振兴战略合作协议签约仪式在灵丘县举行。

23日

◆由平城区文旅局主办的大同市平城区全民阅读系列活动暨藏书票艺术展在府文庙启动，并为来自全国各地的专家学者颁发“平城区全民阅读推广大使聘书”。

25日

◆由平城区委宣传部、共青团平城委、古城街道党工委主办的“红色耀平城·青年永传承——学党史、强信念、跟党走”主题图片展在和阳美术馆开展。展出红色革命连环画1000余册、宣传画和电影海报200余幅、经典主题图片200余幅。展览持续至5月5日，观众总数突破万人次。

27日

◆由平城区总工会、共青团大同平城区委员会、平城区妇女联合会联合主办的《庆祝中国共产党成立100周年“学党史、强信念、跟党走——青年奋斗者说”》竞演讲述活动总决赛举行。1人获一等奖，2人获二等奖，3人获三等奖。

5月

6日至8日

◆平城区委政法委联合区纪委

监委、区委组织部组成巡查工作组，对区政法各部门集中组织开展教育整顿队伍建设专项巡查工作。

7 日

◆在“世界红十字日”之际，平城区红十字会联合平城区迎宾街道办事处，在儿童公园西门广场举办“关爱生命 救在身边”主题红十字博爱周宣传活动启动仪式。活动旨在普及应急救护知识，推广红十字知识进社区。

8 日

◆“北魏历史文化名人传记丛书”首发暨研讨会启动仪式举行。活动由大同市委宣传部、平城区委、平城区政府主办，中国作协书记处书记邱华栋，北京大学教授罗新，山西作协党组书记、主席杜学文，大同市委常委、宣传部部长王铁梅，李继忠，郭政出席。11 位作家在云冈书城参加现场签售会，作者代表分别围绕各自的作品在研讨会上谈创作体会。

◆平城区 2021 年第一次政银企对接会召开。40 余家辖区金融机构代表、中小微企业代表及各商会代表参加。各金融机构负责人围绕平城区重点项目、民生服务领域银行支持政策，各企业代表围绕企业基本情况、取得的成效和面临的问题等方面发言。交通银行大同分行相关负责人向各代表推介“线上抵押贷”产品。

12 日

◆迎宾街道开展“防范化解灾害风险，筑牢安全发展基础”宣传活动，迎宾路社区、振兴街社区、永康路社区联合市越野 e 族救援队到大同市财会学校开展全国防灾减灾日宣传进校园活动，向学生讲解地震基础知识、学校地震应急疏散演练和地震预警等。

13 日

◆开源街道联合区环境卫生服务中心、区发改局等 9 家“党建联盟”单位在西河河村开展环境卫生综合治理行动，近 100 人参加。

◆平城区打击防范“非法集资、电信网络诈骗违法犯罪”工作推进会召开。李继忠出席并讲话，振华街道、马军营派出所、交通银行大同市分行、中国移动平城分公司相关负责人作表态发言。

14 日

◆由平城区委主办的书香平城大讲堂之党史学习教育系列之“进社区讲党史 传承红色基因”专题讲座在锦瑞文源社区举办。

17 日

◆平城区行政审批服务管理局颁出首张电子证照，平城区证照颁发进入电子时代。

◆平城区召开“大棚房”专项清理整治“回头看”城市精细化管理暨农村人居环境“六乱”整治百日攻坚专项行动工作部署会。李继忠出席并讲话。

18 日

◆由平城区文化和旅游局主办的“红领巾心向党 我与祖国共成长”红领巾艺术团历程回顾展暨校园培训基地授牌仪式在大同市和阳美术馆举行。李继忠等区领导为平城区十四校、十八校、三十二校、四十五校、二十三校、大同大学附属小学、御河小学 7 所小学颁发红领巾艺术团校园培训基地牌匾。

19 日

◆以“家庭医生 守护您健康的朋友”为主题的第 11 个“世界家庭医生日”暨基本公共卫生服务主题宣传活动在永泰广场举行。市、区卫健委工作人员和医务工作者 200 余人参加活动，免费义诊 2000 余人次，发放宣传资料 4000 余份。

◆平城区残联联合新旺街道及社区专职委员、爱耳眼科医院、厚德精神医院及盲人按摩店在明堂公园举行助残活动，宣传各类健康知识和残疾人普惠政策。

21 日至 27 日

◆由平城区商务局主办的 2021 年第二届世界“国际茶日”南方茶城茶文化节在平城区云中商城举行。

22 日

◆大同市公安局平城分局在柳港园小区 C 区开展反电诈“登门行动”宣传活动，走访宣传 1656 户，发放宣传资料 2300 余份，签订承诺书 1656 份。

24 日至 25 日

◆平城区市场监督管理局与市市场监督管理局、大同市第三人民医院、大同电视台在全区范围内开展化妆品安全科普宣传活动。500 人次参加讲座，发放宣传资料 700 余份，张贴宣传海报 200 余份。

27 日

◆由平城区总工会、共青团平

城区委、平城区妇联共同举办的“学党史、强信念、跟党走——青年奋斗者说”竞演讲述活动决赛在华北星社区党群服务中心举行。16名青年参加决赛讲述活动，评出一等奖1人、二等奖2人、三等奖3人。

27日至29日

◆平城区第二届中小学生田径运动会在平城中学举办。来自平城区所属中小学的42支代表队、661名运动员参加22个项目的比赛。

28日

◆2021年大同市暨平城区科技活动周落幕。活动主题为“百年回望：中国共产党领导科技发展”，由市科技局、市委宣传部、市科协、平城区政府共同主办。其间，平城区科技局联合大同大学创客空间到大同大学附属小学开展科技知识普及宣传，发放科普宣传手册400份，环保手提袋200个，捐赠“创客套件”10套。

◆平城区档案馆联合平城区第十八小学校在大同农业嘉年华举办“封存青春梦想 档案见证成长”主题活动，六年级近1000名学生把梦想以档案的方式记录并留存于平城区档案馆。

29日

◆平城区中小企业服务中心开展经济法律专题培训。

同月

◆平城区行政审批服务管理局在二楼大厅增设“办不成事找我”窗口，帮助企业、群众解决办事过程中遇到的困难。

6月

2日

◆由平城区文化和旅游局主办、永泰街道协办的平城区2021年群众文化惠民工程启动。

12日

◆平城区委、区政府在星茂汇广场举行打击治理非法集资、电信网络新型违法犯罪大型联合宣传活动，设17个街道分会场，2000余人同时参加宣传活动。

17日

◆平城区与东北大学“智库合作基地”揭牌仪式在大同赛城轨道交通设备有限责任公司举行。

18日

◆平城区委中心组召开（扩大）学习会议，邀请中国电影文学学会副会长、中国作家协会影视委员会副主任、《诗刊》编委黄亚洲围绕《〈中流击水〉红船精神》进行授课。

23日

◆文瀛湖街道举行“光荣在党50年”纪念章颁发仪式。向全街道58名党龄达50年的党员颁发纪念章，共同庆祝中国共产党成立100周年。

26日

◆平城区助老服务工程在迎宾街道和泰社区启动，该工程旨在为辖区老年人提供优质便捷养老服务，实现老年人“老有所依、老有所养、老有所乐”。

29日

◆平城区庆祝中国共产党成立100周年群众歌咏活动决赛在永泰门广场举行。活动由市委宣传部、市文旅局、平城区委主办，40余支队伍参赛，最终16支队伍进入决赛，决出一等奖队伍4支、二等奖队伍6支、三等奖队伍6支，2支展演队伍获特等奖。

◆平城区老年大学首家农村分校——老年大学石家寨村分校挂牌成立。

30日

◆水泊寺街道庆祝中国共产党成立100周年“奋斗百年路 启航新征程”文艺晚会暨“光荣在党50年”勋章颁发仪式在恒大社区举行。

◆平城区作为全省推进基层社会工作服务站的试点县区，分别在开源街道民和社区、迎宾街道迎宾路社区、清远街道大齿社区、振华街道永宁社区成立4家试点社会工作服务站。

◆平城区新时代文明实践中心揭牌成立。

同月

◆平城区启动104个老旧小区改造工程。

◆平城区社会心理健康服务指导中心“1826”心理辅导站组织婚姻危机干预专家团队进驻平城区婚姻登记处。

7月

2日

◆由平城区委主办的“初心讲

堂”第一讲“伟大思想——马克思主义和马克思主义中国化”在平城区新时代文明实践中心开讲。

◆平城区庆祝中国共产党成立100周年座谈会召开。李继忠、郭政出席，退休老干部代表，全市、全区“两优一先”代表结合自身情况交流发言。

5日

◆平城区国家全域旅游示范区创建工作通过省文化和旅游厅的初审验收。

15日

◆水利部公布全国第四批节水型社会建设达标县（区）名单，在478个达标县（区）中平城区位列其中。

17日

◆平城区召开劳动模范表彰大会，表彰2017年以后平城区各行各业涌现出的先进集体和劳动模范。李继忠出席并为10个模范单位、10名劳模标兵、20个先进集体、90名劳动模范颁奖。

21日

◆全区巡察工作会议暨二届区委首轮巡察工作动员部署会召开。

22日

◆大同市平城区市场监督管理局在平城区大庆路街道睿和社区举行2021年“医疗器械安全宣传周”启动仪式暨“安全用械进社区”活动。

27日

◆平城区举行为立功受奖现役军人家属集中送喜报仪式。

30日

◆由平城区委宣传部、区文化和旅游局、区图书馆、大同市有道文化旅游产业投资有限公司共同举办的“书香平城”全民阅读系列活动在平城区新时代文明实践中心举行。

◆平城区考察组到北京开展省校合作考察对接，与清华大学国有资产管理研究院、龙德缘电力科技集团公司围绕省校合作事宜开展合作交流，考察为期三天。

同月

◆平城区开源街道民和社区党支部被中共山西省委授予“全省先进基层党组织”称号。

8月

16日

◆平城区退役军人服务中心与山西银行共同在区退役军人服务中心大厅内为义务兵家庭发放优待金。

21日

◆平城区创建全国文明城市办公室组成督导组分别到辖区部分重要创建点位，阶段性督导检查全区全国文明城市创建工作。

23日

◆大庆路街道桐城怡景楼宇党建联盟成立，涵盖楼内10家不同公司的党员。

27日

◆平城区召开扫黑除恶斗争领导小组第一次会议暨四大行业领域整治推进会。会议传达大同市推进会精神、平城区《关于常态化开展扫黑除恶斗争 巩固和深化专项斗争成果的实施方案》等文件精神，并围绕扫黑除恶专项斗争和政法队伍教育整顿涉黑涉恶案件线索倒查工作成果进行总结。

同月

◆平城区成立大同市第一家社区经济组织——民和社区服务有限公司。

◆平城区行政审批服务管理局与山东省滕州市开通“跨省通办”合作业务。双方签署《政务服务“跨省通办”联动机制合作框架协议》，两地群众可异地办理10项业务。

9月

1日

◆平城区举行抗震救灾桌面推演，应急管理部地震地质司组织国家检查组到现场指导，区抗震救灾指挥部成员单位23个单位参加和观摩演练。

8日

◆平城区共青团基层组织改革试点工作动员部署会召开。会议传达共青团中央、省有关共青团工作精神，解读《平城区共青团基层组织改革综合试点的工作举措》。

◆“书香平城”文化大讲堂系列活动在平城区教育系统开展党史学习教育“开学第一课”主题讲座。中共大同市委党校管理学教研室讲师李娜以“百年历史铸辉煌 砥砺初心向复兴”为主题授课。

10 日

◆平城区举行2021年教育工作会议暨庆祝第37个教师节表彰会。李继忠、郭政出席，会议对38个先进集体和572名优秀个人进行表彰。

◆平城区检察院驻平城区法院“支持起诉岗”活动运行。

◆大同平城双语学校在新校区举行庆祝第37个教师节暨新校区落成启用仪式。

12 日

◆“文化惠民，福享平城”送戏下乡主题演出活动在开源街道举行。

13 日

◆中共山西省委党史研究院调研组到平城区开展党史方志工作调研。

17 日

◆平城区招商引资推介会暨签约仪式举行，平城区与五家企业签约，签约金额12.59亿元，并与紫光股份有限公司签署战略框架协议。

◆山西省妇联调研组到平城区文瀛湖街道齐家坡村调研推进女性进村“两委”及妇联组织同步换届工作。

18 日

◆“勿忘国耻，振兴中华”纪念“九一八事变”89周年暨抗战胜利76周年活动在平城区党群服务中心举行。

20 日

◆平城区红十字会与博诚口腔医院联合开展“我为群众办实事”免费种植牙公益活动，博诚口腔医院向平城区红十字会捐赠种植牙1000颗。

22 日

◆以“古都沃土庆丰收、平城农民感党恩”为主题的平城区2021年农民丰收节暨招商引资推介会项目签约仪式在平城区农业嘉年华举行。李继忠、郭政出席。

◆全国农业科技成果转移服务中心、国家种业科技成果产权交易中心大同分中心在平城区揭牌。

23 日

◆平城区统计局举办“赓续红色血脉 奋进统计未来”为主题的第十二届“中国统计开放日”活动。

27 日

◆由大同市平城区总工会主办的平城区喜迎国庆文艺演出在万达广场举行。

30 日

◆平城区区四套班子领导到烈士陵园，与平城区社会各界人士代表一起，向烈士敬献花篮，缅怀烈士丰功伟绩。

◆平城区创建全国文明城市办公室检查组实地督导全区全国文明城市创建工作。

◆平城区“庆祝中国共产党成立100周年”主题征文活动颁奖仪式在平城区新时代文明实践中心举行，从412篇征文稿件中评选出优秀入围作品51篇，优秀组织单位16家。

10月

11 日

◆2021年国家网络安全宣传周活动在平城区启动。活动由平城区委网信办主办，区保密局、团区委、区工会、区妇联、区教育局、区工信局、区政府信息网络中心共同举办，以“网络安全为人民，网络安全靠人民”主题，通过线上线下、主会场+分会场相结合的方式开展。

18 日

◆中共平城区委党校新校区揭牌。党校新校区坐落于御河街道东河河村南，距离市中心3.50千米，校园占地3.33万平方米，设计总建筑面积1.37万平方米，设教学楼、公寓楼、餐厅、阶梯式报告厅等功能室。

19 日

◆大同市价格认定监测中心驻大同市平城区人民法院价格争议纠纷调解室成立。

◆国家卫健委、全国老龄办公布2021年全国示范性老年友好型社区名单，平城区民和社区、卫星里社区入选。

22 日

◆中华慈善总会“中慈爱心图书室”落户平城区第十八小学校。

31 日

◆由中共大同市平城区委宣传部、大同市平城区文化和旅游局、大同市平城区文学艺术界联合会、大同市美术馆联合杭州西子画院共同主办的“向人民汇报——西子墨韵中国画大画巡展”在大同市美术馆开展，展出杭州西子画院艺术家创作的中国画大画作品44幅，展期持续到11月30日。

11月

1日

◆平城区举行综合执法力量下沉启动仪式。李继忠出席。

10日

◆洪洞县考察团到平城区观摩考察“村改社区”治理体制改革工作并召开座谈会。

15日

◆大同市平城区人民法院马军营人民法庭揭牌。

16日

◆平城区2021年河长制工作会议暨河长制培训开班。市直单位、企业、区直河长成员单位、街道河长、村级河长参加河长培训。

18日

◆平城区举办第六期学习贯彻习近平新时代中国特色社会主义思想读书班暨党史学习教育专题读书班。李继忠出席开班仪式。

18日至19日

◆平城区人大常委会举办第二届人大代表履职能力培训会。区二届人大代表、区人大机关工作人员、各街道人大工作联络员300余人参加培训。此次培训分两期集中轮训全区人大代表。

19日

◆平城区统计局举办全区劳动力调查业务培训班。区统计局人口与劳动力调查业务组组长、12个街道统计站长及劳动力调查员参加培训。

25日

◆平城区特教学校心系特教·爱心助学捐赠活动举行。市委副书记、政法委书记艾凌宇，市政协副主席、市工商联主席刘若亮，市政协副主席、平城区委书记李继忠出席活动并为康复功能室揭牌。同药集团有限公司及大同市伟业制衣有限责任公司分别为平城区特教学校捐赠康复功能室、御寒校服等爱心物资。

26日

◆平城区人大常委会召开区人大代表“五大场馆”（市体育中心、大剧院、博物馆、美术馆、图书馆）现场观摩会。区各街道人大工委主任、区二届人大代表130余人参加观摩。

12月

1日

◆大同市平城区城市管理局会同区司法局，对下沉至各街道的171名事业编制综合执法人员开展业务培训。

◆平城区人民检察院首次通过中国检察听证网，对公安机关移送审查起诉的一起故意伤害案拟作出不起诉决定举行网络直播公开听证。

4日

◆平城区举行国家宪法日法治宣传活动。来自平城区公、检、法等20个部门的普法人员组成普法队伍，在活动现场集中普法。现场发放各类宣传资料1000余份，展示宣传展板4个，接待群众法律咨询100余人次。

7日

◆工业和信息化部公示2021年度国家小型微型企业创业创新示范基地名单，大同云中购双创基地入选。

8日

◆共青团大同市平城区委举行青年创新创业协会第一次会员大会暨成立大会。会议审议通过《大同市平城区青年创新创业协会章程》，选举产生协会会长、执行会长、副会长、秘书长和副秘书长，发布平城青年创新创业协会识别系统。

10日

◆市委宣讲团到平城区为全区党员干部作党的十九届六中全会精神、省第十二次党代会精神和市第十六次党代会精神宣讲报告。

◆平城区召开土地和房屋征收冬季行动动员会。李继忠、郭政出席，新华街道、永泰街道、鹿苑街道负责人现场签订责任状。18个街道及相关单位主要负责人参加会议。

◆平城区司法局联合区人民法院组织开展区直各部门领导干部旁听庭审活动，20余名科级领导干部参加旁听庭审。

17 日

◆区政协组织政协新阶层界别开展慰问环卫工人公益活动，为50名环卫工人发放米、面、油等慰问品7500余元。

23 日

◆平城区举行2021年“现代服务业”专题招商引资推介会暨项目签约仪式，郭政出席。平城区与源茂街“万达广场”、清远小院、古城钓鱼台文化酒店、大数据智慧服务基地4个项目签约，签约总额2.55亿元。

24 日

◆平城区婚姻家庭矛盾纠纷调解中心挂牌成立。

◆平城区人民政府行政复议局举行揭牌仪式。

◆平城区第二届“亮家风、传家训、扬美德”演讲比赛决赛在区新时代文明实践中心举行。此次比赛决出一等奖1名，二等奖2名，三等奖3名，优秀奖3名。

27 日

◆由大同市平城区人民政府、大同大学外国语学院、大同沃飞科技有限公司联合举办的“校友招商引才基地”签约暨授牌仪式在平城区举行。大同大学外国语学院被授予“平城区校友招商引才基地”，沃飞科技有限公司被授予“平城区校友招商引才示范点”。区商务局、大同大学外国语学院、大同沃飞科技有限公司分别代表政府、学校和企业三方签署《校友招商引才合作框架协议》。

◆平城区召开高速卡口防疫站点组织体系部署会议。

28 日

◆新旺街道开展全员核酸检测采样实景模拟演练。新旺街道疫情防控领导组全体成员及各村、社区书记、主任，17个街道负责疫情防控工作人员参加。

29 日

◆平城区民营企业座谈会召开。李继忠、郭政出席。会议传达2021年中央经济工作会议、省第十二届二次全会暨省委经济工作会议精神，通报2021年全区经济运行情况。

◆平城区“双百工程”记者行活动启动，新华社、《山西日报》、山西新闻网、《大同日报》等10余家媒体记者到基层，聚焦平城区“双百工程”成果、亮点、经验，讲述大同市基层党建科学化、基层治理现代化的“平城故事”。

31 日

◆平城书院在古城铂蓝·五龙巷揭匾。平城书院是平城区人大代表民营企业联谊会的工作站，所处位置为古县学旧址。

◆2022年“满韵古都 首善平城”迎春书画摄影艺术展在大同市雕塑博物馆开展。此次活动由平城区委、区政府主办，区委宣传部、区文化和旅游局、区文联、大同市雕塑博物馆承办。展出绘画、书法、摄影作品各100幅，展览分“春、善、韵、忆”4个主题板块。

同月

◆灵丘县新时代文明实践中心办公室组织新时代文明实践中心、所、站的志愿者代表、优秀志愿者，优秀项目负责人、道德模范100余人到平城区新时代文明实践中心考察学习。

◆平城区成为晋北地区第一家实现综治视联网区、街道、村（社区）三级全覆盖的县区。全区18个街道合理划分网格1736个。其中，“城市网格”1087个、“农村网格”174个、“专属网格”475个。先后投入3000余万元建成1个区级核心平台、18个街道及203个行政村（社区）子平台的三级综治视联网平台。（史志室）

区情概览

自然理地

【地理位置】 平城区位于大同市中部，北与新荣区古店镇接壤，东临大同市经济技术开发区，西至十里河，南至云冈区西韩岭乡。平城区是京包、同蒲两大铁路交会点，有大同站、大同南站两个火车站，是晋冀蒙三省（区）商贸交汇处，国家级历史文化名城中心区，是中共大同市委、市政府驻大同机关所在地，是大同市政治、经济、文化中心。平城区总面积243.68平方千米。（史志室）

【地形地貌】 平城区地势西北略高，东南稍低。坐落在大同盆地腹部，区内无高山丘陵，基本为平原地带，西北东三面环山，北部是阴山山脉，东南部是恒山山脉，西部是洪涛山山脉，境内平均海拔1040米。平城区在漫长的地质史上，经过各代构造变迁，形成比较复杂的地形地貌，其主要为丘陵洪积扇区和平川区，丘陵洪积扇区主要分布境内西北武周山地带，属黄土丘陵和石质丘陵，平川是整个大同盆地组成部分，总面积749.34平方千米，平城区面积占其32.52%，由西北向东南形成倾斜平原。平城区城西有七峰山、武周山，平均海拔1700米；城东部有马铺山、采凉山，最高峰海拔1830米；城北有方山，方山左右分切镇川水和得胜河；城西北有雷公山。御河（又称“浑水”）、十里河分别由北向南，自西转东南流经境内。（史志室）

【气候】 气温　平城区气候属温带大陆性季风气候区。春季气温回升快，平均气温6.50℃—9.10℃之间。因受季风影响，四季分明，多风沙半干旱。春季一般70天左右；夏季40天左右，平均气温19℃—21.80℃之间；秋季气温逐渐下降，平均气温5.80℃—8.40℃之间，69天左右。9月下旬出现霜冻，冬季比春夏秋三季漫长，有190余天，西北风吹入，日短天寒，平均气温-12.80℃—-6.30℃之间，温差较大，有时昼夜相差20℃之多，最冷1月，平均气温-11.30℃。全年最热7月，平均气温21.80℃。全年主要风向为西北风，初霜期较早，终霜期较晚，无霜期130—140天。

降水　平城区年平均降水量384毫米。春季平均56.08毫米，占年降水量14.60%；夏季平均降水量246.90毫米，占年降水量64.30%；秋季平均降水量72.96毫米，占年降水量19%；冬季平均降水量8.06毫米，占全年降水量2.10%。

光照　平城区年平均太阳辐射强度58.60万焦耳/厘米^2·分，最大年均太阳辐射强度62.79万焦耳/厘米^2·分，最小平均太阳辐射强度56.51万焦耳/厘米^2·分。5月、6月、7月的月均太阳辐射强度最大，为7.12万焦耳/厘米^2·分。12月、1月的月均辐射强度最小，为2.51万焦耳/厘米^2·分。四季太阳辐射强度，夏季（6—8月）最大，19.67万焦耳/厘米^2·分，占全年33%，春季（3—5月）次之，18万焦耳/厘米^2·分，秋季（9—11月）较小，12.56万焦耳/厘

米 ^{2}·分，冬季（12 月至次年 2 月）最小，10.05 万焦耳 / 厘米 ^{2}·分。日照时数平均 2822 小时。5 月日均日照时数最多，为 286 小时，12 月日均日照时数最小，为 186 小时。日平均气温稳定在 0℃以上为 3 月 15 日左右至 11 月 11 日左右。日平均气温稳定在 10℃以上为 4 月 18 日左右至 10 月 10 日左右。

干湿度　平城区平均相对湿度50%—56%。其中，夏季（7月）65%—68%；秋季（10月）50%—65%；冬季（12月）48%—52%；春季（4月）40%—44%。

（史志室）

自然资源

【土地资源】 2021 年，平城区各类土地利用情况为：农用地面积 7419.43 公顷，占土地总面积 30.45%；建设用地面积 12779.51 公顷，占土地总面积 52.44%；未利用地面积 4168.67 公顷，占土地总面积 17.11%。（区自然资源局）

【水资源】 2021 年，平城区周围主要河流是桑干河、御河、十里河。河川径流量 9000 万立方米，地下水资源 7000 万立方米。全区水资源总量 1 亿立方米，人均 250 立方米。（区自然资源局）

【草地资源】 2021 年，平城区草地面积 2497.30 公顷。草地类有低地草甸类、温性草原类 2 个大类，其中温性草原类草地面积 2002 公顷，占全区草地总面积的 80%，主要分布在马军营街道西北方向雷公山上。（区自然资源局）

【林地资源】 平城区国有森林资源总面积1113.40公顷。其中，有林地967.50公顷，灌木林地53.20公顷，其他林地92.70公顷。区内有国有林场1个，为采凉山森林公园，属市直国有林场，面积1067.50公顷。其中，国家级公益林343.70公顷，地方公益林723.80公顷。（区自然资源局）

【自然保护地资源】 平城区自然保护地资源分自然保护地和自然公园。其中，区内自然保护地为云冈国家森林公园的一部分，涉及云冈国家森林公园面积 2759.40 公顷，占全区面积 11.32%，且全部为一般控制区；区内自然公园只有文瀛湖省级湿地公园，总面积 674 公顷，属大同市园林绿化中心监管。

（区自然资源局）

【矿产资源】 平城区矿产资源相对匮乏，可开发的矿产资源有片麻岩矿种，资源储量 19.06 万立方米。（区自然资源局）

人文地理

【建置沿革】 战国平城区域为赵国平城邑。

秦置平城县，属雁门郡。

西汉时，其地处边郡，设置军事监护性质的东部都尉，治所驻平城县。新莽时改为平顺县。

东汉复名平城县，仍属雁门郡。东汉末，匈奴侵扰，郡县百姓流徙，其地遂空。建安二十年（215 年），曹操在今晋北地区设置新兴郡，招集边郡遗民，南迁平城县至新兴郡地，县治在今代县平城村。

西晋永嘉四年（310 年），封鲜卑拓跋猗卢为代公，以句注陉北之地予猗卢。时以盛乐为北都，平城为南都，自是平城亦称“代”或“代都”。

北魏天兴元年（398 年），拓跋珪定都平城（今平城区）即帝位，置司州、代尹，治所平城县。太和十八年（494 年），迁都洛阳后，改司州为恒州，代尹为代郡，仍治平城县。北魏末，六镇兵变，故都平城尽为丘墟，始属太平县地。

北齐属太平县地，天保七年（556 年），于故恒州置恒安镇，寻改镇为北恒州。

北周改太平县为云中县，复置恒安镇，隶北朔州总管府。今区境属云中县地。

隋开皇元年（581 年），改云中县为云内县。大业二年（606 年）属马邑郡。今区境属云内县地。

唐武德四年（621 年），复于故恒安镇置北恒州。七年，北恒州废。贞观十四年（640 年），于故云中县置定襄县。今区境属定襄县地。调露元年（679 年），在今区境置大同军。永淳元年（682 年），定襄县废。开元十八年（730 年），置云中县。二十年（732 年），为云州治所。天宝元年（742 年），改云州为云中郡。乾元二年（759年），复名云州。

后晋天福元年（936年），石敬瑭割燕云十六州与契丹，云州地属契丹。

辽重熙十三年（1044年），升云州为西京，置西京道大同府。十七年，析云中县地置大同县，为大同府治。

金改西京道为西京路，仍置大同府、大同县。

元至元二十五年（1288年），改西京路为大同路，隶属河东山西道宣慰司。至正十一年（1351年），置大同中书分省，治大同路，寻废。

明洪武二年（1369年），改大同路为大同府，治所大同县（今平城区）。府隶山西等处行中书省。九年，隶山西承宣布政使司。

清仍置大同府，治大同县（今平城区），隶属山西省。

1912年，废大同府，留大同县。1913年，置北路道，治大同县。1914年，改为雁门道。1927年，废雁门道，大同县直属山西省。1937年，属山西省第一行政区。

1937年10月15日，日伪政权“晋北自治政府”成立，隶属伪“蒙疆联合委员会”，统辖雁北13县。1939年9月，改为伪“晋北政厅”，隶属伪“蒙古联合自治政府”。1943年，改为伪“大同省公署”，隶属伪“蒙古自治邦政府”。1945年8月，阎锡山政府恢复原大同县建制。

中华人民共和国成立后，大同由县设市，隶属察哈尔省。大同市下辖5个区。在大同城内四隅和城关地区分别成立大同市一、二、三、四区。1950年3月，大同市辖4个区调整为3个区。1952年6月，大同市辖3个区调整为2个区。同年11月，大同市划归山西省。1954年2月，大同市一、二区合并，成立大同市市区。同年4月，大同市市区改称大同市城区。2018年2月，撤销大同市城区，设立平城区。辖3个乡、12个街道。2021年，平城区行政区划优化调整为18个街道。（史志室）

【历史人文】 平城区的大同古城，古称平城、云州、云中，辽代改称大同，曾是北魏京都，辽金陪都，明清重镇，处在内外长城之间，是北方的边陲重地，是胡汉文化交融的地方。平城地区从春秋战国时期赵武灵王二十六年（前300年）纳入赵国版图，建立雁门郡，置平城，奠定大同古城2300余年的文化名城史。区域内名胜古迹遗存众多，有国家级文物保护单位9处，省级文物保护单位15处。

北魏定都平城后，营宫室、建宗庙、立社稷、设太学，进行大规模京都建设。北魏平城是在汉朝平城县之基础扩建而成，它包括宫城、外城和郭城三个组成部分。外城方二十里，郭城周围三十二里，有门十二，“其郭城绕宫城南，悉筑为坊。坊开巷，坊大者容四五百家，小者六七十家”。在宫城内修建天文、天华、中天等皇家殿宇20余座，玄武楼、金华室、云母堂、凉风观等殿堂10余处，丰宫、紫宫、承华宫等宫室15处，以及华林园、永林园、永兴园等处皇家园林。国家重点文物保护单位平城遗址映现北魏京城的概貌。1995年发现北魏明堂遗址，在古城南向阳里街一带。北魏平城明堂是中国历史上四大明堂（汉长安城明堂、北魏平城明堂、唐洛阳紫微宫正殿、北宋汴梁明堂）之一，为魏孝文帝拓跋宏于太和十五年（491年）冬十月建成。2008年，明堂遗址保护修复被列入古城复兴工程，历时6年在北魏平城明堂遗址上修复完成明堂，成为平城区平城遗址的重要标志。

大同的源头文化和主流文化是魏都文化。北魏道武帝拓跋珪定都平城近一个世纪，平城成为长城内外民间往来、民族融合、文化交流、和睦相处之地，成为儒、释、道三教剧烈碰撞和相互交织之地，融合创新各种绚丽多彩的文化艺术，包括平城彩绘、魏宫舞乐、魏朝泥塑、魏碑书法、魏葬陶俑、魏都佛教、魏墓壁画、北魏石雕、北魏碑刻、北魏木板漆画、平城剪纸等。尤其是北魏创新的魏碑体系书法，是中国书法的重要组成部分，中国文字的基本结构塑型，中国美术字的主体应用源流。1965年，在平城区古城东石家寨挖掘的北魏琅琊康王司马金龙墓，出土有墓志，石雕帐座、贴金木兽头、陶俑、漆画屏风板、石棺床等各类珍贵文物450余件，尤其是5幅漆画屏风板，是魏晋时期的漆器珍品，也是北魏绘画史上的杰作，中国首批禁止出国（境）展览文物之一。

辽金政治鼎盛时期造就历史上大同文化艺术发展的又一高峰期。作为辽金两朝的西京，无论是建筑遗存、绘画技艺、雕塑艺术还是宗教文化、人文习俗、墓葬规制，均是中国辽金文化的活化石。今平城区区域内留下的辽金文化宝藏有古建筑华严寺、善化寺和古墓葬许从赟墓。元代大同五教俱兴，道教全真派曾在大同地区长期维持“设教者独全真家”的局面。位于大同古城内鼓楼西街的省级文物保护单位纯阳宫，是平城区也是大同现存的唯一一座道教全真派寺观。位于大同古城鼓楼东街的全国重点文物保护单位关帝庙大殿，其主殿是古城保留下来的唯一一座元代建筑。

作为明清时期的九边重镇，在其政治鼎盛期造就历史上大同文化艺术发展的第三个高峰期。因此，平城区区域内明清的名胜古迹遗存众多。明洪武五年（1372年）朱元璋派大将军徐达进驻大同，督率军民在辽、金、元土城的基础上增筑新的砖城，这就是现时的大同古城。古城面积3.28平方千米。古城城墙高14米，上宽12米，下宽18米，东西长1.80千米，南北长1.82千米，周长7.24千米，建有主城门四座，东曰和阳门，南曰永泰门，西曰清远门，北曰武定门。现大同古城墙为省级文物保护单位。明大同府城永泰街中段有鼓楼，清远街中段建有钟楼，武定街中段建有魁星楼，和阳街中段建有太平楼。龙壁是明清大同又一文化品牌，素有龙壁之城的美誉，现存龙壁13座之多。明洪武二十五年三月，朱元璋第十三子朱桂封为代王，迁大同，在府城东北隅建代王府。明崇祯十七年（1644年）毁于兵火，而王府前的照壁——九龙壁免于劫难，有幸被保存下来，成为全国重点文物保护单位。明清时期，大同教育别具一格。明代地方儒学主要类型是府学、州学、县学，山西行都司则于各卫所另设官学，平城区古城内东南隅府学门街的府文庙，就是明代的府学，是省级文物保护单位。位于平城区马军营街道十里店村西的全国重点文物保护单位省立第三中学旧址，其前身是大同知府刘瀛于清光绪三十一年（1905年）筹建的大同府中学堂，是大同最早的新式中学，1913年改建“山西省立第三中学校”，后学校几经变迁，现为大同师范高等专科学校所在地。明清两朝大同佛教、道教、伊斯兰教共同兴旺。其间，平城区区域内建不少庙宇。位于古城内和阳街的的省级文物保护单位法华寺，始建于明代，因年久失修，寺院殿宇毁坏，唯存法华寺塔。位于古城内正殿街的省级文物保护单位玄真观，其建筑台基始建于明洪武年间（1368年至1398年），台基上建筑为清代顺治年间增筑，是在代王府广智门旧址上新建的一座道观。位于古城清远街北侧的省级文物保护单位开化寺，始建于明代，毁于姜瓖兵变。清顺治十年（1653年）在遗址上重建，为佟公祠，以示纪念佟养量。位于古城西北隅的省级文物保护单位朝阳宫，始建于明弘治（1488年至1505年）年间，原名朝阳寺，为佛寺。后改为道院，为道教活动场所。1942年，由道姑张圆英接管住持，改名朝阳宫。位于古城清远街九楼巷的省级文物保护单位清真大寺，始建于唐贞观二年（628年），后毁于战火，明、清时期均有修缮。

平城区作为大同市的中心区，非物质文化遗产保护项目众多。大同的铜器历史悠久，工艺精湛，早在北魏时期，就享有盛名。唐宋以来，大同的铜器畅销全国。明清时期，大同的铸铜、制铜等工艺品相当繁盛。当时钟楼院巷街制铜作坊达数十家，均系技承父业，世代相传，故称铜匠街。在大同所有铜器中，铜火锅最为有名。铜火锅始于明朝初期，原本是百姓为抵御寒冷发明，其后流入京城，并被宫中选定为御用品。后把取火与用锅功能巧妙结合，成为搬到饭桌上的食具，逐渐成为著名的工艺品。大同铜火锅主要以手工锻造技艺闻名，锅身上精致形象的图案，成为大同铜火锅一绝。铜火锅仅装饰纹样就有200余种，各种花纹都用小锤、钢錾一点点錾成。大同铜器制作技艺国家级非物质文化遗产保护项目就有 8 项。位于平城区的大同耍孩儿剧团所唱耍孩儿，为国家级非物质文化遗产保护项目。耍孩儿又称咳咳腔，是以金、元时代盛行的“般涉调·耍孩儿”曲调为基础，并受其他戏曲音乐和民歌的影响发展起来的，流布于大同地区，其代表性传承人王斌祥、薛瑞红均为大同耍孩儿剧团演员。位于平城区的大同晋剧团所演唱的北路梆子，是以大同为中心，流行于晋北地区，俗称“大北路”，以舒展大方见长，在清末民初，处于极盛时期。2011 年列入国家级非物质文化遗产名录，其国家级代表性传承人张彩平为大同晋剧团团长。

大同转型发展的涅槃式嬗变，是从历史文化名城的保护复兴开始的。2008 年，市人大常委会作出《关于大同古城保护和修复的决定》，历史文化名城复兴工程全面启动。在持续开展大规模城市基础设施建设同时，以砖包修复明清古城墙为突破口，陆续开工修复护城河、华严寺、善化寺、文庙、关帝庙、清真大寺、明堂、法华寺、帝君庙、代王府、开化寺等庙宇古迹，修复四牌楼、钟楼、魁星楼、太平楼以及城墙上的各个城门楼、箭楼、月楼、望楼、角楼等标志性建筑。民居是古城的主体建筑，其最鲜明的特点是抱厦门、广亮门、垂花门门类齐全，均有遗存，门楼巍巍，门道悠悠，庭院深深；一进院、二进院、三进院、多进院、大杂院、四合院种类繁多，随处可见，成为古城的一大亮点。因此，古城保护也陆续修复鼓楼东西街等历史街区和古民居，其中李怀角 31 号院和赵承授故居修复后，成为省级文物重点保护单位。通过大同古城的保护和修复，历史文化名城的复兴，大同文化品位得到提升，使九大古都之一的大同成为闻名世界的文化之城、艺术之都、创意之市、朝圣之地、休闲之所。（史志室）

【行政区划】 2021 年，平城区按照《山西省人民政府关于同意大同市乡级行政区划调整的批复》文件精神，把 3 个乡、12 个街道调整为 18 个街道。重新划分设立的 18 个街道为：马军营街道、水泊寺街道、新旺街道、古城街道、永泰街道、武定街道、振华街道、御河街道、新华街道、鹿苑街道、开源街道、迎宾街道、清远街道、大庆路街道、卧虎湾街道、白登山街道、文瀛湖街道、小南头街道。管辖 155 个社区、48 个村。（史志室）

2021 年平城区行政区划一览表

表 4–1

街道	社区	村
马军营街道	3 个社区：绿洲西城社区、博学社区、军苑社区	9 个村：小石子、安家小村、上皇庄、下皇庄、阳和坡、马军营、十里店、十里铺、西水磨
水泊寺街道	7 个社区：重熙社区、永安社区、恒大社区、文源社区、文兴社区、永和社区、太和社区	2 个村：沙岭村、石家寨
新旺街道	15 个社区：安信社区、和信社区 、柳港园西院社区、柳港园东院社区 、柳港园南院社区、文博苑社区、向阳东街社区、工农路北社区、向阳西街社区、福寓苑社区、馨泰花园社区、工农路社区、御锦源社区、新泉东街社区、御河九号社区	1 个村：新泉村
古城街道	12 个社区：大十字社区、帅府社区、仁和美社区、雁塔社区、鼓楼社区、纯阳宫社区、华严寺社区、教场街社区、长青社区、兴云社区、和阳社区、云林社区	—
永泰街道	18 个社区：兴国寺社区、柳航里社区、永祥社区、泰安社区、光熙苑社区、平和社区、康吉社区、凯德世家社区、永昌里社区、府南街社区、御河南路社区、锦祥社区、友谊街社区、红旗里社区、水泉湾龙园社区、桥南社区、桥北社区、御馨花都社区	—

续表 4–1

街道	社区	村
武定街道	11 个社区：白泊洼社区、操场城西街社区、铁牛里社区、雁同西路社区、西马路社区、操场城东街社区、红卫里社区、安益园社区、岳翠园社区、御馨花城社区、御西苑社区	—
振华街道	12 个社区：新世纪社区、永宁社区、天胜雅园社区、迎春里社区、同泉里社区、育才社区、云泉里社区、大秦佳苑社区、幸福里社区、康乐里社区、建设里社区、和平社区	—
御河街道	2 个社区：青年路社区、青年路北社区	4 个村：七里村、智家堡、东河河、田村
新华街道	10 个社区：新悦社区、跃进街社区、东风园社区、局前社区、岳秀园社区、局西社区、局东社区、新华南街社区、卫星里社区、新桥社区	
鹿苑街道	5 个社区：站东社区、北辰社区、同丰社区、北苑社区、崇仁社区	2 个村：白马城、先锋村
开源街道	11 个社区：民和社区、民富社区、民谐社区、民泰社区、民康社区、民悦社区、民嘉社区、民华社区、民安社区、民德社区、民懋社区	1 个村：西河河
迎宾街道	15 个社区：齿欣社区、万城社区、迎宾路社区、理想城社区、北馨园社区、振兴街社区、振华南院社区、永安里社区、明珠社区、绿园社区、和泰社区、惠民南院社区、方圆社区、惠民里社区、华安社区	1 个村：周家店
清远街道	8 个社区：五星花园社区、五洲帝景社区、学府社区、惠达社区、大齿社区、苹果园社区、互助里社区、清远西街社区	2 个村：宋庄、五里店
大庆路街道	9 个社区：睿和社区、同兴街社区、文化东街社区、文化西街社区、企业街社区、庆丰社区、庆平社区、庆安社区、枫林逸景社区	2 个村：新添堡、房子村
卧虎湾街道	6 个社区：拥军路社区、桥西社区、山橡社区、鸿浩嘉园社区、城北社区、西苑社区	1 个村：陈庄
白登山街道	4 个社区：御东学府南社区，御东学府北社区，桐府社区，御华社区	11 个村：金家湾村，马家小村、泉寺头村、燕庄、西坟村、东坟村、梓家村、古城村、牛庄、肖家寨、海力村
文瀛湖街道	7 个社区：永固社区、西京社区、华北星社区、富力社区、学苑社区、瑞湖社区、文瀛社区	5 个村：马家堡、泗家庄、曹夫楼村、齐家坡村、水泊寺村
小南头街道	—	7 个村：寺儿村、西王庄、东王庄、小南头村、西谷庄、艾庄、塔儿村

人口 民族 宗教

【人口】 截至 2021 年底，平城区常住人口 112.12 万人，比上年增长 3.65%。其中，城镇人口 112.12 万人，无乡村人口；男性人口 55.92 万人，女性人口 56.20 万人。全年，平城区人口出生率 7.36‰，人口死亡率 3.71‰。

（于利忠）

【民族】 2021 年，平城区有少数民族 29 个，约 1 万人，有 1 个回族聚居村：御河街道田村。

（吴文志）

【宗教】 2021 年，平城区有佛教、道教、伊斯兰教、天主教、基督教五大教。全区有信教群众 4.58 万人，有正式登记、依法开放的宗教活动场所 38 处。其中，佛教场所 21 处、道教场所 6 处、伊斯兰教场所 2 处、天主教场所 2 处、基督教场所 7 处。有宗教教职人员 143 人。其中，佛教 79 人、道教 26 人、伊斯兰教 8 人、天主教 7 人、基督教 23 人。

（吴文志）

2021 年经济社会建设

【经济发展】 2021 年，平城区地区生产总值 483.64 亿元，同比增长 6.70%。一、二、三产占比 0.39 ∶ 21.75 ∶ 77.86。社会消费品零售总额 395.50 亿元，同比增长 16%。一般公共预算收入累计 9.80 亿元，同比增长 6.09%，增收 5608 万元，完成年初收入计划，超进度 1006 万元。全区粮食播种面积 2598.90 公顷，其中玉米 1512.05 公顷；粮食总产量 1548.04 万千克，其中玉米 1316.97 万千克；蔬菜播种面积 253 公顷，蔬菜及食用菌产量 1282 万千克。全区农牧业总产值 2.88 亿元，增长 12.44%。工业总产值（不含重汽、建泰）131.26 亿元，同比增长 8.71%；工业总产值（含重汽、建泰）148.97 亿元，同比增长 1.42%。规模以上工业增加值同比下降 2.50%。全区具有建筑业资质等级的总承包和专业承包建筑业企业完成建筑业总产值 121.74 亿元，较上年同比增长 11.90%。固定资产投资额 260.80 亿元，同比增长 20.50%。房地产开发投资 199.70 亿元，增长 40.10%；工业投资 3.70 亿元，下降 18.50%；基础设施投资 17.30 亿元，下降 20%；民间投资 208.30 亿元，增长 43%；平城区现代农业产业示范区投资 5.80 亿元，增长 19.80%；产业类投资 22.20 亿元，占固定资产投资总额 8.50%。房屋销售面积 241.30 万平方米，上年同期房屋销售面积 172.30 万平方米，同比增长 40.10%。（区统计局）

【政治建设】 2021 年，平城区坚持以习近平新时代中国特色社会主义思想为指导，深入贯彻新时代全面从严治党重要方略，贯彻落实党要管党、从严治党的工作要求，深入推进党风廉政建设，落实全面从严治党责任，不断提高履职尽责本领，提高战胜各种风险挑战能力，着力解决人民群众反映强烈的突出问题，推动从严管党治党各项工作落地见效，为平城“首善之区”建设提供坚强有力保障。全年传达学习中共十九届六中全会精神，重温学习习近平总书记视察山西重要讲话重要指示精神，学习贯彻省委第十二次党代会精神及市委第十六次党代会精神，学习贯彻省委常委、市委书记卢东亮在平城区调研精神。立足平城区域实际，开展“我为首善平城做贡献”大讨论活动，统一思想，转化成工作思路和具体举措。（李　军）

【文化卫生】 2021 年，平城区推进街道、村、社区文化站（中心）建设，实现 18 个街道文化站全覆盖，村（社区）文化综合服务中心覆盖 80%。加大资金投入力度，为华北星、景祥等村（社区）配备群众文化活动设施，新建 6 个街道、村（社区）图书馆分馆，全区图书馆分馆 25 个。启动 2021 年山西省群众文化惠民工程，开展送戏下乡村 100 场，文化惠民演出 520 场，举办广场舞大赛、民歌汇演、庆祝中国共产党成立 100 周年歌咏比赛、庆“六一”红领巾心向党文艺展演。成立红领巾艺术团学校培训基地 10 个，月培训学生 1500 人次。评选文艺小分队 35 支、文化带头人 38 位和能人艺人 18 位。全区有社区卫生服务中心 15 所、疾病预防控制中心 1 所、卫生监督所 1 所，执业（助理）医师 1843 人。

（区统计局）

【社会生活】 2021 年，平城区城镇新增就业人数 9366 人，失业人员再就业 4502 人，就业困难人员实现就业 2064 人，农村劳动力转移就业 1408 人。失业率控制在 4.5% 以内。城镇常住居民人均可支配收入 4.01 万元，同比增长 7.20%。农村常住居民人均可支配收入 2.03 万元，同比增长 10.90%。全年发放低保金 4653 户、325.90 万元。（区统计局）

【生态文明建设】 2021 年，平城区二级以上优良天数 315 天，优良天数比例 86.30%，大气治理实现预期目标。红卫桥国控断面水质自动监测站建设完成，水质类别为Ⅳ类、各项指标均达标，水环境质量显著改善。投入 3200 余万元对所辖约 300 余万平方米绿地实施精细化管护，同时补植行道树 5000 余株，绿化覆盖率逐年上升。生态治理能力进一步提升。（区统计局）

中国共产党平城区委员会

综 述

【概况】 2021年，平城区乡级行政区划调整，全区总面积243.68平方千米，常住人口112.12万人，辖18个街道，设155个社区、48个村。平城区委围绕“一核四区七高地”发展思路，统筹疫情防控和经济社会发展，全力做好“六稳”“六保”工作，推进“首善平城”建设。通过“我为群众办实事”转型升级、乡村振兴、民生普惠等10项行动，全区各单位列入清单的办实事项目完成92.30%。党建方面投入突破1亿元，新增社区面积9200平方米，打造7000平方米的全市规模最大社区服务中心和13658平方米的全省县域一流党校。组建120人的党建指导员队伍，培育孵化4家非公企业党组织和1家楼宇党建联盟，全区非公和社会组织党组织覆盖率分别93.55%和92.74%。完成乡街、事业单位改革，选配56名35岁以下街道领导干部。按照十一届省委第八轮巡视平城区问题清单、整改清单、责任清单，对29个问题制定107条具体整改措施，反馈问题全部完成整改。专项清理党政领导干部违规入股企业和“大棚房”问题等，退缴违规获利69.70万元，党纪政务处分44人。全年纪检监察机关受理信访举报706件次，处置问题线索569件，立案247件。

（朱嘉庆）

【政治建设】 2021年，中国共产党平城区委员会（简称“平城区委”）突出政治引领，把党的政治建设摆在首位，贯彻执行《关于加强和维护党中央集中统一领导的若干规定》，贯彻落实中央和省、市委部署要求，把握党史学习教育重点和目标任务，实现党史学习教育全覆盖、学习研讨全方位、方式方法全开放、严督实导全过程。开展中国共产党成立100周年庆祝活动，学习习近平总书记“七一”重要讲话精神，组织宣讲团成员开展学习宣讲。在习近平总书记视察山西一年之后，召开专题会议，总结一年来工作成绩，安排落实举措，形成《平城区贯彻落实习近平总书记视察山西重要讲话重要指示工作汇编》。

（朱嘉庆）

【党史学习教育】 2021年，平城区委党史学习教育领导小组办公室统筹协调开展全区党史学习教育，指导全区各党工委、党支部成立领导小组。成立9个巡回指导组，督促指导各部门、各单位的重点工作和关键领域。定期印发《区委中心组学习资料汇编》《党史学习教育汇编册》，在全区范围内发放《党史学习教育应知应会一百题》2000余册。区委中心组完成党史学习教育交流研讨12次，全区开展党史学习教育宣讲741场次，受众8.26万人次；学习习近平总书记“七一”讲话精神宣讲场次265次，受众1.15万人次。举行党史学习教育主题征文活动和宣讲大赛，扩大党史学习教育影响力。截至2021年底，全区县级领导列入清单的144件办实事项目和全区各单位列入清单的3410件办实事项目，完成率99.40%。（陈 毅）

【疫情防控】 2021年，平城区

委按照“外防输入、内防反弹”的防控原则，压实各级疫情防控责任，强化机制严防严控、强化责任联防联控、强化宣传群防群控。全区储备25个隔离酒店、2150个房间，截至2021年底，启用晨悦、时光、方唐等7家集中隔离酒店。强化“人物同防”，严防“冷链输入”关口，妥善处置涉疫奶枣、车厘子等食品。区疾控中心PCR实验室通过验收，单日最大检测量400份。构筑免疫屏障，有序开展新型冠状病毒疫苗接种工作，设立38个固定接种点和7个方舱接种点，设置225张接种台，日接种能力3万剂次，全年龄段累计接种185.93万针剂。

（朱嘉庆）

【生态文明建设】 2021年，平城区委持续开展“巩固大同蓝、建设大同清、厚植大同绿”生态文明建设行动。推进清洁取暖工作，6000户“煤改电”任务全部完成。全年二级以上优良天数315天，优良天数比例86.30%。落实河长制，加强河道巡查排查，杜绝非法排污、河道放牧、挖砂、洗砂等违法行为。红卫桥国考断面水质达到Ⅳ类水体。（朱嘉庆）

【乡村振兴】 2021年，平城区城镇化改造21个村，全部接入城市污水管网。在4个村推进“厕所革命”，农村户厕改造1948座，普及率64%。推进农村饮水计量收费改革工作，为25个村加装村控智能水表，完善供水计量设施。开展“六乱”整治百日攻坚专项行动，投入资金1950余万元，清理交通沿线积存建筑垃圾、生活垃圾、农业生产废弃物等54.40万吨；整治四乱2901处，拆除违章、废弃建筑及杂乱杆线823处，清理遗留、废弃广告牌和无实际用途、有碍观瞻的视觉污染设施722处，复垦农田面积11.27公顷。以高质量发展现代农业为抓手，完善为农服务体制机制，发展观光农业、巩固设施农业、做强休闲采摘农业。省级有机旱作农业133.33公顷脱毒马铃薯种植封闭示范片区创建工作完成，666.67公顷高标准农田建设任务全部完成。坚持“数量与质量并重”发展原则，推进省级龙头企业伊欣园面业食品有限公司小杂粮种植基地建设。依托平城奶业省级现代农业产业园，实施畜牧振兴工程，推进规模养殖场建设，培训畜牧技术骨干，发展家庭牧场，建设奶牛、生猪产业集聚区。推进奶业生产基地建设，重点扶持扩建天和牧业5000头奶牛规模养殖，巩固提升全市奶业大区地位。（朱嘉庆）

【文化建设】 2021年，平城区加快古城内上下华严寺、善化寺等文物古迹修葺修复工程。推进大富翁商业综合体项目、老电影主题公园项目、古城东北隅文化旅游项目、南城墙广场文旅综合体项目建设。挖掘文化潜力，丰富文化内涵，发行“北魏历史文化名人传记丛书”。利用大同古城这一厚重历史文化的重要载体，联合曲江文旅开展为期2个月的“春满古都 又见平城”2021年平城区群众文化系列活动，接待游客300万人次；国庆节期间古城内上演的大型历史情景剧《大明·锦绣宏图》《太后巡游》及大明护卫、游龙戏凤等表演吸引65万名游客，其中外地游客15万人。启动创建省级全域旅游工作，推进永泰门南广场商业体旅游集散中心建设项目，助力大同入选2021年全国“五一”黄金周热门排名增速最快的10个目的地城市之一，创建国家全域旅游示范区工作通过省级验收。

（朱嘉庆）

【民生保障】 2021年，平城区围绕全区发展目标和群众所需所盼，加强教育、养老、医疗、就业、社会保障等各项工作，制定行动方案，通过转型升级、乡村振兴、民生普惠等10项行动，解决基层困难事、群众烦心事。建设40个社区助老站，引进第三方大同市智慧居家和社区养老服务中心（398康养）运营，发放助老卡和贴心宝，推进互联网+社区养老服务，实现“助救、助医、助购、助餐、助行、助洁”六助服务。落实省、市社区养老服务设施建设补助资金，在育才、迎宾路、柳航里等社区服务场所配套建设养老服务设施。申报成功马军营街道十里店、清远街道惠达2处社区幸福养老工程项目。加快学校标准化建设，推进古城18校和阳校区、47校武定校区新建校区建设。平城中学改扩建及新建工程全部完工并交付使用，平城二中新建食堂、公寓主体完工。推进“双减”工作，打击违规校外

▲ 2021 年 6 月 30 日，平城中学新教学楼启用仪式举行。仪式后，学校为学生发放新书（朱嘉庆 摄）

培训机构，做好“1+X”课后托管服务，提高课堂效率。中小学教师招聘 120 名。举办 6 场招聘会，提供用工单位 313 家，达成就业意向 2062 人次。“零就业家庭”公益性岗位安置 86 人，招聘专项公益性岗位 18 人。深化“人人持证、技能社会”建设，培训 5000 余人。城镇新增就业 9366 人，失业率控制在 4.20% 以内。（朱嘉庆）

【全面从严治党】 2021 年，平城区委开展“我为首善平城做贡献”大讨论活动。履行意识形态主体责任，健全完善意识形态领域分析研判机制。按照《十一届省委第八轮巡视平城区问题清单、整改清单、责任清单》，对 29 个问题制定 107 条具体整改措施，反馈问题全部整改完成。严格执行《党委（党组）落实全面从严治党主体责任规定》，完善领导干部廉政档案，开展政治生态分析研判。查处民生资金、“三资”管理、征地拆迁等方面的违纪违法行为。专项清理党政领导干部违规入股企业和“大棚房”问题等，退缴违规获利 69.70 万元，党纪政务处分 44 人。全年纪检监察机关受理信访举报 706 件次，处置问题线索 569 件，立案 247 件。（朱嘉庆）

【庆祝中国共产党成立 100 周年座谈会】 2021 年 7 月 2 日，平城区召开庆祝中国共产党成立 100 周年座谈会。市政协副主席，区委书记李继忠主持会议，区委常委，人大、政协正职，政府副区长，法检两长参加会议。会议学习贯彻习近平总书记“七一”重要讲话精神。会议要求，要坚持旗帜鲜明讲政治，坚决同以习近平同志为核心的党中央保持高度一致；要坚持强化创新理论武装，学懂弄通做实习近平新时代中国特色社会主义思想；要坚持完整准确贯彻新发展理念，推动高质量发展；要坚持以人民为中心的发展思想，提高人民群众获得感幸福感安全感；要坚持全面从严治党，增强基层党组织创造力凝聚力战斗力；要坚持把抓好党建作为最大政绩，树立大抓基层鲜明导向。（朱嘉庆）

重大决策

【“双百工程”2021 年行动方案】 2021 年 1 月，平城区委发布《关于实施百项行动牵引和百家组织示范工程 奋力蹚出基层党建科学化基层治理现代化新路的意见（试行）》及《“双百工程”2021 年行动方案》，把全年目标任务分解为 57 项小目标，明确每个小目标的牵头部门和配合部门，把全年划分为四大阶段，让各部门明确任务、责任和完成时限。平城区委专门成立“双百工程”领导组办公室和督导小组，负责统筹、督促工程实施。领导组通过“一张图作战”统筹全局，督导组通过会议督导、跟踪督导等方式动态督导。平城区委重视基层干部队伍建设和分类管理，通过强化档案管理、规范街道机构、增设干部岗位等方式强化基层干部队伍建设。平城区委立足基层党建实现战略性、重塑性、全面性提升，实施“双百工程”，即按照“一年解决突出问题、大见成效，两年不断深化拓展、显著改观，三年实现整体提升、全面进步，五年蹚出新路、形成示范”的总体思路，通过实施 100 项牵引性工程、培树 100 家示范党组织和大批优秀党组

▲ 2021 年 7 月 8 日，“1330”基层一线服务群众抓落实工作法经验交流会举行　　（朱嘉庆 摄）

织书记。全年全区落地实施党建牵引项目 57 项，实现各类体制机制创新 452 项。其中，振华街道创新推出“1330”（“1”是党建引领，“3”表示三类问题，“3”表示解决方法，“0”表示解决结果）基层一线服务群众抓落实工作法、新旺街道打造“党员 110 志愿服务队”、迎宾街道试点建设平城区党员先锋站、永泰街道推出“24N2”多元治理工作法、白登山街道金家湾村推行“一主多元”，提升全区基层党建工作标准化、规范化水平。（朱嘉庆）

【平城区进一步推进市域社会治理现代化工作实施方案】 2021 年 5 月 21 日，《平城区进一步推进市域社会治理现代化工作实施方案》（简称《方案》）经平城区委常委会会议审议通过启动实施。《方案》分指导思想、工作目标、组织机构、工作任务、工作要求 5 部分。其中工作任务主要是完善党委领导体制、政府负责体制、法治保障体制、民主协商体制、群团组织参与社会治理体制、社会力量协同体制、公众参与体制、高效贯通的指挥体制 8 项体制；实施党建引领全覆盖工程、多元社会治理创建工程、风险评估矛盾预防工程、重大风险公共安全监测预警工程、平安平城创建工程、网格服务能力提升工程、打造试点品牌工程、综治中心规范化建设工程、科技支撑智能应用工程、精神文明创建工程 10 项重点工程。（朱嘉庆）

【大同市平城区新发展阶段“人人持证、技能社会”建设助力转型发展提质增效工作方案】 2021 年 7 月 12 日，《大同市平城区新发展阶段“人人持证、技能社会”建设助力转型发展提质增效工作方案》（简称《方案》）启动实施，《方案》分指导思想、目标任务、培训进度计划、技能培训体系、职业培训券工作、组织领导 6 部分。全年全区按照上级部门部署，开展大规模、多层次就业技能培训，全年完成职业技能培训 5152 人。（朱嘉庆）

【关于全面推进乡村振兴加快农业农村现代化的实施方案】 2021 年 7 月 15 日，中共平城区委发布《关于全面推进乡村振兴加快农业农村现代化的实施方案》（简称《方案》），《方案》分总体要求、守牢守好农业农村发展底线、实施农业“特”“优”战略、加快现代农业高质量高速度发展、实施乡村建设行动、推进农村改革、加强党对“三农”工作的全面领导 7 部分 27 条。截至 2021 年底，平城区城镇化改造 21 个村，城市污水管网全部接入，改造农村户厕 1948 座；实施农村饮水计量收费改革，25 个村加装智能水表；开展“六乱”整治百日攻坚专项行动，建设马家小村、艾庄村等 8 个村污水治理工程；建设 5 个村垃圾中转站。（朱嘉庆）

【大同市平城区综合行政执法力量下沉街道工作方案】 2021 年 10 月 29 日，《大同市平城区综合行政执法力量下沉街道工作方案（审议稿）》（简称《方案》）实施。《方案》分接收准备工作、人员接收工作、办公场所落实工作、执法经费保障工作、开展综合行政执法工作、严明改革纪律 6 部分。11 月 1 日，平城区举行综合执法力

量下沉启动仪式，综合执法力量下沉到平城区18个街道。（朱嘉庆）

【关于建设中医药强区的实施方案】 2021年11月8日，平城区委发布《关于建设中医药强区的实施方案》（简称《方案》），《方案》分主要目标、工作任务、保障措施3部分。其中工作任务分加强中医医疗机构建设、发挥中医药在深化医改中的作用、加强中医药信息化建设、提高中医医疗服务水平、加强综合医院和专科医院中医药工作、提升基层中医药服务能力、发挥中医治未病优势、提升中医药特色康复能力、促进社会办中医机构规范发展、促进中医康养产业发展、加强中药质量保障、促进中医药与旅游融合发展、推进中医药教育改革、加强中医药人才队伍建设、优化中医药人才发展环境、推进中医药传承、加强中医药文化建设17个方面工作。（朱嘉庆）

重要会议

【中共大同市平城区第二次代表大会】 2021年3月26日，中国共产党大同市平城区第二次代表大会召开。市政协副主席、区委书记李继忠主持会议，380名党员代表参加会议。大会听取李继忠代表中国共产党大同市平城区第一届委员会所作的题为《打造核心区 构筑新高地 奋力谱写“十四五”转型出雏型平城篇章》的工作报告。大会经过审议，决定予以批准。（朱嘉庆）

【中共大同市平城区代表大会】 2021年9月9日，中国共产党大同市平城区代表会议召开，市政协副主席，区委书记李继忠主持会议，375名党代表参加会议。会议依照规定程序，采取先差额预选再等额选举的办法，选举产生35名出席市第十六次党代会代表，并现场测评换届风气。（朱嘉庆）

【区委全体会议】 2021年，中共大同市平城区委第一届召开2次全体会议，第二届召开1次全体会议。

中共大同市平城区委一届七次全体会议暨区委经济工作会议 1月22日，中国共产党大同市平城区第一届委员会第七次全体会议暨区委经济工作会议召开。全会由区委常委会主持。区委书记李继忠代表区委常委会作讲话。全会以习近平新时代中国特色社会主义思想为指导，学习贯彻习近平总书记视察山西重要讲话重要指示，贯彻落实中共十九届五中全会、中央经济工作会议，省委十一届十一次全会暨省委经济工作会议，以及市委十五届十次全会暨市委经济工作会议精神，总结回顾2020年工作，安排部署2021年经济工作。会议听取区委常委会2020年工作报告，表决通过《中共大同市平城区委关于制定国民经济和社会发展第十四个五年规划和二〇三五年远景目标的建议》《中共大同市平城区委关于实施百项行动牵引和百家组织示范工程 奋力蹚出基层党建科学化和基层治理现代化新路的意见（试行）》。会议决定，3月26日召开中国共产党大同市平城区第二次代表大会。会议追认给予王森留党察看两年处分的决定。

中共大同市平城区委一届八次全体会议 3月18日，中共大同市平城区一届区委八次全会召开。市政协副主席、区委书记李继忠主持会议，区委委员、区委候补委员参加会议。会议审议通过一届区委、纪委工作报告（草案），酝酿提交平城区第二次党代会选举的候选人预备人选。

中共大同市平城区第二届委员会第一次全体会议 3月28日，中国共产党大同市平城区第二届委员会举行第一次全体会议召开。全会选举产生中国共产党大同市平城区第二届委员会常务委员会委员，李继忠当选区委书记，郭政、郭雁明当选区委副书记，王义萍、高宁、张文娟、李文瑞、王兴、佘儒、陈月祥、李之光、王晓峰、侯晓楠当选区委常委。全会表决通过区纪委二届一次全体会议选举产生的领导机构，佘儒当选区纪委书记。

（朱嘉庆）

【区委常委会会议】 2021年，中共平城区委召开常委会会议34次，以下节选其中28次。

1月20日，中共平城区第一届

委员会第77次常委会会议召开。区委书记李继忠主持会议，会议审议《中共大同市平城区委关于制定国民经济和社会发展第十四个五年规划和二〇三五年远景目标的建议》《大同市平城区加强和改进信访工作的意见》，研究召开中共大同市平城区委一届七次全会暨区委经济工作会议有关事宜。

2月4日，中共平城区第一届委员会第78次常委会会议召开。李继忠主持会议，会议审议《区人大常委会党组关于2021年人大换届选举工作的请示》《大同市平城区人大常委会关于换届选举时间和成立选举委员会的决定（草案）》《大同市平城区人民代表大会换届选举工作方案（草案）》《政协大同市平城区第二届委员会换届工作方案（审议稿）》。

2月8日，中共平城区第一届委员会第79次常委会会议召开。李继忠主持会议，会议听取安全生产情况汇报、经济运行情况汇报，研究巡视整改事项。

2月20日，中共平城区第一届委员会第80次常委会会议召开。李继忠主持会议，会议传达学习2021年中共中央、国务院春节团拜会精神及中央全面深化改革委员会第十八次会议精神、李克强总理在山西考察时的重要讲话精神、《关于做好当前乡镇、村（社区）换届有关工作的通知》。

3月1日，中共平城区第一届委员会第81次常委会会议召开。李继忠主持会议，会议研究成立街道党工委有关事宜、区划优化调整后街道挂牌相关事宜、上报城市基层党建项目有关事宜。

3月10日，中共平城区第一届委员会第83次常委会会议召开。李继忠主持会议，会议审议《关于开展党史学习教育的实施方案》，研究成立区委党史学习教育领导小组。

3月19日，中共平城区第一届委员会第85次常委会会议召开。李继忠主持会议，会议审议大会主席团建议名单，秘书长、副秘书长建议名单，大会执行主席分组建议名单，代表资格审查委员会建议名单，总监票人、监票人建议名单，总计票人、计票人名单，《选举办法（草案）》。

3月31日，中共平城区第二届委员会第1次常委会会议召开。李继忠主持会议，会议研究区二届一次人代会、区二届一次政协会议有关事宜，审议《平城区国民经济和社会发展第十四个五年计划和二〇三五年远景目标纲要（审议稿）》《政协大同市平城区第二届委员会委员人选名册（审议稿）》。

4月15日，中共平城区第二届委员会第2次常委会会议召开。李继忠主持会议，会议听取人大、政府、政协、法院、检察院党组一季度全面从严治党情况，研究“双百工程”系列文件有关内容调整事宜、市区“两优一先”表彰工作相关事宜。

4月18日，中共平城区第二届委员会第3次常委会会议召开。李继忠主持会议，会议听取十一届省委第八轮巡视平城区问题整改进展情况汇报、一季度国家安全工作情况汇报。

4月20日，中共平城区第二届委员会第4次常委会会议召开。李继忠主持会议，会议听取党校内装修项目情况汇报、新建老年教育活动中心有关事宜汇报。

4月30日，中共平城区第二届委员会第5次常委会会议召开。李继忠主持会议，会议听取全区生态环保工作及中央生态环境保护督察反馈问题整改情况、党史学习教育开展情况、一季度社会稳定情况汇报。审议《平城区市域社会治理现代化工作实施方案》《大同市平城区2021年农村生活污水治理工作方案（审议稿）》《关于省委巡视反馈意见的整改进展情况报告（审议稿）》《关于民转公管理模式幼儿园所补助资金的意见》及《委托管理书》。

5月12日，中共平城区第二届委员会第6次常委会会议召开。李继忠主持会议，会议听取区委组织部承担的巡视整改事项进展情况、事业单位改革有关情况汇报。审议《关于开展“我为群众办实事”实践活动的行动方案》《关于加强村（社区）换届纪律监督的实施方案》

6月3日，中共平城区第二届委员会第7次常委会会议召开。李继忠主持会议，会议研究区环卫处规范聘用环卫工有关事宜，审议《大同市平城区生态环境保护责任清单》。

6月21日，中共平城区第二

届委员会第 8 次常委会会议召开。李继忠主持会议，会议审议《平城区庆祝中国共产党成立 100 周年活动方案》《平城区庆祝中国共产党成立 100 周年组织开展“永远跟党走”群众性主题宣传教育活动的实施方案》。

7 月 9 日，中共平城区第二届委员会第 9 次常委会会议召开。李继忠主持会议，会议审议《政协大同市平城区委员会 2021 年度协商计划》《居家养老行动方案（审议稿）》《关于常态化开展扫黑除恶斗争 巩固和深化专项斗争成果的实施方案（审议稿）》《平城区村（社区）“两委”换届实施方案》。

7 月 15 日，中共平城区第二届委员会第 10 次常委会会议召开。李继忠主持会议，会议听取人大、政府、政协、法院、检察院党组第二季度全面从严治党情况，审议《中共大同市平城区委落实全面从严治党主体责任 2021 年任务安排》《大同市平城区 2021 年重点工作任务分解》《大同市平城区加快推进农业高质量高速度发展的实施方案》《关于全面推进乡村振兴加快农业农村现代化的实施方案》《大同市平城区 2021 年乡村建设专项行动实施方案》《平城区关于深化省校合作共建“12 大基地”的实施方案（审议稿）》。

7 月 26 日，中共平城区第二届委员会第 12 次常委会会议召开。李继忠主持会议，会议研究共青团大同市平城区第一次代表大会有关事宜、成立山西省委书记林武到大同调研重点工作专项组、平城区服务业提质增效领导小组。

8 月 6 日，中共平城区第二届委员会第 13 次常委会会议召开。李继忠主持会议，会议审议《平城区贯彻落实第二次党代会精神“三清单”》。

8 月 24 日，中共平城区第二届委员会第 14 次常委会会议召开。李继忠主持会议，会议研究中共大同市平城区委二届二次全体会议有关事宜。

8 月 31 日，中共平城区第二届委员会第 15 次常委会会议召开。李继忠主持会议，会议审议《平城区共青团基层组织改革试点的工作举措》。

9 月 16 日，中共平城区第二届委员会第 16 次常委会会议召开。李继忠主持会议，会议审议《大同市平城区维护社会稳定领导责任制实施细则》《平城区综合行政执法力量下沉街道工作方案（审议稿）》《平城区向街道办事处下放部分行政执法职权并实行综合执法的实施方案（审议稿）》。

9 月 30 日，中共平城区第二届委员会第 17 次常委（扩大）会议召开。李继忠主持会议，会议听取国庆节期间城市管理工作、疫情防控工作、社会治安工作、文化旅游活动工作汇报。

10 月 14 日，中共平城区第二届委员会第 18 次常委会会议召开。李继忠主持会议，会议审议《平城区关于坚持和发展新时代“枫桥经验”加强矛盾纠纷多元预防化解实施方案（审议稿）》。

11 月 4 日，中共平城区第二届委员会第 20 次常委会会议召开。李继忠主持会议，会议听取全面深化改革市考核区改革任务进展情况汇报、三季度经济运行情况汇报、平城现代农业产业示范区三季度工作情况汇报。

12 月 14 日，中共平城区第二届委员会第 22 次常委会会议召开。李继忠主持会议，会议审议《关于深化网格化服务管理工作的实施意见》《平城区二届区委第二轮巡察工作方案》《关于二届区委第二轮巡察组组成人员授权任职和任务分工的决定》《平城区行政复议体制改革实施方案》《市管处级干部 2021 年度履职尽责工作目标清单》《大同市平城区 2021 年度目标责任考核指标》。

12 月 21 日，中共平城区第二届委员会第 23 次常委会会议召开。李继忠主持会议，会议听取全区创建全国文明城市工作情况汇报、“我为首善平城做贡献”大讨论成果汇报、全区土地和房屋征收冬季行动进展情况汇报。

12 月 31 日，中共平城区第二届委员会第 24 次常委会会议召开。李继忠主持会议，会议研究平城区推荐提名全省出席党的二十大代表人选事宜、区行政审批服务管理局与区自然资源局审管衔接合作有关事宜，审议平城区关于推荐第十五届大同市政协委员初步人选名单、

《关于建设更高水平平安平城的实施方案》。（朱嘉庆）

组织工作

【概况】2021年，平城区有基层党组织819个。其中，党委14个，党总支15个，党支部790个（含社区党组织155个）。党工委22个（农业示范区工委1个，街道党工委18个，区直机关工委1个，卫生健康和体育工委1个，非公和社会组织工委1个），党组38个，党组性质党委3个。全区有党员3.49万名。其中，在岗党员6558名（占比18.77%），离退休党员1.93万名（占比55.12%），其他人员6777名（社区干部630名、自由职业者212名、学生毕业未就业人员2514名、不明职业党员1464名），农民党员2344名。女党员1.16万名（占比33.23%），少数民族党员293名，中华人民共和国成立前老党员42名。街道党员2.94万名。其中，在社区党员2.65万名，农民党员2344名，街道机关党员542名。2021年表彰先进基层党组织95个，优秀共产党员120名，优秀党务工作者88名。发放“光荣在党50年”纪念章2942枚。（蔡　杰）

2021年平城区街道党组织基本情况统计表

表5-1

街道党工委18个	总支数3个	支部数243个				党员数29420人		
		村	社区	机关支部	其他支部	党员总数	村（社区）党员数	街道机关党员数
古城街道	1（云林社区）	—	12	1	3	1431	1380	51
马军营街道	—	9	3	1	1	640	594	46
鹿苑街道	—	2	5	1	—	645	621	24
新华街道	—	—	10	1	1	2796	2775	21
清远街道	—	2	8	1	—	1273	1249	24
振华街道	—	—	12	1	—	2714	2684	30
迎宾街道	—	1	15	1	—	2401	2377	24
大庆路街道	1（物业公司）	2	9	1	9	3015	2987	28
御河街道	—	4	2	1	—	839	806	33
小南头街道	1（小南头村）	7		1	3	448	415	33
水泊寺街道	—	2	7	1	1	745	701	44
文瀛湖街道	—	5	7	1	1	846	823	23
卧虎湾街道	—	1	6	1	—	1079	1065	14
武定街道	—	—	11	1	1	2639	2615	24
新旺街道	—	1	15	1	1	2734	2679	55
永泰街道	—		18	1	1	3645	3620	25
开源街道	—	1	11	1	—	795	780	15
白登山街道	—	11	4	1	—	735	707	28
合计	3	48	155	18	22	29420	28878	542

说明：1. 云林社区党总支：太阳城社区第一支部，太阳城社区第二支部，太阳城南区业主委员会支部
2. 小南头村党总支：农业党支部、工业党支部、第三产业党支部
3. 物业公司党总支：物业机关支部、物业社区支部、车城物业管理支部、车城建设支部

2021 年平城区党组（党委）基本情况一览表

表 5-2　　　　单位：个

类别	数量	党组（党委）
党组性质党委	3	教育局、应急局、公安局平城分局
政府局党组	26	政府办、发改局、科技局、工信局、民政局、司法局、财政局、人社局、自然资源局、住建局、城市管理局、交通局、水务局、农业农村局、商务局、文旅局、卫体局、退役军人局、审计局、市场局、统计局、医疗保障局、行政审批局、信访局、税务局、生态环境局平城区分局
群团党组	3	工会、妇联、科协
其他党组	9	人大、政协、政府、法院、检察院、工商联、人大机关、政协机关、法学会

2021 年平城区党组织基本情况统计表

表 5-3　　　　单位：个

农业示范区工委	机关工委	卫健体工委	街道党工委	非公工委	党委	总支	支部
1	1	1	18	1	14	15	790

2021 年平城区党员基本情况统计表

表 5-4　　　　单位：人

党员总数	预备党员	男	女	35 岁及以下	36 岁至 50 岁	51 岁及以上	本科及以上	大专	大专及以下
34939	470	23327	11612	5342	6486	23111	8423	7944	18572

机关党员	事业单位党员	街道党员	社区党员	农村党员	离退休党员	非公企业党员	在岗党员	流动党员	
								流入	流出
1734	2713	29420	26534	2344	19260	1140	6558	1251	2261

2021 年其他区属党（工）委基本情况统计表

表 5-5　　　　单位：个、人

党工委			所辖党委	所辖总支	所辖支部数	党员数	在岗党员数
党工委 4 个	机关工委		5	5	119	1878	1734
	非公工委	非公企业党委	3	5	247	886	886
		社会组织综合党委	—	—	51	219	162
	卫健体工委		—	1	13	186	165
	农业示范区工委		—	—	1	16	16
党委 6 个	环境卫生服务中心		—	—	20	228	201
	园林处		—	—	5	117	95
	市容监察管理处		—	—	1	23	23
	城镇集体工业联合社		—	—	6	169	28
	教育局		—	1	47	1102	1100
	公安分局		—	—	37	695	425
合计			8	12	547	5519	4835

2021 年平城区党委、总支情况一览表

表 5-6　　单位：个

14 个党委	环卫处党委、园林处党委、市容监察管理处党委、城镇集体工业联合社党委、法院机关党委、检察院机关党委、税务局机关党委、市场局机关党委、纪委机关党委、非公企业党委、社会组织综合党委、深特发展集团公司党委、凯德世家公司党委、华林公司党委
15 个总支	云林社区党总支、小南头村党总支、物业公司党总支、司法局党总支、行政审批局党总支、财政局党总支、国新能源党总支、人社局党总支、医疗集团党总支、十八校党总支、兰园绿色园林绿化工程有限公司党总支、天贵实业发展有限责任公司党总支、大同市东糖糖业有限责任公司党总支，中共大同市华建房地产开发有限责任公司党总支，中共大同市众鑫建筑安装有限公司党总支

【干部实绩考核】 2021 年，平城区委组织部实行日常考核和年度考核“双轨并行”工作机制，强化考核激励导向作用，评定“好班子”31 个、“较好班子”68 个、“一般班子”1 个，促进平城区经济发展突出贡献单位 3 个；756 名科级干部中评定优秀 119 名、称职 458 名、合格 176 名、不确定等次 3 名，并形成《各街道和区直单位 2021 年度目标责任考核指标》。

（蔡　杰）

【干部选用监督】 2021 年，平城区委组织部建立联系通报会议制度，落实“四个凡提”（指所有换届提名人选的干部档案“凡提必审”，个人有关事项报告“凡提必核”，纪检监察机关意见“凡提必听”，线索具体的信访举报“凡提必查”），防止“带病提拔”，严查严评干部德、能、勤、绩、廉、学表现、“三龄两历一身份”、重大事项报告、有无违法违纪等“五查”情况，通过收集汇总、把关审核，做好全区选好用好管好干部决策依据。全年全区干部任前审查 577 人次，未发现“带病提拔”情况；完善领导干部谈话制度，全年任免集体谈话 9 次；完善审计监督制度，把干部经济责任审计与干部监督结合起来，征求干部任前审计意见 79 人，均未发现有违反有关规定的情况；坚持因私出国（境）备案审批制度，全年因领导干部因私出国（境）登记备案管理工作需要，新增因私出国（境）登记备案人员 266 人；因管理权限变更、办理退休，撤销 13 人因私出国（境）信息登记备案，并按管理权限移交相关证件。

（蔡　杰）

【干部选育管用】 2021 年，平城区委组织部把 4 名街道办事处主任任为街道党工委书记，1 名机关副职和 4 名街道副职提拔为街道办事处主任。注重选拔年轻干部，印发《关于适应新时代要求大力发现培养选拔优秀年轻干部的实施办法》。以区划调整、“四套班子”换届和乡街改革为契机，选优配强党政领导班子，有 3 名“墩苗”干部进入新一届区委领导班子，有 7 名“墩苗”干部进入街道班子（含 2 名兼职干部），其中 5 名担任街道正职，2 名担任街道副职；选配 56 名 35 岁以下的优秀年轻干部担任街道领导干部，增强干部队伍的生机与活力；用好用活相关政策，激励干部担当作为，对工作表现突出、敢担当善作为的干部晋升职级，全年晋升职级 142 人次。正确区分敢为与乱为、失误与失职、负责与懈怠、为公与为私等行为，2 名受处分的干部，根据工作需要和德才表现，过处分期后合理使用。

（蔡　杰）

【干部教育培训】 2021 年，平城区委组织部注重干部培训提升素质。探索形成“5+1”（“5”是抓好中心组理论学习、科级干部主体培训、干部自主选学、“请进来”和“走出去”培训 5 个环节，“1”是实施好干部教育培训考评制）干部教育培训模式，组织举办平城区委党校主体班暨第五期、第六期科级干部学习贯彻习近平新时代中国特色社会主义读书班、村（社区）“领头雁”培训班、中共十九届六中全会专题辅导班、新录用公务员培训班、党组织书记培训班 6 期，全年培训学员 1000 人次。利用“学习强国”“山西干部在线”“三晋先锋”“党课开讲啦”及《三晋榜样》宣传片等媒介，采取“线上学习＋线下研讨”相融

合方式开展学习教育，提升干部的综合素质和能力水平。（蔡　杰）

【招才引智】2021年，平城区委组织部依照《大同市关于进一步加强新时代党管人才工作的实施意见》，完善《平城区人才引进实施方案》《平城区招才引智激励政策》等。结合“我为群众办实事”实践活动，出台《平城区关于开展“聚焦‘六新’服务奉献”人才服务活动实施方案》，组织全区58名“三晋英才”立足岗位实际，开展基层服务活动；通过开展人才调研，摸底擅长各方面工作人才并逐步建立人才信息库；深化省校合作，与华北电力大学开展省校合作对接，共同打造“大同市华北电力大学科教综合项目”，引进培养一批高科技创新人才。携手东北大学、山西农业大学共建“智库合作基地”“高校科技成果转化基地”，到清华大学开展省校合作考察对接，形成初步合作方案、制定框架协议。接收6名来自华中科技大学、中南财经政法大学、东北大学等5所高校的在校大学生开展实习实训，选定辖区内10所学校作为大学生实习实训试点单位，并挂牌授牌。向易康医疗科技有限公司借力，建立起与哈尔滨工业大学、北京中医药大学等高校的联系合作通道。摸底平城区农业嘉年华的智库需求，汇总形成蔬菜类、果树类、育苗类相关需求18条；形成区委联系服务专家名单、区领导直接联系服务专家名单和2021年度党委联系服务专家工作计划，健全“一把手”抓“第一资源”的工作体制，把人才工作纳入全区人才工作专项考核和党建专项考核的重要内容，考核结果作为领导班子和领导干部评价的依据；收集汇总区“十四五”期间重点发展产业、重大创新项目、急需紧缺人才学科领域清单和人才公寓、党校接待能力情况、县级人才工作机构编制及经费情况等。（蔡　杰）

【基层组织建设】2021年，平城区委组织部打造党员先锋“名片”，组建170支党员110志愿服务队和试点建设2个党员先锋站，实现党群服务零距离。建设“平城一网通办”，推进“两新”组织覆盖。重点实施“三整一提升”（指整园建强、整楼推进、整线突破和全面提升）“三亮三比三争”（“三亮”指亮身份、亮职责、亮承诺；“三比”指比学习、比作风、比贡献；“三争”指争当生产模范和公益先锋、争当管理能手、争当技术标兵）活动，培育孵化出4家新的非公企业党组织和1家楼宇党建联盟，楼宇党组织13个，组建起120人的党建指导员队伍，常态化到企业指导工作。全区非公和社会组织党组织覆盖率分别93.55%和92.74%。全年全区有3个非公企业党组织和1个社会组织党组织被评为“双强六好”（指非公有制企业和社会组织双强：发展强、党建强；六好：生产经营好、企业文化好、劳动关系好、党组织班子好、党员队伍好、社会反映好）市级示范党组织，区非公工委被评为先进单位。

（蔡　杰）

【村（社区）“两委”换届选举】2021年，平城区委组织部选优配强村（社区）“两委”干部，推动村（社区）“两委”换届选举工作，选出新一届村（社区）“两委”班子成员1534人。新一届村（社区）“两委”班子35岁以下人员1165人，占75.90%；中大专以上学历人员1392人，占81.59%，比上届提高19%；“一肩挑”比例99.36%。抓好村（社区）党组织书记备案工作，按照要求换届203名村（社区）党组织书记。开展农村后备干部培养工程，选派6名群众认可、素质高的年轻干部参加全市第三期农村后备干部培训班。选派13名区直机关、事业单位工作人员驻村担任第一书记，覆盖行政村23个。

（蔡　杰）

【基层治理协同机制】2021年，平城区委组织部以开源街道民和社区为突破点，通过把社区菜篮子直营店、社区餐厅、手工创意坊等项目率先投入运营，推动社区产业结构优化升级；以“红心物业”为突破，推进社区物业党建联建，建立社区党组织为核心的居委会、物业公司、业委会“三方联动”机制，全区成立10家“红心物业”；以服务居民为导向，打造社区多元化“综合体”。建立“社区大党委—社区党组织、企事业党委党组织、非公企业党组织—居民网格党小组”三级联动机制，统筹需求、资源、项目、任务“四项清单”；创造性地推行“童心向党”小课堂、“1+1+1”（指一次政治学习＋一次研讨活动＋一次学用交流）精细化学习、实景体验党课、1330工作法、7类党员分类式管理等新模式。（蔡　杰）

【基层党务工作者队伍专业化建设】2021年，平城区委组织部形成以“三岗十八级”为基础的社区干部薪酬体系，社区干部月平均工资在2500元以上。社区干部取得社工师资格证374名，占31.50%，从服务满三年以上的社区干部中定向招录60名事业编制人员。（蔡　杰）

【网格化管理体系构建】2021年，平城区委组织部优化街道区划设置，以赋权扩能减负增效为方向，赋予街道建议、参与、调度、管理、考核“五权”，推进乡街改革和行政区划优化，全区由原来的“3乡13街”调整为18个街道，并重新科学设置原街道和社区的行政区划，社区增加到155个。推进执法力量下沉。深化综合行政执法体制改革，组成18支综合执法队全部下放到街道。构建网格化管理体系，把全区细化调整为1196个网格，打造综治信息指挥平台，建起网格员“吹哨”、多支服务队伍报到的“1+N”网格体系。（蔡　杰）

【党建基层建设】2021年，平城区委组织部加强基层经费保障，区级财政党建方面投入突破亿元，其中向街道拨付的党建经费比上年新增1000万元，社区经济蓄水池列支1000万元，高标准建设区委党校和老年大学、老年网校和区党群服务中心。加强场所保障，新增社区面积9200平方米，提质升级9个，社区总面积7.50万平方米；截至2021年底，500平方米以上的社区占80%，1000平方米以上的社区25个，1000平方米的社区2个，2000平方米以上的2个，其中大庆路街道与中车集团大同机车公司联手打造全市首个规模最大的社区服务中心，面积7000平方米。（蔡　杰）

【党建文化建设】2021年，平城区委组织部建设“组工文化长廊”，张贴党的新思想新理论、组织工作的新形势新标准、组工干部的新任务新要求，引导组工干部坚定理想信念；强化学习教育，通过领导带头领学、干部轮流领讲，立足政策、理论、岗位、体会四个层面，辐射初心、使命、担当、作为四个维度，抓政治理论学习、抓意识形态教育、抓保密意识提升，引导组工干部做政治上绝对可靠的干部。以“党就在身边先锋行动”为抓手，在群众活动率高的绿化景观、公园广场、公共区域，融合设置知史爱党、知史爱国相关标牌、展板和教育长廊，建成红色思想阵地61处，网红打卡点7处。（蔡　杰）

【“两优一先”表彰会】2021年6月30日，平城区委组织部开展全区“两优一先”推荐表彰工作，区委常委、区人大常委会主任、区政协主席，各街道党工委书记、区直各党委（党组）、各人民团体、企事业单位党组织负责人，全区“两优一先”表彰对象代表，50年党龄党员代表等168人参加会议。会议决定表彰全区先进党组织80个，先进个人168名。（蔡　杰）

【公务员管理】截至2021年底，平城区有69家公务员单位（含参照公务员管理）。其中，党委工作部门10个，人大、政协、工商联各1个，政府工作部门26个，参公群团组织7个，参公事业单位5个，街道18个。全区有行政编1035个（不含法检），在职人员983人（男性581人，女性402人）。其中，公务员938人，参照公务员管理人员45人。其中，研究生学历61人，占比6.20%；大学学历692人，占比70.40%；大专学历214人，占比21.77%；中专及以下学历16人，占比1.63%。年内，平城区委组织部结合《中华人民共和国公务员法》（简称《公务员法》），通过单位班子理论学习中心组、“三会一课”、支部主题党日等形式，同步开展集中学习。利用平城在线等媒体平台，报道相关学习培训消息，加大宣传力度，宣传“公务员法”修订的意义和主要内容。举办学习贯彻新修订的《公务员法》专题培训班，重点解读新修订的《公务员法》和公务员职务

与职级并行政策。（蔡 杰）

【人事档案数字化建设】2021年，平城区委组织部推进干部人事档案数字化工作，优化档案数字化制作机制。截至2021年底，平城区委组织部干部档案中心建立干部人事档案信息化数据系统，建成干部人事档案综合管理数字化库，并按照干部管理权限管理。干部档案中心可容纳档案总数3222卷，在柜档案2599卷，完成电子档案制作796卷，零散材料添加3.42万份，干部档案审核信息采集703卷。（蔡 杰）

宣传工作

【概况】2021年，平城区委宣传部宣传报道庆祝中国共产党成立100周年相关稿件300余篇，其中，刊登至新华网、人民网等中央媒体稿件24篇，刊登至《山西日报》《山西晚报》等省级媒体稿件72篇。宣传报道政法队伍教育整顿相关稿件64篇，其中刊登至新华网、人民网等中央媒体稿件5篇，刊登至《山西日报》《山西晚报》等省级媒体稿件29篇。在微信公众号“平城在线”发布365期2920篇推文，其中党史学习教育专栏收录包含中央、省、市区各类新闻报道800余条。在今日头条“平城在线”栏目发布文章2920篇。在抖音账号“平城在线”发布视频77条，点击量4.90万余次。在《大同日报·走近平城》刊发平城专版44期，其中党史学习教育专栏，刊登“学习党史践初心”“为民办事担使命”5期，“连环画中的红色平城故事”21期，“纪念红军长征胜利85周年连环画中的长征史”4期。其他专栏刊登“城市管理精细化 创建全国文明城”18期，“实施双百工程 引领基层治理”10期，“书香平城”8期，“爱心平城”9期，“政府买服务 群众享实惠”5期。（陈 毅）

【中心组学习】2021年，平城区委宣传部组织中心组理论学习18次。6月18日，邀请中国电影文学学会副会长、中国作家协会影视委员会副主任、《诗刊》编委、《红船》作者黄亚洲在中心组扩大会上作题为“中流击水——红船精神”专题讲授；6月29日，邀请原北京冬奥申委副秘书长、新闻宣传部部长王惠，作“意识形态和舆论引导”专题辅导教学。落实“四个一”（即一月一主题，一季一讲堂，半年一督查，一年一考核）工作机制，健全完善中心组学习制度、签到制度、交流研讨提醒制度、督察制度等。

（陈 毅）

【党史学习教育宣传】2021年，平城区委宣传部在《大同日报·走近平城》专版上开设党史学习教育专栏，内容包含“连环画中的红色平城故事”刊登21期，“实施双百工程 引领基层治理”刊登10期，“城市管理精细化 创建全国文明城”刊登18期，“纪念红军长征胜利85周年 连环画中的长征史”刊登4期，“学习党史践初心”“为民办事担使命”刊登5期，“书香平城”刊登8期，“爱心平城”刊登9期，“政府买服务 群众享实惠”刊登5期。在《平城在线》微信公众号中开辟党史学习教育专栏，收录包含中央、省、市、区各类新闻报道800余条，依托“平城在线”视频号、云视讯系统直播党史学习教育“学党史、悟思想、办实事、开新局”党史系列讲座，线上线下结合授课。组织举行“学党史、感党恩、永远跟党走、缅怀革命烈士”主题活动，区四套班子领导及各街道、区直各单位等党员干部100余人参加活动，以现场教育方式推进党史学习教育走深走实。（陈 毅）

【意识形态工作】2021年，平城区委开展意识形态领域专题汇报2次，召开意识形态领域分析研判会4次。把意识形态工作纳入议事日程、纳入党建工作责任制、纳入领导班子和领导干部目标管理，纳入党的纪律监督范围，意识形态各项工作落细落实责任到人。成立2个督查小组专项督导检查全区各单位意识形态工作。（陈 毅）

【对外宣传】2021年，平城区委宣传部加强对外宣传力度，提高全区外宣新闻稿件刊登数量。截至2021年底，在中央级媒体发稿310条，省级主流媒体发稿1350条，市级媒体《大同日报》《大同晚报》发稿1700条。大同广播电视台《平城新闻》播放156期，专题节目《平城故事》播放52期。（陈　毅）

【扫黄打非】 2021年，平城区调整建成“扫黄打非”基层站点221个。其中，街道级“扫黄打非”基层联络站18个，村级基层站点203个。全年开展“扫黄打非”七进（指进校园、进书城、进社区、进媒体、进网站、进乡村、进执法部门）主题宣介100场公益讲座，指导各街道、教育系统在全区校园、书城、社区、乡村等主题场景下开展宣介公益讲座，6万余人次参加。（陈　毅）

【网络安全管理】 2021年，平城区委网信办开展线上“网络中国节”主题系列活动等。10月，开展国家网络安全宣传周活动，围绕“网络安全为人民，网络安全靠人民”的主题，通过线上线下，主会场+分会场的形式，以悬挂横幅、摆放展板、发放宣传资料等方式，向群众宣传网络安全知识和网络安全风险隐患的基本常识，倡导大家养成良好上网习惯，营造清朗网络空间。（陈　毅）

【新闻宣传报道】 2021年，平城区委宣传部在中央级媒体发稿310条，省级主流媒体发稿1350条，市级媒体《大同日报》发稿840条，《大同晚报》发稿860条。大同广播电视台公共频道《平城新闻》播放156期，专题节目《平城故事》播放52期。微信公众号“平城在线”发布365期2920篇推文，今日头条“平城在线”栏目发布文章2920篇。抖音账号“平城在线”发布视频77条，点击量4.90万余次。其中，疫情防控16条，创建文明城市和平安平城建设11条，社会民生16条，庆祝中国共产党成立100周年和党史学习教育10条，开展群众文化系列16条，其他视频8条。（陈　毅）

【新闻媒体建设】 2021年，平城区委宣传部创新宣传方式，增强宣传能力，构建“传统媒体+新媒体”多媒体融合发展矩阵，打造大同日报《走近平城》精品版面，大同广播电视台《平城新闻》《平城故事》等栏目；利用“平城在线”微信公众号等自有媒体，聚焦全区中心工作，加大创建工作宣传力度，通过新闻媒体宣传、文化阵地、户外公益广告宣传等媒介，全方位、多层次宣传报道。利用今日头条平城在线栏目、平城在线抖音官方账号等网络平台，创新宣传方式，发布文章、视频，营造良好舆论氛围。（陈　毅）

【融媒体发展】 2021年，平城区融媒体中心机构获得批准成立，编制数16人。依托“传统媒体+新媒体”的多媒体融合发展矩阵，平城区打造《大同日报·走近平城》精品版面，大同电视台《平城新闻》《平城故事》等栏目，全方位展示平城新气象。搭建“平城在线”微信公众号、今日头条平城在线栏目、平城在线抖音官方账号等媒体平台，创新宣传方式，营造良好舆论氛围。（陈　毅）

【“农家书屋”出版物补充更新】 2021年，平城区委宣传部

▲2021年10月12日，平城区委宣传部在迎宾广场开展国家网络安全宣传周活动（陈　毅　摄）

补充更新“农家书屋”出版物，补充出版物60种。其中，新闻出版署推荐目录占70%，山西版目录占30%，补充更新图书60种3600册。（陈　毅）

【庆祝中国共产党成立100周年群众歌咏活动】　2021年6月29日，平城区庆祝中国共产党成立100周年群众歌咏活动决赛在永泰门广场举行。18支队伍参加比赛，为党的百年华诞送上最好祝福。此次活动由市委宣传部、市文旅局、平城区委主办。比赛歌曲有《颂歌献给党》《不忘初心》《我的祖国》《走向复兴》《再唱歌儿给党听》《我和我的祖国》等。比赛决出一等奖队伍4支、二等奖队伍6支、三等奖队伍6支，2支展演队伍获得特等奖。活动最后，全体人员共同演唱《没有共产党就没有新中国》。（朱嘉庆）

【“平城最美”系列评选活动】　2021年7月起，平城区开展寻找“平城最美”系列评选活动，通过组织推荐、网络投票、群众评议的方式，挖掘群众身边的优秀典型，引导干部群众争做社会主义道德的示范者、诚信风尚的引领者、公平正义的维护者、幸福平城的建设者。截至2021年底，初步确定候选集体23支，分别是最美新时代文明实践志愿服务队7支：大象志愿者协会新时代文明实践志愿服务队、大同市道交一体化纠纷人民调解中心新时代文明实践志愿者服务队、清远街道大齿社区新时代文明实践志愿服务队、卧虎湾街道山橡社区新时代文明实践队、振华街道振华艺术团志愿服务队、党员110志愿服务队；大美大同实验二中新时代文明实践志愿服务队。平城区最美小区5个：水泉湾龙园、太阳城南区、御锦源小区、御龙庭三期、碧水云天新河湾；平城区最美校园11所：平城区文兴小学、平城区第十一小学、大同大学附属小学、平城区文慧小学、大同市逸夫小学、平城区第十小学、机车一校、平城区第三十二小学、平城区文华小学、平城区御东第一小学、平城区第十八小学。候选个人73名，分别是平城区最美教师10名：黄金婵、李胜、杜志华、侯桂英、李月英、胡波、姚子荣、李晓娟、韩叶英、冯敏；平城区最美少年10名：韩箫阳、林诗睿、李羽曦、田济东、李子萱、安亮宇、吕宪霖、杨斯涵、刘子墨、杨锦；平城区最美城市美容师11名：董桂花、吴志林、任志华、王燕林、郭丽蓉、闫志奋、李伟、田柱、谈广、王果梅、刘金昌；平城区最美医务工作者10名：刘建新、章小燕、狄永杰、杨云飞、魏佳、杨永红、李卓敏、杨志君、张静美、马智刚；平城区最美党员10名：孙秀兰、燕军、李卫民、闫俊、沈媛、李华、赵宏伟、杜渊文、宋聪玲、纪雨田；平城区最美政法干部12名：鲍鑫、程巨民、王建民、张栋、武雪梅、杨晓瑞、苏艳、贺斌园、白建军、宋涛、武新华、魏峰；最美基层宣讲员10名：李亚超、曹芳青、宋经苑、杨舒越、王敏、周永东、石雅妮、董美玲、李想、王蕊。（陈　毅）

统一战线工作

【概况】　2021年，平城区委统战部调整工作领导小组，调整配齐各乡（街）和区直有关部门党组织统战委员。组织学习《中国共产党统一战线工作条例》，把其纳入理论中心组学习内容。申请区财政拨款13万余元，为39个宗教活动场所统一制作党的宗教工作方针政策宣传栏。在区人大、政协换届前，完成200余名非公经济人士和社会组织人士综合评价，推荐12名优秀的非公经济人士作为平城区两会代表换届候选人。以侨联组织为牵引，组织召开“侨心向党 同心筑梦”座谈会；在市第六次归侨侨眷代表大会和市侨联第六届委员会前，推荐代表委员34人；组织专家拍摄录制“剪纸及魏碑书法”视频课和“大同当地传统故事”音频课，参加省侨联组织的“亲情中华·云游三晋”网上秋令营——山西大同营活动。创建“大同市平城区特殊教育学校侨胞之家”项目，引导社会各界帮扶特教学生。配合市侨联发放“三侨生”补助12万元，为57名困难归侨发放补助12.86万元。组织新联会、伊斯兰教协会会员分别慰问特教学校和特困学生，送去生活必需品及慰问金5000余元；对接新的社会阶层联谊会企业家免费为学校装修多功能教室，解决学校师生饮水问题。在山西发生洪涝灾情期间，发动区龙头民营企业——大同银星金店为受灾地区捐款 15 万元。（吴文志）

【多党合作】 2021 年，平城区委统战部引领各民主党派人士履行参政党职能，关注热难点问题，撰写社情民意信息 119 篇，提交政协提案 48 件，其中 4 件提案被全国政协采纳。中共大同市平城区委统一战线成员座谈会召开，全体统战成员为“十四五”规划的编制落实献计献策，围绕区委区政府中心工作提出合理化意见建议。11 月底，从政治素养高、参政议政能力强的民主党派成员中，推选出 8 名政法机关执法司法监督员。（吴文志）

【民营经济发展服务】 2021 年，平城区委统战部助力民营经济发展，按照相关政策为民营企业纾困解难，组织 20 家民企与多家金融机构对接，达成融资贷款意向 9079 万元，截至 2021 年底，发放贷款 80 万元。（吴文志）

【新的社会阶层联谊会活动】 2021 年，平城区委统战部组织新的社会阶层联谊会成员到街道社区开展疫苗接种、网络反诈、消防安全等知识宣传，以及“爱心助力中高考”“一盔一带 安全常在”“七一”慰问老党员等公益活动；在全国第 31 个助残日之际，发动区新的社会阶层联谊会会员企业走进大同市平城区特教学校开展帮扶活动。社会阶层人士联谊会联合会员企业新华盛商贸公司、红星美凯龙家具城向一线交通干警捐赠罐头 150 箱、牧童牛奶 100 箱。10 月 15 日，平城区新的社会阶层联谊会会员单位红星·美凯龙魏都商场举行“抗洪救灾·你我同行”捐赠活动，现场捐款 10.05 万元。捐赠仪式后，红星·美凯龙与省红十字会联系了解灾区急需物资后，购买 500 条棉被、100 个电水壶、100 台烤箱，组织救灾车队于 16 日送往灾区驰援。（吴文志）

【党史学习教育专题讲座】 2021 年 4 月 15 日，平城区委统战部邀请强德共知文始学堂发起人马超，作党史学习教育专题辅导讲座。全区各民主党派、民族宗教界、新的社会阶层人士、侨联代表及统战系统全体干部职工 70 余人参加会议。区委副书记、区委统战部部长郭雁明主持会议并讲话。专题讲座以《中国共产党与中国革命》为主题，解读中国共产党百年奋斗的光辉历程和历史性贡献，阐述没有共产党就没有新中国、只有中国共产党才是中国特色社会主义事业的坚强领导核心等思想，系统讲解开展党史学习教育的重大意义。（吴文志）

【“平城助困”基金设立】 2021 年 11 月 20 日，平城区委统战部建立“平城助困”基金，成立基金管理委员会，设立基金管理委员会办公室，与区红十字会建立爱心帮扶专用资金账户，建立帮扶档案，及帮扶程序中的审批程序、发放程序、回访程序等，助力特困群体社会救助。截至 2021 年底，全区各界人士捐款 27 万余元。（吴文志）

【“心系特教·爱心助学”捐赠活动】 2021 年 11 月 29 日，

▲ 2021 年 4 月 15 日，平城区统战系统举办党史学习教育活动专题讲座（吴文志 摄）

由平城区委统战部、平城区教育局和平城区特殊教育学校共同举办的“心系特教·爱心助学”捐赠活动在平城区特殊教育学校举行。同药集团有限公司及大同市伟业制衣有限责任公司分别为平城区特教学校捐赠2个价值38万元的康复功能室及5万元的御寒校服和防疫用品等。与会领导及企业负责人共同为康复功能室揭牌。（吴文志）

机构编制工作

【概况】2021年，平城区委编办联合平城区委组织部、平城区人社局、平城区财政局制定印发《大同市平城区机关事业单位人员流动办法（试行）》，严格编制和实有人员管理，在编制使用范围内调控全区机关事业单位人员流动。为全区日常流动、政策性安置、机构改革转隶人员计400余人次办理“用编核准意见”“实名制管理备案表”等人员流动相关手续，为100余人次公务员开具“车改补贴发放通知单”。3月，事业单位登记服务中心完成下年度事业单位法人年检工作，全区有126家事业单位按期报送事业单位法人年度报告。结合机构改革任务、组织人事变动事宜等，事业单位登记事务中心为乡街改革新设立的17家街道办事处办理初领登记重新赋码，为符合条件的区科技局等13家行政单位办理相应变更，为事业单位改革中涉改事业单位办理设立登记8家、变更登记15家、注销登记9家。给下放到平城区的17家省直国有林管理局直属科级单位补领法人证书。为方便全区事业单位办理法人登记相关业务，编写《大同市平城区事业单位登记指导事务手册》220册，印发全区事业单位。（鲁书秀）

【乡街改革后续工作】2021年，平城区委编办出台改革任务分工文件，明确全区改革党委牵头部门4家，工作任务11项；政府工作部门牵头部门4家，工作任务8项。3月，通过“减上补下”的方式，把人员编制向基层下沉，全区18个街道的“三定”规定通过市委编办审核后印发街道。4月至7月，完成各街道印章启用、集中办公场所、街道挂牌、资产移交和人员转隶等工作。改革后，平城区设街道18个，各街道领导职数统一设置为3正8副。街道办事处内设机构统一设置为5个办公室，下辖事业单位3个，事业单位编制统一核定为35名。（鲁书秀）

【权责清单梳理调整】2021年1月，平城区委编办、平城区行政审批局、平城区司法局联合印发《关于进一步完善平城区部分政府部门权责清单梳理调整相关工作的实施方案》（简称《实施方案》），自发文之日起，抽调3家单位工作人员，组成工作专班，负责全区集中梳理调整政府部门权责清单工作。按照《实施方案》时间节点，3家单位分别完成对各部门权责清单职权事项初稿的初审、合法性审查和确认审查，并把反馈意见印发各相关部门修改完善。区委编办根据市委编办、市行政审批局和市司法局联合发文的《关于进一步完善市县两级政府部门权责清单梳理调整相关工作的通知》的文件要求，按照流程把权责清单提请区政府常务会议研究，于区政府一届十四次常务会议和二届二次常务会议审议通过，形成《大同市平城区政府部门权责清单》。公布清单后，起草《大同市平城区人民政府关于公布区政府部门权责清单的通知》，按照规定程序把权责清单发文公布并在区政府网站公开。（鲁书秀）

【事业单位重塑性改革】2021年1月，平城区委编办制定《涉改事业单位基本情况表》，调查摸底全区事业单位设置、运行情况。3月，在市委编办核准区领导职数范围内按有关政策规定，提出编制及领导职数核定意见。4月，制定《大同市平城区深化事业单位改革实施方案》，报市委编办批复同意后印发全区；召开全区事业单位改革动员大会，出台印发《关于做好深化事业单位改革实施工作有关事项的通知》《关于做好区直事业单位重塑性改革中单位和人员转隶工作的通知》等文件资料，明确责任分工。5月至8月，区直属机关事务服务中心、各主管部门完成涉改科级事业单位标牌制作，在单位外挂牌；区委办公室、区政府办公室、

▲ 2021 年 4 月 13 日，平城区事业单位改革动员会召开（鲁书秀 摄）

各主管部门按照管理权限统一为涉改单位刻制印章；改革中撤销、整合、更名的单位，统一交区委编办封存。区委编办牵头依托实名制信息管理平台，与组织、人社、财政部门配合，审核把关涉改单位上报转隶方案，完成人员转隶工作。12 月，各单位“三定”规定和机构编制相关事宜经报请区委编委会议审议通过后，全部印发到位。（鲁书秀）

【综合行政执法体制改革】2021 年 5 月至 8 月，平城区组织相关部门到北京市东城区实地学习考察，与南京市秦淮区、海南省海口市对接沟通改革具体问题，借鉴先进地市做法；成立“综合行政执法体制改革工作专班”，具体负责研究制定改革方案。10 月，启动执法力量下沉工作，以现城管队伍为主体，先行向街道下沉，在保持队伍稳定前提下，把不少于 80%的人员下沉街道，明确下沉人员保留原工资、岗位等级不变，与街道事业人员享受同等晋升待遇。11 月，由区领导带队，相关部门负责人参加，到部分街道实地调研执法力量下沉街道工作情况。针对收集问题，平城区召开工作推进协调会把问题集中研究，形成《“综合行政执法力量下沉工作”重点任务分工清单》，明确 18 项工作任务，配套出台 9 个办法。（鲁书秀）

【机构编制核查】2021 年 10 月，根据上级工作要求，平城区委编办制定《关于开展大同市平城区 2021 年机构编制核查暨〈机构编制管理证〉年检的通知》，明确核查的总体要求、范围、内容、时间、步骤等，规范有序开展核查工作，把机构编制核查工作与机构编制年报统计、实名制数据报送、督查调研等工作结合起来一体推进，提高核查数据的真实性、准确性。11 月，抽调区委组织部、区委编办、区财政局、区人社局、区教育局、区社保中心相关人员成立“平城区 2021 年机构编制核查工作专班”，负责核查机构编制管理范围内的全区各类机关、事业单位机构编制，核查范围为全区党政群机关和事业单位的机构设置、编制核定及实有人数、领导职数配备等基础数据。核查后，区各部门数据和组织、编制、财政、人社、社保等部门均保持一致，且真实、准确。

（鲁书秀）

区直机关党建

【概况】2021 年，平城区直属机关工作委员会（简称“平城区机关工委”）辖直属党组织 67 个，其中机关党委 5 个、党总支 5 个、直属党支部 57 个；党员 2018 名，其中在职党员 1898 人、离退休党员 120 人；女性党员 725 人，占党员人数比例 36%；少数民族党员 22 人，占党员人数比例 1%。

（刘永亮）

【党史学习教育】2021 年，平城区机关工委以党史学习教育为主线，强化党的理论武装，2 月 24 日，召开党史学习教育动员部署会，安排部署区直机关工委开展党史学习教育和提出具体要求。5 月 31 日，召开党史学习教育推进会。7 月 1 日，通过多种途径组织区直机关党组织学习研讨习近平总书记“七一”重要讲话。7 月底，审核所属 67 个党组织党史学习教育专题组织生活会方案。11月15日至19日，检查督导区直机关党组织党史学习教育情况，发现问题督促整改。在党史学习教育期间，平城区机关工委组织集中学习15次、研讨交流11次、专题学习9次，依托红色资源开展参观践学3次，“我为群众办实事”实践活动2次。

（刘永亮）

【组织建设】2021年，平城区机关工委以落实“双百工程”（百项行动牵引和百家组织示范工程）为抓手，夯实党的基层基础。1月26日，召开“双百工程”动员部署专题会议。5月6日至10日，组织开展“提升机关基层党建科学化水平”专题调研，形成调研报告。6月4日，制定印发《机关工委落实“双百工程”2021年行动方案》《机关工委落实“双百工程”工作清单》，指导基层党组织活动开展。11月底，组织检查验收选树的党建示范点，区市场监督管理局、区城市管理局等12家党组织达到基层党建工作示范点标准。

（刘永亮）

【党员教育管理】2021年，平城区机关工委严肃党内组织生活，落实“三会一课”，加强党员组织性纪律性；每月制定印发“支部主题党日”计划，提高活动标准；按区委统一部署召开民主（组织）生活会，安排人员出席指导会议，检查督导问题整改落实情况。严格党员组织关系管理，落实转接制度，全年接收党员96名，转出党员223名，内部接转44名。全年发展党员37名。（刘永亮）

【党代表推选】2021年，平城区机关工委按照区委部署要求，推荐选举出平城区第二次党代会代表90名，提出出席中国共产党大同市第十六次代表大会代表候选人推荐人选21名，提出出席中国共产党山西省第十二次代表大会代表候选人推荐人选16名，推荐提名山西省出席党的二十大代表候选人推荐人选51名。（刘永亮）

▲2021年3月23日，平城区机关工委举办出席中共大同市平城区第二次代表大会代表培训会 （刘永亮 摄）

【作风建设】2021年，平城区机关工委召开党风廉政建设工作会议，制定《2021年机关工委全面从严治党主体责任清单》和《机关工委全面从严治党责任2021年任务安排及分工表》，细化全面从严治党和党风廉政建设主体责任落实措施。与平城区委组织部联合印发《大同市平城区直机关党建工作“四级四岗”责任清单》，分解党建工作任务，指导各区直机关党组织做到责任有明确、工作有计划、推进有措施。召开平城区区直机关党组织书记抓基层党建工作述职评议会，各党组织书记述职一年抓基层党建工作履职情况，区直机关工委点评，同时组织民主测评各基层党组织书记的履职情况。（刘永亮）

【基层党建】2021年，平城区机关工委整体筹划城市基层党建工作，召开专题会议安排部署“双报到”工作，组织66家区直机关党组织到街道社区，签订党建“契约书”，完善资源、需求和项目“三张清单”，按照分工职责，开展“订单式服务”。组织区直机关1700余名在职党员到社区报到并认领岗位，开展志愿服务活动。（刘永亮）

【巡查整改】2021年3月，平城区机关工委开展省委巡视组反馈机关工委所属党组织存在联合支部的情况整改，通过会议研究、摸底排查、剖析原因、明确措施、推动落实，新组建党支部13个，完成所有联合支部整改工作。组织专项督导组，到政法单位督导检查党建工作，并参加4家政法单位专题民主生活会。开展党政领导干部违规入股企业专项清理工作，按照区委统一部署，成立专项清理工作小组，开展自查活动，组织开展警示教育和专题教育学习11次，开展谈心谈话5人次。（刘永亮）

【党建考核】 2021年11月10日至26日，平城区机关工委组织成立2个考核组，依据《区直机关年度党建督导检查情况评分表》所列内容和评分标准，督导检查考核所属67个党组织党建工作，其中优秀20个，称职47个。（刘永亮）

【机关党建标准化建设】 2021年，平城区机关工委加强理论学习、制度落实、示范引领等方面建设，推动机关党建标准化建设。学习贯彻《关于贯彻落实〈中国共产党党和国家机关基层组织工作条例〉的工作措施》，以《中国共产党党和国家机关基层组织工作条例》为标准展开各项建设，树牢机关党建标准化理论依据。通过健全“三会一课”、民主生活会、组织生活会和民主评议党员制度，每月月初制定印发主题党日活动计划，严格党员组织关系管理和党员发展等，加深机关党建标准化程度。按照机关事业单位示范党组织建设标准，打造10家示范党组织。

（刘永亮）

【党建活动】 2021年，平城区机关工委开展“两优一先”评选表彰活动，表彰优秀共产党员32名、优秀党务工作者20名和先进党组织10个，完成市、区两级“两优一先”表彰推荐工作。为机关所属的6名老党员颁发“光荣在党50年”纪念章。筹划部署主题党日，组织开展“党课开讲啦”、参观大同红色记忆馆“学党史、强信念、跟党走”主题图片展、“光影照初心、红色耀平城”主题展等活动，引导党员主动接受红色传统教育，汲取历史经验。2021年，区直机关工委在重大节日期间慰问困难党员，春节期间走访慰问困难党员30名，在中国共产党成立100周年之际走访慰问困难党员、老党员及因公牺牲党员烈士遗属13名。（刘永亮）

【党员培训】 2021年11月2日至3日，平城区机关工委举办区直机关党组织书记培训班，机关工委所属党组织书记120余人参加。此次培训通过专家授课、观看影片、研讨交流等方式授课。11月26日，机关工委举办区直机关党务干部培训班，机关工委所属机关党委、党总支、直属支部的组织委员（党建联络员）66人参加培训。通过党组织建设、党费收缴使用管理、党员教育管理、党员发展等课题授课。（刘永亮）

【党史学习教育知识竞赛】 2021年11月19日，平城区机关工委、平城区总工会、平城区妇联、共青团区委在华北星城党群服务中心举办“党在我心中 奋斗新征程”党史学习教育知识竞赛。全区13家代表队39名选手报名参加，经过两轮初赛6支代表队18名选手进入决赛阶段。12月7日举行决赛，平城区纪委监委获第一名，鹿苑街道、白登山街道获第二名，平城区环境卫生服务中心、新旺街道、古城街道获第三名。（乔 蕊）

老干部工作

【概况】 截至2021年底，平城区有离休干部21人，退休干部39人。年内，平城区委老干局开展老干部活动4次。（张锐峰）

【思想政治建设】 2021年，平城区委老干局为让老干部们了解党的方针政策、各类时政要闻，为每位离休老干部和县级退休老干部按需征订《健康时报》《老友导报》《山西老年》《大同日报》《大同晚报》及党报党刊。党史学习教育期间，利用老年大学网校媒体平台，开辟“红色讲师直播间”，组建“五老宣讲团”，邀请政治素养高、身体素质好、精神境界高的老干部到老年大学分校、社区、企业等地讲解党的历史、党的优良传统、革命故事和典型事迹等。11月11日、12日，组织退休老干部学习贯彻

省委第十二次党代会精神和张连印模范事迹和崇高精神。（张锐峰）

【老干部待遇落实】 2021年，平城区委老干局给63名离退休老干部报销医药费，建立老干部医药费报销工作群，为老干部们解答关于医药费报销工作的疑惑，对身体原因不能出门，家人又不在身边的老干部上门服务。全年为平城区1000余名退休老干部分别在新建康医院、康林中西医结合医院和平城区北关社区卫生服务中心健康体检。全年为离休干部的离休费按时足额发放，医疗费实报实销，护理费、采暖费等按规定得到落实，遗属生活困难补助和统筹外费用发放无拖欠，按文件要求调整各项离休费标准等工作。6月，根据省委、市委印发的《关于在建党100周年之际提高离休干部生活补贴标准的通知》文件要求，提高离休干部生活补贴标准和平城区离休老干部工资水平，为23名离休老干部增发生活补贴7.15万元。（张锐峰）

【离退休老干部信息采集】 2021年，平城区委老干局开展离退休老干部信息采集工作，为全区单位申请账号开通权限。9月8日，把VPN账号和统一门户账号发给各单位。10月25日至29日，核对“山西老干部”APP和5个库的完成情况。截至2021年底，除因机构改革遗留的水泊寺乡退休人员未采集外，全区所有单位按时完成山西省离退休干部数据服务管理平台的相关录入工作。（张锐峰）

【慰问帮扶老干部】 2021年，平城区委老干局走访慰问生病住院的离退休老干部、疫情期间有需求的老干部和日常有需求的老干部近300次。春节期间、“七一”及重阳节期间，平城区委老干局上门慰问离退休老干部和老干部遗孀84名并送去米、面、油等慰问品。帮扶全区特殊困难离退休干部20名，发放帮扶资金3万元。（张锐峰）

【志愿服务活动开展】 2021年，平城区委老干局在“学雷锋日”、五一劳动节、端午节、“七一”、重阳节等节日及休息日到社区、养老院开展“党员志愿者服务”活动，全年开展各类志愿者活动16次。主要志愿服务活动有：1月15日，平城区老年大学书画班学员为离退休老干部和老年大学的学员开展义务写春联活动。3月11日，老年大学副校长邱雨带领18名党员，到财富官邸社区，为社区居民提供免费理发和量血压服务，发放《中华人民共和国老年人保护法》宣传资料300余份。7月，结合中国共产党成立100周年庆祝活动，组织30余名老干部在迎宾广场开展绿色环保宣传和清理广场卫生活动。9月18日，老年大学志愿者在兴国寺广场举办书画笔会，为到场的群众赠送书画作品。11月8日至9日，平城区老年大学志愿者服务队参加积雪清扫活动。（张锐峰）

【社区老年大学建设】 2021年，平城区委老干局探索老年大学办学新路径，全年新成立6所平城区老年大学分校。分别为：3月18日，平城区老年大学和泰社区分校挂牌成立；3月19日，平城区老年大学清远西街社区分校挂牌成立；3月31日，平城区老年大学大庆路社区分校挂牌成立；4月21日，平城区老年大学迎宾街迎宾路社区分校挂牌成立；5月14日，平城区老年大学新旺街道柳港园A区社区分校挂牌成立；6月29日，首家农村石家寨老年大学分校挂牌成立。（张锐峰）

【老干部庆祝中国共产党成立100周年系列活动】 2021年，平城区委老干局开展庆祝中国共产党成立100周年系列活动。4月16日至5月14日，分批组织离退休党员干部54人到大同红色记忆馆参观学习，重温革命先烈先进事迹；5月10日至14日，组织老干部到革命圣地延安、西安参观学习；6月，开展主题征文活动，收到征文59篇，开展百幅书画作品展活动，并把作品报送至市老干局50幅、市书画协会36幅、市关心下一代工作委员会144幅；7月1日至2日，在迎宾广场举办“平城区委老干局离退休干部庆祝中国共

▲ 2021 年 7 月 1 日，平城区委老干局、区老年大学举办庆祝中国共产党成立 100 周年文艺汇演　（张锐峰　摄）

产党成立 100 周年歌咏演唱会”。平城区委老干局庆祝中国共产党成立 100 周年系列活动被《大同日报》报道 5 次、《大同晚报》报道 12 次，平城区政府官方微信平台、《山西老年》等媒体均有报道，大同电视台民生部报道 9 次。　（张锐峰）

【平城区老年大学迎重阳活动】 2021 年 10 月 13 日，平城区委老干局组织 120 名老年大学学员登上大同古城南城墙举行迎重阳活动。活动中，学员们参观古城秋天风貌并举办为“创建全国文明城市”签字仪式。此次活动大同电视一台民生部做具体报道。10 月 14 日，《大同晚报》第二版报道“平城区老年大学 120 名老人登城墙迎重阳”活动。　（张锐峰）

【老干部文体活动】 2021 年，平城区委老干局为庆祝国庆，联合老年大学参加各类演出。9 月 12 日，组织山橡分校参加平城区政府组织的“文化惠民 福享平城”演出和免费送戏下乡惠民活动；10 月 22 日，组织开展为期 3 天的 2021 年度平城区老年健身大赛。9 月，新华街卫星里分校在宏洋美都小区、惠民小区参加送戏下乡演出，在和泰小区参加庆祝教师节演出，在云路街、文庙参加平城区电影拍摄，在纯阳宫参加喜迎国庆公益演出。大庆路分校 9 月 30 日在同车俱乐部广场参加欢度国庆文艺演出；10 月，参加爱琴海杯舞蹈大赛“走进新时代”，参加网络直播朗诵庆祝共和国成立 72 周年，参加商业街模特表演《快乐无限》，参加慰问敬老院老人献爱心捐款活动并表演节目，参加老体协舞蹈大赛。　（张锐峰）

党校工作

【概况】 2021 年，中共大同市平城区委员会党校（简称“平城区委党校”）开设 4 个研究组，分别为马克思主义理论研究组、中国特色社会主义理论体系研究组、习近平新时代中国特色社会主义思想研究组、党史研究组。主要研究内容为马克思主义基本原理、立场观点方法；中国特色社会主义理论体系；习近平新时代中国特色社会主义思想，包括习总书记系列重要讲话精神；党章党规党纪、党史国史、革命传统教育 4 个板块。全年举办各类培训班次 6 期，培训 864 人。11 月，党校改迁新址，并举行新校区启用揭牌仪式。加大人才引进和教学改革力度，招聘吸纳硕士研究生 4 名。　（杨　飞）

【办学体制改革】 2021 年，平城区委党校建立流动党校新模式，延伸党校教学课堂，让党校接地气、惠民生，把课堂搬到基层，从农村到社区、从厂区到机关，党校教师到一线送学上门，宣讲党的十九届六中全会精神，开展“领头雁”培训。建立高级人才师资库，拓宽思路“请进来”，邀请国内党校教育方面的知名人士、专家学者到校讲学。截至 2021 年底，建立 23 人的高级人才师资库，并引进案例教学，开展多形式的情景、实景、现场教学，把党的理论“讲故事式”地融入课堂中。出台领导干部上讲台制度，推动全区四套班子领导按照党校制订的阶段性教学计划，联系实际为学员授课，以平城区实际情况为授课内容，调动学风转变，激发学员学习兴趣。转变党性教育模式，利用校园内原有场地打造1个党性教育基地，党性教育基地共两层，一层4个场景分别介绍党的发展历史，二层为实景剧场，模拟体验历史场景，把传统的“被动式”教育转变为全新的主动式、探索式党性教育新模式。学员可图文并茂地学习党的历史，还可参与红色题材剧本教学。（杨　飞）

【理论宣传】 2021年，平城区委党校为发挥党校作为党的理论宣传主阵地作用，组织教师到基层开展宣讲活动，加强理论宣传。教师到新华街道、卧虎湾街道、大庆路街道庆丰社区宣讲中共十九届六中全会精神；到区妇联宣讲习近平总书记在庆祝中国共产党成立100周年大会上重要讲话精神；到马军营街道军营仓库开展“重温党的历史 牢记初心使命”的党史宣讲；到迎宾街街道办事处宣讲《新时代、新征程，推进党的建设新的伟大工程》。（杨　飞）

【教学培训】 2021年，平城区委党校举办各类培训班次6期。分别为6月25日至7月23日，举办主体班暨第五期科级干部学习贯彻习近平新时代中国特色社会主义思想读书班，110人参加培训学习；10月11日至17日，举办平城区委公务员入职培训班，94人参加培训学习；11月2日至4日，举办平城区区直机关党组织书记培训班，培训78人；11月18日至12月17日，举办中青年干部培训班暨第六期科级干部学习贯彻习近平新时代中国特色社会主义思想读书班，181人参加培训学习；12月18日至21日，举办平城区“领头雁”培训班，281人参加培训学习；12月20日至24日，举办大同市农村（社区）“领头雁”示范培训班，培训120人。（杨　飞）

【党校主体班暨第五期科级干部读书班】 2021年6月25日至7月23日，平城区委党校开办主体班暨第五期科级干部学习贯彻习近平新时代中国特色社会主义思想读书班。此次培训对象为110位来自全区各街道、区属机关事业单位的在职科级干部。培训内容分习近平新时代中国特色社会主义思想、党性教育、能力提升3个单元。根据不同教学内容，平城区委党校综合运用讲授式、案例式、研讨式、互动式、师生论坛、学员论坛、主题班会、现场教学等教学方法培训。（杨　飞）

【平城区委党校新校区揭牌】 2021年11月18日，平城区委党校举行新校区启用揭牌仪式，市委常委、市委组织部部长、市委党校（市行政学院）校长（院长）崔巍，市政协副主席、平城区委书记、区委党校（区行政学校）校长李继忠出席仪式。区四套班子领导，区党群部门、政府部门、企事业单位主要负责人，各街道党工委书记，区委党校全体教职工，“双百工程”督导组组长，中青年干部培训班暨第六期科级干部学习贯彻习近平新时代中国特色社会主义思想读书班全体学员等370余人参加揭牌仪式。平城区委党校新校区由原平城区二中改建，坐落于平城区御河街道东河河村南，占地3.33

▲2021年11月18日，平城区委党校新校区揭牌。图为党校新校区外景（杨　飞　摄）

万平方米，设计总建筑面积1.37万平方米，配置有教学楼、公寓楼、餐厅、阶梯式报告厅等功能室。

（杨　飞）

党史编研

【概况】　2021年，中共大同市平城区委党史研究室（简称“平城区委党史研究室”），围绕庆祝中国共产党成立100周年和党史学习教育，开展交流研讨10次、专题交流研讨3次。完成《大同市平城区年鉴（2021）》组稿编撰，完成《中国共产党大同市城区历史》出版、印刷，配合完成“中共大同市平城区光辉历史展”，开展平城区党史主题宣传及党史、年鉴、方志送书活动，打造平城区党性教育基地（党史馆）。（韩一荣）

【党史宣传教育】　2021年，平城区委党史研究室围绕庆祝中国共产党成立100周年和党史年度重点任务，发挥“存史、资政、育人”职能作用，推动党史专著编纂出版印刷。邀请大同市党史专家景京在“中共大同市平城区光辉历史展”“平城区党性教育基地”现场讲解百年党史。为服务全区、服务部门、服务党员群众，区委党史研究室联系全区各部门、街道，开展党史方志书籍进部门、进社区主题实践活动，向平城区政协委员工作室、平城区委组织部职工书屋、平城区新时代文明实践中心、平城区委党史学习教育领导小组办公室、工会爱心驿站、御河街道、锦祥社区等赠送党史方志类书籍800余册。10月，区委党史研究室与市、区党史方志专家实地调查平城区内革命遗址，了解革命遗址现状，集体讨论研究保护利用措施。（韩一荣）

【“平城区光辉历史展”建设】　2021年，平城区委党史研究室配合平城区委宣传部开展“百年伟业耀千秋”中共大同平城区光辉历史展建馆布展，协调党史专家、项目建设单位等，查找、编写中国共产党在平城区的历史文字资料3.35余万字、图片310余幅。该展分四个篇章，第一章——救国 前仆后继不屈不挠的新民主主义革命（1921年7月至1949年9月）、第二章——兴国 艰辛探索的社会主义革命和建设（1949年10月至1978年12月）、第三章——富国 攻坚克难的改革开放和社会主义现代化建设新时期(1978年12月至2012年11月)、第四章——强国 伟大复兴的中国特色社会主义新时代（2012年11月至2021年6月）。（韩一荣）

【《中国共产党大同市平城区历史》出版】　2021年，平城区委党史研究室在庆祝中国共产党成立100周年之际，历时一年半时间，编写平城区党史专著《中国共产党大同市平城区历史》，记录1921年至2021年中国共产党领导平城区人民开展革命斗争的历史。该书分2册，其中《中国共产党大同市平城区历史（1921—1978）》于7月由中国文史出版社出版发行，总字数38.3万字，收录图片56幅，第一卷4编、第二卷4编。《中国共产党大同市平城区历史（1978—2021）》于7月编写完成，总字数53万字，收录图片110幅，第三卷7编、第四卷2编。

（韩一荣）

【平城区党性教育基地（党史馆）揭牌】　2021年11月18日，平城区党性教育基地（党史馆）在平城区委党校新校址揭牌。平城区委党史研究室参与该馆的撰稿、空间版面设计、基础施工等方面建设工作，馆内展示内容分新民主主义革命、社会主义革命和建设、改革开放、中国特色社会主义新时代4个主题，分别为第一章——浴血奋战 百折不挠的新民主主义革命（1921年7月至1949年9月）、第二章——自力更生 发愤图强的社会主义革命和建设（1949年10月至1978年12月）、第三章——解放思想 锐意进取的改革开放和社会主义现代化建设（1978年12月至2012年11月）、第四章——自信自强 守正创新的中国特色社会主义新时代（2012年11月至2021年7月）。（韩一荣）

综　述

【概况】2021 年，平城区第二届人大代表 309 名。其中，连任代表 140 名，占全体代表的 45.30%；中共党员代表 191 名，占 61.81%；民主党派和无党派代表 118 名，占 38.19%；妇女代表 80 名，占 25.89%；一线工人、农民代表占 10.03%。平城区人大常委会设法制工作委员会、财经工作委员会、人事代表工作委员会、建设和环保工作委员会、教科文卫工作委员会。（邓丽丹）

【重大事项决定】2021 年，大同市平城区第一届人民代表大会常务委员会审议通过《大同市平城区人大常委会关于换届选举时间和成立选举委员会的决定（草案）》《大同市平城区人民代表大会换届选举工作方案（草案）》。大同市平城区第二届人民代表大会第一次会议审查、批准《大同市平城区国民经济和社会发展第十四个五年规划和二〇三五年远景目标纲要（草案）》《大同市平城区 2020 年国民经济和社会发展计划执行情况的报告与 2021 年国民经济和社会发展计划（草案）》《大同市平城区 2020 年财政预算执行情况的报告和 2021 年财政预算（草案）》。（邓丽丹）

【“一府两院”工作报告审议】2021 年，在大同市平城区第二届人民代表大会第一次会议上听取和审议区人民政府代区长郭政关于大同市平城区人民政府工作报告；审议区人民政府关于大同市平城区国民经济和社会发展第十四个五年规划和二〇三五年远景目标纲要（草案）；审议区人民政府关于大同市平城区 2020 年国民经济和社会发展计划执行情况的报告与 2021 年国民经济和社会发展计划（草案）；审议区人民政府关于大同市平城区 2020 年财政预算执行情况的报告和 2021 年财政预算（草案）；听取和审议区人民法院院长朱罡关于大同市平城区人民法院工作报告；听取和审议区人民检察院代检察长何芮彬关于大同市平城区人民检察院工作报告。（邓丽丹）

【重点项目调研】2021 年，平城区人大常委会走访调研重点项目，了解太和汇城市广场、东瑞创意街等项目建设情况和企业需求，帮助解决问题。借助民营企业联谊会平台，组织民营企业代表到通用航空产业园区、瑞城产业园区等创新型企业实地观摩，了解产业发展的前沿动态，推动新旧动能转换。围绕“民生实事”，调研督导十大民生实事项目办理情况。

（邓丽丹）

重要会议

【平城区第二届人民代表大会第一次会议】2021 年 4 月 7 日至 9 日，平城区第二届人民代表大会第一次会议举行。应出席会议代表 309 人，实出席会议代表 297 人，会议主席团成员 43 人，主席团常务主席 9 人。会议听取和

▲ 2021 年 4 月 7 日，平城区第二届人民代表大会第一次会议在大同大剧院开幕 （邓丽丹 摄）

审议区人民政府代区长郭政作的《大同市平城区人民政府工作报告》；审议《大同市平城区国民经济和社会发展第十四个五年规划和二〇三五年远景目标纲要（草案）》，审查、批准《大同市平城区国民经济和社会发展第十四个五年规划和二〇三五年远景目标纲要（草案）》；审议《大同市平城区 2020 年国民经济和社会发展计划执行情况的报告与 2021 年国民经济和社会发展计划（草案）》，审查、批准《大同市平城区 2020 年国民经济和社会发展计划执行情况的报告与 2021 年国民经济和社会发展计划（草案）》；审议《大同市平城区 2020 年财政预算执行情况的报告和 2021 年财政预算（草案）》，审查、批准《大同市平城区 2020 年财政预算执行情况的报告和 2021 年财政预算（草案）》；听取和审议区人大常委会主任王丽萍作的《大同市平城区人民代表大会常务委员会工作报告》；听取和审议区人民法院院长朱罡作的《大同市平城区人民法院工作报告》；听取和审议区人民检察院代检察长何芮彬作的《大同市平城区人民检察院工作报告》；选举平城区第二届人民代表大会常务委员会主任、副主任、委员，选举平城区人民政府区长、副区长，选举平城区监察委员会主任，选举平城区人民法院院长，选举平城区人民检察院检察长；听取和审议区人民政府 2020 年民生实事项目完成情况的报告和 2021 年民生实事候选项目的说明，票决区人民政府 2021 年民生实事项目；通过区人大财政经济委员会、法制委员会、监察和司法委员会、社会建设委员会主任委员、委员名单（草案）；其他事宜。会议选举产生大同市平城区第二届人民代表大会常务委员会主任王丽萍（女），副主任刘鹏飞、李鹏飞、张瑞林、欧阳宏海，委员马文华、马青花（女）、马国权、王文、王金栋、王宝林、祁海龙、孙秀兰（女）、苏如颇（女）、苏志远、杜鹃华（女）、李术珍（女）、李丽莉（女）、李迎东、李泽光、杨有旺、杨根旺、杨倩（女）、张风新、张军燕、张国江、赵幼起、赵佃富、赵建宏、侯泽、秦宇（女）、贾涛、高鹏、曾滨、穆祎娜（女）；会议选举产生大同市平城区人民政府区长郭政，副区长王义萍（女）、高宁、侯晓楠（女）、赵波、赵永富、范尚锋、李春、李徽；会议选举产生大同市平城区监察委员会主任佘儒；会议选举产生大同市平城区人民法院院长朱罡；会议选举产生大同市平城区人民检察院检察长何芮彬并报经市人民检察院检察长提请市人民代表大会常务委员会批准。（邓丽丹）

【人大常务会议】 2021 年，平城区第一届人民代表大会常务委员会召开常务会议 4 次。平城区第二届人民代表大会常务委员会召开常务会议 4 次。

2 月 5 日，平城区第一届人民代表大会常务委员会第二十次会议召开。出席会议的有平城区人大常委会主任王丽萍，副主任张晓、李培荣、刘鹏飞、李鹏飞及其他人大常委会委员，李培荣主持会议。会议审议通过《大同市平城区人大常委会关于换届选举时间和成立选举委员会的决定（草案）》《大同市平城区人民代表大会换届选举工作

▲ 2021 年 2 月 5 日，平城区第一届人民代表大会常务委员会第二十次会议召开（邓丽丹 摄）

方案（草案）》；听取和审议区政府《关于大同市平城区人民政府 2020 年民生实事项目完成情况的报告》《关于区一届人大三次会议代表所提建议、批评和意见办理情况的报告》；审议人事任职议案。

2 月 18 日，平城区第一届人民代表大会常务委员会第二十一次会议召开。出席会议的有王丽萍、张晓、李培荣、李鹏飞及其他人大常委会委员，刘鹏飞主持会议。会议补选市人大代表，补选刘世伟、郭政、马铁明为大同市第十五届人民代表大会代表。

3 月 1 日，平城区第一届人民代表大会常务委员会第二十二次会议召开。出席会议的有王丽萍、张晓、李培荣、刘鹏飞、李鹏飞及其他人大常委会委员，王丽萍主持会议。会议审议人事任免职议案；听取区政府关于平城区乡镇（街道）改革暨行政区划优化调整工作进展情况汇报；听取和审议平城区 2021 年人大换届选举选区划分和选民登记情况汇报；听取和审议平城区 2021 年人大换届选举代表名额分配情况汇报；听取和审议平城区 2021 年人大换届选举部分下派代表选举安排汇报。

4 月 2 日，平城区第一届人民代表大会常务委员会第二十三次会议召开。出席会议的有王丽萍、李培荣、刘鹏飞、李鹏飞及其他人大常委会委员，李鹏飞主持会议。会议审议人事任免职议案；听取和审议区政府关于 2020 年财政预算调整方案（草案）的报告；听取和审议区政府 2021 年民生实事候选项目情况的说明；通过大同市平城区第二届人民代表大会代表资格审查的报告；通过召开区二届人大一次会议的决定；通过区二届人大一次会议主席团、秘书长建议名单；通过区二届人大一次会议列席人员名单；通过区二届人大一次会议议案审查委员会建议名单；审议人大财经委员会、法制委员会、社会建设委员会、监察和司法委员会建议名单；听取和审议区二届人大一次会议人大、政府、“十四五”规划和二〇三五年远景目标纲要、法院、检察院、计划、财政 7 项报告（草案）；听取和审议区二届人大一次会议筹备情况汇报。

6 月 11 日，平城区第二届人民代表大会常务委员会第一次会议召开。出席会议的有平城区人大常委会主任王丽萍，副主任刘鹏飞、李鹏飞、张瑞林、欧阳宏海及其他人大常委会委员，刘鹏飞主持会议。会议听取和审议平城区政府《关于 2020 年度固体废物污染环境防治工作情况的汇报》《关于申请调整 2021 年财政预算的报告》；听取和审议平城区人大常委会《关于成立平城区第二届人民代表大会代表资格审查委员会的决定》《关于许可对大同市平城区第二届人大代表王东龙采取强制措施的决定》；审议人事任免职议案。

8 月 27 日，平城区第二届人民代表大会常务委员会第二次会议召开。出席会议的有王丽萍、刘鹏飞、李鹏飞、张瑞林、欧阳宏海及其他人大常委会委员，李鹏飞主持会议。会议听取和审议平城区政府《关于大同市平城区 2021 年上半年国民经济和社会发展计划执行情况的报告》《关于大同市平城区 2021 年上半年区级财政预算执行情况的报告》《关于大同市平城区 2020 年区本级预算执行和其他财政收支审计工作的报告》；听取和审议区人大常委会《关于我区上半年经济运行情况的调研报告》；听取和审议区政府《关于大同市平城区人民政府2021年民生实事项目进展情况的报告》；听取和审议区人民法院关于《持续推进执行攻坚 全力破解执行难》的报告；审议人事任免职议案；接受王东龙辞去区人大代表职务的请求。

11月5日，平城区第二届人民代表大会常务委员会第三次会议召开。出席会议的有王丽萍、刘鹏飞、张瑞林、欧阳宏海及其他人大常委会委员，张瑞林主持会议。会议听取和审议区人民政府《关于全区城乡居民医保运行情况的报告》《关于全区水务工作开展情况的报告》；听取和审议区人民检察院《关于适用认罪认罚从宽制度和开展检察建议工作情况的报告》；听取和审议《清远街道办事处工作报告》；审议人事任职议案。

12月10日，平城区第二届人民代表大会常务委员会第四次会议召开。出席会议的有王丽萍、张瑞林及其他人大常委会委员，张瑞林主持会议。会议听取和审议平城区人大常委会《关于许可对大同市平城区第二届人大代表孙全采取强制措施的决定》。（邓丽丹）

人大监督

【概况】 2021年，平城区人大常委会增强监督工作的针对性和实效性。聚焦经济发展重点。推动优化营商环境、招商引资、民营企业发展等区委重大决策部署落实。着眼群众关注热点。听取检察建议、认罪认罚从宽制度等专项工作报告，开展行政审判工作专题调研，促进司法公正。开展《中华人民共和国义务教育法》《中华人民共和国教师法》执法检查，围绕“学有所教”，开展义务教育法执法检查，落实“双减”工作，推进区教育高质量发展。听取全区城乡医保运行情况、食品经营行业监管工作汇报，开展《中华人民共和国水法》《山西省水资源管理条例》《中华人民共和国固体废物污染环境防治法》《山西省固体废物污染环境防治条例》等执法检查，专题调研城市精细化管理、文旅产业发展。

（邓丽丹）

▲ 2021年11月5日，平城区第二届人民代表大会常务委员会第三次会议召开（邓丽丹 摄）

【经济运行监督】 2021年，平城区人大常委会听取和审议区政府计划、财政、审计等工作报告，确保计划和预算的规范性、可行性和科学性，促使经济平稳运行。推进预算联网监督系统建设，探索全口径、全天候、全方位的预算联网监督工作。听取全区文旅产业发展情况，提出强化统筹协调，优化规划引领机制、树立文化自信，深挖资源，多方面促进文旅深度融合、立足旅游公共服务创新等相关意见和建议。（邓丽丹）

【民生领域监督】 2021年，平城区人大常委会教科文卫工委综合运用持续监督、跟踪监督、联动监督，着眼群众热点关切，增强监督工作的针对性和实效性。开展《中华人民共和国科技成果转化法》《山西省促进科技成果转化条例》和《中华人民共和国义务教育法》《中华人民共和国教师法》等执法检查。围绕“食有所安”“病有所医”开展食品

经营行业监管和城乡医保运行情况专题调研，了解食品经营安全、医保资金运行情况，推动补齐民生领域短板。（邓丽丹）

【环境整治监督】 2021年，平城区人大常委会监督固体废物污染防治“一法一条例”实施情况，督促落实垃圾管理主体责任；听取全区水务工作报告，推进水源地保护，促进水资源节约集约利用。

（邓丽丹）

【法治监督】 2021年7月，平城区人大常委会组织代表专题调研区人民法院行政审判工作，调研组实地参观区人民法院立案庭、人民调解中心，并旁听区法院行政案件审判；10月，组织代表到区人民检察院，围绕检察建议、认罪认罚从宽制度工作开展专题调研，调研组实地参观区人民检察院派驻公安检察室、速裁法庭、“12309”检察机关诉讼服务监督平台，并旁听区检察院个人信息保护行政公益诉讼案件公开听证会；12月，组织代表到大同市公安局平城分局、区司法局专题调研执法规范化建设和依法治区工作，调研组实地观摩新旺派出所和平城分局网络安全大队、反诈中心、情报指挥中心及彩虹社工禁毒中心。（邓丽丹）

人事任免

【人大常委会工作机构人事任免】 2021年，平城区第一届人民代表大会常务委员会第二十次会议任命赵佃富为区人大常委会财经工委主任，张伟明为区新建南路街人大工委主任；平城区第一届人民代表大会常务委员会第二十二次会议免去解宏元区人大常委会人事代表工委主任职务，任命秦宇为北关街道人大工委主任，张晓峰为新建北路街道人大工委主任，荣叶平为振华南街街道人大工委主任；平城区第二届人民代表大会常务委员会第一次会议任命张军燕为区人大常委会人事代表工委主任；平城区第二届人民代表大会常务委员会第二次会议任命刘明德为古城街道人大工委主任，贾涛为永泰街道人大工委主任，张晓峰为清远街道人大工委主任，秦宇为武定街道人大工委主任，王浩为新旺街道人大工委主任，张伟明为迎宾街道人大工委主任，荣叶平为振华街道人大工委主任，赵红雷为新华街道人大工委主任，安智超为御河街道人大工委主任，张润花为开源街道人大工委主任，赵颖超为大庆路街道人大工委主任，张世峰为卧虎湾街道人大工委主任，李广平为鹿苑街道人大工委主任，曾滨为马军营街道人大工委主任，张卫国为白登山街道人大工委主任，马存市为文瀛湖街道人大工委主任，马文华为水泊寺街道人大工委主任，白雪峰为小南头街道人大工委主任。（邓丽丹）

【政府部门机构人事任免】 2021年，平城区第一届人民代表大会常务委员会第二十二次会议接受唐胜辞去大同市平城区人民政府区长职务请求，任命郭政区人民政府副区长、代区长；平城区第二届人民代表大会常务委员会第一次会议任命巩文利为区人力资源和社会保障局局长，张天举为区科技局局长，曹春为区工业和信息化局局长，王志全为区交通局局长，陈建斌为区水务局局长，张媛媛为区商务局局长，杨佳宁为区文化和旅游局局长，赵志强为区行政审批服务管理局局长，刘永胜为区发展和改革局局长，王琢臻为区教育局局长，姜保军为区民政局局长，安志刚为区司法局局长，张晓天为区财政局局长，杨志杰为区住房和城乡建设局局长，高剑为区城市管理局局长，周志强为区农业农村局局长，王建军为区卫生健康和体育局局长，董生海为区退役军人事务局局长，任军军为区应急管理局局长，杨亚峰为区审计局局长，夏强为区市场监督管理局局长，贺丕为区统计局局长，王治为区医保局局长，周玉芳为区信访局局长。（邓丽丹）

【人民法院人事任免】 2021年，平城区第一届人民代表大会常务委员会第二十次会议任命张力强为区人民法院审判委员会委员，左娟娟为区人民法院审判员，李前进为区人民法院审判员；平城区第二届人民代表大会常务委员会第一次会议免去郑四平区人民法院副院长、审判委员会委员职务，任命翟思东为区人民法院副院长、审判委员会委员、审判员；平城区第二届人民代表大会常务委员会第二次会议任命张萍、叶丽、王欣、武文彪、任雁、程琳、孙伟、靳琛、刘峰、孙敏、蒋维忠、王润举、郭建丽、王瑾瑞、张立刚、马鸿鹏、庞瑞芳、甄强强、闫文洁、海洁、黄福义、腾宏、陆志艳、禾小玲、王志强、左智英、李娜、宋敏、逯鸣、闫威桦、张立、焦佳丽、雒建飞、邢晓庆、马婷宇、康娟娟、于文浩、杨宝林、赵靖、刘润权、张宇菲、马健、王洋、张宏丽、魏伟、李秀芳、秦宝生、王飞、董济文、张云龙、藏滨、王建功、吴阴、刘众、何红兵、党佳慧、崔智章、武星梅（58名）担任大同市平城区人民法院人民陪审员。（邓丽丹）

【人民检察院人事任免】 2021年，平城区第一届人民代表大会常务委员会第二十二次会议任命崔建莉为区人民检察院检察员，张颖为区人民检察院检察员；平城区第一届人民代表大会常务委员会第二十三次会议接受郭明哲辞去大同市平城区人民检察院检察长职务请求，任命何芮彬为区人民检察院副检察长、代检察长；平城区第二届人民代表大会常务委员会第一次会议免去党利民区人民检察院副检察长、检察委员会委员、检察员职务，樊晓霞区人民检察院副检察长、检察委员会委员、检察员职务，曹彪区人民检察院副检察长职务，任命王利兵为区人民检察院副检察长、检察委员会委员、检察员，刘富为区人民检察院副检察长、检察委员会委员、检察员；平城区第二届人民代表大会常务委员会第二次会议免去苟丽红区人民检察院检察委员会委员、检察员职务，任命王若君区人民检察院检察委员会委员、检察员职务，李翠玲区人民检察院检察委员会委员、检察员职务，谷建平区人民检察院检察员职务，周晓军区人民检察院检察员职务；平城区第二届人民代表大会常务委员会第二次会议任命王君为区人民检察院检察委员会委员；平城区第二届人民代表大会常务委员会第三次会议任命李恒师为平城区人民检察院副检察长、检察委员会委员、检察员，李飞为平城区人民检察院副检察长、检察委员会委员、检察员，李雁军为平城区人民检察院检察委员会委员，徐慧伟为平城区人民检察院检察委员会委员，张谨瑜为平城区人民检察院检察委员会委员，王俪燕为平城区人民检察院检察委员会委员，杨晓瑞为平城区人民检察院检察委员会委员。（邓丽丹）

【监察委员会人事任免】 2021年，平城区第一届人民代表大会常务委员会第二十二次会议接受李文清辞去大同市平城区监察委员会主任职务请求，任命佘儒为区监察委员会副主任、代主任；平城区第二届人民代表大会常务委员会第一次会议免去谭启云区监察委员会副主任职务，任命赵志霞为区监察委员会副主任。（邓丽丹）

议案建议

【概况】 2021年，平城区第二届人大一次会议收到议案1件，建议、批评和意见233件，234件建议全部办理回复，督促解决一批影响经济发展、城乡建设、民生改善、社会稳定的突出问题。（邓丽丹）

【重要议案建议摘要】 2021年，平城区第二届人大一次会议期间，新华街道代表团代表曾君提出“关于向群众普及心肺复苏急救知识与设置体外自动除颤仪的建议”，针对每年有大量心脏病人因在公共场所突发病情不能及时得到救护，浪费宝贵的救治时间而死亡，建议组建一支过硬的志愿者培训队伍；加大心肺复苏知识的宣传力度；提高救护设施设备装备水平。

清远街道代表团代表柴胜忠提出“关于加大老旧小区二次供水设施等基础设施改造投入力度的建议”，针对老旧小区二次供水设施运行不稳定，严重影响小区居民正常供水，经过对平城区老旧小区供水设施的调查摸排，发现平城区需实施供水设施改造的小区有94个。提出方案：针对老旧小区，参照市老旧小区综合整治模式，由城市供水企业统一实施供水设施改造工程；针对新建小区，建议按照四部委有关要求和参照其他地市模式，由城市供水企业对供水设施进行“统建统管”。

新旺街道代表团代表陈海潮提出“关于加大吸引高质量年轻人才的工作力度的建议”，针对大同市企业缺乏新兴人才，创新动力不足问题日益凸显，特别是年轻的高学历、高质量新增就业主体，很少选择返乡求职或创业的问题。提出建议：拓宽高质量年轻人才引入申报渠道；简化人才申报、认定的材料提交和审核程序；增加青年人才认定等级，降低人才认定门槛；为青年人才搭建展示、提升、交流的平台；大力吸引年轻人才参与平城区的政治生活。

平城区人大代表范炜提出“加强和创新基层社会治理构建共治共享治理新格局”，针对加强和创新街道社区社会治理，提出建议：进一步厘清街道基层社会治理的职责定位；进一步明确街道基层社会治理的主体地位；进一步增强街道基层社会治理的科技支撑；进一步强化街道基层社会治理的队伍保障；进一步发挥社区基层社会治理的自治功能。

振华街道代表团代表侯泽提出“关于构建更优人才生态体系为‘创新引领’激发活力的议案”，针对平城区建设“创新生态试验区”，需构建更优人才生态体系，提出建议解决方案：在引进人才的政策上，要有针对性地放宽限制；细化引进人才的扶持补贴政策，为人才打造更全面的服务体系；搭建“柔性引进人才”的桥梁。

代表李迎东提出“关于平城区立足旅游公共服务创新文旅产业发展的提案”，针对平城区需要立足旅游公共服务，以文化和旅游融合为内容，创新文旅产业发展，提出解决方案：着力提升平城区旅游公共服务水平；在平城区建设“城市文旅会客厅”；启动大同文旅综合体项目；发行平城区文旅消费虚拟卡，建立文旅消费大数据中心。

白登山街道代表团代表刘刚提出“关于丰富农村文化的建议”，针对乡村振兴战略实施以来，农村经济发展了，农民的文化生活却单调了的问题，提出建议：加大农村文化建设的扶持力度；加强农村文化队伍建设；加强农村文化设施的管理和使用；大力开展文化下乡活动；繁荣群众文艺创作，充实农村文艺舞台，提高农村群众文化素养。

代表马力提出“老旧小区改造要注意标本兼治”，针对老旧小区改造中，应充分挖掘和利用现有的活动空间和改造时的整体规划，加强社区建设和规范物业管理，最大限度地为社区居民提供贴近、贴心的精准化便民服务，提出建议：发挥“三驾马车”合力，提标为民服务功能；催生小区治理“四变”，提升老旧小区档次；推行“五进小区”模式，提高城市居民素质。

文瀛湖街道代表团代表秦茂荣提出“关于加强平城区城乡接合部环卫整治的建议”，针对平城区管理的几个城乡接合部街道，原有乡村管理经验不再适应街道治理，亟待改进问题，提出建议：加大宣传力度，使居民形成讲卫生爱环境的自觉和习惯；合理规划，强化责任；建立和强化驻在单位的环卫整治责任，形成齐抓共管的合力；加大投入力度，建立一支能干善干责任心强的环卫队伍；加大对新建街道干部和居委会干部的培训学习力度，提供向搞得好有经验的街道学习的机会；形成新建街道和原有街道干部的交流机制。

永泰街道代表团代表昝利斌提出“关于搭建‘数字政府的生命线——网络安全’的建议”，针对数字政府改革建设导致网络安全防护难度的提升，建设数字政府、数字中国的关键要落到其网络安全上，提出建议方案：做好关键信息基础设施防护；强化政务数据安全的综合管理。

代表张瑞林提出建议“我市医保管理中存在的问题及应对措施”，针对大同市医疗乱象、医保欺骗诈骗屡打不绝的问题，提出对策建议和防范措施：分割权力与制衡权力双管齐下，完善权力监督制约机制；加快阳光医保监管平台建设；加强法制宣传教育，规范行为，筑牢党员干部拒腐防变的思想防线；尽快制定单病种入院标准，以有利于医疗机构医疗行为的自觉把握和控制；

建立专家会审反馈制度；加快医保管理体系建设步伐；加速培养医保复合型人才参与医保管理；充分发挥物价和审计部门的作用，共同守好医保基金这个钱袋子。

小南头街道代表团代表张志强提出“关于农村环境综合整治提升的建议”，针对农村环境整治方面存在的问题，提出建议：加强宣传教育，提高思想认识；健全规章制度，强化监督管理；加强统筹安排，完善基础设施。

水泊寺街道代表团代表赵华提出“关于挖掘云冈文化资源促进文旅融合发展的建议”，针对如何将云冈文化元素和民族融合的文旅资源融入大同文旅发展事业中，并推动大同文旅从“资源时代”进入“品牌时代”，提出建议：推进“游山西、读历史”文化旅游品牌的打造；推动“云冈”文化模式传承；推动云冈石窟景区与非遗的融合；建立云冈文化旅游产业学院；继续予以资金支持。（邓丽丹）

大同市平城区第二届人民代表大会第一次会议代表建议一览表

表 6-1

序号	代表团	提案人	案由
1	古城街道代表团	王　敏	关于打造古城文旅多元化产业发展的建议
2	古城街道代表团	陈　颖	关于有序引导古城内老大同人口回归的建议
3	古城街道代表团	侯雅俊	关于规划增建新能源汽车充电桩，切实解决电动汽车充电问题的建议
4	古城街道代表团	李　刚	关于将东小城纳入古城建设的建议
5	古城街道代表团	李　平	大同市平城区老旧小区改造加装电梯更快更好地实施与推进建议
6	古城街道代表团	李迎东	关于创新文旅发展，助力平城经济的建议
7	古城街道代表团	刘　富	加强加快大同市古都文化发展
8	古城街道代表团	王晓生	关于推进平城区共享电动自行车规范发展的建议
9	古城街道代表团	谢　灏	以政策为主导、政府为引导市场化加快古城复兴
10	古城街道代表团	赵佃玺	关于尽快修整马市角路面的建议
11	古城街道代表团	赵佃玺	关于修整红旗北街菜市场的路面建议
12	古城街道代表团	赵志强 杨志杰	关于提请审议加快平城区 5G 产业融合发展的建议
13	古城街道代表团	周　娜	关于短信通知车主其车辆违章停放被拖的建议
14	古城街道代表团	段建文	关于加快大同智慧城市建设的建议
15	新旺街道代表团	楼潮根	关于降低商业采暖费用，为商贸企业减负的建议
16	新旺街道代表团	李园生	关于老旧小区重建拆迁的建议
17	新旺街道代表团	张舒娟	关于规范小区楼道电动车停放管理的建议
18	新旺街道代表团	王　鑫	发挥人大代表提案权助力地区旅游酒店品牌化发展
19	新旺街道代表团	吴雪梅	关于加快形成房地产市场健康发展长效机制的议案
20	新旺街道代表团	吴喜凤	关于解决城区停车难问题的建议
21	新旺街道代表团	赵冰青	关于加快老旧小区社区服务站建设、提升社区管理水平的议案
22	新旺街道代表团	孙国柱	关于对宠物犬饲养加强管理的建议
23	新旺街道代表团	杨冬梅	关于“每年招聘新教师，保障师资不短缺”的建议

续表 6-1

序号	代表团	提案人	案由
24	新旺街道代表团	邵战鹰	关于解决市民停车难的建议
25	新旺街道代表团	王亚飞	设置公共停车场，划定公共停车位
26	新旺街道代表团	王亚飞	在小学设立书法课堂
27	新旺街道代表团	王亚飞	关于平城区用好政府专项债政策开展项目策划包装及融资的建议
28	新旺街道代表团	马国权	关于设立文化产业园区的建议
29	新旺街道代表团	马国权	关于解决市区停车难的建议
30	新旺街道代表团	杨继文	关于解决环卫工人老龄化问题的建议
31	新旺街道代表团	张宏玉	关于实体商业数字化发展的建议
32	新旺街道代表团	陈海潮	关于以延续性双创大赛为抓手集聚并培育创新人才激发企业动能的建议
33	新旺街道代表团	陈海潮	关于支持“大同万向青年城优客工场”项目建设及运营的议案
34	新旺街道代表团	陈海潮	关于搭建品牌孵化平台以创新消费业态助力城市更新的建议
35	新旺街道代表团	陈海潮	关于加大吸引高质量年轻人才的工作力度的建议
36	新旺街道代表团	王利芳 迟红霞	关于扩大社区用房、提升服务居民的建议
37	马军营代表团	李秀斌 孙绿山	关于设立全日制寄宿小学提升义务教育水平的建议
38	马军营代表团	李秀斌 孙绿山	关于推进乡村振兴战略的建议
39	马军营代表团	马文华	关于打造大同文化品牌的建议
40	马军营代表团	郭雁云 费　勇 马文华 焦　利	关于“凝聚古都文化内核，培养学生文化情怀”的建议
41	马军营代表团	郭雁云 裴忠泽 刘桂凤	关于“教育减负全民焦点，教育减压作业限量”的建议
42	马军营代表团	杜宏阔 赵文喜 焦　利	关于把十里店新农村建设村民居住小区纳入老旧小区改造的建议
43	马军营代表团	杜宏阔 赵文喜 焦　利	关于十里铺村加强城市基础设施建设的建议
44	马军营代表团	郭　瑞	关于政府职能部门对企业的帮扶的建议
45	马军营代表团	杜宏阔 赵文喜 焦　利	关于安家小村加强城市基础设施建设的建议
46	马军营代表团	郭雁云	关于大龄产妇延长产假的建议
47	马军营代表团	刘桂凤	关于西水磨村加强城市基础设施建设的建议
48	马军营代表团	裴忠泽	关于整治大同师范高等专科学校校园周边环境的建议

续表 6-1

序号	代表团	提案人	案由
49	马军营代表团	裴忠泽	关于积极协调大同市公交公司延伸 38 路公交至大同师范站的建议
50	马军营代表团	裴忠泽	关于整治大塘路大同师范高等专科学校路段堵车现象的建议
51	白登山街道代表团	刘　刚	关于丰富农村文化的建议
52	白登山街道代表团	张卫国	关于社区仍然存在出具不合理证明的建议
53	白登山街道代表团	刘建明	关于平城区兴梓园周边建立社区卫生医院的建议
54	白登山街道代表团	张凤银	关于加大乡村振兴资金投入力度的建议
55	白登山街道代表团	白　雪	关于解决北岳中学小学部教师停车难问题的建议
56	白登山街道代表团	白　雪	关于缓解教师压力的建议
57	白登山街道代表团	白维毅	关于保障社区用房的建议
58	白登山街道代表团	左尚云	关于家庭作业中（小学）老师应负起责任，让家长得到解放的建议
59	文瀛湖街道代表团	石晨东	关于增加社区居委会数量的建议
60	文瀛湖街道代表团	刘　玲	关于加大御东新区社区服务中心卫生院数量配置的建议
61	文瀛湖街道代表团	陈　军	关于进一步加强对电信网络诈骗等新型犯罪综合治理的建议
62	文瀛湖街道代表团	纪永宏	关于加快对我村多年来房屋征收遗留户安置认定的建议
63	文瀛湖街道代表团	齐海军	关于房屋征收遗留问题的建议
64	文瀛湖街道代表团	程　瑾	关于进一步加强基层医疗卫生机构对于慢阻肺疾病筛查和管理能力相关问题的建议
65	文瀛湖街道代表团	郭云峰	关于改善小微企业融资难问题的建议
66	文瀛湖街道代表团	王迎弟	关于进一步完善社会救助体系切实保障改善民生的建议
67	文瀛湖街道代表团	温雅卿	关于弘扬优秀传统文化，助力全域旅游发展的建议
68	文瀛湖街道代表团	艾海兰	关于大同市市区开展垃圾分类处理工作的建议
69	文瀛湖街道代表团	张　军	关于加速发展我市绿色建筑的建议
70	文瀛湖街道代表团	秦茂荣	关于加强平城区城乡接合部环卫整治的建议
71	文瀛湖街道代表团	侯宝红	关于防止高空抛物的建议
72	文瀛湖街道代表团	段翠平	关于学校和教育系统的一点建议
73	文瀛湖街道代表团	段翠平 张年萍	关于市区停车难的三点建议
74	水泊寺街道代表团	李之光	关于发展壮大村集体经济的建议
75	水泊寺街道代表团	李之光	关于置换办公用房和活动场所的建议
76	水泊寺街道代表团	王来生	关于创建康养幸福城市创造高品质生活的建议
77	水泊寺街道代表团	张连军	关于建立健全社会保障方面的建议
78	水泊寺街道代表团	赵颖超	关于将“12345”反映物业问题工单直接交由物业解决的建议
79	水泊寺街道代表团	赵颖超	关于永安社区医院的建议

续表 6-1

序号	代表团	提案人	案由
80	水泊寺街道代表团	赵颖超	关于物业公司消极配合社区工作的建议
81	水泊寺街道代表团	吴忍清	关于解决困难群体的最低生活保障问题的建议
82	水泊寺街道代表团	吴忍清	关于民生问题的建议
83	水泊寺街道代表团	李晓晖	关于老旧小区改造的建议
84	水泊寺街道代表团	史向峰	关于提高公共卫生服务能力的建议
85	水泊寺街道代表团	赵　华	关于挖掘云冈文化资源促进文旅融合发展的建议
86	水泊寺街道代表团	赵颖超	关于引入社会工作者激励机制的建议
87	水泊寺街道代表团	张建军	关于解决失地农民就业问题的建议
88	水泊寺街道代表团	田小娟	关于让古都大同成为最火的古城的建议
89	水泊寺街道代表团	王来生	关于缓解学校放学高峰期家长停车难停车乱的建议
90	小南头代表团	张志强	关于农村环境综合整治提升的建议
91	小南头代表团	张志强	关于加快推进美丽乡村建设的建议
92	小南头代表团	赵振宏	关于新建小南头街道卫生院的建议
93	小南头代表团	白雪峰	关于解决小南头村等村村民出行乘车难问题的建议
94	小南头代表团	白雪峰	关于为村委会提供公益性岗位的建议
95	小南头代表团	杨连武	关于寺儿村学校建设的建议
96	小南头代表团	杨连武	关于大张高铁寺儿村段尾欠土地补偿及拆迁补偿的建议
97	小南头代表团	杨连武	关于御河河道治理寺儿村段尾欠土地补偿的建议
98	小南头代表团	王新明	关于给小南头街道小南头、西谷庄村、艾庄、塔儿村失地农民发放生活补贴的建议
99	小南头代表团	许丽芳	关于加强失地农村社会保障的建议
100	小南头代表团	冯　利	关于加大中心城区老旧小区拆迁改造力度的建议
101	小南头代表团	冯　利	关于使文物保护与开发利用相统一的建议
102	小南头代表团	冯　利	关于解决养老服务人才紧缺的问题提出的建议
103	小南头代表团	祁有财	关于对农业企业贷款贴息的建议
104	小南头代表团	祁有财	关于加快畜禽粪污处理与资源化利用的建议
105	永泰街道代表团	李泽光	关于严格加强对入口食品进行准入管理的建议
106	永泰街道代表团	李泽光	关于提升平城区小学生身体素质的建议
107	永泰街道代表团	李晓静	增加停车场和停车位在儿童培训学校的门口的建议
108	永泰街道代表团	周　博	关于增强古城招商引资、促进古城经济发展的建议
109	永泰街道代表团	赵志权	关于大同市开展立体化防控加强无物业小区安装视频监控的建议
110	永泰街道代表团	赵志权	关于大同市公安局开展登门行动全员参与的建议

续表 6-1

序号	代表团	提案人	案由
111	永泰街道代表团	张庆锋	关于大力推进省域副中心城市建设工程的建议
112	永泰街道代表团	昝利斌	关于搭建“数字政府的生命线——网络安全”的建议
113	永泰街道代表团	尉尚伟	关于深化能源革命“供给侧变革”的试点
114	永泰街道代表团	刘　辉	关于开展学校供电设备整治保障校园供电安全的建议
115	永泰街道代表团	周志强	关于加强农村基础设施建设改善农村公共服务的建议
116	永泰街道代表团	丁一方	关于升级建设平城区旅游 + 产业园的建议
117	永泰街道代表团	张建忠	关于加快我市数字经济发展的建议
118	永泰街道代表团	曹　海	关于规划小区停车及收费的建议
119	永泰街道代表团	贾　涛	关于北都街与红旗街交叉口架设人行天桥的建议
120	永泰街道代表团	张湛滨	关于解决旅游旺季外埠车辆停车难的建议
121	永泰街道代表团	臧建军	关于推动北魏文化园建设的建议
122	永泰街道代表团	于大泉	关于进一步完善自然资源职能发挥自然资源的服务保障方面的建议
123	永泰街道代表团	张兆青	关于整治住宅小区商户违规占用公共停车位的建议
124	清远街道代表团	彭　燕	关于村民们就业难的建议
125	清远街道代表团	侯昭	关于打响古城旅游金字招牌的建议
126	清远街道代表团	柴胜忠	关于加大老旧小区二次供水设施等基础设施改造投入力度的建议
127	清远街道代表团	孟玉香	关于加快建设普惠性学前教育的建议
128	清远街道代表团	罗学琦	关于旧小区改造期间居民停车的建议
129	清远街道代表团	王宏晋	关于开展生活垃圾分类工作的建议
130	清远街道代表团	李艳霞	关于社区医院开展城市癌症筛查登记工作的建议
131	清远街道代表团	杨登福	关于疫情防控的建议
132	清远街道代表团	李艳霞	关于强化基层医疗卫生机构联防联治效能的建议
133	武定街代表团	王东龙	关于加速城市垃圾减量、分类回收的建议
134	武定街代表团	王金栋	关于完善农村生活垃圾收运转一体化的建议
135	武定街代表团	刘　华	关于“平城区文旅创新”的建议
136	武定街代表团	刘瑛珠	关于聚焦“绿色发展”推动生态文明建设的建议
137	武定街代表团	池卫东	关于我市学生补课存在的问题及建议
138	武定街代表团	陈快快	关于城市建设中体现“城市温度”的建议
139	武定街代表团	赵春霞	关于进一步发展普惠性幼儿园的建议
140	武定街代表团	段守良	关于培育和发展我区旅游商品产业的建议
141	武定街代表团	姜保军	关于解决平城区养老服务体系发展面临的困难和问题的建议
142	武定街代表团	郭鑫鑫	关于加快旅游产业高质量发展的建议

续表 6-1

序号	代表团	提案人	案由
143	鹿苑代表团	曾　滨	关于全面推行“朝九晚五”作息制度的建议
144	鹿苑代表团	楚晔波	关于贯通小初高全阶段培养学科人才的建议
145	鹿苑代表团	刘　阳	关于对鹿苑街道白马城村大沙沟河道以及大同市北出口实施综合整治的建议
146	鹿苑代表团	宋广叶	关于大同古城民俗风情建设的建议
147	鹿苑代表团	曾小参	关于青少年教育的建议
148	鹿苑代表团	许孝玉	关于加快鹿苑街道白马城村旧北环路拓宽工程建设的建议
149	鹿苑代表团	陈　强	关于对“农改居”区划调整后需解决的生态园绿化延伸及村民养老问题的建议
150	鹿苑代表团	王爱军 张　方 高瑞婧	关于白马城村学区划分的建议
151	振华街代表团	齐祥宇	关于物业管理的建议
152	振华街代表团	荣叶平	关于清除蒿草防治过敏的建议
153	振华街代表团	裴　研	关于合理安排行政单位“朝九晚五”休息制度的建议
154	振华街代表团	张风新	关于发展平城区平台经济的建议
155	振华街代表团	侯　泽	关于构建更优人才生态体系，为“创新引领”激发活力的议案
156	振华街代表团	张晓红	关于加强电信诈骗知识宣传的建议
157	振华街代表团	孙　全	关于治理校外辅导班乱象的建议
158	振华街代表团	孙　全	关于解决“村改居”中痛点的建议
159	振华街代表团	侯力平	关于居民小区私家车辆停放综合管理的建议
160	振华街代表团	祁桂芳	关于改善老旧小区生活环境的建议
161	振华街代表团	吴　熙	关于对孤独症智力残疾儿童早筛查早干预的建议
162	振华街代表团	陈　艳	关于全面推进我区法律顾问制度的建议
163	振华街代表团	禾　盛	关于城市发展战略的建议
164	迎宾街代表团	王新春	关于建议修改《大同市城市绿化条例》的建议
165	迎宾街代表团	朱树军	关于建议“打造大同餐饮品牌培育新经济增长点”的建议
166	迎宾街代表团	姚文琴	关于建议“解决基层人才流失”的建议
167	迎宾街代表团	马　腾	关于建议“小学教育优质均衡发展”的建议
168	迎宾街代表团	肖政丽	关于建议“助力小微企业发展”的建议
169	迎宾街代表团	李晓蕾	关于建议“禁止生活美容机构违规使用药品开展医疗活动”的建议
170	迎宾街代表团	贺玲琳	关于建议“建设幸福大同先行区推进全民技能提升工程”的建议
171	迎宾街代表团	高志超	关于建议“平城区民企建设防疫物资生产线”的建议
172	迎宾街代表团	程　军	关于建议“解决城市管理中‘停车难’和‘行车难’问题”的建议

续表 6-1

序号	代表团	提案人	案由
173	迎宾街代表团	韩 敏	关于建议“社区网格化管理服务要资源互通、多网融合”的建议
174	迎宾街代表团	谭启云	关于建议“处理老旧小区污水外溢情况”的建议
175	迎宾街代表团	张伟明	关于建议“解决小区文化活动设施缺乏”的建议
176	迎宾街代表团	吴钰鹏	关于建议“处理商铺外挂机噪音”的建议
177	迎宾街代表团	王琢臻	关于建议“进一步巩固文明城市创建成果使创建常态化”的建议
178	新华街道代表团	曾 君	关于向群众普及心肺复苏急救知识与设置体外自动除颤仪的建议
179	新华街道代表团	崔利军	关于在我市中小学广泛开展非物质文化遗产课程的建议
180	新华街道代表团	刁连君	关于社区医疗机构配备心理医师的建议
181	新华街道代表团	康怀东	关于北苑路中段、天锐益城南区与北区之间、西向太原铁路局大修厂门口堵头路段道路贯通的建议
182	新华街道代表团	李术珍	关于分时段开放机关事业单位停车场的建议
183	新华街道代表团	王砚奇	关于改善医疗聘用人员社会保障的建议
184	新华街道代表团	杨 倩	关于将我市打造成为康养人才职业培养基地的建议
185	新华街道代表团	于翠红	关于规范家政服务市场的建议
186	新华街道代表团	张 权	关于物业收费问题及现代经济发展的建议
187	新华街道代表团	杨雪飞	关于提升大同古城游客服务的建议
188	新华街道代表团	王月珍	关于促进我区老旧小区加装电梯的建议
189	卧虎湾街道代表团	刘 健	关于推动养老服务业发展的建议
190	卧虎湾街道代表团	张世峰	关于大力推进社区建设的建议
191	卧虎湾街道代表团	刘建业	关于推进城乡结合部环境治理的建议
192	卧虎湾街道代表团	马青花	关于加快推进城乡环卫一体化的建议
193	卧虎湾街道代表团	冯云飞	关于加快推进“5G+ 远程医疗”的推荐
194	卧虎湾街道代表团	张春燕	关于旅游产业发展的建议
195	卧虎湾街道代表团	王海滨	关于提升城市服务管理水平的建议
196	卧虎湾街道代表团	张治国	关于农村养老问题的几点建议
197	卧虎湾街道代表团	张树生	关于陈庄村加强基础设施建设的建议
198	御河街道代表团	何芮彬	关于进一步优化营商环境的建议
199	御河街道代表团	王 河	关于积极推进绿色能源产业发展的建议
200	御河街道代表团	王 河	关于优化完善城市功能、全面提升内涵品质的建议
201	御河街道代表团	周 平	关于御河街道智家堡村修复及硬化村庄内道路的建议
202	御河街道代表团	宁文娟	关于完善优秀人才引进的建议
203	御河街道代表团	刘建勋	关于支持并加快“大同万向青年城优客工场”项目建设及运行的建议

续表 6–1

序号	代表团	提案人	案由
204	御河街道代表团	马　力	关于老旧小区改造要注意标本兼治
205	御河街道代表团	马　力	关于积极探索整合监督资源共同考察任职人员的新模式
206	开源街道代表团	刘　畅	关于快递员交通安全需规范的建议
207	开源街道代表团	张润花	关于福盛园小区建设集贸市场的建议
208	开源街道代表团	张　斌	关于加强平城区电梯安全责任险推广的建议
209	开源街道代表团	王宝林	关于加强我区法治建设的建议
210	开源街道代表团	宋清清	关于城市道路规划的建议
211	开源街道代表团	姚佩含	关于丰富文化业态助推古城文旅产业发展的建议
212	开源街道代表团	张青山	关于促进大同旅游转型发展强化公共道路交通的建议
213	开源街道代表团	孟建梅	关于大力推进社区居家养老的建议
214	开源街道代表团	杜鹃华	关于开拓创新弘扬魏碑书法的建议
215	开源街道代表团	苏志远	关于在我区开展“诚信社区创建”的建议
216	开源街道代表团	张国江	关于为社区卫生服务中心引进更多的专业技术人才，尤其是全科医生，切实发挥社区卫生服务中心健康守护人作用的建议
217	大庆路街代表团	张瑞林	关于文旅深度融合视角下实现大同古城复兴的建议
218	大庆路街代表团	张瑞林	关于我市医保管理中存在问题的建议
219	大庆路街代表团	付佣军	关于城市立体车库建设方面的建议
220	大庆路街代表团	付佣军	关于村镇污水处理方面的建议
221	大庆路街代表团	付佣军	关于轨道交通装备氢能源开发应用的建议
222	大庆路街代表团	夏　强	关于打造平城区旅游基地的建议
223	大庆路街代表团	夏　强	关于对加强平城区中小学生校外托管机构管理的建议
224	大庆路街代表团	王东来	关于充分保障小学生副课时间
225	大庆路街代表团	王志全	关于加强社区建设的建议
226	大庆路街代表团	王　业	关于尽快推进我区老旧小区加装电梯的建议
227	大庆路街代表团	李广平	建议成立人大代表培训中心（区级或者市级）
228	大庆路街代表团	姜日亮	关于农村环境卫生整治的建议
229	大庆路街代表团	方　燕	关于解决市区内停车难的建议
230	大庆路街代表团	杨国强	关于国内对少年儿童的购票优惠标准不能只看身高的建议
231	大庆路街代表团	白海峰	关于深入推进区属国有企业改革的建议
232	大庆路街代表团	洪　伟	关于以网格化、精细化增加特困人群就业途径的建议
233	大庆路街代表团	朱占洞	关于整治重型燃气汽车尾气不达标的建议
234	大庆路街代表团	王东来	关于进一步加强扶持民营企业健康发展的建议

代表工作

【履职能力提升】2021年，平城区人大常委会把提升代表履职能力和素质作为代表工作的出发点和落脚点，构建“初任培训打基础+专业培训提能力+专题培训求实效”的培训机制，全年开展各类专题培训、学习考察9次，参与代表560余人次。开展履职前培训，全员培训新一届代表，重点学习《中华人民共和国全国人民代表大会和地方各级人民代表大会代表法》《中华人民共和国各级人民代表大会常务委员会监督法》及代表行使职权的有关法律程序；围绕“坚持人民代表大会制度”“国家安全”等主题分2期开展轮训，优化代表知识结构；组织部分人大代表到成都、西安、延安、石家庄、广州等地，参加履职能力、预算联网联络站信息化建设等专题培训。向人大代表联络站发放《中华人民共和国民法典释义》《地方人民代表大会制度》《新时代人大代表履职手册》《预算管理一体化规范实用教程》等人大业务资料，人大代表订阅《人民代表报》，拓宽人大代表信息渠道，加深代表认识人民代表大会制度，掌握履行代表职务有关知识。（邓丽丹）

【会前视察活动】2021年，平城区人大常委会围绕区委中心大局和群众关注的热点难点，突出监督的针对性和实效性。全年开展执法检查和专题调研8次。（邓丽丹）

【履职平台建设】截至2021年底，平城区人大常委会在全区建立19个人大代表联络站（点），各级代表进站人数324名，开展“全员疫苗接种宣传”“庆祝中国共产党成立一百年”等代表活动197次，推动联络站（点）由覆盖“全域化”向功能“实效化”转变。马军营联络站代表大同市在全省人大代表联络站工作交流会上交流发言。（邓丽丹）

【观摩民营企业】2021年，平城区人大常委会组织部分民企代表召开“高新聚动能、创新向未来”民营企业交流观摩会，联谊会人大代表实地参观大同泰瑞集团、大同市通用航空产业园区、山西万鼎工程勘测设计有限公司，在交流中相互推荐，共享资源、共学共进，在观摩中交流互鉴办企理念、管理经验。（邓丽丹）

【人大代表换届选举】2021年1月22日至3月30日，平城区开展第二届人大换届选举工作。全区划分选区153个，登记选民71万余人。通过提名推荐、酝酿讨论，确定代表候选人462名。经过选民投票选举，产生区第二届人大代表309名。（邓丽丹）

【人大代表“五大场馆”现场观摩会】2021年11月26日，平城区人大常委会召开区人大代表“五大场馆”（大同博物馆、大同图书馆、大同体育场、大同大剧院、大同美术馆）现场观摩会。区人大常委会主任王丽萍、区人大常委会副主任刘鹏飞及各街道人大

▲2021年11月26日，平城区人大代表观摩五大场馆（大同博物馆、大同图书馆、大同体育场、大同大剧院、大同美术馆）。图为人大代表在大同体育场观摩

（邓丽丹 摄）

工委主任、区二届人大代表130余人参加观摩。区人大观摩团了解各场馆设计理念、功能布局、管理运营等情况，并相互交流历史文物、文化旅游、场馆设施等资源的保护、开发和利用。（邓丽丹）

专委会工作

【法制工作委员会】2021年，平城区人大法制工作委员会开展3次专题调研，配合省、市人大常委会1次执法调研，完成省、市5部法规立法征求意见，组织案件听证会等活动10余次。组织部分区人大常委会委员、区人大法制委员会委员、区人大监察和司法委员会委员及区人大代表分别于7月对区人民法院行政审判工作，10月对区人民检察院检察建议、认罪认罚从宽制度工作，12月对平城公安分局、区司法局执法规范化建设和依法治区工作开展专题调研。配合省、市人大常委会开展执法检查和立法工作，参加市人大监察和司法委员会对御东公安分局执法规范调研。对《山西省固体废物污染环境防治条例（草案）》《山西省家庭暴力防范和处置办法（草案）》《大同市第十六届人大及其常委会五年立法规划及2022年度立法项目建议》《大同市农业自建房屋质量管理条例（草案）》《大同市人大常委会关于加强和规范检察建议工作的决议（草案）》提出建议意见。组织各级人大代表参加区人民法院执行指挥中心举行的"全国法院执行案款集中发放日"活动、区人民检察院案件听证会等活动。对113名拟任命干部及人民陪审员进行法律任前考试，为区人大常委会行使决定权、监督权、任免权提供服务。（邓丽丹）

【财政经济工作委员会】2021年，平城区人大财政经济工作委员会推进人大预算联网监督系统建设，组织财经工委委员到广州市天河区、东莞市、中山市考察预算联网监督系统先进做法，丰富和完善区系统功能、模块和内容，按期完成与省、市人大财政系统网络连接。探索在原模块基础上新增适合本区预算联网监督系统的新模块。依法开展审查监督，对区财政局、发改局、审计局等相关部门全区计划和预算进行初审，提出意见和建议。围绕优化营商环境，助推项目建设，通过民营企业联谊会平台，举办民营企业交流观摩会，聚焦关键环节和短板弱项，分析症结，查找"病因"，开出"药方"。围绕经济运行和工作要点，考察调研区财政局、区发改局、区工信局等相关部门，听取《关于2021年上半年国民经济和社会发展计划执行情况的报告》《关于2021年上半年财政预算执行情况的报告》，形成《区人大财经工委关于2021年上半年经济运行情况的调研报告》。围绕转型综改，考察大同府衙、代王府、山西大同大学云冈学学院和云冈生态研究院，形成《区人大财经工委关于全区文旅产业发展情况调研报告》，提出强化统筹协调、优化规划引领机制、促进文旅深度融合、立足公共服务创新等意见和建议。（邓丽丹）

【建设环保工作委员会】2021年，平城区人大建设环保工作委员会组织部分人大常委和人大代表开展3项执法调研和检查。围绕推动《中华人民共和国固体废物污染环境防治法》《山西省固体废物污染环境防治法》实施，开展固体废物污染防治"一法一条例"执法检查。6月3日，到大同市绿耦科技有限公司、平城区御花养殖园、大同二电厂等地，就医疗废物、农业畜禽粪便、工业固体废物等固体废物的回收处置、综合利用的工艺流程、企业效益等进行专题调研；7月29日，到清远西门外围、永泰街道桥北社区、开源街道魏都新城大同三中周边，就市容市貌整治、"街道吹哨、部门报到"、共享单车治理等工作进行专题调研，在开源街道办事处召开座谈会，利用"代表直通车"渠道，汇总需市级解决的问题，提请市人大督促解决；11月3日，就新旺街道新泉村河长制落实情况、小南头街道西谷庄村饮水安全工程情况，白登山街道马家小村水资源置换工程和燕庄村雨量站相关情况，开展实地检查并就水资源管理和利用、农村饮水安全、河长制和巡河、水旱灾害防御工作，在白登山街道燕庄村召开座谈会。

（邓丽丹）

【教科文卫工作委员会】

2021年，平城区人大教科文卫工作委员会审议2项报告，进行3项民生实事督查，开展2项执法检查，实施2项专题调研，配合省、市人大常委会进行4项执法检查。听取和审议区市场监督管理局有关市场经营行业监管的报告、区医保局关于全区医保运行情况的报告及有关单位汇报。针对预防接种数字化门诊建设、新改扩建6所公办幼儿园及认定6所民办幼儿园为普惠幼儿园、在人流密集公共场所配置自动体外除颤器项目，到区卫体局、区教育局督查项目进展情况。组织部分区人大代表，5月，就落实《中华人民共和国促进科技成果转化法》《山西省促进科技成果转化条例》开展执法检查。8月，到永辉超市（凯旋店）、古城便民市场、金地豪生大酒店就落实《中华人民共和国食品安全法》开展专题调研。10月，对大同景慈医院、开源街社区卫生服务中心、区医保服务中心就医保运行情况开展专题调研。12月，到御河小学、区十七校和平城中学就落实《中华人民共和国义务教育法》《中华人民共和国教师法》开展执法检查。陪同省人大社工委围绕殡葬管理条例制定、城市社区工作法规立项、村（社区）“两委”换届选举法律法规实施，到振华街道育才社区、迎宾街道和泰社区、开源街道民和社区开展调研；陪同市人大常委会围绕《大同市学校校园和周边环境保护条例》贯彻落实，对区十四校、区二十三校开展执法检查。（邓丽丹）

▲2021年12月2日，平城区人大执法检查组到御河小学就《中华人民共和国义务教育法》《中华人民共和国教师法》贯彻落实情况开展执法检查（邓丽丹 摄）

【人事代表工作委员会】

2021年，平城区人大人事代表工作委员会承办区人代会1次，人大常委会6次，其他工作性会议12次。依法开展换届选举，完成换届选举工作。在平城区第二届人民代表大会第一次会议期间，对代表提出的234件建议，进行分类登记及时交办政府相关部门，对承办部门的每件答复逐一审核。在平城区第二届人大一次会议召开前，组织全区人大常委会组成人员培训、全体代表履职能力培训。助力民营企业发展，组织人大代表到吕梁市、河北张家口市、广东省考察观摩；组织观摩大同“五大场馆”，召开民营企业助力平城区经济发展专题讨论会，对平城区民营企业发展提供可操作性强、具有前瞻性的建议。针对区行政区域优化调整，原乡、街道16个人大代表联络站实行人员先编组、代表先进站、工作先开展，18个街道人大工委开展接待群众活动。帮助重新规划的街道开展联络站建设，截至2021年底，建成并投入使用7个人大代表联络站。（邓丽丹）

平城区人民政府

综　述

【概况】2021年，平城区统筹疫情防控和经济社会发展，实现“十四五”良好开局。全年招商引资签约落地项目17个，总投资108亿元。高端制造、跨境电商、现代物流、大数据等现代产业体系加快构建，同车公司研制的首台国产氢燃料电池混合动力机车成功下线。城乡常住居民人均可支配收入分别增长11.80%、23.60%。养老、失业、工伤参保人数约22.40万人。

（李　军）

【产业转型】2021年，平城区加快经济发展，建设项目投资156.55亿元。市场主体98516家。增强科研力量，净增高新技术企业5家、省市重点实验室12家。巩固服务业大区地位，社会消费品零售总额395.50亿元，占全市60%以上。加快构建高端制造、跨境电商、现代物流、大数据等现代产业体系，中车集团大同机车公司研制的首台国产氢燃料电池混合动力机车下线。壮大农业产业，农业示范区省考发展指标全部完成。优化三次产业结构比例，一、二、三产占比为0.26∶18.55∶81.19。（李　军）

【城市建设】2021年，平城区提升城市品质，全年城镇保障性安居工程投资2.23亿元、开工建设1044套住房，房屋征收4000余户、安置3625户，实施改造老旧小区104个。推进古城建设，古城27条配套道路全部完工，引进落地高端品牌酒店2家，整体风貌和各种业态加快恢复。开展全民创城行动。规范居民文明举止，强化小区、主次干道、集贸市场、社区居委会、校园周边环境与建筑工地周边动态环境卫生及停车秩序等管理，提高城市文明程度和管理水平。（李　军）

【乡村振兴】2021年，平城区推进美丽乡村建设，城镇化改造21个村，城市污水管网全部接入，改造农村户厕1948座；实施农村饮水计量收费改革，为25个村加装智能水表；开展“六乱”整治百日攻坚专项行动，马家小村、艾庄村等8个村的污水治理工程开工建设；改善城乡整体风貌，推进城乡环卫一体化建设，建成5个村的垃圾中转站。（李　军）

【文旅振兴】2021年，平城区在古城“火起来、活起来”上出实招、出亮点，启动创建省级全域旅游工作，推进永泰门南广场商业体旅游集散中心建设，助力大同入选全国“五一”黄金周热门排名增速最快的十个目的地城市之一。挖掘文化内涵，与市作家协会合作编写的“北魏历史文化名人传记丛书”发行，举办“国家读书日”活动。联合曲江文旅开展“春满古都 又见平城”群众文化系列活动、上演《大明·锦绣宏图》《太后巡游》等大型历史情景剧；举办“成龙电影周”。

（李　军）

【生态保护】2021年，平城区开展爱国卫生运动、“两高”

沿线（指高速、高铁沿线）环境综合整治、文明城市创建等专项行动，“煤改电”6000户。推进小南头断面、十里河入御河生态湿地水处理工程等，建成红卫桥国控断面水质自动监测站。开展废品收购站、垃圾乱倒、建筑违建等专项整治行动，加大绿化面积，保护土壤环境。二级以上优良天数315天，优良天数比例86.30%。投入3200余万元管护所辖300余万平方米绿地，补植行道树5000余株。（李　军）

【民生事务】　2021年，平城区城镇新增就业9366人，失业率控制在4.20%以下。加快教育发展，认定普惠性民办幼儿园6所，新建续建公办幼儿园6所，招聘中小学教师120名。养老、失业、工伤参保人数约22.40万人，实现应保尽保。完善养老体系，为社区配置助老服务站30个。方便人民生活，改扩建便民市场4个。提高公共医疗服务水平，完成数字化门诊建设4个、产前筛查6771例、免费婚检4503对。年初确定的10件民生实事全部完成。（李　军）

重要会议

【政府常务会议】　2021年，平城区政府召开常务会议14次。

1月4日，平城区政府第一届第36次常务会议召开，区委副书记、区长唐胜主持会议。会议传达学习中共山西省第十一届委员会第十一次全体会议暨省委经济工作会议精神，传达学习《山西省人民政府办公厅关于建立省市县审批服务协同联动机制的通知》，听取元旦期间安全生产检查情况汇报，安排部署安全生产大排查大整治专项行动工作，听取关于加强春节期间新冠肺炎疫情防控工作汇报，听取各位副区长2021年工作计划。

1月13日，平城区政府第一届第37次常务会议召开，唐胜主持会议。会议传达学习市委十五届十次全会暨市委经济工作会议精神，安排部署区委全会暨区委经济工作会议政府所涉有关事宜，安排部署全区疫情防控有关工作，安排部署冬春季森林草原防火有关工作。

2月1日，平城区政府第一届第38次常务会议召开，唐胜主持会议。会议部署春节期间有关工作，听取区安全生产工作情况汇报，听取区权责清单梳理调整有关事宜，审议《平城区“互联网+监管”系统运行管理办法》《大同市平城区政府常务会议学法制度》，研究平城现代农业产业示范区三化三制实施方案及四个配套办法细化方案等有关事宜，听取关于自然资源部网站公布《2020年督察发现的违法占用耕地建设“大棚房”问题》的整改情况汇报，听取区核酸检测应急演练筹备情况汇报，审议《平城区选调外县（区）优秀教师工作方案（审议稿）》《平城区中小学教师区管校聘管理改革实施方案（试行）》《平城区中小学教师区管校聘工作实施指导意见（审议稿）》《平城区关于完善中小学教师聘用和退出机制的实施办法（试行）》，研究关于中车棚改项目捐建学校有关事宜，研究区公安分局购置技侦设备、执法执勤车辆以及新华街派出所维修经费申请的有关事宜。

2月28日，平城区政府第一届第39次常务会议召开，区委副书记、区政府党组书记郭政主持会议。会议传达学习贯彻习近平总书记在党史学习教育动员大会上的重要讲话精神和省、市、区党史学习教育部署会议精神，传达学习《山西省人民政府关于做好2021年安全生产工作》文件精神，传达学习市十五届人大六次会议和市政协十四届五次全会精神，传达全市森林草原防灭火工作会议精神，安排部署平城区森林草原防灭火工作，学习《重大行政决策程序暂行条例》，听取全区乡、街优化调整情况汇报，研究设立街道办事处有关事宜，听取全区一季度主要经济指标完成情况，研究实现全区经济首季“开门红”具体举措，听取现代农业示范区2021年度“三个一批”项目情况汇报，审议《大同市平城区农村集体建设用地房屋建筑设计施工监理管理服务实施方案（审议稿）》。

3月30日，平城区政府第一届第40次常务会议召开，郭政主持会议。会议传达学习贯彻全国“两会”精神，传达学习全省推行“证照分离”改革全覆盖工作动员部署会精神，传达学习中央、省委、市委农村工作会议精神，传达学习全省地质灾害防治工作会议精神，听取区地质灾害防治工作，传达学习全省制止耕地“非农化”会议精神，听取一季度安全、食药、环保、消防情况汇报，审议《区政府工作报告（审议稿）》，听取2021年区政府拟办民生实事项目情况，审议《平城区国民经济和社会发展第十四个五年计划和二〇三五年远景目标纲要（审议稿）》《平城区2020年国民经济和社会发展计划执行情况与2021年国民经济和社会发展计划（草案）》，听取《2020年区级预算执行情况及2021年区级预算草案》《2020年区级预算调整方案汇报》，审议《2021年安全生产工作的通知（审议稿）》《大同市平城区林长制实施方案（审议稿）》《大同市平城区2021年农村生活污水治理工作方案（审议稿）》，研究关于部分政府部门权责清单梳理调整情况汇报及政务公开相关事宜，研究关于变更棚户区改造项目建设领导组组成人员有关事宜，研究区新时代文明实践中心主场馆等相关费用有关事宜，研究关于公办幼儿教师政府购买服务期满后重新购买服务有关事宜，审议《大同市平城区学前教育集团和共同体民转公管理模式实施方案（审议稿）》《关于民转公管理模式幼儿园所补助资金的意见》及委托管理书，听取平城中学建设情况汇报，研究关于申请红卫桥、小南头断面水质提升项目配套经费有关事宜，研究关于有道公司设立子公司开展进出口贸易业务相关事宜。

4月27日，平城区政府第二届第1次常务会议召开，区委副书记、区长郭政主持会议。会议传达学习国务院第四次廉政工作会议精神，组织重温巡视巡察工作的有关纪律规定，传达学习《关于加强新形势下重大决策社会稳定风险评估机制建设的意见》，传达省纪委监委《关于3起违反换届纪律典型案件的通报》《五一端午节前公开曝光5起违反中央八项规定精神典型问题》，传达贯彻《防范和处置非法集资条例》文件精神，传达《山西省2021年度地质灾害防治方案的通知》，传达全省“人人持证、技能社会”建设推进会议精神，传达市疫情防控领导组《关于进一步做实做细进口冷链食品疫情防控工作的通知》要求，听取区疫情防控和疫苗接种工作情况汇报，研究关于申请大同市平城区人民政府公告平城区第四批行政执法主体有关事宜，审议2021年政府工作报告重点工作任务责任分解，听取2021年民生实事项目工作任务分解，听取平城现代农业产业示范区工作汇报，听取区一季度经济运行工作情况汇报，听取中央生态环境保护督察组督察工作情况汇报，听取区综合执法大队关于东方罗马城大坑和大同大学南门区域综合整治情况说明，研究关于新建老干部教育活动中心经费有关事宜，审议《大同市平城区农村宅基地审批管理办法（试行）》，听取落实省政府“四办法、一标准”情况汇报，研究文物保护、非遗普查、群众文化活动、节假日文艺展演、红领巾艺术团设备补充及活动开展等事宜所涉经费。

5月27日，平城区政府第二届第2次常务会议召开，郭政主持会议。会议传达学习李克强总理关于一季度经济形势和做好经济工作的讲话精神，传达学习省、市政府廉政工作电视电话会议精神，传达学习市长例会暨一季度全省经济形势分析会议精神，审议《平城区行政机关行政应诉工作规则（审议稿）》《平城区林业生态破坏事故应急预案（审议稿）》《平城区林业有害生物灾害应急预案（审议稿）》《平城区重大沙尘暴灾害应急预案（审议稿）》，审议行政审批局、自然资源局审管衔接合作备忘录有关事宜，审议《大同市平城区国有资产整合方案（审议稿）》，研究关于新建北路派出所改造经费有关事宜，研究关于平城中学申请专项资金有关事宜，研究关于申请学校信息化建设资金有关事宜，研究关于全区6所公办幼儿园新建、续建项目资金有关事宜，研究关于学校（幼儿园）维修改造的事宜，研究关于城联社所属企业2021年度在职参保职工养老保险公补部分及退休职工欠缴养老金公补部分有关事宜，研究关于区退役军人事务局申请义务兵优待金及军队转业士官安置经费有关事宜，研究关于申请2021年食品安全抽检经费有关事宜，研究关于申请农村生活垃圾收运体系建设经费有关事宜，研究关于区环境卫生服务中心规范聘用环卫工有关事宜，研究关于实施鹿苑街道东侧荒地绿化项目、红旗街第一职业中学对面北侧等空地绿化项目有关事宜，研究关于拨付大张高铁寺儿村段沿线环境卫生整治费用有关事宜，研究关于2021年企业职工基本养老保险基金省级统筹缺口资金分担有关事宜，研究关于山西省煤炭运销集团大同有限公司小窑头煤业有限公司股权转移有关事宜，审议《大同市平城区关于推进社区居家养老服务发展行动方案（审议稿）》《平城区社区（村）优化调整方案（审议稿）》，研究区引进第三方运营社区助老服务站有关事宜，审议《大同市平城区生态环境保护责任清单》，研究“双百工程”和示范党组织培树专项党建经费有关事宜，研究新增一家财政国库集中收付业务代理银行有关事宜，听取部分政府部门权责清单梳理调整情况汇报，研究政务公开相关事宜，研究平城区县道大谢线田村东—红卫桥段公路改造有关事宜。

6月28日，平城区政府第二届第3次常务会议召开，郭政主持会议。会议观看《生命重于泰山——学习习近平总书记关于安全生产重要论述》电视专题片，传达省委书记林武在太原、晋中调研时的讲话精神，传达习近平总书记对湖北十堰市张湾区艳湖社区集贸市场燃气爆炸事故作出的重要指示精神，传达贯彻省委书记林武在全省安全生产工作部署会上有关指示精神，听取二季度全区安全、防汛、食药、环保、消防工作情况汇报，传达学习《山西省统计条例》，听取区“12345”政府服务热线1月至6月“接诉即办”工作汇报，听取全区疫情防控工作进展情况汇报，听取2021年“人人持证、技能社会”建设助力转型发展提质增效工作进展情况，审议《平城区2021年公开招聘事业单位工作人员实施方案（审议稿）》，听取乡镇（街道）权责清单调整情况、主配责任清单梳理确认情况汇报及政务公开有关事宜，研究关于对区消防救援大队云中路消防救援站执勤楼建筑结构进行加固有关事宜，研究关于东楼职工食堂加固改造和东楼职工餐厅、会议室修缮改造工程有关事宜，研究关于申请机关事业单位退休人员待遇及调整养老金发放资金、城联社系统所属破产企业历年来欠缴养老金公补部分资金有关事宜，研究关于申请机关事业单位退休人员职业年金公补、民办教师教龄补贴、关闭企业生活补贴费有关事宜，研究关于申请拨付老旧小区改造费用及天然气改造费用有关事宜，研究2021年关于申请调用稳定调节基金有关事宜，研究关于2020年国有企业退休人员社会化管理中央财政补助资金使用情况有关事宜，研究关于老干部局增加新建老干部教育活动中心（老年大学）项目经费有关事宜，研究关于区公安分局申请辅警公用经费、禁毒经费、反电诈经费有关事宜，研究关于区园林绿化中心申请一季度、二季度小区绿化养护经费和一季度、二季度道路绿化养护经费及补植行道树资金费用有关事宜，研究关于对上年度和2021年1月至5月新入统和“稳增长”的社会消费品零售额调查对象实施奖励有关事宜，审议《大同市平城区农村干部经济责任专项审计实施方案（审议稿）》并申请列支相关经费有关事宜，研究平城现代农业产业示范区关于兑现业绩绩效与奖励绩效工资有关事宜，审议关于《大同市平城区2021年秋季义务教育阶段学生招生工作方案（审议稿）》《大同市平城区空气质量巩固提升2021年行动计划（审议稿）》《大同市平城区突发环境事件应急预案（审议稿）》《大同市平城区重污染天气应急预案（审议稿）》《大同市平城区饮用水源地突发环境事件应急预案（审议稿）》《大同市平城区土壤环境污染事件应急预案（审议稿）》，研究区委党校修缮配套工程有关事宜。

7月30日，平城区政府第二届第4次常务会议召开，郭政主持会议。会议传达学习省委书记林武在大同调研时的讲话和指示精神，研究关于区全民所有制企业公司制改革有关事宜，研究关于建立审计人才库有关事宜，研究区公安分局申请购置执法执勤车辆经费、新华街派出所改造经费、购置技侦设备经费有关事宜，研究区自然资源局关于申请平城区国土空间总体规划（2020—2035）编制费用及“一张图”实施监督信息系统建设费用有关事宜，研究区2021年农村人居环境整治先行示范村、整体推进村及重点帮扶村建设所需资金及“厕所革命”户厕改所需资金有关事宜，研究关于调整2021年“民生实事”项目平城区实验幼儿园云城御西分园为平城区实验幼儿园博雅府分园有关事宜，研究关于实施高铁南站站台进站口设置摆放花坛等工程相关费用有关事宜，研究关于申请拨付征收工作经费有关事宜，研究关于超期公益性岗位人员岗位、保险补贴有关事宜，研究关于欠缴企业职工养老保险补缴有关事宜，研究关于做好平城区数字消费券发放相关工作有关事宜，审议《大同市平城区水环境质量巩固提升2021年行动计划（审议稿）》《大同市平城区推进国控断面水质自动监测站建设工作实施方案（审议稿）》。

8月27日，平城区政府第二届第5次常务会议召开，郭政主持会议。会议传达学习贯彻省长蓝佛安调研大同时的指示精神，传达学习《中共中央关于加强新时代检察机关法律监督工作的意见》，研究关于小石子村乡村振兴示范区项目建设有关事宜，审议山西省地下水超采区综合治理（2021年度）大同市平城区马军营街道地下水灌溉水源置换工程有关事宜，研究关于成立大同市平城区土地和房屋征收与补偿总指挥部有关事宜，研究关于2021年区继续实施义务教育阶段学生营养改善计划有关事宜，研究关于完善凯旋城后续项目资金的报告，研究关于实施大同市平城区东王庄—西谷庄线西谷庄公路提质改造工程有关事宜，研究关于管道燃气居民用户自有设施升级改造工作有关事宜，研究关于冬季清洁取暖“煤改电”所需资金有关事宜。

9月29日，平城区政府第二届第6次常务会议召开，郭政主持会议。会议传达学习省委书记林武在全省民营企业家座谈会上的讲话精神，传达国务院第八次大督查第四督察组在晋督察工作衔接会会议精神，传达学习《中华人民共和国行政处罚法》，集中学习《中华人民共和国安全生产法》，传达学习《山西省大面积停电事件应急预案》等文件精神及审议《平城区突发重大动物疫情应急预案》，听取三季度全区安全、食药、环保、消防工作情况汇报，听取区“12345”接诉即办第三季度工作汇报，研究关于开展档案数字化工作有关事宜，研究关于车辆购置有关事宜，研究关于机关事业单位退休人员工资有关事宜，研究资产经营中心资产债权债务等划转国新能源公司和龙云公司在津房产吸收并入国新能源公司有关事宜。

10月25日，平城区政府第二届第7次常务会议召开，郭政主持会议。会议传达学习习近平总书记在中共中央政治局第三十四次集体学习时的重要讲话精神，传达学习省委书记林武到汾河沿线指导救灾重建工作时的指示精神，传达学习市长例会暨前三季度全省经济形势分析会议精神，审议《平城区农村自建房规划管理实施办法（试行）》《平城区农村饮水安全应急预案》，研究关于保障第四季度临时工工资正常发放及环卫车辆正常运转有关事宜，研究关于追加拨付绿化工程设计费等资金费用有关事宜，研究关于大同农业嘉年华疫情期间运营管理补偿资金有关事宜，研究关于聘用乡村振兴战略顾问有关事宜，研究关于平城区农业农村“十四五”规划编制费用有关事宜，研究关于大同农业嘉年华招商引资合作有关事宜，研究关于申请养老服务机构运营补贴有关事宜，研究关于申请锦祥社区等活动场所和公益性服务设施建设尾款及二类建设费用有关事宜，研究关于大同市有道城市发展投资有限公司相关子公司调整计划有关事宜，研究关于平城区国新能源煤炭运销公司公司制改革有关事宜，研究关于申请教育系统教职工体检经费有关事宜，研究各街道办事处机关食堂有关事宜。

11月25日，平城区政府第二届第8次常务会议召开，郭政主持会议。会议传达学习党的十九届六中全会精神，传达学习市委书记卢东亮在市疫情防控领导组会议上的讲话精神，传达学习市长张强主持召开的全市经济运行调度暨高质量发展分析研判会会议精神，传达学习《知识产权强国建设纲要（2021—2035）》《“十四五”国家知识产权保护和运用规划》精神，审议《平城区行政复议体制改革实施方案》《平城区秋冬季大气污染综合治理攻坚方案（2021—2022）》《平城区“十四五”生态环境保护规划》《平城区两山七河——流域生态保护、生态文明建设、生态经济发展规划》《平城区重点流域水生态环境保护“十四五”规划》《大同市平城区特种设备安全应急预案》5个应急预案，审议开展食品安全形势会商有关事宜，审议《平城区党政机关政务信息化项目建设领域问题专项整治工作方案》，研究关于购买禁毒社会工作服务有关事宜，研究关于平城区2022年度党报党刊征订经费有关事宜，研究关于疫情防控工作经费有关事宜，研究关于清理马家小村水源置换工程耕地垃圾所需经费有关事宜，研究关于把区财政预拨付居民安置补偿款变更为列支支付有关事宜，研究关于购买房屋征收系统公务用车有关事宜，研究关于大同市平诚农业产业发展有限公司变更股东有关事宜，研究关于采购清雪设备有关事宜，研究关于增加清洁工工资有关事宜，研究关于缴纳区属破产、困难企业职工医疗保险费用有关事宜，研究关于机关事业单位退休人员养老金（待遇）发放有关事宜，研究关于机关事业单位退休职工及在职死亡人员年金公补部分缴费有关事宜，研究关于欠缴企业职工养老保险补缴有关事宜，研究关于东街下属职工欠缴养老保险补缴有关事宜，研究关于有道公司申请融资有关事宜，研究关于平城区中小微企业发展专项资金使用计划有关事宜。

12月29日，平城区政府第二届第9次常务会议召开，郭政主持会议。会议传达学习2021年中央经济工作会议及中共山西省委十二届二次全体会议暨省委经济工作会议精神，传达学习省委书记林武在全省安全生产电视电话会议上的讲话精神，传达学习市委财经委员会第十五次会议精神，听取区2021年民生实事进展情况汇报，听取全区四季度安全、食药、生态环境、森林防火、消防工作情况汇报，听取平城区“12345”政府服务热线全年“接诉即办”工作进展情况汇报，听取平城区2021年清洁取暖改造工作完成情况汇报，审议《大同市平城区“十四五”时期战略性新兴产业规划》《大同市平城区加强和改进住宅物业管理工作三年行动实施方案（2021—2023）》，研究关于老旧小区改造资金拨付有关事宜，研究关于义务兵优待金经费有关事宜，研究关于拨付小南头街道党群服务中心改造经费有关事宜，研究关于拨付原新旺乡、马军营乡、水泊寺乡职工养老金有关事宜，研究关于职工取暖补贴及公务员公车补贴纳入职工公积金测算基数有关事宜，研究支付中国人民银行手续费相关事宜，研究关于2021年公开招聘事业单位和到村工作人员情况汇报及招聘经费申请有关事宜，听取全年主要经济指标预计完成情况。（李　军）

【新冠病毒疫苗接种“百日攻坚行动”推进会】 2021年4月20日，平城区召开新冠病毒疫苗接种“百日攻坚行动”推进会，区委副书记、区长郭政出席会议并讲话，区委常委、副区长侯晓楠，各街道办事处筹备组组长、区疫情防控领导组各成员单位主要负责人、各新冠疫苗接种机构负责人参加会议。会议宣读《大同市平城区新冠病毒疫苗接种“百日攻坚行动”实施方案》，并部署疫苗接种工作。（李　军）

政务督办与信息公开

【督查督办】 2021年，平城区政府办围绕区委、区政府重大决策部署，针对政府各类会议确定的重点事项落实情况、国务院互联网+督查交办事项等，组织区政府督查室督查，撰写督查专报12期。专项督办市、区两级人大代表建议、政协提案办理，累计办理市、区两级人大代表建议233件、政协提案133件。（李　军）

【政府信息公开】 2021年，平城区政府信息化中心公开各类信息6930条。其中，决策公开类3484条、管理公开类647条、服务公开类174条、结果公开类1797条、执行公开类477条、其他类351条。受理政府信息公开申请29件，答复政府信息公开申请29件。（李　军）

行政审批

【概况】 2021年，平城区行政审批局打造由100项“一件事”审批形成的套餐服务清单，截至2021年底，办理办结数量516件；行政审批时限在原有基础上再压缩30%以上，审批效率提高40%，网办率98%；截至2021年底，办结各类证照4.18万件（套）。（黄亚鹏）

【政务服务质效提升】 2021年，平城区行政审批局在大厅新增2个办事窗口，缩减群众办事等待时间，增设“办不成事找我”窗口，解决办事群众面临的痛点、难点问题；为方便老年人办事，在政务大厅设立“敬老爱老服务角”，为老年人提供政策咨询、填表复印服务，并协助老年人通过“老孕病残绿色通道”优先办理审批业务；安排专人负责提供免费复印服务，节约企业和群众办事时间和经济成本，全年打印复印材料10万余份。（黄亚鹏）

【“证照分离”改革】2021年，平城区行政审批局把全区涉企经营许可事项105项（其中，中央层面设定101项，省级层面设定4项），按照直接取消审批、审批改为备案、实行告知承诺、优化审批服务分4种方式推进改革。截至2021年底，直接取消审批2项，审批改备案2项，优化审批服务30项，实行“告知承诺制”10项。（黄亚鹏）

【政务服务模式创新】 2021年，平城区行政审批局整合业务系统，形成线上线下功能互补、合一通办的政务服务模式。推进与省建设银行对接“三晋通”，截至2021年底，区行政审批可网办率98%以上，272个事项可“网上办”。其中，12项实现“最多跑一次”和260项实现“一次不用跑”业务办理功能。（黄亚鹏）

【审批事项下沉】 截至2021年底，平城区行政审批局下放的审批项目为：个体工商户设立、变更、注销，食品备案证，食品小摊点备案，护士执业证，教师资格证认定，出版物零售单位设立、变更和动物防疫条件合格证核发7项审批事项，完成开源街街道、振华街街道、水泊寺街道、马军营街道规划和布局，其余14个街道刻录完毕网络与电子证照模板。（黄亚鹏）

【政府采购】 2021年，平城区采购中心按照全省政府采购制度改革要求，实行政府采购招投标全过程线上办理，配置设备和开展人员培训。办理线上采购2笔，预算359.72万元。办理招标采购项目8个（线下6个，线上2个）、全省车辆协议供货采购项目2个，总预算2429.62万元。（黄亚鹏）

【平城区首张电子证照颁发】 2021年，平城区行政审批局为贯彻国务院办公厅电子政务办公室《关于印发全国一体化在线政务服务平台电子证照有关工程标准的通知》和山西省人民政府办公厅《关于印发山西省一体化在线政务服务平台电子证照和电子印章管理实施办法（试行）》等精神，采取寻求多方技术支持和外出学习等方式，推行电子证照工作。5月17日，区行政审批局颁出首张电子证照，标志区级证照颁发进入电子时代。（黄亚鹏）

【政务服务跨省通办联动机制合作框架协议签署】 2021年8月12日，平城区行政审批局与山东省滨州市惠民县签署《政务服务“跨省通办”联动机制合作框架协议》；11月，与山东省济南市商河县签署《政务服务“跨省通办”战略合作协议》。根据协议两地群众可异地办理10项业务，包括内资企业及分支机构设立登记、变更登记、注销登记，个体工商户设立登记、变更登记、注销登记，农民专业合作社设立登记、变更登记、注销登记，以及营业执照遗失补领换发业务。（黄亚鹏）

【政务服务全省通办】 2021年11月，平城区行政审批局为解决政务“孤岛”问题，打破地域阻碍和部门壁垒，促进地区联动与部门联通，与省内万荣县、五寨县、闻喜县签署《全省通办协议》。

（黄亚鹏）

招商引资

【概况】 2021年，平城区项目

签约金额目标任务91亿元，完成115.44亿元，完成率126.86%；开工项目15个，开工率100%；新开工固定投资项目计划投资目标任务27亿元，完成115.44亿元，完成率427.56%；新开工固定投资项目到位资金目标任务10.50亿元，完成29.13亿元，完成率277.43%。（郭 贞）

【洽谈对接项目】 2021年，平城区招商引资中心参与中博会、兰洽会、青洽会、进博会等大型招商引资活动，对接重点企业，参加各种经贸交流，收集一批企业信息和项目信息，储备合作机遇，与北京燕东兆阳新能源科技有限公司、康宝莱（中国）保健品有限公司、科迪华农业科技有限公司等企业开展交流合作洽谈。洽谈高效多功能除尘器、易康医疗人工智能研发基地、大同静态交通、植保无人机制造等65个项目，计划投资额约190.17亿元。其中，商贸服务业项目21个、现代农业项目9个、文旅项目5个、民生康养项目3个、节能环保项目3个、房地产项目11个、科技创新项目10个、智能制造项目3个。全年签约项目36个，落地项目21个，签约项目总投资额约148.93亿元。（郭 贞）

【重要招商活动】 2021年，平城区招商引资中心举办平城区人民政府与五矿证券、中国农业银行大同市分行战略框架协议签约仪式，平城区人民政府与曲江文旅集团座谈会，以及平城区“六新”专题、“现代服务业”专题招商引资推介会暨项目签约仪式。与爱驰新能源汽车、山西静态交通、紫光新华三集团、万达集团、上海润迅等企业达成合作意向，签约金额15.14亿元。（郭 贞）

【招商引资宣传】 2021年，平城区创新宣传手段，利用会议、电视报道、自媒体、网络等加强平城区招商引资工作宣传力度，更新制作平城区招商引资宣传片、宣传资料，借助参展参会时机对外展示、发放；利用山西新闻网、《大同日报》、平城在线等主流媒体和抖音、微信公众号等融媒体刊发招商动态70余篇。（郭 贞）

【招商引资环境优化】 2021年，平城区召开项目推进会10次，为粉煤灰综合利用项目、信基酒店用品研发中心、漫心酒店、“云中声谷”大数据智慧服务基地等项目协调解决项目推进中的问题。引进“云中声谷”大数据智慧服务基地项目，为推动项目进展，区主要领导多次现场办公，为企业达到拎包入住需求创造条件。为漫心酒店项目出具招商引资项目认定函，方便企业办理相关手续。协助同瑞里项目办理相关手续，在区招商引资项目推介会和区招商引资宣传册上宣传该项目。协调上级有关部门，协助粉煤灰综合利用项目办理规划设计条件、土地出让等相关手续，在区招商引资项目推介会上重点宣传。（郭 贞）

【平城区与灵丘县签署战略协议】 2021年4月22日，平城区与灵丘县“共蹚转型新路、共促乡村振兴”战略合作协议签约仪式在灵丘县举行。市政协副主席、平城区委书记李继忠，区委副书记、区长郭政，区委副书记、

▲2021年4月22日，平城区与灵丘县“共蹚转型新路、共促乡村振兴”战略协议签约仪式在灵丘县举行（李 军 摄）

统战部长郭雁明，区人大常委会主任王丽萍，区政协主席赵世彪等区四套班子领导，灵丘县委书记李润军，县委副书记、县长张磊，县委副书记、统战部长杨亚丁等领导干部出席活动。签约仪式上，郭政和张磊代表双方签订战略合作协议。根据协议两区县通过跨越空间的联手合作，在文化旅游、农业产业、人力资源等领域开展交流合作，推动两地实现资源互补、经济协调发展。（李　军）

【庆祝农民丰收节暨招商引资活动】 2021年9月22日，平城区庆祝2021年农民丰收节暨招商引资推介会项目签约仪式举行，市政协副主席、平城区委书记李继忠出席并致辞。签约仪式上，平城区政府与6家企业签署合作协议，全国农业科技成果转移服务中心、国家种业科技成果产权交易中心大同分中心揭牌落户平城区。活动中，表演舞蹈《云冈飞天》、独唱《撸起袖子加油干》等节目。（朱嘉庆）

▲2021年9月22日，平城区庆祝2021年农民丰收节暨招商引资推介会项目签约仪式举行（朱嘉庆 摄）

人力资源管理

【人才交流】 2021年，平城区就业和人才服务中心办理“就业创业证”417本；召开专场招聘会6场，为求职者提供用工单位313家、岗位4167个，达成就业意向2062人次。（魏希然）

【事业单位工作人员管理】 2021年，平城区人社局根据《大同市平城区2021年公开招聘事业单位工作人员实施方案》《大同市平城区2021年公开招录本科及以上学历毕业生到村工作的实施方案》《大同市平城区2021年公开招聘中小学教师实施方案》，按照国家、省、市关于公开招聘规定，7月至12月，组织开展区属事业单位工作人员和到村工作人员公开招聘以及中小学教师公开招聘工作，通过发布公告、资格初审、笔试、资格复审、面试、体检、考察、“两委”人员选岗等程序，录用事业单位工作人员141人、到村工作人员16人。其中，男性30人，女性127人；录用中小学教师117人。新招聘274名工作人员录用时间从下年1月起算。年内，平城区人社局以德、能、勤、绩、廉为重要考核依据，对科级以下事业单位人员6680人开展公平、公正、公开考核。其中，优秀1035人，合格5418人，基本合格1人，不合格14人，不定等次212人，不参加考核32人。（李鹏程）

【工资福利审批】 2021年，平城区人社局完成普调工资事业单位审批6475人、2021年取暖费审批1.40万人、年终一次性奖金审批6737人2260万元、2021年事业单位绩效审批6751人。完成企业调资2.06万人1440.77万元、机关事业调资4367人405.21万元，稳岗补贴发放8.70万元。（李鹏程）

【工人技术等级考核】 2021年，平城区人社局开展机关事业单位工人技术等级及技师任职考核，严格按照省、市有关规定执行，严格审查机关事业单位工人技术等级岗位申报等级、类别、参加工作时间，全年组织符合报名条件申报工人等级考试115人。其中，技师49人，高级工17人，中级工25人，

初级工 24 人。（李鹏程）

信 访

【概况】 2021 年，平城区信访大厅窗口接待信访群众 2500 余人次，区级领导接待信访群众近 400 人次，召开联席会议 19 次，议定事项 59 件，推动信访问题解决。网上案件接收转办 2700 余件次，办结率 100%。信访问题主要涉及城乡建设、房地产领域、房屋征收、劳动和社会保障、农业农村、自然资源、金融领域等方面。出台《大同市平城区加强和改进信访工作的意见》，建立完善联动沟通分析研判机制、领导联点包案包领域机制、联席听证机制、领导接访下访约访工作机制、“双包案”机制、责任倒查机制、依法打击机制 7 项工作机制，以结果为导向，促进信访案件化解。开展信访矛盾“大排查、大交办、大化解”专项活动，确保在全区范围内信访事项在规定时限内办结。建设信访矛盾多元化解中心，整合资源，建立以信访接待中心、警务联动中心、住建、人力资源、心理咨询等重点领域、重点单位为主联合骨干的多元综合平台，构建平城区全区各级上下联动的大信访工作格局。（谢思扬）

【信访诉求分类办理】 2021 年，平城区信访局分类所有信访事项，尤其是重点领域信访问题，确定主管部门、化解责任单位和稳控责任单位，组织专门力量到相关责任单位实地督导调研，形成工作方案；对群体性上访比较突出的单位和部门，成立工作专班，明确分管领导和工作组长，开展调查研究，摸清情况化解处理。截至 2021 年底，针对农民工欠薪问题，坚持“属地管理”“守土有责”，成立工作专班，联合执法，现场办公，采取措施推进处办农民工欠薪问题。全年，平城区信访局接收中央、省、市信访局督办交办案件 7 件次，办结率 100%；“中联办”交办 26 件次，办结率 100%。（谢思扬）

【“零上访”单位创建】 2021 年，平城区根据省、市、区关于“三零”创建活动“零上访”要求，发挥信访指导平台作用，推动“零上访”单位创建活动。平城区有创建主体 2.20 万个，其中“零上访”村（社区）、企事业单位 2.19 万个。平城区有村（社区）201 个，“零上访”村（社区）195 个，占比 97.01%；企事业单位 2.18 万个，“零上访”企事业单位 2.17 万个，占比 99.89%。平城区矛盾排查化解台账录入 1678 件，化解率 99.94%。（谢思扬）

【老温调解工作室】 2021 年，平城区信访局“老温调解工作室”接待到访群众 228 批 427 人次。其中，法律咨询 105 批 171 人次；劳动争议 31 批 85 人次；征地拆迁纠纷 8 批 11 人次；家庭纠纷 5 批 13 人次；合同、物业纠纷 17 批 31 人次；交通事故纠纷 5 批 10 人次；其他纠纷 57 批 106 人次；热线电话咨询 574 人次；代写法律文书 38 份；调解民事纠纷并立卷 11 起。（谢思扬）

【“重复访”专项治理】 2021 年，平城区信访工作联席会议办公室制订《关于开展集中治理重复信访、化解信访积案专项工作实施方案》，开展各项工作。截至 2021 年底，重复信访化解信访积案专项活动交办 273 件次，全部办结，办结率 100%。其中，化解 265 件次，化解率 97.06%。截至 2021 年底，网上信访暨“控新治旧”工作接收上级转办案件 1377 件次，接收上级交办案件 26 件次，接收上级督办案件 7 件次，登记转办案件 1385 件次，均全部办结，办结率 100%。平城区信访部门受理率 100%，有权答复机关受理率 99.82%，按期答复率 99.91%，信访机构满意率 78.76%，有权答复机关满意率 73.90%。（谢思扬）

【“大排查、大交办、大化解”专项活动】 2021 年 1 月 1 日至 11 月 30 日，平城区信访局根据“大排查、大交办、大化解”专项活动实施方案，通过带案下访、重点约访、案件督办等方式，开展信访矛盾“大排查、大交办、大化解”专项活动，确保信访事项在规定时限内办结。截至 2021 年底，

交办案件308件次全部办结，办结率100%。（谢思扬）

【信访宣传活动】 2021年5月21日，平城区信访局以《中华人民共和国民法典》《信访条例》《违法信访行为告知书》及信访活动中35种情形的违法犯罪行为等相关知识为主要内容，开展“循法信访、依法办访”法治宣传活动。活动现场通过摆放宣传展板、设立现场法律咨询台、心理健康服务台、开通“阳光信访大篷车”、发放资料等形式宣传，并现场解答群众咨询的信访问题，向群众普及法治理念。（谢思扬）

区直机关事务管理

【概况】 2021年，平城区直属机关事务服务中心重点加强卫生管理和安保管理，实施“两扫全保洁”机关清扫保洁制度，实施平城区行政中心南、北两区的场院绿化、美化、灯光景观工程工作。开展机关公共设施维修养护，实施“日巡查、月维护”公共设施检修制度，保证机关水、电、暖的正常运行，并开展节能工作。配合有关职能部门开展机关国有资产管理工作，加强机关办公用房的统调统配及公务用车管理工作。（秦 洁）

【办公用房管理】 2021年，平城区直属机关事务服务中心按省机关事务管理局和市机关事务管理局要求，逐步完善党政机关办公用房管理系统，摸排集中管理的政府机关南办公区、国库集中支付中心综合楼、区司法局办公楼的办公及附属设施面积、入驻单位等相关数据。其中政府机关南区南、北楼建筑面积1.06万平方米，套内面积5935.52平方米，入驻单位32个，政府机关南区东楼建筑面积4361.30平方米，套内面积3069.92平方米，入驻单位4个；国库集中支付中心综合楼建筑面积1.25万平方米（不含地下室），套内面积8614.57平方米，入驻单位14个；区司法局办公楼建筑面积7126.63平方米，套内面积4602.06平方米，入驻单位17个。（秦 洁）

【公务用车管理】 2021年，平城区直属机关事务服务中心加强公务用车平台车辆的使用管理工作，执行省、市、区公务用车管理有关规定，执行派车制度，建立车辆档案，实行“一车一档”，控制车辆出行经费支出，实行定点加油、维修、保险。加强机关安保及车辆进出停放管理，整顿院内车辆停放秩序。全年有33辆公务车投入使用。其中，平台29辆、平城区直属机关事务服务中心4辆，全年派车614次。（秦 洁）

政务信息化管理

【电子政务公共平台】 2021年11月1日，平城区整合区各部门、机构、街道办政务信息资源与治理资源，电子政务公共平台通过信息系统安全等级保护为第2等级。该平台按主题分类、行业分类、服务分类和资源形态分类梳理，建立数据标准体系，形成政务资源数据资产，实现政务数据全周期、全要素、全功能、全流程管理。（王元东）

【政务新媒体管理】 2021年，平城区政府系统政务新媒体加强内容发布及时性、权威性和互动性，严格执行政务新媒体定期抽检制度，督促其自查并及时在规定时限内更新新媒体信息数。利用政务新媒体渠道加强宣传政策解读，对不及时更新政务新媒体的单位执行约谈制度。截至2021年底，平城区有平城警务微信公众号、平城警视抖音号、迎宾街道办事处微信公众号和平城区城市管理局抖音公众号3家单位4个政务新媒体号，全年未出现无法访问情况，运行良好。（王元东）

【基层政务公开标准体系建设】 2021年，平城区政府信息化中心建成全区统一的基层政务公开标准体系，切实保障人民群众知情权、参与权和监督权。各相关责任单位对照梳理20个试点领域基层政务公开标准目录汇编指引，结合政府权责清单和公共服务事项清单，全面梳理细化相关领域政务公开事项。截至2021年底，平

城区依申请公开受理27件，回复25件，撤销1件，法定期限内基层回复1件。（王元东）

【门户网站建设】 2021年，平城区政府网站政务信息公开数6200条。其中，“走进平城区”66条，占1.06%；新闻动态类3163条，占51.02%；政务公开类2108条，占34%；经济社会类127条，占2.05%；数据分析类65条，占1.05%；专题集锦类456条，占7.36%；互动平台类215条，占3.47%，全部回复。及时查看全国政府网站普查系统中纠错信息，纠错信息数为0。完善并强化政务网络安全保障体系建设，阻断非法流量，实现访问控制，保障网络安全，全年未发生不良安全隐患。（王元东）

【“12345”政府服务热线】 2021年，平城区“12345”政府服务热线办理中心工单处工作全面发展，各处办单位受理包括不计考核在内工单7.71万件，处办6.78万件，按期办结工单6.57万件，按期办结率96.81%，按期办结率同比提高32.91%，工单按期办结率大幅度提升。群众反映最多的十类诉求5.52万件，分别为物业服务类、市场监管类、城市管理类、劳动保障类、老旧小区改造类、医保社保类、商务管理类、房屋征收补偿类，占工单转办总量83.24%。（王元东）

▲2021年11月15日，平城区“12345”政府服务热线办理中心人员为群众办理业务（王元东 摄）

【热线问题处办】 2021年，平城区政府信息化中心热线处办新系统上线运行，运用新系统大数据和手机APP客户端，实现工单处办、查询、挂账、督办、考核方便快捷、及时准确。新开通四级村、社区处办平台，提升基层单位处办效率。截至2021年底，通过新系统下派区直、街道三级处办单位63家，四级处办单位193家。信息化中心创新热线处办6项工作办法，增设疑难推诿周报、工单双派单机制、工单现场研判处办机制、不定期排名督促制、工单未诉预警机制、先进处办工单推广制。为推动诉求工单解决力度，推出工单预警、群体性工单处办、领导坐班督办、包联领导督办群体性工单处办、推诿类周报上报、社情民意件处办、重点研判、两办坐班督办件8项热线处办举措。（王元东）

【“接诉即办”推进】 2021年，平城区政府信息化中心推进“接诉即办”各项工作，重点推动干部包联、热点专报、推诿疑难周报制度。3月，平城区政府信息化中心针对新开通的热线处办平台及四级处办单位，组织18家街道和33家主要区直处办单位召开“12345”热线“接诉即办”工作培训交流会4次。第二、三季度到水泊寺街道、文瀛湖街道、古城街道、大庆路街道、白登山街道等14个街道指导热线处办工作。截至2021年底，全区26位县级领导按带班安排督办疑难工单，对疑难工单提出预处理意见，有效督促推动热点、难点问题解决，督办疑难问题557件。印发涉及农民工资、汛期安全、老旧小区改造、违章建筑、供暖诉求等诉求专报21期，推诿周报上报40期。（王元东）

中国人民政治协商会议平城区委员会

综　述

【概况】 2021年，平城区政协第二届委员会有委员300名。其中，中共委员120名，占总数的40%，非中共委员180名，占总数的60%；妇女委员85名，占总数的28.33%；少数民族委员6名，占总数的2%；宗教界委员8名，占总数的2.67%。设置中共、民主党派、工商联、群众团体、经济、非公有制经济、文化教育体育、科技医疗卫生、民族宗教、社会管理、农村和新阶层12个界别。全年，区政协召开全体会议1次、常委会会议4次、对口协商会议2次、调研视察16次、举办委员培训班1期。

（代启亮）

【委员工作室打造】 2021年，平城区政协为推动政协机关各项工作“强起来”，立足“一厅两区三室一屋”功能设置，融合式建成区级层面的“政协委员活动中心”协商议事平台。区政协中心委员工作室7月投入使用，并开展党建活动、协商议事、委员读书、界别活动、文史展陈、团结联谊、参观接待等履职活动。平城区政协多次召开党组、主席会议，协商讨论打造社区委员工作室事宜，要求18个街道政协联络组打造“社区委员工作室”。截至2021年底，振华街道新世纪社区委员工作室、永泰街道柳航里社区委员工作室、小南头街道艾庄村委员工作室、御河街道委员工作室及新旺街道委员工作室5个街道委员工作室打造完成并投入使用，其余13个街道的委员工作室按序建设。

（代启亮）

重要会议

【政协第二届大同市平城区委员会第一次会议】 2021年4月6日至8日，中国人民政治协商会议第二届大同市平城区委员会第一次会议在大同大剧院召开。委员们围绕平城区“十四五”规划和二〇三五年远景目标，改革发展中

▲2021年4月7日，中国人民政治协商会议第二届大同市平城区委员会第一次会议经济界别政协委员座谈会召开　（代启亮 摄）

的重大问题、关系群众切身利益的实际问题和人民政协事业发展中的问题，协商讨论建言献策。会议学习讨论市政协副主席、区委书记李继忠在开幕式上所作的讲话，听取并通过政府工作报告、审议《平城区国民经济和社会发展第十四个五年规划和二〇三五年远景目标纲要》及其他报告。会议通过区政协主席赵世彪代表政协平城区第一届委员会常务委员会所作的工作报告，副主席宋丽君代表政协平城区第一届委员会常务委员会所作的提案工作情况的报告。会议选举出政协平城区第二届委员会主席、副主席、秘书长、常务委员。（代启亮）

【政协常务委员会会议】 2021年，政协平城区第一届委员会常务委员会召开常务会议2次，政协平城区第二届委员会常务委员会召开常务会议2次。

2月5日，政协平城区第一届委员会常务委员会第八次会议召开，区政协主席赵世彪主持会议，政协副主席宋丽君、秘书长郝国春及委员48人参加会议。会议听取政府办提案办理情况汇报；听取区政协上年工作汇报；学习区委经济工作会议精神；传达学习省政协会议精神；通过《政协平城区第二届委员会换届工作方案》；并通过有关人事任免事项。

3月26日，政协平城区第一届委员会常务委员会第九次会议召开。赵世彪主持会议，宋丽君、郝国春及委员49人参加会议。会议听取《政府工作报告(征求意见稿)》《区人民法院工作报告（征求意见稿）》《区检察院工作报告（征求意见稿）》起草说明；听取《政协第一届大同市平城区委员会常务委员会工作报告（征求意见稿）》起草说明；听取《政协第一届大同市平城区委员会常务委员会提案工作报告（征求意见稿）》起草说明；听取政协第二届大同市平城区委员会第一次会议筹备情况的汇报；会议审议政协第二届大同市平城区委员会第一次会议的有关文件（草案）；会议通过政协第二届大同市平城区委员会委员名单。

7月9日，政协第二届大同市平城区委员会第一次常委会会议召开。赵世彪主持会议，政协副主席郝连志、宋丽君、高剑，秘书长郝国春及委员51人参加会议。会议重点围绕党史学习教育要求，学习习近平总书记在庆祝中国共产党成立100周年大会上重要讲话；审议通过《政协第二届大同市平城区委员会各专门委员会组成人员名单》；讨论通过《政协大同市平城区委员会2021年度协商计划》；汇报区政协工作。

8月4日，政协第二届平城区委员会第二次会议召开。赵世彪主持会议，郝连志、宋丽君、高剑、郝国春及委员49人参加会议。会议审议通过《政协大同市平城区委员会对口协商工作制度》和《中国人民政治协商会议大同市平城区委员会专门委员会通则》等相关制度和规则及《关于加强建立完善政协大同市平城区委员智库的实施意见》。印发《政协大同市平城区委员会对口协商工作制度》《中国人民政治协商会议大同市平城区委员会专门委员会通则》《平城区政协党组联系各民主党派、工商联、无党派人士工作制度》《中国人民政治协商会议大同市平城区委员会全体会议工作规则》等；讨论通过有关人事事项。（代启亮）

政协界别活动与对外交流

【界别活动】 2021年，平城区政协各界别开展履职活动。新阶层界别委员开展读书活动，提高思想政治水平和科学文化素养；文化教育体育界别委员联合东街社区卫生服务中心医护人员组成义诊团队开展义诊活动，发放健康宣传物；科技医疗卫生界别委员配合平城区公安分局开展为群众办实事——登门行动，向居民群众开展防范电信诈骗和禁毒宣传活动；区政协民族宗教界别政协委员在平城区政协委员工作室开展主题为“合力推动政协民族宗教工作创新发展”座谈会，交流各自意见建议。（代启亮）

【对外联络交流活动】 2021年，平城区政协加强对外联络与交流，接待兄弟政协到平城区调研学习2次。广灵县政协到平城区学习考察创建委员工作室经验和做法，实地走访调研振华街道新世纪社区政协委员工作室、平城区政协委员工作室，参观学习区政协搭建履职

平台经验。（代启亮）

调研视察

【招商引资工作调研】 2021年，平城区政协围绕全区招商引资工作开展调研，全年全区洽谈对接项目40个，计划投资109亿元，签约乐禾食品科技产业园、玖街时光里、凤台晓月等19个项目，委员们通过调研了解全区招商引资工作计划及现阶段成果。（代启亮）

【古城文化旅游建设及旅游文化新生态开展情况专题调研】 2021年，平城区政协组织委员到区文旅局、区古城文化保护中心开展“古城文化旅游建设及旅游文化新生态开展情况”专题调研，到大同府衙修复施工现场、五龙巷围合院落、开源一号文化创意产业园实地考察了解情况，委员们围绕区文旅工作现状及存在的问题交流讨论，提出要分析区文旅资源及客源市场，加强互动交流；深耕文旅产品，强化宣传推介；加强文旅队伍建设及市场监管，扩大全区知名度和影响力等意见建议。（代启亮）

【政法队伍教育整顿情况调研】 2021年，平城区政协围绕“政法队伍教育整顿”工作推进落实情况，到平城公安分局、御东公安分局、平城区人民检察院、平城区司法局、平城区人民法院实地调研，查看政法干警各项自查整改资料及工作台账，并听取相关负责人关于“政法队伍教育整顿”工作汇报，共同交流经验和成果。（代启亮）

议政监督

【建言献智】 2021年，平城区政协在区政协二届一次会议上，从经济发展、城市建设、民生保障、文化教育等方面提出意见建议80余条，一批建议转化为党政决策和工作措施。围绕“科学编制区‘十四五’规划”开展前瞻性战略性研究，提出锚定绿色发展取向、强化三产主导地位、推动区域协同融合等16条建议。以专委会为依托，就城市社区卫生服务能力建设、提升乡村治理水平、做强创新创业孵化平台等4项重点课题开展对口协商，形成4件调研考察报告和专项建议。截至2021年底，平城区政协收集社情民意300余篇，整理报送社情民意信息120余篇。全年收集整理委员意见、建议80余条，大会发言33篇，征集提案267件，经审查立案133件。截至2021年底，所有提案办复完毕。（代启亮）

【参与司法听证和规范执法】 2021年，平城区政协在监督实践中完善监督机制、创新监督方式、增强监督合力、提高监督实效。向平城区人民检察院推荐委员21人担任听证员参与司法听证，以“看得见”的方式实现司法公正；向区政法委推荐委员15人担任政法机关执法司法监督员，规范执法办案工作，巩固政法队伍教育整顿成果。（代启亮）

▲2021年9月24日，平城区政协到大同府衙修复施工现场调研区古城文化旅游建设情况（代启亮 摄）

重要提案

【概况】 2021年，政协平城区二届一次会议征集提案267件，经审查立案133件。区政协提案委员会选取其中9件作为重点提案进行督办，分别是委员太晓阳提出的“关于强化金融知识普及，防范化解金融风险的建议”；委员吕君提出的“加强文旅融合，促进古城旅游发展”；委员魏夷忠提出的“多措并举金融支持助力企业创新，推动我区创新生态试验区建设”；委员夏喜柱提出的“关于发展特色农业的建议”；委员苏玉华提出的“关于统筹推进普惠性学前教育的建议”；委员赵正晔提出的“关于加强关注网络民意的建议”；委员李志强提出的“关于对社区‘空挂户’管理问题的建议”；委员任崧提出的“关于优化医疗卫生环境的提案”；委员曹峻峰提出的“关于提高环境监管能力建设的建议”。区委、区政府高度重视，对提案进行批示，承办单位领办，提案督办产生积极影响，促进提案成果转化。

（代启亮）

【重要提案摘编】 委员太晓阳“关于强化金融知识普及，防范化解金融风险”的建议。鉴于近年来经济金融快速发展，金融消费水平不断提高，平城区商业银行、保险公司、证券公司及多形式的融资类金融机构日益扩展，金融投资的方向与种类随之增加，居民投资理财观念发生转变，但相伴其中的金融产品也呈现出复杂性，专业性的特征，金融纠纷逐步凸显，金融知识普及变得越发重要。金融知识普及的困难与问题：金融知识普及重要性的认识有待提高；金融知识普及的力度不足；金融知识普及缺乏系统性、全面性、连续性。为强化金融知识普及，提出建议：切实转变观念，加大宣传力度；加强金融从业人员自身金融知识水平，努力发挥金融机构作用；建立金融机构激励评价制度。

委员苏玉华“关于统筹推进普惠性学前教育”的建议。学前教育是民生工程、民心工程，是国民教育的基础。当前，学前教育普遍存在教育资源不足、公办幼儿学校少、幼师缺乏编制、教育质量不高、城乡差距明显等困难和问题，尤其是“入园难、入园贵”成为人民群众反映强烈、社会高度关注的民生问题。随着全面二孩政策的放开，将会迎来一个新的入园高峰，“入园难、入园贵”问题将会进一步加剧，就这一现象提出意见建议。存在问题：公立幼儿园数量不足；资源分布不均，缺少编制；幼儿师资队伍短缺、教师队伍不稳定。相关建议：增加公办幼儿园和普惠性幼儿园数量；加大对学前教育的扶持力度；确保幼师师资队伍稳定；合理配置师资，促进教师专业成长。（代启亮）

专委会工作

【提案委员会】 2021 年，平城区政协提案委员会组织委员收集整理平城区第二届一次会议意见、建议。到区文旅局、区古城文化保护中心开展“古城文化旅游建设及旅游文化新生态开展情况”专题调研，并到大同府衙修复施工现场、五龙巷围合院落、开源一号文化创意产业园实地考察了解情况。组织委员调研“普惠性学前教育、教育基础设施建设工作开展情况”。按照“我为首善平城作贡献”大讨论活动要求，协助副主席宋丽君到火山岩雕刻、铜制品、斑斓布老虎、飞天结艺等非物质文化遗产传承人工作室，调研文创品牌，提出“新的文创产品要根据消费者的需求去做出改变，使文创商品市场焕发出新的生机”等意见。（代启亮）

【经济委员会】 2021 年，平城区政协经济委员会围绕全区招商引资工作，对全年全区洽谈对接项目 40 个，计划投资 109 亿元，签约乐禾食品科技产业园、玖街时光里、凤台晓月等 19 个项目开展调研。到同瑞里项目基地、大同凯德世家广场、大同平城万达广场实地考察，并交流研讨提出建设性意见。全年经济界委员分别以听取工作汇报、信息交流、调研考察、列席会议等形式同区发改局、区经信局、区商务局、区市场监督局等对口单位保持联系。（代启亮）

【综合委员会】 2021 年，平城区政协综合委员会围绕防汛应急工作，实地考察市第三人民医院医技楼在建工程项目、福华园小区，以及御河北路 3 条和新泉村旁边河道，并在区应急管理局会议室听取区应急管理局、区住建局、区水务局、武定街道及古城街道相关的工作汇报。围绕“农村生活污水管网建设和垃圾收运体系建设及户厕改造工程”到西谷庄村、金家湾村实地调研考察。围绕“政法队伍教育整顿”工作开展调研。（代启亮）

中国共产党平城区纪律检查委员会 平城区监察委员会

综 述

【概况】 2021年，中国共产党平城区纪律检查委员会、平城区监察委员会（简称“平城区纪委监委”）执行请示报告制度，报请区委常委会和区委主要领导审议、批准给予撤职以上重处分和初核、谈话、立案审查、重要措施使用等64人次，报请市纪委监委批准采取留置措施6人。全年派驻纪检监察组处置问题线索140件、立案46件、处分47人；街道纪工委处置问题线索231件、立案95件、处分95人。（赵 达）

【纪检监察体制改革】 2021年，平城区纪委监委开展依规依纪依法安全文明办案专题教育，强化案件质量评查，评查152案306卷，建立完善各类制度11项，加强规范性文件备案审查工作，强化纪检监察工作高质量发展制度机制保障。加强派驻（派出）机构建设。区委选优配强7名街道纪工委书记，配齐派驻纪检监察组工作人员。加强派驻（派出）机构领导，完善纪委监委班子成员联系派驻纪检监察组和街道纪工委工作等制度，深化街道纪检监察协作区建设。

（赵 达）

【集体约谈】 2021年3月29日，平城区纪委监委召开集体约谈会，23个被约谈单位负责人和10个派驻纪检监察组、2个监督检查室，以及党风室相关人员54人参加约谈会。18个街道，5家区直单位被约谈。区新旺街道、马军营街道、小南头街道、新华街道、御河街道5家单位主要负责人作表态发言。5月18日，区纪委监委集体约谈3月至4月“12345”政府服务热线工单办结排名靠后、处办满意率较低的15家单位党组织负责人，督促巡视反馈问题整改落实到位。区纪委副书记、监委副主任马腾，区纪委常委崔宇出席会议，15家单位党组织主要负责人，5个街道纪工委负责人，5个派驻纪检监察组组长，区纪委监委党风政风监督室和第一、第二监督检查室主任28人参加会议。会议通报15家单位“12345”接诉即办存在问题，各单位主要负责人作表态发言。

（赵 达）

【纪检监察队伍建设】 2021年，平城区纪委常委会落实管党治党责任，持续在管好自己、建好班子、带好队伍上用力。加强机关党的建设，开展党史学习教育，组织党员干部到大同红色记忆馆、太行干部学院等接受理想信念教育，引导党员干部弘扬伟大建党精神，忠诚履职尽责。深化全员培训和岗位练兵，举办线上、线下培训28期，参训人数3500人次，选派干部到省、市纪委监委跟班锻炼35人次。开展党员读书会、谈心谈话、激励关怀帮扶、趣味运动会等活动，从思想、工作、生活上关心党员干部。坚持刀刃向内，自觉接受约束和监督，严守纪检监察权力边界，整治“灯下黑”。全区处置纪检监察干部问题线索3件，党纪处分1人。（赵 达）

【区纪委监委机关委员会补选委员大会】 2021年4月13日，平城区纪委监委召开中共大同市平城区纪委监委机关委员会补选委员大会，区纪委副书记、区监委副主任马腾主持会议，区直机关工委书记高力兵出席会议。会议应到党员131人，实到111人。会议审议通过《中共大同市平城区纪委监委机关委员会选举办法（草案）》。通过选举，马腾当选为中共大同市平城区纪委监委机关委员会书记、郭智勇当选为中共大同市平城区纪委监委机关委员会纪检委员。（赵 达）

重要会议

【区委纪委常委会会议】 2021年，中共平城区纪委召开常委会会议37次，以下节选其中7次。

1月21日，中共平城区第一届纪委第63次常委会会议召开。区委常委、区纪委书记、区监委主任李文清主持会议，参会6人，列席6人。会议传达学习《山西省纪委监委对受处理或处分人员回访教育工作制度》《山西省纪委监委机关案件督办工作办法》《山西省纪检监察机关落实“三个区分开来”工作办法》，审议《平城区纪委监委对受处理或处分人员回访教育工作制度》，研究审议乡（街道）党（工）委拟给予相关人员开除党籍处分的请示等。

4月25日，中共平城区第二届纪委第4次常委会会议召开。区委常委、区纪委书记、区监委主任余儒主持会议，参会5人，列席5人。会议传达学习省纪委《关于在整治供销合作社系统腐败问题促进改革和治理工作中推进“1+5”联动协作的指导意见（试行）的函》，审议案件，研究审议街道党工委拟给予相关人员开除党籍处分的请示等。

5月28日，中共平城区第二届纪委第7次常委会会议召开。余儒主持会议，参会6人，列席10人。会议传达学习省纪委《关于开展政治生态分析研判暨政治画像工作实施办法》，研究贯彻落实具体措施，传达全省纪检监察机关三级联动专项工作及省推送涉纪信访事项办理进展情况的通报，传达学习省委常委、省纪委书记、省监委主任王拥军在研究部署房屋产权登记确权颁证清零行动专题会上的讲话精神，研究贯彻落实具体措施等。

9月30日，中共平城区第二届纪委第19次常委会（扩大）会议召开。余儒主持会议，参会5人，列席11人。会议传达学习市第十六次党代会精神，研究具体贯彻落实意见；传达中央纪委国家监委和省纪委监委公开曝光的违反中央八项规定精神典型问题，安排部署国庆期间落实中央八项规定精神及执行有关纪律要求事宜；传达《第二监督检查室对所联县区开展专项监督检查的情况报告》，研究整改落实意见；传达省纪委办公厅《关于开展全省自然保护区范围内违规违建问题专项监督的工作方案》，研究平城区具体监督检查工作；研究村（社区）“两委”换届相关党风廉政意见回复事宜等。

10月19日，中共平城区第二届纪委第20次常委会会议召开。余儒主持会议，参会4人，列席10人。会议传达学习《市纪委监委关于违建别墅问题专项清查整治监督执纪执法的工作方案》，研究部署具体贯彻落实举措，解读信息查询工作相关制度；传达学习《大同市落实中央纪委国家监委〈关于整治山西公安信息化项目建设领域突出问题的纪检监察建议〉的实施方案》，研究部署具体贯彻落实举措；审议《大同市平城区纪委监委学习贯彻〈中华人民共和国监察法实施条例〉实施方案》（审议稿）；审议案件；研究审议街道党工委拟给予相关人员开除党籍处分的请示等。

10月22日，中共平城区第二届纪委第21次常委会会议召开。余儒主持会议，参会4人，列席8人。会议传达学习王拥军同志在省纪委监委理论学习中心组（扩大）党史学习教育专题读书班上的讲话；传达学习省纪委监委《关于加强能源保供监督工作的通知》，研究部署具体贯彻落实举措；审议《大同市平城区落实中央纪委国家监委〈关于整治山西公安信息化项目建设领域突出问题的纪检监察建议〉的实施方案》；审议案件等。

11月2日，中共平城区第二届纪委第22次常委会（扩大）会议召开。佘儒主持会议，参会4人，列席19人。会议传达省第十二次党代会、省委十二届一次全会、省纪委十二届一次全会精神，研究具体贯彻意见；传达学习省纪委监委《关于加强灾后恢复重建监督工作的通知》要求；研究政法队伍教育整顿期间有关案件的处理事宜等。

（原亚静）

【区第一届纪律检查委员会第四次全体会议】 2021年2月19日，平城区第一届纪律检查委员会第四次全体会议召开。区委常委、纪委书记、监委主任李文清主持会议并代表区纪委常委会作工作报告。区委书记李继忠、区长唐胜出席会议。区纪委委员、各乡（街道）纪（工）委书记、区委巡察机构副科级以上干部、驻区单位纪检组长（纪委书记）130余人参加会议。会议审议通过区纪委常委会工作报告《推进新时代纪检监察工作高质量发展为平城"四区建设"战略提供坚强保障（审议稿）》；审议通过《中国共产党大同市平城区第一届纪律检查委员会第四次全体会议决议（草案）》。（赵 达）

纪律检查和监察

【中央八项规定及其实施细则精神落实】 2021年，平城区纪委监委查处违反中央八项规定精神案件6件，给予党纪政务处分5人，组织处理1人。集中开展党政领导干部违规入股企业专项清理，退缴违规获利69.70万元。推进基层廉洁文化建设，街道和村（社区）举办红色教育、宣讲革命英雄故事、廉政文艺晚会等69场次。

（赵 达）

【党风政风监督】 2021年，平城区纪委监委从政治高度靶向纠治形式主义、官僚主义，突出领导机关和领导干部这个重点，贯彻落实党中央决策部署和省、市、区委重大举措，重点检查打折扣搞变通、不担当不作为及"一刀切""层层加码"等问题，整治工作过度留痕、检查考核过多过频等问题，全区查处形式主义、官僚主义问题17件17人，给予党纪政务处分3人，组织处理14人。以抓铁有痕、踏石留印的恒心和韧劲，对重压之下改头换面、花样翻新的享乐主义、奢靡之风露头就打、反复敲打，紧盯重要节点，压实主体责任，深化运用部门联动协作、交叉检查等方式，严肃查处违规接受宴请、违规发放津补贴、违规收受礼品礼金等问题，督促党员干部和公职人员办理子女生日、升学等事宜做到"四严禁五倡导"（"四严禁"：严禁违规宴请；严禁举办奢华仪式、操办奢侈宴席；严禁违规收礼借机敛财；严禁出入具有私人会所性质的场所。"五倡导"：倡导以身作则，带头移风易俗、培育良好家风，教育引导子女树立奢侈浪费、大操大办、攀比炫富可耻，勤俭节约、艰苦朴素、健康文明光荣的价值观念；倡导不办生日宴，通过与子女一起制作电子相册、以家庭为单位种生日树等健康、简约、有意义的方式表达情感祝福；倡导不办升学宴，以编辑祝福短信、录制短视频、亲子游等简朴、温馨的方式表达诚挚庆贺；倡导用一封感谢信、一束鲜花或手工制作贺卡、毕业相册等有纪念意义的方式表达对老师的崇高敬意；倡导以建立班级群、照片墙、留言册等健康、简朴、温馨的方式表达同窗情谊）。坚持纠"四风"、树新风并举，挖掘平城区优秀廉政文化资源及红色资源中的廉政元素。拍摄廉政微电影《圆锁》，参与清廉平城微电影作品征集活动，以优良党风政风带动社风民风。

（赵 达）

【日常监督】 2021年，平城区纪委监委综合运用重大事项请示报告、提出意见建议、监督落实党委决策部署等方式，推动党委主体责任落实、"两个责任"贯通协同。规范审慎用好问责利器，问责党员干部20人，其中"一把手"18人，占90%。健全"四项监督"协作联动机制，完善权力监督全覆盖格局。强化纪委监委监督协助引导推动功能，推动司法、行政执法、审计机关移送党员干部、公职人员违法问题线索41件，处分42人。提档升级"生态档案"系统，完善建档内容，开展政治生态分析研判和政治画像工作，实现全区48个行政村的"三资管理"（农村集体资金、农村集体资产和农村集体资源）、"三务公开"（村级党务、村务、财务公开）、村级工程项目运行情况提级监督。用好谈心谈话、参加（列席）有关会议两项制度，推动监督从“有形覆盖”向“有效覆盖”转变。协助区委把好政治关、廉洁关、形象关，针对选人用人、评优评先等回复党风廉政意见4380人次。运用“四种形态”（第一种党内关系要正常化，批评和自我批评要经常开展，让咬耳扯袖、红脸出汗成为常态；第二种党纪轻处分和组织处理要成为大多数；第三种对严重违纪的重处分、作出重大职务调整应当是少数；第四种严重违纪涉嫌违法立案审查的只能是极少数），落实“三个区分开来”（把干部在推进改革中因缺乏经验、先行先试出现的失误和错误，同明知故犯的违纪违法行为区分开来；把上级尚无明确限制的探索性试验中的失误和错误，同上级明令禁止后依然我行我素的违纪违法行为区分开来；把为推动发展的无意过失，同为谋取私利的违纪违法行为区分开来），全区运用监督执纪“四种形态”批评教育帮助和处理592人次，第一、二、三、四种形态占比分别为59.30%、35.60%、2.90%、2.20%。处置问题线索569件次，谈话函询后予以采信了结54件次，初核后查否22件次，运用谈话提醒、批评教育、责令检查等组织措施适当处理244件次，跟踪回访教育被问责和受处分干部200人。

（赵　达）

【政治监督】 2021年，平城区纪委监委坚持把学懂弄通做实党的创新理论作为首要政治任务，区纪委常委会、区纪委监委理论学习中心组开展集中学习和研讨45次，带头领学促学，研究贯彻意见，抓好组织实施。践行“两个维护”，把习近平总书记和党中央关心关注的问题作为监督重点，因时因势靶向发力，加强政治监督。围绕“大棚房”、农村乱占耕地建房、房屋产权登记确权颁证清零行动、违建别墅、信息化项目建设、乡村振兴、创建全国文明城市、能源保供、违规停车场及乱收费、党员领导干部利用开发区资源谋取私利等开展专项监督，给予党纪政务处分47人，组织处理15人。聚焦政法系统腐败问题加大惩治力度，查处61人，给予党纪政务处分43人，组织处理18人，其中主动说明问题35人，兑现从宽政策18人。加强常态化疫情防控、安全生产、历史文物保护、生态环境保护、优化营商环境、落实意识形态责任制等情况监督检查，给予党纪政务处分3人，组织处理2人。针对落实疫情防控责任不到位问题，下发日常监督提醒卡23份，组织处理2人。（赵　达）

【区街道纪检监察工作会议】 2021年5月8日，平城区纪委监委召开全区街道纪检监察工作会议，区委常委、区纪委书记、区监委代主任佘儒主持会议并讲话，区纪委副书记、区监委副主任马腾、赵志霞出席会议。会议传达学习《关于县（市、区）在推进纪检监察协作区工作机制过程中应重点把握的几个问题》《关于加强村（社区）换届纪律监督的实施方案》，研究分析纪检监察协作区设置、职责定位、街道协作区与县(区)纪委监委关系、协作区后勤保障，以及如何在村（社区）“两委”换届工作中进行跟进监督、全程监督、有效监督工作。安排部署各街道纪检监察工作。18名街道纪工委书记

▲2021年5月8日，平城区纪委监委召开全区街道纪检监察工作会议

（赵　达　摄）

简要汇报工作打算和思路。（赵　达）

【专项监督监察】 2021年8月18日，市纪委常委、监委委员续亚楠及第二监督检查室相关人员4人到平城区监督检查12项专项工作，分别为疫情防控、换届纪律监督、依规依纪依法安全文明办案专题教育活动、“大棚房”专项清理整治行动“回头看”、重复举报治理工作、全省房屋产权登记确权颁证清零行动、脱贫攻坚成果巩固同乡村振兴有效衔接监督工作情况、“关键少数”问题线索排查情况、查处诬告陷害行为和事实检举控告澄清工作、省委巡视反馈问题整改、环保问题监督工作、保密工作。区委常委、区纪委书记、区监委代主任余儒，区委常委、区委办公室主任王兴，区委常委、区委组织部部长陈月祥，区委常委、区政府副区长、迎宾街党工委书记侯晓楠，区政府副区长赵永富陪同检查，区纪委监委主要领导、分管委领导及相关室负责人、相关职能部门约20人作工作汇报。同时参观区纪委监委党史馆、案卷档案室、谈话室等。（赵　达）

【“两委”换届纪律监督】 2021年，平城区纪委监委加强村（社区）“两委”换届纪律监督，召开村（社区）“两委”换届监督工作推进会2次，督促各责任单位和街道把换届各项工作落实落细落具体，对照换届任务清单开展监督检查105次，督促开展警示教育178次、谈心谈话1309人次。（赵　达）

【群众身边腐败和作风问题整治】 2021年，平城区纪委监委持续纠治教育医疗、城管执法、房屋征收与补偿、养老社保、生态环保、食品药品、安全生产、征地拆迁等领域腐败和作风问题，维护群众利益。全区查处群众身边腐败和作风问题87个，党纪政务处分65人，组织处理22人。严惩涉黑涉恶腐败和“保护伞”，给予党纪政务处分5人，“打伞破网”实现长效常治。立足职责开展“我为群众办实事”实践活动，加大“12345”接诉即办监督检查力度，针对办结不及时、处办满意率较低的单位下发跟踪监督函32份，集体约谈15家单位党组织负责人；开展领导干部带头包案“解民忧”活动，平城区纪委监委班子成员包案的9件涉纪重复信访事项全部办结。（赵　达）

“三不”一体推进

【“三不”机制建设】 2021年，平城区纪委监委紧盯“关键少数”，加大不敢腐、不能腐、不想腐“三不”一体推进。对“关键少数”问题线索加强研判处置，加大查处力度，形成震慑。加大打击行贿力度，完善行贿人“黑名单”制度，建立行贿人信息库，形成联合惩戒工作机制。督促重点系统领域抓好“不能腐”制度建设和监督机制改革跟进配套衔接工作。加强制度执行情况监督检查，压紧压实制度执行主体责任、监督责任，强化制度对权力的刚性约束，从源头上遏制腐败问题发生。强化“不想腐”的自觉，针对不同层次、不同领域、不同行业的特点，分层分类拍摄警示教育片、编印忏悔录反思录，推动警示教育在发案单位开展、系统行业集中开展、年轻干部等重点群体经常开展，推动实现警示教育常态化。完善纪委监委内外联动机制，每月开展1次党员领导干部任前廉政谈话，组织新调整任用干部和年轻干部到市党纪教育基地接受警示教育，常态化通报典型案例，用身边的人和事教育身边人，引导推动党员干部知敬畏、存戒惧、守底线。注重把正风肃纪反腐与深化改革、完善制度、促进治理贯通起来，深化以案促改、以案促治、以案促教。用好用足纪检监察建议书，针对性发出纪检监察建议书23份，督促行政审批、房屋征收与补偿、医保等领域开展以案促改，推动完善制度16项。开展廉政警示教育，利用“全面从严治党永远在路上”微信平台，推动理想信念、党纪国法等教育常态化；在村（社区）“两委”换届之际，组织村（社区）“两委”主干300余人，到市党纪教育基地接受警示教育，筑牢基层干部思想道德防线；召开全区教育系统领导干部警示教育大会，对区教育局班子成员、各小学校长及重点岗位教师开展集体廉洁谈话，推动廉洁从教和师德师风建设；开展国资国企和工程建设领域警示教育，教育引导党员领导干部镜鉴常照、警钟长鸣；落实党纪政务处分执行公示制度，做实同级同类干部警示教育。

（赵　达）

【惩治腐败】 2021年，平城区纪检监察机关立案247件、给予党纪政务处分236人，留置6人、移送司法机关4人，其中处分乡科级以上干部50人，同比增长38.90%；处分青年干部52人，占比22%。严肃查处区鹿苑街道办事处工作人员张某在房屋征收工作中伙同他人贪污及区人民法院执行局政委张某在案件执行中收受贿赂等违纪违法案件，强化“不敢腐”震慑力。紧盯重点领域和关键环节惩治腐败，对举报线索较多、问题反映集中、涉腐可能性大的“关键少数”、关键岗位、村（社区）“两委”主干等深挖细查。严肃查处基础设施建设、公共资源交易、房屋征收与补偿、棚户区改造安置等方面腐败问题，巩固深化政法领域反腐败成果。

（赵　达）

【廉政宣传】 2021年，平城区纪委监委把学习贯彻习近平新时代中国特色社会主义思想摆在首位，与中共十九届六中全会精神贯通学习理解、一体贯彻落实，把握领会“两个确立”的决定性意义，提高政治判断力、政治领悟力、政治执行力。把党史学习、教育、宣传引向深入，建立常态化长效化制度机制，巩固拓展党史学习教育成果。聚焦推动习近平总书记重要讲话和重要指示批示落实落地、党中央重大决策部署见实见效，做精做准做实政治监督。聚焦“三新一高”等党中央重大战略和省、市、区委部署要求，重点加强对宏观政策、微观政策、结构政策、科技政策、改革开放政策、区域政策、社会政策等贯彻执行情况的监督检查。聚焦统筹推进疫情防控和经济社会发展，监督推动做好以稳促进、以进固稳特别是稳运行、稳能源、稳粮食、稳就业、稳市场主体、稳金融、稳安全、稳防疫、稳生态“九稳”工作。聚焦落实全面从严治党战略方针，严明党的政治纪律和政治规矩，防止和纠正一切偏离“两个维护”的错误言行，净化优化政治生态。紧盯习近平总书记视察山西重要讲话重要指示，聚焦区委二届三次全会部署要求，研究探索纪检监察机关服务保障推动高质量发展具体措施，健全完善贯彻落实和督查问责机制，督促推动各级各部门细化工作任务、逐一推进落实。坚持严管厚爱结合、激励约束并重，运用“四种形态”，落实“三个区分开来”，实事求是容错纠错，以监督执纪导向引领干事创业导向。

（赵　达）

【原创微电影《选择》获奖】 2021年9月28日，平城区纪委监委在全区各村（社区）“两委”换届之际，为严明换届纪律，严肃换届风气，营造风清气正换届环境，坚持教育在先、警示在先、预防在先，由机关纪检监察干部策划、编剧、参演，制作完成首部以村（社区）“两委”换届为题材的廉政微电影《选择》。该片在“平城在线”微信公众平台展映，在第三届“清风正气”原创微电影展上获优秀作品奖。

（赵　达）

巡　察

【概况】 2021年，平城区纪委监委对标对表贯彻落实中央和省市委巡视巡察新部署、新要求，启动二届区委第一轮、第二轮巡察工作，开展常规巡察党组织55家。规范巡察工作程序，制定《区委巡察工作指引（试行）》等制度66项。加强巡察监督与纪检监察、组织、审计、信访等监督的协作协调，出台《区委巡察工作协作配合联席会议制度（试行）》，在巡前、巡中、巡后各环节互助互促、协作配合，各部门提供巡前通报34份，选派28名干部参加巡察工作，实现信息、资源、力量和监督成果共享共用。深化巡察成果运用，完善巡察反馈、巡察移交和督查督办工作链条，一届区委第五轮巡察、二届区委第一轮巡察反馈共性问题506个，整改完成496个，完成率98%；移交问题线索48个，党纪政务处分3人，组织处理10人。开展巡视巡察整改“回头看”单位党组织29家。

（赵　达）

【巡察会议】 巡视整改监督检查专题会议　2021年4月2日，平城区纪委监委召开巡视整改监督检查专题会议。分管党风政风监督室、监督检查室领导，党风政风监督室负责人，第一、第二监督检查室负责人，以及相关派驻组组长参加会议。会议安排部署全区各单位落实十一届省委第八轮巡视平城区整改任务的监督检查工作，印发《关于成立推动省委第八轮巡视平城区整改任务落实工作专班的通知》，明确监督检查重点和工作步骤，对照《十一届省委第八轮巡视平城区问题清单、整改清单、责任清单》中29项整改任务，逐项逐条分工监督检查责任，确保条条整改落实。

平城区巡察工作会议暨第二届区委首轮巡察动员部署会　7月，平城区委巡察办牵头制定《区委巡察工作协作配合联席会议制度（试行）》。7月21日，平城区巡察工作会议暨第二届区委首轮巡察动员部署会召开，纪检监察部门、组织、审计、法院、检察院、信访局等联席会议成员单位参会，介绍被巡察单位政治生态、履行全面从严治党主体责任、领导干部问题线索和处置情况以及有关举报情况。

二届区委第二轮巡察工作动员部署会　12月17日，二届区委第二轮巡察工作动员部署会召开。区委常委、区纪委书记、区监委主任、区委巡察工作领导小组组长佘儒出席会议并作动员部署讲话。区委巡察工作领导小组成员，区纪委监委、区委组织部、区人民法院、区人民检察院相关室负责人，区审计局、区信访局主要负责人，区委巡察办、巡察组全体巡察干部，以及被巡察单位主要负责人参加会议。会议传达十六届市委第一轮巡察动员部署会精神，宣布区委第二轮巡察组长授权任职和任务分工决定与巡察工作方案，并动员部署此轮巡察工作。此轮巡察，区委派出5个巡察组常规巡察区卫生健康和体育局及所属单位区疾病预防控制中心、区卫生监督所、区妇幼健康服务中心；区城市管理局及所属单位区市容监察管理处、区环境治理监督大队、区城市管理综合执法大队、区城市公共服务中心（区数字城管服务中心）；区园林绿化中心（含下属单位）、区环境卫生服务中心（含下属单位）、区医疗集团和所管理的社区卫生服务中心；大庆路、振华街道及所辖村（社区）。

（王紫风）

▲2021年7月21日，平城区巡察工作会议暨第二届区委首轮巡察动员部署会召开（赵　达　摄）

【《区委巡察工作规划（2021—2025）》出台】
2021年，平城区委巡察办制定《区委巡察工作规划（2021—2025）》，明确未来五年巡察工作"时间表""路线图"，采取常规巡察、专项巡察和"机动式"巡察等相结合方式，按照每年开展2轮巡察，以"一拖N"方式巡察10—15个单位，在2024年完成二届区委任期内75个科级党组织和180个村（社区）基层党组织巡察任务，实现全覆盖目标。（王紫风）

民主党派 工商联

中国国民党革命委员会大同市委员会平城区支部

【概况】 2021年，中国国民党革命委员会大同市委员会平城区支部（简称“民革大同市委平城区支部”）有党员23人，全年发展新党员3名。其中，党员中有人大常委1人，政协常委2人，政协委员5人。支部梁永娥8月被评为大同市教育系统第二届师德标兵，10月被评为大同市教育系统优秀教师。2021年，主委杨倩及党员武国强、吴欣蕾被民革市委会评为优秀党员。（杨 倩）

【参政议政】 2021年，民革大同市委平城区支部党员提交提案、社情民意26篇，其中董佳琳撰写的《关于优化教师职称评审的建议》经省政协报送全国政协，经市政协直报全国政协；王宇杰撰写的《关于进一步完善社区管理建设的建议》被民革山西省委采纳，并经省政协报送全国政协；梁永娥撰写的《关于尽快制定儿童电话手表国家标准的建议》经市政协直报全国政协。（杨 倩）

【社会服务】 2021年1月14日，民革大同市委平城区支部携御东小学举行教育扶贫爱心捐赠活动，为17名贫困家庭学生捐助过冬棉衣。2月3日到云州区樊庄村西骆驼房村走访慰问贫困户和残疾贫困户，给贫困户家庭送去米面粮油、水果蔬菜、肉蛋干果、糕点、对联等慰问物品及每户慰问金600元。2月6日，到平城区御东小学走访慰问贫困学生家庭2人，送去每人600元慰问金及米面粮油等年货。3月17日，到浑源县永安镇西顺村帮扶慰问特殊困难弱势群体，给他们送去常用药品及营养品。9月18日，探望平城区“三无”（无劳动能力、无生活来源、无赡养人和抚养人）老人。11月，在和泰社区开展12期“情绪音乐厅”音乐疗愈系列活动。（杨 倩）

【社区义诊活动】 2021年9

▲2021年9月18日，民革大同市委平城区支部党员在同力小区探望平城区“三无”老人（杨倩 摄）

月 26 日，民革大同市委平城区支部为御馨花都社区居民提供家门口健康便民服务。义诊活动现场，民革平城区委支部的党员配合医生及社区工作人员，在现场维持秩序，并协助医生为老年居民讲解健康知识，发放宣传材料。（杨 倩）

中国民主同盟大同市委员会平城区支部

【概况】 2021 年，中国民主同盟大同市委员会平城区支部（简称“民盟大同市委平城区支部”）有盟员 33 人。其中，市政协委员 1 人，区人大代表 2 人，区政协常委 2 人，政协委员 2 人；男性 12 人，女性 21 人；硕士研究生 1 人，大学本科 27 人；高级职称 9 人，中级职称 14 人；教育界 13 人，文化界 4 人，经济界 2 人，医疗卫生界 1 人，其他 13 人。2021 年被民盟大同市委评为“先进支部”。（马 佳）

【参政议政】 2021 年，民盟大同市委平城区支部参加区政协和区委统战部组织的协商会、座谈会、征求意见会。在平城区经济社会发展和老百姓关注关心的民生问题上发表意见和建议。全年提交人大建议 6 篇，政协提案 8 篇，被采纳 2 篇，社情民意 20 篇。（马 佳）

【社会服务】 2021 年，民盟大同市委平城区支部在中秋节期间，慰问平城区疫情隔离酒店全体医务和工作人员，送去月饼、饮用水等价值 5000 余元慰问物资。组织盟员购买大同黄花系列产品，助力黄花产业发展。开展为特园捐款活动，特园是中国民主同盟的诞生地，发动盟员筹得 2000 余元捐款。随民盟大同市委到广灵县宜兴乡探堡村、天镇县马家皂乡定安营村开展“防疫有我、爱卫同行”健康扶贫活动，邀请民营医院为 300 余名村民义诊，现场解答村民健康相关问题。参与区委统战部组织的统一战线爱心资助特教学校学生活动，捐款 3000 元。（马 佳）

【庆祝中国共产党成立 100 周年暨纪念中国民主同盟成立 80 周年联欢会】 2021 年 4 月 28 日，民盟大同市委平城区支部在世家小镇举办“庆祝中国共产党成立 100 周年暨纪念中国民主同盟成立 80 周年联欢会”。此次活动由平城区民盟主委马佳主持并致辞，民俗专家赵佃喜应邀出席，民盟盟员及社会各界人士 120 余人参加。联欢会表演原创评书《大同抗日英雄李文魁》、歌曲《没有共产党就没有新中国》等节目。（马 佳）

中国民主建国会大同市委员会平城区支部

【概况】 2021 年，中国民主建国会大同市委员会平城区支部（简称“民建大同市委平城区支部”）有支部 4 个，会员 137 人。全年发展积极分子 17 人、新会员 1 人。（兰 英）

【参政议政】 2021 年，民建大同市委平城区一支部有省人大代表 1 人，市人大代表 1 人，市政协委员 3 人，平城区人大代表 1 人，平城区政协委员 7 人，通过政协会议、社情民意的途径向政府建言献策，全年提交政协提案 4 件，社情民意 15 篇。二支部会员撰写社情民意 10 余篇，其中 1 篇被市、区政协表彰为优秀社情民意。三支部有市政协委员 1 人，平城区政协委员 2 人，上报社情民意 12 篇，撰写提案 9 篇。四支部有市政协委员 1 名，区政协委员 5 名，区政协常委 1 名，区人大委员 1 名。全年支部上交提案 5 篇，社情民意 3 篇。支部主委田国峰给全体会员作“如何撰写社情民意”专题讲座。（兰 英）

【社会活动】 2021 年 5 月 20 日至 22 日，由大同市委统战部、民建大同市委、民建大同市委平城区二支部联合举行“我为群众办实事——构建技能社会，助力乡村振兴”主题实践活动。6 月 2 日，民建大同市委平城区一支部召开庆祝中国共产党成立 100 周年党史学习活动；6 月 10 日，到广灵县开展捐助贫困学生献爱心活动；11 月 20 日，会员张治国在单位传达学习中国共产党第十九届六中全会精神会议。民建大同市委平城区三支部为抗击疫情捐款 1 万余元，开展社会调研活动 6 次。民建大同市委平城区四支部组织党员到右玉县民建大同参加市委会组织的弘扬右玉精神主题教育活动；9月24日，接到平城区委统战部组织的“同心同力·筑梦未来”公益爱心捐款倡议后，捐款5000元。

（兰 英）

【民建平城区支部座谈会】2021年1月29日，平城区委统战部召开民建平城区支部座谈会，这是原民建大同市综合四支部纳入平城区后召开的第一次会议。民建大同市主委侯文，区委常委、区委统战部部长欧阳宏海出席，区委统战部班子成员，民建大同市委和民建平城区各支部相关负责人参加。会上，侯文介绍民建大同市委基本情况。区委统战部副部长梁云花介绍全区民主党派基本情况，民建各支部负责人及民建四支部会员代表介绍各自工作开展情况。（成建伟）

中国民主促进会大同市平城区总支委员会

【概况】 2021年，中国民主促进会大同市平城区总支委员会（简称“民进大同市委平城区总支”）有会员61名。其中，教育界20名，占会员总数32.79%；政府机关8名，占会员总数13.11%；经济界12名，占会员总数19.67%；其他界别21名，占会员总数34.43%。会员中大学本科及以上学历43名，占会员总数70.49%。会员中具有高级职称3名，占会员总数0.05%；具有中级职称14名，占会员总数0.23%。会员中女会员26名，占会员总数42.62%。3月30日，被民进山西省委员会评为“五星级支部”。

（蒋丛发）

【参政议政】 2021年，民进大同市委平城区总支有市人大代表1名，市政协委员2名，平城区政协常委3名，平城区政协委员7名。向市人大提交议案1件，向市政协提交提案2件，向平城区人大提交议案1件，向平城区政协提交提案7件，提交社情民意14件。5月11日，组织会员中的政协委员参加平城区政协组织的主题为“如何撰写提案”的集中培训。6月27日，组织会员调研大同市世家小镇建设运营情况。9月24日，组织会员参加平城区政协组织的调研平城区文化和旅游局活动，专题调研平城区文化创意产业园区。10月26日，组织会员参加民进大同市委员会组织的“推动我市普惠性学前教育发展”主题调研。（蒋丛发）

【社会服务】 2021年7月22日，民进大同市委平城区总支组织会员参加全市统一战线扶贫助困到云州区采摘黄花活动。10月14日，组织12名退休老会员欢度重阳节。（蒋丛发）

中国农工民主党大同市委员会平城区支部

【概况】 2021年，中国农工民主党大同市委员会平城区支部（简称“农工党大同市委平城区支部”）有支部2个，党员64人，其中男性38人、女性26人，全年发展新党员2名。自主开展“学党史·跟党走”等主题实践活动8次，全年组织党员参加各类培训活动13次，党员参加活动率85%。一支部被农工党山西省委会授予“五星级优秀支部”。二支部被农工党山西省委会授予“四星级优秀支部”。

（冯素芳）

【参政议政】 2021年，农工党大同市委平城区支部有市政协委员4名，区政协委员11名，区政协常委3名。一支部全年上交提案7篇，社情民意9篇。副主委刘鹏撰写的提案《关于“十四五”期间进一步推动小区物业管理服务提档升级的建议》被采纳并作为大会发言材料、《关于在公共场所使用感应式水龙头的建议》《关于建立平城区多元调解机构的建议》分别被农工党中央、市政协采纳。刘鹏为支部全体党员作“如何撰写社情民意”专题讲座。二支部全年给市、区两级政协提交的提案及社情民意12篇，委员宋利提案《加快打造省域副中心城市肿瘤医疗中心的建议》得到市领导批示。（冯素芳）

【社会服务】 2021年3月24日，农工党大同市委平城区一支部组织党员开展“学党史·跟党走”义诊活动。9月10日，农工党大同市委平城区二支部开展“学党史、践初心、下基层、办实事”教育实践活动，联合平城区北街派出所开展防范电信诈骗宣传活动，向过往群众发放防范电信诈骗宣传资料，宣传如何提高反诈意识，掌握反诈防诈技巧。9月，平城区委统战部开展“同心同力，筑梦未来”，帮扶求助贫困儿童，农工党大同市委平城区支部捐款6700元。（冯素芳）

九三学社大同市委员会平城区支社

【概况】 2021年，九三学社大同市委平城区支社有社员21人，其中男性11人、女性10人；40岁以下4人，40—50岁10人，50—60岁7人；大学本科20人，硕士研究生1人；中级职称9人，高级职称1人；医药卫生界3人，文化教育界3人，经济界9人，其他界别6人。全年发展新社员2名。2021年被九三学社山西省委表彰为“先进集体”。（贯雯棋）

【参政议政】 2021年，九三学社大同市委平城区支社有平城区政协委员5人，通过政协会议、社情民意的途径向政府建言献策，全年提交政协提案5件，被采纳1件，社情民意22篇。（贯雯棋）

【社会活动】 2021年，九三学社大同市委平城区支社参加区委统战部组织的“迎新春统一战线诗词朗诵会”，选送的作品《大风歌》获二等奖。7月25日，到云州区吉家窑陶瓷文化产业园区调研，了解大同陶瓷的发展历史。10月，到通航产业园区调研，参观大同轻型飞机制造有限公司、北岳机场和山西通用航空职业技术学院，在飞机制造车间，了解企业生产、通用航空制造业的发展前景。在平城区统一战线知识竞赛中，闫历代表支社参赛获集体二等奖。承办中国书画家联谊会，社员张恒武现场创作多幅作品。（贯雯棋）

▲2021年10月25日，九三学社大同市委平城区支社到大同通航产业园区调研企业生产、发展状况。图为社员在展区观看各类别飞机（贯雯棋 摄）

平城区工商业联合会

【概况】 2021年，平城区工商业联合会（简称“平城区工商联”）有各类会员1802个。其中，团体会员18个、企业会员240个、个人会员1544名。组织平城区工商联（总商会）第一次会员代表大会换届筹备工作。加强非公经济人士参政议政工作，推荐12名非公有制经济人士作为全区人大代表、政协委员换届候选人。按照全国工商联要求，在民营企业中开展各项统计调查，为各级政府分析民营经济发展趋势、民营企业发展规律提供依据。平城区工商联被中华全国工商联评为“2020—2021年度全国‘五好’县级工商联”。（史丽娟）

【惠企服务】 2021年，平城区工商联制订《大同市平城区工商联政银企常态化对接工作方案》，缓解民营企业融资难、融资贵问题，与交通银行大同分行组织金融帮扶对接会，帮助民营企业融资贷款80万元。印发《大同市平城区工商业联合会关于为会员单位开启行政审批“绿色通道”的通知》，会员单位办理行政许可事宜，由专人负责领办帮办代办工作，协助2家企业、1家个体工商户领取营业执照。组织优秀民营企业家健康体检，并建立健康档案。组织北方电器、鼎瞻咨询公司、伟业制衣公司、小微企业孵化基地、月盛装饰公司等民营企业会员单位参加在线微讲堂、专题讲座等，帮助民营经济人士提升经营管理能力和自身素质。联合区人民检察院开展护航民营经济高质量发展检察开放日活动。

（史丽娟）

【光彩事业】 2021年，平城区工商联利用“晋联通”、工商联执委群等微信公众号及其他媒介，引导会员为社会公益事业发展贡献力量。在“六一”期间，联合平城企商会为文华小学的学生捐赠价值近万元学习用品；联合银星金店、福德程传媒、颖小鹿粉丝团的爱心人士为大同市福利院的孩子送去关怀和节日祝福。组织开展“同心同力 筑梦未来”系列公益活动，各商会、会员企业捐款首批到账资金3.85万元。

（史丽娟）

【民营企业对外交流平台搭建】 2021年，平城区工商联推荐银星金店参加全市统一战线成员优秀形象展示；推荐山西联创电子信息技术有限公司、山西天辰汇智科技有限公司申报参加全省14个战略性新型产业集群行业协会商会；推荐的大同市高强煤机制造有限公司获“大同市红十字特殊贡献奖”；组织报名参加在上海召开的第四届进博会，10家企业参加；向区政法委推荐1名民营企业家担任区政法机关执法司法监督员。

（史丽娟）

【民营企业工地员工新冠肺炎疫苗接种】 2021年，平城区工商联与区卫体局对接，组织医护人员到御东永和佳园工地、开发区汽车研发中心工地、安益街工地，保障300余名民营企业员工在不影响工作时完成新冠肺炎疫苗接种。 （史丽娟）

【民营企业家代表座谈会】 2021年5月20日，平城区工商联组织召开民营企业家代表座谈会。区委副书记、统战部部长郭雁明出席会议，区委统战部、区工商联负责人及来自文化传媒、电子商贸、文化教育等行业的20余名企业家代表参加会议。座谈会上，民营企业家代表介绍企业的发展情况及所面临的困难和问题，为平城区的经济社会发展建言献策。（史丽娟）

【“春雨润苗”专项行动】 2021年7月19日，平城区工商联与平城区税务局工作人员到山西联创电子信息技术有限公司与企业负责人及相关人员座谈，推送税费政策宣传咨询辅导服务。座谈会上，平城区税务局的人员听取企业对税费方面的意见建议，并现场解答涉税问题。 （史丽娟）

▲2021年7月19日，平城区工商联联合平城区税务局到企业开展“春雨润苗”专项行动 （史丽娟 摄）

平城区总工会

【概况】 2021年，平城区有基层工会675个。其中，街道工会联合会18个、社区工会155个、村工会48个、区直机关工会27个、直属企事业单位工会118个、系统工会10个、学校工会47个，非公企业工会252个。有会员4.26万人，其中女会员2.46万人，农民工4134人。在红星美凯龙大同分公司建设“妈咪小屋”1所；大同魏都医院工会、家怡养老院工会的职工书屋被市总工会命名“市级职工书屋”。（王喜梅）

【劳模关爱】 2021年春节期间，平城区总工会按照省级劳模春节慰问金发放标准每人1000元，为36名省级劳模发放春节慰问金3.60万元；11月10日起，组织200名区级以上劳模到区博爱医院参加一年一度的免费健康体检，为时一个月，项目30余项，医院根据体检报告为劳模提供健康指导。（王喜梅）

【工会干部培训】 2021年，平城区总工会依托职工书屋、职工之家、职工活动室，组织工会干部职工学习中共十九届三中、四中、五中、六中全会精神以及习近平总书记有关工会工作的论述和时政理论文献。利用工会例会对全区街道、机关、企事业单位及非公企业工会干部进行工会基本知识及社会化工会工作等内容的培训学习，提升工会工作能力。组织基层工会经审干部网上学习工会经审知识，提高经审干部业务水平。（王喜梅）

【职工思想政治引领】 2021年，平城区总工会组织职工参加大同市总工会举办的“中国梦·劳动美——永远跟党走、奋进新征程”全市职工主题征文活动，上报征文2篇；组织参加第三届“劳动者之歌”全市职工书画展，收集上报作品46幅，入展3幅；参加省总工会职工党史知识竞赛有奖答题，28个单位1846人参与网络答题，13个单位334人参与卷面答题。发出“山西省预防和制止餐饮浪费规定”倡议，印发宣传广告5000份，通过悬挂宣传横幅、餐厅标语和挂图等营造浪费可耻、节约为荣的氛围。在迎宾街道开展第33个爱国卫生月活动，发放资料5000份、杜绝浪费提示牌3000个。开展“玫瑰书香”女职工主题阅读活动，16家单位参与。在“安全生产月”期间，为基层工会发放“全国‘安康杯’职工安全健康知识与应急技能知识”50套，发放“安康杯”竞赛试卷2000份并回收后寄给主办方；联合区司法局在迎宾广场开展“尊法守法·携手筑梦”服务职工法治宣传活动，提供法律咨询80余人次，发放普法宣传资料500册、宣传品200余份。（王喜梅）

【职工权益维护】 2021年，平城区总工会联合基层工会协调处理农民工欠薪案件17起，涉及人数43人，涉及金额104.31万元；答复“12345”政府服务热线相关案件128件；农民维权咨询工作台、“5209131”农民工服务热线持续为农民工提供帮助。平城区各基层工会于“三八”妇女节在广场、社区、企业等场所设置普法宣传咨询点，发放宣传资料，为女职工进行《山西省女职工条例》有关条款的答疑解惑；20余家基层工会举办“三八”妇女节座谈会、“情系女职工、法在你身边”知识考试等活动。在女职工维权月期间，为基层工会发放《女职工劳动保护条例》《女职工劳动保护特别规定》等宣传资料6000份，宣传维护女职工合法权益。（王喜梅）

【职工帮扶服务】 2021年，平城区总工会发放中央、省、市、区困难职工慰问金13.93万元；在春节期间慰问困难职工10人，发放慰问金6690元。第15期大病互助活动107家基层单位5553人参加，收缴大病互助金总额27.77万元；分5批发放第14期职工大病互助补偿款48人24.76万元；发放第15期职工大病互助补偿款第1批4人8437元。全年向83家基层工会拨付经费467.94万元，其中向区环境卫生服务中心拨付36万元“送清凉”资金，用于夏季为一线环卫工人购置防暑降温用品。落实省、市总工会开展“工会进万家·新就业形态劳动者温暖行动”要求，到京东快递大同古都营业部、顺丰速运快递公司慰问一线快递人员，赠送洗漱包、消毒湿巾、口罩、手机支架等温暖关爱礼包。组织93名女职工开展“两癌”筛查。组织基层工会女职工参与腾讯“99公益日”网络募捐平台发起的帮老龄妇女解难纾困活动，捐款7093.84元，位列全市第一。

（王喜梅）

【小微企业工会经费返还】

2021年，平城区总工会落实省、市总工会有关小微企业工会筹备金全额返还相关政策，5月开展2019年第四季度至2020年前三季度小微企业工会经费（筹备金）返还工作，做到应返尽返。截至2021年底，审核小微企业110家，通过二次审核，为符合条件的93家返还工会经费（筹备金）118.52万元，全部拨付到账。（王喜梅）

【省级户外爱心驿站打造】

2021年，平城区总工会按照省、市总工会关于建设“户外劳动者爱心驿站”通知要求，依托区环境卫生服务中心的平城驿站、环卫爱心小屋及基层单位临街工作场所，打造“省级户外劳动者爱心驿站”12家，7月全部挂牌使用。“户外劳动者驿站”面向快递员、环卫工人、交警、货车司机、送餐员、网约司机等户外劳动者，为他们免费提供饮水供给、纳凉取暖、餐食加热、休息如厕、手机充电、读书阅览等公益惠民暖心服务。12个“驿站”日接待户外劳动者100余人，全年接待户外劳动者1.84万余人。

（王喜梅）

【工会工作标准化建设】

2021年，平城区总工会成立区总工会标准化和质量强区领导小组，编写工会标准化流程。截至2021年底，完成大病救助、大病医疗互助补偿、金秋助学和春雨助学、工会组建、“妈咪小屋”、“职工书屋”市级申报、户外劳动者爱心驿站、工会爱心驿站等标准化流程编写。

（王喜梅）

【杨继文创新工作室参观学习】 2021年5月7日，平城区总工会组织20余名基层工会干部参观以省劳模杨继文命名的，由大同市特等劳模刘金昌带头的杨继文创新工作室。工作室设计研发新型保洁袋、车衣、便利推雪板、便道清洗器、清雪机等工具，给环卫工作带来便捷，特别是攻克液压分流、传统分流、高低压水泵分流、散热分流等难题，实现一台水车在没有增加发动机动力的前提下，低压和高压水泵正常工作，这一项为单位节省60余万元的维修经费。年内，工作室研发多种上坟祭祖烧纸的焚烧炉机、焚烧桶。（王喜梅）

【劳模表彰会】 2021年7月17日，平城区劳模表彰大会在区委党校会议厅举行。会议表彰2017年以来全区各行各业各条战线上涌现出的劳动模范和先进集体。市人大常委会副主任、市总工会主席苏智，市政协副主席、区委

▲2021年7月17日，平城区举办劳模表彰大会　（王喜梅 摄）

书记李继忠及区四套班子主要领导出席大会并为10个模范单位、10名劳模标兵、20个先进集体、90名劳动模范颁奖。全区受表彰的劳动模范和先进集体代表及各街道党工委书记、区直各部门、部分企事业单位主要负责人约200人参加大会。（王喜梅）

【“感党恩颂祖国——奋进新征程”文艺演出】 2021年9月26日，平城区总工会在万达广场门前举办“感党恩颂祖国——奋进新征程”文艺演出，有舞蹈《飞天》《茉莉花》《花开盛世》，歌曲《中华情》《欢笑的日子》《在希望的田野上》《节日欢歌》《山丹丹开花红艳艳》《就恋这把土》《沂蒙山我的娘亲亲》，二胡独奏《战马奔腾》等节目。省、市、区部分劳模，各街道、企事业、民营企业工会干部及附近社区居民群众300余人一同观看演出。（王喜梅）

共青团平城区委员会

【概况】 2021年，平城区有基层团组织317个。其中，基层团（工）委28个，团（总）支部289个。全区有团员1.62万人（其中新发展团员207人），少先队员5.39万人。通过山西希望工程圆梦行动资助2名困难大学生各5000元资金；与电信公司合作发放个人电信奖学金5000元；利用政府购买服务，依托“青年之家”展开青年婚恋交友3次，预防青少年犯罪讲座1次，提供青少年心理咨询12次，直接受益人280余人次。（乔　蕊）

【共青团主题宣传活动】 2021年，共青团区委组织主题宣传活动2次。7月7日，组织开展“健康人生，绿色无毒”禁毒宣传活动，发放宣传资料600余册；12月1日，组织开展“共抗艾滋、共担责任、共享未来”世界艾滋病日宣传活动，发放宣传资料800余册、防艾宣传物品500份，接受群众咨询200余人次。（乔　蕊）

【共青团组织建设】 2021年，共青团区委完成换届，选出委员21人、候补委员9人，委员平均年龄28岁，基层一线占比100%。全区建立青年之家18家，实现街道全覆盖，入驻“青年之家云平台”18家，全年开展活动22次。建立街道团代表联络站18个，145名团代表全部进站。（乔　蕊）

【青少年思想政治引领】 2021年，共青团区委利用新媒体引领青少年思想教育，帮助青少年树立正确人生观、价值观和世界观，在“平城青年”微信公众号、抖音号每周定期发布正能量信息，全年发布信息135条。（乔　蕊）

【智慧团建】 2021年，平城区18个街道团工委、203个村（社区）团支部班子人员全部配齐并录入智慧团建系统，党史学习教育团支部覆盖率100%，学社衔接率99%，完成本年度团员评议激励并开展对标定级。新发展团员207人在“智慧团建”系统电子档案录入率100%。（乔　蕊）

【青年志愿服务活动】 2021年，共青团区委以“力行青年志愿队”为依托，吸纳青年志愿者，通过“平城青年”公众号、抖音号发布各类志愿者招募信息，创新建立“1+5+18+X”运行模式，通过“1支总队—5大区域—18个分队—若干小组”的四级塔群体系与各级团组织对接，常态化储备志愿者572人。3月5日，组织青年志愿者填补大同市党纪教育基地对面的道路，填补坑洼50个，发动志愿者40余人；4月10日至5月5日，开展“春满古都，又见平城”群众文化活动志愿服务，救援队出动50人，志愿者参与380人；8月25日，60名志愿者参与“践行绿色理念，倡导低碳出行”大同骑行活动；8月31日，开展“金秋开学季，助力安全行”开学秩序维护活动，发动志愿者52人；10月26日，配合平城区疫情防控办在市区周边7个高速路口搭建疫情防控帐篷，市人防越野一族救援队11人参与；12月4日，共青团区委带领力行青年志愿者协会参与“首善平城 我为创城做贡献”清理城市主干道小广告活动，发动志愿者20余人；12月26日，组织200名青年志愿者参与各类疫情防控活动。（乔　蕊）

【少先队工作】 2021年，共青团区委组织少先队活动3次。3月5日，与区少工委号召全区各学校少先队举办“传承雷锋精神”主题队会，开展各类少先队员社会实践活动；6月1日，协办大同市少年儿童庆“六一”“红领巾心向党”主题队日暨首批新队员入队仪式示范活动；10月13日，平城区各学校少先队举办纪念中国少年先锋队建队72周年“红领巾 心向党”主题队日活动，各校结合自身实际开展以“请党放心 强国有我”为主题的校园红歌赛、重温入队誓词和队干部授标等活动。共青团区委于12月8日印发《平城区少先队“红领巾奖章”评选方案》，全区评选推荐一星章优秀少先队员6188名、二星章优秀少先队员602名。

（乔　蕊）

【青年就业创业服务】 2021年，平城青年创业平台吸纳300余名创业青年加入，搭建1个园区、1个平台、4大功能、8个职能组织的“1148”服务体系。全年举办会议、培训、辅导等各类活动39场。

（乔　蕊）

【共青团大同市平城区第一次代表大会】 2021年7月28日，中国共产主义青年团大同市平城区第一次代表大会在平城区委党校举行。区委副书记、区委统战部部长郭雁明，区人大常委会主任王丽萍，区政协主席赵世彪，团市委书记高晶，团市委副书记何伟出席大会。会议审议通过《高举旗帜跟党走，聚力青春勇担当，为奋力谱写践行新时代中国特色社会主义平城篇章贡献青春力量》的工作报告，选举产生共青团大同市平城区第一届委员会委员21名、候补委员9名。

（乔　蕊）

【“学党史 强信念 跟党走”竞演讲述活动】 2021年4月8日至27日，共青团区委联合区总工会、区妇联共同举办庆祝中国共产党成立100周年“学党史 强信念 跟党走”竞演讲述活动。4月16日，举办“学党史 强信念 跟党走——少年追梦者说”少年组复赛活动，全区各学校37位选手参赛，12名选手进入区级决赛。4月27日，举办“学党史 强信念 跟党走——青年奋斗者说”竞演讲述活动决赛，全区各单位、街道及机关选送16名优秀选手和区团员青年代表130人参加活动，发布在“平城青年”公众号上开展网络投票，近3万人次浏览，总票数2.3万余票。孙京琳获一等奖，董美玲、寇钊获二等奖，辛雅菲、吴宗昊、李秀蓉获三等奖。

（乔　蕊）

【“青春兴晋”大学生“返家乡”社会实践活动】 2021年7月至8月，共青团区委发布“青春兴晋”大学生“返家乡”岗位32个，岗位招募青年大学生志愿者95人。7月19日至30日，联合山西师范大学“爱心助学”团队在迎宾街道迎宾路社区青年之家联合举办“青少年暑假托管活动”，大学生志愿者与学生一对一教学，分工明确，开展辅导学生课业内容、美术教学和指导绘画创作等活动。（乔　蕊）

【基层团组织改革试点】 2021年8月31日，平城区委召开常委会会议，审议通过《平城区共青团基层组织改革试点的工作举措》，结合平城区工作实际，细化为“壮骨、强基、育苗、领航”四大行动、31项具体举措。全年完成203个农村（社区）团组织换届工作；在全区建立18个街道团代表联络站，145名团代表全部进站；建立19个青年之家，2个困境青少年艺术培训基地（团属组织）；依托“两新”组织发展社会领域青年团员30名；在全区7所中学建立团校，覆盖率100%；在全区开展创建“团员青年示范岗”活动，活动开展后，有60名团员青年提交申请。（乔 蕊）

【青年婚恋交友联谊活动】 2021年10月10日，共青团区委在迎宾街道和泰社区组织开展“为爱而来，情满金秋”单身青年婚恋交友联谊活动。此场活动有60位嘉宾参与，通过现场见面、参与游戏环节等方式，最终有4对心动嘉宾牵手成功。（乔 蕊）

【少先队大同市平城区第二次代表大会】 2021年11月24日，中国少年先锋队大同市平城区第二次代表大会在平城区教育局举行，区委副书记、统战部部长郭雁明，团市委副书记王新华，团区委书记、少工委主任祁海龙，区教育局党组书记、局长李秀斌，区教育局副局长、少工委主任李芳等出席大会。会议审议通过《传承红色基因，听党话跟党走，为谱写平城新时代少先队事业新篇章时刻准备着》的工作报告，选举产生中国少年先锋队大同市平城区第二届工作委员会委员21名。（乔 蕊）

【平城区青年创新创业协会成立】 2021年12月8日，共青团区委举行平城区青年创新创业协会第一次会员大会暨成立大会，区委副书记、区委统战部部长郭雁明，团市委书记高晶出席会议并讲话，共青团大同市平城区委班子成员参加会议。会上，宣读协会审批结果报告，审议通过《大同市平城区青年创新创业协会章程》，选举产生协会会长、执行会长、副会长、秘书长和副秘书长，发布平城青年创新创业协会识别系统。青年创业者代表、协会会员80余人参加会议。（乔 蕊）

平城区妇女联合会

【概况】 2021年，大同市平城区妇女联合会（简称“平城区妇联”）下辖街道妇联18个、系统妇女工作委员会20家、典型非公企业经济妇女工作委员会2家，服务妇女55万余人，开展各类宣传活动，维护妇女儿童权益，关爱女性职工和困境儿童。截至2021年底，全区155个社区48个村完成换届工作，选举妇联主席203人，副主席406人，执委1256名。新一届村（社区）党组织中女性成员330人，占比46%；女书记108人，占比52%；村（居）民委员会中女委员1039人，占比75%；女主任125人，占比61%；女性“一肩挑”101人，占比61%。完成全区村（社区）“两委”换届中落实100%的村（社区）有妇女委员，100%的村（社区）妇联主席进“两委”。（赵登峰）

【妇女权益维护】 2021年，平城区妇联接待到访妇女诉求11件，结案率100%。3月5日，区

▲2021年12月3日，平城区妇联联合区司法局举办“12·4妇女维权法治讲座”（叶薇娜 摄）

妇联在兴国寺广场和新胜村举办妇女维权宣传活动，街道妇联主席、系统妇工委主任及巾帼志愿者近40人参加活动，发放宣传资料200余份，咨询80余次。三八妇女节，马军营乡妇联开展法律法规宣传活动，齐家坡社区举办文艺展演，古城街道举办法律知识大讲堂等。12月3日，联合区司法局在新旺街道新泉村举办“尊宪学宪维宪用宪”妇女维权法治讲座，30余名基层妇女代表参加讲座。12月24日，平城区婚姻登记中心设立“李大姐婚姻家庭纠纷调解室”，发挥妇联在婚姻家庭、纠纷预防化解的作用。（叶薇娜）

【妇女组织建设】2021年，平城区妇联打造平城区环境卫生服务中心、齐家坡社区2个“妇女之家”示范点，通过组织学习、宣传政策、权益维护、巾帼志愿服务等提升服务妇女群众的能力和水平。9月17日，省妇联调研督导组到齐家坡社区就“妇女之家”建设进行调研，提出意见建议。（赵登峰）

【妇女思想政治引领】2021年，平城区妇联组织2次妇联干部学习活动。6月2日，组织基层妇联主席30余人参观白登山妇联举办的“巾帼心向党 奋斗新征程”庆祝中国共产党成立100周年手工、书画展，其中9幅作品参加市妇联举办的手工作品展；7月30日，在永泰街道西后场社区举办“学讲话 悟思想 鼓干劲”——学习习近平在庆祝中国共产党成立100周年大会上的讲话精神讲座，全区各街道、村、社区妇联干部80余人参加。（赵登峰）

【家庭文明建设】2021年，平城区妇联开展“乡风文明户”“美丽庭院”评选，推选出乡风文明户12户、美丽庭院13户。宣传寻找“最美家庭”活动，在村、社区张贴宣传海报500张，评选“爱党爱国”“家风优良”“夫妻和谐”“教子有方”“热心公益”“爱岗敬业”“绿色环保”“特色文化”等12类最美家庭。举办家庭教育讲座，邀请大同大学教师次柏龄讲授“从爱到会爱”专题讲座，讲解如何促进亲子关系良好发展，营造建设最美家庭、文明家庭的良好氛围。（赵登峰）

【妇女儿童帮扶】2021年3月5日，平城区妇联慰问一线环卫女工100名；3月，慰问贫困母亲30人，给她们送去礼包；5月29日，平城区妇联、平城区教育局联合杨梅红美校慰问平城区馨泰幼儿园等5所幼儿园的103名儿童。4月起，到街道、社区、村开展“关爱母亲健康 促进家庭幸福”活动，开展9场“两癌”防治知识讲座。5月21日，原振华街道妇联联合大同市新侨妇产医院开展“关爱妇女儿童 健康点亮社区”义诊活动，现场咨询并接受血压、血糖检测妇女150余名，发放体检卡160张；发动全区妇女参加“99公益日·帮助老龄妇女解难纾困”活动。（牛文晶）

【妇女创业培训】2021年8月，平城区妇联组织基层妇联干部和妇女群众约100人参加线上剪纸培训，大家或在家中或在单位收看培训教程，边看边做。在齐家坡社区开展3期串珠手工编织培训课程，培训人数48人。（牛文晶）

平城区文学艺术界联合会

【概况】2021年6月，平城区文学艺术界联合会（简称“平城区文联”）成立。履行对平城区各团体会员、文艺工作者和新的文艺组织、新的文艺群体团结引导、联络协调、服务管理、自律维权基本职能。12月8日，平城区文联创办的文学期刊刊名确定为《平城》，通过微信公众号“平城编辑部”、区政府门户网站、知名作家约稿等方式面向社会征稿，截至2021年底，收到投稿270余篇，其中省内作者投稿110余篇，省外作者投稿160余篇。（孙珂瑜）

【“北魏历史文化名人传记丛书”读者见面会】2021年9月14日，平城区文联、大同市作家协会联合举办“北魏历史文化名人传记丛书”读者见面会在大同市明堂博物馆举行。该活动是“文字与文学同源”大同市作家协会首届

▲ 2021 年 9 月 14 日，平城区文联、大同市作家协会联合举办“北魏历史文化名人传记丛书”读者见面会　（孙珂瑜 摄）

书法展暨北魏文化系列活动之一。活动现场11位作者签名丛书作品，赠送给到场读者。（孙珂瑜）

【大同地方文化暨北魏文化书画展】 2021 年 9 月 29 日，平城区文联、大同市博物馆、大同市美术家协会、大同市明堂遗址博物馆联合举办“天下大同 首善平城”大同地方文化暨北魏文化书画展在北魏明堂遗址博物馆开展。展览展出大同市 60 余位知名书画家作品 300 余幅，包括书法、美术、剪纸、刺绣、雕塑、铜錾刻、金属丝编等。开展主题笔会 6 次，与观众面对面交流学习。（孙珂瑜）

平城区科学技术协会

【概况】 2021 年，平城区科学技术协会（简称“平城区科协”）为贯彻落实《省科协基层科普行动计划》，结合党史学习教育“我为群众办实事”实践活动，利用科普资源助推“双减”工作，在平城区第四十二小学、机车厂第一小学创建校园科创空间，在御河九号社区、水泊寺社区创建社区科创中心。在第 36 届大同市青少年科技创新大赛中，平城区第三十九小学的青少年科技实践活动《圆梦创客空间》获一等奖；区第十八小学学生李殊玮作品《木制遥控坦克》获小学生科技创新成果竞赛一等奖。7 月，平城区郑文明、於悦等 10 人被授予“大同市优秀科技工作者”称号，平城区科协、永泰街道柳航里社区、迎宾街道方圆社区和大同市逸夫小学校科技活动厅科普教育基地 4 家单位被评为科协系统“先进集体”。10 月，市科协认定大同古城地质博物馆、山西恒宗中医药科技有限公司和大同爱尔眼科有限公司 3 家单位为“大同市科普教育基地”，认定迎宾街道方圆社区、永泰街道柳航里社区、新旺街道御河九号社区和水泊寺街道文兴社区 4 家单位为“大同市科普示范社区”。大同一中、平城区御河小学、平城区第十小学入选“2021 年度全国青少年人工智能活动特色单位”。11 月，迎宾街道方圆社区被评为“山西省优秀科普示范社区”。（高　青）

【科普服务】 2021 年，平城区科协在小南头街道组织开展“科技下乡，助力春耕春播”农业科技培训活动 3 次，发放农业科普宣传资料 150 余册；组织开展科普主题宣传活动 10 次，发放科普主题宣传册 1000 余册；社区科创中心开展科普课堂活动 2 次，参与群众 100 人。5 月 30 日，平城区科协走访慰问中车集团大同机车公司获国家科技奖的 10 名优秀科技工作者。（高　青）

【科普进社区】 2021 年，平城区科协开展社区科普培训 20 次，科普培训内容涉及新冠肺炎疫情防控应急科普、消防安全、防灾减灾、科学用眼、节能环保宣传知识等；组织社区科普活动 10 余次，科普活动内容有科技下乡助力春耕春播农业科技培训活动、消防安全救援演练活动等，参与群众 300 余人；8 月 23 日至 10 月 31 日，开展以“庆祝建党百年，科技自立自强”为主题的 2021 年山西省公众科学素质网络知识竞赛活动，动员科协系统干部职工及居民群众，通过手机关注“山西科协”微信公

▲ 2021 年 10 月 11 日，大同大学附属小学开展“与科创同行，将梦想点亮”比奇科技节。图为学生在试飞小水火箭　（高　青　摄）

众号参与知识竞赛答题，在全区营造讲科学、爱科学、学科学、用科学氛围。9 月 15 日，在御河九号社区开展与人民群众生产生活相关的系列科普宣传活动，在社区设立科普宣传栏，展出 8 张科普挂图，发放资料 50 余份，宣传疫情防控、乡村振兴、田园康养、移风易俗等科普常识。（高　青）

【科普主题活动】 2021 年 5 月 22 日至 28 日，以“百年回望：中国共产党领导科技发展”为主题的大同市暨平城区科技活动周启动。平城区科协工作人员在活动现场通过摆放科普展板、讲解科普知识、展示科普成果开展科普宣传，到御河十号社区举办消防安全知识大讲堂；9 月 11 日，在万达广场开展以“节能降碳，绿色发展”为主题的科普宣传活动，发放节能降碳宣传手册，普及节能环保政策法规，宣传绿色低碳发展理念，推广节能降碳先进适用技术，倡导绿色低碳生产生活方式，介绍日常生活节能环保小常识，宣传生活垃圾分类知识；9 月 17 日，小南头街道农技协会开展农村科普宣传，活动现场摆放农业科普宣传展板 20 余块，累计发放科普宣传资料 300 余份，并开展农民科学素质网络知识竞赛活动。（高　青）

【“少年强国·太空筑梦”全国航天科普校园行公益活动】 2021 年 1 月，由中国航天基金会主办、平城区科协组织开展的“少年强国·太空筑梦”全国航天科普校园行公益活动（大同站）到大同市 10 所小学开展航天知识科普活动。该活动分为太空知识讲座、航模展示及太空相关知识体验活动三部分，其中展示体验部分包含长征系列火箭、月球探月车、太空卫星、太空食品、太空邮局等内容。（高　青）

【比奇科技节】 2021 年 10 月 11 日，大同大学附属小学开展“与科创同行，将梦想点亮”比奇科技节，科技节分室内科创空间参观体验和户外校园科技实践两大部分。科创空间参观区域包括：智能飞行区、VR 创客区、造物梦工厂、仿生机器人区域、智慧城市沙盘仿真区等。户外科技实践中，在创客老师的指导下，同学们完成不易下坠纸飞机模型的制作，并现场开展试飞实验；还有小水火箭制作、操作用一次性筷子和橡皮筋搭建三角形承重结构等。（高　青）

【社区科创中心系列科普活动】 2021 年 11 月 20 日，社区科创中心科普课堂开课，组织社区居民群众和青少年学生开展静电课程，科普课程通过实验操作为少年儿童讲解静电的产生、性质及危害等相关知识，同时讲解家用电的用电安全常识；12 月 3 日，为青少年学生开展激光雕刻机创客工坊活动，学生可以现场制作机械作品。（高　青）

平城区归国华侨联合会

【概况】 2021 年，平城区归国华侨联合会（简称“平城区侨联”）有会员 300 余人，负责联络、协调、沟通归侨、侨眷和海外侨胞，组织开展各类联谊活动。配合市侨联发放“三侨生”补助 12 万元，为 57

名困难归侨发放补助 12.86 万元。

（杨 慧）

【侨联代表委员推荐】2021 年，平城区侨联在市第六次归侨侨眷代表大会和市侨联第六届委员会前，在全区范围内严格把关审查，推荐入选侨眷代表 38 名，大同市侨联第六届委员会委员候选人 17 名。（杨 慧）

【“大同市平城区特殊教育学校侨胞之家”项目创建】2021 年 6 月 18 日，平城区侨联创建大同市平城区特殊教育学校侨胞之家，创建项目主要为打造侨胞之家硬件设施，通过打造“侨胞之家”活动场地，引领社会各界系列帮扶特教学生。（杨 慧）

平城区残疾人联合会

【概况】2021 年，平城区残疾人联合会（简称“平城区残联”）完成 0—6 岁儿童残疾筛查诊断 67 人、0—6 岁残疾儿童抢救性康复 223 人，为疑似肢体、疑似精神、疑似智力等 19 户行动不便的残障农户、非农户提供上门办证评定服务和基本康复服务。全年发放轮椅、盲杖、助听器等 288 件，辅具适配率 98.98%；在振华南街街道新世纪社区建立社区康复体育协调站；为平城区特殊教育学校配备康复训练器材。5 月，在第 31 次“全国助残日”期间，开展义诊，发放药品、宣传资料，现场康复按摩等，宣传残疾人法律法规和康复保健知识。9 月至 11 月，组织 18 个街道完成全国残疾人基本服务状况和需求信息数据动态更新调查工作，全区应参与动态更新人数 1.20 万人，实际填表人数 1.08 万人。（石晓靖）

【残疾人文体活动】2021 年 9 月 24 日，平城区残联开展残疾人文化进家庭“五个一”活动，帮助残疾人“读一本书、看一次电影、游一次园、参观一次展览、参加一次文化活动”；10 月 22 日，举办平城区残疾人文化周暨文艺会演活动，各街道残疾人及亲友代表 80 余人参加；12 月 3 日，在第 30 个“国际残疾人日”举办“携手扶残助残，共创文明城市”主题儿童表演活动。

（石晓靖）

平城区红十字会

【概况】2021 年，平城区红十字会有基层组织 18 个，红十字会员单位 1 个。年内，联合会员单位在“学雷锋纪念日”“防灾减灾日”“安全生产月”“世界急救日”等活动期间开展宣传义诊，为群众免费量血压、测血糖，组织志愿者发放医用外科口罩、消毒液、宣传资料、宣传环保袋等。（何志瑶）

【红十字捐资助教】2021 年，平城区红十字会开展“捐资助教”专项基金募捐，接收大同市牧同乳业有限公司、大同市平城区北京新学道大同平城书院等 3 家“捐资助教”专项基金捐款 250 万元。在第 37 个教师节全区教育系统先进集体、优秀教师表彰中，向在职在编教师授予普奖 4334 名、“区师德标兵”94 名、“区优秀班主任”143 名、“区优秀教师”162 名、“区先进教育工作者”67 名、“区教育系统新时代双先锋”48 名、“区教科研先进个人”10 名、“护校安园先进个人”48 名，评选“先进集体”10 所、“区争优进位先进集体特色发展优质学校”9 所、“十佳幼儿园”10 所，发放奖金 435.10 万元。从教育发展基金中向平城区第十九小学校家庭困难教师拨付 18 万元，予以救济救助；向平城区第十四小学上河万家校区，平城区第十八小学文瀛校区、文华小学拨付 155 万元用于校舍软硬件设施维修改造。（何志瑶）

法　治

政法委及综治

【概况】 2021年，平城区委政法委开展“三大领域”打击整治专项行动，制定并印发《平城区“社会治安、经济民生、农业农村”三大领域违法犯罪和突出问题打击整治专项行动实施方案》。牵头到成员单位开展调研督导，重点专项督导全区确定的“黄赌毒”“盗抢骗”“网络电诈”等14类突出问题。针对“黄赌”问题，平城区“扫黄打非”办在全区范围内开展常态化起底摸排；对于“食药环”领域违法犯罪，平城区市场监管局开展多轮次大清查、大整治行动；为维护文化旅游市场秩序，平城区文旅局以省级全域旅游示范区创建为契机，多次组织专项整治行动。全年，平城区委政法委联合有关部门开展全民国家安全教育活动，开展进机关、进学校、进社区、进企业、进宗教场所“五进”系列活动，组织宣传《中华人民共和国国家安全法》《中华人民共和国反恐怖主义法》《中华人民共和国反间谍法》等相关法律法规政策，集中开展“反邪教知识进万家”活动和以“崇尚科学、反对邪教”为主题的反邪教警示教育百日宣传活动，在各街道、社区、学校、公共场所开展大型宣传活动，建立长效宣传教育机制。

（卢　阳）

【扫黑除恶斗争常态化】 2021年，平城区审议通过《关于常态化开展扫黑除恶斗争巩固和深化专项斗争成果的实施方案》，制定出台《2021年全区扫黑除恶斗争十大重点工作任务》《平城区扫黑除恶常态化四大行业领域整治实施方案》等文件，压实成员单位主体责任，推动扫黑除恶斗争常态化工作。截至2021年底，全区存量案件全部办结清零，打掉黑恶势力集团2个，实现全市涉黑涉恶案件“零突破”。（卢　阳）

【市域社会治理】 2021年，平城区制定出台《平城区市域社会治理现代化试点工作实施方案》，结合区情实际完善党委领导、政府负责等7项体制，实施党建引领全覆盖等10项重点工程。区委政法委为加大市域社会治理与现代科技元素的融合，以科技手段服务社会治理为切入点，打造智慧社区、智慧警务室29个；选树振华街道综治中心、区社会组织服务孵化中心、迎宾街道迎宾路社区等市域社会治理亮点，提炼“1330工作法”（“1”就是党建引领，即发挥基层党组织总揽全局、协调各方的作用，在社区设置大党委，街道组建党建大联盟，把驻社区街道的各种力量通过基层党建形式联合凝聚起来；第一个“3”就是三类问题的解决渠道，即“结果倒排、问题挂牌、目标上墙”；第二个“3”是分别针对三类问题提出三种解决办法，即“责任到人、党群会诊、领导认领”；“0”就是通过“按时办结、整改销号、建章立制”，实现所有问题清零）、“55810”（即打造党的建设、基层治理、三社联动、日间照料、文化惠民5张名片，形成以党建为引领、以德治为先导、以自治为基础、以法治为保障的基层治理新模式；发挥好社区大党委、社区“两委”、党员先锋队、社会组织联合会、居民志愿者5大平台作用，树立“一盘棋”思想，对标各项工作任务，强化融合理念，形成多平台相互合作的良好态势；实现1个品牌、1个典型、1个业主委员会、1所老年大学、1个达标场所、1个日间照料中心、1个综治中心、1套全能台账8个一目标，推动社区提档升级；每个社区组建10个社团，发挥社会组织在社会治理和宣传、服务居民等方面的作用，促进和维护社会和谐稳定）等一批经验做法，以点带面推进试点工作；构建“区—局（街）—村（社区）”三级法律援助平台，依托村（社区）公共法律服务平台权益保障、化解矛盾、服务群众等职能价值，每年可保障法律援助咨询、服务3000余人次，实现三级联动参与信访矛盾化解及访调对接全覆盖；践行新时期“枫桥经验”内涵，打造出“老温调解工作室”“老李调解室”“知心姐姐法律志愿者服务队”等调解品牌，在全市范围内率先成立启动平城区社会心理健康服务指导中心；为预防婚姻家庭矛盾产生的“民转刑”案件，在平城区婚姻登记处成立“1826”（“1826”的谐音是“要把爱留”）心理辅导站，全年婚姻危机干预和关系修复300余对夫妻。（卢　阳）

【“全科网格”建设】 2021年，平城区“全科网格”建设经验做法多次在全市各类会议作经验交流，并代表全市接受省委平安建设年度考核，得到省委考核组和市委政法委肯定。通过“一张网”布局[以综治网格为主，把组织、宣传、统战、公安、民政、司法、人社、卫健、应急、市场监管、信访等相关部门在基层设置的多个网格整合为一个综合性“全科网格”，依托村（社区）合理划分基本网格单元，把党建、社会治安、社会保障、社会救助、特殊人群服务管理、护路护线等社会治理相关事项纳入网格，统筹开展工作，实现“多网合一、一网统筹”]、“两类网格”（指网格划分成城乡普通网格和专属网格两大类）覆盖、“三种岗位”（指统筹整合基层服务管理资源，组建“网格长＋专职网格员＋网格辅助员”的网格团队）设置、“四级中心”[指区、街道、村（社区）及专属网格指挥中心四级中心]搭建、“五大员”职责（指网格员按照“一员多能、一岗多职、一网统管”的要求，发挥“全科网格”优势，履行好基层网格信息员、宣传员、矛调员、服务员、协管员职责）发挥，加压合力提升网格服务管理水平。结合区情实际，优化网格1529个，联合第三方研发“掌上平城”“平城网格通”“领导驾驶舱”APP等应用系统，全年累计开展巡查8.16万次，上报事件1.46万件，处置1.39万件，处置率94.74%，录入网格信息2.63万条，回访重点人群3626人次。平城区率先在晋北地区实现综治视联网区、街道、村（社区）三级全覆盖，建成1个区级核心平台、18个街道分平台及203个行政村（社区）子平台，接入135个老旧小区、69所小学、29个智慧安防小区3066路视频监控资源。乡街调整后全区合理划分网格1735个。其中，“城市网格”1091个，“农村网格”169个，“专属网格”475个。通过资格审查、笔试、面试等环节，面向社会公开招聘243名专职网格员并通过岗前培训充实到基层网格一线。（卢　阳）

【政法队伍教育整顿】 2021年，平城区政法系统开展政法队伍教育整顿，区级层面召开8次领导小组会议、4次组织线索分析研判会，区政法各单位压茬推进3个环节，规定的53项动作全部落实，各类转办线索全部清零，主动说明问题干警查处办结率100%，兑现“从宽”政策占比80.83%，整治顽瘴痼疾2541条，坚持长效机制制度135项，实施便民利民举措79项。（卢　阳）

【执法执纪监督】 2021年，平城区委政法委在先期制定出台的《平城区政法队伍政治督察工作实施办法》《平城区政法系统执法监督工作办法》《平城区政法系统纪律作风巡视巡查工作制度》等一系列制度基础上，结合政法队伍教育整顿工作，细化完善各项制度规范，构建起全区政法系统纪律作风监督体系。全年联合法院、检察院、公安、司法局，以及纪检、组织等部门成立纪律作风专项督查组，到政法各部门机关及下属各所、队、站、室督查115余次，督查全区政法系统纪律作风工作。（卢　阳）

【扫黑除恶专项斗争常态化暨“三零”单位创建主题宣传】 2021年3月9日，平城区扫黑除恶专项斗争常态化暨“三零”单位创建主题宣传活动在星茂汇广场举行，大同市委政法委、平城区委政法委、永泰街道及凯德世家广场项目公司等单位参加。活动通过树立展板、悬挂条幅、发放资料等方式开展宣传，通过面对面讲解，向群众普及扫黑除恶和“三零”单位创建相关知识，引导居民在面对黑恶势力时，勇敢运用法律武器维护自身合法权益，增强群众和企业单位在加强安全防范、解决矛盾纠纷等方面的法制意识。（卢　阳）

【打击治理非法集资 电信网络新型违法犯罪大型联合宣传】 2021年6月12日，平城区委、区政府在星茂汇广场及街道17个分会场同时举行主题为“全民动员 共筑防诈识骗长城”打击治理非法集资、电信网络新型违法犯罪大型联合宣传活动。活动旨在预防和遏制非法集资、电信网络新型违法犯罪高发势头，提升广大人民群众防骗、识骗、反骗防范意识，震慑违法犯罪活动。发放防诈宣传彩页、宣传品5万余份，现场解答有关非法集资、各类电信网络诈骗手段等知识5000余人次。（卢　阳）

【政法干部政治轮训】 2021年10月27日，平城区政法系统举行政治轮训。区委党校教授李连锋讲授“从民法角度谈如何提高领导干部法治思维”，全区政法系统部分领导干部以及政法委员130人参加轮训。（卢　阳）

【人民调解员和网格员培训会】 2021年12月2日，平城区召开人民调解员和网格员培训会。培训由全国优秀人民调解员魏官元讲解调解实务，由永泰司法所所长李华讲解《中华人民共和国人民调解法》。区、街道、村（社区）三级人民调解骨干、网格员、司法所工作人员，行业性、专业性调解组织的调解员及品牌调解室调解员500余人参加培训。（卢　阳）

【“12·4”国家宪法日法治宣传活动】 2021年12月4日是中国第8个“国家宪法日”，平城区公、检、法等20个部门普法人员组成普法队伍，在迎宾广场开展集中普法活动。活动发放以案释法等宣传小册子1000册、宣传单2000份，摆放展板10块，为群众宣传相关法律法规，现场解答群众法律咨询200余人次，并向市民讲解宪法基本情况。（卢　阳）

法治政府建设

【概况】 2021年，平城区行政区划调整后，18个街道全部配备专职政法委员，主抓政法综治及法治平城建设有关工作。各成员单位按照工作要求相继制定出台年度工作规划，执行法治政府建设年度报告制度，按要求在政府门户网站向社会公示。平城区贯彻落实《重大行政决策程序暂行条例》《山西省人民政府重大行政决策机制实施细则》等有关规定精神，制定出台一系列关于重大行政决策相关制度规范，明确重大行政决策适用范围，落实公众参与、专家论证、风险评估、合法性审查、集体讨论决定、责任追究等法定程序，采取听证会、座谈会、民意调查或者通过政府网站、政务新媒体等途径向社会公开征求意见。平城区司法局组织4个单位30名换发行政执法证件人员参加考试。永泰街道柳航里社区被司法部评为“全国民主法治示范社区”。（路　瑶）

【依法治区】 2021年，平城区依法治区办开展区委、区政府班子成员首次述法。按照依法治市办要求，撰写平城区法治政府建设工作报告，呈报区委、区人大和市委、市政府并在区政府官网公示。区委常委会研究调整依法治区委员会成员。草拟《平城区委全面依法治区委员会2021年工作要点》和《平城区党政主要负责人履行推进法治建设第一责任人2021年度工作清单》，并由常委会审议通过。9月组织召开平城区依法治区工作会议。组织全区各街道单位接受依法治市专项督察，平城区名列全市第一。组织召开第三次依法治区办公室会议，部署安排“12·4”国家宪法日和宪法宣传周系列宣传活动及依法治省专项督察工作。（路 瑶）

【行政复议】 2021年，平城区司法局收到行政复议申请33件。其中，行政拘留13件、行政征收1件、其他类型19件。通过收集证据、组织调查听证等，全部按照程序受理答复，依法下达行政复议决定书。（路 瑶）

【行政应诉】 2021年，平城区司法局收到行政诉讼案件181件。其中，一审案件90件、二审案件40件、市政府转办34件、行政复议转诉讼17件。全部按时出庭应诉。（路 瑶）

【行政执法监督】 2021年，平城区司法局配合平城区委编办、平城区行政审批局完成全区30家行政执法单位行政执法事项清单的合法性审核，提出修改意见并在修改后出具法律意见书。主要涉及的内容有：被废止的法律法规部分行政执法单位仍旧引用，建议其参照现行有效的法律法规；被修改的法律法规未改变其相对应的条款，建议其修改；所述法律条款与对应职权不对应，不能作为该项职权的法律依据，建议其修改或删除；部分单位的行政职权名称中职权重复交叠，建议其删除；部分单位把整部法律作为其某一项职权的法律依据，建议其具体到条款；部分单位把省级规范性文件作为其行政职权的法律依据，建议其删除相关表述。（路 瑶）

【规范性文件审查】 2021年，平城区司法局审核规范性文件5件。其中，4件属于规范性文件，出具法律意见书；1件不属于规范性文件，出具不属于规范性文件的说明。（路 遥）

【平城区人民政府行政复议局成立】 2021年12月24日，平城区人民政府行政复议局成立。行政复议是政府系统自我纠错的监督制度和解决行政争议的救济制度。区行政复议局通过以案促改，规范各类行政执法行为，从源头上预防和减少行政争议；引导群众通过行政复议途径合法、理性表达利益诉求，发挥行政复议化解争议主渠道作用。（路 瑶）

公　安

【概况】 2021年，平城区公安系统分为大同市公安局平城分局（简称“平城公安分局”）、大同市公安局御东分局（简称“御东公安分局”）两个局。平城公安分局分管平城区旧城，御东公安分局分管平城区御东新城。平城公安分局管辖派出所16个，分别为东街派出所、西街派出所、南街派出所、北街派出所、南关派出所、北关派出所、新建南路派出所、新建北路派出所、新华街派出所、振华南街派出所、向阳里派出所、大庆路派出所、新旺派出所、马军营派出所、开源街派出所、商城派出所，常住人口约71.40万人（不含水泊寺街道），流动暂住人口常年在30万人以上。全年破获各类刑事案件821起，刑事打处各类犯罪嫌疑人603人；打击民生小案，“盗抢骗”民生小案破案352起；侦破电信诈骗案件425起，抓获犯罪嫌疑人252人，止付金额3.16亿余元，冻结金额1.50亿余元，资金返还353.50万元；破获毒品刑事案件26起，抓获犯罪嫌疑人31人；破获黄赌刑事案件7起，刑事拘留9人，破获黄赌行政案件47起，行政拘留53人，罚款57人；破获经济案件10起；开展打击文物犯罪，破获2起涉文物案件，追缴一般文物48件。开展治安清查86次，检查各类场所3426余家次，排查整改消防等安全隐患151处。紧抓常态化疫情防控，完成市公安局及区疫情指挥部推送的1123批、8.90万余人次涉疫人员信息核查。御东公安分局管辖派出所3个，分别为重熙街派出所、永和路派出所、水泊寺派出所，管辖25个行政村，有居民小区81个（其中，安置小区24个，商品房小区57个），楼房1574栋，户数12.75万户，入住居民40.79万人。全年处置各类警情1.10万余起。其中，立刑事案件440起，刑事拘留49人，取保候审29人，监视居住7人。打击民生小案，立“盗抢骗”案件83起，抓获犯罪嫌疑人15人，破案25起。立强奸案件5起，抓获嫌疑8人，破案5起。立过失致人死亡案件2起，抓获犯罪嫌疑人2人，破案2起。立抢劫案1起，破案1起，抓获犯罪嫌疑人1人。立故意伤害案1起，抓获犯罪嫌疑人1人，破案1起，抓获逃犯4人。打掉恶势力集体1个，抓获6名犯罪嫌疑人。立电信网络诈骗案件191起，破获47起，抓获犯罪嫌疑人27人，止付金额5288.70万元。破获贩卖毒品案件4起，抓获犯罪嫌疑人5人，查处吸毒人员70人，强制隔离戒毒43人，社区戒毒27人。全年办理行政案件528起，行政拘留110人，罚款14人。惩治卖淫团伙1个，查获涉嫌卖淫人员5人，涉嫌嫖娼人员3人。检查各类场所225家次，排查化解矛盾纠纷127起。处置各类信访事件100余起。（郭　钰　王嘉圣）

【户政管理】 2021年，平城区全面放开各类引进人才落户条件，迁入大（中）专以上各类人才251人。平城公安分局对全省及跨省异地上传的居民身份证制证信息进行核查和抽检，截至2021年底，审签身份证制证信息3.50万余个。开展因疫情无法回国人员委托国内近亲属代为办理居民身份证换领4人；全区新增流动人口登记3.55万人，为流动人口办理居住证5211个，办理电子居住证3123个；户政大厅建立一套居住信息卡设备，开展流动人口居住信息卡办理108个。配合平城司法局核查社区矫正人员166人；完成公安部点对点核查平台推送重点人信息核查15条；开展矛盾纠纷及个人极端暴力犯罪排查化解，及时做好管控及矛盾化解工作，新增重点人口157人。各派出所排查化解各类矛盾6200余起；16个派出所全部建立矛盾调解室，聘请律师入所参与调解；建设城区“一区一警两辅警”、农村“一村一辅警”工作模式警务室27个。开展“我为群众办实事”，利用节假日以及上门服务为群众办户、办证82件，为群众解决疑难户口问题6人。配合区委组织部，对“两委”换届人员开展政审1800余人；配合区人民武装部对当兵人员开展政审440余人。（郭　钰）

【禁毒管理】 2021年，御东公安分局开展吸毒人员大收戒行动，严抓线索收集、严抓场所清查、严抓人员轨迹，围剿涉毒违法犯罪行为。全年侦破涉毒案件8起，抓获吸毒人员8人。其中，强戒1人，社戒7人。吸毒人员李某文被强制戒毒2年；吸毒人员李某、李某升、周某连等7人被依法社区戒毒三年，并处行政拘留15日。平城公安分局推进禁毒工作，为准确测定辖区毒品情况、吸毒人员规模等，科学评估辖区内毒情，定期在辖区内开展污水取样工作。按照要求选址选点，定期组织16个派出所在辖区内的各个小区取样污水。负责取样民警按照“污水验毒”工作规范采样污水。在取出的4份污水样品中。其中，3份水样滴入固定试剂，1份备用污水原样，并逐一填写样品编号、采集人、采集日期等信息，冰冻保存。8月24日，平城公安分局禁毒大队民警带领禁毒社工开展辖区内18个旅游包车、专线客车和危化品运输（“两客一危”）企业600余名驾驶员吸毒筛查，现场采集“两客一危”驾驶员毛发，并同步向企业驾驶员和工作人员开展毒品预防和反电信诈骗宣讲。（郭　钰　王嘉圣）

【治安管理】 2021年，平城公安分局新增审批旅店业26家，完成人员密集场所安全隐患排查整治，依法取缔不符合设立条件的6家旅店，责令限期整改登记不全的2家旅店；强化监督安全大检查，出动警力1443人（次），排查涉爆从业单位42家（次），关闭矿点15处、废弃仓库18家（次）、废弃房屋38处、废弃矿点9处（次）、五金商店508家，售卖烟花爆竹的小卖部、超市52家，与7家涉爆单位签订承诺书，排查涉爆从业人员220人，签订不私藏爆炸物品具结保证书220份；强化油气站的监督检查，规范化、系统化治理辖区37家加油站，下达整改通知书3份，规范性管理5家加气站，下达整改通知书1份；强化寄递物流的监督检查，每周覆盖检查辖区159个寄递网点、24家物流企业一次，处罚465家次；加强校园安全工作，推动16所中学、44所小学、123所幼儿园健全完善硬质隔离等安全防护设施，并建立一键报警系统和校园视频监控系统，给有安全隐患的学校和幼儿园下达治安隐患整改通知书7份；加强流动人口管理，登记新增流动人口3.57万余人，为流动人口办理居住证2800余个，办理电子居住证1900余个。2021年，御东公安分局治安及派出所“拉网式”排查重点场所。全年出动警力1357人次，检查各类场所225家次，排查化解矛盾纠纷127起。开展收缴非法民爆物品专项收缴行动，清查寄递物流网点17处、旧厂房25处、民建仓库15处、重点场所5处，消除一批隐患问题。

（郭　钰　王嘉圣）

【社会维稳】 2021年，平城公安分局加强社会维护稳定工作，妥善处置各类群体性上访事件200余起；开展案件化解，省公安厅交办的110余件群众关切的信访事项全部办结；省政法队伍教育整顿第二驻点指导组交办的220余件问题线索全部办结；公安部交办的58件疑难信访案件全部化解。（郭　钰）

【警务便民服务】 2021年，平城公安分局开展“我为群众办实事”实践活动，解决群众上户难题，推出“半天办”“上门办”“预约办”等便民利民举措18项，解决4个未命名小区8000余户群众上户难题，为流动人口办理居住证5211个，办理电子居住证3123个。

（郭　钰）

【“三零”单位创建】 2021年，御东公安分局以村（社区）、企业、单位为主体，化解群众身边因信访、事故和案件引发的不稳定因素，开展“三零”（零上访、零事故、零案件）单位创建工作。落地登记核查重点关注人员243人；梳理出纠纷类警情320起，排查化解各类矛盾纠纷75起；集中检查重点单位28家；以查违规、查隐患、查制度落实为重点，检查废品收购站5家，加油站15家，落实整改隐患6处；建设辖区一键报警系统中小学幼儿园21所，对接市公安局治安防控体系平台视频监控资料学校3家；检查KTV酒吧10家30次、旅店20家40次，美容美发厅、棋牌室等场所61家次，清查出租房屋45处。（王嘉圣）

【“登门行动”】 2021年，平城公安分局推进反电信诈骗“登门行动”宣传活动。平城分局民警、辅警到居民家中面对面宣讲。全区采取民辅警、社区干部、网格员相结合方式，推进辖区住户全覆盖。针对电诈案件高发小区，组织全警利用周末、节假日及重要节点开展21次集中“登门”宣传。全年实地入户26.20万户，走访84.20万人，实地走访企业、单位、学校等重点场所5018家，走访18.50万人，国家反诈中心APP注册43.20万人；发放“致全区人民群众的一封信”等宣传资料100余万份，悬挂宣传条幅5930条，张贴宣传海报5万余张。（郭　钰）

▲2021年2月19日，平城公安分局在华严寺广场举行“登门行动”宣传活动　（郭　钰摄）

【“团圆计划”工作】2021年，平城公安分局按照省公安厅印发的“团圆计划”任务，制定“团圆计划”方案，在全区通过条幅、海报等形式开展宣传工作，向群众宣讲行动精神，同时查找涉拐线索，到26个社区，发放宣传资料5000余份。为助力早日实现团圆，平城公安分局刑事技术部门设立免费采血点，接到群众寻亲求助65人次，摸排辖区福利院、救助站等无身份人员，累计采集血样100余份，全部录入全国公安机关查找被拐卖失踪儿童信息系统，同时人像比对失踪儿童照片。接到市公安局印发核查寻亲线索30余条，全部研判核查，并采集相关生物检材入库。

（郭 钰）

【网络安全机制建立】 2021年，平城公安分局组织举办网络大咖研讨会，拉近公安与网络媒体的距离，平城公安分局网安大队通过公益新媒体联盟开展网络安全宣传工作，并组织召开辖区内部分新媒体运营代表召开座谈会，大同微笑、触摸大同、今日头条、大同知事、大同贴吧、大同新媒体协会等网络媒体负责人和部分抖音网红等当地知名网络自媒体负责人参加会议。会议确立新媒体与公安机关的紧急联动机制，并共同研究讨论突发网络舆情协调应对等系列网络机制，以及日常网络安全普及宣传工作。

（郭 钰）

【治安大清查行动】2021年，由平城公安分局治安大队牵头组织开展治安大清查23次，排查摸底辖区各类公共复杂场所2357家次，检查宾馆、旅店、公共娱乐场所270余家，“九小场所”315家，排查整改消防等安全隐患137处，批评从业人员325人次。其中主要行动2次，分别为6月1日至3日，在全区范围内开展治安大清查行动，出动警力清查690人次、车辆90辆次，检查各类宾馆163家次、日租房38家次、洗浴足疗场所29家次、歌舞娱乐场所22家次、棋牌室89家次、重点单位11家次，检查人员密集场所12处，检查涉及危险物品单位11家，抽检寄递物流网点48家次、寄递物流包裹89个，发现整改安全隐患28处，下达安全隐患通知书13份，批评教育18人。9月24日至27日，组织治安大队及各派出所在全区开展治安大清查统一行动，清查辖区内宾馆酒店、洗浴场所、网吧、KTV等重点场所，查处旅店业不实名登记问题以及非法经营的黑旅店、黑洗浴、黑网吧，查处涉黄赌毒等违法犯罪行为，整治行业场所中存在的治安、消防隐患，出动警力200余人、车辆40余部，检查各类场所65家，排查整改各类安全隐患16处，办理案件5起，行政拘留5人，刑事拘留3人，取缔1家未经公安机关许可擅自经营的酒店，批评教育相关责任人员11人。

（郭 钰）

【“110”宣传活动】 2021年1月10日，为迎接第1个中国人民警察节和第35个全国“110”宣传日，平城公安分局开展向警旗宣誓仪式及“110”宣传活动。宣誓仪式中，平城公安分局全体民警、辅警向警旗宣誓。“110”宣传现场，宣传民警通过放置展板、悬挂横幅的方式向现场群众介绍“110”发展历史及新时代背景下“110”工作的新特点，并为群众讲解如何正确拨打“110”电话及“110”报警台受理范围。通过发放宣传台历、纸巾、口罩和资料手册的方式向群众讲解日常预防各类违法犯罪要点、禁毒知识、防范电信诈骗要点及“国家反诈中心”APP注册使用等相关知识。此次宣传活动，发放各类宣传资料5000余份，解答群众咨询90余次。

（郭 钰）

【反诈宣传】 2021年3月7日，御东公安分局组织警力，在重点发案的富力城、绿地等小区开展防诈骗宣传，完成绿地世纪城宣传工作，走访住户1275户，摸排登记流动人口340人，发放宣传资料1500余份，入户完成率52%；完成富力城1—4期770户电诈防范宣传，发放反诈宣传资料1000余份，入户完成率100%。3月11日起，对接大同大学，利用半个月的时间组织开展公安民警进校园。为37名大学生颁发义务宣传员聘书。活动中，发放宣传单1000余份，张贴宣传海报120余张，发放110宣传台历300余个，咨询答疑400余人次。4月15日起，御东公安分局开展“登门反诈宣传行动”，实地走访小区59个，走访23.58万人，发放宣传资料23.32万份；走访企业2881家，发放宣传材料20.43万份，完成宣传单位人数18.47万人，完成率182.20%。悬挂宣传条幅363条，张贴宣传海报3082张，完成宣传总人数42.05万人，完成率281.63%。8月18日，平城公安分局走进大同交通广播电台FM99.6开展反电诈线上宣传，宣传民警向电台听众介绍平城公安分局打击治理电信网络诈骗犯罪工作情况，讲解电信网络诈骗的特点和易受骗人群特征；针对群众关心的如何免受损失情况，民警讲解日常防范电信网络诈骗的一些方式方法，介绍平城公安分局在反电诈宣传方面推出的举措，包括全警进社区、进农村、进家庭、进党政机关、进企事业单位等人员密集场所宣传，开展进小区入户面对面宣传的“登门行动”。（郭　钰）

【活动安保】 2021年4月1日至5月5日，平城公安分局组织实施“春满古都·又见平城”——2021群众文化系列活动期间安保工作。活动期间，每天出动派出所、治安、巡警、机关等部门民警、辅警200余人，保安150人，车辆40辆，在华严寺广场、下寺坡街、鼓楼东西街、纯阳宫、县楼南北街、云路街6景区部署警力，加强巡逻防控，维护治安秩序，活动期间未发生安全事故。4月30日至5月7日，御东公安分局重熙街派出所全警放弃休息，协调景区负责人，每日在方特勤务岗位开展园区巡逻，采取限流、分流等措施，处置各类警情事件，帮助走失小孩寻找父母9次，帮助群众20余次，提供咨询服务300余次。

（郭　钰　王嘉圣）

【户籍全省跨省通办】 2021年，平城区公安分局15个户籍所开通“全省通办”四项业务，从5月1日起，实行户籍信息证明开具、出生登记、死亡注销、身份证首次申领（补领、换领已开通）四项业务“全省通办”；开通山西、陕西、宁夏3省户口迁移“跨省通办”工作调动户口迁移、大中专院校录取学生户口迁移、大中专学生毕业户口迁移、夫妻投靠户口迁移、父母投靠子女户口迁移5个事项业务。截至2021年底，平城区“全省通办”出具户籍证明532份，办理身份证首次受理2364人、死亡注销2人；“跨省通办”办理户口迁入8人。完成公安部下发的疑似重户人员492人信息核查。（郭　钰）

【废品收购点集中清理整治】 2021年6月5日，御东公安分局组织警力，在辖区马家小村14家废品收购点开展集中整治专项行动。强化废品收购业规范化管理，从源头上断绝销赃渠道，消除风险隐患，净化御东辖区治安环境。行动中，出动警力15人，车辆3台次，检查废旧物品收购点14家，当场取缔7家，责令整改7家。

（王嘉圣）

【百日攻坚行动】 2021年9月2日至12月31日，御东公安分局开展为期100天的“十抓十促”百日攻坚行动，各类案件实现破案率100%，辖区电信网络诈骗案件下降20%，强制隔离戒毒43人，社区戒毒27人。（王嘉圣）

【“一院一警”警民共建活动】 2021年9月29日，御东公安分局与大同大学“一院一警”警民共建活动开启。主要对接各院系开展线上线下防范电信网络诈骗同步宣传；强化校园法制安全宣传教育；加强高校领域政治安全和意识形态安全工作；加强高校舆情引导和舆情管控工作；强化高校校园内部安全防范工作。截至2021年底，电信网络诈骗案件量持续数月下降，大同大学师生反诈意识明显增强。（王嘉圣）

【公安系统助力新冠肺炎疫情防控】 2021年11月16日起，御东公安分局开展新冠肺炎疫情防控工作，组织治安、派出所民警和辅警加强密接者和确诊者的流调工作；加强高风险到大同市、到御东辖区人员的核查和排查工作；维护疫苗接种点和隔离点工作；配合街道社区做好小区、学校、医院、商贸市场等重点场所的内部安全防范和封控工作；强化万达广场、集贸超市、麻将馆、网吧、KTV等人员密集场所和部位管控工作，配合主管部门加强人员进出管理，协助体温检测、筛查等工作，发现疑似患者按时通报卫生部门协助劝阻、隔离等工作；组织网安大队民警、辅警开展网上巡查工作，落实昼夜动态巡查管控机制。12月23日起，平城公安分局每日组织警力在所负责的御河西路北高速出口、云冈高速出口两个高速卡口站点昼夜值守，开展疫情防控工作。值守期间，平城公安分局配合卫健、交通等部门检查防控两个卡口进入车辆及人员疫情，登记相关情况。截至2021年底，两卡口核查人员9340人，核查车辆5995辆，劝返车辆280辆，劝返人员402人，均未发现涉疫人员和车辆。

（郭　钰　王嘉圣）

【法制安全教育专题讲座】 2021年12月2日，平城公安分局在大同市第一高级职业中学开展法制安全教育专题讲座。讲座中，办案民警结合自身执法办案经历，通过案例揭示青少年违法犯罪的常见类型、严重后果及社会危害，讲述如何识别违法犯罪行为、拒绝违法犯罪行为，并引导学生培养健康的心理和树立正确的人生观、价值观，教导学生如何预防青少年犯罪，不触碰法律底线。（郭　钰）

【重大案件侦破】 2021年，平城公安分局侦破重大案件10起。2月4日，破获系列盗窃商铺案件，带破案件13起（刑事案件5起，治安案件8起）。2月6日，破获抢夺案件4起，涉案金额1.78万元。2月20日，破获省督电信诈骗案件。3月1日，侦破系列砸汽车玻璃盗窃车内财物案件。3月2日，破获一起大金额诈骗案件，涉案金额320万元。3月11日，破获一起盗窃超市门面房案件。6月24日，破获系列入室盗窃案件，带破相关案件5起。7月16日，集中行动在辖区范围内打掉大同市新时空传销组织，批评教育并遣返普通传销人员52名。10月5日，破获系列盗窃小区地下室财物案件，带破案件4起（刑事案件1起，治安案件3起）。11月17日，破获一起非法持有并出售他人信用卡案件。

2021年，御东公安分局侦破重大案件8起。1月5日，破获一起吸毒团伙案件。1月27日，破获一起强奸案件。3月29日，破获一起医院诈骗案件，搜查扣押大同市明远医院现金25.87万元，公户内资金26.04万元。4月27日，捣毁一个组织卖淫团伙，抓获涉黄违法犯罪嫌疑人11人。5月3日，破获一起盗窃手机案件。6月16日，侦破一起贩卖毒品案，抓获贩毒人员1人，吸毒人员2人。7月4日，破获一起抢劫案，抓获犯罪嫌疑人1人。8月26日，侦破一起合同诈骗案，抓获主要犯罪嫌疑人1人，涉案金额40余万元。（郭　钰　王嘉圣）

检　察

【概况】 2021年，平城区人民检察院批准逮捕347人，提起公诉547人；批准逮捕涉黑恶犯罪1件3人、提起公诉6件10人；认罪认罚适用率91.95%，较上年增长14.26%。办理各类民事监督案件174件；在区人民法院设立全省第一个虚假诉讼检察监督岗，纠正虚假诉讼3件，向公安机关移送犯罪线索3条，起诉涉嫌犯罪4人。办理行政检察监督案件30件，办理行政审判程序违法监督3件。办理公益诉讼检察案件188件，办理法定领域99件，办理等外领域89件。平城区人民检察院被评为2021年度全市检察系统先进基层检察院。打造全省派驻公安检察室“平城样板”；办理的于某等人虚假诉讼系列案，被最高人民检察院专刊印发全国学习；郭某某违法占地行政非诉执行监督案，获评全国优秀案件；通过“检察听证＋公益公证＋多方参与”方式，为八旬老人解决赡养难题，成为全省典型案例并作经验交流发言；在全市率先通过公益诉讼检察，解决房地产领域个人信息安全问题。（刘　佳）

【刑事检察】 2021年，平城区人民检察院与公安机关、人民法院一体落实“少捕慎诉慎押”刑事司法政策。加强侦诉衔接，打造全省派驻公安检察室“平城样板”，发挥侦查监督与协作配合办公室职能，引导侦查取证，规范补充侦查工作，加大自行补充侦查力度，实现提前介入全覆盖、繁简分流。加强羁押必要性审查，最大限度减少社会对立面，在全市率先使用非羁押智能监控设备，诉前羁押率位列全市第一方阵。全年不捕198人，同比增长12.50%。对罪行严重、社会危险性大的犯罪嫌疑人，依法果断适用逮捕措施。依法不诉184人，同比增长234.50%，对决定不起诉的犯罪嫌疑人依法移送有关主管机关给予行政处罚、政务处分或者其他处分。检察官在落实认罪认罚从宽制度主导责任的基础上，践行“恢复性司法”理念，融合刑事和解，强化控辩协商，促进推动辩护模式前移到审前阶段。认罪认罚适用率91.95%，较上年增长14.26个百分点。在认罪认罚基础上，适用速裁程序40件，节约司法资源。践行“在办案中监督，在监督中办案”理念，坚持“双赢多赢共赢”的监督新理念，用好侦查监督平台，促进监督者与被监督者良性互动，构建新型侦诉关系，赢得被监督者的支持与配合，监督立案18件，同比增长350%；监督撤案11件，同比增长450%。强化诉审配合制约机制，常态化落实检察长列席同级人民法院审判委员会制度，审判活动违法监督率全市第一。（刘　佳）

【民事检察】 2021年，平城区人民检察院办理各类民事监督案件174件。办理裁判、调解书监督案件26件，通过提请抗诉、提出检察建议等方式，实现民事检察监督，监督采纳率100%。在公、检、法3家会签《关于防范和查办虚假诉讼的若干意见》的基础上，在区人民法院设立全省第一个虚假诉讼检察监督岗，纠正虚假诉讼3件，向公安机关移送犯罪线索3条，起诉涉嫌犯罪的4人。在办理于某虚假诉讼系列案时坚持追根溯源，挖出恶势力犯罪集团案件，最终法院对4名被告人判处3—10年不等的有期徒刑。以刑事、民事检察监督合力，重拳打击虚假诉讼，该案被最高检作为典型案例印发全国检察机关学习。《“虚假诉讼检察监督岗”，让虚假诉讼无处遁形》被“学习强国”平台推广。（刘　佳）

【行政检察】 2021年，平城区人民检察院办理行政检察监督案件30件。办理行政审判程序违法监督3件，提出检察建议1件，采纳率100%。综合运用监督纠正、促成和解、公开听证、释法说理等方式，用心力促行政争议平息，解决人民群众“急难愁盼”问题，办理18件行政争议实质性化解案件，其中争议在3年以上的12件。回应社会公众对“执行难”问题关切，行政非诉执行监督中提出检察建议9件，监督采纳率100%。针对郭某某行政处罚非诉执行案件中的问题，督促相关职能部门查清案件事实、准确适用法律。就相关职能机关应对突发舆情处置不当引发舆论风波问题，依法制发检察建议，督促其规范网络舆情治理。（刘　佳）

【公益诉讼检察】 2021年，平城区人民检察院开展公益诉讼等外领域探索，通过推行公益诉讼随手拍小程序应用，发动公益志愿者线上线索举报，办理案件188件，办理法定领域99件，办理等外领域89件。对两家医院病原微生物实验室不规范行为易导致生物安全隐患的情况，制发检察建议，促使其达到一级病原微生物实验室备案要求。践行“诉前实现保护公益目的是最佳司法状态”的理念，通过诉前检察建议结案68件，磋商结案119件，诉前整改率100%。（刘　佳）

【未成年人检察】 2021年，平城区人民检察院通过强制报告受理侵害未成年人案件9件。针对侵害未成年人犯罪，批准逮捕33人，提起公诉20人。坚持“教育、感化、挽救”方针，对未成年犯罪嫌疑人，适用附条件不起诉13人。（刘　佳）

【重点人群司法救助】 2021年，平城区人民检察院救助重点人群47件52人，同比增长327.27%。其中，救助原建档立卡贫困户2件2人，生活困难的退役军人3件3人，生活困难的未成年人10件12人，生活困难的残疾人8件8人，生活困难的涉法涉诉人1件1人，低保户5件5人，其他

人员 18 件 20 人，发放司法救助金 66 万余元。（刘 佳）

【公开听证】 2021 年，平城区人民检察院设立全市首家基层院听证员库，并率先通过中国检察听证网直播听证，听证案件 204 件，直播听证案件 4 次 6 件，实现“四大检察”（指刑事检察、民事检察、行政检察、公益诉讼检察）“十大业务”（指普通刑事犯罪检察业务、重大刑事犯罪检察业务、职务犯罪检察业务、经济犯罪检察业务、刑事执行检察业务、民事检察业务、行政检察业务、公益诉讼检察业务、未成年人检察业务、控告申诉检察业务）中除职务犯罪检察业务外的听证全覆盖，听证案件数及直播听证案件数均位列全省基层院第一。9 月 9 日，组织召开第一届听证员聘任仪式暨培训会，开启组建听证员库，借助“专家外脑”力促检察听证。（刘 佳）

【检务为民服务】 2021 年，平城区人民检察院受理控告申诉案件 164 件，七日内答复率 100%。落实检察长包案首办责任制，上级交办的 28 件涉法涉诉信访案件，由检察长亲自包案，针对诉求一案一策，全部办结。检察长带头办理信访申诉案件 74 件，办信接访 172 次，实现就近就地化解矛盾。加大对未成年人、军人军属、残疾人等人群的司法救助力度，救助 52 人，发放司法救助金 66 万余元。（刘 佳）

▲ 2021 年 4 月 2 日，平城区人民检察院召开“销售假冒注册商标的商品案”公开听证会（刘 佳 摄）

【生态环境保护监督】 2021 年，平城区人民检察院加强公益诉讼生态环境和资源保护领域监督力度，办理相关案件 70 件。针对“四乱”（乱占、乱建、乱采、乱堆）问题，督促相关职能部门清理各类垃圾 870 余吨。落实“河湖长 + 检察长”工作机制，实现行政执法与检察监督有效衔接。10 月 19 日，区委书记、区级总河长与检察长集中开展专项巡河行动，助力河湖水生态文明建设。针对 9 棵古树保护不力情况，制发检察建议，督促相关职能机关做好古树名木的登记建档挂牌等管理保护工作，被“山西检察”媒介推广。（刘 佳）

【营商环境优化】 2021 年，平城区人民检察院依法保障合法权益与促进守法合规经营并重，在服务与监督中“安商暖企”。全年批准逮捕破坏市场经济秩序犯罪 11 件 23 人、提起公诉 36 件 62 人。为保障创新生态试验区建设，成立知识产权检察办案组，与相关职能部门形成保护合力。开展清理涉民企“挂案”专项行动，让企业放下包袱，轻装前行，助力“六稳”“六保”工作落实。加大涉民营企业民事执行监督力度，针对一起合同纠纷执行监督案中，被执行公司申报无财产情况不实问题，制发恢复案件执行的检察建议，保护胜诉民营企业利益。“主动接受社会监督，助推企业合规经营”经验成果被最高人民检察院《人民监督》媒介推广。常态化开展联企服务。4 月 2 日、12 月 7 日，平城区人民检察院领导到大同市瑞创石材有限责任公司及大同大学北校区建设项目企业开展调研走访、提供法律咨询服务。（刘 佳）

【反诈工作】 2021 年，平城区人民检察院依法严惩金融诈骗犯罪，批准逮捕2件6人，提起公诉3件3人。推进反电信网络诈骗“断卡”行动，起诉4件10人。助力开展非法吸收公众存款案犯罪嫌疑人国际追逃工作。开展追赃挽损专项行动，追赃挽损率全市排名第一。推进由事后追赃挽损向事前多措预防转变，8月20日，平城区人民检察院联合市公安局平城分局召开电信诈骗犯罪案件警检联席会，共商解决电信诈骗案件办理中遇到的新情况、新问题。3月18日，联合中国工商银行城区支行、中国农业银行等金融机构开展反洗钱相关法律知识主题宣传活动；9月3日，平城区人民检察院党组书记、检察长何芮彬在区防范电信网络诈骗宣传工作推进会上作主题宣讲；11月25日，到大同市第二高级职业中学，讲授防范电信网络犯罪法治课；12月9日，到大同市卫生学校开展反诈专题宣讲活动。

（刘 佳）

【特殊群体权益保护】 2021年，平城区人民检察院开展根治欠薪冬季专项行动，与劳动监察大队协作配合，帮助农民工讨回工资42万元。8月16日，在区人民法院设立的检察机关支持起诉岗运行，与司法局、律协等共筑法律援助工作岗，形成法院立案、支持起诉、法律援助的绿色通道。受理支持起诉案件105件，帮助农民工追回150万余元薪资。“支持起诉，助力农民工讨薪维权”被最高人民检察院《人民监督》推广。发现部分盲道存在下陷、被占用隔断情况，向监管部门制发检察建议，并跟进督促整改。

（刘 佳）

【未成年人司法保护】 2021年，平城区人民检察院推动“知心姐姐”未检品牌变名牌，推进涉未成年人“四大检察”统一集中办理。建立跨省、跨市、跨部门的协同帮教机制，帮教率位列全市第一。落实“最有利于未成年人”理念，在全市首次探索由未成年人的父母委托经常照料人代为履行监护职责，针对一起父母无法履行监护职责案件，引入司法救助、心理救助、社会救助、法律援助等手段，实现对未成年人综合司法保护。与区教育局联合，查询5130名教职员工有无性侵害违法犯罪记录。开展“检爱同行，共护未来”法律监督专项行动，通过检察监督促进家庭、学校、社会、网络、政府、司法“六大保护”融合贯通。21名员额检察官在32所中小学担任“法治副校长”，协助开展法治教育、学生保护、预防犯罪、安全管理、依法治理等工作。开展“法治进校园”活动19次，开展“预防校园暴力”“远离网瘾”、新修订“两法”、强制报告制度等法治课堂19次。“普法与追梦同行，构筑最美少年心”“三部门联合行动，营造校园周边‘无烟圈’”的经验材料被“学习强国”平台推广，“异地帮教，‘未’你架起千里桥”被《检察日报》正义网报道。

（刘 佳）

【反洗钱主题宣传活动】 2021年3月18日，平城区人民检察院联合中国工商银行城区支行、中国农业银行等金融机构开展反洗钱相关法律知识主题宣传活动，发放宣传资料400余份，制作专题展板12块，现场解答群众问题100余人次。

（刘 佳）

【电信诈骗犯罪案件警检联席会】 2021年8月20日，平城区人民检察院联合大同市公安局平城分局召开电信诈骗犯罪案件警检联席会，协商解决电信诈骗案件办理中遇到的新情况、新问题。警检双方达成共识，落实打防管控措施，整体协调、共同发力，统一司法理念和执法标准。

（刘 佳）

【第一届听证员聘任仪式暨培训会】 2021年9月9日，平城区人民检察院组织召开第一届听证员聘任仪式暨培训会。综合业务部主任武雪梅从检察听证的称谓、案件范围、公开听证与不公开听证、听证会参加人4个方面解读《人民检察院审查案件听证工作规定》。该院领导为聘任的听证员代表颁发聘书。

（刘 佳）

【“宪法宣传周·宪法进校园”活动】 2021年12月4日是中国的第8个“国家宪法日”，平城区人民检察院开展“宪法宣传周·宪法进校园”活动，通过法治讲座、互动交流、模拟小法庭等方

▲ 2021 年 12 月 4 日，平城区人民检察院在机车一校开展“宪法宣传周·宪法进校园”活动 （刘 佳 摄）

式普及宪法知识、传递宪法声音、诠释法治理念，培养学生树立遵守宪法的意识。3 名检察官分别走进机车厂小学、平城区第四十小学校、曙光幼儿园，围绕落实“一号检察建议”，送法进校园，强化未成年人保护意识。 （刘 佳）

【检察人员心理疏导讲座】 2021 年 12 月 14 日，平城区人民检察院为引导全体检察人员正确调整心态、调节情绪，保持良好的生活和工作状态，邀请大同大学心理系副教授张利钧对检察人员开展心理疏导讲座，引导检察人员正确面对情绪问题，学会使用科学方法缓解心理压力。 （刘 佳）

法 院

【概况】 2021 年，平城区人民法院受理各类案件 1.68 万件，审结 1.51 万件，结案率 89.64%。其中，诉讼案件 1.06 万件，结案 9428 件，结案率 89.07%；执行案件 6251 件，结案 5663 件，结案率 90.59%，164 名陪审员参审案件 5400 余件，居全市法院系统第 2 名，全省法院第 40 名。2021 年，平城区人民法院被最高人民法院评为“全国‘100 家’一站式多元解纷和诉讼服务体系建设先进单位”，被山西省委政法委评为“全省扫黑除恶专项斗争先进集体”。 （邱成帅）

【诉讼服务】 2021 年，平城区人民法院依托“中心 + 平台”（指诉讼服务中心 + 诉调对接平台）和“两个一站式”（指一站式多元解纷，一站式诉讼服务）诉讼服务平台，采取微信预约立案、网上立案、跨域立案等诉讼方式，登记立案 1.06 万件。其中，诉讼立案 9066 件，网上立案率 37.91%，其他方式立案 1519 件（其中含跨域立案 124 件）。利用诉调对接平台开展诉前调解案件 3200 余件，调解 1055 件，占比 32.97%，同比增长 21%。小额速裁团队办理案件 2488 件（速裁程序案件 1927 件，结案率 100%）。 （邱成帅）

【刑事案件审理】 2021 年，平城区人民法院受理各类刑事案件 453 件，旧存 30 件，审结 442 件，结案率 91.51%（含涉黑案件 2 件 20 人，涉恶案件 31 件 148 人）。其中，危险驾驶等危害公共安全罪案件 96 件，生产、销售伪劣产品、非法吸收公众存款等破坏社会主义市场经济秩序罪 38 件，故意伤害、强奸等侵犯公民人身权利、民主权利罪 63 件，抢劫、盗窃等侵犯财产罪 180 件，贩卖毒品、组织卖淫等妨害社会管理秩序罪 63 件，贪污、贿赂等职务犯罪 2 件，其他案件 41 件。判处 10 年以上有期徒刑 38 人，3—10 年有期徒刑 118 人，3 年以下有期徒刑 338 人，拘役 86 人，依法适用缓刑 58 人，收监 32 名不符合监外执行条件的罪犯。 （邱成帅）

【民事案件审理】 2021 年，平城区人民法院受理各类民事案件 9875 件，审结 8778 件，结案率 88.89%。其中，物权纠纷案件 168 件，合同、不当得利纠纷案件 7007 件，人格权纠纷案件 87 件，与公司、证券、保险、票据等有关的民事纠纷案件 941 件，侵权责任纠纷案件 526 件，婚姻家庭、继承纠纷案件904件，劳动、人事争议案件120件，适用特殊程序案件案由81件，非诉程序案件案由36件，其他案件5件。依法处理“尚都广场”“绿地世纪城”“和汇花鹿湾”等群体性民事纠纷。（邱成帅）

【行政案件审理】 2021年，平城区人民法院落实合法性审查原则、行政争议实质性化解、释法说理贯穿裁判、一案一建议和行政机关负责人出庭应诉要求，受理各类行政案件177件，审结160件，结案率90.39%。行政诉讼案件153件。其中，履行法定职责18件，行政处罚47件，政府信息公开9件，行政确认14件，行政登记15件，行政复议8件，行政强制执行8件，行政许可6件，行政裁决3件，行政补偿3件，其他22件。行政非诉案件24件。其中，撤回申请5件，准予执行19件。（邱成帅）

【执行案件办理】 2021年，平城区人民法院建立网拍优先、监管工作、“三优先、三主动、三尽快”（“优先接待、优先执行、优先兑付”“主动保全、主动查控、主动协调”“快速处置、快速公开、快速救助”）、“双清零”（不明案款清零、超期未发放案款清零）机制，组织“三晋护民生”“执行大会战”集中执行活动。受理执行案件6251件，结案5663件，结案率90.59%。其中，借款合同纠纷1738件，买卖合同纠纷408件，交通事故纠纷144件，婚姻家庭纠纷175件，劳动争议48件，财产保全983件，建设工程纠纷91件，租赁合同纠纷170件，行政诉讼案件23件，行政非诉2件，其他案由1936件，罚金案件533件，发放执行到位案款9.68亿元，限制高消费3014人，司法拘留13人。（邱成帅）

▲ 2021年12月4日，平城区人民法院在迎宾广场开展法治宣传活动（邱成帅 摄）

【国家赔偿与司法救助案件】 2021年，平城区人民法院受理国家赔偿案件5件，结案4件，结案率80%；受理司法救助案件30件，结案30件，结案率100%，发放司法救助金160余万元。（邱成帅）

【审判管理改革】 2021年，平城区人民法院实施立案、审判、执行等方面改革，制定出台《诉讼服务中心工作规范》《网上立案工作规范》《类案检索实施办法》《院长、副院长权责暂行规定》《庭长权责暂行规定》《员额法官权责暂行规定》《法官助理权责暂行规定》《书记员权责暂行规定》制度机制，完善审判委员会、专业法官会议制度，规范案件“繁简分离”“类案专办”“家事纠纷”“小额诉讼”办理程序，统一法律适用尺度和类案裁判标准。（邱成帅）

【法治宣传】 2021年，平城区人民法院组织以《中华人民共和国民法典》《中华人民共和国国家安全法》《中华人民共和国反恐怖法》《中华人民共和国个人信息保护法》为主要内容的法治宣传活动10次；官方媒体发布涉法律、审判执行工作信息52期167篇，阅读量20063人次。（邱成帅）

【人民法院接受监督】 2021年，平城区人民法院接受各方监督。落实平城区第二届人大一次会议审议法院工作报告提出的意见建议，向区人大常委会专项报告“营造法治化营商环境”工作开展情况并接受专题询问；邀请省人大代表3人参加审判执行工作专题座谈会，召开人大代表座谈会3次。接受平城区政协对政法队伍教育整顿情况调研指导。邀请平城区检察院列席审判委员会12次，办结检察建议42件。邀请律师代表、企业家代表、人民陪审员和群众代表参加监督座谈会3次。（邱成帅）

【诉讼便民服务】 2021年，平城区人民法院推出便民利民措施20项，即：判后答疑制度，建立春和园社区便民服务室，《诉讼费收费减半收取办法（试行）》规定，案件执行立案减环节，移动微法院诉讼服务网和律师服务平台投入使用，开通残疾当事人诉讼无障碍通道，建立《勤政廉政监督卡》制度，新旺法庭巡回开庭，通过微信支付等方式收取诉讼费，律师进出“一码通”，健全案件繁简分流制度，深度推进类案检索机制，加大对虚假诉讼、虚假作证司法处罚力度，司法救助困难当事人，从严落实院长接待日制度，推行案件电子送达，搭建“12368”诉讼服务热线联络平台，送法进学校、进社区、进农村、进企业、进厂矿，出台“司法活动忌语”，整治违规接待、会见案件当事人、律师等不规范行为。其中，春和园社区便民服务室是全市首个“便民服务接待室”，履行诉讼指引、矛盾纠纷化解、司法救助、法律咨询、案件查询、判后答疑、听取意见建议等职能。全年通过便民利民措施接待案件当事人260余人次，解决群众“急难愁盼”涉法问题80余件，案件判后答疑4000余件案件，案件服判息诉率同比增长20%，信访案件同比下降70%。（邱成帅）

【法院开展队伍教育整顿】 2021年，平城区人民法院建立队伍教育整顿问题台账，制作《自查自纠工作一览表》《七查工作一览表》《专项整治顽瘴痼疾一览表》《“五看”对照一览表》《整体工作一览表》《权责暂行规定》《勤政廉政监督卡管理规定》《与纪委监委会商机制》等问题归纳整理查纠整改表及各类制度机制66项，全院落实“自查从宽、被查从严”和“三个规定”（指《领导干部干预司法活动、插手具体案件处理的记录、通报和责任追究规定》《司法机关内部人员过问案件的记录和责任追究规定》《关于进一步规范司法人员与当事人、律师、特殊关系人、中介组织接触交往行为的若干规定》），查纠73个顽瘴痼疾并“清零”，18名违规违纪干警被查处，7月受检评估中，被山西省政法队伍教育整顿指导组评定为“优秀”等次。（邱成帅）

【诉前调解】 2021年，平城区人民法院委托人民调解员、律师等调解人员和大同市金融纠纷人民调解委员会、大同市医疗纠纷人民调解委员会、大同市道路交通事故纠纷人民调解委员会等机构，诉前调解案件6221件，调解4352件，调解率69.95%。（邱成帅）

【《平城区人民法院判后答疑实施办法（试行）》通过实施】 2021年3月22日，平城区人民法院召开审判委员会会议，讨论通过《平城区人民法院判后答疑实施办法（试行）》，内容包括判后答疑适用范围、适用程序、处理方法等事项，并附带“判后答疑笔录”“判后答疑反馈表”等文书。（邱成帅）

【假口罩案一审宣判】 2021年5月20日，平城区人民法院对被告人李某新犯生产、销售伪劣产品一案作出一审判决。被告人李某新系大同市鸿燊环宇机械配件有限公司执行董事兼总经理。上年1月28日至2月5日，被告人李某新陆续向杨某胜（系无锡市中泰国际贸易有限责任公司法人）销售鸿燊公司生产的一次性防尘口罩30余万只，销售金额33.08万元。上年2月5日，市市场监督管理局接到鸿燊公司生产、销售无产品标识、无警示标志、无中文说明的举报，对案涉物品采取就地封存的行政强制措施。市公安局接警后搜查鸿燊公司，扣押涉案口罩、半成品口罩等物品。后经市华益价格评估有限公司评估，被扣押成品口罩价值112万余元。经检验，鸿燊公司生产、销售的一次性防尘口罩过滤效率数据不符合标准要求。平城区人民法院依法判处被告人李某新有期徒刑4年，并处罚金20万元。

（邸成帅）

【房屋合同纠纷案审判】2021年5月28日至7月27日，平城区人民法院受理闫某某等原告诉被告大同市御苑房地产开发有限责任公司93件确认合同有效纠纷案。此案因多数业主购买大同市御苑房地产开发有限责任公司开发的房产因部分增建商铺未取得预售许可证，导致大量业主向平城区政府信访，区委、区政府把相关纠纷导入诉讼。平城区人民法院开庭审理认为，上述原告与被告均签订“福寓苑楼宇认购书”，分别向被告购买“福寓苑”房产，其中29名原告所购买的寓苑房屋五证齐全，其余64名原告所购福寓苑房屋五证不齐全。据此，法院以区分性质、分别处理的方式依法作出裁判，对所购福寓苑房产五证齐全的29件案件，均作出确认合同有效判决，对其余所购福寓苑房产五证不齐的64件案件，在确认诉讼中双方当事人庭审意见一致的情况下，按照不构成诉争裁决。（邸成帅）

【“健康人生·绿色无毒”禁毒集中宣传活动】2021年6月24日，平城区人民法院组织全体干警在诉讼服务楼前开展“健康人生·绿色无毒”禁毒集中宣誓活动，干警签下禁毒承诺书。宣誓后，开展以宣传展板、悬挂标语、设立普法宣传台和向过往群众发放禁毒宣传资料等方式开展禁毒宣传，发放宣传资料500余份，解答法律问题30余个。（邸成帅）

【境外犯罪案一审宣判】2021年9月22日，平城区人民法院一审判决被告人贺某飞等17人境外电信网络诈骗犯罪集团。2018年1月，贺某飞、王某谊（另案处理）、蔡某武（另案处理）等相互合作，在缅甸北部成立从事非法网络放贷业务和催收公司，通过分设话务部、审核部、财务部、催收部运营网络套路贷APP，制造民间借贷假象、设置合同陷阱、恣意收取违约金和逾期费，软暴力催收借款，共同实施诈骗等违法犯罪活动。据此，平城区人民法院以诈骗罪、组织他人偷越国境罪、偷越国境罪，分别判处17名被告人3年5个月至9年8个月不等有期徒刑。（邸成帅）

【价格争议纠纷调解室成立】2021年10月19日，“大同市价格认定监测中心驻平城区人民法院‘价格争议纠纷调解室’”成立。该调解室主要办理符合申请人与价格纠纷有利害关系；有明确的被申请人；有具体的价格纠纷调解请求、理由和事实依据及当事人双方同意调解在价格争议纠纷调解范围的案件。截至2021年底，调解案件5件。（邸成帅）

【“三晋执行护民生”专项活动】2021年11月12日，平城区人民法院开展“三晋执行护民生”专项活动，执行干警20余人到大同市区、县银行等地开展集中执行行动，执行案件21件，执行和解6件，冻结案款343.07万元，发放案款2033.34万元，拘传8人。

（邸成帅）

【马军营法庭搬迁新址】2021年11月15日，平城区人民法院派驻马军营法庭搬迁至大同市平城区惠民西路39号，建筑面积1000平方米。按照《最高人民法院〈关于加强人民法庭建设的通知〉》要求，经重新选址、考察论证、立项审批、规划报建、竣工验收等程序建设，新建法庭配有同步录影录像审判法庭、网上办公科技法庭等功能。（邸成帅）

司法行政

【概况】2021年，平城区司法局按照司法部关于“数字法治 智慧司法”部署要求，以构建数据一体化、管理智能化、移动互联化、指挥可视化的工作模式为目标，智慧社区矫正中心完成升级改造，经省司法厅认定并报司法部，并通过司法部资料和远程验收。全年各级调委会调处矛盾600余起，全区公共法律服务中心（站）开展免费法律咨询3370余人次，占全年任务的102%。引导全区56名基层法律服务工作者，在全区开展各项法律服务，代理各类民事案件120余件，讲法治课23节，调解纠纷60余起，组织参与涉法涉诉案件化解工作。（路 瑶）

【社区矫正】2021年，平城区司法局接收社区矫正对象124人，在册社区矫正对象223人，衔接刑释解矫人员142人，全部建档立案，登记注册，落实帮扶措施。（路 瑶）

【法律援助】2021年，平城区法律援助中心受理法律援助案件920件。其中，刑事全覆盖360件、认罪认罚481件、民事申请79件。司法救助4起，发放司法救助金8.25万元。参与解决涉诉涉访集体案件2起，帮助35名农民工追回工资37万余元。6月，平城区司法局为10家律所23名律师颁发政府法律顾问聘任书，重新为全区65家党政机关、单位、街道配备法律顾问。（路 瑶）

【律师工作】2021年，平城区有律师事务所25家、执业律师300余人，办理诉讼类案件2160件，非诉讼类业务362件。（路 瑶）

【人民调解】2021年，平城区各级调解组织调解各类纠纷600余件，调解率100%，调解成功率90%以上。平城区校园纠纷人民调解委员会调解各类校园纠纷6起；婚调家庭调委会调处10余起纠纷；劳动纠纷调委会调处矛盾纠纷23起。（路 瑶）

【司法队伍教育整顿】2021年，平城区司法局开展教育整顿工作。全局职工填写《自查事项报告表》并撰写个人自查报告78份。开展5轮379人次全覆盖谈心谈话，帮助干警卸下思想包袱、主动说明问题。聚焦“靶向治疗”设立“4+N”顽瘴痼疾整治体系（“4”指违反防止干预司法“三个规定”方面；在违规经商办企业和配偶、子女及其配偶违规从事经营活动方面；在违规参股借贷方面；在违规违法减刑、假释、暂予监外执行方面。“N”指其他存在的问题），经大排查大起底，建立整改台账、明确整改责任、制定整改措施，梳理出顽瘴痼疾问题13类169条，全部整改销号。教整期间，发现问题并被处理的政法干警12人，修订和制定《平城区行政机关行政应诉工作规则》等各项工作制度20个。全年开展“为民办实事”实践活动800余件，推出便民服务举措13项。（路 瑶）

【普法宣传】2021年，平城区司法局针对“法律明白人”、人民调解员、网格员、基层普法工作者，围绕《中华人民共和国宪法》《中华人民共和国民法典》等相关法律法规开展21场专题培训。7月，联合市律协、市调解协会、律所、区法援中心、振华街派出所、街道和社区开展调解宣传活动。10月，在万达广场开展“法律服务进企业、创优营商环境”宣传活动；邀请法律顾问在方特开展法治讲座，100余名企业员工听取讲座。年内，永泰街道柳航里社区入选第八批“全国民主法治示范村（社区）”。（路 瑶）

▲2021年6月11日，平城区司法局联合市律协等在惠民里社区开展调解宣传活动（路 瑶 摄）

仲 裁

【概况】 2021年，平城区劳动人事争议仲裁院接待群众来信到访187起，案外调解17起，涉及金额约16.52万元。立案进入仲裁程序处理案件116起，涉及金额390万元。法定期限内结案率100%。依照案件回访制度，结案后案件跟踪回访61次，当事人满意率100%。“互联网+调解”服务平台受理劳资纠纷55起。实行仲裁专递送达服务，全年投放仲裁专递文书80份。（邢 凯）

【劳动人事争议仲裁】 2021年，平城区劳动人事争议仲裁院立案进入仲裁程序处理的案件116起，裁决结案67起，占比57.80%。其中，确认劳动关系无法调解27起，占比23.30%；劳动报酬、经济补偿10起，占比8.60%；工伤赔偿4起，占比3.40%；劳动纠纷1起，占比0.90%；解除劳动关系、劳动报酬1起，占比0.90%；解除劳动关系、工伤赔偿2起，占比1.70%；经济补偿12起，占比10.30%；劳动报酬9起，占比7.80%；确认劳动关系、经济补偿1起，占比0.90%。和解撤回仲裁申请15起，占比12.90%。其中，涉及工伤赔偿1起，占比0.90%；工亡赔偿1起，占比0.90%；经济补偿1起，占比0.90%；劳动报酬3起，占比2.60%；劳动报酬、经济补偿3起，占比2.60%；确认劳动关系6起，占比5.20%。不予受理11起，占比9.50%。其中，涉及劳动报酬5起，占比4.30%；劳动报酬、经济补偿2起，占比1.70%；确认劳动关系4起，占比3.40%。调解21起，占比18.10%。其中，涉及因工亡赔偿要求确认劳动关系1起，工亡赔偿双方达成调解，占比0.90%；经济补偿1起，占比0.90%；劳动报酬4起，占比3.40%；劳动报酬、经济补偿14起，占比12.10%；确认劳动关系、社会保险1起，占比0.90%。（邢 凯）

▲2021年11月12日，平城区劳动人事争议仲裁院开展劳动关系调解服务（邢 凯 摄）

【劳动人事争议网上调解】 2021年，平城区劳动人事争议仲裁院为适应疫情防控条件下仲裁业务工作，首次借助“互联网+仲裁”科技手段，组织业务人员开展远程在线视频开庭方式，解决异地人员往返奔波劳累及确保疫情防控需要。12月20日，平城区辖区内一家企业和其员工因为终止劳动关系事宜发生异议，申请劳动仲裁，由于该企业总部设于北京，此时北京出现新一轮疫情，企业相关负责人及其委托人无法抵达大同参与现场庭审，平城区劳动争议仲裁院经院务会讨论决定开展网络开庭方式，解决双方纠纷。（邢 凯）

【农民工补偿纠纷解决】 2021年5月，平城区辖区内一家企业因政策性原因关闭，部分合同制员工因补偿不到位，与单位产生争议。平城区劳动人事争议仲裁院为帮助企业解决问题，维护职工基本权益，到涉案企业，核实证据，掌握案情，简化办案流程，采取边立案、边开庭快捷方式，分两批为9名维权职工现场庭审，解决矛盾纷争。并结合庭审状况，以案释法，向涉案双方宣传普及劳动用工方面所涉法律问题，让争议双方统一认识，明白各自权责义务。（邢 凯）

军　事

平城区人民武装部

【概况】 2021年，平城区人民武装部坚持以习近平强军思想为指导，科学统筹经济社会发展与国防建设相结合，推动各项工作发展，以“当好军分区窗口”为担当，突出练兵备战，聚焦主责主业，聚力创新发展，加强思想政治建设，开展战备训练，加强党委班子和队伍建设，加强国防教育。重点学习和领会习近平在庆祝中国共产党成立100周年大会、全国“两会”、中央军委人才工作会议上的重要讲话，通过党员大会、党小组会、交班会等传统模式和设置电子阅读等创新手段，把教育受众向普通党员、职工拓展，提升政治站位，落到实际行动。集中参加省军区师团职干部理论集训和党史学校主题教育，结合辖区实际，加强针对性教育，强化理论武装。平城区人民武装部被省军区评为“基层建设先进人民武装部”。（弓　锐）

【思想政治教育】 2021年，平城区人民武装部落实习近平主席重要指示，聚焦学习贯彻中共十九届六中全会精神，巩固拓展党史学习教育成果。贯彻党中央、中央军委和习近平主席重要决策部署，围绕学史明理、学史增信、学史崇德、学史力行，强化政治引领，强化传统赓续，强化党性锻炼，强化实践特色，强化督导问效，学出新境界、干出新风貌，全年分4个季度开展党史学习教育考试，推动党史学习教育常态化长效化。加强个人笔记学习和抄写，每日交接班抽查党史知识100问，强固“举旗铸魂、向心凝聚”的政治忠诚，把“两个确立”在思想上固牢扎深、在行动上笃定落实。（弓　锐）

【国防后备力量建设】 2021年，平城区人民武装部编制《民兵建设“十四五”规划》。3月16日，军地联合召开区民兵建设“十四五”任务部署会，贯彻上级精神，部署工作任务。开展民兵整组潜力调查，2月底前，完成民兵潜力调查和数据会审；3月24日，组织民兵建设业务培训，讲解说明“十四五”时期民兵建设重难点问题，要求各街道、各编组单位要彻底改变民兵编组随意性大、编组与潜力脱节等问题。按照《民兵组织整顿实施办法》，对照“十四五”时期民兵编制表，调整应急和支援保障力量比重，强化向战为战功能，提升编组质量。加强检查考评。根据各阶段工作任务，采取现地检查、数据核验等方式，展开全程随机抽点抽查，加大检查督导力度，压紧压实责任。（弓　锐）

【练兵备战训练】 2021年，平城区人民武装部贯彻习近平主席开训动员令，推动训练转型。落实基础训练，首长机关训练按照一季度学理论、二季度练技能、三季度强业务、四季度重检验的步骤，落实每月4个训练日、每个工作日1小时体能训练制度；完成现役军官、文职人员军事理论、基础技能、平战参谋业务和军事体育训练，全年落实不少于280小时训练任务。专职人民武装干部训练，按照岗位自学自训、分级集中培训、综合考评验收方式，落实按纲施训，每月组织不少于3天集中训练；基干民兵训练，按照应急力量集中轮训、新质力量专业组训、对口军兵种力量挂钩带训的思路，从二季度起，以基地轮训、野外驻训方式，完成共同训练和专业训练。抓实教练员队伍培养，推选人员参加军分区组织的教练员培训。选拔培养各类教练员队伍，按照“按专长任教、按层级任教、按分工任教”的思路，突出抓专职人民武装干部教学能力培养，突出基干民兵中优秀退役军人培养使用，多法并举培养兵教头，按训练大纲课目培养出一批“会讲、会做、会教、会做思想政治工作”的教练员队伍，解决教练员缺口大、组训能力弱等问题，从源头上提升民兵军事训练质量层次。（弓　锐）

【双拥工作】 2021年，平城区人民武装部贯彻落实拥军优属、拥政爱民政策，加强军政军民团结，支持国防建设，加强军地军民关系，落实各项优抚安置政策，创建双拥模范城。配合双拥办开展相关工作，按要求明确内容提供印证材料。全年，为全区退役军人及军属、烈属家庭悬挂光荣牌，解决随军家属就业安置工作，协调落实军人子女入学，送立功受奖喜报，走访慰问辖区内抗战退役老兵、边海防现役军人和维和部队军人家庭，以及一线执行任务官兵家庭。维护军人军属合法权益，组织协调解决相关问题。（弓　锐）

【应急力量建设】 2021年，平城区人民武装部对照民兵应急连应急应战器材编配标准，协调区应急管理局共建共用应急器材库室，加大资金投入，补充抗洪抢险、森林灭火、抗震救灾等各类器材4501件，解决应急物资器材种类少、不够用、不好用等问题。担负区战备值班应急分队的马军营街道民兵应急排，常态保持值班备勤状态，多次接受大同军分区检查抽查，人员保持在职在位。（王晓光）

【征兵工作】 2021年，平城区人民武装部加强征兵组织领导，严把征兵组织“十关”，推进征兵工作提质增效。建强领导机构，调整充实各级征兵领导小组。1月，参加全省征兵工作会议，组织召开全区征兵工作会议，部署“一年两征”征兵任务。一季度、三季度，组织征兵办公室集中办公，二季度，指导大同大学、大同师专建成标准化“一站式”高校征兵工作站，探索开设国防特色班、开设国防课程等活动，开展大学校园征兵宣传活动，吸引大学毕业生应征入伍。突出征集重点、解决大学毕业生和高级技工类毕业生征集难问题，采取措施、摸清潜力底数。加大宣传力度，各街道采用创新宣传模式，发挥自身熟悉基层、了解基层优势，走到一线，利用线上线下一体宣传。抓实业务培训，组织参加市征兵办举办的体检业务培训，提高征兵体检医生能力水平。区分上下半年2次征集任务侧重点不同，联系公安政治考核部门，讲解《军队征集和招录人员政治考核规定》，规范政治考核工作。严把关键环节，严把体检、政考、役前训练、审批定兵4个关口，凡出现任何一关不合格者均不得征集入伍。规范考评办法，按照市征兵办印发的《大同市役前教育训练工作规范》《大同市应征青年综合素质考评办法》，完善役前教育训练和综合素质考评，针对征集任务数少于“三合格”人数时，要对照上级规定的办法组织综合素质考评，让更优秀的青年应征入伍。严守廉洁底线，全程抓廉洁征兵工作，落实廉洁征兵“零报告”制度，发挥廉洁征兵监督员作用，加大信访举报和主动督察力度。（王晓光）

【组织参训】 2021年，平城区人民武装部新任职的9名专职武装部长全部参加军分区组织的新任职专职武装干部集训，6人在考核中取得综合成绩前十名，其余3人均在前二十名，其中大庆路街道武装部部长尉文清取得综合成绩第一名、2个单科目第一名，迎宾街道武装部部长申文杰取得综合成绩第三名、1个单科目第一名。组织区属民兵应急分队，作为首支参训对象参加军分区组织的野战化基地轮训。选派无人机分队骨干参加军分区组织的专业集训，取得理论考核团体第1名。组织指挥机构带民兵专业分队，联合辖区人民防空、应急救援力量参加省军区组织的课题训练联考联评。（王晓光）

▲2021年6月13日，平城区人民武装部开展民兵基地化轮训实弹射击　（冯晓东　摄）

【兵役登记】 2021年，平城区人民武装部召开4次兵役登记部署推进会，各街道专职武装干部学习新政策新规定，解答适龄青年及家长提出的问题。利用征兵宣传机会，开展兵役登记宣传，发动街道专职武装工作负责人走街入巷宣传征兵工作。按照规定要求完成兵役登记工作，兵役登记完成后发放兵役登记证，兵役登记证发放时明确各街道责任人，兵役登记证内容准确详实进行填写，兵役登记报名表、存根表长期留存，按照规定要求填写。（弓　锐）

【民兵整组】 2021年，平城区人民武装部针对乡街改革和换届，专职人民武装干部调整面大的实际，通过调查摸底，召开整组业务培训会2次，并分别召开区民兵整组任务部署会和整组工作推进会；依托开源街道组织全体专职人民武装干部参加基层阵地规范化建设现地观摩，召开规范建设推进会3次，按照计划逐一检查验收各街道民兵整组工作，平城区马军营街道、水泊寺街道、开源街道、大庆路街道民兵建设情况总体靠前。全年完成基干民兵、普通民兵整组任务。无人机分队接受省军区民兵整组检查验收，被大同军分区评为“民兵工作先进单位”。（张二军）

【民兵军事训练】 2021年，平城区人民武装部紧盯练兵备战主责主业，按照《民兵军事训练大纲》要求，采取共同基础、抢险救灾、维稳处突等课目“集中训”，专业技术课目按照在岗训练、行业带训、对口帮训等方式“分开练”。贯彻大同市《关于进一步加强国防后备力量建设的实施意见》，民兵训练补助不低于170元每人每天，标准处于全省前列。按照《民兵军事训练大纲》规定课目，落实入队基干民兵2天不少于16小时入队训练，分批次军事化技能训练800余人，开展群众性练兵比武活动，坚持把联演联训、实战实训作为提升战斗力的催化剂，加强民兵遂行应急应战任务研究，国防动员平战转换演练和军地应急力量联合行动演练、疫情防控巡逻等任务。（弓　锐）

【民兵队伍建设】 2021年，平城区人民武装部依据山西省《关于做好2021年度全省国防后备力量组织整顿工作的通知》精神，按照各级国防后备力量组织整顿工作部署会议要求，结合全区街道调整实际，研究应急、专业、特殊3支队伍编组及编制特点，结合编兵单位实际和新的动员潜力调查结果，上报编兵需求情况，调整成立领导机构，细化职责分工，并与对口保障部队建立沟通联络机制；到街道、各类企事业单位17家调查了解情况，传达上级指示，并与区应急管理局对接，核查辖区民间力量，安排部署编兵单位人员编组和信息采集；针对上年上级民兵整组检查指出的队伍成员专业不对口、编兵单位明显不符合要求等问题，与动员处研究调整编组单位和任务；针对乡街改革和换届，专职人民武装干部调整面大的实际，在前期调查摸底基础上，两次召开整组业务培训会，并分别4月30日召开区民兵整组任务部署会、5月15日召开整组工作推进会，使新任职人员熟悉民兵工作；5月24日，在开源街道组织全体专职武装干部参加基层阵地规范化建设现地学习观摩和业务培训。3次召开规范建设推进会，明确责任人、划定时间表；6月下旬至7月上旬，按照逐一检查验收各街道民兵整组工作。对新增的直升机分队、大型装备运输分队等，核查区国防动员潜力，对接协调北京华彬天星通用航空有限公司、德邦物流大同分公司等相关企业，满足编兵队伍专业对口要求，完成基干民兵、普通民兵整组任务。5月下旬，无人机分队接受省军区民兵整组检查验收。（弓　锐）

【国防教育】 2021年，平城区人民武装部组织开展国防教育5次。4月1日，组织人民武装部全体官兵和区公安分局、法院、检察院、街道党工委书记等党员干部100余人，到大同烈士陵园开展“学党史、感党恩，永远跟党走，缅怀烈士”主题活动。4月15日，组织人民武装部全体官兵、全区专职人民武装干部，以及各街道干部开展“进军营讲党史，传承红色基因”主题活动，邀请参战老兵王玉龙讲述战斗故事，组织参观国防教育展厅。7月1日，组织人民武装部全体官兵、全区专职人民武装干部集中收看庆祝中国共产党成立100周年大会直播。7月27日，组织区民兵应急连，观看《金刚川》等军事题材影视作品，开展“看电影学党史、学军史”主题展影活动。8月1日，组织区政府机关干部、全区专职人民武装干部、区民兵应急连全体官兵和编兵单位领导骨干，开展“八一”军事日活动。（弓　锐）

【国防动员潜力调查】 2021年，平城区人民武装部开展全区国防动员潜力数据普查核准，补采更新重点潜力数据。按照“筹划部署、统计调查、实践运用、总结评比”步骤，分4个阶段组织实施。筹划部署阶段，1月底前，完成潜力调查领导小组调整，建立潜力调查工作联络机制，开展国防动员潜力统计调查培训与部署工作。统计调查阶段，4月22日前，平城区国防动员委员会各专业办公室完成数据资料采集、汇总和录入工作；5月6日前，各专业办公室完成潜力调查统计数据审核评估工作；5月21日起，组织第二次数据会审，重点核查问题整改情况。实践运用阶段：结合年度重大演训活动，实践运用国防动员潜力数据；根据上级潜力统计项目增补需求，组织补采。总结评比阶段：6月底前，梳理总结国防动员潜力统计调查工作，分析矛盾问题，研提改进建议，开展省、市两级国防动员委员会和军委国防动员部检查准备工作。（张宇洋）

人民防空

【概况】 2021年，平城区人民防控办公室（简称“区人防办”）贯彻落实省市人民防空工作部署，加强全区人防工作，推进人民防空建设，防范和减轻灾害事故危害。对竣工人防工程，监督企业按程序验收，出具人防工程质量监督报告。提升人防系统工作人员的专业能力，参与市人防办组织的“大同市人防干部业务能力提升培训班”，学习相关法律知识。（芦泽辉）

【人防工程管理】 2021年，区人防办在履行人防工程事中事后监管职责同时，把配合纪检、审计部门开展人防系统腐败问题专项治理作为重点工作。开展追缴易地建设费和验收人防工程工作，启动具备验收条件的验收程序，委托有资质认定的检验检测机构验收评估人防工程，不合格项目追缴易地建设费。针对辖区内新建项目多、开工时间较为集中的特点，在监管上提前介入，提醒相关单位按照环节到区人防办办理人防工程质量监管手续，在监管中对在建的人防地下室实施全过程跟踪质量监管服务，不定期抽查、检查监管项目工地，记录项目抽查情况，重点检查人防工程的隐蔽部位的钢筋配比、拉结筋绑扎、洞口预留等是否照图施工，是否满足人防施工要求的强制规范。加强人防部门在全区“房屋产权登记确权颁证清零行动”中职责，监督建设单位履行人防法定义务。在“房屋产权登记确权颁证清零行动”工作中，区人防办通过翻阅资料、电话问询、现场实地考察等方式摸底统计辖区内所涉及项目，并建立“清零行动”项目摸底表。根据摸底表，建立有问题项目台账。（芦泽辉）

【人民防空训练演练】 2021年7月13日至16日，区人防办参加市人防办组织的跨区拉动演练。此次演练围绕“能打仗、打胜仗”的核心要求，以防空袭斗争任务为牵引，突出指挥训练，突出信息和基本技能训练，突出实战化训练、野战化保障。实现“锤炼提高队伍素质、检验完善系统设备、探索健全保障手段”目标，提高战时防空、平时服务、应急支援能力。

（芦泽辉）

【人防知识宣传】 2021 年，区人防办结合“9·18”警报试鸣、“国防教育日”活动，开展人防宣教活动，增强社会国防观念，提高全区人民群众人防意识。全年，区人防办向人民群众发放人民防空、防灾减灾等人防知识资料。（芦泽辉）

▲ 2021 年 9 月 18 日，平城区人防办在万达广场举办人防知识宣传活动 （韩佳琪 摄）

退役军人事务

【概况】 2021 年，平城区退役军人事务局下设区级退役军人服务中心 1 个，街道退役军人服务站 18 个，社区（村）退役军人服务站 203 个。全年加强新时代“枫桥经验”学习，推动街道、社区退役军人服务站工作条件达标、保障功能齐全、体系贯通顺畅，实现“从有到优”转变，以示范站点为基础辐射全区，增强各基层服务站点实力，提升基层站点战斗力，创建示范型退役军人服务站点。（杨森茂）

【退役军人安置】 2021 年，平城区退役军人事务局组织召开安置选岗大会，全年接收全区所有转业士官，按照“三公开一监督”制度，为符合政府安排工作的转业士官按量化打分，由高低依次现场选岗签字确认，按照规定完成退役士兵安置任务，满意度 100%。（杨森茂）

【退役军人社会保险接续】 2021 年，平城区退役军人事务局按照“一门受理、多方协作、覆盖全员、应缴尽缴”的工作方式，协调相关部门为退役军人接续社会保险。截至 2021 年底，平城区部分退役士兵保险接续录入 1 万余人，其中，核查属于零缴费 1300 余人，实际补缴受理人数 9200 余人，养老办结人数 9200 余人，缴费人数 9200 余人，放弃补缴人数 6 名。

（杨森茂）

【伤残证件换发】 2021 年，平城区退役军人事务局按照相关规定，核查相关资料，为全区 700 余名享受定期抚恤的伤残军人、伤残人民警察、因公残疾人员（原伤残国家机关工作人员，为维护社会治安同违法犯罪分子斗争致残的人员，为抢救和保护国家财产、人民生命财产致残的人员等）、伤残民兵民工、伤残预备役人员换发各类伤残证件。 （杨森茂）

【双拥共建】 2021 年，平城区退役军人事务局弘扬“军爱民、民拥军”优良传统，“八一”期间，区四套班子领导带队走访慰问驻平城区部队，并送上慰问品。

（杨森茂）

【抚恤优待】 2021 年，平城区退役军人事务局规范各类优抚资金的发放，提高部分优抚对象抚恤和生活补助标准。服务管理的优抚对象 1500 余人，其中，伤残人员 750 余人、定期“三属” 20 余人、在乡复员军人 10 余人、带病回乡退伍军人 20 余人、参战参试人员 70 余人，烈士子女 20 余人、60 岁农村籍退役士兵 600 余人。累计为 900 名退役军人发放各类优待抚恤金 3000 余万元。 （杨森茂）

宏观经济管理

【经济发展】2021年，平城区地区生产总值483.64亿元，同比增长6.70%，总量全市第二，增速全市第八；固定资产投资260.82亿元，同比增长20.50%，比全市增速高11.30个百分点，投资总量全市第一，增速全市第三，全区固定资产投资占大同市比重35.60%，对全市固定资产投资贡献率71.80%；全区36家规模以上其他营利性服务业企业全年实现营业收入14.46亿元（指标采用错月统计，1月至11月为全年数据），同比下降0.70%。加强地区生产总值、服务业增加值、固定资产投资等7项重要经济指标监测分析和调控调度，起草9份全区经济运行情况分析汇报；编制完成《大同市平城区2020年国民经济和社会发展计划调查研究执行情况及2021年国民经济和社会发展计划草案的报告》；印发《平城区推进服务业提质增效2021年行动方案》。（赵　飞）

【项目建设】2021年，平城区实施在建项目170个，总投资726.45亿元，年度计划投资187.74亿元，全年累计投资196.45亿元。其中，新建项目74个，总投资128.38亿元，年度计划投资39.40亿元，全年累计投资48.49亿元；续建项目96个，总投资598.07亿元，年度计划投资148.34亿元，全年累计投资147.96亿元。竣工项目53个，总投资156.55亿元，年度计划投资52.91亿元，全年累计投资53.81亿元。谋划亿元以上项目31个，总投资135.50亿元。认定省级重点项目15个，总投资158.85亿元；申请市级重点项目16个，总投资57.22亿元；平城区实行省市级重点项目“一个项目、一位领导、一套班子、一抓到底”的区级领导包联制度。（赵　飞）

【资金争取】2021年，平城区与各有关部门对接，从公共卫生、市政设施、物资储备体系建设、老旧小区改造等领域，争取上级资金支持。全年，组织平城区建馨西园等11个老旧小区改造项目、平城区苹果园等3个老旧小区改造项目申报保障性安居工程配套基础设施2021年第三批中央预算内投资计划，争取资金2200万元；争取2021年省级建设项目前期工作补助专项资金32万元；转发下达中央预算内重点区域生态保护与修复工程专项投资计划144万元；以大同市平城区老旧小区综合治理项目为支撑，争取到2021年第一批专项债券项目资金额度1亿元；到位北方地区冬季清洁取暖项目中央及省级专项资金2243.61万元。（赵　飞）

【能源革命推进】2021年，平城区发展和改革局布局能耗双控工作，动态掌握辖区高耗能企业情况，跟踪上报月度重点用能企业用能情况表，掌握企业用能信息，加强重点用能企业能耗在线监测系统建设。推进全区清洁取暖工作，制定并印发《大同市平城区2021年冬季清洁取暖实施方案》，开展确村确户，完成年初市下达平城区“煤改电”改造

任务目标6000户。（赵 飞）

【粮食安全】 2021年，平城区发展和改革局开展粮油市场调研分析，掌握辖区粮油企业生产经营情况；制定《平城区突发事件区级应急生活必需品储备供应应急预案（试行）》，确定2家食品企业为应急生活必需品承储企业，建立区级应急生活必需品储备；专项检查全区7家粮食批发和加工企业3次；对接区行政审批局办理粮食收购资格备案1件；组织大同市伊欣园面业有限责任公司参加第四届中国粮食交易大会；联合社区、企业开展“粮食和物资储备科技活动周”宣传活动。（赵 飞）

【信用体系建设】 2021年，平城区推进“双公示”（指行政许可、行政处罚等信用信息作出决定后上网公示的制度）报送，发布“双公示”信息1500余条，核实全区历史信用信息6608条。其中，修正完善2761条，清除重复数据2588条。加强“信易贷”推广，全年授信笔数790笔，授信放款16.50亿元。推进“信易+”服务，发布《大同市平城区社会信用体系建设联席会议办公室信易阅激励方案》，为1012名激励对象办理“信易阅”借阅服务；发布《大同市平城区社会信用体系建设联席会议办公室信易行激励方案》，为92名激励对象办理“哈啰骑行”服务；发布《大同市平城区社会信用体系建设联席会议办公室关于开展“信用小海豚”信易加油活动激励方案实施意见》，为79名激励对象办理“信用小海豚”服务；发布《大同市平城区社会信用体系建设联席会议办公室关于开展“信易健身”活动激励方案实施意见》。制定《大同市平城区诚信示范街区实施方案》，把平城区向阳街明堂公园商业街选定为诚信示范街，星茂汇选定为诚信示范商场。6月14日，在中国第14个“信用记录关爱日”，由平城区发展和改革局主办，大同凯德世家广场、盛座空间协办的“诚信你我 信用大同”主题日宣传活动在星茂汇广场和魏都新城C区举办，摆放“诚信、信用”等宣传展板，向市民发放宣传资料500余份，开展解读政策和面对面咨询答疑等，现场发布融资需求3笔。（赵 飞）

▲2021年6月14日，平城区发改局在星茂汇广场开展信用记录关爱日宣传 （彭一民 摄）

【收费管理】 2021年，由平城区发展和改革局牵头联合区教育局、区财政局、区卫体局认定平城区范围内30家幼儿园普惠等级；评估92家幼儿园上年普惠性幼儿园收费执行情况；核定38家勘验后合格的住宅小区物业服务收费价格标准；行政事业性收费年审41家；发放价格临时一次性补贴10.02万人，金额29.59万元；办理价格认证83起，涉案330件标的，认定金额305.70万元，无复核裁定案件。（赵 飞）

【重大项目储备】 2021年，平城区重大项目储备59个，总投资147.80亿元。其中，产业类项目24个，总投资24亿元；基础设施类项目6个，总投资4.30亿元；社会民生类项目29个，总投资119.50亿元。（赵 飞）

【“十四五”规划】 2021年4月，平城区发展和改革局完成《大同市平城区国民经济和社会发展第十四个五年规划和2035年远景目标纲要》（简称《纲要》）编制，并于第二届人民代表大会第一次会议审查通过。《纲要》由10个章节组成，第1—2章，主要是总结“十三五”时期全区经济社会发展取得的成就，分析“十四五”时期发展环境面临的深刻变化，提出2035年远景目标，明确转型出雏型的指导思想、战略定位和主要目标。第3—9章，总体按照新发展理念的内涵组织，分领域阐述“十四五”时期经济社会发展和改革开放的重点任务，明确创新生态、“六新”突破、能源革命、数字经济、市场体系、乡村振兴、人才队伍、生态文明、民生保障、社会治理、安全发展等重点领域的思路和工作部署。第10章，主要阐述加强党对各项工作领导。11月完成《平城区“十四五”战略性新兴产业发展规划》（简称《规划》），于12月通过区政府常务会审议。《规划》主要由发展形势及基础、总体战略及发展目标、重点领域、重点实施十大行动、规划保障措施5部分组成，聚焦大数据、先进装备制造、能源科技、节能环保、医药健康、科技服务6大类战略性新兴产业。（赵 飞）

国有资产管理

【概况】 2021年，平城区有区属国有企业5家。其中，国有独资企业3家，全民所有制企业2家。有破产企业37家，参照破产企业3家，涉及企业职工1046人。截至2021年底，大同市有道城市发展投资有限公司、大同市平诚农业产业发展有限公司、大同市平城区山橡医院有限公司3家国有独资企业运营正常；大同市平城区资产经营中心、大同市平城区国新能源煤炭运销有限公司2家全民所有制企业完成公司制改革后，大同市平城区资产经营中心注销，由大同市平城区国新能源煤炭运销有限公司承接该中心债权债务。（王武强）

【国有企业管理】 2021年，平城区工业和信息化局开展公司制改革企业清产核资，对原城区资产经营中心、大同市国新能源煤炭运销公司开展清查核资。针对企业实际情况制定《平城区国企公司制改革实施方案》，完成城区资产经营中心注销、大同市国新能源煤炭运销公司公司制改革，大同市国新能源煤炭运销公司承接城区资产经营中心代持国有资产平台职能。开展接收111家企业5.44万名国有企业退休人员社会化管理自查，制定社会化管理补贴资金分配方案，发放国有企业退休人员社会化管理第一笔补贴资金364万元，市属国有企业退休人员人事档案存放平城区档案馆。落实政策性关停煤矿职工生活费及社保问题，恢复“提前退休”煤矿职工在职身份7人，年龄到45周岁、50周岁煤矿职工足额缴纳养老保险、医疗保险公补部分，由安置基金统一支付。（曹 榕）

【国企改革推进】 2021年，平城区工业和信息化局按照《山西省国企改革三年行动实施方案（2020—2022）》指导意见，落实国企改革3年行动工作内容，对正常经营的国有企业，按照现代企业制度将党的领导融入公司治理各环节，加强董事会建设、保障经理层依法履职、推进企业管理能力管理体系现代化。年内，大同市有道城市发展投资有限公司拓展文化旅游市场，与大同北魏企业管理合伙企业（有限合伙）联合组建混合所有制企业——大同市有道文化旅游产业投资有限公司，国有股份占比65%，高于国有股份下限34%的标准。（王武强）

【平城区山橡医院组建】 截至2021年底，平城区山橡医院接收原山橡公司职工医院移交的医务人员13名，房屋2498.23平方米（产权手续未变更），评估价值134.31万元，土地5.37公顷（手续未办理）。针对医院房屋老化、设备老旧等问题，引进魏都医疗管理集团，托管运营管理平城区山橡医院；投资300余万元购置医疗设备，完善消防设施。（王武强）

【参股企业改造】 2021年，平城区有股权参股企业2家，分别为梅花沟煤业公司和达子沟煤业公司，平城区分别占股40%，大同市煤炭运销公司分别占股60%。截至2021年底，梅花沟煤业公司完成

关闭程序，达子沟煤业公司开展工程建设并就长期不分红的参股股权退出问题与大同市煤炭运销公司进行磋商。（王武强）

【国有企业退休人员社会化管理】 2021年5月，平城区完成接收111家企业5.44万名国有企业退休人员社会化管理自查工作，并通过省级国企退休人员社会化管理验收。截至2021年底，平城区接收国有企业退休人员5.63万人，接收档案2万余份，其中同煤集团公司职工档案接收完成60%。上级拨付国有企业退休人员社会化管理第一笔补贴资金364万元全部发放到位。（王武强）

自然资源管理

【概况】 2021年，平城区自然资源局完成17个项目的用地预审初审工作，完成组卷报批集体土地转用征收10批次，建设用地组卷报批工作完成前期组卷10个批次，推进国土空间规划编制工作，完成3座矿山企业的矿产资源开发利用统计、储量年报上报、采矿权人勘查开采信息公示工作。

（秦志强 刘洪波）

【国土空间规划编制】 2021年，平城区自然资源局完成平城区国土空间总体规划招标工作，初步形成平城区国土空间规划编制初稿文本，建立实施监督系统，收集“十四五”重大工程项目及历史管理类数据分类转化平城区国土空间规划底图底数；结合市级城镇开发边界划定方案分析全区村庄布局分类，形成平城区村庄布点规划文本初稿，确定平城区村庄规划编制三年计划。（秦志强 刘洪波）

【国土空间用途管制】 2021年，平城区自然资源局完成所有组卷报批件拟供地信息报省自然资源厅备案；对获省政府批复的“平城区2021年第五批建设用地”，现场公布“征用土地公告”，制定“征地补偿公告”，与区财政局对接，拨付征地补偿款；配合土地转征用，完成组卷报批集体土地转用征收10个批次，转用征收集体土地133.33余公顷，省政府批复7个批次；建设用地组卷报批工作完成前期组卷10个批次，涉及大同市公安局综合执法中心、大同市黄花基地、大同市京东物流和大同市平城区现代农业产业示范区核心区等项目。请示区政府发布7个征地启动公告，涉及35个地块、约133公顷土地；开展征地前期土地现状调查、勘测定界等工作及供后监管工作。制定全年“批而未供”处置计划。处理2016年“批而未供”土地2.27公顷。（秦志强 刘洪波）

【项目落地服务】 2021年，平城区自然资源局完成包括平城二中新建公寓楼食堂项目、市政道路工程（9条）、军分区新建营院、大同市新建四医院、市总工会新建工人疗养院、太和路110千伏输变电站、五州路北环路新建公交枢纽在内等17个项目的用地预审初审，用地面积60余公顷。

（秦志强 刘洪波）

【“三线”划定】 2021年，平城区自然资源局组织开展“三线”划定工作。其中，平城区行政范围内生态保护红线面积31.94平方千米，占总行政面积13.80%；平城区统一执行市级中心城区开发边界；永久基本农田保护红线833.33公顷。（秦志强 刘洪波）

【第三次国土调查】 2021年，平城区自然资源局完成第三次国土调查区级自验收、市级预验收及两项三调专项调查。调查总面积243.67平方千米。（秦志强 刘洪波）

【农村“两权”调查确权】 2021年，平城区自然资源局组织平城区集体建设用地确权工作推进会，对2013年至2017年参加“两权”（即农村集体建设用地权与农村村民宅基地权）调查且有意愿开展的村，开展集体建设用地、宅基地调查确权工作。统计完成17个村1万余宗宅基地和集体建设用地“两权”地籍资料。（秦志强 刘洪波）

【房屋产权登记确权颁证清零行动】 2021年8月26日，平城区自然资源局组织召开平城区国有建设用地房屋产权登记确权颁证清零行动第四次推进会，推进房屋产权登记确权颁证清零工作。开通平城热线收集清零线索，接听热线电话246通，非工作时段未接听来电34通，全部回访。到社区通过张贴横幅、公告栏宣传及张贴热线电话等形式，开展多渠道宣传方式，把清零行动的工作重点、范围、内容等宣传到位。开展内业再核查、外业大起底、制图汇集内外业信息，逐步把32个小区全部制作成图片，附带小区台账内容，以及土地、规划、消防、开发商等成员单位掌握的信息。摸排小区1435个，房屋套数46.07万套。开展全区164个完成首登并可以办理转移登记小区的入户调查工作。设立3个受理窗口，2个税务窗口，办理570余件不动产证。完成32个项目的核查工作。（秦志强　刘洪波）

【耕地保护】 2021年，平城区自然资源局开展耕地“非农化”“非粮化”摸底排查。对照“六个严禁”，结合全区第三次全国国土调查最新成果、历年土地利用现状变更调查成果、卫星遥感影像等资料及各部门各行业项目建设情况开展摸底调查，制止新增耕地“非农化”行为。妥善处理存量，对形成的耕地“非农化”问题，坚持实事求是，妥善处理。推进永久基本农田整改补划及储备区数据更新工作。根据第三次全国国土调查阶段性成果，平城区稳定利用耕地3751.75公顷。

（秦志强　刘洪波）

【城市棚户区改造用地出让】 2021年，平城区自然资源局挂牌出让庆新路东侧地块（房子村棚户区改造），开源街南侧、永泰南路西侧S7地块（七里村棚户区改造棚）等5宗国有建设用地使用权，出让土地20.57公顷。

（秦志强　刘洪波）

【土地执法监察】 2021年，平城区自然资源局推进乱占耕地建房、非法用地采矿专项行动，排查“大棚房”整治回头看、整治非法买卖转让出租土地问题、违建别墅回头看专项行动工作。平城区拆除乱占耕地建房违法图斑6处，“大棚房”无死灰复燃现象，无违建别墅问题。（秦志强　刘洪波）

【地质灾害隐患点治理】 2021年，平城区自然资源局会同新荣区交通局完成马军营乡小石子村地质灾害隐患点治理一期工程。督促梅花沟煤业完善关闭资料、关闭后生态修复工作。通过设计邀标、工程招标，7月19日，启动马军营街道小石子村高陡边坡地质灾害隐患点治理二期工程，主要对山体裸露面实施切坡平整、挂网、构筑隔离挡墙。（秦志强　刘洪波）

【测绘地理信息管理】 2021年，平城区自然资源局印发《平城区自然资源局关于加强测绘行业安全生产和地理信息保密工作的实施方案》《关于做好“两节”期间测绘行业安全生产防范和应急值守工作的通知》，草拟《平城区国家秘密基础测绘成果销毁制度》，加强测绘安全管理，组织辖区内乙级（含以下）测绘资质单位开展测绘行业安全生产和地理信息保密工作培训。测绘项目网上平台办理项目登记申请事项38件，予以登记备案事项28件，不符合登记要求退回10件；开展辖区内乙级（含以下）测绘资质单位测绘行业安全生产抽查检查，对检查中发现的问题提出整改意见，要求相关测绘资质单位按时整改，完善落实安全生产的主体责任；检查辖区内地图市场，总体检查结果良好，未发现存在问题地图产品。逐一检查核实辖区内18个测量标志点，并上报山西省测量标志保护管理信息系统。

（秦志强　刘洪波）

【土地卫片执法检查】 2021年，平城区自然资源局认领自然资源部下发图斑100余处，完成实地核查和印证材料收集，并且填报卫片执法信息系统。立案查处违法图斑，并督促配合乡、村处理违法图斑。（秦志强　刘洪波）

财　政

【一般公共预算收支】 2021年，平城区一般公共预算收入累计9.76亿元，同比增长6.09%、增收5608万元。其中，税收收入累计6.39亿元，同比增长4.81%，增收2934万元，完成年初税收收入计划100%；非税收入累计3.37亿元，同比增长8.61%，增收2674万元，完成年初非税收入计划2.69亿元的125.58%。非税收入占一般公共预算收入比重由上年33%上升到

38.38%。一般公共预算支出执行22.78亿元，同比下降21.41%、减支6.21亿元。其中，与GDP核算相关的8项服务业支出19.93亿元，同比下降10.83%，减支2.42亿元，占一般公共预算支出的87.37%；全区教育、社会保障和就业、卫生健康等民生支出19.11亿元，同比下降20.81%，减支5.02亿元，民生支出占一般公共预算支出83.77%。民生支出中，教育、社会保障和就业、卫生健康、城乡社区、住房保障5个方面支出17.92亿元，占一般公共预算支出78.53%。

（张　婷）

【政府性基金预算收支】　政府性基金预算收入4.46亿元。其中，国有土地收益基金收入4052万元，农业土地开发资金收入243万元，国有土地使用权出让收入3.11亿元，城市基础设施配套费收入9240万元。政府性基金预算支出4.98亿元。其中，国有土地使用权出让收入安排支出3.42亿元，国有土地收益基金安排支出124万元，其他政府性基金及对应专项债务收入安排支出7001万元，彩票公益金安排支出913万元。（张　婷）

【部门决算】　2021年，平城区财政局统评股完成全区168家预算单位上年度部门决算统计汇总、上报工作。168家预算单位包含行政单位58家、事业单位106家、参公单位4家。上年度部门决算数据，公共预算财政拨款37.62亿元，代列资金12.82亿元，政府性基金拨款11.40亿元，均与总决算核对无误。（张　婷）

【重点企业入库税收】　2021年，国电电力大同发电有限责任公司、京能大同热力有限公司、北京国电电力有限公司大同第二发电厂、大同市供水排水集团有限责任公司4户企业入库税收收入3.30亿元，同比减少4.47亿元。大同中建伟业房地产开发有限公司、山西万坤房地产开发有限公司大同分公司、大同俊轩房地产开发有限公司、大同复地房地产开发有限公司隶属房地产业4户企业入库税收收入8693万元，同比减少1.81亿元。

（张　婷）

【社会保障收支】　2021年，平城区低保资金支出5297万元，无结余；机关养老保险基金收入2.78亿元，支出2.81亿元；企业养老保险基金收入1.06亿元，支出1.06亿元；城乡基本险收入4964万元，支出2477万元，年末滚存结余1亿元；城乡补充险收入4087万元，支出497万元，年末滚存结余3589万元。（张　婷）

【会计监督检查】　2021年8月23日至10月10日，平城区财政局检查区卫生监督所、区妇幼健康服务中心、区疾病预防控制中心会计信息质量情况、重大财经政策执行情况、会计基础规范执行情况。检查发现3家单位执行《中华人民共和国会计法》《山西省会计管理条例》有关规定。会计机构的设置、会计人员任用、财务会计核算均符合有关规定。会计核算真实合法，信息披露完整，不存在会计造假。部分单位仍然存在差旅费未用公务卡、发票填写不规范等现象。向存在问题的单位下达整改通知书，要求限期整改并提交整改报告。

（张　婷）

【财政票据电子化管理】2021年，平城区财政局遵循管理办法，落实票据各项工作。开展发放、核销日常票据工作，并实施医疗电子票据准备工作。发放三代电子票据CA卡。向18家单位采集上年度收费情况报告表，收集、新建和更新区划调整后的18个街道票据档案。

（张　婷）

【国库集中支付】　2021年，平城区财政局国库开展地方债券本息和国债转贷资金本息债券资金账务管理，全年本息通过结算事项上划市级，由市级统一负责还本付息具体工作。推进财政扶贫资金动态监控工作，建立常态化直达资金监控机制，依托直达资金监控平台，督促预算下达、资金支付和惠企利民补助补贴发放情况，完善工作机制和规程，发现并纠正可能出现的违规情况，上报直达资金预算执行和监控工作展开情况报告。做好预算执行月报和预算执行分析工作。把本级上月预算收支执行数据上报市财政局国库科。按时完成部门（单位）决算公开工作。经决算批准后，在20日内向本级各部门批复决算，指导督促各部门获批后15日内向所属单位批复决算，并在决算批复

后20日向社会公开。（张　婷）

【债务风险防范化解】 2021年，平城区一般债务余额1.13亿元，上级下达平城区债务限额1.13亿元，余额未超限额。债券资金全部用于公益性项目，未出现违规举债情况。截至2021年底，平城区专项债务余额12.40亿元。其中，2019年5月新增农业嘉年华项目10年期自求平衡专项债券2亿元，上级下达的专项债务限额2亿元，专项债务余额未超限额，资金全部支付；2020年为支持大同市本级退出债务红色等级，按市政府要求，把9.40亿元集大原高铁专项债券限额由平城区承担，债券本息由市本级按期偿还；8月新增老旧小区综合治理项目20年期自求平衡专项债券7800万元，12月新增老旧小区外配套垃圾中转站等基础设施提升改造项目15年期自求平衡专项债券2200万元，上级下达的专项债务限额1亿元，专项债务余额未超限额，资金按进度支付。平城区政府债务未超债务红线；未出现违规举债情况；未违法违规举债被问责。平城区债务余额未超上级财政部门下达平城区的债务限额。

（张　婷）

税　务

【概况】 2021年，国家税务总局大同市平城区税务局（简称“平城区税务局”）各项收入90.97亿元，其中税收收入87.20亿元、非税收入3.77亿元。区级各项收入7.89亿元，其中税收收入5.46亿元、非税收入2.43亿元。（蒋丛发）

【减税降费】 2021年，平城区税务局减税降费3.33亿元，退税（费）2.01亿元，办理制造业中小微企业延缓缴纳税费户数268户，缓缴“五税两费”金额1843.99万元。

（蒋丛发）

【税务登记】 2021年，平城区有各类纳税人4.55万户，按登记注册类型分：单位纳税人2.08万户，个体工商户2.47万户；按资格类型分：一般纳税人7296户，小规模纳税人3.82万户。（蒋丛发）

【社保网上征缴】 2021年，平城区税务局实现社保企业缴费网上申报办理，2934户企业通过网上申报办理职工基本养老保险7938条（人）。灵活就业人员通过“掌上办理”申报养老保险3.96万人，城乡居民通过“掌上办理”申报养老保险2.95万人，城乡居民通过“掌上办理”申报医疗保险32.22万人。（蒋丛发）

【电子化税票管理】 2021年，平城区税务局开设“专票电子化专题”网络课堂，编写《纳税人申请电子增值税专票发票操作流程》，落实“首票服务制到岗，网格化服务到人”的管理和服务要求，向1902户新办纳税人发行增值税电子专用发票，网格化服务纳税人2229户。（蒋丛发）

【“智慧办税服务厅”上线】 2021年，平城区税务局建成集智能办税、智能辅导、智能管理为一体的无人无窗新生态“智慧办税服务厅”，该项工程位于平城区魏都大道1668号，造价总金额71.03万元，6月10日开工，8月6日完

▲2021年12月15日，大同市首家“智慧办税服务厅”揭牌运营

（蒋丛发　摄）

工，建筑面积242平方米，使用面积180平方米，系统含山西省电子税务局、山西省自然人电子税务局和增值税发票综合平台、全国增值税发票查验平台等业务平台，设咨询预审区、智能导税服务平台、集成办税云桌面、发票（证明）自助终端、新办纳税人专区等，能同时为28位纳税人提供服务。（蒋丛发）

【纳税服务】 2021年，平城区税务局开展服务“项目为王”专项行动，为37户省级重点项目企业配备“税务秘书”，公布10项服务措施，量身定制税收政策建议书；为大同市全科盟新能源产业技术研究院和大同农业嘉年华开通税企直通车，解决涉税具体问题；平城区重大招商引资项目实行团队对接、专员服务、绿色通道、特事特办举措，助力项目落地。平城区税务局开展“我为纳税人缴费人办实事暨便民办税春风行动”，创新性推出10大类30项76条便民利民惠民具体措施；整合线上线下资源，建立起“电话、网络、实体”大咨询服务新模式，提供便捷咨询服务；利用“互联网＋税务”，推出“纳税人云学堂”，打造线上培训模式。（蒋丛发）

【税收征管】 2021年，平城区税务局接收、印发、完成国家税务总局、国家税务总局山西省税务局、国家税务总局大同市税务局三级风险任务58批、1433户次，问题率89.53%，查补入库税款479.96万元，加收滞纳金28.23万元；检查重大涉嫌少缴税款纳税人，查处162户，查补入库税款9098万元，留抵增值税抵欠6773万元，入库非税收入698万元。全年简化办理资料和程序，接受5批次252个房地产项目，开具发票11.47万份，清缴税款1465.98万元，其中49个售罄房屋的房地产项目发票开具率100%。

（蒋丛发）

金融监管

【概况】 2021年，平城区金融服务中心协调辖区16家金融机构为有融资需求的企业提供资金解决办法，为企业提供有效融资渠道。联合市政府金融工作办公室开展以防范非法集资为主的金融法律政策宣传，提高群众防范非法集资意识。成立专班办公室开展处置非法集资和P2P网贷风险化解各项工作，解决金融领域信访群众诉求，维护平城区金融安全稳定。（杨晓波）

【重大金融风险化解】 2021年，平城区开展处置非法集资和P2P网贷风险化解处置各项工作，对辖区内2家P2P网贷机构山西柒柒金融信息服务有限公司（简称“柒柒金融”）和大同市平城区联乔互联网金融服务有限责任公司（简称“联乔贷”）开展网贷业务处置。柒柒金融完成出借人本金及收益出清，完成出清1652人，涉及出借人资金3.78亿元。联乔贷发布出清公告，开展业务出清，截至2021年底，出清1.71亿元，涉及出借人1144笔935人。

（杨晓波）

【非法集资防范宣传】 2021年6月，平城区金融服务中心开展防范非法集资宣传月活动，联合市政府金融工作办公室于6月15日在永泰广场、6月26日在大同公园东门广场开展防范非法集资的宣传活动，现场发放宣传资料2万余份。全区在宣传月活动期间发放各类宣传资料20余万份，向群众宣传自觉抵制非法集资，树立合法合规投资意识。开展非法金融活动风险隐患“扫楼清街”行动，对涉嫌非法金融活动较为集中的写字楼组建排查组开展专项突击，排查企业4095家，现场开展防范非法集资宣传教育。（杨晓波）

【资本市场县域工作试点】 2021年，平城区开展资本市场县域工作试点工作，引导辖区优质企业对接资本市场，加快企业上市步伐，提升全区金融竞争力。成立由区主要领导为组长、分管金融工作的领导为副组长、区金融办牵头，区各相关职能部门为成员的区资本市场区域工程领导组，制定阶段性工作目标，明确各成员单位职责，建立部门联动和沟通机制，推动资本市场有序发展。（杨晓波）

审　计

【概况】 2021年，平城区审计

局围绕区委、区政府中心工作，聚焦主责主业，依法开展审计，全年审计17个项目，发现各类问题73个，问题金额9.93亿元，全部完成整改，提出审计建议41条，全部被审计单位采纳。（袁 玫）

【政策跟踪审计】2021年，平城区审计局重点对2021年第一、二季度省财政下达的直达资金分配管理及使用情况，就业补助和失业保险的资金分配使用情况及其他相关政策落实情况等重大政策措施落实情况审计。审计发现存在资金使用率不高，支出进度缓慢问题，并提出审计整改建议。（袁 玫）

【乡街区划调整资产清查和财务审计】2021年，平城区审计局按照平城区乡镇（街道）行政区划优化调整工作领导组总体要求，审计全区3个乡、13个街道改革暨行政区划优化调整的资产清查和财务，涉及审计金额8.80亿元，揭示全区乡街在财务、资产管理、内控制度等方面存在账务处理不规范、资产管理松散、内部控制制度不健全、往来款长期挂账等风险和问题。（袁 玫）

【专项资金审计】2021年，平城区审计局按照区委、区政府批示和区纪律检查委员会审计建议，审计区卫体系统部分社区医疗机构2018—2019年基本公共卫生服务补助专项资金、国家基本药物财政补助资金和省市区财政配套资金、乡镇卫生服务站建设补助资金情况。审计中发现7类问题，涉及基本医疗服务能力、公共卫生业务、医疗设备闲置浪费、公共卫生资金使用、内控制度、信息系统管理、对村卫生室监管等方面问题11个，涉及金额882.10万元。（袁 玫）

【预算执行审计】2021年，平城区审计局开展区财政本级和区财政局、原马军营乡人民政府、大庆路街道办事处、环境治理监督大队、数字城管服务中心、卫生健康和体育局6个政府部门预算执行审计，审计结果揭示涉及预算编制、预算执行、决算编制、预算收入、内控制度、资产管理等8个方面25个问题，涉及金额1.57亿元。（袁 玫）

【经济责任审计】2021年，平城区审计局根据《党政主要领导干部和国有企事业单位主要领导人员经济责任审计规定》，开展6名领导干部任期经济责任审计。审计结果揭示涉及预算收入、预算支出、内控制度、资产及资金管理等6个方面的13个问题，涉及金额59.20万元。（袁 玫）

【事业单位改革清算审计】2021年，平城区审计局为确保区古城管理处等改革撤并涉及单位国有资产的安全与完整，防止资产损失、流失，完成区古城管理处等改革撤并涉及单位资产清算审计，通过财务清算，未发现问题。（袁 玫）

统　计

【概况】2021年，平城区统计局编印《经济运行监测》手册12期，每期100本；撰写各类政务信息24篇、各类统计分析15篇；编印《统计年鉴》《统计公报》《统计提要》《统计入库指南》等书籍，方便社会各界查询统计数据，同时为区委、区政府经济决策提供数据依据。（刘春旺）

【“四上”企业入库情况】2021年，平城区新增入库“四上”企业130家。其中，规模以上工业企业11家、限额以上批零住餐企业52家、规模以上服务业企业5家、资质建筑业企业31家、房地产开发企业15家、固定资产投资企业16家。（刘春旺）

【区划代码编制】2021年，平城区统计局按照国家统计局编码规则和山西省民政厅文件要求，完成全区18个街道、155个居民委员会、47个村民委员会统计用行政区划代码和城乡属性代码编制工作。（刘春旺）

【统计专项调查】2021年，平城区统计局开展“两居收入”住户样本轮换调查，涉及5个村（社区），50户调查记账户（40户农村记账户，10户城镇记账户）。11月1日，平城区统计局开展全区人口变动抽样调查，由于平城区

乡街优化调整，由原来的50个样本点变为126个样本点，涉及17个街道，104个社区、村，5000余户。（刘春旺）

【平城区第七次全国人口普查数据公布】 2021年6月3日，平城区统计局公布第七次全国人口普查数据。截至2020年11月1日，全区常住人口110.57万人，与2010年第六次全国人口普查的90.53万人相比，10年间增加20.04万人，增长22.14%，年平均增长率2.02%。全区有家庭户43.38万户，集体户2.63万户，家庭户人口100.19万人，集体户人口10.38万人。平均每个家庭户人口2.31人，比2010年第六次全国人口普查的2.80人减少0.49人。全区常住人口中，男性人口55.14万人，占49.87%；女性人口55.43万人，占50.13%。总人口性别比（以女性为100，男性对女性的比例）99.47，与2010年第六次全国人口普查的100.50相比下降1.03。

（刘春旺）

【“中国统计开放日”宣传活动】 2021年9月15日，平城区统计局在豪达酒店门前广场举行以“赓续红色血脉 奋进统计未来”为主题的第十二届“中国统计开放日”活动。通过发放宣传彩页、宣传手册、宣传品、悬挂宣传标等方式开展统计法普法宣传。平城区统计局工作人员现场宣传讲解《中华人民共和国统计法》《山西省统计条例》等统计法律法规以及统计工作、常用统计指标。活动发放各类宣传册1000余份，发放宣传品200余件。（刘春旺）

【统计执法检查】 2021年10月19日，市统计局副局长蔺林安、市统计局政策法规科科长王学文等一行5人，到平城区开展“双随机”统计执法检查工作。此次统计执法检查涉及平城区11家企业。其中，商贸业5家，建筑业2家，服务业2家，固定资产投资2家。检查组通过对统计报表、统计台账、企业会计凭证等资料检查并取证，对其存在的一些问题，明确其整改时限。同时，检查组给检查单位相关人员讲解统计法律法规知识。（刘春旺）

【统计服务】 2021年11月5日，大同市商务局副局长刘清湖、大同市统计局四级调研员柴桂存、市统计局普查中心刘涛等一行5人到平城区，指导达规企业入库入统相关资料审核工作。现场审核平城区30家达规企业入库材料，对企业利润表、纳税申报表填报有问题的，营业执照扫描件不清晰的，企业公章及税务印章加盖有误的企业，现场协调税务等部门为其办理。

（刘春旺）

【平城区劳动力调查业务培训】 2021年11月19日，平城区统计局举办全区劳动力调查业务培训班。国家统计局大同调查队劳动力调查科周佳卉应邀授课，全区25个调查点50名调查员参加培训。周佳卉主要从入户规范、数据规范、指标理解3个方面，解读平城区劳动力调查业务相关工作细则、各类报表填报注意事项、各类指标具体含义及计算公式、入户登记流程、入户交流技巧、数据审核填报等专业知识。（刘春旺）

市场监督管理

【概况】 2021年，平城区有监管企业对象13.27万余户。其中，区级9万户（包括企业8520户，个体8万户，农业合作社85户），省、市级2.50万户；全年新办企业、经营户1.77万户。全年开展各类执法检查1.05余万次，累计检查市场主体3.56余家次。（刘胜利）

【价格监管】 2021年，平城区市场监督管理局为保证防疫用品民生领域价格稳定，召开部分转供电企业、宾馆酒店、停车场企业价格问题约谈会，立案查处1家协会未公示收费价格行为。开展“天价烟、酒、茶”、转供电、停车场等专项检查11次。针对疫情防护用品、节日市场消费、校外机构收费等舆情热点，到市场、超市、冷库等开展价格检查。（刘胜利）

【质量技术监管】 2021年，平城区市场监督管理局完成上年度26个不合格产品处理工作，行政处罚1.50万元。开展重点工业产品质量安全隐患排查，监督检查电动自行车、消防产品、塑料购物袋、聚乙烯农用地膜等塑料制品生产销售企业，配合省市场监督管理局抽检5家超市11个批次购物袋。

（刘胜利）

【食品安全监管】 2021年，平城区市场监督管理局开展39次食品生产日常监督检查。实施ABC风险分级管理小作坊，分级率100%，检查46家次农村食品生产企业和31家次农村加工小作坊。组织食品生产企业参加食安员抽考APP考试，覆盖率100%。落实总仓管理制度，排查进口冷链食品疫情风险隐患，阻断冷链食品疫情传播风险。监督检查农贸市场679户次、冷链食品经营户1300户次。核查处置省市场监督管理局通报的进口冷链食品信息8次，涉及18家商户36批次进口冷链食品。全年有38.20万件进口产品入仓，按比例核酸检测0.70万件，检验结果均为阴性。以农贸市场、大中型超市等人员易聚集的场所为重点区域，落实查验健康码行程码、体温监测、消杀、通风、戴口罩等疫情防控措施，督促31家大中型超市配置测温门或测温仪，发放《进口冷链食品疫情防控工作建议书》600余份。处置沃尔玛超市智利产冷冻混合莓、厄瓜多尔南美白对虾、车厘子及消费者网购奶枣等涉疫产品事件。组织开展中高风险地区食品排查整治，向区防控办报送中高风险地区食品8次，涉及食品商户36户次，66个品种202.60万吨。全年食品抽检3765批次，食用农产品和普通食品各1878批次，检出不合格食品74批次。立案查处抽检不合格产品179起。全年完成重大活动餐饮服务食品安全保障工作28次，保障就餐人员3.60万人次，监督食品留样4215份，审核菜谱201份，食品快检8820批次，未发生一起食品安全事件。处理油烟扰民举报投诉工单872件，查处中央生态环境督察组转办函3件、省第二生态环境保护督察组转办单1件，立案23起，下达行政罚款11.10万元，监督1993家餐饮单位（含单位食堂）安装油烟净化装置，实现动态清零。全区150家餐饮企业（含食堂）安装油烟在线监控设施，实现油烟排放实时监控与数据联网。 （刘胜利）

▲2021年1月10日，平城区市场监督管理局在康园市场开展新冠肺炎疫情防控“冷链食品”检查 （刘胜利 摄）

【药品医疗器械市场监管】 2021年，平城区市场监督管理局在市电视台《今日视点》栏目围绕疫情防控药品的合理使用、“一退两抗”实名登记的必要性、新冠疫苗接种等热点问题，制作专题节目，宣传引导，提升民众防控意识。解禁后，第一时间通知全区682家零售药店恢复销售“四类”药品。完成辖区内所有药店暂停销售退烧药43种，全部下架封存并完成建档备案和签订承诺书。平城区共设立19个监测退烧药销售哨点，通过“三晋通”APP，按时上报销售情况，完成所有零售药店退烧药、止咳药、抗病毒、抗菌素日记录台账。约谈10家连锁药店负责人，签订承诺书，落实企业主体责任。全年查办药品案件71件，医疗器械案件2件，罚没款7.90万元。统计销售“一退两抗”药品125万盒，处理516条涉及中高风险旅居史购药人员预警信息，显示两码为黄码、红码的12名购药顾客，上报区疫情防控办公室，提供流调排查。责令38家零售药店停业整顿，在市政府网站通报曝光9家疫情防控措施不到位企业。 （刘胜利）

【消费者权益保护】 2021年，“12315”投诉举报中心受理消费者投诉1.12万件并全部办结，办结率100%，为消费者挽回经济损失453.04万元；受理举报1025件并全部办结。平城区市场监管局工单总量全区排名第一，响应率、解决率、满意率在29个区直单位中排名前十。（刘胜利）

【知识产权保护】 2021年，平城区市场监督管理局查处桂林智强食品开发有限公司侵犯注册商标专用权案，收缴罚没款20万元，为大同市保护知识产权第一案。开展侵犯“ARROW”箭牌注册商标专用权、汾酒系列打假、侵权假冒“潍柴”“上柴”汽车配件等专项执法行动，查扣各类侵权假冒物品1000余件，立案调查30余起。

（刘胜利）

【特种设备监管】 2021年，平城区市场监督管理局检查特种设备使用单位1100家次，排查、整改一般隐患92条，下达监察指令书25份，责令整改25家，立案6起，罚款19万元。开展电梯鼓式制动器安全隐患、燃气安全等专项整治10余项，确保全区1.30万余部电梯使用安全。举办大型应急救援演练2场，主办宣传活动3场，发放宣传资料3000余份。（刘胜利）

【市场主体监管】 2021年，平城区应年报（市场主体年度报告）企业7460户，年报率96.18%；农民专业合作社应年报76户，年报率88.16%；个体工商户应年报75384户，年报率52.07%。全年列入异常名录企业1800余户。发布2018年、2019年连续两年未年报的130户企业拟吊销听证公告，全年吊销企业营业执照113户。发起“双随机”检查任务28次，抽取各类市场主体2600余户，实现跨部门“联合双随机”检查14次，抽取各类市场主体60余户，结果公示率100%。

（刘胜利）

【网络监管】 2021年，平城区市场监督管理局监测网站、网店1520个次，商品信息4665条，广告信息53条，督促平台删除违法商品信息9条。以“特供”“专供”“野生”等标识商品为重点，打击网上销售假冒伪劣商品、商标侵权等行为。开展美团、饿了么等平台及商家专项清查活动，以行政告诫、联合座谈约谈等方式，督促网络交易平台落实主体责任，完善风险防控和应急处置措施，下架处理违规商户47家。（刘胜利）

【产品和服务质量提升指导】 2021年，平城区市场监督管理局开展产品和服务质量提升行动，指导中车集团大同机车公司1人获第四届中国质量奖首席官；指导山西联创电子信息有限公司通过国家级服务标准化试点中期审核；指导大同市餐饮饭店业协会制定《制止餐饮浪费服务规范》等5项团体标准；引导大同市光荣院康养服务中心提升康养服务水平，指导申报山西省养老服务标准化专项试点。（刘胜利）

【营商环境优化】 2021年，平城区发展和改革局优化区域营商环境，以“双公示”为基础框架，围绕政务诚信、商务诚信和社会诚信建设，全年发布“双公示”信息1503条，按照省市要求，核实区历史信用信息6608条，其中修正完善2761条，清除重复数据2588条，加强政务和社会的双重信用监管。以“信易贷”为平台加强信用信息归集共享深化商务诚信建设，全年全区“信易贷”完成授信笔数790笔，授信放款16.50亿元。以信用带动服务，推动区中小微企业高质量发展，解决民营企业“融资难、融资贵”问题，破解银企信息不对称问题。按照《企业投资项目事中事后监管办法》《大同市加强和规范事中事后监管实施方案》，现场检查平城区备案建设项目、能源领域企业。现场检查山西欣宇酒店裙楼装修改建项目、大同市昭昭酒店有限责任公司漫心酒店项目、云中声谷大数据智慧服务基地项目、山西美川大唐粉煤灰项目、大同市平城区红富养殖专业合作社生猪养殖项目、大同市天和牧业有限公司5000头奶牛养殖园区扩建项目、大同市供水排水集团御河东路DN800—DN1000输水管线工程等项目。会同市能源局，行政检查山西煤炭运销集团达子沟煤业有限责任公司建设进度；安全检查山西清新新能源科技有限公司公建

屋顶分布式光伏项目。（赵　飞）

【餐饮质量安全提升行动培训】 2021年，平城区市场监督管理局为促进平城区餐饮服务单位的质量安全提升，餐饮质量安全提升培训18家酒店的1567名从业人员。以“走出去”的形式对所辖各业态餐饮服务单位开展餐饮质量安全提升行动培训，培训内容围绕餐饮服务单位存在的食品安全重点、难点问题等。（刘胜利）

【无照经营专项整治】 2021年1月14日，平城区市场监督管理局在辖区内振华市场、康园市场开展集中查处无照无证经营行为专项整治行动。重点核查各门店是否办理营业执照、办理的营业执照登记事项是否与实际经营相符。工作人员逐门店开展“拉网式”排查，向经营者宣传解读《无证无照经营查处办法》，要求各无证无照经营者停业整改，办理齐全相关证照后方能恢复营业，同时，对一些不配合检查的商铺封门处罚。（刘胜利）

【市场监管领域案件执法查处】 2021年，平城区市场监督管理局查处市场监管领域各类违法案件333件，收缴罚没款181余万元，其中查办重点领域案件292件。全年无行政复议，无行政诉讼案件。（刘胜利）

【消费者权益宣传活动】 2021年3月15日，平城区市场监督管理局主办“3·15”国家消费者权益日暨“守护安全、畅通消费”主题宣传活动。设立咨询服务台，发放宣传资料、讲解真假商品鉴别知识等。各基层监管所同步在辖区开展宣传活动，现场受理投诉，检查各类经营户。3月16日，与红星美凯龙大同魏都商场联合开展“3·15”消费者维权宣传活动，提出“守护消费安全 畅享品质家居”行业口号。3月17日，在富乔垃圾焚烧处理厂举行“3·15”假冒伪劣商品销毁活动，销毁各类商品1000余件。（刘胜利）

▲2021年3月15日，平城区市场监督管理局在星茂汇商场举办“3·15”国家消费者权益日暨“守护安全、畅通消费”主题宣传活动（刘胜利 摄）

【计量检定宣传】 2021年，平城区市场监督管理局开展“5·20”计量日宣传工作，在北环加油站、新健康医院、沃尔玛超市、飞视眼科医院宣传和普及计量法律法规，并检查加油机、医院强制检定计量器具、电子秤等配备和使用情况，综检中心现场计量检定部分计量器具。（刘胜利）

【“安全用妆·美丽有法”化妆品科普活动】 2021年5月24日至25日，平城区市场监督管理局开展“安全用妆，美丽有法”化妆品科普活动，采取专家讲座、进企业、进社区、进学校、公共场所主题宣传的方式，发放资料700余份，张贴海报200余张。（刘胜利）

【医疗器械安全宣传周】 2021年7月19日，平城区市场监督管理局启动以“安全用械、创新发展”为主题的全国医疗器械安全宣传周活动，围绕新修订的《医疗器械监督管理条例》（简称《条例》）宣传创新技术与科普知识等内容，普及医疗器械安全使用知识，组织600余人收看《条例》公益培训，发放700余份宣传册，张贴500余张海报，接受群众咨询300余人次。（刘胜利）

平城现代农业产业示范区

【概况】 2021年，平城现代农业产业示范区新建产业项目投资2.66亿元，超目标任务33%；固定资产投资总量5.77亿元，增长19.80%，超目标任务32%；农林牧渔业增加值增长11.97%，超目标任务4%；农产品加工业与农业总产值比2.96，超目标任务74%；绿色有机农产品覆盖率55.53%，超目标任务58.66%。其中，农作物播种面积2225.83公顷，绿色有机农产品种植面积约1236公顷。

（徐宇凤）

【基础设施建设】 2021年，平城现代农业产业示范区推进总体规划编制进程，推进农产品深加工园区专项规划设计，补齐示范区标准地和标准厂房方面短板；依托“农业嘉年华”项目，建设集数字化育苗工厂、净菜加工车间、智慧物流配送中心、数字农业研发中心为一体的3.30万平方米标准化厂房。

（徐宇凤）

【招商引资】 2021年，平城现代农业产业示范区在第十二届中部投资贸易博览会上，与科迪华农业科技有限公司、路易达孚集团、益海嘉里金龙鱼粮油食品公司接触、洽谈，在跨国公司山西行——大同推介对接交流会上，与农业产业领域跨国公司对接交流。9月，组织示范区专场招商引资推介会。11月，派员到上海参加第四届进博会开展招商引资。全年招引项目7个，项目投资3.59亿元。（徐宇凤）

【项目建设】 2021年，平城现代农业产业示范区紧扣“三个一批”活动，谋划推进项目建设。累计签约项目7个，总投资3.59亿元。分别为：投资500万元的全国农业科技成果转移服务中心分中心项目；投资7200万元的新型建筑材料项目；投资100万元的晋北肉类电商平台项目；投资1000万元的生物有机肥加工项目；投资1.50亿元的大同乐禾食品科技产业园项目；投资6100万元的御花养殖园建设项目；投资6000万元的平城航天农业园。签约项目开工率85.70%，全市排名第四。累计开工项目6个，分别为：标准化规模奶牛养殖和乳制品加工项目、农科院科技成果转移服务中心大同分中心项目、御花养殖园建设项目、新型建筑材料项目、晋北肉类电商平台项目、生物有机肥加工项目，开工项目投产率66.60%，全市排名第一。投产项目8个，分别为：粮食深加工改扩建项目、大同农业嘉年华配套服务项目、“菜篮子”工程项目、绿色生态产业园项目、标准化规模奶牛养殖和乳制品加工项目、食用菌种植园项目、农科院科技成果转移服务中心大同分中心项目、御花养殖园建设项目；新建重点转型项目3个，分别为：投资7000万元的御花养殖园二期扩建项目，投资6300万元的晟牛奶牛养殖项目，投资7200万元的新型建筑材料建设项目。

（徐宇凤）

【营商环境】 2021年，平城现代农业产业示范区落实“标准地+承诺制+全代办”工作要求，强化项目服务保障力，推进28项赋权事项工作进程，开通示范区土地直报端口，成立示范区领办、代办工作领导组；出台领办代办工作制度；建立管委会班子成员带头领办项目审批事项机制。为山西美川大唐公司新型建筑材料项目、大同市御花养殖园建设项目开展全程领办代办服务。研究出台示范区招商引资优惠政策，制定招商图谱，开通新媒体平台。（徐宇凤）

▲ 2021 年，大同御花养殖园通过技术革新可自主生产有机肥。图为有机肥生产车间（徐宇凤 摄）

【三大主导产业】 2021 年，平城现代农业产业示范区依托“一核两园”总体布局，围绕“城郊型现代农业”定位，聚焦大同“京津冀都市圈高品质农产品供给基地、雁门关农牧交错带特色优势农牧业发展新高地、全国有机旱作农业示范区、特色农产品出口创汇强市”的现代农业发展目标，突出发展三大主导产业——生态循环畜牧业、食品加工制造业、都市休闲农业。其中，生态循环畜牧业有大同市天和牧业有限公司、新世纪奶牛养殖有限公司、御花养殖园等龙头企业；食品加工制造业领域以大同市平诚农业产业发展有限公司、塞北红食品有限公司、大同市伊欣园面业有限公司为主导，初步形成区域范围内的肉、奶、禽、蛋、蔬菜、瓜果、粮油等农副产品供应基地；都市休闲农业围绕美丽乡村建设目标，发挥大同农业嘉年华在产业引领中的示范作用，构建现代农业、生态景观、科普教育、农耕体验于一体的农业新业态。（徐宇凤）

【休闲农业发展】 2021 年，平城现代农业产业示范区与中航太空（北京）智能科技有限公司达成平城航天农业园项目合作，建设集采摘、观光、旅游、航天育种、航天科普教育为一体的农业休闲综合园区。全国农业科技成果转移服务中心大同分中心和国家种业科技成果产权交易中心大同分中心在该园区挂牌成立，分中心完成网站平台搭建工作，并开展征集和发布适宜山西及周边地区农产品的新品种、新技术、新装备、新产品等农业科技成果工作。（徐宇凤）

【农业企业品牌建设】 截至 2021 年底，平城现代农业产业示范区 12 家公司注册商标 28 个。其中，大同市伊欣园面业食品有限责任公司注册商标 3 个，山西塞北红食品有限公司注册商标 12 个，大同市绿源双叶有限公司注册商标 4 个，大同市通赢优采农业科技责任有限公司注册商标 1 个，大同市三益食品有限责任公司注册商标 1 个，大同市北魏糕点厂注册商标 1 个，大同市天食食品有限公司注册商标 1 个，大同市黄金地农产品有限公司注册商标 1 个，大同市徐府食品有限公司注册商标 1 个，大同市善果食品有限公司注册商标 1 个，大同市佳禾兴食品有限责任公司注册商标 1 个，大同市博誊懿饮品饮料有限公司注册商标 1 个。（徐宇凤）

大同云中购众创基地

【概况】 截至 2021 年底，大同云中购众创基地入驻各行业企业 125 家，带动从业人员 1200 余人，涵盖实体商业、电子商务、新零售、直播电商、新媒体、文化创意等为主导的商贸服务业领域，孵化各领域的新模式、新业态，拓展供应链服务体系，推动传统商贸服务业转型升级。全年基地对接各类战略合作机构16家，开展各类服务活动23场，服务企业140余户，1390余人次。该基地被认定为“大同市众创空间”“中国网商诚信十佳单位”“省级直播电商基地”“国家小微企业创业创新示范基地”。大同云中购众创基地由大同云购互联网科技有限公司运营，位于平城区源兴街云中商贸园区，有小商品城E座4—5层总部基地和M2楼3层电商分支基地两大创业场地，孵化面积1.25万平方米。基地设创业办公区、直播孵化区、休闲洽谈区、会务交流区、综合服务区、仓储物流区等功能分区。（郜　峰）

【入驻政策】 2021年，大同云中购众创基地为处于孵化期的小微企业，自双方签订合同之日起享受免收场地租金，只收取管理服务费，自用水电费、独立宽带费按使用计费；使用场地80平方米以上、吸纳从业员工20人以上、营业收入超500万元、上缴税金10万元以上，并配合基地工作，报送相关证明材料的电商型、科技型公司，在续租时给予管理服务费减免1个月优惠；“创客中国”等省部级双创大赛参赛项目的创业企业给予首次入驻租金免收外，享受减免3个月管理服务费优惠待遇；在“创客中国”等省部级双创大赛中获奖的企业给予当年租金免收外，享受减免半年管理服务费优惠待遇；符合当年首次纳入国家科技型中小企业信息库、被认定为高新技术企业和“专精特新”企业标准三个条件之一的入驻企业，给予减免当年3个月管理服务费；提供互联网接入；免费使用基地配套的洽谈区、休息区等公共休闲空间；路演中心、会议室、多媒体培训室、洽谈室低成本预约使用；配套智能售货柜；协助入驻单位办理经营审批、注册、登记、年检等相关手续；对经考核认定的优秀创业项目，基地推荐投融机构或者投入种子基金予以扶持或参股；为符合条件的基地企业创业创新项目对接相关政策、活动、赛事，协助转化科技成果；基地入驻企业当年获得知识产权、专利证书的，每项专利奖励500元；免费进驻“义乌购”大同产业带板块；免费为入驻企业提供人力资源代招聘服务；协助对接各类协会、商会、社团等行业资源；提供代理记账、报税、专利申请、法务咨询、创业辅导、人力资源、投融资服务；开展会议、论坛、沙龙、团建、路演、营销推广等交流活动；免费参加基地组织的电子商务培训、创业培训、经营管理培训，创业优惠政策咨询和指导服务；通过当地合作媒体、网络媒体提供广告支持。（郜　峰）

【新商业供应链构建】 2021年，大同云中购众创基地吸纳实体供应链企业、信息科技企业、电商客服、MCN机构、短视频制作创业团队和快递企业，实现新商业服务体系资源整合。在服务资源方面，与17家服务机构达成战略合作关系，为小微企业提供包括创业辅导、创业培训、行业交流、展览展会、专题论坛、创投融资、人力资源等创业创新服务，借助与中国义乌小商品集团旗下“义乌购”战略合作，优选帮助200余家实体商企纳入“义乌购”产业带，实现与全球小商品B端、C端贸易渠道对接互联。依托园区3500家实体商铺资源、义乌好货供应链资源，构架电子商务与实体商贸矩阵，构建开放、共享、全链路的数字化贸易综合服务平台，近100家实体与电商企业形成业务衔接、信息互通、产业互联、资源共享、优势互补的线上线下融合发展产业链。（郜　峰）

【直播电商孵化】 2021年，大同云中购电商基地通过创办以淘宝直播、快手直播为主的商业推广类项目孵化，建设主播培养、直播卖货、品牌联营、商家服务、资源对接、供应链整合等服务，培育直播经济产业链人才创业就业，为实体厂家、商家及创业就业者搭建电商直播项目合作，促进实体销售向线上线下融合发展。截至2021年底，基地入驻直播电商商家开展自主直播活动2300余场，累计引导成交超1亿元，带动山西产品销售额48万元，基地组织相关直播培训活动5次，专题促销活动14场，云中商贸园区“商场直播”渗透率5%，南城商圈300余户商家开启直播带货新模式。基地入驻企业累计培养专业主播人才100余名，专业直播运营人才50余名。

（郜　峰）

【新商业大讲堂】 2021年，大同云中购众创基地联合大同电子商务协会、浩锐管理咨询公司共同主办为期一年的“新商业大讲堂”培训项目。通过综合商业、管理、个人、工具四大体系的培训内容，解决企业管理者与企业外部、内部、自己的三大关系，并掌握处理关系的具体工具方法。新商业大讲堂在大同云中购众创基地平台开设为期一年的课程，培训近2000人次。（郜 峰）

【云中购被命名“全国商品交易市场电商直播基地”】 2021年4月，大同云中购众创基地运营公司大同云购互联网科技有限公司应邀参加第二十一届中国商品交易市场发展论坛暨中国特色优品博览会。博览会由中国市场学会主办，中国国际商会、中国商品交易市场专家指导委员会指导，中国市场学会批发市场发展委员会、中国市场学会电商直播专业委员会承办，以“同心启航再踏新征程·同向逐梦勇攀新高峰”为主题，来自全国各地的商务系统、大型商品交易市场、市场管理委员会、市场服务中心、商协会、高校等相关负责人、参展商、采购商、网红及相关媒体代表1500余人到场参加活动。会上，中国市场学会宣布全国商品交易市场电商直播基地名单，大同云中购众创基地位列其中；受邀参会的基地入驻企业大同市平城区延东商贸有限公司被中国市场学会电商直播专业委员会授予“2020年度全国商品交易市场电商直播示范商户”称号；基地入驻企业大同市家和家居日用品店被中国市场学会电商直播专业委员会授予“2020年度全国商品交易市场严选优品供应商”称号。（郜 峰）

【“0”基础抖音直播知识(公益)分享会】 2021年7月14日，“0”基础抖音直播知识（公益）分享会在云中购路演中心举行。分享会由大同云中购众创基地主办，山西敬众商务服务有限公司承办，大同市电商协会协办，有小微企业实体经营户、电商创业者等110余人参加培训会。此次公益分享会讲解“如何掌握推流机制”“0粉丝账号的搭建”“如何进行营销变现”等课程，山西敬众商务服务有限公司（大同直播基地）创始人黄静宇通过专业化的知识和丰富的电商经验现场对如何给自己的抖音账号定位和带货小技巧等内容与大家进行实战经验分享。（郜 峰）

【网络直播带货助力线上消费扶贫】 2021年9月17日，大同云中购众创基地对接云中购直播供货选品中心、大同市直播人才培训基地，以网络直播带货和线下两种形式销售农产品。产品均来自大同当地，包括杂粮坚果沙琪玛、白玛奶葡萄、山西老陈醋、杂粮脆、胡麻油、阳高杏脯、阳高杏核、黄花菜、胚芽小米、苦荞藜麦石头饼等。此次活动网络直播平台直播两个小时，收到销售订单121单，销售金额6000余元。（郜 峰）

【云中购入选“2021年度国家小型微型企业创业创新示范基地”】 2021年11月，工业和信息化部公示2021年度国家小型微型企业创业创新示范基地名单，全国有168家基地入选，大同云中购众创基地名列其中。大同云中购众创基地是集创业办公、洽谈交流、运营服务、会培路演、

▲2021年7月14日，“0”基础抖音直播知识（公益）分享会在云中购路演中心举行（郜 峰 摄）

物流仓储于一体，专注孵化商业服务业领域，以电子商务＋新零售模式为特色的双创基地。基地有7000平方米的线上线下互动体验城及直播电商孵化区、4000平方米的众创空间，入驻服务小微企业125家，从业人员1500余人，主要涵盖实体商业、新零售、电子商务、直播电商、文化创意等商业服务业领域。（部　峰）

【“智慧化社交新零售软件”主题培训】 2021年12月14日，大同云中购众创基地联合深圳市微趣时代科技有限公司在基地路演中心举办“智慧化社交新零售软件”主题培训。此次培训主要介绍“u传”这样一款专注于社交电商领域的一键式图片、视频分发工具。培训分别从“一键转发，全网同步”“团队共享，高效转发”“专属人脉，加密防护”“云端存储，随用随取”四个方面详细介绍“u传”是可为企业和商户提供全网一键发布、云端加密存储、团队信息同步等一站式技术服务的软件，授课讲师与参会企业代表现场互动实操。（部　峰）

【校企合作对接会】 2021年12月30日，大同云中购众创基地联合大同财校、柠檬云财税举办“校企合作对接会”。通过此次活动小微企业和校方达成合作促进、共同发展的目标，吸纳和孵化一批优秀电子商务、直播电商及跨境电商。活动过程中企业代表和校方代表双方分别介绍企业需求和对未来合作发展的期望。（部　峰）

大同互联网＋服务产业园

【概况】 2021年，大同互联网＋服务产业园入驻企业54家，从业人员425人，入驻企业产业类型包括大数据、新零售、软件开发、文化创意、电子信息等。产业园总建筑面积7629.36平方米，独立办公室74间，开放式办公位50个，有能容纳50人的多功能会议室和150人的项目路演大厅，配备餐饮区和洽谈区以及双创服务大厅。截至2021年底，大同互联网＋服务产业园被评为“山西省中小企业创业基地”“山西省省级众创空间”“山西大同大学大学生创业孵化基地”“大同市核心双创基地”“大同市中小企业创业基地”“中共大同市委组织部凤凰英才创新创业基地”“共青团大同市委青少年综合服务平台”“共青团大同市委青年创业孵化基地”“大同市人力资源和社会保障局市级创业孵化基地”。（王晓成）

【入驻政策】 2021年，大同互联网＋服务产业园入驻企业必须是经园区评审组评定的优质双创项目。入驻企业经批准可享受每天每平方米0.05—0.20元的孵化服务费补贴。补贴孵化服务费标准不超过每平方米每天0.20元。补贴期从该入园企业办理全套入园手续当天起，补贴标准审核实行以入驻时长为准的一年一签制。（王晓成）

【园区企业业态】 2021年，大同互联网＋服务产业园入园企业服务业态有23个，包括企业注册及财税服务；品牌策划设计、顶层设计服务；专业法律服务；营销策划服务；企业贷款及融资渠道服务；企业资源聚合服务；

▲2021年，大同互联网＋服务产业园入驻企业54家。图为大同互联网＋服务产业园办公楼（王晓成　摄）

企业信息化服务；电子商务（B2B、B2C、C2C）；人力资源与人才招聘服务；网络教育服务；基础软件服务；应用软件服务；计算机系统服务；同城网购平台服务；网络广告服务；自媒体服务（含网红带货等）；物流快递服务；工程资质办理服务；工程技术服务；相亲一站式服务；数据标注、APP推广服务等；搜狐焦点、宣传推广；电商孵化服务；无人机服务；汽车服务平台。（王晓成）

【创业配套服务】 2021年，大同互联网+服务产业园为入驻企业提供从创业辅导、创新支持、人员培训、市场营销、融资服务、管理咨询等专业服务的创业配套服务。全年园区举办活动38场，2000人参与，主要活动有大同市星火项目创业大赛赛事辅导；金沙企联汇之入驻企业产学研联合研讨会；"2021海外赤子服务山西——走进大同"活动；"6·27"国际中小微企业日暨平城区"中小企业服务月"活动；金沙企联汇之房车协会发展规划会；入园企业业务对接会；成立"蓝鹰"防疫队及大同电视台媒体记者到园区参观采访；金沙企联汇之创业政策解读会议；区块链原理、技术与产业应用培训会；企业管理专题培训；企业知识产权的重要性专题培训；金沙企联汇之财税业务对接专题会议；互联网+服务产业园与云州区倍加造镇郭家窑头村共同推动新乡村文旅项目探讨会。（王晓成）

【金沙企业联合汇项目】 2021年，大同互联网+服务产业园金沙企业联合汇项目有会员单位378家。全年为会员单位提供日常招聘服务，提供岗位3100余个，服务2900余人；举办金沙企联汇专题活动，为45家企业建立起业务联系；金沙企联汇群体当中，大中小微型企业的比例为2∶3∶3∶2。

（王晓成）

【共享人才项目】 2021年，大同互联网+服务产业园共享人才项目分凤凰英才项目和市外对接业务。凤凰英才项目是专项服务于当地的人才体系，有10个群，群内人员1900余人。全年，平城区人力资源交流中心与凤凰英才项目组共同推动公益求职下社区系列活动。对接相关人员35名，涵盖农业、工程、科技、互联网、旅游、招商引资等行业。（王晓成）

【资源对接平台搭建】 2021年5月8日，大同互联网+服务产业园区副总经理王晓成邀请山西鸿泽物业管理有限责任公司行政副总经理张红卫等人开展业务对接洽谈。到园区入驻企业大同市企弘定制网络科技有限公司、大同京喜科技、山西一二三人力资源公司、大同市乾泰隆商贸、晋天下农产品、河南中防建工实业有限公司，与各入孵企业交流技术领域、项目需求、业务情况等问题，并初步达成合作意向，确定项目现场考察。

（王晓成）

【大同市星火项目创业大赛赛事辅导暨政策解读会】 2021年6月19日，大同互联网+服务产业园举办大同市星火项目创业大赛赛事辅导暨政策解读会活动，会议由大同互联网+服务产业园运营副总经理王晓成主持，为园区企业解读大赛背景，明确参赛目的，梳理不同阶段备战计划，提供赛前帮助和指导。会议现场选取十余家优秀项目负责人及园区服务团队参与此次解读会。会议分别解读星火项目创业大赛的赛制流程、参赛条件、注意事项、参赛要求，以及商业计划书的撰写攻略与技巧等方面。结合国家"十四五"规划强调创新创业的重要意义，为大家讲解科技局、人社局、经信委、商务委等政府机构的相关优惠政策的具体细则、申报条件、申报流程，以及大赛扶持资金的评审要点等专业知识。（王晓成）

【"2021海外赤子服务山西——走进大同"活动】 2021年7月15日，由山西省留学人员和专家服务中心、大同市人力资源和社会保障局主办，万城集团·大同互联网+服务产业园承办的"2021海外赤子服务山西——走进大同"活动在鸿泽物业多功能厅举办，有100余名中小企业管理者参加此次活动。活动现场大同市人社局局长张军为两位创业导师杨健、刘海光颁发聘书。刘海光、杨健分别根据自己多年的工作经验

和项目投资运营管理能力，围绕商业模式与创业路径，以及创新创业思维开展创业指导讲座。（王晓成）

【电信网络诈骗防范宣传】2021年7月，大同互联网+服务产业园区到企业，开展以打击电信网络诈骗为主题的宣传活动，产业园区服务部工作人员向企业发放防骗知识宣传单、企业签署反诈承诺书及下载安装“国家反诈中心”APP等形式，并为企业介绍常见的诈骗类型、作案手法和诈骗套路，并普及防范技巧和救济途径。（王晓成）

清新新能科技创新园区

【概况】2021年，清新新能科技创新园区入驻企业34家，全年开展各类活动15余场。清新新能科技创新园区位于平城区前进街1号“桐城金域”11号楼A座，总面积2936.37平方米，依托天津大学科教资源而创建，由山西清新新能源科技有限公司运营管理。园区助推创新创业全周期产业孵化，通过“苗圃+孵化器+加速器”运营模式，为创业者提供组合投资支持、创业辅导、合作对接、日常运营支持、多元办公空间、可选增值服务等服务。园区设有独立办公室21间、开放式办公工位50个、公共洽谈室3个、多媒体会议室1个、商务会议室1个、活动室2个。园区整合和利用各种资源，开展创业指导和创业培训，接纳创业者创业实习实训，提供创业项目信息和创业项目孵化软硬件支持。山西清新新能源科技有限公司与天津天大求实电力新技术股份有限公司签订《山西省大同市平城区公建屋顶5.83MWp分布式光伏PPP项目》被列为山西省PPP示范项目；完成投资建设“智慧能源综合供能系统”10余个项目，其中2个项目被列为“智慧能源高新技术产业企业试点”，并申报3项发明专利。（刘婷婷）

▲2021年，平城区公建屋顶光伏项目完工。图为光伏项目场区全景

（刘婷婷 摄）

【入驻政策】2021年，清新新能科技创新园区给新入驻的企业第一年享受100%房租补贴，第二年享受80%房租补贴，第三年享受50%房租补贴；帮助自主创业者申请最高10万元政府贴息贷款，高新技术领域的自主创业者贷款额度提高到20万元，贷款贴息期限均为2年；进入创业基地初创企业，按实际缴纳物业费、卫生费、采暖费、网费100%补贴；进入创业孵化基地中的初创企业享受实际缴纳水电费补贴100%；进入创业基地的初创企业，办公设备实施零损坏、零费用使用；进入创业基地的初创企业会议室费用享受100%补贴；提供免费培训服务和实时现场指导，并定期邀请专家、教授给创业者开展创业培训与指导，免费提供创业指导服务，包括政策咨询、信息服务、开业指导等创业服务；进入创业基地的初创企业提供大容量仓储空间，实施全部免费补贴；搭建科技信息网络平台，提供科技和产业信息。（刘婷婷）

【院士工作站】2021年，山西清新新能源院士工作站为山西清新新能源科技有限公司制定“智慧能源在推动能源供给消费同向变革行动中的应用”中长期发展规划、产业方向规划及新产品研发计划。2月，山西清新新能源院士工作站

与院士团队签订《能源云管理平台技术项目合作协议书》，共同研发“能源云管理平台”，于10月完成研发工作，并提交结题报告，“能源云管理平台”是一款适合与中小型能源企业的综合能源管理软件系统。6月，山西清新新能源院士工作站与院士团队新增合作项目——智慧电力综合服务平台，依托工业物联网、云平台及大数据分析等技术，实现在线、远程对用户电能安全隐患实时预警和管理。平台是由云采集解析，云存储备份，云计算构建云端网络架构。2021年，山西清新新能源院士工作站在系统规划、建设、运行、维护的各个阶段建立人才梯级团队。加强与各高等院校人才输送和人才培训合作，人才团队建设过程中，划分人才培养种类，设定项目负责人、核心成员和其他成员3个层次人才培养目标。划分人才培养的阶段。制定培养人员的产生程序，制定培养人员基本条件和培养基本目标。制定人才培养方式。开展针对不同专业人才的标准化知识培训。（刘婷婷）

【交直流配电关键技术研究项目】 2021年，清新新能科技创新园区高可靠型能源革命集控指挥数据中心开展交直流配电关键技术研究项目。直流配电网采用直直变换技术，利用晶闸管和自关断器件实现通断控制，把直流电压断续加到负载上，其与分布式电源接入灵活、设备投资低、电能质量高及供电可靠性好，是未来电网的一种形态，其具体传输容量大、电能质量高、系统稳定性好、有助于分布式能源接入的优势。该项目于12月完成研发，部分投入应用。9月13日，清新新能科技创新园区在天津天大求实电力新技术股份有限公司会议室召开交直流配电关键技术研讨会，天津天大求实电力新技术股份有限公司高层管理人员、技术团队及园区代表20余人参加会议。会议制定直流电网运行策略，研制适合于直流配电的大功率联络分段开关装置，考虑直流配电网网络重构下的安全稳定及电能质量等问题，研究直流配电网管理及稳定运行方法。12月15日，召开“高可靠型能源革命集控指挥数据中心交直流配电关键技术研究”项目总结会，天津天大求实电力新技术股份有限公司项目管理团队、技术团队及园区负责人12余人参加会议。会议总结大功率交直流变换装置、高压直流断路器、能源可视化全景展示平台等项目技术指标完成情况，总结项目四大创新点，即：提出考虑电压等级序列配合的交直流系统规划与评估方法，研究交直流配电系统的传输能力、电压降落、网络损耗、供能质量等约束条件，建立基于几何均值与多级配合的电压等级序列模型，通过对源、网、荷的随机相关性分析，利用改进遗传算法求解，实现交直流配电系统容量、结构的整体规划及定量评估；提出基于多端口动态能源补偿的交直流网络稳定控制方法，研究高压级联桥式能量变换装置的控制原理，建立多端口柔性互联的交直流混合供电网络，提出基于神经网络的多种分布式电源及冷热电负荷的预测方法，通过网络动态重构与供需平衡补偿，实现交直流配电系统长时间稳定运行；提出基于立体感知的交直流系统故障诊断及主动保护策略，综合考虑波动、发热、磁场等内外界影响因素，通过智能终端与非接触式采集装置的融合，实现对交直流配电系统电气量和非电气量的立体感知，形成故障快速诊断机制，同时，把系统划分为交流侧、变换器、直流侧、负荷侧4个保护分区，提出各分区内的自适应保护策略；提出基于信息模型数据可视化的交直流网络能效管理方法，通过智能信息模型（E-BIM）技术和虚拟现实（VR）技术的融合，建立包含分布式电源、电能替代装置、能量转换装置等构成的交直流网络全景展示平台，通过能源数据在站端、云端、终端的信息共享与智能决策，实现能源供应侧和需求侧的能效可视化管理和提升。

（刘婷婷）

【智慧能源管理云平台项目】 2021年，清新新能科技创新园区研发一套基于能源区块链的智慧能源管理云平台项目。该项目利用“大云物移智”等信息技术和“供用能预测与能源调度优化”专业算法，帮助中小型能源服务企业提高管理水平、降低管理成本，解决能源企业在项目选择、投资预算、能源生产配送、运维管理和效益评价各环节问题；满足能源用户经济用能、安全用能消费需求。平台把实现能源利用和用能需求互联互通，搭建资源优化配置平台，发挥能源系统智能化、多元化特点，并匹配不同角色需求，打通管理全流程，实现能源智慧管理，解决综合能源服务中出现的各类问题。4月2日，召开智慧能源管理云平台项目研讨会，园区负责人及项目团队20余人参加会议，会议围绕智慧能源管理云平台技术应用开展讨论。讨论内容为在大数据方面建立能源系统运行大数据，采集室内外温度、光照等各方面的数据；人工智能技术方面，形成最佳管理/调度策略。对智慧供热系统内的各个设备开展统一调度管理；精准热负荷预测方面，预测供热需求，建立供热预测模型；云计算方面，提高运算能力，维持系统稳定；可再生能源发电预测及负荷预测技术方面，根据可再生能源发电出力预测、微电网内能源需求等数据，按照不同的优化运行目标和约束条件做出决策，实时制定微电网运行调度策略，通过对分布式电源和负荷的灵活调度实现系统优化运行；微电网能量管理技术方面，各类能源在源—网—荷各环节的分层有序梯级优化调度，达到能源利用效率最优。（刘婷婷）

大同市双创企业孵化基地

【概况】 2021年，大同市双创企业孵化基地有签约小微企业创业服务机构5家、专业导师5人、服务管理人员11人。该基地位于平城区御河西路福祥苑写字楼，总面积5000平方米，是市级小微企业创业创新基地、市级众创空间，被山西省科学技术厅评为省级众创空间，被山西省小企业发展促进局评为省级小微企业创业创新基地。年内，因入驻企业流动资金紧缺，该基地与平城区金融服务中心联合邀约各大银行为企业提供低息、免息贷款，缓解企业经济压力。

（丁一方）

【入驻政策】 2021年，大同市双创企业孵化基地为入驻企业免费提供全套办公家具，享受水、电、暖、电梯物业管理和网络全免优惠政策；免费安排对口实战导师开展店铺分析辅导实操；免费为商家提供电子商务平台、直播电商及互联网+服务；免费提供个性化创业政策咨询和政策指导服务；免费为入驻企业提供2年最高不超过30万元免息贷款政策对接；免费提供创业培训；免费提供相关日常法律咨询；免费为入驻企业邀请企业家、相关专家指导，提升企业市场空间和品牌价值；宣传入驻企业品牌文化；平台优秀企业免费接受大同电视台、《大同晚报》《大同日报》、今日头条等媒体跟踪报道；为入驻企业提供人才疏通，避免人才流失，人才缺失。（丁一方）

【管理培训】 2021年，大同市双创企业孵化基地为企业组织实时政策宣讲、法律培训与咨询、财会培训、税法培训、金融宣讲、金融知识培训、企业管理咨询、商业服务、人才培训及物业管理等相关服务30余次。主要内容涉及企业纳税优惠政策、企业年检注意事项、企业秘密保护、员工竞业限制等。实时政策宣讲评选高新技术企业的条件及申报流程，中小科技企业入库的发放及申报流程，“专精特新”“小巨头”企业的条件及申报流程，奖励细则。（丁一方）

【实战创业辅导】 2021年，大同市双创企业孵化基地创业导师根据基地企业性质及行业类别聘请对口实战创业导师，为需要的企业开展辅导及相关合作，解决企业在运营过程中出现的困难与问题。该基地聘请大同市青年企业家协会会长李泽光为初创企业提供创业指导，聘请山西若谷律师事务所所长马颖军律师为入驻企业提供法律指导，针对企业实际法律问题提供专业法律咨询及法律流程的跟踪指导。（丁一方）

【融资交流会】 2021年5月8日，大同市双创企业孵化基地举办的企业股权融资方式、创业贷款指南、新三板上市股权交易交流会，参加单位有：金融办、邮政储蓄银行和中信证券。会上邮政储蓄银行和中信证券工作人员介绍企业贷款的三种形式及具体办理方式。

（丁一方）

【实时政策宣讲】 2021年11月2日，大同市双创企业孵化基地董事长丁一方向基地入驻企业传达并解读时事政策，内容包括：科技型中小企业入库的条件及方法、高新技术企业认定的条件及申报流程、税收优惠明细及条例。（丁一方）

盛座·空间双创基地

【概况】 2021年，盛座·空间双创基地入驻小微企业33家。盛座·空间双创基地，位于平城区永泰南路3333号，运营公司为大同锦世联行商业管理有限公司，打造特色商业楼宇经济综合体，地上总面积2.40万平方米。盛座·空间双创基地为大同市及周边地区有志青年与小微企业搭建楼宇商业平台，助力转型、升级、蜕变。帮助成熟小微企业加速成长，实现利益最大化。打造区域内互联网+模式下的专业共享平台机构，践行互联网与特色商业融合。2021年被认定为省级小微企业创业创新基地。

（杨　丽）

【入驻政策】 2021年，盛座·空间双创基地为入驻企业免物业管理费、采暖费；免费提供会议室、培训室、党建办公室、洽谈室等公共设施服务；帮助自主创业者申请最高10万元的政府无息贷款；免费提供宣传推广、市场指导服务；为入驻小微企业提供商业资源，并免费提供营销策划服务；为创业人员、企业经营者、专业技术人员和员工提供各类培训，定期邀请专家现场指导；免费提供创业指导咨询服务。

（杨　丽）

【营销推广】 2021年，盛座·空间双创基地公众号定期推广各类推文，为入驻创业者提供信息咨询服务，公众号有粉丝1万余人。创建盛座·空间双创基地分享群，发布营销公开课、座谈交流会、专题培训、主题活动、集中展示、比赛竞赛等信息分享及通知。微信公众号定期推广入驻小微企业发展情况，包括企业介绍、业务领域、发展历程、特色活动、重要成果等，全年推广企业20余家。

（杨　丽）

【企业联谊】 2021年5月3日，盛座·空间双创基地组织各入驻基地创客及各家会员在星茂汇举行风筝DIY活动。100余人参加活动。活动现场赠送DIY风筝工具，以企业为单位领取、制作各自的专属风筝。盛座·空间双创基地运营团队和专业人员现场对参与企业进行艺术创作的引导启发和手工制作技巧指导，通过创意DIY活动，舒缓创业压力、放松心情，增强企业和创业者的凝聚力、向心力，培养团队合作精神及友爱精神。7月1日，为庆祝中国共产党成立100周年，“凝心聚力 星耀百年”主题朗诵活动在大同凯德世家广场举行，盛座·空间双创基地、星茂汇VOVOPARK、尚都购物工场全体党员及员工、商户代表100余人参加活动。活动现场有“了不起的百年”漫画展。活动中，表演者朗诵“永远跟党走”“我爱您，母亲”“不忘初心　百年颂歌”等红色经典篇目。10月20日，盛座·空间双创基地为加强各入驻企业对外推广，组织各创客在星茂汇举办“盛座·空间嗨P日”，举行综合才艺展示、花艺DIY、陶艺DIY等活动。基地20余家入驻企业参加展示推广活动。活动现场基地各入驻企业围绕经营特色，开展业务推广、现场教学、顾客体验、才艺及作品展示等。

（杨　丽）

大同万向城创业创新基地

【概况】 2021年，大同万向城创业创新基地累计入驻企业和创客54家，孵化毕业14家，直接或间接带动就业200余人，入驻企业累计实现收入500余万元。入驻企业70%为初创企业，创业成功率60%。全年举办创业辅导、人力资源、创业沙龙等活动20余场。

大同万向城创业创新基地由中创鸿升（大同）科技有限公司投资运营，位于东信商圈开源街与红旗街交汇处万向城1号商业楼，入驻企业涵盖软件开发、文化创新、创意设计、新电商、新零售、企业服务等行业。基地总面积约2100平方米，分孵化区、成长区、公共服务区、会员服务中心、导师服务站、会议会客厅等。大同万向城创业创新基地被认定为省级“众创空间”“大同市平城区创业创新基地”。（陈海潮）

【入驻政策】 2021年，大同万向城创业创新基地为入驻企业享受房租优惠政策，租金优惠，免物业管理费、取暖费；免费提供会议室、培训室、党建办公室、洽谈室等公共设施服务；提供相关物业管家服务；帮助自主创业者申请最高10万元政府无息贷款；免费提供宣传推广、市场指导服务，定期组织商户异业联盟营销活动；免费资源共享，定期举办活动，赠送相关业态体验券及优惠券，为入驻小微企业提供商业资源，免费提供营销策划服务；为创业人员、企业经营者、专业技术人员和员工提供培训，定期邀请专家现场指导；免费提供创业指导咨询服务，包括政策咨询、信息咨询、开业指导、法务咨询、财务咨询等创业服务。（陈海潮）

【入驻服务】 2021年，大同万向城创业创新基地联合办公空间结合创业服务，为小微企业和创业公司提供零成本办公空间和学习、成长、交流平台。为入孵项目提供创业辅导、管理咨询、交流培训、项目推荐、市场推广、融资投资、技术服务、工商注册、代理记账、政策服务、其他第三方服务等，定期举办创业培训、项目路演、主题沙龙、产品研讨会、求职招聘会等创业、就业活动，搭建本土化创业者、创业导师、创投金融和“双创”项目服务资源库，联合全国专业“双创”服务机构、平台、品牌连锁孵化器，打造集人才、项目、资本、信息、政策为一体的数据化、平台化“双创”服务品牌。基地制定更新会员招募办法及工位使用方案，推出“2730元”终生会员制，建立“创客档案”，开展创业孵化服务。（陈海潮）

【创客实训营】 2021年，大同万向城创业创新基地坚持以碎片化在线理论学习结合主题研讨沙龙、导师面对面辅导结合项目孵化、创业实操模拟结合互动案例体验，集“学、导、练、娱”为一体，制定实操型创业实训平台项目——创客实训营。在创业培训（SYB）理论学习基础上，针对初次创业者普遍面临的问题、困难和短板，开展专题系统化学习、名师点拨；结合以项目孵化为目的的主题活动，打磨项目商业计划，实现项目融资和资本化；引入职业测评、创业模拟考核体系，通过软件系统阶段性测验，以VR虚拟现实技术模拟再现创业场景，解决创业过程中的困难；实行创业课题实操技巧训练，开放啤斯食品、鼓楼老东街餐饮、译林集团和“0352”房网4个实训基地，开展为期3天至7天的实操课题训练。2月22日，创客实训营阶段训练邀请全国创业导师马威开展创业思路启迪，并开展财务管理培训、“导师一对一”、创想沙龙、现场职场测评分享会、线下素质拓展训练等创业实训活动10余场。（陈海潮）

【平城青创】 2021年，平城区青年创新创业联盟（简称“平城青创”）有各行业青年创业者79位。9月22日，平城区青年创新创业协会成立。平城青创立足青年创业所需，把扶持与孵化作为发展重心，团结吸纳300余名创业青年加入。在体系建设中，搭建“1148”服务体系（“1个园区”“1个平台”“4大功能”“8个职能组织”），整合、配置服务资源，为青年创业项目孵化、落地赋能。全年，平城青创举办沙龙、团建、会议、培训、辅导等活动39场，并组织会员参与各类招商引资、参观考察、展销洽谈、交流合作等活动。（陈海潮）

【大同青创城·优客工场】 截至2021年底，大同青创城·优客工场（简称“青创城优客工场”）在全国87个城市有282个签约场地，服务116万名会员。青创城优客工场依托开源街万向城商业街区，借助优客工场全球项目、人才、服务资源，立足大同市及

▲ 2021 年 4 月 2 日，大同万向城创业创新基地召开青创城 · 优客工场项目启动筹备会（陈海潮 摄）

平城区产业定位及发展需求，引导并集聚现代服务业项目及青年人才，为其提供办公、社交、生活、展示、实践、交流、合作及政策申报、金融对接等一站式服务。重点引入文创及旅游信息化服务、互联网及电商服务、消费升级及衍生服务、新零售及智能应用服务、乡村振兴及农产品产销服务等现代服务业项目和企业。大同青创城 · 优客工场总建筑面积 3 万余平方米。园区首期建成并运营万向城众创空间，服务面积 1500 平方米，申报并获批省级、市级众创空间和区级双创基地。

（陈海潮）

【“企业如何提高招聘率和入职率”主题沙龙】 2021 年 4 月 8 日，大同万向城创业创新基地举办“企业如何提高招聘率和入职率”主题沙龙，涉房地产、互联网、餐饮、教育、金融、医药行业 30 余家企业参加沙龙活动。沙龙现场，企业家针对《如何提高企业招聘和入职成功率》展开分享，从招聘者本身、招聘的策划、招聘过程的控制以及职业规划的管理 4 个方面阐述如何提升企业招聘成功率。

（陈海潮）

【大同市平城区青年创新创业协会成立大会暨青创联盟换届】 2021 年 12 月 8 日，大同市平城区青年创新创业协会成立大会暨青创联盟换届举行，平城区委、共青团市委、团区委、区民政局、市青年企业家协会等领导及 100 余名优秀青年创业者参加大会。会前，与会人员共同观看《平城青创宣传片》，青创联盟理事长高志超介绍“平城青创”成立历程和组织构成，讲解“平城青创”识别系统释义。会上宣读大同市平城区青年创新创业协会成立批文，会议审议《大同市平城区青年创新创业协会章程》和新一届会长委员会成员。大同市创想加企业管理有限公司董事长陈海潮当选为第一届会长；派拉图咖啡、丘比特婚介创始人高志超担任协会执行会长、大同市非鱼双创众创空间有限责任公司副总经理庞佳慧担任协会秘书长。大同市平城区青年创新创业联盟第二届第一次会议召开，会上审议通过新一届理事会成员，举行联盟会旗交接仪式，平城区团委领导班子为 54 位青创会员授牌。会上，会员们展开平城青年“我为首善平城做贡献”大讨论，分别针对各自从事的行业发表个人见解。

（陈海潮）

大同跨境电商创业园区

【概况】 2021 年，大同跨境电商创业园区入驻企业 41 家，从业人员 120 人。园区设有孵化区、成熟区、配套服务区、公共服务区等功能分区，为入园企业提供会议空间等配套服务，工商、行政审批、税务、法律、会计等产业服务，科研、产业等增值服务和电商直播、人才引进、行业培训、政策支持等培育孵化服务。园区以大同市云商智联科创运营管理有限公司为运营主体，位于平城区桐城金域产业街 12 号写字楼，总体规划建筑面积 8000 平方米，投入使用面积 2005 平方米。年内，举办首届中国（大同）跨境电商创业大会，组织沙龙活动 5 次，游学活动 2 次，累计参加人数 1000 人以上。联合环球易贸外贸团长联盟举办 2021

跨境电商多平台运营峰会，线上直播活动30余次。与山西慧谷产业园合作共建慧谷产业园大同跨境电商创业园分园；与环球易贸—团长联盟达成服务合作协议，开展大同跨境电商服务平台建设、品牌和人才孵化、业务模式拓展；与天津浪淘科技有限公司达成合作协议，共同开发“大同跨境电商报关服务平台”；与山西迈达供应链管理有限公司达成合作协议，共建海外仓服务体系；与山西励创财税服务有限公司达成合作协议，搭建工商、财税服务平台；与大同市平城区同古天润职业培训学校有限公司达成合作协议，为电商企业提供电商类培训服务；与山西宝翰律师事务所达成合作协议，为入驻企业提供法律咨询服务。与邮储银行大同分行签订合作协议，为园区企业提供金融服务。在海南举办的首届中国国际消博会上，与海南速卓国际贸易集团签约“大同跨境电商供应链平台建设及山西区域进口商品分销合作”；在太原举办的第十二届中博会上，与深圳市跨境电子商务协会签约“大同跨境电商综试区建设及东小城环球港项目”。2021年，园区被授予“国家电子商务示范基地”“大同市跨境电子商务示范园区”“平城区跨境电商孵化基地”称号。（崔转正）

【入驻政策】 2021年，大同跨境电商创业园区依托大同市扶持政策，制定《园区产业扶持政策》，分房租补贴、政策补贴、孵化补贴3个方面扶持政策。其中，政策补贴为企业直接给予入驻企业商务服务、活动和会务等公共服务补贴，综合服务办可协助企业和创业者对接政府职能部门申报政策性业务补贴、人才补贴、培训补贴、专项资金等国家政策性扶持；孵化补贴为孵化企业和创业人员提供3个月免费的跨境电商培育孵化服务。

（崔转正）

【直播带货】 截至2021年底，大同跨境电商创业园区基地内入驻电商直播企业为北京鸿波抖商传媒有限公司，有直播间1个，面积41.33平方米。该园区按照《大同跨境电商创业园区入园细则》，协调财税公司为其解决财税问题，免费提供会议室、培训室，推动其开展电商直播培训活动，对接大同好粮交易中心和中粮名庄荟开展线上电商直播活动，全年北京鸿波抖商传媒有限公司大同分公司开展线上直播带货80场，销售百货日用品等产品50万元。（崔转正）

【跨境电商实践学院】 2021年，大同跨境电商创业园区跨境电商实践学院推动跨境电商实践学院人才和企业孵化工作，以大同市云商智联科创运营管理有限公司作为建设运营主体，举办首届中国（大同）跨境电子商务创业大会。由深圳市跨境电子商务协会赋能，联合环球易贸跨境电商创始人董振国等行业人物为园区跨境电商人才培育和企业孵化工作开展对口资源输入。组织入驻企业员工20余人参加中级电子商务师培训及考试；组织20余人参加抖音直播带货公益讲座；组织70余人参加为期3个月的大同市跨境电商高级研修班。组织开展平城区电商“强企优才”培育工程，人数100余人。与大同市第一职业中学、大同市第二职业中学、大同市示范性综合实践基地3所学校签订共建协议。对接大同大学，宣讲跨境电商知识，与院系共建参与大学生就业实习工作，有50余人到园区培训实习。（崔转正）

【跨境电商众创空间】 2021年，大同跨境电商创业园区在跨境电商众创空间方面，制定并实施大同跨境电商众创空间人才引进、企业引进、众创孵化相关政策，配合市、区两级政府开展跨境电商孵化和双创工作。（崔转正）

【跨境电商孵化中心】 2021年，大同跨境电商创业园区跨境电商孵化中心找准制约大同市跨境电商发展的人才和企业两大短板和痛点，采取针对性措施，利用孵化型平台推动大同跨境电商和相关产业实现融合发展。跨境电商孵化中心参与对接深圳市跨境电子商务协会“跨境电商K100计划”，带动大同跨境电商经济增长。全年进出口成交额1亿元人民币以上，园区跨境电商出口成交额2745万元。

（崔转正）

【跨境电商孵化基地授牌】 2021年1月，大同跨境电商创业园区跨境电商孵化基地授牌，孵化基地划分为3个区域、具备3个功能、实现3个目标。3个区域即“孵化区、成长区和公共服务区”；3个功能即“低价的场地、共享的设施和公共的服务”；3个目标即通过为入驻企业提供店小二式、保姆式服务，使入驻企业“孵得出、长得快、活得长”，提高创业成活率。全年累计孵化企业41家，从业人员108人，实现营业收入536.75万元，缴纳税金14.33万元。

（崔转正）

【“大同跨境电商供应链平台建设及山西区域进口商品分销合作”签约】 2021年5月7日，在首届中国国际消费品博览会上，大同跨境电商创业园区与海南速卓国际贸易集团在海南会展中心举行“大同跨境电商供应链平台建设及山西区域进口商品分销合作”签约仪式，双方携手在大同立项建设跨境电商和国际快递协同发展产业园区，利用各自领域优势共同开拓山西及中西部跨境电商市场。大同跨境电商创业园区向海南速卓集团采购500万元优质跨境电商进口商品，用于大同跨境电商零售进口试点业务开展和“东小城环球港”前期进出口商品集散平台建设。

（崔转正）

【跨境电商多平台运营峰会】 2021年8月7日，大同跨境电商创业园区与环球易贸—外贸团长联盟举办2021跨境电商多平台运营峰会，累计线上人数10万人。此次活动覆盖十多个平台、五大洲、一百多个国家、超过二十亿客户，给大家讲解各个平台的优势。活动亮点：东南亚Shopee、美国Newegg、货通全球Ebay、海外众筹Indiegogo、欧洲Vova、法国Cdiscount、欧洲Kaufland.de、欧美Wish八大平台官方招商团，通过团长联盟绿色通道了解全球市场。

（崔转正）

【大同市跨境电商高级研修班】 2021年9月10日至12月10日，山西传媒学院继续教育部在大同市电子商务协会和晟尧跨境·大同孵化基地共同配合下，举办大同市跨境电商媒体运营职业技能提升高级研修班，参加人数70余人。通过理论学习+线下在岗实操提升方式，让学员掌握亚马逊、虾皮等跨境平台运营的最新规则、理论、配合线下运营实操进阶等内容。经考核，向学员颁发省人社厅认证的电子商务职业技能高级等级证书。

（崔转正）

▲2021年9月10日，大同市跨境电商高级研修班在大同跨境企业园、大同晟尧跨境大同孵化基地同时开班（崔转正 摄）

商贸中心区

综　述

【商贸圈建设】　2021年，平城区形成“一主两副一特色两片多点”现代城市商圈体系和社区商业中心格局，引导商业集聚发展，提升商业中心辐射力和带动力，逐步形成购物中心特色鲜明、百货店结构合理、超市功能齐全、专业店服务优质、各业态既相互竞争又相辅相成的零售商业格局。一主为永泰南路主商业中心；两副为东信广场—云中商城商业中心；御东高铁—万达—方特副商业中心；一特色为古城历史文化特色商业中心；两片为站前商业中心、清远西街商业中心；多点为在居住区周围以点状分布的多个社区商业中心。高档消费商圈为永泰南路主商业中心；批发零售商圈为云中商城；夜经济商圈为永泰南路主商业中心、万达广场附近。（边国荃）

【营商环境建设】　2021年，平城区商业定位以大同打造省域副中心城市为契机，服务市域，集购物、娱乐、休闲、商务、旅游等多功能于一体的休闲商业新城；晋北地区具有深厚文化底蕴和地方特色的现代商业强城；面向京津、连接中西部、辐射晋冀蒙的区域性商贸中心。推进商贸集聚区提升建设，顺应群众生活消费方式向发展型、现代型、服务型转变趋势，加快提升商贸集聚区建设步伐。培育玄辰广场、太和汇、万达广场等大型综合体建设，催生一批新兴服务业态，壮大一批新兴服务企业，打造城南覆盖性业态一站式消费商圈，为商业企业提供有价值的发展空间，为市民提供复合型的消费和服务场所。（边国荃）

永泰南路商圈

【概况】　2021年，永泰南路商圈客流量近2000万人次，平日客流5万余人次，节假日10万余人次。该商圈位于大同市区中心位置，地处大同古城中轴线，迎宾街与永泰南路主干道，是大同“一主一副一特色”的城市商业网点整体规划的“一主”市级商业中心，也是大同最成熟的高品质人气商圈。中心区域大同凯德世家广场项目占地4万平方米，总建筑面积30万平方米，投资25亿元，街区长度507米，是省级特色步行街大同市唯一入选试点项目。大同凯德世家广场整体拥有商家500余户，年营业额15亿元，解决就业3000人以上。服务于大同市中心城区200万人口及周边县市，是大同的城市名片和大同形象的集中展现。主要有百盛商场、沃尔玛超市、星茂汇商场等，是涵盖购物中心、百货、儿童项目、大型商超、写字楼、住宅、城市公园等全业态商圈，有首次入驻大同国际精品品牌96个、国内知名品牌460个。（郭恬利）

【百盛商场招商引资】　2021年，百盛商场有餐饮客户36户、品牌238个，调整、引进娇韵诗、小米、皮尔卡丹、巧虎等品牌32个，开展营销活动23场，活动执行天

2021 年平城区百盛商场（永泰店）主要商品分类销售统计表

表 16-1

名称	分类	分类营业额（亿元）	分类占比（%）
百盛商场	儿童	0.25	3.57
	服装	3.30	47.14
	其中：男装	0.80	11.43
	女装	1.60	22.85
	运动	0.90	12.86
	精品	2.10	30
	其中：黄金珠宝	1.30	18.57
	化妆	0.84	12
	皮革	0.36	5.14
	家用	0.15	2.14

数 174 天，客流 335 万人次；提供就业岗位 2500 余个。（郭恬利）

【百盛商场（永泰店）】 2021 年，平城区百盛商场（永泰店）营业额 7 亿元，较上年同比增长 17%，上缴税额 2163 万元。其中，儿童类营业额 0.25 亿元，占比 3.57%；服装类营业额 3.30 亿元，占比 47.14%；精品类营业额 2.10 亿元，占比 30%；化妆类营业额 0.84 亿元，占比 12%；皮革类营业额 0.36 亿元，占比 5.14%；家用类营业额 0.15 亿元，占比 2.14%。

（郭恬利）

▲ 2021 年，平城区百盛商场（永泰店）营业收入 7 亿元。图为百盛商场外景（郭恬利 摄）

云中商城商圈

【概况】 2021 年，平城区云中商城商圈客流量突破 4000 万人次。该商圈主要项目为云中商贸物流园区，是以小商品、服饰零售及批发为主的大众性商场，是大同及周边地区最大的小商品集散地。其中，云中商贸物流园区用地面积 15.10 万平方米，建筑面积 43 万平方米，地下为现代化泊车场占地 10 万平方米，地上建有 12 座主题商业大楼，南区 5 座、北区 5 座、中心广场 2 座，由西到东，按 A、B、C、D、E、F、

G、H、J、K、M1、M2交叉排列，A座是万悦城春天购物中心，B座是图书广场畅想空间、春毅电器城，C座是南方茶城，D座、F座是服装大世界两大批发市场，E、G两座为小商品城，H座、J座、K座是海盛服饰商厦，M座为配套服务楼。（郭恬利）

【项目建设】2021年，云中购电商平台集手机WAP、APP、PC端、微商城四网合一，实体商企通过云中购作为媒介，资源对接、信息交互，带动1564家实体商家和小微企业从业人员实现O2O线上线下互动交易。截至2021年底，云中购网络平台累计注册用户890户，达成订单1649笔，实现交易额287.09万元。云中商贸物流园区以大同小商品城牵头与浙江义乌购集团战略合作，成立大同云购互联网科技有限公司，搭建大同云中购电商平台，把实体店铺与网络电商充沛联系，实体商位附赠“空中商铺”，把园区优质商户融入义乌购“大同产业带”，共享义乌购的全球采供链资源。（郭恬利）

【海盛服饰商厦】2021年，海盛服饰商厦有商家1500余户，经营品类2万余种，汇集服装百货、全类内衣、箱包皮具、经典饰品、珠宝玉器、儿童玩具、护肤美业、工艺礼品、美食餐饮、娱乐潮玩等10余个行业。K座是晋北服装服饰品牌总部基地，分地下一层、地上四层，地上建筑面积2.80万平方米；H座是晋北时尚青年服装服饰主题卖场，分地下一层地上五层，地上建筑面积3.30万平方米；J座是大同潮流时尚主题先锋卖场，为消费者提供潮流服饰、快时尚品牌女装、潮品汇男装、美食餐饮、休闲娱乐。（郭恬利）

【云中商贸园区小商品市场】2021年，云中商贸园区小商品市场实现较高额2亿余元。该市场位于大同云中商贸园区E、G座楼，分别由大同中隆盛商业管理有限公司、大同市平城区开源小商品市场有限公司经营管理，两大市场毗邻而立，每幢主体各5层，各占建筑面积3.40万平方米。其中，E座为大同小商品城，G座为开源小商品城。有商家700余户，涵盖珠宝玉器、钟表眼镜、汽车饰品、手机配件、日用百货、洗化护肤、杯壶水具、塑料制品、陶瓷制品、五金电器、生活电器、家电厨卫、喜庆用品、母婴用品、童车玩具、工艺饰品、办公文体、内衣裤袜、箱包皮具、劳保用品、家纺床品、窗帘布艺22个大类万余款SKU货品，是晋冀蒙周边地区超大型现代化综合性小商品贸易流通集散地。（郭恬利）

【春天精品商城】2021年，春天精品商城主营业面积3.20万平方米，分地上4层营业、地下1层停车场。以服饰、鞋品、家居用品、饰品、内衣、箱包、化妆品为主，设娱乐、餐饮等服务项目和配套设施。（郭恬利）

【大同南方茶城】2021年，大同南方茶城面积3.80万平方米，汇集来自全国69个名茶产区、原产地800余家知名茶企品牌，在晋冀蒙地区打造茶叶经销加盟、品牌推广、批发零售等一站式交易平台，囊括6大茶系茶品，延伸茶具、茶器、紫砂、高档红木家私、工艺品、玉器、钱币、书画、文玩、会所等经营项目。分五层，一层经营全国知名品牌茶叶；二层经营品牌茶叶、茶具、茶包装；三层经营品牌茶叶、茶器、茶具、翡翠、红木家具、古玩、奇石；四层为古玩、文玩、字画、钱币、玉器、瓷器；五层为文玩、字画、国学会馆、文创会馆。5月21日至27日，南方茶城举办第二届“国际茶日”茶文化节，开展知名茶叶品牌免费品鉴会，以“茶和世界，共品共享”为主题，搭建茶文化交流、茶企业创业营收平台。（郭恬利）

御东万达商圈

【概况】2021年，平城区御东万达商圈客流量近2100万人次，全年营业额7.65亿元。其中，餐饮类（含快餐）1.90亿元，占比24.84%；儿童类0.40亿元，占比5.23%；服装类1.40亿元，占比18.30%；精品类3.60亿元，占比47.06%；体验类0.35亿元，占比

2021 年平城区万达商场主要商品分类销售统计表

表 16-2

名称	分类	分类营业额（亿元）	分类占比（%）
大同万达	餐饮（含快餐）	1.90	24.84
	儿童	0.40	5.23
	服装	1.40	18.30
	其中：男装	0.60	7.84
	女装	0.80	10.46
	精品	3.60	47.06
	其中：黄金珠宝	1.60	20.92
	体验	0.35	4.58

4.58%。该商圈主要项目为万达广场，随着城市向东发展的规划和大同南站（高铁站）建成通车，御东新区商圈发展被视为大同最具潜力的商业中心。作为大同市第一座城市级商业综合体，大同万达以国际化、时尚化的一站式购物休闲体验模式，一体的多元化多业态商品组合，成为大同市消费者一站式购物、休闲、娱乐、餐饮、健身的首选平台。（郭恬利）

【合作交流】 2021 年，大同万达广场抓住节日营销客流爆发节点，联动蔚来汽车 + 福德城传媒文化公司，打造大同城市级后备厢活动，响应政府夜经济政策，在线上开展多模式宣传。10 月，联合泽新文化传媒，在商场 3 号门外广场举办潮流“躁”型——新青年万货集市，外场开展酷音乐趴、趣味打卡地、国潮手作艺术、非遗手工制作，缔造潮范盛宴；内场多家商户参与集市经营，整体布置统一氛围及灯光亮化，利用闲置美陈，提高顾客滞留时长，场内场外互动，为商户精准引流。（郭恬利）

【万达广场“6·18”万货节活动】 2021 年 6 月 12 日至 20 日，万达广场依托“我要上奥运”城市街舞大赛万达广场运动季、雪花啤酒独家冠名“这就是街舞”城市 Battle 赛两大 IP 营销，吸引年轻客群近 3 万人，提升万达广场年轻客层占比。邀请“这就是街舞”国内顶流舞团 X-CREW 人气明星舞团到店，开展街舞、街头篮球、花式滑板、花样调酒及 DJ 表演等，吸引年轻群体 1.50 万人互动，媒体推广包含省级电台“都市 110”“黄河新闻播报”、地域传统 4 大媒体、新媒体明星矩阵及 KOL 资源、雪花自有线下近 4000 家门店桌牌和易拉宝宣传，整体曝光量 300 万以上。借助体育 IP 联动大同当地 10 家街舞俱乐部，举办城市级街舞比赛，分少儿组、成人组，参赛选手 1500 人，抖音及视频号新增播放量 31.70 万次，新增关注 3400 人次。（郭恬利）

站前商圈

【概况】 2021 年，站前商圈主要项目为大同魏都爱琴海购物公园，依托城北现有居民及大同站大量流动人口为目标消费群体，全年客流量近 1500 万人次。总建筑面积 7.40 万平方米，经营面积 4.30 万平方米，分地上 7 层，地下 2 层（停车场），打造购物、餐饮、娱乐、休闲体验、生活配套、运动休闲、儿童 7 大主题，汇聚“一站式”消费体验，是大同市最具商业活力和消费魅力的体验型购

2021 年平城区魏都爱琴海购物公园商户情况统计表

表 16-3

业态	签约品牌数（个）	出租面积（平方米）
餐饮	21	5532
儿童	20	409
服饰	45	6795
生活精品	33	5630
主力店	4	8598
合计	123	30564

物中心。2021 年，大同魏都爱琴海购物公园一层主营精品配饰，二层主营女装，三层以儿童零售、娱乐为主，有商户品牌 123 个，出租面积 3 万余平方米。其中，餐饮品牌 21 个，出租面积 5532 平方米；儿童品牌 20 个，出租面积 409 平方米；服饰品牌 45 个，出租面积 6795 平方米；生活精品品牌 33 个，出租面积 5630 平方米；主力店品牌 4 个，出租面积 8598 平方米。（王玉萍）

▲ 2021 年，大同魏都爱琴海购物公园客流量近 1500 万人次。图为购物公园外景（王玉萍 摄）

【合作交流】 2021 年，大同魏都爱琴海购物公园与保利、富力等地产行业，苏宁、国美电器行业，奥迪、比亚迪等 20 余家车行，好芙利、啤斯等蛋糕行业，舞之韵、潮童学等 60 余家艺术培训及幼儿园机构合作，与兄弟公司红星美凯龙互相帮扶。（王玉萍）

【招商引资】 2021 年，大同魏都爱琴海购物公园引进各类全国连锁品牌，餐饮类星巴克、麦当劳、半天妖，黄金珠宝类周大生、周大福、老庙黄金；引进大同当地知名餐饮品牌企业龍聚祥、凯鸽、齐家疙瘩汤、尚品御泉、汉斯烤肉。（王玉萍）

清远西街商圈

【概况】 2021 年，清远西街商圈客流量近 2500 万人次，主要商场有华林新天地商场、百盛商场（云中店）等。华林新天地作为本土零售企业，建筑面积 5 万平方米，经营业态涵盖零售、餐饮、娱乐等，2021 年营业额近 2 亿元；百盛商场（云中店）营业额 1.76 亿元。为促进消费，提升服务水平，在化妆区增加体验服务、珠宝区提供首饰免费清洗、鞋区提供皮具免费打理、服饰类提供免费打理熨烫、床品提供免费上门试铺，提高顾客进店率。（郭恬利）

【招商引资】 2021 年，百盛商场（云中店）引进阿迪达斯、耐克、星巴克、GAP、UR、JNBY、

LESS、麦檬、六福、名创优品、齐家疙瘩汤、西提树等品牌落户商场。（郭恬利）

【百盛商场（云中店）】

2021年1月16日，百盛商场（云中店）开业。商场面积6.10万平方米，有餐饮商户19户、各类品牌196个。年内，举办试营业活动、“7·12”年中庆等营销活动。全年营业额1.76亿元。其中，餐饮类0.35亿元，占比19.89%；儿童类0.03亿元，占比1.71%；服装类0.82亿元，占比46.59%；精品类0.15亿元，占比8.52%；体验类0.41亿元，占比23.30%。（郭恬利）

2021年平城区百盛商场（云中店）主要商品分类销售统计表

表16-4

名称	分类	分类营业额（亿元）	分类占比（%）
百盛商场（云中店）（租赁数据）	餐饮（含快餐）	0.35	24.82
	儿童	0.01	0.71
	服装	0.50	35.46
	其中：男装	0.10	7.09
	女装	0.31	21.99
	运动	0.09	6.38
	精品	0.15	10.64
	其中：黄金珠宝	0.11	7.80
	体验	0.40	28.37
	店内总额	1.41	—
百盛商场（云中店）（联营数据）	儿童	0.02	5.71
	服装	0.32	91.43
	其中：男装	0.03	8.57
	女装	0.05	14.29
	运动	0.20	57.14
	皮革	0.04	11.43
	体验	0.01	2.86
	店内总额	0.35	—

大同古城

综　述

【概况】 2021年，大同古城由平城区古城街道管辖，设社区8个，常住人口约6600户1.60万人。大同古城内有不可移动文物134处。其中，国保单位6处（华严寺、善化寺、平城遗址、九龙壁、关帝庙大殿、鼓楼）；省保单位11处（文庙、古城墙、玄真观、清真大寺、五龙壁、法华寺、纯阳宫、朝阳寺、赵承绥旧居、开化寺、李怀角31号民居）；市保单位9处（雁塔、中共大同工委旧址、帝君庙、东岳庙、龙王庙、圆通寺、府衙署、基督教西堂办公楼、关帝庙戏台）；未定级不可移动文物108处。大同古城位于平城区中心位置，现存历史风貌和街巷格局，是明代大同府城池在北魏、隋唐、辽金、元时期的城市基础上传承延续下来的。四周长7.24千米，占地面积3.28平方千米，由主城及北、东、南3个小城组成。古城十字大街轴线上建有四牌楼、太平楼、鼓楼、钟楼、魁星楼，传统民居建筑以明清风格四合院为主。

（区古城保护发展中心）

【城池建置】 大同作为北魏都城，辽、金朝陪都，明、清朝重镇，发生过三次大的变革，但城址始终未变。388年，北魏王朝迁都平城，至494年迁都洛阳为止，北魏平城规模为周边四十里，北至今火车站，南至水泉湾村，东跨御河，由宫城、外城和郭城组成，有方圆三十里的鹿苑。北魏灭亡后，平城曾称恒安镇、云中县、云内县、云州等，辽代重熙十三年（1044年）改云州为西京道，置大同府，大同始得其名至今。城址建于北魏平城故址，以北魏外城为主，面积比北魏平城小，周长二十里，四面城墙土夯而成，没有包砖，是一座土城。其时大同城西城墙在现西门外大同公园以西，北城墙在大同火车站一带，南城墙在今南关，东城墙为现大同古城的东城墙。明朝时期，大同城成为明朝九个边塞重镇之首，新筑的大同府城与原大同土城相比，城池面积缩小，新筑的城池东西长1.80千米，南北长1.82千米，面积3.28平方千米，城墙用规范的石条、石方作基础，墙体用坚固的三合土夯成，砖细分大、中、小三个型号，下大上小砌墙，城墙加高到14米，城墙上外沿加砌高0.80米、厚0.50米的垛墙（女墙），围城墙一周，垛间距离0.50米，称为垛口，城池设四个城门，东曰和阳、南曰永泰、西曰清远、北曰武定。四个城门外都建有方形瓮城，瓮城设重门，拐旋出入，瓮城门上建有“箭楼”，瓮城内建有寺庙。城墙外有环城一周的护城河，护城河深5米，宽10米，护城河上架有吊桥。增筑3个小城，主城北门外北小城距主城170米，周长3000米，高12.66米，面积0.80平方千米，砖包城墙，东、南、北各开一城门，东曰长春门，南曰大厦门，北曰玄冬门，门上分别建有楼阁；东城门外建东小城，东小城为土城，距主城110米，周长1830米，城墙开东、南、北三个城门，东曰迎恩门，南为南园，北为北园；南城门外建南小城，南小城砖包城墙，距主城80

米，周长3713米，形状北宽南窄，南小城设四个城门，东曰迎辉、西曰永丰、南曰永和、北为里门，跨文昌桥与主城南城门相通。

（田　静）

【街道格局】　大同古城街道保存从北魏平城到唐、辽、金、元以来的“里坊式”布局，形成棋盘式格局，在连接北城门与南城门的纵向中轴线，同连接西城门与东城门的横向中轴线的交汇处，各建一座牌楼，四大街的四座牌楼四面合围在城中心成为四牌楼。四条大街分别以所对城门名称而命名，东街称和阳街，西街称清远街，北街称武定街，南街称永泰街。四条大街为古城主干道与交通枢纽，一般宽度为15—16米，最窄的东街、西街部分路段14米，最宽的大南街部分路段25米。南北纵向轴线上的武定街中段建有魁星楼，永泰街中段建有鼓楼；东西横向轴线上清远街中段建有钟楼，和阳街中段建有太平楼。大同古城除四大街外，还有许多街巷，俗语描述大同古城街巷为“四大街、八小巷，七十二条绵绵巷”，除四大街是准确数目外，“八小巷”“七十二条绵绵巷”只是大概数目。东、西、南、北四条大街把大同古城十字中分，分为东南、东北、西北、西南四隅，东南隅是古城四隅中街坊最为规整的，隅内街巷整齐呈“三经三纬”，“三纬”分布是鼓楼东街—大庙角—广府角—石人街，县隍庙街—帝君庙街—仓门街，马王庙街—府学门街—柴家园，构成从永泰街到东城墙三条东西方向横向纬线；“三经”分布是东门大巷—东史宅—雁塔后街，李怀角—朱衣阁—缸角，稍竹巷—县楼北街—县楼南街—东油店巷。西南隅街道格局也是“三经三纬”，“三纬”分布是鼓楼西街—太宁观街——万贯庙街—财神庙街，县角西街—东马市角—西马市角—赐福庵街——间房，西羊市巷—教场街—姚家角东街—姚家角西街；“三经”分布是圆通寺—八乌图井巷—青龙阁后街—娘娘庙后街—复兴街，下寺坡—唐市角—段市角—楼房巷，院巷—欢乐街—贵儿寺街—南仓街。西北隅为“两经一纬”，“两经”分布是西门大巷—西坡南街—大十字南街—大十字北街—西菜园街，大皮巷—户部角—石头巷—炸弹营；“一纬”是大墙后街—大十字东街—大十字西街。东北隅为“三经二纬”，“二纬”分布是佛殿庙街—城隍庙前街，东柴市角—西柴市角—东华门—西华门；“三经”分布是神曲巷—焦家巷—观音街—南十府街—北十府街，太平街—南柴市角—北柴市角—四眼井—九仙庙街，仓巷—大有仓。

（田　静）

【古城民居】　大同古城民居四合院皆院落方整，建筑物四面围合，中空露天，外实内虚。大同人把古城四合院的大门称作街门或街门楼，街门楼是区别每个院落地段的标志，不同的街门可显示出宅院主人的身份、地位、财力、荣耀、文化教养、爱好和家族的兴旺等特征。依据院址坐落的临街方位，街门开设有4个方向6种类型。院落坐北向南，南面临街的街门一般设在宅院的东南隅，一类开设在宅院中轴线南端，街门皆向南开；宅院坐落在路南，坐南朝北，正房向南，街门一类开设在院落的西北隅，一类开设在院落的东北隅，街门皆向北开；宅院坐落在路西，东面临街的，街门设在院落的东南隅，街门向东开；宅院坐落在路东，西面临街的，街门则设在院落的西南隅，门向西开。古城四合院的大门是第一道防线，走进大门还有第二道防线二门，大门和二门之间形成一个面积不大的空间，大同人称其为“二门阂廊儿”，穿过二门，四面围合房屋中正房最高，房屋进深也最长，次高为东配房，高于西配房和南配房，碾房、贮物房、厕所等附房又低于西和南配房，围墙又低于附房，但门楼要高于围墙。古城房屋以木构之间架结构。先立柱后砌墙，除檐柱或廊柱用圆木大材外，墙内的土柱子，都用细圆的木柱，为保暖墙体厚且用土坯墙，用33厘米长的土坯，砌成45厘米厚的墙壁，外墙是单表砖，保暖胜过里外都是砖的墙壁。民居院内地面平整，大多数院落用砖墁地，也有用灰渣沙土夯筑的。

（田　静）

古城规划

【古城框架规划】　2021年，

大同市确定“留建筑、留乡愁、提品质、惠民生”保护传承工作目标，建立由历史城区、历史文化街区、文物保护单位及历史建筑 3 个层次组成的名城保护框架。其中，历史城区保护范围是古城和周围 3 个小城，面积 6.87 平方千米；历史文化街区有 2 片，保护范围面积 65.91 万平方米（包括广府角历史文化街区，保护面积 26.86 万平方米，其中核心保护范围 8.44 万平方米、建设控制地带 18.42 万平方米；鼓楼西街历史文化街区，保护面积 39.05 万平方米，其中核心保护范围 15.35 万平方米、建设控制地带 23.70 万平方米）；历史建筑 53 处，其中古城内有 52 处。

（市商务局）

【大同古城公共服务设施提升专项规划】 2021 年 10 月，《大同古城公共服务设施提升专项规划》启动规划编制工作，年内完成规划初稿。该规划在大同古城公共服务设施现状分析评价的基础上，提出古城公共服务设施空间布局和古城社区生活圈构建等规划内容，确定教育设施、公共文化设施、公共体育设施、医疗卫生设施、社会福利设施、行政管理设施和其他公共服务设施的设施数量、规划布局及规模控制。（市规划和自然资源局）

【大同古城景观风貌专项规划】 2021 年 10 月，《大同古城景观风貌专项规划》启动规划编制工作，年内完成规划初稿。该规划在大同市古城现状景观风貌研究评价的基础上，提出提升古城景观空间品质、加强景观公共环境设施引导等规划内容，构建多元化、网络化的古城景观空间体系，融入社区生活圈，提高古城绿地广场密度，引导古城景观风貌品质提升，提高古城市民出行舒适度，完善景观设施要素的引导控制标准及正负面清单。（市规划和自然资源局）

【古城文化旅游业态策划征集方案专家研讨会】 2021 年 9 月 8 日，古城文化旅游业态策划征集方案专家研讨会召开，省住房和城乡建设厅一级巡视员、教授级高级城市规划师、享受国务院特殊津贴专家李锦生等 7 位文旅业态策划、市场运营管理和古城保护研究等领域的专家，为大同古城发展建言献策。省委常委、大同市委书记张吉福，市委副书记、市长张强，市政协副主席、平城区委书记李继忠出席会议。会上，专家们结合大同古城历史文化价值和文化旅游业态现状，分析大同古城文化旅游发展面临的机遇和挑战，并就如何做好大同古城文化旅游业态策划和后期管理运营，从宏观到微观、从整体到局部提出建议和意见。（区古城保护发展中心）

古城修复保护

【大同府衙修复保护】 截至 2021 年底，大同府衙修复保护项目完成主体工程总量的 98% 和彩绘、铺装等配套工程量的 50%，设计单位为山西达志古建筑设计研究院有限公司，监理单位为山西安宇建设工程监理有限公司。土建工程分三个标段，一标段施工单位为山西省古建筑集团工程有限公司，二标段施工单位为山西杨氏古建筑工程有限公司，三标段施工单位为平遥县古建筑工程有限公司。截至 2021 年底，完成经历署和云中书院主体工程，以及忠爱堂、思补堂、清恕堂及两侧东西附属建筑等主体工程，完成主体工程量的 89%，投资约 1.40 亿元。大同府衙修复项目位于大同古城内西北隅师校街（原大同一中校址），东临户部角和大皮巷，西临西箭道和二府巷，南临开化寺及潘家园，北临西箭道街区。项目总平面呈不规整长方形布置，占地面积约 5.43 万平方米。项目包括在原址上根据考古发掘及现有史料修复府衙、经历署、云中书院、关帝庙、庖福所等建筑，配套建设游客服务中心、办公区、地下停车场、府前广场等，修复工程有建筑 280 余座，建筑面积约 2.24 万平方米（地上建筑 1.54 万平方米，地下建筑 7000 平方米），另有彩绘、景观、绿化、铺装、综合管线、消防技防等工程。项目总投资 3.04 亿元，建设工期 3 年。

（区古城保护发展中心）

【大同代王府修复保护】 截至 2021 年底，大同代王府中轴线部分建设工程全部建设完成，相关配套安防、消防、防雷、石作、院面硬化、综合管网等工程全部完成。大同代王府修复项目位于大同古城东北隅，项目选址东临更道街，西临武定街，南临和阳街，北接仁和美街，规划南北长618米，东西宽310米，总占地面积约19.16万平方米，其中府内规划总建筑面积约6万平方米（不含地下部分），于2010年启动建设。代王府规划平面呈长方形，坐北向南，四周有高大的城墙并居中各辟一门，体量不同的100余座建筑分布于中、东、西三条轴线。府内北侧设萧墙区，有审理所、典膳所、奉祠所、典宝所、纪善所、良医所、典仪所、工正所、仪卫司及众多牌坊等。王府主殿承运殿坐落于石制双层须弥座上，重檐庑殿顶，面阔九间46.88米，进深五间27.35米，通高29.38米，建筑面积1645平方米。项目建设按轴线分为三部分实施：中轴线部分一期（前朝区）占地面积3.50万平方米，建筑面积1.32万平方米，有建筑24座，包括裕门、端礼门、承运门、承运殿、掖门、配殿、廊房等；二期（后寝区）占地面积约2.10万平方米，建筑面积约1.10万平方米，有建筑20余座，包括崇信门、存心殿、穿堂、长春宫、附属掖门、配殿、廊房等；前导区工程占地面积约6500平方米，建筑面积约2286平方米，包括棂星门、东西两侧牌楼、游客服务中心、票务中心、城墙、城门楼等。（区古城保护发展中心）

【历史街区和历史风貌区院落修缮】 2021年，大同古城历史风貌区院落修缮类项目主要是城内东北隅柴市角历史风貌区，东南隅大庙角、广府角历史街区，西北隅户部角文化综合体，西南隅鼓楼西街历史街区，需完善院落228处（保护性院落112处、一般院落116处）。截至2021年底，开工修缮190处，完工17处，所有开工院落均完成修缮工程量的80%左右。

（区古城保护发展中心）

【柴市角历史风貌区民居修复】 2021年，大同古城柴市角历史风貌区民居修复完成36处院落修缮及织补工作，包括东柴市角街和南柴市角街两条街区风貌整治，3处历史建筑和8处不可移动文物修缮及其他25处综合织补院落建设。其他3处历史建筑、8处不可移动文物修缮工作全部启动，开工面积约3872平方米。大同古城柴市角历史风貌区核心区综合示范片区建设工程位于大同市古城东北隅核心位置，西距代王府主轴线约200米，东南与法华寺相接。用地范围内保存部分传统四合院，其整体历史风貌、院落格局、街巷尺度及空间肌理为大同古城民居的典型代表。项目用地面积约2.30万平方米，总建筑规模约1.12万平方米。（区古城保护发展中心）

【大庙角历史文化街区修复】 2021年，大庙角历史文化街区修复一期（广府角街区）启动实施，实施主体为大同市古城投资集团有限责任公司，施工方案通过住建部专家组审核。广府角街区修复工程用地面积2.10万平方米，建筑面积1.14万平方米，传统民居四合院37处全部开工。其中，不可移动文物院落3处、历史院落3处、织补院落4处、公建2处，其余一般民居院落25处。大庙角历史文化街区修复项目总用地面积约5.50万平方米，总建筑面积约3.10万平方米，设计以修复传统四合院为主，修复近现代建筑为辅，总计院落93处，主要建设内容包括建筑物土建工程、安装工程、装饰工程、设备购置安装工程及用地范围内室内外供排水、供热、供电、硬化、绿化等配套工程。该项目分为三期，一期位于大同古城东南隅广府角街区，二期位于九龙壁南侧，三期位于县隍庙街南侧。

（区古城保护发展中心）

【古城西南隅民居修复】 2021年，平城区继续推进古城西南隅民居修复工程项目，该项目位于鼓楼西街南侧，总规划用地面积9.62万平方米，总建筑面积4.88万平方米，建筑物形态为传统四合院格局，171个院落，分一般传统院落和保护院落，全部在原址上恢复建设，全部为地上建筑无地下。31处保护院落中登记不可移动文物15处，历史建筑13处，建议历史建筑3处；开工院落10处（历史建筑3处、不可移动文物1处、其他一般民居院落6处）。院落布局有一进院、二进院、三进院、带跨院。其中，一进院落121个（带跨院9个）；二进院落40个（带跨院6个）；三进院落3个（带跨院1个）；东西跨院4个；管理用房、商业用房3个。建筑密度50.20%，容积率0.51，建筑高度为原高。配套建设景观、照明等，附属配套供水、供热、供电、燃气、通信等管线设施。截至2021年底，总工程量完成70%。

（区古城保护发展中心）

【大同古城东南隅修复】 2021年，平城区继续推进大同古城东南隅修复项目，该项目总用地面积24.10万平方米。其中，出让面积19.03万平方米，历史文化街区5.07万平方米，项目总投资约30亿元。项目以“保护 传承 复兴”为出发点，规划为4大板块：广府角历史文化街区板块、文商旅板块、酒店板块、四合院民居板块。截至2021年底，完成总工程量的60%。

广府角历史文化街区修复项目 2021年，平城区推进广府角历史文化街区（李怀角以东）项目建设，该项目总占地面积约5.07万平方米，总建筑面积约2.40万平方米，规划主体为文化传承、品质民宿、生活艺术、潮流文化、创意餐饮等，遵循“坚持保护与活化、传统与现代相结合”原则，打造三街道、八坊、三广场的里坊格局，建立古城保护与活化并举的文旅生态街区。项目涉及72处院落，其中修复院落58处、支护院落14处。截至2021年底完成总工程量60%。

东南隅住宅项目 2021年，平城区推进东南隅住宅项目是东南隅里坊巷项目的一部分，总占地面积约7.17万平方米，总投资约4.50亿元。项目以建造大同特色的四合院民居为主，建设范围北至石人街，南至仓门街，西至东门大巷，东邻和阳门内街。截至2021年底，完成总工程量的60%。

（区古城保护发展中心）

古城古迹

【华严寺】 2021年，华严寺景区接待游客29.22万人次，同比下降31.16%；全年上缴门票收入716.60万元，比上年增长90%。华严寺位于大同古城内西南隅，始建于辽重熙七年（1038年），依据佛教经典《华严经》而命名。寺院坐西向东，属辽代皇家佛教寺院，距今有980余年历史。山门、普光明殿、大雄宝殿、薄伽教藏殿、华严宝塔等30余座单体建筑分别排列在南北两条主轴线上，占地面积6.60万平方米，是中国现存年代较早、保存较完整的一座辽金寺庙建筑群，属国家AAAA级旅游景区，是首批全国重点文物保护单位。主殿大雄宝殿始建于辽清宁八年（1062年），金天眷三年（1140年）依旧址重修，面阔9间，单体建筑面积1559平方米，是中国现存辽金时期最大的佛殿；薄伽教藏殿建于辽重熙七年（1038年），面阔5间，殿内依墙排列重楼式小木作藏经阁38间及“天宫楼阁”5间，被建筑学家梁思成誉为“海内孤品”，大殿中央佛坛上供奉辽代泥塑29尊；华严宝塔是继应县木塔之后全国第二大纯木榫卯结构的方形木塔，通高43米，上景金盘，下承莲池，塔下近500平方米，千佛地宫采用100吨纯铜打造而成，内供高僧舍利及千尊佛像。（纪新宇）

【善化寺】 2021年，善化寺接待游客5.50万人次。善化寺位于

▲2021年，华严寺景区接待游客29.22万人次。图为华严寺景区广场

（纪新宇 摄）

大同市古城永泰门内街西段北侧，是首批全国重点文物保护单位，俗称南寺。寺院坐北朝南，占地3万余平方米，沿中轴线依次分布着山门、三圣殿、大雄宝殿。大雄宝殿前东西两侧有文殊阁和普贤阁，之间以廊连接。善化寺是迄今保存完整，规模巨大的辽金佛教寺院。整体布局保存唐代建筑风格，建筑和塑像体现辽金和明清时期高超的技艺水平。善化寺始建于唐开元二十六年（738年），唐玄宗赐名“开元寺”。三圣殿是善化寺中殿，面阔五间（32.50米），进深四间（19.20米），殿中央塑有“华严三圣”像，中为毗卢遮那佛，左为文殊菩萨，右为普贤菩萨，殿内保存有金代的两通石碑。大雄宝殿是全国辽金时期第三大大雄宝殿，寺内最大的殿堂，呈长方形，面阔7间（40.70米），进深5间（25.50米），正中塑有五尊金身如来佛像，称五方佛（东南西北中），是辽代原作。在五方佛的东西两侧砖台上，二十四天王塑像分列两旁。（张　茜）

【大同古城墙】 2021年，大同古城墙接待游客37.83万人次。大同古城墙景区位于大同市中心区域，面积3.28平方千米，周长7.24千米。其中，东西长1.80千米，南北长1.82千米，大致呈正方形。城墙设东、南、西、北4座城门，东门为和阳门、南门为永泰门、西门为清远门、北门为武定门，4座城门均有上下城墙出入口，游客可按自己行程时间选择游览路段。大同现存的古城墙是明代洪武五年（1372年），徐达将军在大同北魏、唐代、辽金、元代城墙的基础上增筑起来的，城墙高14米，上宽12米，下宽18米。2008年，大同市委、市政府开展大同古城墙修复，在裸露墙体外重新包覆青砖，2016年完成西城墙合拢，宣告古城墙修复完工。大同古城墙景区为国家AAAA级旅游景区及省级文物保护单位。（耿慧颖）

【九龙壁】 2021年，九龙壁接待游客28.32万人次。九龙壁位于大同古城内和阳街南侧，坐南向北，建于明洪武二十五年（1392年），距今有600余年历史，是中国现存琉璃九龙壁中年代最早、体量最大、最富艺术魅力的一座单面五彩琉璃照壁，被誉为“中国龙壁之首”。九龙壁长45.50米，高8米，厚2.02米，整座龙壁由426块特制五彩琉璃空心砖镶砌而成，比例得当、工艺精湛，九条龙分布在壁面上。九龙壁前建有倒影池，池长34.90米，宽4.38米，深0.80米，中间呈双孔拱形桥。九龙壁是全国重点文物保护单位，也是大同市十大名片之一。（张　茜）

·链接·

古城景点选介（一）

法华寺　法华寺位于平城区和阳街北侧，依据大乘佛法《法华经》命名，坐北朝南，清代《大同县志》记载始建于明代初期，距今约700年历史。法华寺于2008年整体修复，修复后的寺院占地面积3.70万平方米，各建筑依中轴线对称分布，整体呈四进式院落布局，主要建筑包括山门、天王殿、钟鼓楼、三士殿、伽蓝殿、祖师殿、大雄宝殿、罗汉堂、白塔、藏珍楼等主要建筑。其中白塔是建于元代末期，2016年被公布为省级文物保护单位。藏经楼内存有高僧万德法师所撰“血书经塔”，为镇寺之宝。（朱　霞）

帝君庙　帝君庙又称文昌庙、文昌祠，是专门供奉文昌帝君的道教神祠。据《大同县志》记载，始建于明代，位于古城中心，前瞻大同“府文庙”后身，后接大同“关帝庙”前门，形成南北一线连通的3个名胜古迹区。2010年，大同市委、市政府结合古都保护修复，对帝君庙进行整修，修旧如旧的帝君庙占地5000平方米，故址依原貌，坐北向南，院落三进。帝君庙既是一处旅游景观，也是大同市道教协会所在地。（朱　霞）

纯阳宫　纯阳宫位于古城鼓楼西街，创建于金末元初，是大同市现存的唯一一座道教全真教宫观，是山西省人民政府公布的第五批省级文物保护单位。纯阳宫坐北朝南，东西长75.50米，南北宽79.60米，占地约6100平方米，由宫观、花园、宫前广场和四合院4部分组成，主要建筑有灵官殿、祖师殿、三清殿、奶奶殿、五窑十洞等。（朱　霞）

·链接·

古城景点选介（二）

清真大寺 清真大寺位于清远街九楼巷19号，又名清真寺，坐西朝东，三进院落布局，南北长95.50米，东西宽111米，占地面积1.06万平方米，中轴线建有山门、省心楼、礼拜殿，南北两侧为配殿及办公用房，是大同市保存完整的伊斯兰教建筑群。据寺内清朝乾隆七年（1742年）重立《敕建清真寺碑》记载，该寺始建于唐贞观二年（628年），已有1200余年历史。元末明初清真大寺遭毁，于明代重修6次，其中天启二年（1622年）的修缮奠定现有规模形式。大同清真大寺是一座中国古典建筑风格与阿拉伯经典建筑艺术相得益彰、巧妙融合的殿堂式建筑群，是中国唯一一座载入《二十四史》的清真寺，大寺内现存有明嘉靖丙午（1546年）陨石刻石，也是国内唯一题刻在陨石上的中阿文石刻。2009年，大同市委、市政府本着修旧如旧的原则，对清真大寺实施大规模扩建修缮，重建望月楼、配殿、大寺西门等重要主体建筑。（杨俊波）

鼓楼 鼓楼位于大同古城永泰街（南街）中段，是明楼阁式建筑的典型代表，是大同市区内现存唯一的古代高层楼阁，楼内备有测定时间的“铜漏壶”和“定更鼓”，制作精巧。大同鼓楼为一座三层出檐十字歇山顶的过街楼阁式建筑，平面近似方形，面阔进深各3间，底层砖石砌成，东西长17.85米，南北宽14.55米，高约20米。一层十字穿心辟门，西北壁上有阶梯可达二层和三层之上。一、二层廊檐下斗拱为一斗二升交麻叶拱，各开间斗拱攒数之分布与第三层相同。二、三层均四面辟门，为六采隔扇，其外四周置栏杆。底层用青石砌成四角，当中有十字穿心门洞，以通车马行人（现封闭）。古时顶楼架放一大鼓（已废），为晚间报更所用，现鼓楼有一面鼓，为第一届云冈旅游节而制，置放于底层。楼的底层外檐廊下存有清代顺治、康熙、咸丰年间的维修碑记九通。现为山西省文物保护单位、第八批全国重点文物保护单位。（纪新宇）

关帝庙 2021年，关帝庙大殿内壁画及殿内小木作机构数字化采集工作完成，建立壁画数字档案和数字资源，包括：关帝庙大殿三维数据信息采集、关帝庙大殿壁画高清影像采集、局部壁画高光谱监测及分析加工等；联同北京大学考古系师生整理绘制关帝庙大殿建筑图纸。开展各类文化活动，包括农历正月初八传统庙会“八仙日”、农历五月十三“关公磨刀日”、农历六月二十四“关公诞辰日”等。10月，关帝庙景区为第六届成龙电影周分会场，承接相关活动。关帝庙俗称大庙，位于大同古城鼓楼东街，因专祀关羽而得名，坐北朝南，其创建年代不详。现存大殿为元代遗构，建于0.80米高台基之上，面阔3间，进深8椽，单檐歇山琉璃瓦顶，清代增建歇山卷棚顶抱厦3间，殿内清代增设平綦藻井，彩绘蟠龙，后槽木质重檐神龛。（纪新宇）

府文庙 2021年，府文庙景区举办开笔礼、毕业典礼等活动17场，免费提供景区讲解服务，累计1400余人参加；开展府文庙景区科普教育基地工作，在“科普周”向游客发放宣传资料，免费为游客提供景区讲解，宣传科普重要性。府文庙位于大同古城府学门街，始建于明洪武二十九年（1396年），是供奉和祭祀中国古代思想家、教育家孔子的重要场所，为省级文物保护单位。建有殿宇、斋堂、廊庑、祠、坊、门、亭台楼阁、文德桥、泮池等30余处，到2008年仅保存明代建筑大成殿、神厨、神库及大成门。修复后的府文庙占地面积4万平方米，按照中国传统建筑布局呈现，坐北朝南，以中轴线为主，左右对称，分为三进院落，贯穿在南北中轴线上的依次为棂星门、仪门、泮池、大成门、大成殿、尊经阁，两侧配殿开辟孔子思想及生平事迹展览展厅6间。（张 茜）

代王府 代王府是明代规模较大的一座藩王府邸，代王府以三大殿为中心，占地19万平方米，有大小宫殿20余座，房屋800余间。代王府于明太祖洪武二十五年（1392年）开始建设，以南京故宫为蓝本营建，在辽、金西京国子监基础上兴建王府，于洪武二十九年（1396年）建成。是一座长方形城池，南北长690米，东西宽260米，四面围有数米高的墙垣。府内的建筑分为外朝和内廷两部分。外朝中心为承运殿、圜殿、存心殿，是代藩举行大典礼的地方；内廷中心是长春宫、交泰殿、坤宁宫，是代王和代王妃居住的正宫。代王府先后有11位代王在此处理政务和生活起居，崇祯十七年（1644年）3月，末代代王朱传㸄被执，王府毁于大火，仅九龙壁幸存。（李艳芳）

古城公共文化

【大同红色记忆馆】2021年，大同红色记忆馆接待游客6.11万人次。按照各级党委关于深入推进党史学习教育活动的相关部署，利用中共“党员干部党性教育现场教学点”“廉政教育基地”“党史国史教育示范基地”“大同市青少年红色教育基地”等基地资质，为各机关、企事业单位和社会团体广大党员和群众提供党史学习教育、缅怀革命先烈的服务平台，全年接待团体参观学习750余批次；组织开展形式各样的社教活动，如“童心向党 从小学党史”主题社教研学活动、“童心向党 共唱中国梦”六一儿童节特别活动、“忆峥嵘岁月 谱青春华章”中学生“七一”主题班会活动、联合开展慰问老兵活动、“党，我想对您说”庆祝中国共产党成立100周年宣誓活动和签名留言活动及大学生志愿讲解员活动。全年免费开展团体接待讲解服务，累计讲解300余批次。大同红色记忆馆是大同市博物馆9座分馆之一，于2019年12月21日正式对外开放。馆址位于平城区县楼南街6至9号院，建筑面积1325.60平方米，馆内功能分区为基本陈列展厅、文创商品区、党员活动室、办公区域等，展出革命文物402件（套），其中国家一级文物1套12件。馆内基本陈列“红色记忆——大同现代革命历史文物展”以1921年至1949年为时限，回顾大同地区中共党、团组织发展历程，再现党领导大同人民开展抵抗日寇侵略赢得民族独立和推倒旧政府建立新中国的历史。大同红色记忆馆为大同市委组织部“党员干部党性教育现场教学点”、大同市纪委监委“廉政教育基地”、山西省及大同市关心下一代工作委员会“党史国史教育示范基地”、共青团大同市委及大同市少工委“大同市青少年红色教育基地”，大同师范高等专科学校“爱国主义教育基地”。（任 冬）

【平城记忆馆】2021年，平城记忆馆接待游客1.95万人次，开展多次研学活动、社教活动，与地方高校建立馆校合作，与社会各界人士开展志愿者活动。平城记忆馆是大同市博物馆的分馆之一，位于东城墙带状公园南侧下沉广场，与梁思成纪念馆相对而立，占地面积1210平方米，2011年9月29日正式对外开放。其展览主题为《昨天·今天》，设立4个展厅，分别以“昨天今天”“古城旧影”“十年回眸”“改革时代”为主题，通过老照片、地图、物品、影像等方式，展出大同市近代与现代文物及影像资料319件（套），自开馆以来免费对外开放，馆内提供免费专业讲解员讲解与志愿者讲解，配有志愿者服务站、母婴室等公众服务配套设施。（马世野）

【大同琵琶老店】2021年，大同琵琶老店接待住客9000余人次。大同琵琶老店相传最早因汉朝昭君出塞住过这家客栈，而成为大同的一个老字号。民国时期，琵琶老店位于清远街南侧，南邻清真大寺，南北长68米，占地2200平方米，客房33间，1951年停业后改为入住40余户的居民大院。60余年后，一位韩姓店家为传承老店文脉，筹建10年，在老店原址南侧即清真寺西侧建新店，于2016年重张开业，面积1333平方米，客房28间。（翟 勇）

【大同古城民俗馆】2021年，大同古城民俗馆接待游客1万余人次。大同古城民俗馆由大同民俗专家赵佃玺创办，坐落于大同古城中部鼓楼东街南巷，是一个二进的古色古香的四合院，占地面积约600平方米，分4个展室，院中装饰古代民居照壁、砖雕等，铸有爆米花、卖油翁、给孩子梳头、剃头匠4组民俗人物铜雕。该馆收藏有各类物品500件，包括各类民俗老物件、部分抗战题材藏品等。第一展室展出从战国到明清时期大同古城人们遗留下的文物和各种生活用具，设计制作《梦回大同府》绘画和微缩景观；第二展室展出近代以来大同人用过的生活、生产和家居实物，如德国百年旧唱机、各种玻璃油灯、老字号牌匾等；第三展室划分为左中右3间，完全布置为一个殷实的老大同人家，中间是客厅，右侧是卧室，左侧是书房；第四展室展有研究大同地区历史、社会、民俗的书籍，近代大同老照片，日军侵华的日文报纸水泥板等。该馆除常规陈列，增设大同古城文化互动区，展示绘画、工艺美术等传统技艺。联合市图书馆、平城区委统战部等单位开展系列古城民俗文化讲座，并作为平城区教育局“中华传统民俗教育基地”，策划古城历史讲坛。不定期举办书画、艺术品、收藏品展览及文化沙龙、国学讲座、古城文化交流、文物藏品知识讲座等活动。（赵佃玺）

【魁星文化博物馆】 2021年，魁星文化博物馆接待参观者5712人次。魁星文化博物馆位于平城区武定街与大十字街交汇处的魁星楼内，是大同市博物馆分馆之一，2016年12月31日对外开放。该楼为五层三檐、明三暗二的盔顶楼阁式建筑，底层四面通街，平面呈正八边形，总高31.24米，展厅面积约1000平方米。馆内功能分区为展厅、公共教育区等，一层供有魁星像，二层内有闻鸡起舞等劝学故事的壁画，三层为科举制度与文房四宝展品，四层为成语故事陶塑展柜，五层是书房，供社教活动使用。馆内展出藏品38件（套），展示大同地区魁星文化和科举文化。

（任 冬）

【大同文史资料数字馆】 2021年9月25日，位于大同古城内青龙阁前街的大同文史资料数字馆开馆，通过数字多媒体技术，让观众直观了解大同2300余年独特的历史文化，为大同市民和游客搭建资源共享、信息互通的文史资源公共服务平台。数字馆总面积392平方米，分为2个图书电子阅览室、2个激光数字影像室、1个多功能室。图书电子阅览室可供市民和游客查阅大同历史资料和近年来大同古城保护性修复过程的资料和图片，激光数字影像室为市民游客展示大同一轴双城及五大场馆建设成果，多功能室兼有举办会议、讲座功能。大同文史资料数字馆展示的大同历史文化资料系统化分类分为大同——中国首批历史文化名城、大同——全国十大古都之一、大同——公元5世纪丝绸之路东起点、大同——万里茶道重要节点、大同——中国都城建筑的里程碑等10余个专题。截至2021年底，该馆接待市民、游客5800余人次，接待全省参访团体11个，举办文史讲座14讲。为祁县晋商研究所、祁县政协、市老干局、市干休所、市妇联、市民革委员会、大同大学等单位的工作人员提供数字多媒体文化学习服务，邀请全市文史方面专家举办讲座，并通过网络直播讲座。（朱瑞江）

【中国·大同潘家园】 2021年，中国·大同潘家园客流量近300万人次。中国·大同潘家园位于清远街西北隅，东临开化寺，南接华严寺，西望朝阳宫、西城墙，北临大同府衙。在建筑艺术上承袭中国古代建筑传统，整体建筑呈现明清以及民国风格，与周边古建筑相匹配。建筑分为地上2层，地下局部2层，建设用地面积2.48万平方米，总建筑面积5.41万平方米。其中，地上建筑面积2.54万平方米，地下建筑面积2.87万平方米。建筑投资3亿元，招商引资7.60亿元。项目有3条内街，由西向东依次为西门大巷（本土特色美食街）、二府巷（民风民俗、民国街巷）、师校街（特色小吃街）。（李艳芳）

▲2021年，中国·大同潘家园客流量近300万人次。图为潘家园夜景 （李艳芳 摄）

【大同城墙遗址陈列馆】2021 年，大同城墙遗址陈列馆接待中外游客 1.52 万人次。开展“传统文化 我来传承”主题志愿服务系列活动，接待《大同日报》的小记者、新苗幼儿园和满天星幼儿园师生 300 余人。大同城墙遗址陈列馆位于西城墙南段，是一座城墙专题陈列馆，分上下两部分，展陈总面积约 1920 平方米。上层以 36 幅城墙老照片再现大同城墙及城墙建筑物的历史风貌；下层展厅展陈面积约 1800 平方米，以北魏、辽金、明代城墙夯土遗迹为主线，城墙出土遗物为辅线，采用模型和图文展板方式，全方位展示大同城墙的历史演变、修复历程、建筑结构及文化内涵等内容。馆内主要陈列展示明代城砖、城墙建筑构件、柱础、礌石、攻城兵器等 168 件（组）展品。设有多媒体影像、中外城墙历史信息查询、互动体验等设施设备。（王 斌）

【大同市雕塑博物馆】2021 年，大同市雕塑博物馆游客参观人数 33.68 万人次，策划并实施社教活动 70 场。大同市雕塑博物馆建筑面积 3.20 万平方米，展馆使用面积 2.60 万平方米，展线长 2100 米，为“国家二级博物馆”，以构建成体系藏品库为工作重点，收藏作品 2000 余件，主要依托国内外知名艺术家的捐赠和重大展览收藏，把藏品及展线划分为五大板块：经典再造雕塑作品、双年展雕塑作品、曾竹韶奖学金雕塑作品、中国青少年雕塑大展作品、“云冈国际佛教雕塑艺术大展”优秀作品无偿捐赠及其他本地艺术家无偿捐赠作品。根据展陈特点及藏品内容，划分为 12 个展厅，馆内公共服务区包括图书阅览区、文创品展示区、锔瓷坊、陶泥 DIY 手工室、皮具手工室、游客休息区、公共教育活动区等。

7 月，大同市雕塑博物馆被评为“2019—2020 大同市文明单位”；10 月 27 日，由大同市雕塑博物馆自主策划原创的《百年大同影像展》入选山西省 2021 年度“弘扬中华优秀传统文化、培育社会主义核心价值观”主题展览推介项目；12 月，大同市雕塑博物馆青藝创新工作室被评为大同市第五批职工（劳模）创新工作室。（李玥玥）

【古代铜造艺术博物馆】2021 年，古代铜造艺术博物馆接待参观者 3.32 万人次。古代铜造艺术博物馆位于大同古城县楼北街 10 至 12 号院，是大同市博物馆分馆之一，占地面积 998.50 平方米，展出藏品 247 件（套）。馆内功能分区为基本陈列展厅、文创商品区、办公区等。基本陈列“铜耀大同——明清大同铜造艺术陈列”，分“古韵新风”“炉火纯青”“燕闲清赏”“奢华铜享”4 个单元展示大同地区明清两代 600 余年铜造技艺，展陈包含明清时期仿制的商周青铜彝器、宣德炉、文房闲赏及蒙汉商业贸易的铜器。（任 冬）

【辽金元民族融合博物馆】2021 年，辽金元民族融合博物馆接待游客 14.35 万人次，举办社教活动 4 场。6 月，辽金元民族融合博物馆联合古城街道朝阳社区、西街消防救援队、魁星文化博物馆组织“安全生产月”活动，普及基本消防知识、发放宣传册、组织消防演练等。辽金元民族融合博物馆是大同市博物馆分馆之一，位于古城清远街 95 号开化寺院内，占地 2935 平方米，以复建的明清开化寺为场馆，以民族融合和多元文化为主题，集中展示辽金元时期大同地区的辉煌成就，展览分为 5 个单元，分别是“京华·锁钥”“法相·庄严”“名酌·商贸”“异彩·生活”“魂归·彼岸”，有展品 260 件（套），涵盖陶瓷器、石器、铁器、青铜器、木器、丝织品等各种材质。（于 佳）

【魏碑书法家张霱堂故居纪念馆】2021 年，魏碑书法家张霱堂故居纪念馆接待游客 1 万余人次。魏碑书法家张霱堂故居纪念馆是大同市博物馆分馆之一，位于马王庙街 18 号院，馆舍建筑面积 334.36 平方米，展出藏品 165 件（套）。该建筑始建于清咸丰年间，是魏碑书法家张霱堂的故居，距今有 160 余年历史。2017 年 9 月 28 日正式开馆，对公众免费开放，馆内有 4 个展室、1 个视听室和 1 个书法研习室，藏品为张霱堂书法作品和生前所用物品。（任 冬）

▲ 2021 年，乾楼文化展览馆陈列布展及乾楼西北侧及东北侧垛墙维修工作完成。图为乾楼文化展览馆内景　　（王　斌　摄）

【乾楼文化展览馆】 2021 年，乾楼文化展览馆陈列布展及乾楼西北侧及东北侧垛墙维修工作完成。乾楼文化展览馆位于大同古城墙西北角乾楼内，于 2019 年 3 月开工建设，由原大同市城墙管理处负责建设，北京惊雷文化发展有限公司负责设计与施工，项目投资 288.90 万元，2020 年 9 月完工。该馆展陈面积 800 平方米，设镇城之楼、艺术之楼和文化之楼 3 个展区，以“构建乾楼文化品牌，传扬大同文化魅力”为主题，通过文化集萃展示、多媒体演示、历史资料查询、大同市国家及省级代表性非物质文化遗产展演、研学互动、本地文创产品陈列、销售等方式，集游、购、娱于一体，实现古建筑合理利用。

（王　斌）

【梁思成纪念馆】 2021 年，梁思成纪念馆接待游客 1.68 万人次，开展多次研学活动、社教活动。梁思成纪念馆位于大同市东城墙带状公园内，是一座下沉式二进仿古院落，显露于地面上的是院内建筑屋顶上的青瓦、龙形吻、脊兽等，院落布局错落有致，入口处匾额上“梁思成纪念馆”6 个字是由梁思成的弟子、文物古建筑专家罗哲文所题写。2010 年开工建设，占地面积 1210 平方米，建筑面积 460.30 平方米，2011 年 9 月 28 日正式对外开放。作为大同市博物馆分馆之一，有藏品数量 66 件（套）。馆内基本陈列为《大师・大同》，设 4 个展厅，分别以一代宗师、不愧山河、大同调查、告慰先师为主题，以大量文字、图片和书籍及影像资料介绍梁思成生平，展示梁思成到大同开展古建筑调查的历史。馆内设计有适合各年龄层次的古建课程以及古代木构建筑模型，在参观之余，游客们可亲自动手体验古建文化之博大精深。　（马世野）

古城开发建设

【《历史文化街区保护修缮指导手册》启动编写】 2021 年 10 月，《历史文化街区保护修缮指导手册》启动规划编制工作，年内完成规划初稿。该手册基于现状特征，秉承“全面指导、地方适用、理念科学、便于实施”原则，对历史文化街区从空间肌理、街巷格局、各类建筑、历史环境要素、公共设施、活化利用 6 个方面提出修缮指导原则与引导措施：保护历史文化街区疏密有度的空间肌理，保持符合历史发展规律的街巷格局，保护修缮各类建筑，保护历史环境要素，提升更新公共设施，分类活化历史文化街区。（市规划和自然资源局）

【古城内配套道路建设】 2021 年，大同古城完成 27 条道路建设，修建道路总长 4.90 千米，投资 5223 万元。包括柴市角综合示范片区的武庙街、东柴市角、南柴市角、太平街 4 条道路，广府角综合示范片区的蔡家巷、正府巷、广府角、狮子街东段、云路街、东油店巷 6 条道路，万字街综合示范片区的万字街、县角西街、东马市角、西马市角、南马市角、北马市角、欢乐街、太宁观南街 8 条道路，西北隅的 1—6 号路、东菜园街、西菜园街、石头巷 9 条道路。形成以大十字街为主干道的棋盘式路网，华严寺、善化寺、文庙、鼓楼、四牌楼、府衙等重要建筑节点构成古城的主要公共空间，以四牌楼为中心点，永泰、武定、和阳、清远4大街把古城划分为东南、西南、西北、东北四隅的格局。（李艳芳）

【社区商业中心建设与改造】 2021年，大同古城结合古城居住用地分布及城市居住区规划设计标准、社区商业配置要求等，在古城西北隅、东北隅、西南隅建设与改造社区商业中心4处，包括西北隅大十字街社区商业中心、帅府街社区商业中心、东北隅社区商业中心和西南隅邱家角北街社区商业中心。其中，西北隅大十字街区域、帅府街区域以及西南隅邱家角北街区域初步形成社区底商为空间载体，沿街条状分布的社区商业发展模式；东北隅依托新建的居住项目同步配套建设，在布局形态和发展模式方面，采用组团式布局形态建设邻里中心模式的现代社区商业中心。（市商务局）

【古城西北隅建设】 2021年，平城区继续开发建设大同古城西北隅以官府文化为主题，结合大同府衙修缮工程，展示明代府衙建筑形制、明代官员等级制度和选拔制度等官府文化特色。结合户部角城市休闲文化综合体以及餐饮基地项目，打造体现大同及山西省美食文化特色的餐饮消费区。（市商务局）

【古城东北隅建设】 2021年，平城区继续开发建设大同古城东北隅结合代王府复建工程，以展现都城、王府文化为主题，把北魏、辽金、明文化元素植入商业开发，合理设置主题文化展示展览馆、文化创意商店、传统手工业展示体验中心、主题酒店、客栈等，适度设置丝绸之路沿线国家及地区特色商品展示体验馆及特色餐饮网点，展示北魏平城繁荣、繁华风貌。以代王府为核心载体，集中展现明代藩王制度及明代王府文化。建设北魏、辽金历史文化博物馆，展现北魏、辽金时期朝代更迭、民族融合以及居民服饰、饮食、出行、社交等日常生活场景，重现鲜卑北魏生活场景；设置北魏、辽金及王府主题酒店、客栈，在内外部装饰装修方面、景观小品设置方面体现北魏、辽金及明代文化元素。（市商务局）

【古城西南隅建设】 2021年，平城区继续开发建设大同古城西南隅结合华严寺、善化寺、清真大寺、基督教堂等宗教文化资源，以鼓楼西街历史文化街区民居修复工程为依托，以“禅意养生”为主题，适度开发禅意主题民宿、素食主题餐厅、健康生活体验馆，衍生开发宗教系列用品文创商店，设置大同宗教文化博物馆、中医文化体验馆，集中展现大同宗教文化、中医养生文化底蕴，展现古城“宗教圣地”“禅修康养”特色。（市商务局）

【古城东南隅建设】 2021年，平城区继续开发建设大同古城东南隅以大同民俗文化、非遗文化展示体验为主，依托文庙、关帝庙、帝君庙、东岳庙等文物古迹，以广府角历史文化街区、里坊巷文旅项目以及云路街为空间载体，挖掘大同民俗文化精髓，引入非物质文化遗产传承人工作室、民俗工艺品创作中心，建设大同民俗文化长廊，定期开展大同民俗文化演艺，开发相关民俗工艺品、文化创意商品、旅游纪念品等。（市商务局）

【鼓楼东西街开发建设】 2021年，鼓楼西街历史文化街区有院落15处，正常营业3处，开业率20%。鼓楼西街西北区域属凤临阁企业所有，未正常营业；剩余四合院、停车场归属个人名下，未营业。街巷北侧3套四合院中2套出售，1套由平城投资集团管理作为临街门面超市。街道中段南侧8处院落属市文物局承建，院落南方向属西南隅民居修复项目。鼓楼东街全长约310米，宽约10米。大同古城鼓楼西街全长约418米，宽约10米。上年5月23日，鼓楼西街历史文化街区和广府角历史文化街区被山西省人民政府公布为（第三批）山西省历史文化街区。

（区古城保护发展中心）

【山西首家凯悦臻选酒店落户大同古城】 2021年9月14日，大同市华夏江鸿控股集团与凯悦酒店集团签署大同古城凯悦臻选酒店合作协议，标志着山西首家凯悦臻选酒店落户大同古城。凯悦臻选酒店项目总占地面积约1.67万平方米，总建筑面积约4万平方米，规划客房165间、全日餐厅及礼宴中心、会议中心、艺术空间、室内恒温泳池、健身中心等。

（区古城保护发展中心）

古城商业

【概况】2021 年，大同古城内有各类网点 1067 个，网点总规模超 30 万平方米，涉及零售业、餐饮业、住宿业、批发物流业、社区及居民生活服务业、文化及休闲娱乐业、金融服务业以及其他行业等行业。其中，零售网点 419 个、商品交易市场 1 个、餐饮网点 273 个、婚纱摄影网点 34 个、住宿网点 33 个、医疗保健网点 28 个、美容美发网点 26 个、文化休闲娱乐网点 22 个、中介服务网点 21 个、广告文印网点 20 个、维修服务网点 15 个、教育培训网点 10 个、金融服务网点 7 个、快递物流网点 6 个、彩票服务网点 5 个、典当拍卖网点 2 个、其他类网点 16 个，另有 129 个网点处于闲置、招商、在建状态。网点中正常营业 830 个，停业及闲置 226 个，在招商及建设 11 个；正常营业网点数量占比 77.80%，停业及闲置网点数量占比 21.20%，在招商及建设的网点数量占比 1%。1000 平方米以上规模网点 32 个，占古城网点总数 3%，网点总规模约 24 万平方米，规模占比 70%。其中，零售网点 9 个——大富翁商场、华林商厦、新东方尚街 3 个百货店以及北方电器、苏宁易购、银星金店等 6 个专业店；商品交易市场 1 个——潘家园古玩市场；餐饮网点 4 个——凤临阁、同和惠丰楼等地方老字号、地方特色餐饮网点；住宿网点 11 个——1 个四星级酒店、3 个快捷酒店和 7 个民宿客栈；休闲娱乐网点 5 个，以影院剧院为主；1 个婚纱摄影网点；1 个招商网点。（市商务局）

2021 年大同古城主要商业网点一览表

表 17-1

编号	网点名称	所在街巷	商业业态 / 类型	面积（万平方米）	经营状态
1	大富翁	教场街	百货店	5.20	停业
2	新东方尚街	教场街	百货店	1.80	营业
3	华林商厦	教场街	百货店	3.20	营业
4	北方电器	教场街	专业店（电器通信设备）	0.80	营业
5	银星金店	和阳街	专业店（黄金珠宝）	0.50	营业
6	苏宁易购	教场街	专业店（电器通信设备）	0.20	营业
7	丽盛名品广场	永泰街	专业店（服装鞋帽）	0.60	营业
8	金泰珠宝	永泰街	专业店（黄金珠宝）	0.15	营业
9	钟楼古街珠宝城	清远街	专业店（黄金珠宝）	0.15	营业
10	中国大同潘家园	清远街	古玩市场	5.41	营业
11	凤临阁	鼓楼西街	餐饮（地方老字号）	0.60	营业
12	同和惠丰楼	永泰街	餐饮（地方特色）	0.40	营业
13	紫泥 369 粗粮季	鼓楼西街	餐饮（地方特色）	0.10	营业
14	鼓楼小吃城	九楼巷	餐饮（小吃）	1.00	停业
15	花园大饭店	永泰街	住宿（四星级酒店）	0.60	营业
16	云路庭院酒店	朱衣阁巷	住宿（民宿客栈）	0.20	营业
17	九舍古韵民宿	县楼北街	住宿（民宿客栈）	0.12	营业
18	文博苑	鼓楼东街	住宿（民宿客栈）	0.20	营业
19	琵琶老店客栈	院巷	住宿（民宿客栈）	0.10	营业
20	瑞天祥客栈	院巷	住宿（民宿客栈）	0.10	营业
21	忆同年客栈	清远街	住宿（民宿客栈）	0.10	营业
22	顺旅太空舱青年旅社	永泰街	住宿（民宿客栈）	0.10	营业

续表 17-1

编号	网点名称	所在街巷	商业业态 / 类型	面积（万平方米）	经营状态
23	欣燕都酒店	永泰门内街	住宿（快捷酒店）	0.15	营业
24	今日九龙快捷酒店	和阳街	住宿（快捷酒店）	0.25	营业
25	云中快捷旅店二部	和阳街	住宿（快捷酒店）	0.15	营业
26	鼓楼剧院	九楼巷	休闲娱乐（影院剧院）	0.20	停业
27	喜庆汇剧场	九楼巷	休闲娱乐（影院剧院）	0.20	停业
28	喜人剧场	司令部街	休闲娱乐（影院剧院）	0.10	营业
29	金库俱乐部	帅府街	休闲娱乐（KTV）	0.30	停业
30	横店华林影城	永泰街	休闲娱乐（影院剧院）	0.10	营业
31	白宫婚纱摄影	武定街	婚纱摄影	0.20	营业

【商业布局调查】 2021年，大同古城内商业设施分布于近40条街巷中。其中，教场街、大十字街网点数量位居前列，分别有网点145个和122个；下寺坡街、永泰街、武定街3条街巷网点也较为密集，数量均超50个；帅府街、和阳街、司令部街、鼓楼东街等街巷网点数量在20—50个。零售网点分布中，教场街有113个、下寺坡街有64个，教场街零售网点比重78%，是大同古城内“购物第一街”，另有30条街巷零售网点数量不足10个，体现零售网点空间分布较为聚集的特征。餐饮娱乐网点分布绝对数量差距较小，网点分布相对均衡，大十字街、教场街、永泰街、帅府街等街巷可满足消费者“吃喝玩乐”一站式消费体验，其他街巷或是只有餐饮网点，或是只有娱乐网点，功能上较为单一；整体上看，大同古城仅有娱乐网点22个，其中停业6个，古城内休闲娱乐功能较为欠缺。根据调研和第三方数据显示，古城内的酒店、民宿客栈有客房近1000间，可同时接待游客2000人，古城住宿网点接待能力不足，大部分住宿网点位于钟楼和鼓楼区域，以院巷、鼓楼东街最多，其他区域住宿网点较少。生活服务型和其他类型网点多数靠近生活居住区域，分散布局在各条街巷中，少部分聚集发展，如婚纱摄影网点有34个，占其他类型网点比重20%，主要集中在下寺坡街和武定街区域。从各街巷网点密度分布看，新东方尚街东巷、大十字街、鼓楼东街、华严寺广场、帅府街、院巷等8条街巷网点密度较高；云路街、下寺坡街、教场街、永泰街等10条街巷网点密度均高于古城平均网点密度；其余的20条街巷网点密度普遍偏低。古城内商业集聚程度整体呈现南部高于北部、西部高于东部的空间集聚特征。（市商务局）

【政策支持】 2021年，大同古城规范商业业态发展与引进，控制大众化零售商业比例，补充完善特色餐饮、精品酒店、主题民宿、大同地方特色商品、文化创意商品、旅游纪念品销售以及休闲娱乐网点，发展文化创意、传统文化技艺展示演艺网点，提升古城商业服务功能及特色。限制发展与古城文化底蕴不相符、影响古城人居环境、人文旅游环境的商业网点，逐步引导武定街电动车、摩托车销售网点迁至古城外，取缔马路市场、占道经营。立足古城商业发展实际，采用政府宏观干预和市场自行调节相结合方式，按照鼓励发展类、适度发展类、限制发展类、禁止发展类等类别制定并定期更新古城商业发展指导目录，制定古城商业项目准入退出管理办法，实行商业项目准入证管理制度与登记制度，严格规范古城商业项目的准入与退出。鼓励老字号、非物质文化遗产以及文创商品商店、地方特色餐饮、精品民宿等特色网点发展，制定相应的租金优惠、装修补贴、税收减免等扶持政策。（市商务局）

【合作交流】 2021年，大同古城引进凯悦臻选酒店、安麓酒店并完成签约。组织举办各类文旅活动，吸引全国各地游客，在携程网与新华财经联合发布的2021“五一”旅行大数据报告中，大同入选

2021年全国“五一”黄金周热门排名增速最快的十个目的地城市之一。“春满古都·又见平城”群众文化系列活动中，与西安曲江文旅联合展示平城文化，彰显平城魅力，活动期间累计接待游客约294万人次，其中外地游客86万人次。

（市商务局）

【古城特色主题商业】2021年，大同古城发展6大特色主题商业圈。宗教圣地感悟主题商业，位于古城寺庙宫观周边，引导布局展现大同宗教文化商业设施，包括造像、木雕、煤雕经版等相关商业，采用作坊与商铺相结合的方式，设置宗教文化讲坛、佛学道学研习所等。生活百工展示主题商业，位于鼓楼西街、代王府文化区西侧、马市角等片区，引导布局展现大同传统生活的商业设施，包括铜器、瓷器、剪纸等传统手工业作坊，铜火锅餐厅、茶馆等餐饮休闲店铺，把商业运营与传统艺术的活态演艺相结合。传统艺术体验主题商业，位于代王府周边、鼓楼东街、府衙遗址周边等片区，引导布局展现戏剧、歌舞、建筑等的商业设施，包括道乐、梆子、鼓吹、数来宝、晋剧及乐器、服饰、面具等商铺作坊，设置茶社、剧场等体验场所。美食文化品味主题商业，结合华严寺步行街、帅府街等餐饮集中区域业态优化提升，引导布局具有大同传统特色的美食、特产等，以美食街、老字号、饭店、酒馆等形态为主。特色休闲住宿主题商业，位于古城历史文化街区、东侧靠近城墙等片区，引导布局传统四合院式客栈、园林式酒店、疗养吧等功能。现代大同创艺主题商业，位于代王府文化区东北侧、老二中非遗公园、城墙等片区，引导布局体现大同传统与现代有机融合的时尚创意商业，包括酒吧、园林、实验剧场、车展、雕塑馆等功能形态。（市商务局）

【鼓楼东西街地方文化体验商业街】2021年，鼓楼东街、鼓楼西街引入各类商业网点41个，在建商铺9个。其中，餐饮网点17个，以大同地方特色餐饮网点为主，包括凤临阁、顺意凉粉、老大同凉粉、鼓楼东街老火锅等知名餐饮名店；住宿网点5个，均为民宿客栈；商品销售网点12个，销售商品涵盖纺织服饰、珠宝玉石、文体用品、食品烟酒等门类；体现大同或山西地域特色商品销售网点3个，分别为手工醋、大同礼物以及桐枫超市（特产商店）。鼓楼东西街地方文化体验商业街位于古城中部偏南，是大同古城重点打造的面向旅游消费客群的游憩商业区，初步形成以地方特色餐饮体验、主题住宿以及特色商品销售为主要功能的旅游服务街区。

（市商务局）

【教场街时尚品牌消费街】2021年，教场街时尚品牌消费街有各类网点145个，包括华林商厦、大富翁商厦、新东方尚街、北方电器、苏宁易购等大型百货店、专业店以及数量众多的小型专卖店、专业店。各类专卖店、专业店等网点数量超100个，约占街区网点总数量75%，品牌档次大多为国内中低端品牌。餐饮休闲等配套服务类餐饮网点12个，以快餐、小吃为主，休闲娱乐网点1个。（市商务局）

【下寺坡街婚庆主题消费及旅游休闲商业街】下寺坡街婚庆主题消费及旅游休闲商业街位于古城西南隅，包括下寺坡街与华严寺广场。2021年，有各类网点110个，主要分布在下寺坡街沿线。网点功能以商品销售、婚纱摄影、餐饮服务为主，有专业专卖店75个、婚纱摄影网点17个、餐饮网点13个。

（市商务局）

【善化寺文化创意商业街】善化寺文化创意商业街位于善化寺西侧，2021年有网点23个。其中，零售类网点8个、餐饮类网点3个、休闲娱乐类网点4个、生活服务类网点4个，中介及其他网点4个。依托善化寺文化景观资源，以禅意休闲为主题，鼓励设置禅文化创意商品店，开发佛事用品相关的衍生工艺品、纪念品，适度发展茶馆、轻餐饮、素食等，调整生活服务类及其他网点。（市商务局）

【古城步行街】2021年，古城步行街有100余家营业店铺，各种特色美食冷饮店20家，金店、珠宝翡翠店10家，品牌服装店37家，时尚街拍、婚纱摄影店18家，客栈、旅店3家，化妆品、茶庄、网红店等15家。古城步行街位于古城教场街东路口，步行街两侧都是仿古建筑。古城步行街上有大同市最大的佛寺——华严寺，华严寺东面的华严广场是市民、游客休闲娱乐的场所。（李艳芳）

农　业

综　述

【农业生产】 2021年，平城区粮食播种面积2599公顷，粮食总产量1548.04万千克；蔬菜播种面积253公顷，蔬菜及食用菌产量1282万千克。全区农牧业总产值2.88亿元，增长12.44%。其中，农业产值7426.70万元，增长3.82%；牧业产值1.77亿元，增长18.80%；第一产业增加值1.88亿元，增长10.70%。农村居民可支配收入2.03万元，同比增加1999元，增长10.90%。第一产业固定投资2.81亿元。（刘　志）

【高标准农田建设】 2021年，平城区推进有机旱作农业发展，全区完成180公顷高标准农田建设，工程总投资373万元。其中，御河街道智家堡村建设93.33公顷，小南头街道小南头村（高寒所）建设86.67公顷。平城区雨泽农资经销公司在小南头街道西谷庄村完成66.67公顷有机旱作高粱核心示范片种植，带动西谷庄村及周边艾庄、塔儿村、小南头农户完成有机旱作杂粮种植133.33公顷。（刘　志）

【农业设施建设】 2021年，平城区加强农业设施建设，全区有农业设施1870栋，占地面积302.66公顷。其中，区域内农业设施1274栋，占地面积201.59公顷；区域外农业设施596栋，占地面积101.07公顷。（刘　志）

【城乡融合发展】 2021年，平城区农业农村局会同区委农村工作领导小组各成员单位及部分街道、村（社区），讨论出台《平城区关于建立健全城乡融合发展体制机制和政策体系的实施方案》，推动城乡要素合理配置，引导各类要素更多向乡村流动，壮大农村集体经济。由小南头街道西王庄村党支部通过跨区流转土地形式，以玉露香梨为主导产业，在云州区峰峪乡桑干河畔试点打造生态农业综合旅游项目。白登山街道金家湾村党支部创新农民经营性收入增长机制，以“村党支部+合作社+农户”模式，依托紫金农业合作社，示范种植黑小米、西梅等特色农产品。（刘　志）

【农村集体产权制度改革】 2021年，平城区通过市级农村集体产权制度改革验收。全区59个村成立56个股份经济联合社、3个经济联合社，改革涉及5.27万户、12.58万人。举办平城区智慧农经平台系统操作培训班，建设完成覆盖区、街道、村三级的农经智慧平台系统，为每个行政村配备一台专用电脑和一台打印机，初步实现平城区农经管理智慧化。（乔　贞）

【农村宅基地审批管理办法出台】 2021年，山西省政府办公厅印发《山西省农村宅基地审批管理办法（试行）》后，平城区农业农村综合服务中心结合平城区实际情况，制定《大同市平城区农村宅基地审批管理办法（试行）》，平城区编办把农村宅基地审批监督管理的职能完善到涉农街道“三定”方案中。（乔　贞）

【农村承包地土地确权摸排】 2021年，平城区农业农村综合服务中心按照山西省农业农村厅办公室《关于开展农村承包地确权登记颁证再“回头看”工作的通知》精神，组织涉及土地确权工作的7个街道召开平城区农村承包地确权登记颁证再“回头看”工作部署会，组织街道、村相关人员重点摸排农村承包地应确保险公司参保生猪2595头。 （乔 贞）

【高素质农民技能提升培训】 2021年，平城区培训完成高素质农民1394人。其中，农业农村部下达高素质农民培训189人，分4个班；省农业农村厅下达高素质农民培训任务645人，分9个班；大同市“人人持证、技能社会”建设助力转型发展提质增效培训任务395人，分5个班；大同市高素质农民技能提升培训任务165人，分2个班，完成任务100%。颁发培训证书834人。其中，初级持证人数352人，中级持证人数236人，高级持证人数246人。参与培训测评的人数793人，占到总人数91.36%，农民从业率高于82%。 （乔 贞）

【平城区农村工作会议】 2021年4月14日，平城区农村工作会议召开。市政协副主席，区委书记李继忠主持会议，区主要领导郭政等参加会议，区委组织部、宣传部，区政府办、妇联、发改局、教育局、科技局、工信局、民政局、财政局、人社局、自然资源局、住建局、交通局、水务局、文旅局、商务局、卫健局、统计局、医保局、金融服务中心、生态环境分局、各街道筹备组组长和分管副职、区农业局负责人参加会议。会议具体安排2021年“三农”重点工作。会议要求，做好全年“三农”工作，要按照“种、养、加、园、商、旅、研”现代农业发展路径，以“特”“优”战略为引领，强化农业特色发展，发展都市农业、设施农业、精品农业，促进农业高质高效发展；以平城现代农业产业示范区建设为平台，推进平城区数字农业推广基地等重点项目建设，打造现代养殖业集群，农业科技示范产业集群，农业+文旅、康养、休闲产业集群；以乡街村（社区）优化调整为契机，围绕农村现代化目标，开展乡村建设行动，实现农村精美治理，打造生态生活生产有机融合的田园城市空间。 （朱嘉庆）

种植业

【概况】 2021年，平城区立足城郊农业体量小、面积少的现实，进一步优化调整种植结构，大力发展精品农业、特色农业，形成北杂粮、中蔬菜、南玉米的种植格局和特色。主抓西谷庄村千亩高粱集中连片种植，通过膜下滴灌、水肥一体化，植保无人机绿色防控等集成技术综合应用，创建有机旱作高粱种植核心片区66.67公顷，带动周边村有机旱作种植面积200公顷。推进省级龙头企业伊欣园面业食品有限公司在北片的安家小村、肖家寨、金家湾、燕庄、泉寺头等村的小杂粮种植基地建设，该公司以委托种植模式发展订单农业，形成公司+农户的利益机制，延伸产业链，解决农户增产不增收和公司货源不稳问题。促进省级龙头企业天和牧业在南片的西谷庄、小南头、智家堡、艾庄等村的青贮玉米种植基地建设，解决农户种植玉米的收入难题。 （刘 志）

【粮食生产】 2021年，平城区粮食播种面积2599公顷，其中玉米1512.05公顷；粮食总产量1548.04万千克，其中玉米1316.97万千克。其他谷物798.97公顷，产量146.13万千克；豆类87.32公顷，产量12.04万千克；薯类及其他200.56公顷，产量72.90万千克。 （刘 志）

【蔬菜生产】 2021年，平城区蔬菜播种面积253公顷；蔬菜及食用菌产量1282万千克。其中，番茄、黄瓜、青椒、大白菜、小日圆等蔬菜类种植面积228.33公顷，产量1157万千克；食用菌及其他类种植面积24.67公顷，产量125万千克。 （刘 志）

【种植业新技术应用】 2021年，平城区推广使用大丰1407、金科玉3308等“玉米高产栽培技术”培育优质新品种1466.67公顷；晋杂22号高粱新品种106.67公顷。推广“前粮后菜栽培技术”200公顷，

▲2021年7月27日，平城区农业技术人员进行生菜采样检测（刘 志 摄）

"蔬菜立体多茬技术"200公顷。

（刘 志）

【农作物病虫害监测和防治】 2021年，平城区农作物播种病虫害发生面积1066.67公顷，危害程度达防治标准的面积800公顷，综合应用绿色、生物、物理等综合农业防治技术，挽回粮食损失产量106万千克、蔬菜产量60万千克、果品产量4.50万千克。

（刘 志）

【特色农产品种植】 2021年，平城区发展特色农产品种植主要有大同市平城区玉丰科技农场种植樱桃6公顷；大同市平城区紫金农业合作社种植西梅7公顷，黑小米种植33.33公顷；平城区马军营街道小石子村蔬菜基地发展火龙果种植0.53公顷。（刘 志）

林　业

【概况】 2021年，平城区自然资源局结合全区林业"一张图"系统，实地调查全区范围内林地情况，林地总面积4426.71公顷。其中，有林地面积1266.67公顷，国有林地面积440公顷，通道绿化面积186.67公顷，退耕还林面积320公顷，国家级公益林面积146.67公顷，其他林面积2066.70公顷。核查平城区范围内5个苗圃林木种苗。

（秦志强 刘洪波）

【生态林建设】 2021年，平城区自然资源局完成天然林保护与营造林（人工造乔木林）项目120公顷造林任务；推进防治荒漠化工程，核查平城区草地面积并参照"第三次国土调查"数据上报市荒漠化科；开展"草原普法宣传月"活动，宣传草原法律法规，发放宣传资料300份。（秦志强 刘洪波）

【林业资源管理】 2021年，平城区自然资源局开展救助野生动物7种10余只，包括猫头鹰、刺猬、猕猴、蛇、隼等野生动物。开展美国白蛾、松材线虫等有害生物的防治工作。（秦志强 刘洪波）

【森林草原防火】 2021年，平城区自然资源局制定区、乡、村三级防火监管网络，加大森林防火监督力度，在"清明""五一""两会"期间专门制定森林草原防火工作方案，开展督导检查工作。落实重要节点盯住"五头"（即山头、地头、坟头、人头、源头）、看好"五口"（即村口、沟口、路口、卡口、入口）、巡查"五边"（即林边、地边、田边、路边、村边）工作要求，加强物资储备。全年巡查200余次，出动人员500余人次、车辆200车次，发现安全隐患2处，整改2处。（秦志强 刘洪波）

畜牧业

【概况】 2021年，平城区奶牛存栏6296头，涉及128户；肉牛存栏450头，涉及67户；生猪存栏1.76万头，涉及88户；羊存栏1.72万只，涉及205户；鸡存栏30.38万羽，涉及24户。全区畜禽规模养殖场（户）16户。其中，生猪养殖规模户5户，奶牛养殖规模户2户，羊养殖规模户3户，鸡养殖规模户6户。全年生猪出栏3.28万头，牛出栏1520头，羊出栏1.18万只，鸡出栏15.58万羽。肉产量323.27万千克。其中，猪肉产量282.20万千克，牛肉产量9.86万千克，羊肉产量21.70万千克，禽肉（鸡）产量9.51万千克，禽蛋产量287.50万千克，奶产量1786万千克。（刘 志）

【畜牧业重点项目】 2021年，平城区农业农村局围绕创建全国北方农牧交错带示范区，推进雁门关农牧交错带建设，依托平城奶业省级现代农业产业园，实施畜牧振兴工程，推进奶业生产基地建设，发展标准化示范牧场，重点扶持扩建天和牧业5000头奶牛规模养殖。

（刘 志）

【粮改饲项目】 2021年，平城区农业农村局实施粮改饲项目推进农业结构调整，全区玉米青贮1.52万吨，收贮面积366.67公顷；苜蓿裹包青贮3045.60吨，收贮面积100公顷。全年中央财政补贴资金102.59万元。（刘 志）

【重大动物疫病防控】 2021年，平城区坚持按照春秋两季集中免疫、常年补针相结合的工作要求，确保应免率100%。按照"村不漏户、户不漏畜、畜不漏针"的工作要求，全年开展免疫牛口蹄疫1.11万头份、生猪口蹄疫2.59万头份、猪瘟3.04万头份、羊口蹄疫2.71万头份、羊小反2.80万头份、羊布病1.33万头份、鸡禽流感64.49万羽份、鸡新城疫64.49万羽份。加强抗体检测、日常补针工作，补针抗体不合格的、集中免疫时不符合免疫条件的，确保免疫质量。

（刘 志）

【农畜产品安全监管】 2021年，平城区加强农产品质量安全监测，平城区农业农村局和内蒙古华瑞检验检测有限公司签订合同承担任务300批次，实际抽检300批次，

▲2021年9月2日，平城区开展粮改饲项目收割青贮玉米 （刘 志 摄）

抽检任务完成率100%，所抽检的300批次样品中，合格产品300批次，样品整体合格率为100%。抽检样品包括畜禽及副产品4批次，蔬菜类179批次，水果类105批次，鲜蛋4批次，乳制品鲜奶8批次。涉及马军营街道、小南头街道、白登山街道3个农业街道。（刘 志）

【兽药饲料监管】 2021年，平城区农业农村局为强化兽药饲料监管，打击兽药饲料非法生产经营活动，从源头保障动物产品质量安全，配合大同市农业综合行政执法大队在辖区开展兽药饲料生产经营企业专项执法检查16次，增强生产经营户诚信经营和懂法守法意识。（刘 志）

【动物卫生监督】 2021年，平城区实施产地检疫生猪1200头，奶牛28头，家禽3.90万羽。开展瘦肉精等违禁物、投入品抽查抽检专项行动18人次，抽样2000份，病死生猪无害化处理2100头。

（刘 志）

【天和牧业有限公司】 大同市天和牧业有限公司位于平城区水泊寺乡塔儿村，占地面积26.67公顷，总投资2.28亿元。2021年底，存栏奶牛4300头，日产鲜奶55吨。该公司是平城区省级现代农业示范区重点建设企业和大同市、平城区农业产业化龙头企业。（刘 志）

农村水利

【概况】 2021年，平城区水务局加强境内御河、十里河两条省级河流管理。其中御河河道全长23.50千米，两岸沿线涉及8个街道（白登山街道、文瀛湖街道、水泊寺街道、小南头街道、鹿苑街道、御河街道、古城街道、新旺街道）和19个村（金家湾村、马家小村、梓家村、古城村、马家堡村、曹夫楼村、齐家坡村、沙岭村、寺儿村、小南头村，艾庄村、塔儿村、白马

城村、智家堡村、田村、先锋村、五爱村、永久村、新泉村）；十里河河道全长15.30千米，河道左岸属平城区流域，涉及4个街道（迎宾街道、马军营街道、大庆路街道、开源街道）7个村（西水磨村、新添堡村、房子村、周家店村、西河河村、东河河村、田村）。平城区水务局强化生产建设项目水土保持监督管理，完成部、省上年水土保持遥感监管违法违规项目核查整改工作，开展在建生产建设项目水土保持监督检查。全年综合治理水土流失0.30平方千米，年均减少土壤流失量0.06万吨。（郭红霞）

【水利工程建设】 2021年，平城区水务局加强农业农村水利基础设施建设，维修养护金家湾村、泉寺头村、西谷庄村3个村农村供水；改造平城区西水磨村灌溉机井设施项目工程。实施平城区陈庄水处理净化工程项目，设备安装工程及设备房（包括下方产水池）总投资140.28万元，全年支付30%预付款34.94万元。该项目12月6日招标，12月9日开工建设。

（郭红霞）

【农田灌溉】 2021年，平城区发展节水农业，全区农业灌溉面积2100公顷，节水灌溉面积1150公顷。（郭红霞）

【大中型水库移民后期扶持工作】 2021年，平城区水务局实施大中型水库移民产业转型升级和美丽家园建设，开展大中型水库移民后期扶持工作。全年完成原所辖水泊寺、马军营、新旺3个乡60个村大中型水库移民核定工作。截至2021年底，确定移民扶持人口3594人，水库移民直补资金按照要求全部发放。平城区大中型水库移民后期扶持项目总投资346万元，建设完成石家寨村楼宇门更换、监控设施更新及水泊寺村管道更换。平城区水务局组织工作人员到5个库区移民村（即水泊寺街道石家寨村，白登山街道海力村、肖家寨村及文瀛湖街道泗庄村、水泊寺村）开展下年度移民项目储备调研工作。经实地考察，汇总上报移民项目20余个1800余万元，截至2021年底，一期资金拨付到位，开展项目初设方案编制工作。

（郭红霞）

【地下水保护与修复】 2021年，平城区水务局推进马家小村水源置换工程，总投资628.76万元，完成支付475万元，4月底主体工程完工。该工程位于御河东岸马家小村北，通过渠道把孤山水库的清水经御河灌区总干渠引入马家小村水源调蓄水池，为替代井灌面积提供灌溉水源（以地表水源置换地下水）。马家小村水源置换工程包括引水闸1座、引水渠道121米、调蓄水池1座，灌溉干支管4152米，关闭原有机井4眼，修复蓄水池1座，恢复原有引水设施，从御河灌区总干渠引水引入蓄水池，解决马家小村农业高效节水示范项目用水。完成马军营街道地下水灌溉水源置换工程可行性研究报告的审核、批复、立项等准备工作。该工程位于小石子村南，通过供水管道把马家小村调蓄水池水源引入小石子村调蓄水池，为周围井灌区提供灌溉水源，以地表水源置换地下水源。（郭红霞）

【农村水系综合整治】 2021年，平城区水务局根据全区河道特点，推进农村水系综合整治。设立区级总河长、副总河长3名；成立由副总河长担任主任、部门负责人担任副主任及水务、生态环境等14家成员单位的河长制办公室；12个街道成立河长制办公室，设立乡级河长（24名）、村级河长（26名）；建立"河湖长+检察长"工作机制，实现检察院与河长办及相关行政机关相互协作、行政执法与检察监督有效衔接。截至2021年底，巡河2853次。其中，河长巡河1466次，巡河员巡河1378次，其他人员巡河9次。开展清"四乱"（乱占、乱采、乱堆、乱建）等突出问题专项整治工作，鹿苑街道白马城村按照河流大排查要求，出动车辆3台，清理大沙沟东河道内的建筑垃圾和生活垃圾2900吨。（郭红霞）

【河道堤坝管理】 2021年，平城区水务局管辖境内御河、十里河两条省级河流。其中，御河河道全长23.50千米，两岸沿线涉及8个街道19个村；十里河河道全长15.30千米，河道左岸属平城区流域，涉及5个街道7个村。为推进河长制工作，强化河道堤防安全管护责任，各涉河街道与所涉及的村委会签订河道堤防安全包保责任书，明确相关责任人。截至2021年底，御河河道治理9.90千米，十里河河道治理9.58千米。

（郭红霞）

农业机械化

【概况】 2021年，平城区农业农村综合服务中心科学使用专项资金，敞开补贴范围内补贴机具，满足农户购机需求，加强监管，确保国家购置补贴资金安全。按照规定使用山西省农机购置补贴辅助管理系统，补贴信息录入、安全保存，把全区农机购置补贴办理步骤、流程在公开信息栏上发布，推广使用手机APP录入补贴信息，在工作方案中对补贴资金的审核、结算、兑付等程序有明确的规定，并按照规定实施。（陈 正）

【农机购置补贴】 2021年，平城区农业农村综合服务中心发挥政策的引导和调控作用，落实购机补贴惠民政策，全年累计补贴各类机具47台套，资金使用56.34万元。农业机械覆盖率由上年的87%提升至95%。平城区是非农业大县（区），地处城市中心，耕地面积较少，主要集中于城郊，带动受益农户19户，拉动资金170余万元。（陈 正）

农业科技服务

【农业科技应用】 2021年，平城区2600公顷农作物综合应用良种、农机、农艺等集成技术，良种普及率98%；各类作物优质高产高效栽培技术应用率90%；机械化播种率80%；机械化收获率80%。（刘 志）

【土肥技术推广】 2021年，平城区2600公顷农作物应用测土配方施肥技术，实现化肥使用减量，农作物增产增收目标。全年全区化肥使用量较上年下降3%。（刘 志）

【植物保护技术推广】 2021年，平城区综合应用绿色防控、统防统治、植保无人机技术，防治农作物病虫害面积1060公顷。农药使用量较上年减少300千克，下降2.50%。（刘 志）

【畜牧技术推广】 2021年，平城区坚持畜禽养殖绿色发展，推广畜禽粪污综合利用和规模养殖场畜禽粪污处理技术，提高设施装备配套率，推进畜牧业生产和生态环境保护协同发展。全区13家规模养殖场全部建立“三防”堆粪场。大同市平城区御花养殖园配套600万千克有机肥生产线，该场每年生产鸡粪700万千克，收纳处理周边畜禽粪污300万千克。（刘 志）

▲2021年，大同市平城区御花养殖园建设畜禽粪污有机肥生产线。图为配备畜禽粪污处理设备的养鸡棚舍 （刘 志 摄）

工业　建筑业　房地产业

工　业

【概况】 2021年，平城区有规模以上工业企业31家，工业总产值131.26亿元，同比增长8.40%，工业增加值下降2.50%，主营业务收入135.87亿元，同比增长9.60%，上缴税金3.30亿元，同比下降15.40%。全区有民营企业1.16万户，同比增长8.60%，个体工商户4.79万户，同比增长2.80%，民营经济增加值199.40亿元，同比增长6.30%，民营税收39亿元，占全区税收总量45%。（曹　榕）

【装备制造】 2021年，平城区工业和信息化局协调推动中车大同电力机车有限公司投资30亿元的“700千瓦氢燃料电池动力包及混合动力牵引机车”、500台/年混合动力牵引机车制造项目建设。700千瓦氢燃料电池混合动力机车是中国首台自主研发的氢燃料混合动力机车，于1月27日云发布，6月到内蒙古中电物流路港有限责任公司铁路运输分公司旗下大板东站进行运行考核试验，为期10个月，负责调车及小运转作业，是承担大板东站调车作业的主要机车。截至2021年底，该机车运行里程1.09万千米，其中重载里程2455千米，占总里程比例22.40%，重载牵引次数491次，重量50万吨，累计减碳排放131.30吨。在考核试验中，该机车历经夏季和冬季高、低温运行环境，进行重载牵引试验、制动试验、低温启动试验、能耗对比试验、车载氢燃料电池系统性能等试验，机车性能、状态良好，技术指标和各系统功能正常。（曹　榕）

【转型技改项目建设】 2021年，平城区工业和信息化局协调推进电厂粉煤灰、铸造砂无害化处理及综合利用项目建设，山西美川大唐新型建材有限公司一期工程建设完成，项目定位为打造山西省装配式建筑工程技术中心，用于工业固废资源化综合利用研究及产品研发。项目服务范围涵盖京、津、冀、蒙、晋、陕等地区，全部建成后提供就业岗位500余个，年利用粉煤灰50余万吨，年产80万立方米ALC板材，实现产值5亿元，利税1.20亿元。年产40万立方米蒸压加气混凝土及砌块生产线投入生产，投入资金1.44亿元。（曹　榕）

【企业发展扶持】 2021年，平城区工业和信息化局入企帮扶30余次，切实开展“五送”（送服务、送政策、送培训、送创新、送发展）服务。帮助大同中车爱碧玺铸造有限公司重新核定产能，帮助大同同星抗生素有限责任公司通过第三方机构出具测评报告，评定“绿色工厂”；帮助北京国电电力有限公司大同第二发电厂、国电电力大同发电有限责任公司“废水零排放”“二三期煤场封闭”2个项目进行初审并出具推荐报告；帮助中车大同电力机车有限公司“升级智能制造示范企业”项目、山西万腾信息技术有限公司“ISS3级资质奖励”项目申请获得省级数字经济发展专项资金60万元。（曹　榕）

【中小企业服务】 2021年，平城区规模以上工业企业净增10户。年内，平城区中小企业服务中心更名为平城区企业服务保障中心，开展“小升规”培育摸底，与相关部门协作配合建立“小升规”重点培育库。截至2021年底，大同市新势力商砼有限责任公司、山西御成新材料科技有限公司、大同市高强煤机制造有限公司等11家企业申报入库。组织申报2021年省级“专精特新”中小企业项目，推荐区内符合申报条件企业4家，其中山西新基正科技股份有限公司、山西清新新能源科技有限公司、山西万鼎工程勘测设计有限公司3家获批。指导“盛座·空间”被认定为省级双创基地、“云中购”被评为国家级双创示范基地。 （曹荣荣）

【22家中小企业获省专项资金】 2021年，平城区企业服务保障中心发挥专项资金引导作用，优化资金支持效率，向山西清新新能源科技有限公司、大同市汇科技术有限责任公司、大同斯麦肯轨道运输设备有限公司等22家企业拨付2021年省级中小企业专项资金226.77万元，企业类型涵盖“小升规”“专精特新”“股改”及“省级双创基地”4类。 （曹荣荣）

【城镇集体工业】 2021年，平城区城镇集体工业联合社系统所属企业有32家，未退休职工1100余人。其中，大同市城建改造征地拆迁、破产涉及企业10家（新颖服装厂、九龙服装厂、印刷厂、天宝涂料厂、刻印厂、油箱厂、汽修厂、陶瓷厂、三星力源炭素厂、建筑仪器厂），职工档案由平城区人力资源和社会管理局管理；关停企业14家，其中12家企业职工档案由城镇集体工业联合社劳资科管理（运销站、云中服装厂、花炮厂、兰炭厂、造型材料厂、牛儿沟煤矿、镇西煤矿、服务公司、人民服装厂、铸造辅料厂、塑料制品厂、铁工厂）；停工改制企业3家，职工档案由本企业管理（宽宏实业有限责任公司、荣鑫纸业有限责任公司、城区橡胶机带厂）；原商业、物资系统纳入企业7家，包括破产企业5家（晋同五交化、汽贸中心、汽贸公司、机电公司、物资商贸）。平城区城镇集体工业联合社在春节期间，为本系统特困、大病职工发放送温暖资金6.8万元；向下属企业困难、鳏寡孤独职工发放慰问帮扶资金20万元。中秋期间，向下属企业困难和鳏寡孤独职工发放慰问帮扶资金18万元。为750余名在册职工申报养老保险，向区政府申请资金470万元，缴纳2021年度养老保险企业公补金。 （贾忠琪）

【驻区工业企业】 2021年，平城区有驻区规模以上工业企业33个，其中中央企业5个，地方企业6个，其他企业22个；轻工业企业10个，重工业企业23个；大型企业5个，中型企业6个，小微型企业22个。工业总产值148.97亿元，其中轻工业企业2.03亿元、重工业企业146.94亿元；中央企业56.65亿元、地方企业35.26亿元、其他企业55.04亿元；大型企业92.21亿元、中型企业34.63亿元、小微企业22.13亿元。资产总计283.91亿元，营业收入152.02亿元，税金总额5.04亿元。 （史志室）

▲2021年4月29日，平城区中小企业服务中心在“云中购”双创基地开展中小企业经济法律专题培训 （曹荣荣 摄）

2021年平城区规模以上工业企业经济状况一览表

表19-1　　　　　　　　　　　　　　　　　　　　　　　　单位：万元

行业	企业名称	工业总产值	主营业务收入	利润总额	实现利税
机械	中车大同电力机车有限公司	411147	389152	19767	39648
	大同ABB牵引变压器有限公司	35345	32329	6359	8363
	大同中车爱碧玺铸造有限公司	63789	67216	607	2598
	大同赛诚轨道交通设备有限责任公司	29017	26905	-1102	305
	大同中车重工有限公司	8780	8941	93	200
	大同机车设备制修有限责任公司	14838	14838	207	1379
	大同机车锻造有限责任公司	3325	2545	40	69
	大同市德邦机车设备有限公司	6077	5536	197	849
	大同市新华机械设备有限公司	2105	2044	260	399
	大同斯麦肯轨道运输设备有限公司	2439	2360	-279	-278
	山西宣臣电气有限责任公司	6729	6729	393	535
建材	大同市金龙商品混凝土有限责任公司	1952	1947	-876	-794
	大同新航建材有限公司	5913	6111	50	152
	山西路盛达建设工程有限公司	9295	9295	62	129
	大同鑫跃混凝土有限公司	4267	4267	26	169
	山西和正环保建材有限公司	6910	7529	82	165
	大同市华通联方新型建材有限公司	4585	4585	-87	76
	大同市志达商品混凝土有限责任公司	5706	5706	99	291
	大同市白马城北环混凝土搅拌有限责任公司	3563	3519	-312	-171
	大同市三优预拌混凝土有限责任公司	4873	4873	104	306
电力	大同市黄河供水有限公司	6474	6474	-4112	-3701
	北京国电电力有限公司大同第二发电厂	80340	82037	-17965	-15555
	国电电力大同发电有限责任公司	322149	325900	-139963	-132972
医药	山西清新新能源科技有限公司	2105	2038	42	55
化工	大同同星抗生素有限责任公司	20273	20469	590	1423
	大同昌盛化工有限公司	2851	28340	2	99

续表 19-1

行业	企业名称	工业总产值	主营业务收入	利润总额	实现利税
其他	大同市供水排水集团有限责任公司	43646	46823	66	1895
	京能大同热力有限公司	145160	157650	28324	30068
	大同华润燃气有限公司	58984	82576	8070	8340

建筑业

【概况】 2021 年，平城区建筑业总产值 149.10 亿元，比上年增长 22%。建筑安装工程投资 199.70 亿元，比上年同期增长 40.10%。年内，平城区住房和城乡建设局（简称“平城区住建局”）招标 66 项。其中，国有项目 33 项，总投资 14.74 亿元，总规模 202.98 万平方米；非国有项目 33 项，总投资 127.77 亿元，总规模 306.32 万平方米。办结“12345”政府服务热线 2991 件，信访 27 件。其中，处理农民工工资问题 287 起，召开专项协调会 20 余次，约谈项目负责人推进解决欠薪问题，协调支付 1630 余万元农民工工资。4 月 3 日，平城区 2021 年项目集中开复工仪式在古城东北隅居住项目工地举行，涉及开工新建项目 77 个，复工续建项目 161 个。

（周艺萌）

▲ 2021 年 4 月 3 日，平城区 2021 年项目集中开复工仪式在古城东北隅居住项目工地举行 （任文渊 摄）

【建筑市场监管】 2021 年，平城区住建局处理建筑市场领域违规案件 19 起，涉及项目 16 个，涉及单位处罚 10 个、个人处罚 10 个，处罚金额 270.65 万元。其中，单位罚款 268.20 万元，个人罚款 2.45 万元。落实建筑工程从业人员实名制管理，依照《山西省住房和城乡建设厅关于开展 2021 年度建筑市场“双随机、一公开”执法检查工作的通知》，联系平城区管辖范围内在建工程项目，督促企业设立闸机设备，接入对应的山西省建筑工程从业人员实名制管理系统。要求企业及时采集并分别上传施工现场承包单位、监理单位管理人员、建筑工人人员信息和考勤信息。全年办理工程建设项目报建 51 个。（周艺萌）

【工程质量安全监管】 2021 年，平城区住建局监督新建工程 95 项，建筑面积 1253.61 万平方米。其中，2021 年新办理安全注册手续 44 项，建筑面积 283.90 万平方米。下达《建设工程检查意见反馈表》159 份，督促整改各类安全隐患问题 448 条。严格落实施工扬尘治理“六个百分之百”（100% 封闭围挡、100% 道路硬化、100% 绿网覆盖、100% 车辆冲洗、100% 施工防尘、100% 密闭运输）要求，保证所监管建筑工地落实到位。开展春季复工质量体检和预拌混凝土质量专项检查两次专项大检查，确保建筑工地安全生产达标。

（周艺萌）

【城乡房屋隐患排查】 2021年，平城区开展农村房屋隐患排查，排查农房1.98万户。其中，未用作经营自建房1.77万户，用作经营自建房1789户，非自建房240户。所有农房由第三方鉴定公司完成鉴定，其中鉴定为C级（房屋部分承重结构承载力不能满足正常使用要求，局部出现险情，构成局部危房，一般需要加固或局部改造）住户584户，D级（房屋承重结构承载力不能满足正常使用要求，房屋整体出现险情，构成整幢危房，一般应整体拆除）住户119户。全年涉及危房改造3个街道，5个村64户，全部竣工。城市房屋隐患排查以街道为主体，摸底排查所属辖区内房屋。排查楼房9498幢50.93万户，住宅面积4569.12万平方米。存在隐患楼房112幢4484户。4类重点房屋（经营性场所、人员密集场所、违法违规改造用于经营性场所、老旧小区）由鉴定公司排查，街道录入系统排查14.12万户。（周艺萌）

【重点建筑工程】 2021年3月19日，大同市平城区文昌街大同市第三人民医院内民用建筑项目开工，建筑面积8.72万平方米。5月24日大同市实验小学永和分校新建项目开工，建筑面积3.01万平方米。8月12日大同市红旗大饭店瑞丰楼酒店建设项目开工，建筑面积12.83万平方米。（周艺萌）

【建筑节能】 2021年，平城区新建建筑节能75%标准执行率100%，绿色建筑占城镇新建建筑面积比例50%。政府投资类公益性建筑、大型公共建筑、保障房绿色建筑标准执行率100%。新建建筑中可再生能源应用比例50%。

（周艺萌）

房地产业

【概况】 2021年，平城区房产服务中心对申请出售共有住房产权确认进行初步评审和业务办理（核算）19户；完成房改房转移备案登记前核实42户，开具房改票19户，为丢失票据住户查找发票7户。接处“12345”热线工单2429个，派出人员2086人次，全部答复处理；受理信访转办件8起、网络舆情5起，处理中央环保督察事项，全部落实完毕。（侯雁楠）

【房地产开发】 2021年，平城区房地产市场总体运行平稳，呈现“销量增加、价格稳定、稳中向好”特点。全年房地产投资完成266.20亿元，同比增长44.50%；商品房销售面积307万平方米，同比增长25.60%。根据网签系统显示，全区商品住宅均价每平方米6250元，同比下降0.80%；存量房成交面积119.15万平方米，同比增长13.30%，其中住宅成交面积115.40万平方米，同比增长14.80%；成交套数12626套，同比增长15.10%；存量房成交金额40.33亿元，同比增长11.80%；其中住宅成交38.47亿元，同比增长12.50%。（乔晨曦）

【房地产市场管理】 2021年，平城区对98家房地产中介机构和36个房地产项目进行监督检查，发现超越资质等级开发、无证预售、未按规定内容进行公示等问题，现场发放整改通知书。加强房地产市场统计工作，对15家漏报企业进行约谈。在《大同日报》《大同晚报》等媒体上发布购买商品房风险提示。

（乔晨曦）

【物业管理服务】 2021年，平城区房产服务中心开展物业日常监管，到89个物业管理住宅小区查看物业日常服务，对于东方罗马城物业不作为问题进行指导并提出整改意见。规范物业管理，督促建设单位完善手续，对符合条件小区督促成立业主大会。配合平城区消防大队检查华严寺广场消防设施；对绿地璀璨天城别墅区改扩建问题，依法告知物业断水断电并上报市规划部；处理富力城二期地库漏水问题，指导物业维修，排除隐患；处理富力城三期物业服务不到位问题，核实后责令物业整改；处理富力城三期住户破坏承重墙问题，责令住户修缮。6月，同力小区9号楼地下直埋自来水管道出现严重跑水问题、同兴苑小区基础设施老化、南关南街小区和帅府小区自来水管道浸泡在污水中等问题，经调查了解与市级各单位沟通协调，向区政府申请专项经费后维修部分管道，居民恢复供水。（侯雁楠）

商贸服务业

综　述

【概况】　2021年，平城区围绕转型升级，助力现代服务提质增效，按照“项目带动、品牌集聚、功能集成、错位发展”原则，印发《平城区推进服务业提质增效2021年行动方案》，提升以商贸为主的服务档次、增加服务功能、拓展服务范围。开展特色街区申报工作，帮助凯德世家广场、大同·潘家园成功申报首批省级高品质步行街。挖掘夜经济消费潜力，支持华林、星茂汇、万达商场举办美食节活动，发展夜间经济。开展2021年全省消费促进月暨“礼享生活·晋情消费”促消费系列活动。（边国荃）

2021年平城区大型商场及商业综合体经营情况统计表

表20-1

序号	名称	建筑面积（万平方米）	商户数量（个）	营业收入（万元）
1	大同百盛一部	4	110	15231
2	大同百盛二部	6	120	16251
3	万达商业管理集团有限公司大同分公司	1.12	311	15554
4	华林商厦	3	50	3254
5	华林新天地	7.70	210	11974
6	星茂汇购物中心	3.30	81	10513
7	爱琴海购物公园	9.50	180	26587
8	华林超市东风里店	1	40	4126
9	大同现代家居国际博览中心	20	160	32156
10	大同苏宁易购销售有限公司	2	37	12453
11	大同世纪北方电器有限责任公司老北方店	1.10	30	10894
12	上海红星美凯龙品牌管理有限公司大同分公司	6.10	101	20135
13	大同云中商城	4.20	3000	300000
14	合计	69.02	4430	479128

【社会消费品零售额】 2021年，平城区社会消费品零售总额累计395.50亿元，同比增长16%。其中，限额以上社会消费品零售额累计107.58亿元，同比增长25.90%；限额以下社会消费品零售额累计287.90亿元，同比增长15.39%。限额以上5大行业中，石油及制品类33.60亿元，同比增长12.80%，占限额以上零售额比重31.23%；汽车类20.41亿元，同比增长14.90%，占限额以上零售额比重18.98%；百货类20.28亿元，同比增长14.54%，占限额以上零售额比重18.85%；金银珠宝类5.29亿元，同比增长36.90%，占限额以上零售额比重4.92%；药品类5.19亿元，同比下降30.50%，占限额以上零售额比重4.83%；其他类2.61亿元，同比下降3.90%，占限额以上零售额比重21.19%。

（刘春旺）

【消费性补贴】 2021年，平城区商务局对居民开展淘汰国三及以下排放标准汽车1910辆，给予购买新车补贴2400万元。协助北方电器开展政企专场消费券补贴活动，销售额286万元。（边国荃）

【商贸流通领域安全整治】 2021年，平城区商务局加强商贸流通领域平安建设，参与国家安全教育宣传日活动，向群众宣传国家安全相关法律法规，提高群众维护国家安全意识，发放宣传资料200余份，解答群众咨询80余人次。结合“3·15”消费者权益日等活动，配合区应急管理局、公安、消防等部门，分行业多轮次开展商贸流通领域各商场、超市、宾馆、酒店、加油站等人员密集场所和重点企业检查整治。持续开展大型商业综合体、超市、宾馆、酒店等商贸流通服务企业疫情防控，督促商超规范经营，强化溯源备案和销售登记；要求大型超市保障日用品、副食品充足供应，增加口罩、消毒液等疫情防控应急物资供应；开展全区市场每日监测，摸底调查区域内粮油等副食品库存情况，统计分析全区生活必需品、米面粮油等库存和价格情况。（边国荃）

【企业市场经营情况调研】 2021年，平城区商务局到百盛一期、百盛二期、万达广场等企业调研市场经营情况，集中摸排企业和个体户1268家，符合规模以上企业纳入国家统计库标准的88家。其中，企业43家、个体户45家，由平城区商务局协助各家开展入统资料收集。（边国荃）

【商贸领域“安全生产月”】 2021年6月，平城区商务局通过会议、培训、微信平台、宣传栏、标语、宣传资料等形式，重点对大型商场、超市、宾馆酒店、加油站等宣传安全生产月活动，向企业发放宣传海报、传单、安全生产手册、手提袋等各类宣传制品2万余份。联合御河街道办事处开展全区安全生产月宣传咨询日活动，向群众和商贸从业人员发放安全生产宣传材料2000余份，宣传安全生产方针政策、法律法规知识，解答群众安全生产问题。到商贸企业开展对口宣讲，督促企业建立全过程安全生产和职业健康管理制度，推动企业安全责任、管理、投入、培训和应急救援“五到位”，37家重点企业开展内部安全培训。组织华林商厦、华林新天地、百盛等大型商场火灾事故救援预案演练，提高员工事故防范意识和事故救援与处置能力，提高应急预案的有效性和操作性。（边国荃）

【促消费系列活动】 2021年6月1日至12月22日，平城区商务局开展“全国消费促进月”暨“消费在云中、生活更美好”促消费系列活动，包括发放政府电子消费券、汽车成品油促销活动、餐饮消费促进活动、网络消费促进活动等，全区商贸企业利用节庆、假日、民俗节、“双11”等消费节点和网络直播、社群分销等新型促销平台促进消费增长。活动通过报纸、电视、手机、网络、微信、微博、APP、企业自媒体等，宣传企业促销方式、商品和服务等信息，吸引消费者参与。（边国荃）

【“现代服务业”专题招商引资推介会暨项目签约】 2021年12月23日，平城区举行“现代服务业”专题招商引资推介会暨

▲ 2021 年 12 月 23 日，平城区举行“现代服务业”专题招商引资推介会暨项目签约仪式　　（边国荃　摄）

项目签约仪式，签约源茂街万达广场、清远小院、大同古城钓鱼台文化酒店和大数据智慧服务基地 4 个项目，签约总额 2.55 亿元。推介会上，与会人员观看平城区招商引资宣传片，总结 2021 年平城区经济发展成果，介绍 2022 年现代服务业招商引资发展规划；万达集团、东方瑞信房地产开发有限公司、山西美川大唐新型建材有限公司、上海润迅公司 4 家企业代表进行项目推介。（边国荃）

【数字消费券发放】 2021 年，平城区政府数字消费券于 10 月 9 日 10 时开始发放，至 12 月 24 日 22 时结束，投入财政资金 400 万元。平城区商务局联合中国银联山西分公司作为发放机构，通过“云闪付”APP 滚动发放 11 轮数字消费券，涵盖家电、加油、餐饮、零售、汽车 5 类 51825 张，核销金额 393.03 万元，拉动消费 6617.94 万元，杠杆撬动 16.84 倍。（边国荃）

电子商务

【跨境电商平台建设】 2021 年，平城区商务局组织相关企业开展 2021 年度省、市两级跨境电商示范园区、示范企业认定，推荐大同市云商智联科创运营管理有限公司、山西晟同昶众创空间有限公司、大同沃飞科技有限公司申报省、市两级跨境电子商务示范园区和跨境电子商务示范企业，形成跨境电子商务产业链和生态圈。（边国荃）

【大同跨境电商创业园】 2021 年，大同跨境电商创业园被认定为市跨境电商示范园区，该创业园是平城区电商孵化服务平台，建筑面积 8000 平方米，可同时容纳 120 余家电商企业入驻。截至 2021 年底，入驻商户 42 家。年内，引进晟尧跨境·山西大同孵化基地、大同沃飞科技有限公司等电商企业入驻。（边国荃）

2021 年平城区数字消费券发放统计表

表 20–2

补贴类别	平台发放总数（张）	核销总数（张）	政府补贴金额（万元）	清算金额（万元）	杠杆倍数
家电消费券	1749	1034	33.31	199.92	6
餐饮消费券	13900	4611	65.90	268.75	4.01
加油消费券	12300	5463	46.68	296.16	6.34
零售消费券	23562	13453	107.13	634.28	5.92
汽车消费券	314	314	140	5218.83	37.28
合计	51825	24875	393.02	6617.94	59.55

【电商小镇申报】 2021年，平城区商务局组织申报电商小镇“大同农特优交易中心”，以农特优产品、中药材产品、进出口商品为主导产业，设计涵盖企业数量500个，其中电商企业100个；设计年均产值10亿元，带动就业人数3000人，引进网商人才800人。（边国荃）

粮油流通

【概况】 2021年，平城区涉粮企业入统20家，购进谷物21.14万吨、豆类3050吨、油脂油料2.31万吨；销售谷物21.54万吨、豆类3162吨、油脂油料2.33万吨。

（宋　伟）

【粮食安全责任制建立】 2021年，平城区落实粮食安全战略，推进粮食安全工作开展，成立以分管区领导为组长，相关部门为成员的粮食安全责任考核领导小组。平城区政府先后印发工作方案等规范性文件，保护耕地，提升耕地质量，稳定耕地保有量，出台耕地保护责任目标考核办法，成果通过国家验收。强化品牌建设，培育龙头产业，创建知名品牌，构建辨识度高、影响力强的“省字号”特色产业，开展“中国好粮油”行动。强化粮油储备，稳定市场供应，储备粮超过省下达最低储备规模，完善储粮基础设施。（宋　伟）

【粮食储备库安全督导检查】 2021年4月12日，大同市市场监管局局长杜福带队到山西大同口泉国家粮食储备库（第二粮库）督导检查。督导组听取粮食储备库工作情况汇报，到粮库、检定室、过磅室等地，重点检查粮食库、计量磅秤等衡器是否应检尽检、严格定检，粮食进销合同、账簿、台账及出入库记录单是否规范齐全，粮食购销价格是否做到明码标价，粮油是否定期抽检及仓储管理等情况。（宋　伟）

成品油市场

【概况】 2021年7月至9月，平城区商务局开展成品油零售经营企业上年成品油经营企业年检。初核内容包括成品油供油协议签订执行情况、上年度企业成品油经营状况、成品油经营企业及其基础设施是否符合国家和省现行成品油管理有关技术规范要求，以及油品质量、计量、消防、安全、环保等方面，申请初核企业50家，全部符合要求。全年开展成品油经营企业疫情防控、安全生产检查96次。

（边国荃）

【成品油质量专项整治】 2021年12月15日起，平城区在城乡接合部、农村、国道公路、高速公路等重点区域，开展成品油零售经营企业的产品质量监督抽查，查处制售假冒伪劣成品油违法行为。此次清理整顿主要围绕3项内容：确定突出监管重点，加大成品油质量监督抽查力度；加大惩戒力度，打击成品油质量违法行为；实施分类监管，建立成品油监管长效机制。（边国荃）

烟草专卖

【概况】 2021年，平城区烟草专卖局卷烟销量4.34万箱，销售额15.68亿元。全年网上受理申请1799户，占比56.95%。截至2021年底，平城区有持证户3159户，占人口总数2.90‰。（张贵成）

【烟草市场清理整顿】 2021年，平城区开展烟草市场清理整顿专项行动5次，查处涉烟违法案件198起，查获非法卷烟237.13万支（假私烟24.23万支），涉案总标值221.58万元。其中，5万元以上大要案件13起，2万—5万元案件22起；司法移送8起。联合区公安、邮政部门和云州区烟草局，集中开展物流寄递环节监管专项行动，打击利用互联网和物流寄递销售假烟的违法行为。全年开展“双随机、一公开”检查800户，与区市场监管部门开展跨部门“双随机”检查5次50户，开展重点监管610户。依法责令暂停4户，取消经营资格2户。（张贵成）

【“守护成长”专项行动】 2021年，平城区烟草专卖局宣传《中华人民共和国未成年人保护法》烟草相关内容，联合平城区人民检察院、平城区市场监督管理局、大同电视台开展“守护成长”专项行动，清理中小学周围持证户1户、幼儿园周围持证户15户、校园周围50米内无证户10户；对中小学、幼儿园周围50米内的经营场所不予新办烟草专卖零售许可证，不予延续到期存量持证户，劝退无证户。（张贵成）

【便民政策实施】 2021年，平城区烟草专卖局开展“我为群众办实事”实践活动，对因拆迁、主动退出中小学、幼儿园周边另择新址的持证户，优先办证、放宽办证条件；帮助老弱病残客户新办、延续证件，慰问因病返贫客户。对优抚对象、社会弱势群体和品牌连锁经营超市降低准入门槛，落实“减免”政策。（张贵成）

盐务管理

【概况】 2021年，山西省盐业集团大同有限责任公司（简称“大同盐业”）各种盐销售1.11万吨，同比减少1385吨，下降11.06%。其中，食盐销售5430吨，同比减少565吨，下降9.42%；入口食盐5169吨，同比减少314吨，下降5.73%；食品加工盐261吨，同比减少251吨，下降49.02%。工业盐5627吨，同比减少813吨，下降12.62%。畜牧盐32吨，较上年同期持平。生活用盐销售44吨，较上年同期减少7吨，下降13.73%。（田晟雯）

【食盐安全宣传】 2021年5月20日是中国学生营养日，大同盐业联合大同市疾控中心、大同电视台到大同市实验小学集团校开展“均衡营养、科学补碘、成就更好未来”主题班会课，4个分校181个班9000名学生观看《碘石成金》《奇幻千智行》动画片，为学生讲解科学补碘重要性。参加首届黄花菜品美食大赛食材商品展示、“2021云中味道 世界大同”特色食品周。创建微信公众号、微博和抖音号，利用线上多媒体宣传食盐安全和科学补碘知识，和大同电视台消费报道栏目合作节目16期，微信公众号推送“科学补碘、健康一生”系列科普文章、“盐文化大课堂”“十一食盐安全进村镇”线上线下互动，传播食盐专营和科学补碘知识。（田晟雯）

▲2021年5月20日，大同盐业到大同市实验小学集团校开展宣传活动（田晟雯 摄）

邮政服务

【概况】 2021年4月，中国邮政集团有限公司大同市平城区分公司（简称“邮政平城区分公司”）成立，经营区域东至109国道，西至同云路马军营村，南至青年路七里村，北至站东大街，服务面积238.95平方千米，服务人口110万人，辖营业网点40个。其中，综合网点27个，单邮网点2个，揽投部站11个。年内，万达揽投部完成房地产、律师事务所寄递业务开发；富力城、恒大悦府、五龙巷、绿地世纪城等客户产生特快收入3万余元；大同大学揽投部揽收高考录取通知书9503份，产生收入13万余元。大同大学电商创业孵化基地正式运营，开展在校学生电商知识培训及直播带货实践，全年直播14场，拉动寄递收入近万元。（杨雪姣 李 菲）

【报刊订阅】 2021年，邮政平城区分公司开拓行业、校园、商务、社区、空白机构和个人订阅市场，开展“一县一刊”活动，双线发力，拓展渠道，满足广大客户订阅需求，全年61个道段投递党报党刊4.20万余份，开展畅销报刊征订活动58场，订阅商务期刊500份，专题报刊1200份，建立社会发行站33家，新增私费订阅客户3000余户。（杨雪姣 李 菲）

【邮政寄递】 2021年，邮政平城区分公司推进部站优化布局和服务能力提升，建立备案易邮自提点38个，全年投递邮件1400余万件，签订协议用户118户，其中“双11”投递邮件180余万件。

（杨雪姣 李 菲）

【邮政金融】 2021年，邮政平城区分公司类业务开展惠民便民服务，推进邮乐网实物展示、社区好邻居团购、优化“线上预订+线下自提”的服务场景，满足市民生活需求，为网点引流客户近1万人，带动金融收入2000余万元；推进网点数字化营销模式转型，通过企业微信微邮店、邮学堂、邮直播、朋友圈广告、邮海报、沟通助手等10余项数字化运营工具，打造邮政服务品牌，激发平台经营活力，与客户之间建立起扁平化、智能化、便捷化的链接通路，促成BSC零售额330余万元。（杨雪姣 李 菲）

【汛期寄递渠道安全畅通】 2021年，平城区邮政部门保障汛期寄递渠道安全畅通，各寄递企业加强邮件快件防护，确保运输与投递环节及作业场所安全。强化汛期和高温产生的各类隐患排查治理，实施道路运输安全管理，加强车辆动态监控，防止车辆受洪水、高温、雷电影响发生涉水、自燃、燃爆事故。全年未发生此类事故。

（杨雪姣 李 菲）

快递业

【概况】 2021年，平城区快递服务企业业务量7450.57万件，同比增长65.82%；快递业务收入8.56亿元，同比增长62.46%。全年同城快递业务量811.14万件，同比增长63.70%；实现业务收入0.73亿元，同比增长95.80%。全年异地快递业务量6639.19万件，同比增长66.10%；实现业务收入4.59亿元，同比增长64.82%。全年国际及中国港澳台地区快递业务量0.24万件，同比下降49.51%；实现业务收入0.01亿元，同比下降52%。平城区辖区内有17家快递物流外卖企业、188个站点，从业人员2829人。

（市邮政管理局）

【“五项机制”助力快递业】 2021年，平城区创新推出“五项机制”，建立完善组织设置机制，快递业发展到哪里，党的组织就覆盖到哪里，通过“站点找街道、小哥找社区”双对接模式全员备案报到，实行网格化管理，在社区设立流动党员报到点，统一制发备案、报到标识牌；建立完善倾心关爱机制，重点打造“驿站+爱心角”双服务阵地，建立“6+6”标准化“小哥驿站”，即有党建元素、有休息设施、有生活用品、有学习书籍、有常用物资、有管理制度6项内容，有歇脚休息、物资补给、续航充电、学习阅读、应急急救、工作集会6项基本服务，让“小哥驿站”成为新业态新就业群体温馨港湾。依托临街商超等场所设立个性化“小哥爱心角”，为“小哥”取水充电等提供便利；建立完善素质培养机制，推行网络党校、掌上学堂、微党课，设立党员先锋岗、划定责任区，开展志愿服务、承诺践诺等活动；建立完善共建共治机制，为“小哥”量身打造“社区值守员”“义务宣传员”“文明监督员”“民意收集员”“安全巡查员”“矛盾调解员”“助老服务员”身份角色，争做基层治理的参与者、践行者；建立完善激励保障机制，出台《新业态新就业群体积分管理办法》，建立信息上报、志愿服务、文明宣传3项清单，采取个人平时积分、站点赋分等形式开展评比奖励。截至2021年底，有17个企业到社区备案，1283名快递外卖“小哥”到社区报到，报到率45.40%。建成101个基础服务设施齐全的“小哥驿站”，67个“小哥爱心角”，12个工会爱心场所。

（市邮政管理局）

通信服务

【大同联通】 2021年，中国

联合网络通信有限公司大同市分公司（简称“大同联通”）有御东、御西枢纽楼2个、IDC数据中心2个，出口带宽840G，机柜总数265架，网络汇聚区19个。全年主营收入6.65亿元，5G用户11.53万户，移网累计发展17.43万户，宽带累计发展6.20万户。通过精简网络、转供电改造、谈判压降、基站AI节能等措施，全年能耗节约460万元。5G网络新建基站736站，全部基站1372站；5G室分完成93个站点、572栋楼宇安装开通，实现平城区部分重点场所5G信号覆盖。通过重点攻坚“5G高流量VIP基站维护”“恢复长期断站”“加快高热站点建设进度”“高负荷站点NR2.1替换或叠加NR3.5”等措施，改善5G流量占比指标。4G拆闲复建小区192个，解决多个4G弱覆盖、高投诉区域信号差问题。开展移网网络质量提升，改善5G、4G网络质量，重点场景满意度达标率99.43%，提升20.57PP。千兆宽带端口能力10.48万线，全量千兆小区82个。大同联通与大同电信双方4G共享小区累计开通2013个、1737个，4G共享完成率124%，降本成效30.30%，有效共享率28.20%。2021年，大同联通建设平城区政务综合管理服务平台、平城区“12345”热线运营等项目。针对基础设施数字化建设需求，提供5G专网、云联网、多云管理、大数据运营平台等服务；生产数字化方面，打造工业互联网AIOT平台、工业AI应用、产业集群平台和工业边缘云等产品；在文旅、医疗、交通、教育等传统行业，应用“5G+AR云”“5G+智能感知+车路协同”“5G+人脸识别+智慧航显”“5G远程会诊”“远程互动教学”等技术，构筑全面化智慧民生；面向中小企业数字化转型，打造以新沃云为基础的数智应用产品，提供多场景企业应用和安全服务。（刘　愉　王　新）

【大同移动】 2021年，中国移动通信集团山西有限公司大同分公司运营收入12.80亿元，手机客户规模221万户，其中5G客户84.20万户，家庭宽带客户41.80万户；通信服务收入占56.90%、手机客户收入占65.10%、5G客户收入占58.10%、家庭宽带收入占42.10%，居于区域市场主导地位。开展“新基建”建设布局，建设开通2.6G基站543个、700M基站278个；5G基站累计1731个，5G平均下载速率750Mbps，平均上传速率170Mbps，实现重要乡（镇）、农村5G基础覆盖，完成3所重点高校、3个核心景区、两大交通枢纽、太阳宫等重要政企办公区5G室内覆盖。宽带端口新增交付15.30万个，累计端口数84.30万个，建设全量精品千兆小区131个，千兆端口6.50万个。依托宽带规模基础，加强宽带电视（爱家TV）、千兆宽带、智能硬件特色产品运营。提升IDC服务能力，建设御西云计算、移动二枢纽、御东生产楼3个数据中心。（刘　愉　王　新）

【大同电信】 2021年，中国电信集团有限公司大同分公司（简称“大同电信”）全业务收入33074.39万元，预算完成率100.81%，同比增长7.88%。新入网4G基站443个，5G基站736个，新增重要场所覆盖5G室分点445处。疫情期间配合政府完成高速检查口、各县（区）边界及重要防疫场所的网络保障工作。针对网络安全整治，全年开展“护网行动”专项演练3次，开展云网安全日活动12次、“5·17”网络护线宣传活动、中国共产党成立100周年通信保障及日常网络隐患排查、动态清零等工作。大同电信推动5G网络部署，5G室外站址新增开通510个；实现平城区核心区域5G网络全覆盖；结合新增的64套5G室分点，完善火车站、高铁站、重点医院的5G网络覆盖面。（李楠琳）

会　展

【中国古都大同精品房博会】 2021年7月22日至27日，中国古都大同精品房博会在和阳美术馆举办，涵盖开源·金樾府、永泰·府学里、古城风台晓月·壹号院等30余个楼盘，包括高层、洋房、四合院、别墅等住宅品类，成交金额1000万余元，登记意向客户1000余组，意向金额10亿元。

房博会闭幕时公布楼盘评选结果，悦城地产获“最具品牌影响力地产企业”、翔龙地产获“最具品牌影响力房企”、万城集团获“最具品牌成长力房企”、山煤富利达获“最具品牌知名度企业”、华瑞地产获“最具美誉度地产企业”、东腾地产获“最值得关注地产企业”，兴云国际·揽御获“最受欢迎典范人居楼盘”、古城风台晓月·壹号院获“最受关注国风院落楼盘”、凯德世家·幸福城获“最具性价比人气楼盘”、保利和光尘樾获“最具品牌影响力湖居楼盘”、文兴首席·竹里获“最具潜力品质楼盘”、锦瑞和源获“最佳品质湖居楼盘”、富力城获“最具品牌影响力楼盘”、天香·蓝郡获“最受欢迎典范人居楼盘”、恒大悦府获“最佳品牌影响力楼盘”、观城壹号获“最具潜力人气楼盘”、文轩佳苑获“最受欢迎亲民楼盘”，广东三禾品味装饰获“最值得信任装修公司”。

（张琮敏）

【企业参展】 2021年5月21日至23日，第十二届中国中部投资贸易博览会大同分会场举办大同云冈数字碳中和峰会、“游山西、读历史”文化旅游体验活动、大同特色商品展销活动、跨国公司山西行大同考察对接交流活动，大同云冈数字碳中和峰会签约项目17个、总投资399.86亿元，特色产品专项交易32项1.46亿元。9月2日至7日，中国国际服务贸易交易会在北京举办，

▲2021年7月22日，中国古都大同精品房博会在和阳美术馆开幕。图为抖音直播现场 （张琮敏 摄）

平城区国家级非物质文化遗产代表性项目、省级非物质文化遗产生产性保护示范基地——平城区天艺昌工艺品厂携带工艺火锅系列、宫廷御锅系列、茶具、酒具、旅游纪念品小件等大同铜器产品参展。9月23日至26日，第七届中国（山西）特色农产品交易博览会在晋中国家农高区举办，平城区伊欣园食品面业有限公司参加。9月23日至27日，第十三届中国—东北亚博览会在长春举办，平城区天艺昌工艺品厂参展，展会现场零售3万余元，达成单位和个人意向客户15个。 （张琮敏）

住宿餐饮

【概况】 2021年，平城区限额以上住宿业有法人企业24家，从业人员2864人，营业额6.76亿元；限额以上餐饮业有法人企业65家，从业人员7147人，营业额16.62亿元。 （史志室）

【古城民宿协会筹备会议】 2021年5月18日，平城区在大同市古城项目建设指挥部召开古城民宿协会筹备会议，研究讨论成立古城民宿协会筹备工作相关事宜。会上，各民宿负责人分别从民宿定位、经营管理模式、服务等方面开展交流，并探讨成立民宿协会的必要性。 （史志室）

【餐饮质量安全提升培训】 2021年4月，平城区市场监督管理局组织18家酒店从业人员开展餐饮质量安全提升培训，从许可管理及信息公示、食品安全管理制度、加工操作场所的布局及工艺流程、餐饮具清洗消毒保洁7部分内容，讲解食品安全主体责任和相关制度、餐饮服务提供者加强环境卫生规范化、精细化管理。印发“大同市平城区餐饮服务单位食品安全知识试卷”，在培训结束后举行从业人员食品安全知识考试。（史志室）

【重大节日期间食品安全专项整治】 2021年，平城区开展重大节日期间食品安全专项整治、206家学校（托幼机构）食堂春秋季食品安全专项检查，结合疫情常态化防控加强相关工作管理；现场督导餐饮服务单位73家，发现问题的立即整改，建立整改报告，问题解决率100%；完成各类重大活动餐饮服务食品安全保障工作19次；开展制止餐饮浪费宣传；开展“食品安全你我同查”活动，形成食品安全社会共治氛围。（史志室）

【食品安全宣传周】 2021年6月9日，平城区在华严寺广场举办以“尚俭崇信，守护阳光下的盘中餐”为主题的食品安全宣传周启动仪式。活动现场，向群众、食品经营户发放食品安全宣传资料1000余份，普及食品安全知识，宣讲食品安全科普知识和相关法律法规，接受群众关于食品安全方面问题的咨询。引导食品行业市场主体严格自律互律，营造尚德守法的市场环境。（史志室）

【网上销售假冒伪劣商品、商标侵权打击行动】 2021年，平城区开展以“特供”“专供”“野生”等标识商品为重点，打击网上销售假冒伪劣商品、商标侵权等行为。专项清查美团、饿了么等平台及商家，检查美团外卖商户862户，下架处理违规商户47家。向区检察院递交检察建议书14份。开展网络售卖审计报告行为整治，监测网站675家、网店564家，检查涉及会计、审计事务交易信息的企业9家。对美团、饿了么等餐饮外卖平台开展为期30天的网络大检查，采取行政告诫、联合座谈约谈等方式，督促网络交易平台落实主体责任，督促网络集中促销组织者、经营者落实相关法律法规规章要求，完善风险防控和应急处置措施。巡查辖区五大平台、382个网站、659个网店，按时纠治违法交易行为。（史志室）

【“餐饮安全你我同查”活动】 2021年7月15日，平城区市场监督管理局开展“餐饮安全你我同查”活动，由食品安全监管执法人员和党员代表、人大代表、政协委员、检察官、热心市民共同参与。聚焦群众反映度高的酒店、“网红餐厅”、小餐馆，以及各大美食搜索平台数据得出检查备选名单，由市民点出检查的餐厅，邀请各界代表参与现场检查和点评。现场查看酒店营业执照、食品经营许可证等资质公示情况，检查食品原料采购、索证索票及进货查验记录、加工过程中食品安全操作、餐饮具消毒、环境卫生、食品存储、从业人员健康证、食品留样等情况，发现问题的要求店方立即整改。（史志室）

广告服务业

【广告政策宣传】 2021年，平城区加强广告宣传导向审查宣传，开展“3·15”消费者权益保护日宣传、“4·15”国家安全教育日宣传、保护知识产权宣传周活动、防范非法集资宣传月、新冠疫苗接种宣传等广告宣传活动；开展《防范和处置非法集资条例》进工厂、进学校、进社区活动，让宣传活动深入到位。（史志室）

【广告经营监管】 2021年，平城区开展“双随机”检查，全区广告经营单位460户，按照抽检率5%抽检。制订《金融广告资讯专项整治行动实施方案》；发布《关于教育培训行业广告发布重点内容的提示》；加大“三类广告”（农村户外广告、网络直播违法广告、节日期间广告）监管力度；专项整治“八类广告”（房地产广告、保健食品广告、虚假违法农资广告、金融广告资讯、“护苗助老”系列广告、非法涉野生动物广告、“大棚房”销售广告、校外培训机构广告）。加大惩处力度，共享全市金融机构注册信息和非法集资立案信息；行政约谈大同市教育电视台、蓝博沐文化传媒有限公司等5家单位；提示山西中硅富邦食品科技有限公司投资返利风险；查处“抗幽门螺杆菌牙膏”违法广告；梳理排查省巡视组交办的平城区广告类信访事项52件，在“12315”平台对各涉信访企业进行投诉举报查询。（史志室）

金融业

综　述

【概况】 2021年，平城区有银行保险业机构302家，占机构总数的35%，从业人员1.10万人，占从业人数的43.80%。其中，银行业机构218家，从业人员5303人；保险业机构84家，从业人员5695人。平城区有证券经营机构3家，从业人员约100余人。（谭美贵）

【支持实体经济】 2021年，平城区金融业服务实体经济力度不断加大，促进地方经济社会高质量发展。截至2021年底，平城区银行业各项贷款余额434.31亿元，较年初增加43.53亿元，增长11.14%。其中，涉农贷款余额79.95亿元，较年初增长17.10%；普惠型小微企业贷款余额39.51亿元，较年初增长9.07%，利率降至5.56%，为全省各市最低；个体工商户贷款余额13.37亿元；住宿餐饮类贷款余额10.60亿元，较年初增长5.83%；交通运输业贷款余额6.18亿元，较年初增加1.36亿元，增长28.23%。（谭美贵）

【政银企对接】 2021年，平城区金融服务中心与中国人民银行大同中心支行合作，联系银行10家、证券公司2家、融资担保公司2家、基金公司2家，组织召开政银企对接会4次，为企业和金融机构搭建沟通桥梁，营造“六最”营商环境。开展扶持民营经济发展对接会，邀请民营经济企业家、金融机构负责人，从金融服务手段、政府扶持途径等方面提出平城区民营经济发展扶持方式。（杨晓波）

【区政府与五矿证券、农行大同分行战略合作】 2021年2月25日，平城区政府与五矿证券有限公司、中国农业银行大同市分行“合作框架协议”签约仪式举行。根据协议，五矿证券将协助平城区进行资产整合及后续地方国有企业（有限公司）的直接债务融

▲2021年5月8日，平城区2021年第一次政银企对接会召开

（杨晓波 摄）

资工作，意向两年融资不少于50亿元；未来五年内，中国农业银行大同市分行将倾斜不少于50亿元的意向性融资额度，在实体经济、普惠金融、乡村振兴、智慧政务、民生服务、文化旅游等领域与平城区开展深度合作。（杨晓波）

银行业

【中国工商银行大同分行】 2021年，中国工商银行大同分行辖属机构49个。其中，二级分行1个（市分行本部设有22个机构），一级支行17个，二级支行31个。新发放普惠型小微企业贷款加权平均利率持续下降至4.29%，较上年下降23个基点。与省、市社保信息中心沟通协商，为31家网点配备一站式打卡设备和专管人员，实现社保全面业务办理。与大型开发商合作按揭，累计投放22.50亿元，个贷余额实现历史最好发展水平。为2户难点小微客户办理贴现业务150余万元；全年票据贴现量53.80亿元，同业市场占比73%。与云冈研究院联合，在全省推出人文山西·云冈联名信用卡。新增函证e信客户1户，实现业务零突破。（杨晓波）

【中国农业银行大同市分行】 2021年，中国农业银行大同市分行辖设一级支行15个，营业网点38个，离行自助网点8个。截至2021年底，各项存款余额468.04亿元，较年初增加29.93亿元，增幅6.83%。其中，个人存款时点余额387.13亿元，较年初净增24.11亿元；对公存款时点余额80.04亿元，较年初增加5.24亿元。各项存款日均余额447.98亿元，较上年增加16.20亿元，增幅3.75%。其中，个人日均存款余额374.35亿元，较上年净增30.69亿元，同比增加4.46亿元；对公存款日均余额72.61亿元。全行各项贷款余额201.94亿元，较年初增长52.74亿元，贷款增速35.35%。其中，法人贷款（含贴现）余额155.55亿元，较年初增加42.68亿元；个人贷款余额46.39亿元，较年初增加10.06亿元。中间业务收入1.40亿元，较上年增加1263.15万元，增幅9.91%；营业收入9.80亿元，较上年增加4547.96万元，增幅4.87%。全行不良贷款率1.34%，较年初减少0.35%。扩展房贷规模，全年一手房增量市场份额不低于25%，二手房增量市场份额不低于30%；发展小微贷款，线上资产e贷、纳税e贷和抵押e贷净增不少于3亿元；“惠农e贷”净增2.55亿元，同比增加2.03亿元，增速229%。推进“三农”场景建设，对接政府农村集体产权制度改革实施工作，新增有效智慧场景15户。其中，智慧政务场景4户、智慧教育场景2户、特色产业场景2户、智慧生活场景7户，新增个人账户（Ⅱ、Ⅲ类账户）2310户。（杨晓波）

【中国银行大同市分行】 2021年，中国银行大同市分行个人存款日均分别新增1.50亿元、32.30亿元，人民币各项存款时点、日均增幅分别为8.80%和10.30%。纯公司贷款余额近百亿元，表内人民币贸易融资余额破11亿元；个人贷款余额净增近3亿元；汽车分期7000余万元，银行卡应收账款5亿元。为某集团客户新发2只债券20亿元，为该集团项下3家外商投资企业接收资本金及外债1.50亿美元，办理“T+1”结汇1.50亿美元，购汇1000万美元；跨境人民币结算业务增幅151%；国际收支及结售汇业务同比增幅超30%。银行卡收入同比增幅33%。普惠型小微企业贷款净增3.14亿元；贷款户数同比增速85%。人民银行定向降准口径净增2.90亿元。落实保供金融工作要求，为4户煤炭贸易企业开启绿色通道投放流动资金贷款。（杨晓波）

【中国建设银行大同市分行】 2021年，中国建设银行大同市分行各项贷款余额192亿元，新增39.40亿元，增速26%。存贷比上年提升4.40%。一般性存款时点余额443.50亿元，新增29亿元，其中小微企业贷款余额15.10亿元。贷款新增4.34亿元，增速40.30%。累计贷款户数3000余户，其中首贷户422户，占比14.10%；信用贷款余额9.30亿元，占比62%，户数1900户，占比63%，平均利率4.20%；抵押贷款余额5亿元，占比33%，户数960余户，占比32%，平均利率4.03%，最低3.85%；质押、保证等其他类贷款余额0.80亿元，占比5%，户数140余户，占比5%，平均利率

4.19%。贷款投放行业涉及零售业（36.90%）、批发业（11%）、餐饮业（3.90%）、道路运输业（3.40%）、农业（0.70%）等。为20余个大中型企业和项目提供信贷支持113亿元，净新增贷款35.60亿元，支持行业涵盖煤炭、电力、供热、医药、制造业、清洁能源等11个类别。开展支付手续费减费让利，累计降费规模315.80万元，惠及小微企业和个体工商户1.30万余户，按价格优惠政策累计退费17.21万元。“小微快贷”贷款余额1.10亿元，新增1403万元，贷款客户259户，新增122户。累计投放“黄花贷”744万元、“黄小米贷”61万元、“黄芪贷”66万元、“西红柿贷”11万元。累计投放扶贫小额贷款976笔4880万元；新投放脱贫人口小额贷款204笔1020万元。“裕农通”服务点交易笔数24万笔9871万元。在全省首发“大同市助老服务”联名卡，用于老年群体各项津补贴发放，截至2021年底，发放大同助老服务卡1.42万张，发放政府补贴284.28万元。发售“大同旅游一卡通”实体卡6.20万余张、虚拟卡11.37万余张。个人住房贷款户数2.30万户，余额57.30亿元。

（杨晓波）

【晋商银行大同分行】 2021年，晋商银行大同分行各项存款年日均70.52亿元，较年初增加12.24亿元。其中，个人存款年日均47.31亿元，较年初增加6.23亿元；单位存款年日均23.20亿元，较年初增加6亿元。一般贷款余额27.28亿元，较年初增加6.38亿元。截至2021年底，储蓄存款时点48.92亿元，较年初新增3.90亿元。销售净值型理财产品26.83亿元，保险累计销量1402.44万元，国债累计销量3825.16万元，私行产品存续量5.06亿元。新增有效信用卡7586张。客户AUM值91.18亿元，较年初增加13.04亿元；零售条线中间业务收入2218.67万元。其中，零售344.79万元，资产管理768.88万元，信用卡1105万元。以一手房按揭、二手房按揭推进个贷业务发展，拓展车位易贷、快抵易贷业务，全年新增贷款2.95亿元。其中，个人二手房贷款920户2.84亿元，个人住房按揭贷款180户8785万元，车位易贷125户1178万元，易贷通17户321万元，快抵易贷（消费）15户275万元，个人存单国债理财质押贷款（消费）3户138万元，个人出租车贷款（经营）4户55万元。单位存款时点余额28.13亿元，较年初新增5.90亿元，公司表内贷款余额8.96亿元，新增投放目标2亿元；单位存款年日均余额23.21亿元，较年初新增6.01亿元。发放流动资金贷款5户2.73亿元，签发全额银行承兑汇票业务14.84亿元。办理债权融资计划1笔7.50亿元、国内信用证3笔4.63亿元、福费廷4.60亿元，带动保证金存款1.63亿元。依托投行、国内信用证、福费廷等贸融金融产品的组合升级实现中间业务收入4520万元。其中，信用证1042万元，安鑫富2611万元，债权融资计划787.50万元。小企业条线贷款户数213户（223笔），金额3.82亿元。累计发放联链融业务24笔5615万元。开展不良贷款清收攻坚41户1698.70万元，销账金额1.49亿元，清收率32.96%。9月，完成全行首笔质票贷业务发放，全年发放质票贷业务51笔1.29亿元。（杨晓波）

【华夏银行大同分行】 2021年，华夏银行大同分行客户晋能控股煤业集团有限公司流动资金贷款余额7.98亿元，国内信用证余额5.69亿元，承兑汇票3亿元；大同煤矿集团阳高热电有限公司贷款余额2.49亿元。累计发放扶贫小额贷款291户1100余万元。（杨晓波）

保险业　证券业

【中国人寿保险股份有限公司大同分公司】 2021年，中国人寿保险股份有限公司大同分公司（简称人寿保险大同分公司）拓展乡村“大病保险+商业扶贫保险”模式，大病医疗保险承保建档立卡贫困人口6.17万人，全年累计赔付500余万元；国寿“扶贫保”综合意外保险业务承保15.57万人，全年累计赔付800余万元；贫困人口就医报销比例平均提高至80%以上。小额、学生、计生、老龄、残疾人保险等服务人数130万人，累计赔款2000万元。上缴各项税费490万元，各类赔付及给付2.94亿元，保单借款净值8.06亿元。全年保障型业务4341.35万元，占10年期及以上首年期交比重53.90%；续期保费收入10.91亿元，同比增长0.80%。新单创费5570.60万元。契约长险出单2.26万件，无纸化出单率100%，新单回访成功率100%；电子保单推广率31.97%；股份保全业务电子受理14.96万件，电子化占比99.41%。理赔出险至支付时效43.93天，E店理赔9106件，“重疾一日赔”244件，理赔探视服务293次。通过风险排查解约保单132件，解约效能1031.54万元，同比提升21.29%；重疾指数0.42；完成满期给付3038笔，支付满期保险金7216.26万元。接待各类投诉1504件，全部妥善处理。

（臧海东）

【中国太平洋人寿保险股份有限公司大同中心支公司】

2021年，中国太平洋人寿保险股份有限公司大同中心支公司（简称中国太保寿险大同中心支公司），是中国太平洋人寿保险股份有限公司设在大同地区的地市级分支机构。公司前身为中国太平洋保险公司大同支公司，2021年，根据《中华人民共和国保险法》规定及相关监管要求，公司实现产寿险分业经营，原有的寿险业务正式改组为“中国太平洋人寿保险股份有限公司大同中心支公司”，经营范围包括个险业务、银团业务等。对口帮扶灵丘县白崖台乡东长城村开展脱贫及乡村振兴工作。截至2021年底，工作队连续5年驻村开展工作，每年春节前夕，公司申请专项资金购买米、面、油等生活必需品，慰问关怀帮扶村，累计金额50余万元。

（李　鲤）

【大同证券有限责任公司】

2021年，大同证券有限责任公司经纪业务总交易额10677.91亿元（含融资融券交易额），同比增加72.52亿元，增幅0.68%。其中，股票基金交易额6251.01亿元，同比增加380.33亿元，增幅6.48%；债券交易额333.20亿元，同比增加99.25亿元，增幅42.42%；债券回购融资金额4093.70亿元，同比减少407.06亿元，减幅9.04%。线下新增客户数3.20万余户，在所有新增客户中占比70%；资产存量在50万元以上客户数1.96万户，同比增长21%。受阶段性主推长封闭期产品销售策略调整影响，公司金融产品（不含货币基金）销售规模41.75亿元，同比下降41%；公司实现金融产品代销收入4658.76万元，同比增长37.18%。信用资金账户数9905户、授信额度92.28亿元、融资余额14.25亿元；公司融资融券业务和股票质押式回购业务维持担保比例水平分别为283.25%和377.44%，风险控制水平良好。股票期权累计成交量36.54万张，实现佣金收入149.14万元；公司期货IB业务存量客户2300余户，实现佣金收入121.49万元。公司私募产品总数95户，同比增长20.25%；PB业务交易规模11.26亿元，同比增长2.27%。财富管理业务条线实现考核收入3.30亿元，实现考核利润1.51亿元。固收自营业务全年实现考核收入5638.25万元。交易投资业务条线实现考核收入5172.96万元，实现考核利润2477.02万元。全年立项新三板挂牌项目2单（海南和新疆地区各1单），完成财务顾问项目14单（项目主体涉及北京、浙江、江苏、云南和山西等省市企业），储备定增业务2单。开展新三板持续督导企业46家，转入督导企业4家，剔除主动摘牌、强制摘牌企业7家。投行业务条线实现考核收入5616.13万元，实现考核利润335.17万元。推动本公司增资扩股工作，3家拟入股投资者入股资金2.35亿元到账，本轮增资完成后，公司资本实力得到进一步提升。开展省内外私募资金管理业务，到浙江金华、江苏盐城等地政府机构调研，了解地方产业招商引资需求；调研新能源汽车产业链、光伏产业、生物医药行业、机器人行业等专精特新企业；与山西转型综改示范区基金、春汾基金、同煤大友、太行基金、晋建基金进行合作。在北交所开市首日，公司信息系统经受住大量交易权限开通和交易笔数压力稳定运行。

（郑　欣）

旅游业

综　述

【概况】 2021年，平城区有国家AAAA级旅游景区4个，全国重点文物保护单位9处，省级、市级、区级文物保护单位32处，各类生态、森林、休闲、主题公园100余处；星级酒店、主题宾馆、快捷酒店、特色宾馆、民宿酒店430余家。其中，星级酒店9家，民宿酒店43家，快捷酒店、特色宾馆、连锁酒店378家。全年景区接待游客1200余万人次，实现门票收入716.60万元。国庆长假期间，全区接待游客64.38万人。其中，当地游客48.39万人，外地游客15.99万人。年内，平城区文化和旅游局参与举办大型系列文化活动6次；对接大同市城镇建设有限责任公司，推进永泰门南广场商业体旅游集散中心建设项目工作。（乔　芳）

【游客服务设施建设】 2021年，平城区加强旅游服务配套设施建设，利用社会力量在古城、社区、文创商品、主要景点、临街门店、酒店、饭店等游客集中地，参与旅游服务和咨询监督工作，设立旅游咨询服务中心（点）48个，形成覆盖全域的旅游咨询服务体系。古城墙景区、华严寺景区、善化寺景区、大同方特欢乐世界全方面打造提升导游、导览、导购、游客评价等游览服务功能，设有景区独立官网，开通微信、微博等新媒体，向游客提供智能导游、电子讲解、实时信息推送、在线预订、网上支付等服务。（乔　芳）

【旅游抽样调查工作】 2021年，平城区文化和旅游局根据省统一安排，组织开展旅游统计抽样调查工作。抽样调查期间，通过发放地方接待国内游客抽样调查表，调查包含全区重点旅游景区、住宿单位，抽样采集100家住宿单位数据，其中9家星级酒店，接待过夜游客7.54万人次。（乔　芳）

旅游宣传推介

【概况】 2021年，平城区围绕国家全域旅游示范区创建，以大同古城核心旅游景点为主，依托各类媒体平台开展文旅宣传，提升平城区旅游影响力和美誉度。平城区在126个媒体平台上开展各类旅游品牌推广，发布“展示古都魅力，带火古城文旅”“欢乐闹元宵，古都乐陶陶”等品牌节事推广活动。按照旅游路线辐射范围，采取户外大型平面广告为主要宣传手段；采取平面小型广告、印制宣传册等宣传营销方式，面向大同市及周边地区开展宣传，发放宣传册300余册；增设户外广告牌、景区广告牌，在酒店滚动播放平城旅游宣传片。（乔　芳）

【旅游项目推介】 2021年，大同市加大全域旅游项目推介力度，组织平城区开源一号文化创意产业园申报国家级夜间文化和

旅游消费集聚区；组织开源一号文化创意产业园申报2021年开发性金融支持文化和旅游领域重点项目。（王少峰）

【“大同旅游”抖音号直播上线】2021年2月，由市旅游集散中心运营的“大同旅游”抖音号直播上线。每周一至周五16时至17时，在抖音平台搜索“大同旅游”可进入直播间，有大同故事、大同美食、大同名人、互动抽奖等内容。每日直播主题都与大同的历史及民俗特色相关，如“城墙上雁塔的故事”“九龙壁的由来”“鼓楼的故事”“游龙戏凤的故事”等。（王少峰）

旅游景区品牌建设

【大同方特欢乐世界入选主题公园型景区】2021年3月，由迈点研究院独家发布的“2020年主题公园型景区品牌100强榜单”出炉，大同方特欢乐世界位列其中，是山西省唯一上榜景区。迈点品牌影响力指数旨在通过数据从潜在用户关注、媒体舆论聚焦、网络口碑评价、运营能力展现4个方面解读各主题景区在互联网及移动互联网领域的影响力，为景区制定战略方案提升品牌发展赋能。大同方特欢乐世界是高科技主题乐园，以科幻和互动体验为最大特色，有26个主题项目区，涉及主题项目、游乐项目、休闲及景观项目等200余项。（王少峰）

【4景区入列“全国AAAA级景区品牌500强榜单”】2021年4月，根据迈点品牌指数MBI的2838个AAAA级景区数据汇总统计，主要从搜索指数、舆情指数、运营指数、媒体指数4个维度，解读景区在互联网和移动互联网的影响力AAAA级景区品牌500强，大同城墙、华严寺景区位列其中。大同城墙是中国现存较为完整的一座古代城垣建筑。华严寺是中国现存年代较早、保存较完整的一座辽金寺庙建筑群，是古代佛教建筑瑰宝。11月，“2021年10月AAAA级景区品牌500强榜单”发布，大同方特欢乐世界与善化寺两景区入列其中。此次发布由迈点研究院独家发布榜单，是根据10月迈点品牌指数MBI的2849个AAAA景区数据汇总统计而成，主要从搜索指数、点评指数、运营指数、媒体指数4个维度，分析品牌在互联网和移动互联网的影响力。（王少峰）

【平城区多个景点入选大同市全域旅游精品线路】2021年7月9日，大同市打造8条全域旅游精品线路并开通全域旅游直通车，该直通车由市旅游集散中心负责落地运营，解决自由行及跟团游客直达景区“最后一公里”问题，实现“城景通”“景景通”。8条全域旅游精品线路分别为长城历史文化全域旅游线路、红色历史文化全域旅游线路、美丽乡村休闲全域旅游线路、古都文化全域旅游线路、古建文化全域旅游线路、民族融合历史全域旅游线路、史前人类进化史全域旅游线路和地质构造运动史全域旅游线路。其中，大同古城入选为长城历史文化全域旅游线路；大同红色记忆馆入选红色历史文化全域旅游线；大同古城墙、文庙、关帝庙、九龙壁入选古都文化全域旅游线路；华严寺、九龙壁入选古建文化全域旅游线路。（王少峰）

全域旅游建设

【“旅游+”全域旅游目的地打造】2021年，平城区推进“文化+旅游”“乡村+旅游”“体育+旅游”“教育+旅游”等产业融合发展，通过场景式、沉浸式表演方式，打造“太后巡游”“晨钟暮鼓”“锦绣宏图”及常态化群众文化活动；把文化旅游融入全域旅游发展，推进“旅游+文创”，加大旅游商品研发力度，研发出文化产品、农副产品、土特产品等各类旅游商品1000余种。打造御河生态园、大同鼓楼东西街历史文化街区、仿古步行街、伦敦街等一批旅游产品业态，创新独具特色产业融合发展模式。（乔　芳）

【国家级全域旅游示范区创建通过省级评审】2021年，平城区按照“四个全面”战略布局的要求，建立适合综合产业发展规

▲ 2021 年 7 月 5 日，全力推进平城区国家全域旅游示范区创建工作验收评定会召开（刘洪超 摄）

律的党政统筹的全域旅游组织领导机制、旅游综合协调机制、现代旅游治理体系、综合管理机制、旅游规划和行业自律和社会监督机制，形成“党政统筹、部门联动、社会协同、公众参与”的现代旅游治理体系，推进全域旅游示范区创建。6 月，召开创建山西省省级全域旅游协调会，成立领导小组，组织成员单位编辑整理相关资料，装订成 8 册 9 本的《平城区创建国家全域旅游示范区资料汇编》。7 月 5 日，平城区全域旅游示范区创建工作接受并通过省文旅厅专家组评审。

（乔 芳）

【“厕所革命”推进】 2021 年，平城区文化和旅游局为确保旅游厕所正常运转，配合区环境卫生服务中心定期检查建成的旅游厕所，确保正常开放。全年改造国家 AAAA 级旅游景区内旅游厕所 4 处，并在百度地图上线，方便游客查询。

（乔 芳）

旅游景点

【概况】 2021 年，平城区国家 AAAA 级旅游景区分别为华严寺、善化寺、大同古城墙、大同方特欢乐世界。开发打造文庙、关帝庙、法华寺、纯阳宫、大清真寺、圆通寺、九龙壁、红色记忆馆、新时代文明中心等 30 余个旅游景点，全年接待游客 1200 余万人次。

（乔 芳）

【大同方特欢乐世界】 2021 年，大同方特欢乐世界接待游客 160 余万人次，收入 1.01 亿元，比上年下降 31.81%。位于平城区永乐路 13 号，占地面积约 53.33 公顷，以科幻和互动体验为最大特色，由飞越极限、生命之光、逃出恐龙岛、魔法城堡、唐古拉雪山、火流星、海螺湾、华夏五千年、熊出没脱口秀等 30 余个主题项目区组成，涉及主题项目、游乐项目、休闲及景观项目等 200 余项。

春日游园汇　4 月 3 日至 30 日，大同方特欢乐世界开展“春日游园汇”主题活动，结合传统民俗文化，布置油纸伞迎春路，让游客品尝传统美食，观看演艺节目，体会五谷画、蹴鞠、桃花酿等民俗互动游戏，开启春日游园之旅。

糖果节　五一假期，大同方特欢乐世界营业时间延长至 24 时，园区内设置“糖果街”，游客们可拍照打卡、嗨玩嗨购、观赏演艺，每天安排糖果使者为小朋友们派发假日惊喜。每天 11 时至 14 时，飞越极限项目旁“甜品驿站”进行“星厨秀”表演，现场教授游客们制作甜品，游客们可亲手制作牛轧糖、炒酸奶、巧克力、棉花糖等甜品；每天 17 时 30 分，从欧洲街出发进行花车巡游表演。梦幻广场“美食街”汇集各具特色地方小吃，游客们在美食街边吃边玩，观赏精彩演艺。

“2021 携手方特，共赢未来”市场推介会　6 月至 7 月，大同方特欢乐世界在朔州市、太原市、内蒙古乌兰察布市、河北张家口市等地举办“2021 携手方特，共赢未来”市场推介会，各市旅游单位、新闻媒体代表等 100 余人参加，大同方特欢乐世界市场总监李鹏甲展示园区运营情况，介绍园区项目、暑期活动、2021 年发展方向等内容。（乔 芳）

· 链接 ·

免费特色景点选介

北魏平城明堂公园 北魏平城明堂是中国历史上的四大明堂（汉长安城明堂、北魏平城明堂、唐洛阳城紫微宫正殿、北宋汴梁明堂）之一，是唯一在原址修复完成的明堂，是平城遗址的城内标志。现址位于平城区向阳街柳航里，东起大同一中西南角，西至柳航里小区西沿，南迄平城区四十五校西墙，北至柳航里小区。遗址总平面呈圆形，直径289—294米，外环一条圜形河道。遗址中央是一方形夯土台基，边长约43米，是主体建筑“明堂”所在地，设东、南、西、北四门，南门与北门开放供游客出入。圜形河称为“辟雍”，河宽17—22米，砂石砌成堤岸，以河泥防渗，碎石铺底。北魏平城明堂公园于2010年5月开工建设，2016年12月正式开放。

北朝艺术博物馆 2021年2月8日，明堂内北朝艺术博物馆经展陈提升改造重新对外开放。展出北朝文物1100余件，配合内容详实的图文版、多媒体等辅陈手段，通过艺术化展示手法，再现北朝社会历史文化。从“妙相庄严”“石雕气象”“卤簿庄穆”“魏碑风骨”“彼岸世界”“殿堂华章”“生活百态”7个单元，展示北朝宗教文化、石雕艺术、出行仪仗、墓志碑文、砖瓦建筑及日常生活。

平城遗址 平城遗址是北魏前期（398—494年）都城遗址，分宫城、外城和郭城3部分，分布于平城区北部大同火车站一带，其中宫城位于操场城街。平城遗址北依方山，外靠长城，宫城周长4千米；外城周长10千米，每面3门；郭城周长16千米；东西南北两向各门相对，各有3条大道，三三相重在城内形成九衢（十字路口）十六坊（居民区），形成棋盘形建筑格局。南城墙完全为明代筑，东西北三面是在北魏外城城墙上加厚包砖，砖内土墙分两层，里层深色土墙是北魏外城城墙，外层浅色黄土墙为明代所筑。宫城内外建有天文殿、天华殿、紫极殿、东宫、西宫、万寿宫等宫殿楼台大型建筑60余座，城北方山一带为文成明皇后冯氏营建的永固陵。有永固石室、思远灵园、斋堂、石阙、灵泉殿、灵泉池以及石窟寺、御路等遗址遗迹。安家小村至白马城一线的夯土墙东西长约4千米，基宽3—5米，残高3—5米，夯层厚约0.10米，为北苑南墙遗迹；城南一带有墓葬区，有北魏墓群、北魏司马金龙墓、北魏明堂辟雍遗址等。平城遗址出土有北魏到明代的筒瓦、板瓦、脊饰、瓦当、文字瓦片、砖、石柱础、土坯、屋顶装饰构件等建筑构件，瓦当瓦面的文字有“富贵万岁”“皇魏万岁”“大代万岁”“皇年万岁”“寿贵”等。出土大量陶俑和精美石椁、壁画、八曲银流、刻花银碗和鎏金高足钢杯等文物，具有伊朗萨珊王朝金银器特征，是北魏时与西域交往的实物见证。

沙岭墓群 沙岭墓群位于平城区水泊寺街道沙岭村东北约500米，东西约200米，南北约150米，分布面积约3万平方米，属北魏时代墓群。墓葬发掘12座（M1—M12），包括砖室墓2座、土洞墓10座，出土器物200余件。其中11座回填，M7墓葬原址保护。M7坐东朝西，为长斜坡墓道单室墓，太武帝太延元年（435年）建造，由墓道、甬道、墓室3部分组成，出土器物27件。其中，釉陶壶5件、罐1件；灰陶壶6件、罐5件；铜铯钉、铜牌各1件；漆耳杯1件，还有漆皮12块等。

沙岭壁画墓 沙岭壁画墓是魏晋南北朝时期重要田野考古发现，是发现的北魏壁画墓中保存最好、最完整的。墓室壁画上下分栏，上栏为动物形象，下栏为生活场景，现存面积约24平方米。东壁庑殿顶建筑内绘墓主人夫妇图等，南壁东面为一幅规模宏大宴饮场面，西侧为粮仓、车辆、毡帐和杀羊等劳动场面，北壁为车马出行图，西壁为武士。甬道顶部绘伏羲、女娲和摩尼宝珠，两侧各有1名武士。在砖室壁画墓中，保存着精美壁画且有文字纪年，壁画中所表现的北魏拓跋鲜卑人的社会生活、丧葬习俗等内容，再现公元五世纪前叶北方鲜卑民族的社会风貌和社会生活，为研究公元五世纪上半叶北魏上层统治者的丧葬习俗、衣冠服饰提供珍贵形象资料。墓中出土大量彩绘漆片，有男女主人端坐、庖厨、扬场等生活场景。壁画中有伏羲女娲、神兽，以及庖厨、打场、宰羊等日常生活场面，显现出拓跋鲜卑在定都平城以后，继承汉魏以来的传统，展示民族间融合与文化交流。

（乔 芳）

旅游行业管理

【星级酒店管理】 2021年，平城区印发《平城区推进服务业提质增效2021年行动方案》，推动生活服务向高品质和多样化升级，其中在星级酒店方面，重点提升酒店的服务档次、服务功能和服务范围，并加强星级酒店管理。全区有金地豪生大酒店、国宾大酒店、晨光国际酒店、宏安国际酒店、大同宾馆、花园大饭店、浩海国际酒店、瑞州大酒店、红旗大饭店9家星级酒店，全年接待国内过夜游客39.62万人次。（高 瑾）

【旅行社管理】 2021年，平城区严格规范旅行社经营活动，依法变更导游证信息。开展旅行社、导游法律法规、安全生产、文明引导等内容培训，加强导游职业道德教育，加强景区（景点）讲解内容培训。开展各项执法检查，旅游合同签订情况监督检查，导游持证上岗监督检查，旅行社以“不合理的低价”组织旅游活动获取不正当利益的监督检查。（乔 芳）

【旅游行业安全管理】 2021年，平城区成立由区文化和旅游局牵头，市文化市场综合行政执法队、区城市管理局、公安交警支队、各街道等相关管理部门为成员单位的旅游联合监管执法队伍，建立旅游安全监管机制。制订《区文旅局大型活动突发事件预案》《大同市平城区气象灾害应急预案》，建立平城区应急救援指挥体系，形成上下联动应急反应机制。建立常态化旅游安全监督检查机制、隐患排查和分级监控治理机制和联合执法监管机制，实现区域内特种设备合格率100%、食品卫生达标率100%、道路交通安全率100%，旅游伤亡“零”事故。（乔 芳）

·链接·

平城区入选“2021中国特色美食百佳县市”

2021年3月5日，《小康》杂志社联合多个国家权威部门和专业机构，发布“2021中国特色美食百佳县市”排行榜，大同市平城区以总评分94.78分位列第6名。此次评比榜单由网络大数据、县域专题调研、社会公众态度和专家评审4项加权，经综合测评得出。其中，全网数据设立自上年1月1日至12月31日的信源区间，设定用料、口味、口感、食品安全等8个维度，设立特产、风味小吃、美食节、民族特色等120个关键词标签。平城区特色美食有腊八粥、黄糕、大头麻叶、百花烧麦、刀削面、涮羊肉、小米粥、老大同八大件、下寺坡开锅豆腐、老大同什锦火锅等。（韩一荣）

▲图为老大同什锦火锅（刘月琴 摄）

·链接·

贡酒及特色美食

北魏贡酒 北魏贡酒制作技艺起源于北魏古都平城，出自北魏时期贾思勰所著《齐民要术》，经磨碎、润糁、蒸糁、发酵、蒸馏、贮藏6道主要工序，终成佳酿。原产地上皇庄位于北魏古都平城区雷公山龙湫泉，上皇庄村人任富继承父辈古法制曲酿酒技艺，用传承百年的老缸坊与不绝的龙湫泉水制曲酿酒，成为北魏贡酒制酒技艺第二代传承人，第三代传承人为李连增，第四代传承人为张同生。北魏贡酒是国家注册商标，制作技艺核心体现在两方面，包括古法制曲技艺和古法酿造技艺。这些经验性很强的技能，一直以来都是以口传心领、师徒相延方式代代传承，并不断创新、发展。

羊杂 大同羊杂的历史可追溯到战国赵武灵王时期，在北方地区，当人们宰杀羊后，把羊下水如血、肠、心肝等经过清洗放入各种调料的锅内煮熟，并拌以粉条制作成美食，一般作为早餐。羊杂的主要营养成分有蛋白质、碳水化合物、钙、磷、铁、维生素B、维生素C等。

贺老人羊杂　平城区贺老人羊杂是省级非物质文化遗产项目，始于明崇祯十一年（1638年），品牌创始人贺秀娥的先祖在明代大同地区制作和销售羊杂，贺秀娥继承祖传羊杂制作工艺，在平城区开办贺老人羊杂店。总店位于平城区魏都大道，是平城地区的品牌饮食。相关制品有纯羊杂、羊杂粉、即食羊杂小火锅，建有养羊肉基地，建立厂房。

大同刀削面 大同刀削面有据可考有2000余年历史，用刀削出的面叶，中厚边薄，棱锋分明，形似柳叶。20世纪80年代，位于小南街县角东大同饮食公司旗下八一刀削面馆，是大同刀削面的代表之一，后由于大同城市改造削面馆不再经营。1987年，传承人翟凤莲在南关小南街改名为小南街二板刀削面。

大同积德益糕点 大同积德益糕点铺前身是大同积德钰糕点铺，创建于晚清年间。大同解放后，该店铺由杂货转为专营糕点。公私合营期间，积德钰糕点铺是大同烟酒食品公司下属单位。20世纪80年代末，由于城市改造，积德钰糕点铺关门歇业，后积德钰门市部经理何金莲把原先的糕点师傅招揽在一起，在大东街老槐树下开一家糕点铺。1992年，店铺正式起名为“积德益”，成为一家大同民营企业，由何金莲之子罗祯接手经营。

老大同什锦火锅 老大同什锦火锅是大同当地的一种美食。数百年来，大同人“过大年”、宴请亲朋好友，什锦火锅是必不可少的“后轴菜”。老大同什锦火锅起源历史悠久，大同旧时盛产铜器，以木炭为燃料的铜火锅也是大同铜器的特色产品之一，民间过时过节吃火锅也是大同民风习俗，流传至今。老大同什锦火锅属综合北方火锅特点，融合起来的一种特色北方火锅，北方多以清汤为主，随着时代的进步与口味的多变，老大同什锦火锅把原有的清汤锅底进行升级，融合地方烹饪而演变成为独具晋北特色的火锅。

老大同八大件 老大同“八大件”也称“八大碗”，据考证从元代开始至今在大同有600年历史。“老大同八大件”主要菜品包括八宝饭（把蒸熟的糯米拌糖和猪油放果仁、青红丝、瓜子仁、红枣、莲子等食材做成）、爬肉条（又叫小烧肉，是“八大件”中最有名的菜）、扒羊肉、过油肉（主料用大同阳接葱“赛人参”）、红烧鱼、糊肘子（猪肘子用炭火烧后长火蒸制）、黄焖鸡块（淀粉腌制鸡块后长时间笼蒸）、黄焖丸子（将肉糜配入调料捏成球状先炸后蒸），因为“丸子”谐音“完了”，所以黄焖丸子是“八大件”里的压轴菜。“八大件”是老大同民间席制里的主菜，其制作过程，囊括扒、焖、酱、烧、炒、蒸、炖、熘等所有的烹饪技法，顺序讲究，一道金鸡（黄焖鸡块）二道银鲤（红烧鱼）三道铜肘（糊肘子或让茄子）四道玉卵（八宝饭）五道顺寿（扒肉条）六道酥鲜（扒羊肉或者炒三鲜）七道参丹（过油肉或虎皮卷）八道团圆（黄焖丸子）。“老大同八大件”是平城区非物质文化遗产。

（刘月琴）

交通运输

公　路

【概况】 2021年，平城区投资934万元，修建农村公路3.73千米；投资5223万元，修建古城27条道路，总长4.90千米。加强道路危险货物运输企业管理，更新危险货物运输车辆20余辆（含挂车）；开展桥梁数据大清底行动及桥梁档案库等工作，通过调取档案，查阅资料，现场勘验，摸清桥梁各项基础数据，完善桥梁档案库各项数据更新。（杨霄飞）

【公路安全监管】 2021年，平城区交通运输局排查农村公路限高设施，与涉及乡、村沟通拆除不符合规定的农村限高限宽设施13处。制定《大同市平城区“农村公路”路长制实施方案》，全区涉及农村公路25个行政村设立农村公路路长。协调街道、社区（村）开展三轮农用车摸底调查，街道和社区（村）签订安全责任书，社区（村）和三轮农用车车主签订安全责任书。（杨霄飞）

【“四好农村路”建设】 2021年，平城区交通运输局加大“四好农村路”（建好农村路、管理农村路、护好农村路、运营好农村路）建设力度，完成平城区东河河村检车线至平城区党校口公路改造工程，投资122万元，里程0.58千米。完成县道大谢线田村东—红卫桥段公路养护工程，投资212万元，里程1.15千米。完成东王庄—西谷庄线西谷庄段公路提质工程，投资600万元，里程2千米，采用三级公路建设技术标准，路基宽度7.50米、路面宽度6.50米，设计时速30千米/小时，沥青混凝土路面。（杨霄飞）

【公路建设整治】 2021年，平城区交通运输局推动农村公路建设整治行动，对相关工程领域开展宣传、排查，发放传单200余份，开展排查行动2次。配合执法部门整治公路工程建设领域恶意竞标、强揽工程、违章违建、强迫交易、恶意拖欠工程款、闹事滋事、垄断材料供应、盗窃建筑材料、损害公路设施等行为，关注建设单位拖欠工程款、农民工工资支付不及时等易引发矛盾纠纷的风险隐患。（杨霄飞）

【公路运输管理】 2021年，平城区公示区境内大同市志达商品混凝土有限责任公司、大同市华通联方有限责任公司、利鑫石料厂、国电大同第二发电厂及二期三期电厂、大同市新势力商砼有限责任公司等16家治超源头企业，平城区交通运输局配合市治超办及市交通综合执法队现场检查源头企业2次，杜绝严重超载超限行为发生，与大同市路政支队签订共享治超信息平台协议，节约信息平台建设费用200余万元。协助市交通运输局加强大同汽车客运东站、新南客运站219辆客运车辆旅客运输管理工作，全年安全发送旅客43.20万人次。（杨霄飞）

【国三及以下柴油货车淘汰】 2021年，平城区交通运输局开展国三及以下排放标准营运中型和重型柴油货车淘汰工作，完成相关货车淘汰1320辆，发放补贴款项2100余万元。（杨霄飞）

【大同汽车客运东站】2021年，大同汽车客运东站有进站车辆138余辆。其中，省际车辆62辆、县际车辆74辆、市际车辆2辆，日发送班车68辆，全年发送旅客约14.60万余人次。经营线路33条，覆盖山西、河北、北京、内蒙、辽宁、陕西、河南等省市。大同汽车客运东站位于平城区东北部东坟村，东邻文瀛湖引水渠西，南邻北环路，西、北邻大张公路。占地面积约14万平方米。其中，客运主楼、综合办公楼、例检车间等建筑物，占地面积约7万平方米，停车场占地面积约7万平方米。总建筑面积4.40万平方米。其中，地上3.47万平方米、地下1.03万平方米。主要建筑物有客运主楼3.31万平方米（客运主站房1.01万平方米、司乘公寓6313平方米、旅游集散大楼8291平方米、地下停车场8366平方米）、综合楼7828平方米（地上5944.15平方米，地下1884.53平方米）、例检车间2556平方米，该站隶属山西汽运集团雁北汽车运输有限公司。（王静）

【新南客运站】2021年，大同市新南客运站运营车辆81辆，司乘人员100余人，发送旅客量28.60万余人次。大同市新南公路客运站位于平城区魏都大道2308号，占地面积2万平方米，建筑面积6000平方米，候车厅面积2400平方米，停车场面积1.60万平方米，办公及其他用房面积3600平方米，客运网络涵盖北京、天津、山西及周边城市，担负京大、大运高速公路运送旅客与服务任务。（王静）

铁路

【铁路站点建设】2021年，大秦铁路股份有限公司大同站（简称“大同站”）完成站前广场、候车厅及站台的修建工程。大同站隶属于中国铁路太原局集团公司，管辖高铁、行车、客运、货运、重载、编组等工作，属综合性枢纽特等站，大同站客货运输能力辐射山西、陕西、河北、北京、天津、内蒙古等省、市、自治区，成为华北、西北物流和晋煤外运主通道。大同南站是大同站管辖的一等高铁站，2021年，建设完成站前广场扫尾工程。大同南站客运辐射山西、陕西、河北、北京、上海、内蒙古等省、市、自治区，是山西北部重要的高速客运专线。（王晨成）

【铁路安全生产】2021年，平城区成立大同市平城区铁路沿线安全环境治理联席会议制度，整治铁路沿线安全隐患，消除省级督办安全隐患6处，接收铁路部门移交上跨铁路桥5座，完成省级部门交办任务。年内，大同站梳理动客货列车混跑管控关键项点12个，制定卡控措施43条，开展接发车、防错办等专项整治19项，实现安全管控。推进新型列尾试用，研发列尾故障检测仪获国家发明专利，确保重载列车运行安全。截至2021年底，大同站实现安全生产2975天，实现第8个安全年。大同南站建立完善安全分析制度、安全例会制度、安全风险管理制度、安全隐患排查制度、安全预警制度5大体系9类清单29种台账。与安全、运输、客货、职教等业务科室协作，整理印制技术规章、技术文件、技术资料等200余份，细化安全生产责任制、岗位工作职责，及职教、消防、综治反恐等制度，给车站安全管理提供制度保障。针对突发大客流及大面积晚点、恶劣天气、设备故障等导致非正常行车等突发情况，组织干部职工有针对性开展演练，分析演练中存在问题的原因，整改不足并动态修订，确保各项预案时效性和可操作性，全年组织开展各类应急演练68次。（杨霄飞）

【集大原高铁大同段开工建设】2021年第二季度，集（集宁）大（大同）原（原平）高铁大同段开工建设，启动征拆工作，完成高铁沿线地上附着物清点核量确权工作。集大原高铁是国家铁路“八纵八横”呼（呼和浩特）南（南宁）通道重要组成部分，途经内蒙古、山西、河南、湖北、湖南、广西6个省（自治区）23个地市，全长2300余千米，是纵贯中国中西部地区的南北大动脉、骨干客运线。集大原高铁位于呼南通道北端，穿晋蒙2省（自治区）4市14县（区），是呼南通道晋蒙区域区间段，起自内蒙古乌兰察布市，向南经大同市、朔州市，终至忻州市原平高铁站。铁路全长约270千米，设计时速250千米。其中，内蒙古段73千米，山西省段197千米。建设集大原高铁初步设计批复325亿元。全线设置车站8座，包括接轨站2座，分别是乌兰察布、大同南；建设中间站5座，分别是丰镇西、应县西、山阴南、朔州东、代县西；引入既有站1座，怀仁东站；预留大同北站设站条件，全线总工期4年半。集大原高铁大同段，线路北起自晋蒙交界明长城遗址，南至大同南站东侧与大张高铁接轨，途经大同市新荣区、云州区、平城区、大同经济技术开发区，线路全长49千米。

（王晨成　蕙　兰）

【动车组列车变更】 2021年1月20日，铁路部门实行新列车运行图，运行图调整后，大同南站增加至郑州和上海线路，取消清河开往大同南的G4191/2次和G4193/4次列车。增加日常线7对列车，分别是清河开往大同南的G2525/6次、G2527/8次列车，呼和浩特东开往济南西的D2777/8次列车，包头开往郑州的D2781/2次列车，郑州开往呼和浩特东的D2786/5次列车，郑州开往大同南的D2790/89次列车，上海开往大同南的D316/5次列车。另有11列旅客列车调整运行区段。（王晨成）

【铁路站运营】 大同站运营　2021年运送旅客221.88万人次，全年完成电煤运量4.20亿吨。重大节日期间，大同站运送旅客71.87万人次。其中，元旦期间发送旅客1.60万人次，春运期间发送旅客13.39万人次，清明假期发送旅客3.25万人次，“五一”假期发送旅客6.82万人次，暑运期间发送旅客38.83万人次，中秋小长假发送旅客1.69万人次，国庆长假发送旅客6.29万人次。年内，大同站受煤炭价格剧烈波动、市场结构调整等影响，提升机列衔接、调机运用、装卸组织等关键环节作业效率，落实电煤“五优先”（优先批车、优先配空、优先装车、优先放行、优先卸车）措施，打好电煤保供突击战，全年阶段计划兑现率99.03%。大同站货检车间获国铁集团路网性标准化货检站称号。

大同南站运营　2021年，运送旅客343.27万人次。重大节日期间，大同南站运送旅客83.95人次。其中，元旦小长假发送旅客1.55万人次，春运期间发送旅客16万人次，清明假期发送旅客4.05万人次，“五一”假期发送旅客6.58万人次，暑运期间发送旅客45.25万人次，中秋小长假期间发送旅客2.23万人次，国庆长假发送旅客8.29万人次。遇突发情况与列车横向联系，启动应急预案，全年组织晚点30分钟以上列车110余列。在“两会”、“七一”、全运会等重点时期，针对进京旅客开展二次安检，旅客及携带品100%检查，做到逐件过机、逢疑必查，查获危险品8360余件。其中，易燃易爆4680余件，利器钝器3650余件，活动物30余起。大同南站发挥“魏都畅行”“嘉慧馨旅”品牌优势，提升旅客服务硬件和软件水平，让重点旅客从进站、乘车、出站全过程享受服务品牌提供的专人帮扶、专用辅助器械、专用通道、站车无缝交接等专业化、链接式服务，改善旅客出行体验。完善和落实商务旅客服务项目，实现商务旅客“专属信息、专用通道、专区候车、专人引导、便捷出站”服务标准，提高商务旅客服务品质。截至2021年底，大同南站给旅客找回遗失物品3000余件，收到旅客锦旗15面，受“12306”中国铁路客户服务中心表扬171次，省部级以上媒体报道46次。客车给水率受到国铁集团肯定，被中国铁道企协质量管理委员会授予“全路客货运输窗口用户满意单位”称号。

（王晨成）

城市公共交通

【概况】 2021年，平城区有公交常规线路72条，线路总长度1182.75千米，站点总数2609个，全年客运量2.20亿人次，运营里程5398万千米。全区有出租汽车公司10余家，有出租车4400余辆。淘汰城市中巴车，开工建设大同综合客运枢纽工程，满足群众出行需要。（史志室）

【公交车运营】 2021年，平城区新开通线路1条203路，自新

▲ 2021 年 10 月 25 日，大同市 89 座智慧公交电子站牌启动安装。图为工作人员正安装云城装饰大世界站电子站牌　　（郑建军　摄）

南客运站至云冈区谢店村。优化调整线路 12 条，500 米站点覆盖率 100%。有新能源公交车 951 台。其中，氢燃料电池公交车 100 台、气电混合动力公交车 216 台、纯电动公交车 635 台，新能源公交车占比 76.30%。建成充电站 6 座，投入充电桩 125 个。安装调试公交电子站牌 89 座，实时显示车辆运行、到达及载员情况。大同公交公司配合交警部门科学设置公交优先车道，御东新区 5 条道路启用公交专用道，单向全长 23.80 千米，涉及运行公交线路 20 条。维修候车亭 126 座、更新站牌 30 座、补充公交候车亭座椅 77 个，完成“我为群众办实事”项目 28 项。3 月，大同公交公司正式成为“山西省工业互联网产业联盟”成员单位。

（郑建军）

【公交线路定制】 2021 年，大同公交公司为解决部分小众、零散群体乘客个性化公交出行问题，开通长期或短期定制公交线路。市民通过“大同公交”APP 在线预约购票，根据需求生成线路，在因线路调整、道路维护期间普通公交无法到达情况下，通过定制公交为乘客提供便捷出行。全年开通个性化定制公交线路 34 条。（郑建军）

【出租汽车管理】 2021 年，平城区加强出租汽车管理，完成巡游出租汽车更新 591 辆，出租汽车驾驶员从业资格证补换发 4400 余件。推进出租车新能源化，在车型选取环节，尊重经营者选择权，采取全过程公证方式，通过汽车厂商报名、组织召开推介会、出租车经营者线上线下推选等程序，产生 3 种新能源车型。截至 2021 年底，全区所有到期更换的和增加的出租车全部使用新能源汽车。提高出租车行业服务质量，在火车站对过往出租车辆进行消毒，对所有出租车辆驾驶员进行新冠肺炎防疫宣传，要求出租车司机全程佩戴口罩，健康出行，车辆每趟次消毒，加强车辆通风换气，保持车内空气流通。6 月，开展“安全生产月”活动，发放宣传资料 543 份，安全宣传教育 623 人次，治理各类隐患 20 余起。（高　青　安培和）

【城市中巴车淘汰管理】 2021 年，平城区按照大同市交通运输局“强制淘汰适当补贴”原则，一次性把剩余的 91 辆城市中巴车全部淘汰。为淘汰的中巴车经营者办理出租车经营许可，对淘汰中巴车的经营区域，跟进班线公交和预约公交全覆盖，确保公众出行需求。

（高　青）

【大同综合客运枢纽工程建设】 2021 年，大同首个综合交通换乘中心——大同综合客运枢纽工程在平城区开工建设。项目位于大同市开源街南侧、太和路西侧、永安路以东、站前一路以南、站前三路以北，总建筑面积 6.79 万平方米。整个工程主站房部分分地下 1 层，地上 4 层，地下部分主要是停车场，建成后可容纳 296 个车位；地上 4 层分别是售票大厅、候车室、办公区、会议室、活动室。地上站场部分一层是公交车停车场，可容纳 83 个车位；二层是旅游大巴停车场，可容纳 111 个车位。截至年底，一标段地上站房、站场主体均封顶，水、电、暖等安装工程做进场前准备工作，二标段栈道桥主体结构完成。（高　青）

城市建设

城乡规划

【总体规划编制】 2021年，平城区自然资源局完成平城区国土空间总体规划招标工作，形成平城区国土空间规划编制初稿文本，建立实施监督系统，收集“十四五”重大工程项目及历史管理类数据，分类转化平城区国土空间规划底图底数。开展生态保护红线、城镇开发边界、永久基本农田保护红线“三线”划定：生态保护红线，根据省厅信息平台生态红线0423版分析，平城区行政范围内生态保护红线面积31.94平方千米，占到总行政面积13.80%；城镇开发边界，平城区统一执行市级中心城区开发边界，市级划定开发边界于10月报省自然资源厅备案；永久基本农田保护红线，结合市级开发边界划定需要，调出永久基本农田1646.67公顷，保留永久基本农田740公顷，同时补划优质耕地93.33公顷。

（秦志强　刘洪波）

【村镇规划编制】 2021年，平城区自然资源局结合市级城镇开发边界划定方案，分析全区村庄布局分类，形成平城区村庄布点规划文本初稿，确定平城区村庄规划编制三年计划。2021年推进小石子村、上皇庄村、泉寺头村三个行政村的村庄规划编制。落实农村自建房“四办法一标准”要求，结合村庄规划编制工作，起草《平城区农村自建房规划管理实施办法（试行）》。

（秦志强　刘洪波）

重大项目建设

【市民中心项目建设】 2021年，平城区实施市民中心项目，该项目位于向阳街以北、府南街以西、红旗街以东，总投资1.88亿元，总占地面积2.06万平方米，规划建筑面积3.13万平方米，地上建筑面积1.47万平方米，配套公建建筑面积633.73平方米，地下建筑面积1.65万平方米。该项目分两期实施。其

▲ 2021年12月26日，平城区市民中心一期项目建设完工。图为市民中心外景

（张晓星　摄）

中，一期为地上11层的便民服务中心，建筑面积9574.26平方米；二期为地上二层的便民活动中心，建筑面积4523.85平方米。周边配套服务项目有地下停车场、室外管线、绿化广场等附属设施。截至2021年底，一期项目建设完成。（张晓星）

【平城区人民医院和中医院建设项目】2021年，平城区开工建设平城区人民医院和中医院项目。平城区人民医院项目位于平城区惠民西路以东、西环路以西、北馨西园以南、桐城怡景以北，按二级甲等综合医院标准建设，项目总投资6.31亿元，总建筑面积7.87万平方米，设置医疗床位510张；平城区中医院项目位于永安路以西、天泰街以南、鸿雁路以东、恒安街以北，项目投资5079.82万元，规划占地6666平方米,建筑面积8965平方米，设置医疗床位80张。截至2021年底，平城区人民医院住院楼、康养楼主体完成10%以上；平城区中医院主体结构完成，进行二次结构和内部装修。（张晓星）

【社区活动场所和公益性服务设施建设项目】2021年，平城区社区活动场所和公益性服务设施建设项目涉及5个社区活动场所和公益性服务设施，用地面积1.56万平方米，建筑面积7737平方米，服务2.20万户4.75万人。截至2021年底，完成4处社区建设（黄花街社区活动用房、北辰花园社区活动用房、雁北煤校社区活动用房、局前社区活动用房）。

（张晓星）

【城投公司】2021年，大同市有道城市发展投资有限公司（简称“有道城投公司”）下设13家子公司，其中5家全资子公司（大同市有道置业有限公司、大同市有道物业管理有限责任公司、大同市有道环卫产业有限公司、大同市平城区有道城市管理保障服务有限公司、平城区平城劝业劳务派遣有限责任公司），8家合资子公司（大同市百草农牧产业发展有限公司、大同市有道文化旅游产业投资有限公司、山西有道诚铸环科建设产业有限公司、大同宜民产业发展有限公司、山西清新智慧能源科技有限公司、山西中农富同农业科技发展有限公司、大同市同煜能源科技有限公司、大同市古城投资集团有限责任公司）。公司业务涵盖商业地产运营、城市服务运营、文旅产业发展、投融资平台建设、乡村振兴建设、现代农业投资运营、新能源科技开发、区域综合开发等领域。年内，对接引进保利物业、爱驰汽车、千方科技等世界500强和“独角兽”企业；建设平城区老旧小区改造配套公共服务——市民中心项目（一期、二期）、平城区社区活动场所和公益性服务设施建设项目、中车集团大同公司城市棚户区改造（二期）项目；新建小石子村乡村振兴示范区建设项目、推进东小城维稳纾困等项目；开展劳务派遣、文化旅游和城市服务等业务。

2021年，有道城投公司依据平城区人民政府与五矿证券有限公司签署的战略合作协议，依托五矿证券在直接债务融资、资产整合等方面经验，整合包装平城区资产，完成区属国有资产摸底整合。12月29日，有道城投公司成为晋北第一、全省第二的获评AA资信等级企业综合实力评级的县区级城投公司。

2021年，平城劝业劳务派遣有限公司与国家统计局大同调查队、广灵县壶泉镇中心学校、山西通用航空职业技术学院等8家单位签订服务合同，与37家单位长期保持合作关系，提供就业岗位103个。公司人才库新增不同专业本、专科毕业生400余人。连续两年公司营业收入破2000万元，列入统计部门名单，成为区重点企业。（贺仁龙）

旧城改造

【老旧小区改造】2021年，平城区开展老旧住宅小区综合整治项目17个，涉及13个街道104个小区、429栋住宅楼、2.15万户居民，建筑面积188.30万平方米，项目建设费用总投资约6.25亿元（其中工程项目评审建安费金额5.06亿元）。主要围绕供水、供暖、排污、道路（路面）、楼道修补及粉刷、绿化、监控门禁、照明、供电入地、通信线路入地，建筑节能的屋顶防水、外墙保温（含落水管）、楼道防盗门、窗户更换开展综合改造。截至2021年底，通过招标、施工单位组织进场，基本完成41个小区综合整治（包括楼本体、管网施工、小区路面硬化等），完成总工程进度49%。（侯雁楠）

【棚户区住房改造】 2021年，平城区棚户区住房改造新开工1044套，城镇保障性安居工程完成投资2.50亿元。棚户区住房改造基本建成2193套，其中友谊南街建成保障住房782套，向阳东街建成保障住房535套，拥军路东侧新民村102套封顶，大塘路两侧城市棚户区改造项目建成774套。

（周艺萌）

【中车集团大同公司城市棚户区改造项目（二期）】 2021年底，中车集团大同公司城市棚户区改造项目（二期）现场主体完成施工，拆迁安置住房建成交付回迁户，商品房部分基本建成，配套设施除小区道路、绿化外其他部分完成建设。该项目于2019年9月由平城区政府与中车大同电力机车有限公司签署项目协议书。项目规划总用地面积10.78万平方米，总建筑面积38.93万平方米。截至2021年底，建成地上建筑面积31.09万平方米，地下建筑面积7.84万平方米。地上面积包括住宅建筑面积27.57万平方米，商业建筑面积2.72万平方米，配套公建7882.85平方米，其他96.04平方米。项目建设商住楼9栋、住宅楼7栋、独立商铺6栋、幼儿园1栋、配套公建1栋，热力站、地库及小区其他配套设施。（张晓星）

【老旧小区物业管理】 2021年，大同市有道城市发展投资有限公司及时为老旧小区改造完工的17个无物业小区提供物业基础服务。清理老旧小区建筑垃圾近100万立方米，清除野广告1600余平方米，清扫楼道15万平方米，清掏污水井22个，处理“12345”政府服务热线工单87件，处理居民日常投诉124人次。（邸军军）

公用事业

市政公用设施建设

【概况】 2021年，平城区有城市道路486.81千米、城市桥梁88座、城市雨水管网643.56千米、城市照明2.19万基，全年处理污水5429万吨。（石晨东）

【道路桥梁建设】 2021年，平城区有城市道路486.81千米，面积1357万平方米。其中，机动车道992.14万平方米、非机动车道184.76万平方米、便道180.10万平方米。有城市桥梁88座，其中人行天桥34座，地下通道37处，涵洞3座。（石晨东）

【雨水管网建设】 2021年，平城区有城市雨水管网643.56千米、箱涵35.01千米，雨水检查井1.53万座、收水口2.36万座，污水管网497.61千米，污水检查井1.51万座，排洪干渠1处，雨水提升泵站23座，污水提升泵站1座，雨污水提升泵站1座。（石晨东）

【照明设施】 2021年，平城区有城市照明2.19万基、光源5.06万盏，桥体景观照明及路灯装饰照明7.46万盏，箱变313台，电缆总长1367.83千米，路灯检查井3.02万座。（石晨东）

【城市污水处理】 2021年，平城区有污水处理厂2座（东郊污水处理厂、西郊污水处理厂），设计总规模为20万吨/日。全年处理水量5429万吨。处理后出水化学需氧量、氨氮、总磷三项指标执行地表水环境五类标准，其余指标执行一级A标准。污水处理率98%，污水收集率85.40%。

大同市东郊污水处理厂服务范围北起北环路，南至开源街，西至魏都大道，东至滨河路，汇水面积约45平方千米，服务人口38万人。设计规模10万吨/日，实际处理量约7万吨/日。2021年，处理水量约2576万吨。技术上采用奥贝尔氧化沟+高密度沉淀池+转盘式微滤机组合工艺，实现进出水在线监测和环保监测两个平台联网运行。为确保出水三项指标持续达到地表水五类标准，厂内生物池采取加盖保温和工艺段新建加药系统间等措施。污水厂出水一部分排入御河，另一部分送入中水厂进行再处理，供大同二电厂冷却用水。

大同市西郊污水处理厂收水范围北至北环路，东至魏都大道，南至十里河以北，西至云冈沟沿十里河2号橡皮坝以东，汇水面积约37平方千米，服务人口43万人。设计处理规模10万吨/日，实际处理量约7.80万吨/日。2021年，处理水量约2853万吨。工艺用氧化沟、A2O两套工艺系统同时运行。污水厂出水一部分排入十里河，另一部分送入中水厂进行再处理，供大同二电厂冷却用水。（孟小琳）

供　水

【概况】 2021年，平城区居民用水价格执行阶梯水价（完成“水表出户、一户一表”改造的居民用户）。第一阶梯2.70元/吨（每人每月2.50吨以下），第二阶梯5.40元/吨（每人每月2.50吨以上至3.50吨以下），第三阶梯8.10元/吨（每人每月3.50吨以上）；非阶梯水价（未完成“水表出户、一户一表”改造的居民用户）2.80元/吨。（孟小琳）

【供水服务】 2021年，大同市供水排水集团有限责任公司服务人口约200万人，公共供水普及率99.80%，水质合格率100%。

（孟小琳）

【供水管网】 2021年，大同市供水排水集团有限责任公司管理75毫米以上输配水管线1059千米，10千伏专用配电线路123千米，日供水量30万立方米，服务用户25万余户。市本级供水管线1063千米（不含庭院管网），供水由市供排水集团、引黄供水有限责任公司共同承担，水源主要为地下水（36.50%）和地表水（63.50%），日供水能力63万吨，其中引黄供水有限责任公司日供水能力40万吨，出水输送至供排水集团后进行再分配，日均供水量34.50万吨，年供水量1.26亿吨。（孟小琳）

供　热

【概况】 2021年，平城区总供热面积7922.25万平方米，京能大同热力有限公司结合大同市气象情况，从10月11日开始提前14天供热，供热量155.92吉焦，金额3118.40万元。（彭泽界）

【供热服务】 2021年，京能大同热力有限公司接处“12345”政府服务热线工单1.05万件，较上年减少2500余件，减少18%，工单全部办结。着力提升供热服务水平，客服中心各营业厅接待用户34.89万人次，接听热线电话17.77万次，与“12345”政府服务热线、热用户三方通话4908次，话务量同比下降20.58%。客服热线（6101111）下派平城区工单1.28万个，同比下降15.14%，平城区工单三率分别为办结率99.98%、响应率72.55%、回访满意率97%，较上年同期显著提升。

（彭泽界）

【供热工程】 2021年11月22日，大同长输供热管线工程实现全线贯通。该建设项目起点位于内蒙古丰镇市京隆电厂，终点与大同市区御东文瀛北路现状热力管线连接。长输管线总长53.10千米，管径DN1400，隔压泵站2座，改造大温差热力站97座。12月23日，内蒙古京隆电厂热源并入大同热网系统试运行，实现供热面积1200万平方米，远期供热能力可提升到3000万平方米，缓解大同市热源紧张局面。（彭泽界）

【供热管网】 2021年，平城区有供热管道一次网长度1248.57千米。二次网长度3080千米，热力站536座。（彭泽界）

供　气

【概况】 2021年，大同华润燃气有限公司开通平城区燃气居民管理用户52万户，年用气量0.64亿立方米，其中居民用气38.78%、工商业用气51.20%、其他（LNG/CNG）10.02%，调压箱5299个、调压柜257个。大同市煤气化总公司居民用户4.01万户、工商业用户50户，分输站1座，调压站42座，调压箱28个，调压柜7个。天然气居民用户价格执行阶梯价，一阶梯价 2.70 元，二阶梯价 2.96 元，三阶梯价 3.48 元；工商业用户价 2.97 元，福利用户价 2.49 元。平城区汽车加气站企业有 10 家，其中 CNG 汽车加气站 8 座、LNG 汽车加气站 1 座、LNG/CNG 合建站 1 座，年供气量 0.20 亿立方米。瓶装液化气经营企业 5 家，年供气量 3800 吨。平城区燃气管道总长 3118.75 千米，大同华润燃气有限公司管理 2968.05 千米（地埋燃气管道 1951.27 千米，燃气立管 1016.78 千米），大同市煤气化总公司管理 150.70 千米（地埋燃气管道 108.60 千米，燃气立管 42.50 千米）。全年新建、改建燃气管网 115.50 千米。（石晨东）

【户内燃气设施更新】 2021 年，平城区需更新安装长寿命灶具连接用不锈钢金属波纹软管、自闭阀门、带有自动熄火保护装置燃气灶具的燃气用户有 50.56 万户（含煤气公司 4 万户），完成 9.22 万户。（石晨东）

【供气服务】 2021 年，大同华润燃气有限公司免费为用户上门检查用户灶具是否超期、是否有自动熄火保护装置，以小区为单位建立“润燃先锋服务群”微信群 35 个，为用户答疑解难。推进老旧改造小区管道置换进度，保证居民安全用气，对 31 个老旧小区、58 个遗留小区建立看板清单管理，完成管道置换 61 个小区。（石晨东）

【供气安全宣传】 2021 年，大同华润燃气有限公司进社区、企业、学校、公共场所开展安全用气宣传活动 50 次，发放宣传资料 2 万份，培训工商业用户，讲解燃气常识、IC 卡表知识、用气安全注意事项、应急处置措施；讲解自闭阀门功能、长寿命软管优势；解答用户问题，入户手把手教用户切实解决燃气使用过程难题。指导用户正确使用燃气热水器、壁挂炉等燃气用具，确保安全用气，组织人员拍摄购气、插卡、看表等内容日常操作短视频，在“抖音”平台播放。（石晨东）

【智慧化管理】 2021 年，大同华润燃气有限公司“三供一业”智慧燃气平台，通过保供管网普查及调压柜、楼栋调压箱压力监测改造，实现实时监控管网运行状态，确保管网安全稳定运行。累计投资 3251 万元，涉及调压箱中低压压力监测点 1924 个，调压柜压力监测点 38 个，完成中低压管网测绘 550 千米；完成 SCADA 系统 280 余个站点数据迁移及上线工作。通过智慧燃气“一张图”实现管理可视化，重点工商业用户、中压压力检测点压力数据实时监控，实现市政综合管网一体化调度指挥，全面提升综合性监控、运维能力。推进 IGIS 系统建设，实现管网在线检测，录入系统 1190.60 千米。建成易巡检和易安检系统，实现巡线人员实时在线监测，发现隐患实时录入，可持续跟踪整改，用户安检信息化、规范化，实现派单自动化、记录数字化、单据电子化。利用泵吸式检漏车对市政管线快速检漏排查，通过信息化手段提高安检和隐患排查效率，保障燃气设施安全平稳运行。（石晨东）

【燃气安全管理】 2021 年，平城区市容监察管理处联合燃气服务指导中心开展联动执法，对餐饮店液化气安全使用情况开展专项检查，告知商户燃气安全隐患问题，要求立即整改并复查；排查便民市场摊点用水用电安全，煤气罐是否存在阀门松动、接头安装不到位、软管老化等问题，督促商户整改并登记；联合公安部门，拆除振兴街便民市场内 26 间临时搭建的简易泡沫板房。大同华润燃气有限公司整治平城区违章占压燃气管线情况，发现违章占压 88 处，完成整治 32 处。封堵停用废弃管道，对马军营村、东河河村、北村等村庄停用户进行封堵。（石晨东）

供电

【概况】 2021 年，国网大同供电公司平城区供电中心负责管理大同市平城区 246 平方千米、48 万户居民及工商业用户生产和生活用电。管辖 10 千伏开关站 172 座、10 千伏配电室 267 座、配电变压器 1602 台、柱上变压器 116 台、10 千伏架空线路 55 条，总长度 33.66 千米。全年售电量 21.08 亿千瓦时，同比增长 12.06%；电费回收 10.76 亿元，回收率 100%；

综合线损率 1.42%；综合电压合格率 99.998%；配变平均停电时长 1.56 小时 / 台，同比减少 15.67%；供电可靠率 99.982%，在全省 B 类地区排名第一位。年内，联合云冈区供电公司负责实施平城区“煤改电”冬季清洁取暖工程，完成 14 个街道 9069 户改造。

2021 年，国网大同供电公司平城区供电中心入选 2021 年度全国进步百佳县公司；平喜路营业站入选全国进步百佳供电所；文瀛路营业站、向阳里营业站入选全省百强供电所。（米 强 林晨光）

【用电服务】 2021 年，平城区有服务网点 8 个，为 48 万用户提供电力抢修、业扩报装、电费缴纳等供用电服务。国网大同供电公司平城区供电中心完成大同山橡集团、中国中车大同电力机车有限责任公司、国电电力发展股份有限公司大同第二发电厂、大秦铁路股份有限公司等国有企业家属区 5 万余用户“三供一业”（企业的供水、供电、供热和物业管理）接收任务。打造 24 小时自助营业厅、网上办电、微信缴费等渠道，用户足不出户即可办理用电业务；为重要用户开辟“绿色通道”，上门办理业务。落实国家民生优惠政策，宣传推动电价改革、代理购电业务，疫情期间实行工商业电价减免措施，减免电费 2353 万元。助力大同绿色转型发展，6 个大型充换电站投入使用，有充电桩 35 个，每月接待车次 700 辆；完成新水湾龙园智慧社区电能替代工程。依托电网可视化系统、线上线下服务热线，实现抢修工单快速派发，实现“居民故障不过夜”；对所有社区用户开展入户隐患排查、安全用电常识宣传，降低用户故障报修率。完成保电任务 36 项，其中国家级 4 项、地市级 32 项。保电天数 90 天次，出动 1546 人次，保电车辆 646 车次，出动发电车 35 车次。协助排查平城区 12 座小学用电设施，处理缺陷隐患 16 处；完成 15 个老旧小区的改造验收工作；到企业、社区、新能源基地、煤改电用户开展供电服务、隐患排查、爱心帮扶等主题活动。（米 强 林晨光）

▲ 2021 年 9 月 19 日，平城区供电局组织开展保电活动。图为工作人员在铺设电线 （刘 伟 摄）

【电网建设】 2021 年，国网大同供电公司平城区供电中心编制《国网大同供电公司城市 10 千伏及以下电网规划报告》，推动 7 个供电网格、35 个供电单元单环网网架结构向双环网变更；建设 10 千伏古北开关站，解决城网变电站 10 千伏间隔紧张问题；改造武庙街线等 5 条老旧架空线路，新增线路联络点 2 处，加强古城不停电区域网架；完成枫林逸景、龙湖园等小区 4000 存量合表用户打开工程，新增配电站房保护自动化装置，解决御昌佳园二电源不可靠问题。（米 强 林晨光）

【用电安全管理】 2021 年，国网大同供电公司平城区供电中心组织全员开展安全生产培训；常态化开展抢修现场和营业厅新冠疫情防控；依托安全管控平台，开展“双准入”现场核实工作，保证施工队伍、人员安全资质审核合格；督查各类现场 903 个，纠正并教育不规范行为 79 次。开展台区线损治理，完成对 15 个重损台区、21 个拆迁台区现场改造，长期重损台区、累计负损台区实现清零；完成汇天嘉宇等7个异常台区计量点位置、方式现场核查梳理整改，台区线损率提升0.50%。“网上国网”能效账单使用率完成97.88%。新版表计轮换7.33万只，表计96点曲线采集成功率97.35%，较上年提升16.17%。低损线路占比64.07%；同期分线线损率和分台区线损率分别由年初85.91%和95.89%提升至98.79%和98.94%。（米　强　林晨光）

【设备运行维护】　2021年，国网大同供电公司平城区供电中心开展专业化巡视，处理自动化缺陷17处、光差保护缺陷17处，维护交直流系统60套、充电模块和监控器15套。开展低压排查，结合老旧小区改造，改善台区供电能力；开展多种形式的带电消缺、改造作业22次，降低停电频率。开展网上电网源端数据治理，对配电设备档案一致性、合理性、关联性持续修正，完成平城区570套配变智能融合终端（TTU）的带电安装工作。完成配网设备现场“一设备一打卡”和杆塔光缆敷设情况核查；采用电力物联网“云—管—边—端”标准架构，打造典型智慧开关站4座。（米　强　林晨光）

城市管理

【概况】　2021年，平城区城市管理局协同开展市容市貌、户外广告、交通秩序、环境治理4项攻坚行动，针对户外广告牌匾、废品收购站、渣土运输等开展城市精细化管理。向临街门店宣传精细化管理理念，引导全民参与城市管理工作，发放通告、倡议书1万余份，签订承诺书4000余份。配合平城区委、区政府摸底梳理城管系统内人员、车辆、装备等。（司　杨）

【市容市貌整治】　2021年，平城区城市管理局统筹城管各职能部门，累计出动执法人员10万余人次，车辆2.20万余台次，规范便民市场商贩4.10万余处，清理占道商贩2.26万余处、游商游贩9600余处、门前堆物8680余处、店外经营9100余家；取缔占道广告牌匾4880余块（条）、广告灯箱360余块、软体广告条幅980余条（块）、橱窗广告1560余家；拆除私搭乱建棚、伞、架300余处，以及路桩地锁2000余个、木质花坛150余个，清理占道反光锥桶1000余个。（司　杨）

【河道环境治理】　2021年，平城区城市管理局整治御河、十里河及河道周边可能对水质造成污染的企业和个人行为，出动人员3000余人次，车辆1500余次，劝阻焚烧垃圾行为23次、焚烧秸秆及杂草行为30次，清理河道周边陈年垃圾4次，劝离河道周边散乱污废品收购站7处。（司　杨）

【商户环境整治】　2021年，平城区城市管理局督查临街商户“门前五包”责任制落实情况，禁止门前堆物，按照“一店一牌”清理违规占道广告牌匾、条幅及门窗广告，加强占道经营、店外经营、马路市场、马路工厂、马路仓库、私搭乱建、乱贴乱挂、原煤散烧等影响市容市貌行为监管力度。全年规范管理商贩2.74万余处；清理门前堆物1.16万余家、店外经营5400余家、销售祭祀用品商贩20余家；清理占道广告牌匾4300余块（条）、软体广告条幅3300余条（块）、橱窗广告2600余家、违规广告灯箱550余块、墙体广告280余处、占道刀旗320余个；清理同煤新苑、南环御河西路口广告幕布2块、商家促销高音喇叭1320余处、废品收购站61余家、店外庆典占道彩虹门40余座；拆除私搭乱建棚、伞、架930余处，以及私设路桩、地锁2200余个。（司　杨）

【便民市场和早市管理】　2021年，平城区建设完成4个标准化便民市场，分别为平城区第十八小学校对面北侧便民市场、五州帝景便民市场、昌宁街华阳日月城西侧唐绎便民市场、大庆路同兴街机车厂医院对面同海便民市场。升级改造解放集贸市场、红旗集贸市场、华联商厦集贸操场城店、古城便民市场、永康便民市场5家便民市场，从食品安全、环境面貌等方面着手，落实29条集贸市场测评标准。加强对惠民西城便民市场、同泉里便民市场等市场的规范管理，完善市场功能，消除市场消防安全风险，改善周边居民购物环境。规范早市经营秩序，解决早市路段脏、乱、差现象，加强流动摊贩占道经营整治力度，维护城市道路整洁和市容环境秩序，提升早市经营环境。

（张宇昕）

【市容监察管理】 2021年，平城区市容监察管理处治理共享单车乱停乱放1.13万余辆；监管施工废土污染路面200余处；巡查辖区烧烤门店1300余家（次）；出动清雪宣传车360余辆，宣传、动员商家清雪3000余家；配合巡特警查扣燃放烟花爆竹240余处、阻止燃点旺火15处；清运便民市场内各类生活垃圾130余车；进店宣传爱国卫生季活动累计5000余家；利用商家LED显示屏循环滚动播放爱国卫生季标语6.50万余次。受理上级业务部门各类现场督办案件375件，结案率100%；处理举报电话258起，全部给予回复。

（孙　涛）

【大气污染行为治理】 2021年，平城区市容监察管理处对辖区内涉及城市管理方面的大气污染源进行地毯式摸排，增加夜间巡查频次，对露天烧烤摊点进行入户宣传、讲政策、发通知、下文书、做动员，要求经营户进店经营，检查油烟净化设备安装情况和是否按规定使用。依法取缔拒不配合的露天烧烤经营户，取缔“串街”康乐街占道露天烧烤和摆放桌椅经营行为。联合相关单位开展联合执法，清理整顿原煤散烧等污染行为，整治沿街门店、早点、水果等售卖摊贩中使用原煤散烧行为。联合公安干警、交通民警集中开展重型柴油车、散装物料运输车污染治理。向各大酒店、临街商铺、小区物业和广大市民宣传禁燃烟花爆竹。清明节前开展“绿色清明 文明祭祀”宣传活动，向群众分发倡议书、鲜花。

（孙　涛）

【数字化城市管理】 2021年9月，平城区数字城管服务中心和平城区燃气服务指导中心整合组建平城区城市公共服务中心，隶属于平城区城市管理局。11月，平城区城市公共服务中心80名综合执法城管工作人员下沉街道。年内，平城区城市公共服务中心为实现精细化城市管理，对18个街道、48个村、155个社区和5个职能部门的办公地点、管辖区域、街区两级领导和联络人电话等详细信息登记造册明确案件归属，责任到人。建立“城市精细化管理案件群”微信群，第一时间将城市管理案件转发至相关职能部门，确保案件及时处理。截至2021年底，发现并上报案件1906件，处理220件，其中疑难案件55件。处理“12345”政府服务热线工单248起、市级督办案件80起。

（孙晓燕）

【城市管理综合执法】 2021年，平城区城市管理综合执法大队出动队员3000余人（次）、车辆500余台（次），配合房屋征收与补偿服务中心对东街太平楼附近、金世纪小区、小石子村、铁牛里、育才园、云波里旧小区改造、星港城、永泰街道等地开展入户执勤、安全执勤、围场执勤等200余次；参与曹夫楼村委会、马家堡村、开放大学、兴云桥等地安置户分房现场维持秩序50余次。开展大同古都不夜城、第六届成龙国际电影周论坛等安保执勤。12月，平城区城市管理综合执法大队联合鹿苑街道崇仁社区组成志愿服务队，开展“文明城市创建”宣传，清理私挂条幅、铲除野广告、清理路面垃圾、发放宣传资料，引导群众参与，提升城市文明程度。

（赵　磊）

【城管执法力量下沉】 2021年11月1日，平城区综合执法力量下沉工作启动仪式在永泰门广场举行。截至2021年底，平城区城管系统下沉人员705名，首批城市管理执法力量下沉到18个街道，开始由各街道负责组织领导开展城市管理日常业务和执法工作，平城区在构建和完善综合行政执法体系方面迈出关键一步。12月1日，平城区城市管理局联合区司法局对下沉至各街道的171名事业编制综合执法人员开展业务培训，迎宾街道综合执法大队大队长田志俊讲解综合行政执法相关内容；水泊寺街道综合执法大队大队长李鹏飞讲解“门前五包”等相关内容；原区环境治理监督大队法制办主任孟文敏讲解文书填写、规范办案等相关内容；区市场监督管理局法制科科长李为民讲解日常执法注意事项等相关内容。全天培训结束后，组织参训人员参加统一考试，为考试合格队员颁发工作证。（李文忠）

【城乡一体化环境卫生管护】 2021年，平城区将农村人居环境整治与城市精细化管理结合起来，实行城乡一体化环境卫生管护。4个行政村达到先行示范县（区）整治达标村标准，8个行政村开展星级文明户、美丽庭院评选工作，宣传发动1.19万人次农民参与。截至2021年底，全区有37个行政村建立村庄清洁监督机制，15个行政村落实片区管理和门前责任制，7个行政村设立清洁积分制、红黑榜，32个行政村纳入城乡一体化环境卫生管护。（史志室）

【共享电单车集中治理】 2021年，平城区城市管理局在平城区区域内路、街面进行统一划线，制定共享单车划线原则，严禁占用机动车道、非机动车道以及人行地下通道停放，严禁占用城市公共绿化用地停放，严禁占用消防通道、无障碍设施、盲道停放，严禁在消防栓半径5米内的路侧带停放，禁止在医院、学校大门及国家机构、政府部门、机动车停车场周边扎堆停放，影响行人、车辆正常通行。划停车点约2000余个。7月为符合准入条件的运营商办理准入手续，分批次地进行投放车辆1万辆。联合第三方公司建立共享单车监管平台，实时掌握单车数量及停放位置，实现动态监管和日常监管，达到城市精细化管理标准。（吕维健）

【学校周边环境整治】 2021年，平城区环境治理监督大队对接辖区内15所中小学、职业技术学校，加强学校周边管理，取缔学校周边游商小贩占道经营90余起；整治学校外散发传单现象，暂扣33起；学校集中开学期间，维护现场秩序300余次。（陈 臻）

【精品公共空间打造】 2021年，平城区环境卫生服务中心开展精品公共空间打造活动，提升公共空间功能、形象，增加能源、文旅、宣传等要素，打造精品公共空间20座。公共空间完善配齐防滑垫、特殊人群通道、冲洗器具、照明设备等，对供排水设施全部进行检修维护；增加清扫频率，加强内部清洁，每天对坐便器、尿池、洗手盆进行全方位不间断循环冲洗；加强防疫消毒，对所有公共空间实行“一日两消毒”，做到“全覆盖，无死角”；进行立体化清洗，对公共空间外墙、顶棚、门窗等展开清洗，对围栏装饰等进行修补。（马新磊）

【平城区获评全国节水型社会建设达标县（区）】 2021年9月，水利部公布全国第四批节水型社会建设达标县（区）名单，在478个达标县（区）中大同市平城区位列其中。平城区提高水资源的利用效率和效益，探索适合全区节水型社会建设的体制机制、工程体系、节水管理方式，推动全区节水型社会达标建设。针对城市居民用水量大的特点，平城区利用“3·22”世界水日、“中国水周”等节点，宣传节约用水和创建节水型社会的重要意义。节水入企、入校、入社区，在公交车、酒店、停车场、电梯等各类公共场所设置节水标语、标识牌，加强对全社会的节水知识和意识的普及教育。发挥节水载体的节水示范引领作用，创建2户重点用水行业企业、40个公共机构、8个居民小区，改造平城区十八小学和农业嘉年华园区的节水器具，建设金家湾村的西梅节水滴灌和马家小村学校的雨水积蓄利用系统。挖掘利用河道资源，统筹水资源节约、水环境治理、水生态修复，打造生态景观。“河畅水清”的生态景观，成为“美丽大同”的一张靓丽名片。平城区营造全社会各阶层参与节水创建氛围，使“惜水、爱水、节水”意识深入人心。发展节水农业，全区节水农业灌溉率54.76%。科学管理用水，推广利用非常规水，东郊污水处理厂、西郊污水处理厂处理后的中水分别按不同水质要求用于工业、农业和生态补水，提升再生水利用率。通过推广使用节水型水嘴、节水型坐便器、节水型淋浴花洒等生活节水器具，提高全区节水器具普及率，新建居民小区和公共场所节水器具普及率100%。（郭红霞）

乡村振兴

脱贫攻坚成果巩固

【防止返贫动态监测和帮扶】 2021年，平城区针对各街道乡村调整实际情况，探索完善《关于健全防止返贫动态监测和帮扶机制的实施方案（试行）》《大同市平城区防止返贫动态监测和帮扶机制部门联席会议制度》，重点明确入户排查的范围、对象、排查事项及要求、时间步骤安排、工作要求、监测对象确定程序等。6月，全区199名工作人员对13个涉农街道48个村（社区）2.01万户农村人口进行入户排查。10月，全区完成所有农户排查全覆盖，累计排查农户4.66万户、11.18万人。11月，开展防止返贫动态监测和帮扶工作第四季度集中排查工作，全面梳理前期各街道、村排查工作，进一步规范排查资料。区农业农村局协调民政局、残联、医保局、人社局等部门开展信息筛选预警，下发筛选比对疑似线索，村级排查人员依线索入户核实。截至2021年底，医保部门累计筛选比对后下发信息50条，残联部门累计筛选比对后下发线索234条，民政部门累计筛选比对后下发线索323条。经过集中排查、部门信息预警，全区有9户14人确定为监测对象。

（刘 志）

【问题排查整治】 2021年，平城区于9月9日、10月11日召开2次巩固拓展脱贫攻坚成果问题排查整改工作动员部署会，乡村振兴工作领导小组各成员单位、13个涉农街道、48个行政村、13名驻村第一书记等500余人开展问题排查整改工作。10月11日至13日，省委省政府乡村振兴第四督导组对平城区进行督导，通过听汇报、查资料、入农户、访干部等方式走访4个街道7个村，入户26户，访谈群众34人、乡村干部19人，召开座谈会3次，察看工程项目2处，产业项目1处，从防返贫动态监测、厕所革命、“六乱”整治等5个方面反馈问题14条。截至2021年底，全区排查问题条数51条，研究制定《大同市平城区关于巩固拓展脱贫攻坚成果排查整改提升专项行动排查发现问题整改工作方案》，明确整改措施，全部完成整改。从防止返贫动态监测和帮扶、饮水安全保障、危房排查整改、社区居家养老以及控辍保学等方面探索建立长效机制6项。

（刘 志）

乡村产业

【西水磨农民专业合作社农业园区】 平城区马军营街道西水磨农民专业合作社农业园区占地27.32公顷，有高标准日光温室110栋，由西水磨村农民专业合作社投资建设，每年为村集体创收近70万元。每栋日光温室配备2间管理室，温室内全部种植蔬菜、水果、食用菌、花卉等。2021年，西水磨村集体经济收入1186万元，村民人均收入1.53万元。

（刘 志）

【梨园水庄嘉年华生态农业旅游项目】 2021年，平城区小南头街道西王庄村商贸公司投资

▲ 2021 年，梨园水庄嘉年华生态农业旅游项目持续开展建设。图为梨园水庄内湖景（刘　志　摄）

建设的梨园水庄嘉年华生态农业旅游项目打造 120 公顷“千亩梨园”，种植“玉露香梨”10 万株、嫁接仁用杏 5000 株（主要嫁接品种有西梅、大京杏等），建设管理用房 2 处 450 平方米，完善道路 5000 米，铺设小管细流灌溉设施 66.67 公顷，修建木栈道 2000 米、凉亭 5 个、防洪蓄水坝 5 处。初步形成以农业为主导产业，以展示现代科技农业、生态农业、绿色农业、景观农业为基础，并融入自然景观、民俗风情、人文创意等旅游元素的综合性经济体。（刘　志）

【西谷庄千亩有机旱作农业示范基地】　2021 年，西谷庄千亩有机旱作农业示范基地建设按照公司 + 合作社 + 农户 + 基地运作模式，在高粱项目建设中，村民以土地入股，由合作社与公司签订合作协议，以土地流转形式发展高粱（制酒）规模种植产业，高粱每亩单产 650 千克左右，每亩土地增收 600—700 元。（刘　志）

【白登山街道特色农业品牌打造】　2021 年，平城区白登山街道依托森海食用菌合作社、紫金合作社、特色花卉（玫瑰）种植试验基地等农业项目，打造食用菌、黑小米、贝贝南瓜、食用玫瑰等特色农业品牌；依托瀛嘉田园农旅公司绿色生态产业园、北魏鹿苑风景区、北魏仿古街等特色文旅项目，推进民俗文化乡村旅游产业发展。（刘　志）

【小石子村乡村振兴示范区项目】　2021 年，平城区委、区政府加快推进乡村振兴示范区项目建设，马军营街道为实施主体，大同市有道城市发展投资有限公司建设管理，实施大同市平城区小石子村乡村振兴示范区项目。该项目位于平城区马军营街道小石子村，规划面积 636 公顷，投资 1.50 亿元，采取乡村旅游 + 产业带动模式，依托小石子村地理环境规划设计，打造集民宿、酒店、新民居院落改造、水利设施建设、滑雪场娱乐配套与街道风貌提升等为一体的乡村振兴新标杆。项目从农业产业发展与文化旅游带动等角度出发，发挥平城区作为大同中心区与核心区区位优势，以产业兴旺带动小石子村及周边村民就业，帮助农民致富增收，塑造平城乡村品牌。截至 2021 年底，滑雪场项目主体完成 60%，南街廊亭、十字街楼、环形厕所等项目建设稳步推进。（刘　志）

【美川建材公司一期投产】　2021 年，山西美川大唐新型建材有限公司一期生产线正式投入生产，投资 1.44 亿元。该公司于上年 4 月经招商引资落户平城区马军营街道十里店村，是一家专业从事工业固废综合利用开发、生产装配式建筑部件的新型环保绿色建材企业，厂区建设占地约 6.67 公顷，总投资 6.80 亿元，解决就业 500 人以上，农民工就业 200 人。（郝锦绣）

【阳和坡村知青文化大院修复】　2021 年 7 月 20 日，平城区阳和坡村知青文化大院开始绿化修复，整体遵循“修旧如旧”原则，复原 60 年代知青生活、学习和生产的食堂、宿舍、卫生室、磨面房、铁匠房和供销社等，规划设计知

▲ 2021 年，平城区阳和坡村知青文化大院开展修复。图为修复后大院院景 （刘 志 摄）

青记忆村史室、文化活动室和餐饮区。截至 2021 年底，餐饮区进入试运营，文化活动室和村史馆设计完成。 （郝锦绣）

乡村建设

【农村垃圾治理体系建设】 2021 年，平城区农村生活垃圾治理全部纳入城乡环卫一体化管理体系，按照“村收集、环卫处转运、市处理”模式，实现农村生活垃圾收运处理一体化，建成压缩式垃圾转运站 22 座，实行科学转运。 （刘 志）

【冬季取暖煤改电】 2021 年，平城区农村居民实施“煤改电”9014 户，中央财政拨付 138.71 万元、市财政拨付 493.30 万元、区级财政拨付 632.01 万元，农户自筹 170.61 万元。3014 户自行购置电采暖设备，享受每度 0.286 元优惠电价，区政府每度补贴 0.20 元，农户实际支付每度 0.086 元。 （刘 志）

【农村厕所改造】 2021 年，平城区农村户厕改造任务 1948 座，总投资 389.60 万元，涉及 3 个街道 4 个行政村，分别为马军营街道安家小村 720 座、下皇庄村 130 座，小南头街道西谷庄村 578 座，御河街道东河河村 520 座。均采用通风改良 + 集中无害化处理改造模式，以小南头街道西谷庄村为创建户厕改造示范村，全区农村户厕改造普及率 64%。 （刘 志）

【农村生活污水治理】 2021 年，平城区开展 8 个村农村生活污水治理工程，建设污水管网 12939 米，污水检查井 693 座，附属设施建设道路 462 米；建设日处理 50 立方米和 13 立方米污水处理站 3 座；污水收集池 147 个，污水收集灌 10 立方米 50 个。 （刘 志）

【农村人居环境治理】 2021 年，平城区开展农村人居环境“六乱”整治百日攻坚专项行动，13 个街道 48 个村累计清理整治 6184 处，清理垃圾 51.06 万吨，消除交通安全隐患 117 处，取消违法占地 88 处，复垦农田面积 11.27 公顷，整治提升交通沿线加油站站内厕所达到星级标准 30 个。 （刘 志）

▲ 2021 年，全家湾村开展村容村貌整治。图为整治后的村景 （刘 志 摄）

环境质量监管

【空气环境质量】 2021年，平城区二级以上优良天数318天，优良比例87.10％。$PM_{2.5}$浓度27微克/米^3，同比下降10%；PM_{10}浓度61微克/米^3，同比下降10.30%；SO_2浓度20微克/米^3，同比下降28.60%；NO_2浓度28微克/米^3，同比下降9.70%；CO浓度1.50毫克/米^3，同比下降42.30%；O_3浓度139微克/米^3，同比下降7.30%；综合指数3.92，同比下降16.10%。（徐 娟）

【水环境质量】 2021年，大同市地表水监测的15个国省考断面中，8个国考断面有5个优良水体，优良比例62.50%，较上年提升近20个百分点，其余3个是Ⅳ类水，劣Ⅴ类断面0；7个省考断面有3个优良水体，其余4个是Ⅳ类水。平城区红卫桥国考断面水体达到Ⅳ类水质。（徐 娟）

【土壤环境质量监管】 2021年，大同市生态环境局平城分局对19家列入2021年土壤污染重点监管单位名录的企业完成土壤污染隐患排查，完成87块建设用地土壤污染状况调查，土壤环境质量保持稳定。（赵媛媛）

【声环境质量监管】 2021年，大同市生态环境局平城分局根据《大同市城市区域声环境功能区划分方案》，加大环境噪声监督管理和环境执法，改善声环境质量。在全市噪声污染和噪声扰民问题投诉呈逐年上升的趋势下，处理“12345”政府服务热线声环境问题投诉、严查商户噪声污染源头，持续改善声环境质量。（史志室）

污染防治

【大气污染防治】 2021年，大同市生态环境局平城分局大力发挥生态环境治理牵头抓总作用，推进清洁能源替代工作，完成6000户煤改电工程；配合区市场监督管理局开展餐饮油烟露天烧烤治理等，150家餐饮单位油烟在线监控设施完成安装，实现与市局联网；推进两高沿线环境整治、“五堆”清理整治、建筑施工工地扬尘管控等工作。辖区内实现“散乱污”企业（作坊）动态清零。完成淘汰35蒸吨以下燃煤锅炉任务。配合区交通、商务等部门完成国三及以下排放柴油车辆淘汰工作。（徐 娟）

【水污染防治】 2021年，大同市生态环境局平城分局推进全区农村生活污水治理，完成建设农村生活污水治理工程项目8个村；协调推进城市雨污混排治理，加大污水处理厂管控，实现稳定达标排放。按任务要求完成红卫桥国控水质自动监测站建设；开展马军营街道十里店村水源地监测，水质稳定达标。（徐 娟）

【土壤污染防治】 2021年，

▲ 2021 年 6 月 27 日，大同市塑料污染治理启动仪式在万达广场举行

（蕙 兰 摄）

大同市生态环境局平城分局优先保护全区所有耕地，组织开展涉镉等重金属、机动车维修行业危险废物规范化管理专项整治，完成国家地下水环境质量考核点位样品采集工作，开展尾矿库风险隐患排查暨推进尾矿库风险评估与应急预案备案等工作。（徐 娟）

【声环境污染防治】 2021 年，平城区把解决噪声污染问题作为为民办实事的主要举措，强化部门协作，形成工作合力，厘清职责分工。对群众高度关注和主要投诉的噪声点位强化监管，采取行政管控措施和工程技防措施，严控噪声扰民行为。（史志室）

【固体废弃物污染防治】 2021 年，大同市生态环境局平城分局加强固体废物日常管理，纳入固体废物综合管理系统产废单位 143 家、经营单位 3 家，管理计划备案 99 家；完成危险固体废弃物规范化考核重点单位 9 家。

（徐 娟）

【全市塑料污染治理启动】 2021 年 6 月 27 日，大同市塑料污染治理启动仪式在万达广场举行，大同市委常委、常务副市长任希杰出席。从 2021 年 7 月 1 日起，全市建成区列入全省不可降解塑料袋禁限使用范围，不可降解一次性塑料餐具禁止使用范围扩大至各县城，一次性塑料用品在星级宾馆、酒店等场所不再主动提供。启动仪式上，企业代表宣读禁塑承诺书；仪式后，市委宣传部、市发改委、市生态环境局、市市场监管局等相关部门开展“推进全面禁塑，共建美丽大同”主题宣传活动，向过往群众发放“倡导绿色生活，拒绝塑料污染”等宣传资料，现场展示禁塑可替代产品。参会人员及现场群众在禁塑留言墙签字。（徐 娟）

节能减排

【概况】 2021 年，平城区能源消费总量和强度双控目标为能耗强度降低 3.70%，能耗增量控制在 4.40 万吨标煤以内。2019 年，平城区完成生产总值能耗降低 3.60% 的目标，上年平城区完成能耗强度降低 3.20% 的年度目标，完成“十三五”累计下降 15% 的目标。（赵 飞）

【重点用能企业节能降耗】 2021 年，平城区布局能耗双控工作，动态掌握辖区高耗能企业情况，及时跟踪上报月度重点用能企业用能情况表，掌握企业用能信息，做好重点用能企业进行能耗在线监测系统建设。向各重点用能企业传达《关于报送 2020 年能源审计情况、2021 年节能改造完成情况及 2022 年节能改造计划的通知》，统筹全区能耗双控和经济高质量发展。落实平城区节约型机关创建相关工作，包括 2021 年公共机构能源资源节约和生态环境保护工作要点、公共机构生活垃圾分类工作等。

（赵 飞）

【节能减排宣传活动】 2021 年 8 月 23 日，平城区发展和改革局举办以“节能降碳，绿色发展”为主题的 2021 年全国节能宣传周启动仪式及宣传活动，向各街道、各单位、各企业及群众发放宣传册 2000 余册，宣传海报 500 余份，

节能宣传用品100余份。（赵　飞）

环境卫生

【概况】2021年，平城区环境卫生服务中心开展精品示范街创建、垃圾死角大清理、打造精品公厕、塑造靓丽古城4项系列活动，创建精品示范街10条。组建环卫创城志愿队伍，开展文明交通志愿者服务；在景区为游客提供咨询、景区引导、疏通密集人流等服务。按照区域方位和服务范围，对机扫、清洁7个公司的保洁人员、清扫面积、管辖范围、转运站管理归属等重新科学划分，顺序调整，优化资源配置。400部作业车辆安装GPS，1000名清洁工配备智能手机，初步建成“车辆GPS定位、保洁人员定位、垃圾收运定位、重点区域监控定位”四位一体智能管理模式，实现清扫保洁可视化、垃圾清运快速化。中、高考期间错时作业，提前做好考点周边道路洒水降尘作业，增加考点周边垃圾收运频次，以人工清扫为主，调整机械作业时间；设置爱心考点提供矿泉水、解暑药、创可贴及文具等，为考生、家长提供方便。（马新磊）

【农村积存垃圾清除】2021年，平城区环境卫生服务中心围绕农村人居环境“六乱”整治和全国文明城市创建工作，开展集中清除积存垃圾行动，对金家湾村、泉寺头村、小南头村、东河河村、西谷庄村、艾庄村等27个村庄进行拉网式排查，排查出积存垃圾、建筑垃圾堆放点90余个，调用装载机、自卸车等大型机械设备，近1个月时间清运建筑垃圾1.80万吨、生活垃圾4000余吨。（马新磊）

【垃圾清收清运】2021年，平城区环境卫生服务中心负责平城区154条主次干道1700万平方米道路清扫保洁，机扫率86%，清运生活垃圾每日850余吨，管理维护公厕234座，环境卫生保洁无物业小区118个、学校51所，对12万个临街门店每日循环上门收集垃圾。在平城区城市环境大整治和城市精细化管理行动期间，对各街道排查出的生活垃圾、小堆建筑垃圾、装修混合垃圾、无物业小区等急需突击的垃圾死角即接即办，出动人员1.35万余人次，各类作业车辆760余台次，清理拉运混合垃圾4.50万余吨，突击垃圾死角1880余处，清除各类野广告1.20万余条。（马新磊）

▲2021年，平城区环境卫生服务中心升级垃圾清运系统。图为环卫工人清收街道垃圾（马新磊 摄）

【城乡环卫一体化管理】2021年，平城区为有效推进农村环境卫生精细化管理，根据区划和街道办事处划分范围，按照“化整为零，分片管理”原则科学规划，成立马军营环卫管理公司、御河小南头环卫管理公司、鹿苑白登山环卫管理公司，对村庄环境卫生开展针对性有效治理。截至2021年底，平城区马军营街道、新旺街道、水泊寺街道等27个村实行城乡环卫一体化管理，清扫面积365万平方米，配置垃圾桶847个、垃圾箱321个，建设压缩式垃圾转运站22座、启用10座，有挤压车6辆、收集车25辆、垃圾清运三轮车62辆，日清垃圾量66吨。（马新磊）

【精品示范街创建】2021年，

平城区环境卫生服务中心创建精品示范街10条，总长度约52千米，面积312万平方米。集中增设和更换主干道果皮箱2000余个，放置灭烟柱350余个，设计并安装公厕指示牌500个；对120座公共卫生间的围栏、外墙、装饰杆进行油刷补漆。在报纸上公示责任区负责人电话，涉及环境卫生问题接诉即办，实现精细化、规范化、人性化管理。（马新磊）

【户外劳动者爱心驿站】2021年，平城区环境卫生服务中心依托现有平城驿站、环卫爱心小屋以及基层单位临街工作场所，打造户外劳动者爱心驿站12座及省工会爱心驿站12座，为户外劳动者及市民游客提供驻足和休息的场所。本着实用原则，在驿站内配备饮水机、微波炉、电磁炉、医药箱、打气筒、休息椅等生活便民设施，根据驿站特点打造特色空间。（马新磊）

园林绿化

【概况】2021年，平城区园林绿化中心开展全区所管辖约330余万平方米绿地精细化管护工作，组织“爱绿、护绿”、爱国卫生、生态环境保护、疫情防控宣传4次，发放各类宣传单4000余份。在浩海岗西北角小公园、铁路医院广场、九州岗东南角、兴云街与太和路交汇处等人流量大、利用率高的绿化景点及大同南站、太阳宫等主要场所，打造精品红色思想阵地12处。制定下发《平城区园林管理处森林草原防灭火应急工作方案》，从各绿化队抽调40余名人员、5辆大型水车组成消防应急队伍5支，对全区主要路街进行防火应急值守。处办“12345”政府服务热线有关绿化问题工单430件。

2021年，平城区园林绿化中心被省精神文明建设指导委员会评为“省级文明单位”。（李小涛）

▲2021年5月21日，平城区园林绿化中心在街道边裸露空地绿化植树（李小涛 摄）

【公园绿化】2021年，平城区黄花基地建设项目占地23万平方米，完成约11万平方米；完成首善公园项目绿化面积7000平方米。（李小涛）

【绿化养护】2021年，平城区园林绿化中心开展绿地浇水、修剪、施肥等工作，清理树木悬挂物1.50万处，清理枯枝败叶、杂草约4800余车次，修树坑17.30万个，集中防病虫害打药2次，对大小乔木集中实施刷白套红。持续加大对全区管护绿化区域的防火和损绿毁绿巡查监管力度，保护绿化成果。对死树进行砍伐并重新补植，对裸露空地进行补栽，补植行道树约5000余株。（李小涛）

【拆迁配套绿化】2021年，平城区园林绿化中心对全区城市拆迁腾退空地、边角地、废弃地、闲置地、综合整治后等空地实施绿化美化工作。先后完成田村至大同烈士陵园道路两侧、开源街两侧、109国道马家小村段、鹿苑街道办事处东侧等绿化美化项目。新增绿化面积约20余万平方米。（李小涛）

文瀛湖生态保护

【概况】2021年，文瀛湖生态公园注水1241万立方米。文瀛湖生态公园位于大同市御东新区，占地面积686万平方米。其中，水面积393万平方米，绿化面积244万平方米，硬化面积49万平方米。公园景观功能区有城市休闲广场、雨水花园、音乐喷泉、停车场、自然小岛、链岛、内外湖系、木栈道、观景平台、挑台、滨水台阶、森林公园、体育公园、行人步道、湿地等。设足球场、篮球场、羽毛球场、中西餐厅、古堡、咖啡厅、亭台廊架41个、卫生间13个，景区内观赏步道46千米。外湖25万平方米，由12个水系组成，生态岛屿3处。滨湖设置环湖园路12千米，沿环湖园路游览景点20处（文瀛广场、临湖望山、文瀛古堡、一帆风顺、祁竹虚墓、望月眺台、太阳广场、冬宫春暖、烟雨连廊、叠水听涛、烟淼漫石、金色水岸、露天剧场、柳莺广场、千莺洲、九曲江南、田园广场、月亮湾、劲松吟绿、鹤舞瀛洲）。（李 峰）

【植物保护】 2021年，文瀛湖生态公园有乔木12.70万株、灌木439万株、地被213.40万平方米、水生植物27.60万平方米，各类植物100余种。主要树种有油松、云杉、垂柳、国槐、金枝槐、樟子柳、白蜡、榆树、山桃、山杏等；引进稀有树种有蒙古栎、栾树、杜梨、五角枫、龙桑、鸳鸯碧桃、紫叶矮樱等。（李 峰）

【公园注水】 2021年，文瀛湖向孤山水库引水870万立方米，册田水库引水371万立方米。每日巡查主坝，观察进水渠道；每日水位监测进行记录收集归编，计算水库不同时段的消耗水量（包括日、月、年消耗水量）；每周一次渗流观测，在主坝布置6个观测断面，在东坝、西坝、北坝各布置3个观测断面，每个观测断面有3根测压管，总计45根测压管，采用人工观测。水库冰封期间，每周一次对水库水体进行定点破冰取样工作，分别在水库北侧（孤山入水口）、中部（丁香岛）、南侧（黄河入水口）3处进行破冰取样，确保水体水质无异常、无污染情况。（李 峰）

▲2021年，文瀛湖引水1241万立方米。图为文瀛湖注水口

（李 峰 摄）

【湖水管护】 2021年，文瀛湖生态公园在冰封期清理冰面积雪，增加透光量和水中氧气含量，在湖面不同区域开凿多个冰洞增氧，并设置安全警示标志。湖水解冻后打捞清理死亡鱼类，清捞近水及水中垃圾等杂物。从孤山引水时，清理进水渠道垃圾，设置多道防污网拦阻垃圾等杂物，派专人看护并清捞。组织服务队伍搭建码头，运放船只，维护和保养水面设施。（李 峰）

【治安管理】 2021年，文瀛湖生态公园安全开展大型保障接待18次、小型20次。全年处理违规商贩4200余次；处理违规自行车3560辆，移交公共自行车461辆，无人对接公共自行车150辆；处理违规毁绿地行为2680余次；处理游客纠纷90余起，排除消防安全隐患50余次。开展消防演习11次、消防打点巡逻5.04万余次、治安打点巡逻2520余次。发现并救援轻生游客10余起，其中死亡1起。处理违规游泳者70余次、违规垂钓者50余次、违规捕鱼和射鱼行为200余次，处理自行车压草地30余次。园内巡逻车每日平均巡逻次数12次，约140余千米；救援快艇每日平均巡逻次数6次；双人电动巡逻车每日平均巡逻约40余千米。接待来访客人517人。协助警察办案4起，提供视频120余个。（李 峰）

教　育

综　述

【概况】 2021年，平城区有各级各类公办学校61所，中小学生6.29万人，在职教师4396人。其中，区直属小学36所，小学生5.92万人，教师3252人；联校4个，下属小学15所，小学生2306人，教师733人；中学2所，中学生1227人，教师329人；特殊教育学校1所，在校学生96人，教师21人；职业中学1所，教师18人；教师进修校1所，教师32人；少年儿童业余体育学校1所，教师11人。民办学校5所，在校中小学生3101人，教师328人。各类幼儿园179所。其中，公办园67所，在园幼儿1.18万人；普惠性民办幼儿园59所，在园幼儿7410人；民办幼儿园53所，在园幼儿2271人。（刘　伟）

【教师队伍建设】 2021年，平城区教育局开展教师培训，组织学校管理人员参加学科类教师技能培训、特殊岗位人员专项培训、国培在线学习等活动50余场，参与者5200人次，实现全员覆盖。组织初中教师教学研讨和中考辅导培训，聘请省教科院专家对中考7个学科的教师开展实战培训。组织区级导师70余人指导培养青年教师130余人，举办"名师公益大讲堂"讲座30余场；组织名师到区教育薄弱学校和广灵等县区讲课20余场。与社会培训机构合作开展自主培训，组织骨干教师外出培训20余次。招聘中学教师19名、小学教师98名。（刘　伟）

【教学教研】 2021年，平城区教育局组织实施"大单元集体备课"活动，开展课题项目研究；开展学科教研基地校建设，组织名师骨干教师120余人开展教学关键问题研究，印制语文、数学、英语、科学、道德与法制、音乐、美术7个学科《教学关键问题解决方案》9册。实施英语特色学科建设，开发区级地方课程《英语拓展活动》4册；组织"英语课本剧展演"，30所学校31个代表队324名学生69名指导老师参赛，评选出最佳表演奖17个、优秀表演奖14个。（刘　伟）

【教育惠民】 2021年，平城区教育局全面落实各项学生资助政策，发放小学寄宿生活补助19.85万元，资助778人次；初中寄宿生资助624人次，金额39万元；高中助学金资助188人次，金额18.80万元；职业高中助学金24人次，资助金额2.40万元；职业高中免杂费151人次19.90万元；幼儿园资助1840人92万元；大学生助学贷款2470人，首次贷款791人，续贷1679人，金额1827.71万元。（刘　伟）

【控辍保学】 2021年，平城区残疾儿童普通学校随班就读23人，平城区特殊教育学校在校就读85人，送教上门12人。平城区适龄儿童失学辍学率为0，全年保持"辍学零新增"，残疾儿童入学率和义务教育巩固率均为100%。年内，平城区教育局开展"情满校园"关爱行动，对家庭困难、学习困难、

身体残疾的860余名在校学生进行教育帮扶。（刘 伟）

【平安校园建设】 2021年，平城区教育局为农村学校新聘专职保安33名，组建护学队223支。完善安全标示和硬隔离设施，配齐各种安防器具，全区各学校封闭化管理和硬隔离配置达到100%。所有学校安装一键报警系统，升级改造视频监控系统，视频监控与公安机关联网100%。（刘 伟）

【“双减”政策落实】 2021年，平城区教育局落实国家“双减”（《关于进一步减轻义务教育阶段学生作业负担和校外培训负担的意见》）政策，确立“五个一”（一校一案、一校一品、一校一特色、一校一亮点、一校一评价）创建目标，保障学生运动、睡眠等时间，控制作业时长及总量。提供课后托管服务，参与学生59230名；推进学生“放心午餐”工程试点，参与学校9所（平城区第十七小学校、平城区御河小学、平城区十里店小学、平城区西谷庄小学、平城区马家小村小学、平城区阳和坡小学、平城区田村小学、平城区小南头小学、平城区西河河小学），参与学生1000余名。开展校外培训机构专项治理，关停义务教育阶段学科类培训机构72家，利用“全国中小学生校外培训机构管理服务平台”，公开校外培训机构资质信息，实现查询、评价、投诉一键融通；排查校外培训机构风险隐患，实行收费资金监管制度，预防培训机构卷钱跑路、退费难等损害群众利益事件发生。（刘 伟）

【教育信息化建设】 2021年，平城区推动教育信息化由1.0时代“三通两平台”（宽带网络校校通、优质资源班班通、网络学习空间人人通，建设教育资源公共服务平台和教育管理公共服务平台）向2.0时代“三全两高一大”（教学应用覆盖全体教师、学习应用覆盖全体适龄学生、数字校园建设覆盖全体学校，信息化应用水平和师生信息素养普遍提高，建成“互联网+教育”大平台）升级，建有计算机教室52个、录播教室16个，配置班级多媒体设备1369套、学生用机3465台，教师用机人手一台，所有学校接入市教育城域网，实现百兆光纤进校园。推进智慧教育建设，优教通、学乐云教育教学平台，创客教育、机器人课程、3D打印、航模等科技创新教育全面推广。投资648万元建设平城中学校数字化校园，包括校园网络、听评课系统、教学查课系统、校园数字广播系统、数字监控系统、图书阅览电子管理系统、学校门禁及停车管理系统，配备班级多媒体（交互式触控一体机）、教师办公电脑、录播教室、心理咨询室、科技室、学生机房等设施设备。（刘 伟）

【学校基础设施建设】 2021年，平城区“两中三小”新建工程持续推进，平城中学校改扩建及新建工程全部完工并交付使用，建设面积2.45万平方米，工程投资8553万元；平城二中新建食堂完工，进行公寓主体室内外装修，建设面积8294平方米，工程投资782万元。古城内2所新建小学校办理完成前期手续，其中平城区第十八小学校和阳校区调整选址方案后于7月开工，平城区第四十七小学校武定校区地下室及部分主体建设完工。完成4所学校操场改造、7所学校旱厕改造和3所幼儿园操场硬化。（刘 伟）

【平城区第二届古诗文大赛】 2021年6月，平城区第二届古诗文大赛决赛在大同大学附属小学举行，决赛分团队追逐赛、团队攻擂资格赛、团队擂主争霸赛和个人擂主争霸赛4个环节，平城区第十八小学校、平城区第四十七小学校等10所学校代表团参加。平城区第十八小学校获团体赛冠军，平城区第二十三小学校、平城区第三十一小学校、平城区第四十七小学校获团体赛亚军，平城区实验小学校、平城区第八小学校等获得团体赛季军；平城区第十八小学校吴昊霖获个人赛一等奖。（刘 伟）

【平城区教育工作会议暨第37个教师节表彰大会】 2021年9月10日，平城区教育工作会议暨庆祝第37个教师节表彰大会在御河小学举行，市政协副主席、区委书记李继忠，区四套班子领导

▲ 2021 年 9 月 10 日，平城区教育工作会议暨庆祝第 37 个教师节表彰大会召开　（刘　伟　摄）

出席会议，平城区党群机关、政府部门、各乡街党政主要负责人，区属中小学、先进集体和优秀教师代表 92 人参加大会，各学校组织现场直播。区委副书记、区委统战部部长郭雁明主持会议。大会宣读表彰决定，由区委、区政府出资 444.10 万元，对在平城区教育战线上涌现出的 38 个先进集体和 572 名优秀个人予以表彰。该表彰大会首次设立“校园安全先进个人”项目，48 名安保人员受到表彰。

（刘　伟）

学前教育

【概况】　2021 年，平城区有学前适龄儿童 2.33 万人，在园幼儿 2.15 万人，入园率 92.20%。有各类幼儿园 179 所。其中，公办园 67 所（市直公办园 8 所、区属公办园 3 所、联校附属幼儿园 12 所，“民转公”性质幼儿园 44 所），在园幼儿 1.18 万人；普惠性民办幼儿园 59 所（含市直 1 所），在园幼儿 7410 人；民办幼儿园 53 所，在园幼儿 2271 人。普惠性幼儿园覆盖率 89.45%，公办园在园幼儿占比 55.04%。　（刘　伟）

【幼儿园管理】　2021 年，平城区教育局定期对区属公、民办幼儿园从办园条件、安全卫生、教职工队伍、内部管理和保教 5 个方面开展考核，针对问题下发整改意见书，取缔办园条件简陋、卫生条件不达标、安全隐患突出、幼儿教师资质不全、保教质量低下园所。推进公办幼儿园建设，平城区实验幼儿园鸿雁分园新建项目工程主体完工、前进分园装修设计完成，泗庄家园小区配套幼儿园、金水南源小区配套幼儿园、悦城帝景小区配套幼儿园、境湖园小区配套幼儿园装修完成。开展普惠性幼儿园认定 6 所，分别为平城区蒙台梭利儿童之家古城幼儿园、平城区特蕾新七彩童谣翰林幼儿园、平城区新苗幼儿园、平城区爱蕾宝贝幼儿园、平城区阳光宝贝幼儿园凤凰分园、平城区七色幼儿园。承担“完善幼儿园评价”试点工作，确立区幼教教研中心 8 所实验基地幼儿园为试点园所，制定《大同市平城区完善幼儿园评价实施细则（试行）》等相关制度，8 所实验基地幼儿园根据制度开展自评，通过实践研讨建立具有区域特色的保教质量评价体系。　（刘　伟）

【幼儿教师培训活动】　2021 年，平城区教育局开展幼儿教师继续教育全员培训，举办网络研修活动，构建“名师 +”研修共同体，组建以区学前教育高级教师、优秀骨干教师为基础的名师研修共同体 8 个，开展教科研、公益优课、送教下乡等活动。组织教学赛课活动，赛课教师 150 余人次。组织幼儿教师师德师风演讲比赛，168 名教师参赛，56 人获奖。　（刘　伟）

义务教育

【概况】　2021 年，平城区有各类义务教育学校 67 所。其中，区直属公办小学 36 所（不含特教学校），小学生 5.92 万人，教师 3252 人；联校 3 个，下属小学 15 所（马军营联校下属小学 7 所、水泊寺联校下属小学 4 所、小南头联校下属小学 4 所），小学生 2306 人，教师 733 人；初中 1 所、完全中学

1所，中学生1227人，教师329人；特教学校1所，在校学生96人，教师21人；民办学校9所（小学2所，九年一贯制3所，十二年一贯制2所，完全中学2所），在校生1.96万人，教师891人。（刘　伟）

【区属中小学招生】 2021年，平城区教育局强化区属各学校招生管理，完善招生工作制度，按照“划片、免试、就近”和“大学区统筹”原则，严格规范操作、资料审验、均衡编班、阳光排座，全年招生1.01万人。其中，公办9538人（公办小学8958人，特教学校7人，初中573人）；民办526人（小学212人，初中314人）。（刘　伟）

【中考报名】 2021年，平城区辖区内有23所义务教育阶段中学，中考报名1.02万人，其中男生5031人、女生5199人。（张小霞）

【教育科研成果】 2021年，平城区有山西省教学成果一等奖1项；山西省教育科学规划课题结题通过5项；山西省“三优评比”推荐优质课48节，优秀教研团队6个，优秀教学案例56篇，优秀教学评价案例12篇。全区开展“大单元集体备课研究”“单元作业设计研究”，印制5个学科《优秀教学案例集》《优秀作业设计案例集》各3册。（刘　伟）

2021年平城区中考报名情况统计表

表27-1　　单位：人

学校名称	报名人数	性别	
		男	女
大同一中南校区	293	142	151
大同一中北校区	1719	836	883
大同二中	849	441	408
大同三中	731	370	361
大同四中	250	118	132
大同五中	136	76	60
大同六中	913	444	469
大同七中	642	304	338
北岳中学	455	229	226
大同十中	309	161	148
大同十一中	438	216	222
大同十二中	516	253	263
大同十三中	159	81	78
大同铁一中	464	211	253
大同十八中	310	161	149
大同十九中	120	59	61
大同二十中	16	6	10
大同二十一中	99	39	60
大同二十二中	78	40	38
大同市实验中学	579	281	298
北师大大同附中	437	208	229
大同第二实验中学	320	141	179
博盛中学	328	179	149
恒德学校	69	35	34

【民办教育】 2021年，平城区民办学校在校生人数1.11万名，占全区义务教育阶段在校生比例9.72%。年内，平城区教育局按照属地管理原则，开展规范民办义务教育“百日攻坚”行动，对办学条件达标、师资相对稳定的5所学校（平城双语学校、平城新学道行知学校、博盛中学、恒德学校、大成双语学校）按照压减招生轨制和政府购买学位相结合的方式进行缩轨优化，政府购买学位2798个；对义务教育阶段基本办学条件不达标的4所学校（云冈武校、启点中学、晨祥苑金苹果双语学校、早期教育学校）按照转设办学类型和学生合理分流、逐年过渡相结合方式进行

核减，政府购买学位 434 个。

（刘 伟）

【大同逸夫小学入选网络应用普及优秀学校】 2021 年 7 月 16 日，教育部确定 2020 年度网络学习空间应用普及活动优秀区域和优秀学校名单，并在官网上公示，大同逸夫小学（平城区第四十五小学）被授予“2020 年度网络学习空间应用普及活动优秀学校”称号。山西省有 2 个市和 13 所学校入选 2020 年度网络学习空间应用普及活动优秀区域和优秀学校名单。大同逸夫小学（平城区第四十五小学）基本实现学校数字化管理，搭建起联系社会、家长、教师、学校和上下相互沟通交流的平台，初步实现办公数字化，网络学习教师空间开通率及班级空间开通率 100%，学生空间开通率在 90% 以上。全校有 12 个班级 674 名优学派智慧课堂电子书包班的学生，教师空间与学生空间开通率 100%，实现“一人一空间，人人用空间”。（蕙 兰）

【平城中学】 2021 年，平城中学有教职工 106 人。其中，男教师 34 人，女教师 72 人；本科学历 92 人，研究生学历 14 人；中学高级教师 8 人，一级教师 21 人。有市级优秀教师 5 名、市级教学能手 21 名、先进个人 6 名，省、市论文发表 6 篇，市级优质课 17 节。

▲ 2021 年 6 月 30 日，平城中学乔迁新楼剪彩仪式举行 （李文臣 摄）

有初中学生 845 人，高中学生 242 人。有教室 41 间，物化生实验室、电教室、美术室、心理咨询室，音乐教室、多媒体报告厅 2 个，建有 400 米塑胶运动场 1 个、篮球场 1 个，配备餐饮中心及学生公寓。年内，开展课堂教学改革，实行“三段一落实”（自主、展示、训练，落实）教学模式。（李文臣）

【平城第二中学】 2021 年，平城第二中学有教职工 64 人。其中，男教师 25 人，女教师 39 人；研究生学历 4 人，本科学历 60 人。有省骨干教师 1 人、省优秀班主任 1 人，市级教学能手 5 人、市骨干教师 11 人。有教学班级 9 个，学生 369 人。有连体教学楼 1 栋，建筑面积 5472 平方米；学生公寓楼 1 栋，6651.24 平方米；学生食堂 1 栋，1642.54 平方米。有计算机教室 1 个，理化生实验室各 1 个。邀请太原市教研室教研员开展任课教师指导，邀请大同一中、同煤一中学科优秀教师进行公开示范课和小课题指导等。（陈志军）

【平城区特殊教育学校】 2021 年，平城区特殊教育学校有教职工 21 名，学生 80 名，教学班 6 个。11 月 25 日，该校“心系特校，爱心助学”捐赠活动举行，同药集团捐赠康复功能室 2 个（律动教室、多感官训练室），价值 38 万元；大同伟业制衣有限责任公司捐赠御寒校服等爱心物资，价值 5 万元。平城区委、区政府高度重视特殊儿童教育工作，持续加大投入力度，改善学校教学条件，提升教育质量。

（张云华）

科技管理

【科技项目建设】 2021年，平城区科学技术局推进科技项目建设，将区级科技计划项目分为支持软科学研究、应用基础研究、重点技术研发、科技成果转化应用以及科技平台建设5个类别。受理申报区级科技计划项目21项，立项9项，分别为道路设计中BIM（建筑信息模型）技术应用（山西道康交通设计有限公司）、数据中心基础设施管理平台（大同市利伟科技有限公司）、温室大棚智能灌溉集群控制系统嵌入式开发（大同市平城区鸿运农业专业合作社）、黄花种质资源引进筛选与评价（山西农业大学高寒区作物研究所）、晋绿豆9号高产高效综合技术示范及推广（山西农业大学高寒区作物研究所）、两类具有媒体报道的传染病模型的最优控制（山西大同大学）、大气中$PM_{2.5}$对几种常见绿化植物光合特性影响研究（山西大同大学）、大同市平城区健康养老产业发展研究（山西大同大学）、农业产业园区规划环境影响评价研究——以平城现代农业示范区为例（山西蓝之源环保科技有限公司），拨付支持资金116万元。（刘志伟）

【科技型中小企业评价】 2021年，平城区科学技术局按照山西省科技厅《关于开展2021年科技型中小企业评价服务工作的通知》要求，到平城区各众创空间、科技企业宣传科技政策，加深企业对参与科技型中小企业评价重要性的认识。评价指标包括科技人员、研发投入、科技成果三类，满分100分。其中，科技人员指标满分20分，按科技人员数占企业职工总数的比例分档评价；研发投入指标满分50分，企业选择按企业研发费用总额占销售收入总额的比例或按企业研发费用总额占成本费用支出总额的比例分档评价；科技成果指标满分30分，按企业拥有的在有效期内的与主要产品（或服务）相关的知识产权类别和数量（知识产权应没有争议或纠纷）分档评价。全年有31家科技企业通过审核并取得科技型中小企业入库编号。

（刘志伟）

【科技中介服务机构培育】 2021年，平城区科学技术局培育发展科技中介服务机构，推进科技服务精细化水平。推荐大同市瑞龙知识产权代理有限公司等2家科技服务公司申报市级科技计划项目，支持大同全科盟新能源产业技术研究院有限公司等3家公司建设科技信息服务平台，鼓励科技中介服务机构开展产学研合作、技术转移、知识产权代理等科技服务活动，为科技创新提供全方位信息技术服务。（刘志伟）

【科技人才信息库】 2021年，平城区科学技术局设立平城区科技人才信息库，完善科技人才信息录入，实现企业与人才的“点对点”对接服务，强化人才吸储与培育力度。截至年底，有167名不同类型的人才登记入库。（刘志伟）

【科技人才培育】 2021年，

平城区科学技术局鼓励科技人员创新创业，加强科研生产一线高技术人才和高技能人才培养，重视工程实用人才、紧缺技能人才和农村实用人才培养。对120家企业500人次进行科技政策法规培训11次。

（刘志伟）

【区人大代表考察科技产业及院校】 2021年7月15日，平城区人大常委会组织企业家代表和区政府相关职能部门负责人考察大同市通用航空产业园区、山西省通用航空职业技术学院、山西万鼎工程勘测设计有限公司。重点考察平城区新建高职学校——山西省通用航空职业技术学院。该校系专科层次的高等职业学校，主要为全省通用航空产业培养高素质技术技能型人才。开设无人机应用技术、民航运输、通用航空航务技术等5大专业，招聘具有研究生以上学历专任教师和教辅人员71人。考察期间，人大代表们围绕打造省域副中心城市核心区的定位，以“面对面”互动交流方式，商议平城区作为全市科技创新成果转化承载地课题。

（刘志伟）

【高素质农民技能提升培训】 2021年，平城区根据《大同市高素质农民技能提升培训三年行动计划（2020—2022）》要求，确定全区950人参加高素质农民技能提升培训。按照“一人一卡”要求，建立培训档案，实行动态调整，每期培训100人。培训内容包括经营管理型农民培训和生产技能型农民培训。根据不同产业要求，依托市金农合作社，聘请理论教授、技术骨干重点讲授玉米、杂粮、草牧业、设施蔬菜等特色产业、适度规模种养技术、智慧农机、绿色生产等技术体系的品牌打造、市场营销、电子商务及外出务工等实用技术。（刘志伟）

科技创新平台

【高新技术企业认定培育】 2021年，平城区科学技术局把7家企业列为高新技术企业培育对象。组织企业参加高企认定政策培训，明确申报流程，其中山西新基正科技股份有限公司、大同新网科技有限公司、山西万鼎工程勘测设计有限公司、山西聚客台网络科技有限责任公司、大同市阿拉丁科技有限公司5家企业经网上填报、材料报送、认定评审、在“高新技术认定管理工作网”公示等环节，认定为高新技术企业。有31家企业取得科技型中小企业入库编号，获得市级认定的众创空间有3家，市级重点实验室增加5家，为平城区推进“创新生态试验区”建设提供有力的科技支撑。（刘志伟）

【众创空间申报】 2021年，平城区科学技术局推荐符合条件的7个众创空间申报市级众创空间，分别是“无人机遥感技术及应用”“轨道牵引装备系统”“新能源材料”“大同黄花”“智能技术及教育应用创新”“云冈彩绘泥塑保护修复”“高端控释制剂”。大同市重点实验室获市级认定。截至2021年底，平城区市级重点实验室12家，全部予以立项。

（刘志伟）

【产学研创新合作平台建设】 2021年，平城区科学技术局探索创新产学研合作方式，推动各方交流对接，实现融通创新。参与筹备大同市第二届产学研合作大会，对会议举办内容、形式提出建议意见；组织与高校有合作意向的企业参加会议，向大同大学推荐有创新支持能力的合作企业，促使校企加强对接；带队参加第二届产学研合作大会，参会企业23家，引导企业依托高校、科研院所的资源、人才、智力资源优势，通过合作创新增强区域的科技实力和综合竞争能力。在大同大学建立首个大学生实训基地；推荐48名高端领军人才、拔尖骨干人才、青年优秀人才入选“三晋英才”；组织区科研人才申报山西省学术技术带头人选拔推荐工作。（刘志伟）

【“智库合作基地”揭牌】 2021年8月30日，平城区与东北大学“智库合作基地”揭牌仪式在大同赛诚轨道交通设备有限责任公司举行。大同市委政策研究室副主任常占库出席活动并致辞。大同赛诚轨道交通设备有限责任公司是由大同机车实业公司、大同机车厂建筑安装公司、大同市赛诚机车设备有限责任公司改制合并组建而成，是伴随着中车大同电力机车有限公司的发展而成长起来的电力机车配件专业生产企业。平城区依托高校人才资源、科技成果富集等优势，发挥自身区位、资源、环境等方面的

特点，双方在决策咨询、课题研究、规划制定、项目合作等方面加强合作，带动创新动能激发。（刘志伟）

科技成果及转化

【科技成果应用】 2021年，平城区有区级科技成果应用项目1项，名称为“晋绿豆9号高产高效综合技术示范及推广”。该项目建立晋绿豆9号核心示范基地7公顷，稳产高产示范基地68公顷，推广辐射400公顷。比当地种平均增产10%以上，总产绿豆90.36万千克，每千克按12元计价，产值1084.32万元。（刘志伟）

【高校科技成果转化基地落地平城】 2021年，平城区鸿运农业合作社与山西农业大学共建“高校科技成果转化基地”在平城落地。平城区落实省校合作共建平台基地工作要求，精准对接高校、有效吸引人才，引导鼓励与省外高校合作的企事业单位利用外来资源，拓展合作空间，推动校企合作基地建设落地落实。（刘志伟）

全国科技进社区先进区建设

【航天科普校园行活动】 2021年，由中国航天基金会主办、2020年启动的“少年强国·太空筑梦”全国航天科普校园行公益活动（大同行）在平城区10所小学举行。该活动包括太空知识讲座、航模展示和太空体验三部分。航模展示和太空体验包含长征系列火箭、月球探月车、太空卫星、太空食品、太空邮局等多项内容。在平城区第十八小学校航空航模展活动现场，学生轮流体验VR动画技术，倾听讲解员解读有关智造卫星和航天食品的小知识，“零”距离接触航天员太空生活，观看介绍中国航天事业蓬勃发展与腾飞的视频影像。（刘志伟）

【平城区科技活动周】 2021年5月22日至28日，2021年大同市暨平城区科技活动周在迎宾广场举办。活动由市科技局、市委宣传部、市科协、平城区人民政府共同主办，平城区科技局、平城区委宣传部、平城区科协承办。活动主题为“百年回望：中国共产党领导科技发展”，以讲解科普知识、展示中小企业科技成果、开展科技宣传活动、开放科普基地等形式举办。活动周期间，平城区科技局联合大同大学创客空间，到3个社区、5所学校、10余家企业开展科普宣传、政策培训、科普知识讲座等主题活动，发放科普宣传手册2500余册，环保手提袋800个，播放视频10余场。（刘志伟）

【科普宣传活动进社区】 2021年5月27日，平城区科学技术局到永泰南路柳航里社区开展科普宣传活动，向社区居民发放科普宣传手册300册，环保手提袋200个，播放《辉煌中国——创新活力》《手机对孩子的危害》宣传视频。后陆续开展卫生防病、扫黑除恶、抵制封建迷信、勤俭节约、防灾减灾等科普知识宣传，播放《创新中国》《消防警示录》《食品安全》《交通安全》《新能源－能源转型》《健康生活》等视频。9月17日，在迎宾广场开展主题为“百年再出发，迈向高水平科技自立自强”科普日活动。将科普带进基层，利用科普渠道加强扶志、扶智，提高公众对科学的认知。共发放科普宣传手册600本，科普宣传手提袋300个，宣传资料200份。（刘志伟）

▲2021年5月22日，大同市暨平城区科技活动周启动仪式在迎宾广场举行 （刘志伟 摄）

公共文化

平城区图书馆

【概况】 2021年1月，平城区图书馆办公地址搬迁至南环路142号，因条件有限暂停读者借阅服务，提供公益讲堂、公益展览等服务。年内，举办“党的光辉历程”“庆祝第一个警察节”等主题线上图片展6次；开展图书馆分馆消防知识培训3次。在社区建立图书馆分馆7个，分别是新旺街道文博苑社区分馆、振华街道新世纪社区分馆、振华街道永宁社区分馆、永泰街道政协委员会工作室分馆、水泊寺街道分馆、御河街道分馆、平城区委组织部分馆，配备书籍2700余册。

2021年，平城区图书馆被山西省图书馆、山西省图书馆学会在“赏春意 品书香 暖万家”春节主题活动中评为“优秀服务单位”，在“全民阅读”活动中评为“先进集体”，在“话峥嵘岁月 迎光辉未来”系列主题活动中评为“优秀组织单位”；在“万卷寻知检索智行——山西省公共图书馆信息检索大赛”中评为县（区）级馆组“优秀组织单位”。（苟云霞）

【群众“党史学习教育”系列活动】 2021年，平城区图书馆主办“学党史、悟思想、办实事、开新局”党史学习教育系列活动，邀请大同市民俗专家赵佃玺、平城区党史专家景京、参战老兵王玉龙、山西省最美社区干部水泊寺街道张文华等开展讲座17次、诗文诵读1次、知识竞赛2次。公共文化服务云视讯系统平台转播《党史100讲》《一百堂党史课》，在锦瑞文源社区、新泉村、平城区党群服务中心、平城区新时代文明实践中心、平城区御河小学、平城区第十七小学校等地参与观看群众近万人。（苟云霞）

【春节主题活动】 2021年2

▲2021年9月20日，平城区图书馆在振华街道永宁社区建立分馆。图为分馆内景（苟云霞 摄）

月1日至28日，平城区图书馆主办“赏春意 品书香 暖万家”春节主题活动，整合、提炼春节相关知识内容，涵盖春节节日来源、民俗、俗语、金典诗词等内容。以“线上为主、线下为辅”方式开展环卫工人送温暖活动1次，“名家谈传统文化”线上直播、“打卡经典 传承文化”诵读打卡、“春节传统文化知识闯关”竞赛、“我学传统文化”征文、“品传统经典 过文化大年”主题阅读等线上活动8次，参与群众近3000人。（苟云霞）

【“书香平城”文化大讲堂第五讲】 2021年10月14日，平城区图书馆与金色水岸·龙园老年活动中心联合开展“健康久久，欢乐重阳”主题活动暨“书香平城”文化大讲堂第五讲，以金色水岸·龙园老年活动中心为主会场，各街道、社区云视讯系统服务为分会场，参与群众50人。邀请大同市第二人民医院原中医科主任张建萍为小区业主开展健康讲座，邀请社区医务人员为老年人量血压、测血糖、检查身体，解答关于常见病、多发病预防诊治及愈后护理等问题。（苟云霞）

平城区文化馆

【概况】 2021年，平城区文化馆每周开馆时间54小时，有分馆34个、红领巾艺术团校园培训基地10个、扶持群众文化艺术团7个。依托山西省数字文化馆平台开设专栏6个，录制精品课程20节，上传精彩资讯、文艺资源、音乐鉴赏30篇，建设数字书画展厅1个。1月30日，平城区文化馆由原帅府街旧址迁入位于锦华家园S2-1号商铺的新址，总面积660.05平方米（一层218.22平方米，二层220.60平方米，三层227.23平方米）。4月，聘请舞蹈、声乐、器乐教师3名。9月29日，与市文化馆共同组建成人公益舞蹈队在山西省广场舞大赛中获全省二等奖；10月1日，红领巾艺术团《玲珑扇娃娃》《红山果》《我和我的祖国》参加平城区庆双节文艺演出；10月14日，平城区文化馆宋经苑、张波演奏的《盛世国乐》代表大同市获山西省群众文化活动“永远跟党走”乡土文化能人技艺大赛全省一等奖；10月16日，第六届成龙国际动作电影周期间，红领巾艺术团合唱队和文艺扶持的云冈民族乐团参加演出。（梁　楚）

▲2021年3月11日，平城区文化馆在大同大学附属小学开设声乐公益课（梁　楚　摄）

【公益培训】 2021年，平城区文化馆开设书法、钢琴、琵琶、小提琴、手风琴5个专业公益班培训，有辅导教师5位，每周6节课，受益群众400余人；金色水岸龙园分馆、亲水湾龙园分馆、水泉湾龙园分馆、华北星分馆、华严寺分馆、新世纪分馆、育才分馆、迎宾路社区分馆开设朗诵、书法、舞蹈、模特、二胡、电钢、古筝、美术专业公益课8个，23位教师参与公益培训，全年培训群众1.2万余人次；在10所小学设立红领巾艺术团校园培训基地，开设舞蹈、二胡、古筝、声乐、琵琶、朗诵、美术、书法课程，有辅导教师17位，每周有校园社团课22节，培训学生910人。（梁　楚）

【艺术团扶持】 2021年，平城区文化馆对梅香艺术团、阳光艺术团、金旋律合唱团、军乐队、萨克斯乐团、振华艺术团、大同市云冈民族乐团给予专业指导。年内，大同市云冈民族乐团参加浑源二岭中国共产党成立100周年快闪活动、浑源恒山参加庙会活动、河北蔚县杏花节、浑源县杏花节、浑源古城灯会，振华艺术团参加送戏下乡活动、浑源悬空寺快闪活动、二胡年度汇报演出、黄花之春网络音乐会、黄花采风晚会、迎国庆惠民演出、浑源峣村快闪活动、第六届成龙国际电影周、第六届乌大张网络春晚。

（梁 楚）

【平城区文化馆分馆授牌仪式】 2021年，平城区文化馆按照政府主导、统筹实施、促进均等、提高效能、分级管理、资源共享原则，在原有6家分馆基础上，推进22个社区设文化馆分馆。1月6日，平城区文化馆总分馆制建设分馆授牌仪式在水泉湾龙园社区举行，平城区文化馆馆长曹芳、部分业务骨干及22家社区分馆负责人出席授牌仪式，为新建南路街道、南关街道、振华南街街道、新建北路街道、北关街道及南街街道等22家分馆授牌。

（梁 楚）

群众文化

【文化惠民工程】 2021年，平城区群众文化惠民工程评选文艺小分队35支、文化带头人38位、能人艺人20位，推进文化活动下街道、下社区、进景区、进农村、进学校、进部队，服务基层群众。开展免费送戏下乡村100场，丰富群众日常文化生活。

（乔 芳）

【中国共产党成立100周年系列群众文化活动】 2021年4月至6月，平城区文化和旅游局作为主办单位之一，启动平城区“党的光辉照我心”庆祝中国共产党成立100周年系列群众文化活动。5月1日，在华严寺广场开展“礼赞劳动·喝彩中国”综艺专场；在古城南广场举行广场舞汇演。5月3日，在古城南广场举行“民歌飞扬，唱响平城”民歌会。5月1日至5日，在代王府上演本土特色历史文化2021新版历史文化情景剧《太后巡游》、历史文化歌舞剧《大明·锦绣鸿途》。6月29日，以“颂歌献给党 启航新征程”为主题的庆祝中国共产党成立100周年群众歌咏活动决赛在永泰南广场举行，16支队伍参加决赛，决出特等奖队伍2支、一等奖队伍4支、二等奖队伍6支、三等奖队伍6支。

（乔 芳）

【“春满古都·又见平城”群众文化系列活动】 2021年4月1日，平城区“春满古都·又见平城”2021群众文化系列活动在古城启动。该活动由平城区人民政府主办，大同市古城投资集团有限责任公司、西安曲江文化旅游股份有限公司承办，打造“传统+时尚”“文化+科技”“旅游+体验”模式，将古城内分为“盛世春晖”“华彩国风”“春光普照”“耀古烁今”4个区域，在华严广场、纯阳宫广场、鼓楼东街、鼓楼西街、县楼南街、县楼北街和云路街等处，展出各式灯组21组、DP点13组，开展各具特色文艺演出、民俗展示等活动，参与游客300余万人。在携程网与新华财经联合发

▲2021年4月1日，平城区“春满古都·又见平城”群众文化系列活动在古城华严寺广场启动 （乔 芳 摄）

布的2021“五一”旅行大数据报告中，大同入选2021年全国“五一”黄金周热门排名增速最快的10个目的地城市。（乔 芳）

【全省哲学社会科学普及周】 2021年5月16日，以“学党史、跟党走、蹚新路”为主题的山西省哲学社会科学普及周开幕式在平城区华严寺广场举行。活动由山西省社会科学界联合会主办，大同市社会科学界联合会承办，大同大学、平城区委宣传部协办。为期一周，全省11个市及高校、科研院所一起联动。活动利用报刊、网站、微博、微信等多种媒介形式，利用图书馆、博物馆及其他社科普及基地，举办党史学习教育宣传等活动。组织学会、研究会专家学者采用线上线下相结合的方式，社会科普基地免费接待市民参观学习，并开展图片展示、现场咨询、哲学社会科学知识和优秀传统文化展览普及活动。（刘志伟）

【“送戏下乡一百场”惠民演出活动】 2021年9月9日，平城区2021年“送戏下乡一百场”惠民演出活动在多个社区同时开启，于10月底结束，演出计100场次。演出内容主要分为曲艺和综艺两大类，曲艺类包括相声、小品、魔术、戏曲等，综艺类包括歌曲、舞蹈、器乐等。活动覆盖18个街道近80个社区（村）。（乔 芳）

文化活动

【城门春联、年画专题展】 2021年2月23日，“品味年画、传承年俗、牛年大同首善平城、年画城门春联原作专题展”在大同市雕塑博物馆展出，展出古城门春联真迹12幅、年画精品近300幅。该专题展展出的春联作品来自“2021年辛丑新春中国城墙全球征春联活动”获奖作品，其中与大同城墙有关的获奖作品12件，由平城区委宣传部会同市文联、山西大同大学美术学院、市书协、市美协、弘连文化传媒将获奖作品分发至大同市的12位书法家，由他们用不同的字体书写出来，展示在古城的4个主城门和8个副城门上；展出的年画是由大同市连环画收藏促进会收藏的，分为“吉祥娃娃”“威武门神”“古典人物故事”“红色文化”“节约粮食”等专题。（陈 毅）

【全民阅读系列活动】 2021年4月23日，“筑首善之区 鉴书香平城”2021年大同市平城区全民阅读系列活动暨藏书票艺术展启动仪式在府文庙前门举行，市政协副主席、平城区委书记李继忠，平城区委副书记、区长郭政等出席启动仪式，并为来自全国各地及本地知名专家学者7人颁发“平城区图书馆全民阅读推广大使”聘书。截至2021年底，全民阅读系列活动举办展览1次、专家讲座1次、研讨会1次、读书分享会1次、交流座谈会1次、读书交流活动1次，参与群众6200余人。

藏书票艺术展 2021年4月23日至25日，藏书票艺术展在府文庙东配殿举办，展出由当代著名收藏家崔文川提供的红色藏书票、人物藏书票、木刻水印藏书票、铜板藏书票等，接待参观群众近6000人。

专家讲座 2021年4月24日，“梁思成与大同”“藏书票艺术”专家讲座暨“书香平城大讲堂”第三讲在府文庙明伦堂举办，著名作家窦忠如、全国读书会联盟副秘书长兼北京书香东城读书会会长解虓虓讲解梁思成与大同的渊源及藏书票的艺术世界，55人参加讲座。

读书分享会 2021年4月25日，《读书的方法与艺术》读书分享会暨“书香平城大讲堂”第四讲在大同大学云冈书院报告厅举办，邀请解虓虓作分享，50人参加分享会。（芶云霞）

【“红色耀平城·青年永传承”主题图片展】 2021年4月25日至5月5日，为庆祝中国共产党成立100周年，平城区委宣传部、共青团平城区委、古城街道党工委在大同市和阳美术馆举办“红色耀平城·青年永传承——学党史、强信念、跟党走”主题图片展。此次展览甄选具有较强艺术性、感染力的红色革命连环画1000余册、宣传画和电影海报200余幅、经典主题图片200余幅，再现中国共产党百年光辉历程。以时间线为主线，分7个主题展区，分别为“人民领袖、开国元勋”“光辉旗帜、引领胜利”“浩气长存、永远丰碑”“奋斗青春、强国有我”“百年奋进、光辉历程”“童心向党、祖国希望”“珍惜荣誉、再立新功”。展览期间，接待省、市、区级单位及各中小学、高校、社区参观团队109支，观众1万余人次。（陈 毅）

【“北魏历史文化名人传记丛书”首发暨研讨会】 2021年5月8日，“北魏历史文化名人传记丛书”首发暨研讨会启动仪式在大同市贵宾楼假日酒店举行，中国作协书记处书记邱华栋、北京大学教授罗新，山西作协党组书记、主席杜学文，大同市委常委、宣传部部长王铁梅，市政协副主席、平城区委书记李继忠，平城区委副书记、区长郭政，市文联党组书记樊菁，市作家协会主席任勇，北岳文艺出版社项目负责人孙茜出席启动仪式。此次活动围绕平城区促进文旅振兴目标和建设“省域副中心城市核心区”定位，由市委宣传部、平城区委、区人民政府共同举办。该套丛书是首套以传记文学式样展示北魏历史的大型历史小说丛书，讲述11位北魏历史上曾在政治、经济、文化方面做出杰出贡献的人物。11位作家到云冈书城参加“北魏历史文化名人传记丛书”现场签售会。研讨会中，文学组、历史组的作者代表围绕各自作品谈论创作体会，专家们就本套丛书创作背景、文学价值等方面进行发言。（陈 毅）

【红领巾艺术团历程回顾展暨校园培训基地揭牌】 2021年5月18日，由平城区文化和旅游局主办，平城区文化馆（红领巾艺术团）、平城区教育局、平城区古城街道承办的红领巾艺术团历程回顾展暨校园培训基地授牌仪式在和阳美术馆举办。此次活动为“重振红领巾艺术团五个一工程”（举办一场展览、一场专场演出、一次回访、一次有意义的活动、一部宣传片）工作之一。授牌仪式上，市政协副主席、区委书记李继忠等为红领巾艺术团优秀教师代表颁发红领巾艺术团“荣誉团长”证书，为平城区第十四小学校、平城区第十八小学校等7所小学颁发红领巾艺术团校园培训基地牌匾，为学生代表佩戴红领巾艺术团团徽，为艺术教师颁发红领巾艺术团教师聘任证书。红领巾艺术团历程回顾展展期7天，以“红领巾心向党，我与祖国共成长”为主题，分“不忘初色 行稳致远（群众文化默默奉献的文化馆长）”“鎏金岁月 蓬勃峥嵘”“星光璀璨 风采照人”“桃李芳华 杰出学员”“继往开来 再创辉煌”5部分，展出图片354幅。（梁 楚）

▲2021年5月18日，红领巾艺术团历程回顾展暨校园培训基地授牌仪式在和阳美术馆举行（梁 楚 摄）

【“中秋”“国庆”文化活动】 2021年中秋节、国庆节期间，由大同市文化和旅游局、平城区委、区政府主办，平城区委宣传部、古城保护发展中心、平城区文化和旅游局、古城街道办事处承办的“金秋平城·礼赞祖国”系列群众文化活动在大同古城内举办，活动于9月19日正式启动。在纯阳宫广场、华严广场、代王府门外广场、鼓楼东西街、县楼南北街等地，以小型表演、灯光秀、巡游、非遗文化体验展示、曲艺戏曲演出和快闪演绎等形式进行，时间为“两节”期间每天15时至21时，演出节目有巡游“大明护卫”、情景体验“时代记忆”、平城演绎“花好月圆”、非遗展示+体验+售卖“印象平城”等。群众在活动现场可观看戏曲画脸谱全过程，欣赏大同铜器精美的錾刻艺术，观看现场煤雕制作、砖雕、火山石雕刻等非遗产品，品尝贺老人羊杂、北魏贡酒、积德益糕点；沿着华严广场—下寺坡街—鼓楼东西街—县楼南北街—云路街—代王府线路体验沉浸式文化之旅。活动参与表演和展示的演职人员、非遗传承人500余人，演出展示300余场次，接待游客64万人。（乔　芳）

【向人民汇报——西子墨韵中国画大画巡展】 2021年10月31日至11月30日在大同市美术馆举办，展出杭州西子画院艺术家创作的中国画大画作品44幅。该活动由平城区委宣传部、平城区文化和旅游局、平城区文学艺术界联合会、大同市美术馆联合杭州西子画院主办，由山西盈恩文化传媒有限公司、大同市有道文化旅游产业投资有限公司、西安抱朴行文化发展有限公司承办。开幕式上，杭州西子画院将一幅由画院韩治平、林传高、许耀明、葛华、王书群5位艺术家联手创作的丈二山水国画作品《江山秋韵》赠与大同市美术馆收藏。平城区邀请杭州西子画院在大同美术馆举办西子墨韵中国画大画巡展，搭建两地艺术家艺术交流平台，让平城市民在家门口欣赏国内一流艺术作品，提升平城精神文明建设水平。（陈　毅）

文物遗产保护

【文物保护】 2021年，平城区文化和旅游局每月对各文保单位进行检查督导，发现和排除问题隐患，加强区不可移动文物尤其是对存在安全隐患的四合院日常巡查力度，按时与街道及上级主管部门沟通，彻底排除安全隐患。为条件差的文保单位配备消防器材，使各文保单位建立符合规范要求的安全防范设施。做好县级文物保护单位和未定级不可移动文物保护工程开工备案工作，对大同古城西南隅民居修复工程的6份施工组织设计方案进行专家评审。（乔　芳）

【非物质文化遗产保护和传承】 2021年，平城区文化和旅游局开展平城区第九批非物质文化遗产传承人评审工作，评选区级传承人12位。推荐区级非遗代表性传承人5位，申报为第五批市级非物质文化遗产项目代表性传承人并获批。按照国家“十四五”规划中关于非物质文化遗产发展的相关要

2021年大同市第五批市级非物质文化遗产代表性传承人一览表（平城区）

表29-1

项目基本信息				代表性传承人基本信息		
序号	项目类别	项目名称	申报地区或单位	姓　名	性别	入选县级传承人时间
1	传统技艺	大同铜器制作技艺	大同市天艺昌工艺品有限责任公司	王海霞	女	2012
2	传统技艺	大同铜器制作技艺	大同市天艺昌工艺品有限责任公司	孙志利	男	2012
3	传统技艺	大同铜器制作技艺	大同市天艺昌工艺品有限责任公司	张河美	女	2012
4	传统技艺	康氏绢人	平城区文化和旅游局	贾慧兰	女	2018
5	传统技艺	大同布老虎	斑斓虎创意工坊	孙　敬	女	2012

2021 年平城区第九批非物质文化遗产项目代表性传承人一览表

表 29–2

序号	项目类别	项目名称	保护单位	传承人	性别	传承人在此项目中的作用	备注
1	Ⅷ 传统技艺	大同铜器制作技艺	大同市天艺昌工艺品有限责任公司	李艳林	女	铜器制作及传承	第四批国家级项目
2		大同府衙宴	大同市燕丰楼饭店	赵富平	男	府衙宴制作及传承	第八批区级项目
3		积德益糕点	大同市积德益食品有限责任公司	罗龙飞	男	糕点制作	第五批市级项目
4		孙记熏肉包子制作技艺	山西孙记包子餐饮有限责任公司	孙长富	男	熏肉包子制作	第九批区级项目
5		火山石雕刻技艺	大同市祥景文化传媒有限责任公司	刘　坚	男	火山石雕刻及传承	第九批区级项目
6		大同皮具制作技艺	大同市锦玉宫韵商贸有限公司	李金云	女	皮具制作及传承	第九批区级项目
7		大同锔瓷技艺	—	芦雁松	男	锔瓷技艺及传承	第九批区级项目
8		大和粽子制作技艺	大同市云端粽业食品有限公司	周仲开	男	粽子制作	第九批区级项目
9		胖来来兔头制作技艺	大同市胖来来特色饭店	赵伟平	男	兔头制作及传承	第九批区级项目
10	Ⅵ 传统体育	大同大成拳	大同大成拳协会	郭贵志	男	大成拳发扬及传承	第五批市级项目
11				李　军	男		
12		八卦拳	大同市体育总会	施玉石	男	八卦掌发扬及传承	第九批区级项目

求，开展平城区全面非遗普查，建立图文并茂的《平城区非遗档案录》；拍摄非遗系列主题宣传片，整合平城区现有非遗资源。截至 2021 年底，拍摄与制作完成全区非遗项目 37 项。（乔　芳）

【红色文化遗址资源】 2021 年，平城区文化和旅游局调查认定上报红色文化遗址资源 4 处。2 月，成立由平城区文化和旅游局、平城区委党史研究室、平城区退役军人事务局抽调人员组成的平城区红色文化遗址资源调查队，对辖区内红色文化遗址资源进行为期 5 个月的摸底，经大同市文物局专家评审，最终上报省级红色文化遗址 1 处——大同革命烈士陵园，市级红色文化遗址 3 处——山西省第三中学旧址（大同学生运动发源地）、中共大同工委旧址、大同和平解放谈判旧址。（乔　芳）

【平城区七里村北魏墓地入选“2020 年山西考古新发现”】 2021 年 3 月 29 日，由山西省考古学会和《山西晚报》联合举办的“首届山西考古新发现论坛”在太原召开，平城区七里村北魏墓地入选“2020 年山西考古新发现”。墓地位于平城区七里村西北处，墓葬分布密集、排列有序，保存状况良好。上年 8 月至 12 月，市考古研究所对这批墓葬开展发掘工作，清理北魏墓葬86座，墓葬形制多为斜坡墓道土洞墓，随葬器物陶罐、陶壶等300余件，为北魏平城墓葬研究提供新的史料。其中，29号墓中墓室壁画、完整漆木棺、丝纺织品、漆器被集中发现且保存较好。该墓位于墓地北部，坐北朝南，为长方形斜坡墓道砖砌单室墓，由墓道、甬道、墓室三部分组成，南北总长24.12米，墓底距地表9.30米，未被盗扰，保留原有葬式，墓室内保存一座完整的漆木棺，四壁、顶部绘有精美壁画，棺前随葬品原样保留，棺内发现保存较好的丝纺织品、服饰以及多件保存完整的漆器。（乔　芳）

文化市场监管

【概况】 2021年，平城区文化和旅游局针对文化馆、村（社区）文化工作以及未定级不可移动文物开工备案等方面，开展调研4次；为景祥社区购买古筝等文艺活动器材，为1家企业进行未定级不可移动文物开工备案专家评审。为提高平城区艺术演出团队演出质量，根据各艺术团队需求，为13支演出团队配置便携式拉杆音箱。

（乔　芳）

【文化场所新冠肺炎疫情防控】 2021年，平城区文化和旅游局成立新冠肺炎疫情防控巡查组6个，到辖区内景区、文保单位、星级酒店、网吧、KTV等公共文化服务场所、文化经营场所，对各场所两码联查、测温、卫生管理等防控措施落实情况开展不间断巡查，发现问题及时上报或移交有关部门进行查处。全年平城区各文旅场所未发生疫情感染事件。（乔　芳）

【文化场所安全排查】 2021年，平城区文化和旅游局对全区文化娱乐场所、互联网经营场所、游戏游艺娱乐场所、省级文保单位、市级文保单位、区级文保单位、未定级文物保护单位，开展全覆盖事故隐患排查，检查场所200余家次，出动人员500余人次，排查出事故隐患300余条，整改280余条，把不能整改隐患问题向市文化和旅游局和相关执法单位进行通报。（乔　芳）

档　案

【概况】 2021年，平城区档案馆接收文书档案4.32万件、5422卷，资料报刊336份，国有企业退休职工档案1.94万卷，免费为各党政机关、企事业单位发放装具4.37万件。年内，组织工作人员到晋中市太谷区档案馆、介休市档案馆、霍州市档案馆、阳泉市郊区档案馆、山西省档案馆开展考察学习，针对档案“收管存用”，特别是档案数字化建设方面开展调研，学习先进档案技术和档案管理理念。

（吴学锋）

【档案征集】 2021年，平城区档案馆致力于保护平城历史文化遗产，留存平城记忆，抢救各个历史时期散存于社会和民间、具有保存价值的实物、音视频和纸质档案资料，丰富档案馆馆藏工作，面向社会公开征集档案资料，征集入馆学生理想档案15盒，征集《大同文旅》合订本等书籍340册、照片168张。（吴学锋）

【档案信息化】 2021年，平城区档案馆开通线上公众平台——“平城档案”微信公众号，发布档案法律宣传、政策法规宣传、档案业务知识、馆内工作动态等。截至2021年底，发布信息170余条。9月29日，正式开展档案数字化工作，完成馆藏婚姻档案数字化18.03万页，国有企业退休职工社会化管理人事档案数字化3978卷，疫情档案数字化840卷。（吴学锋）

【档案服务】 2021年，平城区档案馆完善档案开放、划控、利用制度，为平城区经济建设、编史、修志、机关查考、调解纠纷、核实工龄、工作调动、户口迁移、学术研究等提供资料，利用具有法律效力的档案解决民生问题。全年解答上门咨询人员1000余次，提供个人免费档案查阅1366人，提供原件复印5464页。（吴学锋）

【国企退休职工档案整理培训】 2021年，平城区档案馆组织业务骨干开展国企退休职工档案

▲ 2021 年 7 月 28 日，平城区档案馆组织业务骨干开展国企退休职工档案培训　（吴学锋 摄）

培训 15 次，150 余家企业 213 名档案管理人员参加，培训内容以国企退休职工档案分类、整理、数字化等为主。　（吴学锋）

【国企退休人员社会化管理人事档案接收】 2021 年，平城区档案馆验收同煤集团有限责任公司晋华宫矿、中国铁路太原局集团有限公司大同地方铁路有限责任公司、大同煤矿集团有限责任公司化工厂等 102 家国有企业退休职工人事档案，合格后与各单位交接。截至 2021 年底，接收国企退休人员人事档案 1.94 万卷。

（吴学锋）

【新冠肺炎疫情防控档案接收】 2021 年，平城区档案馆开展新冠肺炎疫情防控档案接收工作，疫情防控档案由平城区疫情防控指挥部、联防联控各单位提供，包括文书、联防联控、报表、照片 4 个门类档案，以卷整理 225 盒 896 卷 4064 件，以件整理 15 盒 180 件，照片 208 张。　（吴学锋）

【乡镇（街道）行政区划档案检查验收】 2021 年，平城区档案馆到各乡镇（街道）办事处，对档案员、各社区（村）负责人开展档案知识培训，检查验收乡镇（街道）行政区划优化单位档案。3 月 17 日，举办乡镇（街道）行政区划优化档案移交仪式。截至 2021 年底，接收乡镇（街道）行政区划优化永久档案 32491 件，计生档案 1216 卷，印章档案 1656 件，实物档案 317 件。　（吴学锋）

【“珍藏青春梦想·档案见证成长”主题活动】 2021 年 5 月 28 日，平城区档案馆联合平城区第十八小学校师生在大同农业嘉年华开展“珍藏青春梦想 档案见证成长”主题活动，征集学生梦想档案 15 盒 1000 余件。该活动是平城区档案馆党史学习教育进社区、进校园系列活动之一，展现档案馆“五位一体”中爱国主义教育基地主要内容。　（吴学锋）

【国际档案日宣传活动】 2021 年 6 月 9 日，平城区档案馆在迎宾广场开展“档案话百年”主题“6·9”国际档案日宣传活动。现场设立档案宣传咨询点，通过

▲ 2021 年 6 月 9 日，大同市平城区档案馆工作人员在迎宾广场向群众发放档案宣传手册，介绍档案知识　（吴学锋 摄）

宣传展板、现场接受群众咨询、发放宣传资料等形式，向群众宣传档案服务。全年到社区、企业开展党史宣讲、档案宣讲工作7次，向群众宣传档案知识、档案法律法规常识。（吴学锋）

地方志

【概况】 2021年，大同市平城区地方志研究室（简称“区地方志研究室”）开展年鉴书籍编纂出版工作，梳理平城区上年度在政治、经济、文化、社会、生态等方面的大事、新事、特事、要事，展示平城区在“十三五”收官之年的发展成就和具体举措。完成《山西年鉴（2021）》《大同年鉴（2021）》供稿任务，按时上报至省地方志研究院、市地方志研究室并被采纳。年内，向区政协、联点街道、区总工会等单位赠送方志类图书200余册。（韩一荣）

【《大同市平城区年鉴（2021）》出版】 2021年12月，区地方志研究室《大同市平城区年鉴（2021）》由中国文史出版社出版发行，李宏宾主编。该年鉴记述时限为2020年1月1日至12月31日，设特载、大事记、区情概览、中国共产党大同市平城区委员会、大同市平城区人民代表大会、大同市平城区人民政府、中国人民政治协商会议大同市平城区委员会、纪检监察、群众团体、法治、经济管理、农业 农村、工业 建筑业、商贸服务业、文化 旅游、城乡建设、生态保护、教育 科学技术、医疗卫生、社会生活、街道 乡、人物、附录23个类目，下设分目121个、条目644个，收录图片109幅、表格40张。卷首专题图片46幅，设“美丽平城”“市域治理”“疫情防控”“科教文化”“项目建设”“重要会议”专题。卷末附机构设置和负责人名录、统计资料、2020年平城区各社区（村）“两委”主要负责人人员名录、2020年平城区各社区（村）人口基本情况。全书36.90万字。（韩一荣）

【年鉴撰写业务培训】 2021年3月，区地方志研究室按照新冠疫情防控政策，取消线下培训会，对全区90余家主要供稿单位开展线上年鉴稿件撰写业务培训。根据年鉴类目顺序分5组建立微信群，由专人负责群内沟通事务，发布年鉴长效机制文件、稿件资料来源、分目设置情况、条目撰写格式要求等8方面内容，有针对性地解决撰稿人提出的问题。（韩一荣）

▲2021年8月20日，平城区地方志研究室向区政协委员活动室赠送方志类图书（韩一荣 摄）

卫生健康

公共卫生

【概况】 2021年，平城区有社区卫生服务中心8家、乡卫生院3家、社区卫生服务机构87家、社区卫生服务中心14家、社区卫生服务站73家、村卫生室75家，三星级以上村卫生室17家，专业公共服务机构3家（区卫生监督所、区疾病预防控制中心、区妇幼保健计划生育服务中心）。年内，平城区卫生健康和体育局（简称“平城区卫体局”）开展免费产前筛查7260人、免费婚前医学检查4876对；在人流密集公共场所配置自动体外除颤器80台，对从业人员开展业务培训；开展中共平城区第二次代表大会期间医疗应急保障、“春满古都·又见平城”2021群众文化系列活动场所疫情防控和医疗保障，高考期间向7个高考考点派驻医务人员、考点联络人员和疫情指导员开展疫情防控、医疗救治和突发公共卫生事件应急处置。选择悉贝托育机构为婴幼儿照护服务工作试点机构。10月14日，承办“实施积极应对人口老龄化国家战略，乐享智慧老年生活”主题敬老月系列宣传活动。开展市属单位及驻区单位干部任前计生审核236人，对统战部民营企业家代表106人、平城区第二届人大代表257人、党代表491人、政协委员250余人进行计生审核。农村计划生育家庭奖励扶助新增7人，计划生育家庭特别扶助新增46人。节日期间，慰问计划生育特殊困难家庭每户500元。（刘海涛）

【家庭医生签约服务】 2021年，平城区卫体局按照省市要求，开展家庭医生签约工作，各社区机构开展多样化签约服务，结合居民健康档案、慢性病随访、老年人体检等公共卫生服务项目及中医治未病特色医疗服务，安排家庭医生团队根据居民需求提供健康问题咨询、疾病随访等多种服务。全年家庭医生签约35.38万人，服务人口签约率37.60%。（刘海涛）

【医学应急队伍建设】 2021年，平城区卫体局制订《大同市平城区紧急医学救援应急预案》，成立应急队伍，做好应急物资储备。全区有应急队伍3支，分别为平城区疾控中心突发公共卫生事件应急队、医疗救援队、突发公共卫生事件卫生监督应急小分队，各有90名应急队员。在人流密集公共场所配置自动体外除颤器80台。对从业人员开展业务培训，确保病人在救护车到达之前得到及时救治。

（刘海涛）

【爱国卫生月】 2021年4月，平城区卫体局开展“文明健康·绿色环保”主题第33个爱国卫生月活动，召开爱国卫生工作推进会，对疫情常态化管控、城乡环境卫生治理、市容环境整治、隐患排除整治（老旧小区消防通道）、污染防治、扬尘治理、农业灭源污染、水污染治理、河道清淤防汛安排、市容建筑围挡、文明校园、卫生建设、巩固创城成果、马路市场、食品卫生等方面提出要求。利用宣传栏、电子屏等宣传爱国卫生，开展科普宣传 54 场，发放宣传资料 3.22 万份。加强环境卫生整治，区环境卫生服务中心开展“生活垃圾死角大清除”活动，对辖区范围内所有主次干道、集贸市场周边、无物业小区、城乡接合部等地段开展全面排查清理。对机关、小区、菜市场、垃圾中转站、河道等场所进行消杀，动员组织区各单位开展“清洁家园、灭蚊防病”专项环境卫生整治活动，动员群众开展家庭卫生大扫除。（刘海涛）

【“世界家庭医生日”宣传活动】 2021 年 5 月 19 日，平城区卫体局在永泰广场举办“家庭医生 守护您健康的朋友”主题集中宣传和义诊活动，组织北关社区卫生服务中心等 17 个基层医疗卫生机构参加。现场组织义诊、家庭医生签约、新冠疫苗预约和健康知识宣传，180 余名医务工作者参与活动，免费义诊 3000 余人次，发放宣传单页 4000 余份。（刘海涛）

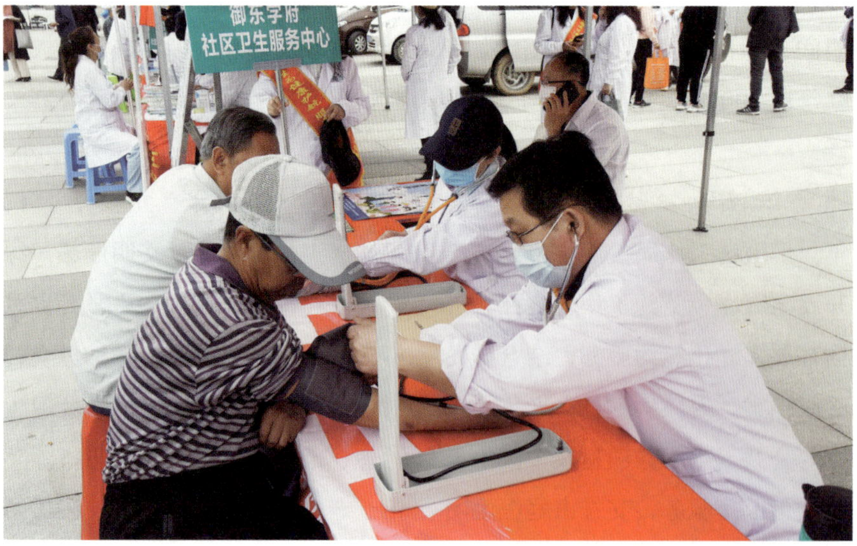

▲ 2021 年 5 月 19 日，平城区卫体局在永泰广场举办“家庭医生 守护您健康的朋友”主题集中宣传和义诊活动（刘海涛 摄）

【国家基本公共卫生服务项目培训】 2021 年 9 月 26 日至 30 日，平城区卫体局组织市级公共卫生专家在区财政楼召开国家基本公共卫生服务项目培训会，培训内容有慢性病管理、老年人健康管理、健康档案、健康教育等方面，乡卫生院（村卫生室）、社区卫生服务中心（社区站）基本公共卫生服务人员 180 人参加培训。（刘海涛）

新冠肺炎疫情防控

【概况】 2021 年，平城区无新冠肺炎确诊病例。全年常态化新冠肺炎疫情防控有效落实，投入资金 2980 万元。组织 6486 名机关干部下沉到社区（村）协助开展新冠肺炎疫情防控工作，累计出动各类人员 2.50 万人次。严格落实重点地区来返人员管控措施，排查 1.22 万条数据信息。储备 25 家隔离酒店、2150 个房间，全年集中隔离 1950 人。组织发动群众 1 万余人参与疫情防控工作，通过网络、微信等渠道发布“关于防止人员聚集加强疫情防控公告”等防疫公告，向街道、村（社区）发放“个人防护知识手册”5 万份、新冠肺炎疫苗接种宣传手册 6.50 万余册、海报 1.37 万张、疫苗接种标识 1.08 万张。设置核酸采集点 678 个，采样台 1167 个，配备工作人员 7000 余人。建立多点触发机制，为交通场站、学校等配备 1022 名健康管理员。做到人、物、环境同防，快速精准处置“贺某某和刘某祥”假阳性事件，科学妥善处置车厘子等涉疫食品。（刘海涛）

【新冠肺炎疫情防控措施保障】 2021 年，平城区强化属地“第一时间、第一落点”管控责任，分析研判形势、召开专题会议、作出决策部署。接到密切接触者协查或涉疫物品核查，按照疫情防控处置黄金时间，对封控区域实行“只进不出”，流调、摸排、采样、转运、消杀、保障等工作同步展开，对密切接触者第一时间管控、第一时间采样、第一时间转运隔离，第一时间启动重点地区全员核酸检测，在 3 小时内完成集中管控。

严格实行进口冷链食品“凡进必检、凡进必消、人物同检”，做好进口冷链食品、国际邮件等全链条摸排，加大抽样核酸检测和外包装消杀力度，加密工作人员核酸检测频次，实行每日健康监测零报告制度。开展各社区(村)、医疗机构、商场超市、集贸市场、餐饮住宿等人员密集场所疫情防控督导检查，要求法人单位和具备封闭管理条件的社区(村)严格执行验码、测温、戴口罩“三要素”，学校、酒店、商超、药店、交通场站等重点场所设置查验卡口，一线防控人员严格查验，依规限制红、黄码人员自由流动。(刘海涛)

【新冠肺炎疫苗接种】2021年，平城区按照“区级统筹、街道实施、单位和社区组织、行业促进”工作机制，开展接种人群动员、摸排、登记、采集工作。印发新冠病毒疫苗接种知情同意书75万余份，制作宣传条幅100余条。新冠疫苗全年龄段接种183.67万针剂，第一剂接种89.75万针次、第二剂接种84.77万针次、加强免疫接种9.15万针次。(刘海涛)

【社区新冠肺炎疫情防控】2021年，平城区基层社区防控网络执行验码、测温、戴口罩“三要素”，调动社区居民配合防控积极性，进一步开展往返平城人员管控。制定“平城区居家隔离管控方案”，由平城区医疗集团与街道联合对居家隔离人员开展“四包一”(街道包联领导、社区包联组长、派出所民警、医务人员对居家医学隔离观察人员提供上门服务)健康管理，为居家隔离人员测体温、宣传疫情防控知识；各社区卫生服务中心、乡卫生院为居家隔离人员上门进行核酸采样，分72组，出动144名医务人员，累计核酸采样6100份；居家隔离人员签订“居家医学观察承诺书”，要求其在观察期内做好自我监测不得外出，配合社区工作人员每日进行体温测量并微信告知，在门外张贴“居家隔离提示牌”、隔离封条，落实居家隔离各项管控措施。(刘海涛)

【交通站点新冠肺炎疫情防控管控】2021年，平城区强化交通站点疫情防控管控工作，对大同站、大同南站、二级路和五大高速卡口在内的入城关口，加大排查力度。派驻6个社区卫生服务中心医护人员轮流在大同站、大同南站全天24小时进行疫情防控值守、检疫信息登记。在御河西路北高速口、云冈高速口、魏都大道南高速口、御河西路南高速口、大同东高速口5个交通卡口由处级、科级领导带班，公安民警、交警、卫体、交通部门工作人员24小时进行疫情防控值守。(刘海涛)

【新冠肺炎疫情防控应急演练】2021年2月6日，大同市平城区新冠肺炎疫情防控应急演练在大同市第三中学举行。该演练由大同市疫情防控工作领导小组办公室主办，平城区疫情防控领导小组办公室承办，平城区卫体局、新旺乡政府、马军营乡政府、开源街街道办事处、大同市第三中学、平城区疾控中心协办。此次演练设置“平城区辖区发现1名新冠肺炎疑似患者，经市级复核检测诊断为新冠肺炎确诊病例(普通型)”模拟背景。

▲2021年2月6日，平城区新旺街道举行全员核酸检测采样实景模拟演练 (刘海涛 摄)

采取静态展示和动态演练的方式进行，展示内容包括多点监测、预警响应、信息报送、流调溯源、疫情研判、社区管控、采样点设置、全员核酸采样、医疗废物收集转运和环境消杀等。静态展示：通过展板等形式展示全员核酸检测采样点的部署情况、流调溯源流程、全员核酸采样流程、集中隔离流程、全员核酸采样点组织架构；动态展示：通过 VCR、现场演练、桌面演练等形式进行。此次核酸采样环节设置真采实检采样点 2 个，1150 余名群众参与演练，居民为 10 人一组混检、快递员为单检。（刘海涛）

疾病防控

【基础免疫疫苗接种】 2021 年，平城区疾控中心开展麻疹、脊灰疫苗强化免疫，监测、调查、诊断儿童疑似异常接种反应，基础免疫疫苗接种率 90%。完善采购报批程序和疫苗分发、接收、贮存、运输方法，完善《疫苗采购管理制度》《疫苗和冷链使用管理制度》等，指导医疗机构预防接种人员遵循疫苗免疫程序、使用规定，加强冷链系统管理。（周海波）

【地方病防治】 2021 年，平城区疾控中心根据《山西省碘缺乏病监测方案》要求，按照全区东、西、南、北划分抽样片区 5 个，每片区随机抽取 1 个街道，每街道抽取孕妇 20 人；每街道各抽取 1 所小学，每小学抽取 8—10 岁非寄宿学生 40 人。完成尿碘碘含量检测 300 份，碘盐碘含量检测 300 份，合格率 96%。（周海波）

【传染病监测】 2021 年，平城区疾控中心突发公共卫生事件和 114 家疫情网络直报单位通过疾病监测信息报告管理系统，百分百实现网络直报，月、年疫情分析形成制度。完善疾病预防控制机构基本信息管理、儿童预防接种信息报告管理和重点传染病流行病学调查个案管理信息系统。全区报告法定乙、丙类传染病 6223 例。确立大同市第四人民医院为区结核病治疗定点医院，开展结核病防治知识宣传，增强群众防护意识，全年病原学阳性肺结核患者密切接触者筛查率 100%，肺结核患者和疑似肺结核患者总体到位率 98%，平城区有肺结核病例 388 例，比上年增加 66 例。开展艾滋病性病防治、宣传教育干预及自愿咨询检测、感染者及病人随访管理、抗病毒治疗等，完成扩大检测任务，艾滋病病人 CD4 检测、结核筛查及配偶筛查，随访率 100%。（周海波）

【食源性疾病监测】 2021 年，平城区疾控中心开展食源性疾病事件和疑似食源性异常病例、异常健康事件日常监测，建立以临床症候群为基础、以医疗救治和疾病预防控制中心为主体，以现有传染病报告网络为依托，确定大同市第三人民医院为哨点医院，建立全区食源性疾病（食物中毒）网络报告和管理、主动监测信息平台。全年食源性病例主动监测 130 例，食源性疑似异常病例 0 例。（周海波）

医疗服务

【医药医保监管】 2021 年，平城区新准入定点医药机构 73 家，变更定点医药机构 109 家，与定点医药机构签订服务协议 599 家。年内，平城区医疗保障局开展专项检查行动 7 次，处理两定机构 582 家，取消定点医药机构 86 家；拒付追回违规费用 607.82 万元。其中，处罚追回 583.51 万元，自查自纠主动上缴费用 24.30 万元。组织辖区定点医疗机构参与国家、省、市组织开展的各级各类药品耗材集中带量采购，督促参与采购定点医疗机构按时完成采购品种需求报量、采购录入、配送使用等工作。截至 2021 年底，完成第一批、第二批国家组织药品集中带领采购工作，第一批大同市药品耗材联盟低值医用耗材集中带量采购和使用工作。年内救助低保、特困、事实无人抚养儿童等救助对象 1615 人次，支出 402.24 万元。其中，一站式支出 202.26 万元，1218 人受益；即时住院结算 191.11 万元，305 人受益；门诊结算 8.86 万元，92 人受益。4 月 16 日，平城区举行宣传贯彻《医疗保障基金使用监督管理条例》加强基金监管集中宣

▲ 2021 年 4 月 16 日，平城区医疗保障局开展医保基金监管宣传活动（吕 文 摄）

传月活动暨打击欺诈骗保专项整治工作启动仪式，提高医保政策知晓率，规范医保服务和诊疗行为，维护医保基金安全。（吕 文）

【医保电子凭证推广】 2021 年，平城区医疗保障局申请派驻支付宝、微信技术团队到街道、社区采用线上线下相结合方式，协助推进医保电子支付凭证激活工作，提高城乡居民医保电子支付凭证使用率。10 月 9 日，针对因系统问题无法激活的职工、居民及部分使用老年机的参保人群，协调微信团队派驻技术人员在平城区医疗保险服务中心予以集中协助激活。全年发放宣传资料 2 万余份，海报 3000 余张，城乡居民医保电子支付凭证激活率 60%、职工激活率 70%。（吕 文）

【医保新系统上线】 2021 年 9 月，平城区切换上线国家（山西省）医疗保障信息平台，平城区医疗保障局组织医保中心向 18 个街道举办新系统专题现场培训会，155 个社区和 48 个村完成创建工作。两定机构开展省信息系统上线后骨干网及软件改造，截至 2021 年底，598 家定点医药机构中 491 家开通新系统定点医药机构，开通率 80% 以上。（吕 文）

基层卫生

【概况】 2021 年，平城区有社区卫生服务中心 8 个（开源街社区卫生服务中心、西街社区卫生服务中心、北街社区卫生服务中心、新建北路社区卫生服务中心、向阳里社区卫生服务中心、振华南街社区卫生服务中心、东街社区卫生服务中心、北关社区卫生服务中心），社区卫生服务站 9 个（开源街开源嘉苑社区卫生服务站、南关红旗北街社区卫生服务站、北关西马路社区卫生服务站、新建南路和平里社区卫生服务站、御鑫亮城社区卫生服务站、西街大十字社区卫生服务站、北关安益园社区卫生服务站、平城区北关铁牛里社区卫生服务站、平城区南关柳航里社区卫生服务站），乡镇卫生院 3 个（新旺乡卫生院、马军营乡卫生院、水泊寺乡卫生院）。（宋佳佳）

【体检服务】 2021 年，平城区医疗集团为 2675 对新婚夫妇免费婚前体检，婚检率 61.90%，检出疾病 1256 人，疾病检出率 23%；为 5000 余名考生开展考前体检；为征兵 700 余人、在职教育 1200 余人、其他类 300 余人进行体检。为辖区 65 岁以上老年人开展健康体检 3438 人次，慢性病体检 3052 人次。（宋佳佳）

【星级村卫生室创建】 2021 年，平城区医疗集团进一步规范村卫生室管理，推进健康乡村建设，提高村级医疗卫生服务能力，创建 5 星级村卫生室 5 所、4 星级村卫生室 7 所、3 星级村卫生室 12 所。（宋佳佳）

【专家帮扶指导】 2021 年，平城区医疗集团联合大同市第三人民医院专家为 300 余名 40 岁以上人群免费开展“脑卒中”筛查；向上级医院转诊病人 639 名，上级医院派出帮扶专家 20 名到平城区医

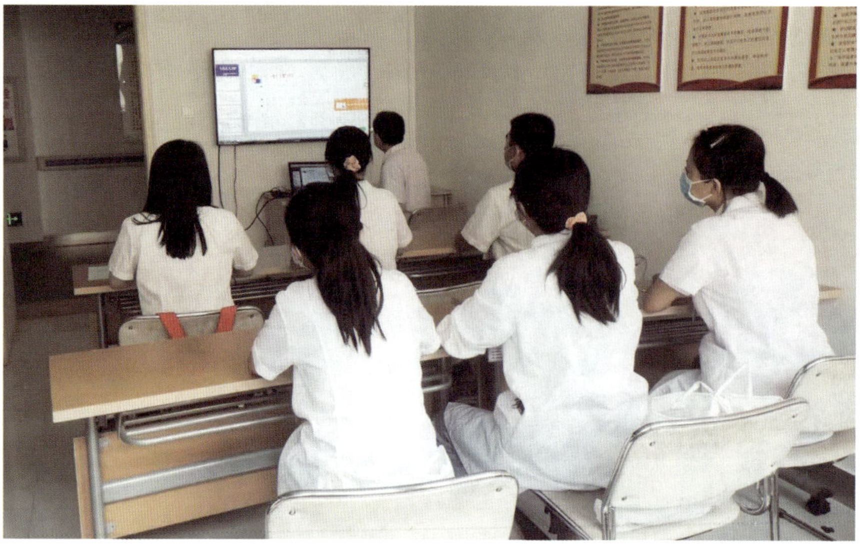

▲ 2021 年 7 月 13 日，平城区开源街道社区卫生服务中心开展住院医师规范化培训　　（王　瑾　摄）

疗集团帮扶指导，提高各专业技术诊疗水平和服务能力。（宋佳佳）

【全科住院医师规范化培训】 2021 年，平城区医疗集团接收全科住院医师规范化培训学员 21 人，教学团队开展基层全科住院医师规范化培训小讲座 50 余次、技能培训 22 次、病例讨论 24 次，分别从内科、外科、中医科、妇女保健科、儿童保健科、口腔科 6 个主要学科介绍基层医疗机构常见病、多发病诊治。（宋佳佳）

妇幼保健

【概况】 2021 年，平城区妇幼健康服务中心召开妇幼例会 3 次，开展艾滋病、梅毒、乙肝母婴传播知识培训 1 次、基本公共卫生培训 1 次。为怀孕妇女发放母子手册 9401 册，为儿童发放手册 68 册、宣传手册 1.10 万册。发放叶酸 9304 盒，发放避孕套 10.47 万只、短效十八甲 400 盒、外用栓 770 盒、短效药 420 盒、外用凝胶 140 盒。为医疗机构发放"出生医学证明"1.54 万份，补发 214 份，机构外首签 12 份，换发 7 份，废证 8 份，回复真伪鉴定函 10 份。开展免费产前筛查与诊断服务 7260 例，完成任务率 118.05%，转诊率 82.25%，产前诊断率 79.33%。免费婚前检查 4876 对，婚前卫生咨询指导 4876 对，婚检率 103.50%。免费孕前优生检查 737 对，完成率 101.10%。全年全区孕产妇活产数 7682 人、死亡 2 人；早孕建册 6436 人，建册率 82%；产前筛查 6771 例；产后访视 6314 人，访视率 82%；医院围产儿数 1.42 万例，出生缺陷儿数 283 例，出生缺陷发生率 1.99%，其中神经管畸形 3 例。开展 5 岁以下儿童死亡监测，监测点活产数 726 人。（季彩霞）

【母婴安全保障】 2021 年，平城区妇幼健康服务中心门诊接诊孕产妇 7.82 万人，筛查孕产妇 8315 人，评估孕产妇 7918 人，高危孕产妇 2474 人，专案管理危重孕产妇 708 人。其中，橙色 625 人、红色 7 人、紫色 76 人。救治危重孕产妇 196 人，转诊危重孕产妇 20 人，救治危重新生儿人数 1177 人，转诊新生儿 39 人，对不适应继续妊娠的孕妇提出合理科学的建议人数 10 人。大同市第三人民医院举办实地演练 12 次，进行督导 4 次，举办培训班 8 次，孕产妇死亡评审 1 次。全面开展妊娠风险筛查与评估，由首诊医疗机构对首次就诊建档的孕产妇进行妊娠风险筛查和评估，按照风险颜色程度分别以绿、黄、橙、红、紫 5 种颜色进行分级标识，加强分类管理。（季彩霞）

【孕产妇检测】 2021 年，平城区婚前保健人数 4876 对，孕期接受 HIV 抗体检测产妇数 1.29 万人，检测率 91.71%；仅产时接受 HIV 抗体检测产妇数 1169 人，检测率 8.29%。住院分娩产妇数 1.41 万人，住院分娩活产数 1.41 万人。孕期接受梅毒、乙肝检测产妇数 1.29 万人，仅产时接受梅毒、乙肝检测产妇数 1169 人，发现梅毒患者 40 例，阳性产妇分娩活产数 42 例；乙肝表面抗原阳性产妇数 184 例，乙肝表面抗原阳性产妇所生产活产数 189 例。平城区妇幼健康服务中心为12处助产医院机构免费发放预防艾滋病、梅毒与乙肝检测试剂1.30万人份，免费发放乙肝免疫球蛋白184支，苄星青霉素302支。（季彩霞）

【儿童健康管理】 2021年，平城区妇幼健康服务中心为托幼机构开展儿童健康体检、谷丙转氨酶、血色素化验及电脑营养评价2.07万人。其中，入园体检1.04万人，门诊体检1.03万人。截至2021年底，全区0—6岁儿童残疾筛查确诊67例，其中，智力残疾26例、孤独症15例、听力残疾2例、肢体残疾7例、多重残疾17例。

（季彩霞）

卫生监督

【生活饮用水卫生监督】 2021年，平城区卫生监督所在五州帝景小区、振华南街街道、迎宾街道开展生活饮用水宣传，发放饮用水安全资料，解答居民日常用水安全问题，解读相关法律法规。发放宣传资料3.50万册、纳米海绵1000份、一次性纸杯1.50万个、无纺布袋2000个、不干胶标签1000张，接受咨询176人次。全年监督生活饮用水单位96户，处理回复“12345”政府服务热线相关投诉举报案12件，立案处罚1件，处罚金额3000元。（刘瑞芳）

【学校卫生专项检测】 2021年，平城区卫生监督所以传染病防控措施落实和饮用水卫生管理等为重点，联合教育部门对58所中小学校开展教室微小气候、教室照明、饮用水卫生监督检查及学校传染病预防控制管理、建立健康管理制度、开展健康教育、健康检查等情况开展专项检查。区属58所学校由市政自来水供水，经现场检验游离氯含量0.05毫克/升，符合国家生活饮用水卫生标准GB 5749—2006。经检查各项均符合卫生要求。

（刘瑞芳）

【职业病现状调查】 2021年，平城区卫生监督所对区内职业病危害用人单位开展日常监督检查，调查范围是省抽取的新旺乡、东街街道、西街街道、北街街道、南关街道辖区内采矿业、制造业、电力、燃气及水生产和供应业等用人单位，调查企业135家，涉及危害用人单位991户，对104家有各类问题单位下达整改意见书并责令立即整改。（刘瑞芳）

【医疗机构整治】 2021年，平城区卫生监督所开展打击非法行医，规范医疗秩序、医疗美容乱象，整治医疗废物等专项行动，卫生监督医疗机构576户，下达卫生监督意见书78份，处罚各级医疗机构22家，罚款38.90万元。处理“12345”政府服务热线举报案件85起，办结85起。（刘瑞芳）

【安全生产监督检查】 2021年，平城区卫生监督所定期召开消防安全专题会议，开展“落实安全责任，推动安全发展”主题安全生产月活动，宣传安全生产法律法规、应急避险和自救互救知识。6月18日，开展“安全宣传咨询日”活动，发放宣传资料500份、灭害灵喷雾500盒、粘蝇板1000张、蟑螂饵料1000盒。（刘瑞芳）

【公共场所卫生监督】 2021年6月至8月，平城区卫生监督所对正常营业游泳场馆开展全覆盖监督检查，出动监督人员122人次，车辆53辆次，监督检查辖区各类公共场所21户次，现场抽检游泳场所泳池水14份，下达监督意见书20份。高考、中考期间开展学校卫生监督监测及学校周边公共场所卫生保障，检查13家。7月至8月开展公共场所双随机监督39户次，对卫生设施不完善、未建立卫生管理制度等经营单位下达监督意见书，要求立即整改。

（刘瑞芳）

体 育

全民健身

【概况】 2021年，平城区卫生健康和体育局通过老年人体育协会等群众组织，开展多种形式的体育活动，如门球活动、健走比赛等，建立街道健身站70个。在2021年举办的老年人体育健身大会上，城乡群众体育爱好者约3000人参加各种团体及个人比赛项目。

（刘海涛）

【平城区门球二级裁判员培训】 2021年4月21日，平城区门球二级裁判员培训班在平城区老年体育协会举办，培训为期3天。区老年体协副秘书长刘桂燕，副秘书长、区门协副主席刘进财作为裁判队队长和副队长，对20名门球裁判队队员开展培训。经培训，这20人取得市体育局颁发的二级门球裁判员证。（刘海涛）

【健走激励大赛】 2021年5月10日，全国第六届“万步有约”健走激励大赛平城赛区启动仪式在南城墙永泰门广场举行，全区机关、街道35个参赛队36支队伍500余人参加活动，每支队伍15人。此次大赛由区委、区政府主办，区卫体局、区疾控中心承办。大赛从5月11日持续至8月18日，赛程100天，参赛队员通过线上线下参与方式，体验健走比赛、减重大赛等各种活动。（刘海涛）

【平城区大成拳协会成立】 2021年10月20日，平城区大成拳协会登记成立，主要开展大成拳、太极拳等拳术交流培训活动，开展武术“社会公益活动”等。

（刘海涛）

【第四届老年人体育健身大会】 2021年10月20日至23日，平城区委老干部局、平城区老年体育协会等联合举办平城区第四届老年人体育健身大会，开幕式在平城区老年体协门球场举办，设置健身操舞、传统武术、健身气功、拍球走、门球入门、青蛙入水、套圈、掷飞镖8个项目。个人项目5个，区直机关、事业单位和街道机关72周岁以下退休人员1450余人参加；团体赛项目3个，有73个村、社区老年健身站老年人1500余人参加。个人项目一等奖400余人，其余均获二等奖。新华街道新华南街社区第二健身站、水泊寺街道泗庄社区健身站、迎宾街道迎宾路社区第一健身站、永泰街道泰昌社区健身站、清远街道惠达社区第三健身站、卧虎湾街道山橡社区第一健身站等12个健身站分获团体项目一等奖，其余55个健身站均获优胜奖。（刘海涛）

竞技体育

【概况】 平城区位于大同市中心，在大同举办的省、市各类竞技体育比赛，平城区均作为协办单位完成赛事的相关准备及比赛服务工作，2021年主要完成的有乒乓球海选比赛，MAX户外跑步机马拉松接力赛、毽球选拔赛等。

（刘海涛）

【乒乓球海选比赛】 2021年3月27日至28日，山西省群众文化活动大同市乒乓球海选比赛(第一站)暨“名仕杯”“魅力国球”大同市乒乓球联赛(第三站)在大同市平城区少体校举行。这次赛事活动由大同市体育局、大同广播电视台、市体育总会主办，是2021年全省群众文化活动大同市体育赛事系列之一。比赛设立单打项目，来自全市百名乒乓球爱好者参赛，执行国家体育总局最新审定的《乒乓球竞赛规则》，第一阶段分组循环，第二阶段交叉淘汰，参赛选手以积分划分组别进行参赛。最终，樊京杰、郭善富、李仙帅、李建忠分获本站甲、乙、丙、公开组第一名。 （墨 竹）

【首届MAX户外跑步机马拉松接力赛大同站】 2021年4月，由大同市体育局、市体育总会指导，MAX户外、你往哪里跑科技有限公司、市田径协会主办的首届MAX户外跑步机马拉松接力赛大同站比赛在大同大学举行，大同市大同跑团、云冈跑团、黎明脚步3支代表队12名运动员参赛。MAX户外跑步机马拉松接力赛是全国第一个跑步机上的跑团接力赛，该赛事全国设东西南北中5个赛区。大同站比赛现场，参赛者以接力形式进行，前一棒选手跑完10.5千米后，按下暂停键离开跑步机，下一棒选手复位清零后，重新按下开始键继续比赛。最终大同跑团以3小时19分28秒获冠军，大同黎明脚步以3小时56分36秒获亚军，云冈跑团以3小时59分15秒获季军。（墨 竹）

【12名运动员参加省特奥会】 2021年4月21日至28日，平城区特殊教育中心学校12名特奥运动员参加山西省第六届特殊奥林匹克运动会，在太原和介休赛区参加田径、羽毛球、旱地冰壶等9个项目，获金牌3枚、银牌9枚、铜牌14枚等奖牌45枚。

（张云华）

【大同运动员在省毽球选拔赛上获佳绩】 2021年6月11日至13日，由山西省体育局主办的“我要上全运”第十四届全运会群众赛事活动——山西省毽球选拔赛暨2021年山西省毽球锦标赛在晋城市凤凰山体育馆举行。比赛设甲、乙、丙3个组别，其中甲组是“我要上全运”毽球选拔赛；乙组和丙组是省毽球锦标赛，设平踢毽和花毽项目。大同市代表队分别参加甲组男子三人赛中年组、乙组女子三人赛、乙组混合双人赛等项目。经过比赛，最终大同市获甲组男子三人赛中年组亚军，乙组女子平踢冠、亚军，混合双人赛冠军及男子平踢亚军。这次赛事选调4名大同籍裁判员执裁，大同代表队被组委会授予道德风尚奖。（墨 竹）

【大同运动员获全运会中国式摔跤赛冠军】 2021年9月22日，在第十四届全运会群众赛事中国式摔跤项目比赛中，大同市参赛运动员王迪赛场逆袭对手，以5比1的成绩获女子56公斤级冠军，为山西队获得中国式摔跤首枚金牌，是山西代表团在该届全运会群众赛事获得的第三枚金牌。（墨 竹）

青少年体育

【概况】 2021年，平城区卫生健康和体育局与区教育局配合，推动全区中小学青少年体育活动。区十四校集团足球队以山西赛区冠军身份参加全国首届小学生足球大会，取得较好成绩。2021年在全区小学校开展“百校千课”足球培训，全年完成30所小学培训。

（刘海涛）

【平城区十四校足球队雄冠三晋】 2021年3月20日，平城区十四校足球队参加在太原举行的全国“2034杯”首届小学生足球大会（U12）山西赛区决赛，以3比0战胜太原大友体育俱乐部队，从12支参赛队伍中脱颖而出，获得冠军，并获得代表山西参加5月在苏州举行的全国赛32

强总决赛的资格。在取得总决赛资格前，该足球队先后以 2 比 0、4 比 0、4 比 3 的成绩战胜晋中晋之虎队、山西斯巴达俱乐部队和运城队，晋级决赛。作为全国青少年足球特色校及山西省体育传统项目校，平城区十四校集团校以体育课堂为主导，以兴趣社团、业余训练队为提升路径，不断完善校园联赛体系，稳步提高学生体质健康水平，在足球、篮球、田径等各级各类体育赛事中斩获一系列优异成绩。（刘海涛）

【平城区第二届中小学生田径运动会】 2021 年 5 月 27 日，平城区“童心向党 致敬百年”第二届中小学生田径运动会开幕式在平城中学体育运动场举行。大同市政协副主席、平城区委书记李继忠出席开幕式，区属中小学 1 万余名学生参加开幕式。运动会为期 4 天，参赛队伍 42 支 661 人。小学组有田径、跳高、跳远、铅球、垒球等 8 个竞赛项目，中学组有田径、铅球、跳远 3 个竞赛项目。平城区第四十七小学校、平城区第十四小学校、平城区第十八小学校分获小学组男子团体赛前三名；平城区第十八小学校、平城区第二十三小学校、平城区第四十六小学校分获小学组女子团体赛前三名。小南头中学校、平城第二中学校、平城中学校分获中学组男子组前三名；小南头中学校、平城中学校、平城第二中学校分获中学组女子组前三名。（刘　伟）

【平城区小学足球培训】 2021 年 7 月，平城区足球协会、大同市大超体育有限公司在市体育局、市教育局和平城区卫体局指导下，到平城区第十八小学校、平城区第四十五小学校等学校，为小学生开展“百校千课”体育进校园——青少年足球公益培训。11 月 24 日，由市体育局、市教育局主办，大同市大超体育有限公司承办的 2021 年“奔跑吧 · 少年”儿童青少年主题健身活动“百校千课”体育进校园——足球培训启动仪式在平城区御河小学举行，市体育局为该校捐赠足球及标志杆、绳梯等足球训练器材。此次“百校千课”足球进校园活动主要以青少年足球基础技能练习为主，推动青少年足球运动的普及。启动仪式结束后，足球教练们向学生示范并讲解多个足球基本动作，包括脚背内侧、外侧运球，脚弓传球等。年内，大同市选定第一批平城区 30 所小学进行足球培训，为每所学校捐赠足球及足球训练器材。（刘海涛）

体育设施

【概况】 2021 年，平城区推进居民老旧小区健身器材配置，配合市体育局全年安装健身器材 577 件，涉及 46 个小区。投入 2042 万元建设完善小学与幼儿园体育场地。（刘海涛）

【社区体育场地建设】 2021 年，大同市体育局为平城区迎宾街道、开源街道、新旺街道等 5 个街道 23 个老旧小区安装健身器材 40 套 257 件；平城区卫体局为 9 个街道 23 个老旧小区及部分公共场所安装 40 套 320 件健身器材。（刘海涛）

【学校体育场地建设】 2021 年，平城区投入资金 2042 万元，对 7 所小学的操场、篮球场、围墙、暖气、道路等部分设施进行维修改造，对 3 所幼儿园的活动场地进行塑胶化改造。7 所小学分别是平城区第十四小学校（开源校区）、平城区第十八小学校、平城区第二十三小学校、平城区第四十五小学校、平城区第四十七小学校、御东一校、水泊寺小学。3 所幼儿园分别是水泊寺联校所属古城幼儿园、文瀛幼儿园和北苑幼儿园。（刘海涛）

应急管理

综　述

【概况】 2021年，平城区应急管理局出动执法人员1963人次，检查企业数447家次，发现一般隐患296项并整改，下达责令限期整改指令书83份，处罚金1.20万元。开展“三年专项整治”“零事故”专项整治行动，累计排查整改一般隐患219项，罚款24.10万元，未发现重大安全隐患。全区“零事故”创建单位1.89万家。其中，村、社区198家，企事业单位1.87万家，企业“零事故”破零单位2家，全区“零事故”村（社区）100%、“零事故”企业99.98%。全年平城区未发生较大以上安全生产责任事故，煤矿百万吨死亡率、重大及以上生产安全事故数、亿元地区生产总值生产安全事故死亡率均符合综合绩效考核指标。（任　富）

【应急指挥能力建设】 2021年，平城区应急管理局依托第三方机构完成12项应急预案编撰修订并发布。组织参与紧急疏散演练、防汛撤离避险演练、地震救灾演练3场次。与平城区兰园应急救援分队、平城区蓝天应急救援分队、平城区越野一族应急救援分队3家社会救援力量签订救援队伍建设协议，成立平城区应急救援分队，队员150人。（任　富）

【防灾减灾规范建设】 2021年，平城区应急管理局修订平城区减灾委员会人员名单及成员单位，明确各街道防灾减灾责任领导，确定各街道灾害信息联络人。开展综合减灾示范社区创建工作，全区创建全国综合减灾示范社区4个、全省综合减灾示范社区12个，迎宾街道惠民里社区申报为全国综合减灾示范社区应急物资储备点。全国地震趋势会商会将大同划入“内蒙古和林格尔至山西天镇（5—6级）”地震重点危险区，平城区应急管理局联合相关单位开展加强2021年地震灾害防范应对工作。开展“5·12”全国防灾减灾日活动，组织全区各街道、村（社区）230人开展专家讲座，在社区设置宣传点，组织各街道开展防震减灾应急避险演练及宣传活动，发放宣传册6000册。（任　富）

【第一次全国自然灾害风险普查（平城区）】 2021年，平城区应急管理局开展平城区第一次全国自然灾害综合风险普查。组织各普查系统集中培训7次。其中，区卫体系统集中培训1次、教育系统集中培训4次、普查涉及各部门集中培训2次。组织各街道减灾能力调查集中培训18次，对18个街道所辖社区（村）、政府灾害管理能力、救灾物资储备点、应急避难场所、企业与社会组织减灾能力所涉及单位开展信息统计填报。根据清查数据统计，平城区有重要承灾体497个，减灾能力调查232条。（任　富）

安全生产监督管理

【概况】 2021年，平城区应急

管理局结合区安全生产工作实际情况和所面临形势，先后召开5次安委会全体（扩大）会议，分析研究解决安全生产工作中出现的问题，推进全区安全工作落实。全年对1家煤矿多次开展安全生产执法检查，出动280余人次。调查核实各类举报事件8起，开展生产安全事故调查2起。（任　富）

【工贸企业安全监管】 2021年，平城区应急管理局对“八大行业”（冶金、有色、建材、机械、轻工、纺织、烟草、商贸）企业开展安全生产执法检查293家，出动992人次，发现一般隐患115条并整改，下达责令限期整改指令书20份，未发现重大生产安全隐患。（任　富）

【危险化学品行政审批】 2021年，平城区应急管理局受理危险化学品经营企业换证申请9家，经审核为其换发新证；受理危险化学品经营企业新证申请11家，审核后发证11家。完善“两库一单”中执法人员库18名、监管对象库35家，检查实施清单36条。完成“双随机、一公开”执法企业6家。（任　富）

【危险化学品监管】 2021年，平城区应急管理局开展危险化学品安全生产监管执法，对46家危险化学品生产经营企业开展执法检查104次，出动683人次，发现一般隐患143项并整改，责令停产停业整顿1家，下达责令限期整改指令书55份，未发现重大隐患。（任　富）

【“安全生产月”宣传活动】 2021年6月，平城区应急管理局组织指导各街道、各部门、各企业开展“落实安全责任、推动安全发展”主题安全生产月宣传活动30余场次，发放各类安全生产和应急管理宣传资料5万余份。（任　富）

防汛抗旱

【概况】 2021年6月1日平城区正式上汛。平城区应急管理局印发《2021年全区防汛抗旱总体工作方案》，设置防汛抗旱关键点位26个，修订完善防汛抗旱应急预案，投入防汛抗旱准备金200万元。开展全区备汛隐患排查，出动检查组人员127人次，发现整改隐患58处。各街道组建街道应急抢险队伍18支415人。开展强降雨期间山丘区人员转移避险能力调查工作，平城区涉及山丘区村庄6个，涉及人口1.32万人。（任　富）

【防汛抗洪】 2021年，平城区水务局在入汛前检查监测预警站点，全区6处（上皇庄、下皇庄、白马城、安家小村、小站村、阳和坡村）预警站点全部正常运行，规避山洪灾害风险。对河道施工单位下达防汛隐患排查通知书，压实以行政首长负责制为核心的防汛责任体系；利用上级部门气象预警和全区雨量监测站点，增强雨情预报预警预见性、准确性和时效性；紧盯山洪重点防御区和强降雨重合区，严格值班值守，关注雨情变化，按时发布预警信息。加强水旱灾害防御工程建设，总投资10.50万元，更新6座简易雨量站，维护雨量站及配套相应设施；完成平城区山洪灾害防御预案编制修订工作；完成平城区马家小村抗旱渠道工程。

（郭红霞）

【援豫抗洪抢险救灾】 2021年7月21日，平城区消防救援大队在大同市消防救援支队组织下，出动4人到河南省参与抗洪抢险救灾工作。其中，专业技术四级指挥员1人，四级消防士2人，三级消防士1人。（魏艳华）

防震减灾

【概况】 2021年，平城区防震减灾中心推进学校和社区基层组织的宏观观察，逐步完善宏观观察员、防震减灾助理员队伍建设。依据《山西省地震局关于开展2021年度省级防震减灾示范学校认定工作的通知》，与区教育局联合挑选、严格审校，选定平城区第十小学申报省级防震减灾示范学校。参与第一次全国自然灾害综合风险普查，参加省地震局组织的第一次全国自然灾害综合风险普查工作培训3次；完成平城区10个地质钻孔数据收集汇总；开展120万平方米房屋建筑抽样详查工作。5月，向社区、农村、中学、小学发放《防震减灾宣传手册》《防灾减灾避险知识手册》

等资料1万册；参加省地震局承办的全国第13个防灾减灾日活动，发放防震减灾宣传资料1000余册。（马新平）

【防震减灾宣传】2021年5月8日，平城区防震减灾中心联合新旺街道财富官邸社区等部门在财富官邸社区开展第13个全国防灾减灾日宣传，以“防范化解灾害风险，筑牢安全发展基础”为主题，通过发放宣传资料、知识解读、文稿演示等方式宣传讲解地震预防和灾后应急处置等专业知识。7月26日，为纪念“7·28”唐山大地震45周年，平城区防震减灾中心联合市防震减灾中心、市应急管理局在迎宾广场举办宣传活动，以“增强安全意识，提高防震减灾能力”为主题，结合“我为群众办实事”实践活动，向群众宣传抗震防震和自救互救知识，发放《防震减灾避险知识手册》《防震减灾宣传手册（社区版）》《防震减灾宣传手册（校园版）》《地震知识漫画宣传册》等2500余册，解答群众咨询100余人次。（马新平）

【地震应急演练】2021年5月28日，平城区防震减灾中心参加由省地震局组织开展的模拟地震应急演练，演练背景为山西省晋中市榆次区发生5.50级地震，震源深度10千米；参加由市防震减灾中心组织开展的模拟地震应急演练，演练背景为平城区发生4.50级地震，震源深度10千米。通过演练，使区防震减灾中心全体人员熟练掌握灾后应急工作，熟悉岗位职责，提升救灾能力。9月1日，全区抗震救灾指挥部23家成员单位在地震应急指挥部的统一指挥下，举行地震应急桌面推演，提高应急联动能力。（马新平）

▲2021年9月1日，平城区举行抗震救灾桌面推演（马新平 摄）

消防救援

【概况】2021年，平城区消防救援大队全年接警536起。其中，火灾138起、抢险救援73起、社会救助27起、公务执勤83起，出动车辆997辆次，出动人员5502人次。年内，在全市17个小区推广安装电动车电梯管控系统；持续开展电动车专项整治行动18次，治理违规停放电动自行车79辆。开展中高考、第六届成龙动作电影周等各节点期间重点安保任务（消防安全检查、巡查）。对18个街道综合执法队伍675人开展消防安全培训，推动大庆路街道庆丰社区成立社区消防站；西街消防科普教育基地建设完成并投入使用，被评为市级消防科普教育基地。社会单位消防安全管理达标创建7类场所，达标单位16家，行业部门标准化示范单位8类，全部完成达标任务。8月1日《高层民用建筑消防安全管理规定》正式实施，平城区消防救援大队开出大同市首张罚单。10月，因电动车入户停放发生火灾，罚款（个人）500元。（魏艳华）

【消防队伍管理】2021年，平城区消防救援大队严格遵守治酒禁令，每周对全体出入营门人员开展酒精检测2次，不定时召回检查，与全体指战员签订“管酒治酒‘六个严禁’承诺书”，围绕涉赌、涉贷、婚恋等问题开展集中摸排。持续开展消防队伍基础性教育和党史学习教育活动，组织干部与全体指战员谈心谈话10余次，学习党史以及习近平重要讲话精神等座谈交流会20余次，组织开展指战员心理健康测试，依托“火焰蓝政能量”公众号线上答题系统进行练习、考试。开展以体能技能、装备应用为主要内容的全员实战化练兵活动，组织开展辖区道路水源普查2次，重点单位“六熟悉”100余次和实战演练20余次，修订完成灭火救援预案278份。全队有志愿消防速报员8名（新旺街道4名，水泊寺街道2名，白登山街道2名），建立由6名队员组成的“轻骑兵”前突小队。以“微型消防站”建设为契机，建立“联训联勤联调联战”试点单位260家。

（魏艳华）

【森林防火】 2021年，平城区应急管理局开展春季、夏季、清明节期间森林草原防灭火专项检查，出动87人次，检查各街道森林草原防灭火工作部署、责任落实、源头管控、预警监测、应急准备、打击野外违法用火专项治理行动开展情况，发现并整改火灾隐患27条。开展防火宣传，发放禁火令1200张。向18个街道调拨灭火弹、灭火器、风力灭火机、防火服、对讲机、割草机、望远镜等12类防灭火物资价值80万元。（任　富）

【社会面火灾防控】 2021年，平城区消防救援大队检查单位1236家，发现火灾隐患1300处，督促整改火灾隐患1246处，下发责令限期改正通知书628份，下发行政处罚决定书115份，临时查封4家，“三停”8家，罚款167.65万元。确立重大火灾隐患2家，销案1家。全年火灾接警138起，与同期相比，火灾起数上升23%，直接财产损失上升13.5%。（魏艳华）

【消防安全检查】 2021年，平城区消防救援大队组织各街道、社区、村、派出所及各相关部门召开消防工作推进会、约谈会及现场会10余次，开展专项联合检查40余次，全年检查单位1236家，督促整改隐患1246处。与区直各部门联合对涉疫场所7家、学校10家、文物古建筑19家、消防设施器材销售单位5家、商场市场14家等场所开展消防安全及消防产品检查；联合交警六大队整治铂蓝郡伦敦街周围违法堵塞、占用消防通道情况，劝导挪移占用消防车通道车辆15辆，强制托移保管车辆11辆；联合区文化和旅游局在部分文物场所开展消防安全培训和文物古建筑火灾防范演练；联合区应急管理局、各街道到高层住宅小区开展消防安全检查，整治疏散楼梯间、疏散通道、安全出口堆放杂物、私接电线及停放电动车辆行为；联合交警支队开展打通“生命通道”集中攻坚行动19次，清理违法车辆59辆，查处违法行为65起，罚款5.54万元。检查大型商业综合体14家，处罚9家，罚款11万元；开展老旧场所突出风险治理，督促街道、社区排查老旧场所47个，整改隐患89个；在多个老旧小区和高层小区推广安装停车棚电动自行车智能充电设备1284个；督促230个小区、288个单位开展划线、标名、标牌及维修工作；开展违规采用易燃可燃材料彩钢板房专项检查，排查泡沫夹芯彩钢板建设52处、面积1.47万平方米，拆除违章面积8614平方米，更换彩钢板面积30平方米。

（魏艳华）

【消防宣传】 2021年，平城区消防救援大队组织各类宣传40余次，发放宣传资料10万余份，开展消防安全培训20余次，开放科普馆32次，受教育群众1万余人。发挥网站、微博、微信、户外电子显示屏等各媒体平台作用，在重要场所、重点区域等醒目位置设置横幅、标语和口号，播放消防安全公益广告。在“3·15”消防产品专项宣传、“5·12”防灾减灾宣传日、6月安全生产月、“119”消防宣传月等活动期间，到街道、社区、学校、商铺及“九小场所”（小学校或幼儿园、小医院、小商店、小餐饮场所、小旅馆、小歌舞娱乐场所、小网吧、小美容洗浴场所、小生产加工企业的总称）开展集中消防宣传，组织各类场所张贴消防公益海报，发放宣传资料3万余份，为中小学校发放《消防教育读本》2万余份。（魏艳华）

社会生活

居民生活

【人口家庭】 2021年，平城区常住人口112.12万人，比上年增长3.65%。其中，城镇人口112.12万人，无乡村人口。全区有家庭户43.38万户，集体户26.33万户，家庭户口为100.19万人，集体户人口为10.38万人。（区统计局）

【居民收入】 2021年，平城区城镇常住居民人均可支配收入4.01万元，同比增长7.20%。其中，工资性收入1.80万元，经营净收入8471元，财产净收入5388元，转移净收入8285元。农村常住居民人均可支配收入2.03万元，同比增长10.90%。其中，工资性收入9932元，经营净收入5006元，财产净收入3950元，转移净收入1455元。（刘春旺）

【居民消费】 2021年，平城区城镇居民人均消费支出2.80万元，农村居民人均消费支出1.51万元。大同市居民消费价格比上年上涨1.10%。其中，食品烟酒类价格上涨0.70%；衣着类下降0.20%；居住类上涨0.80%；教育

2021年平城区城乡居民收入构成统计表

表33-1

指标名称		2021年		
		绝对水平（元/人）	构成（%）	增速（%）
城镇居民	人均可支配收入	40147	100	7.20
	（一）工资性收入	18003	44.80	5.80
	（二）经营净收入	8471	21.20	8.10
	（三）财产净收入	5388	13.40	3.70
	（四）转移净收入	8285	20.60	11.90
农村居民	人均可支配收入	20343	100	10.90
	（一）工资性收入	9932	48.80	8.90
	（二）经营净收入	5006	24.60	13.70
	（三）财产净收入	3950	19.40	10.90
	（四）转移净收入	1455	7.20	15.30

2021 年平城区城乡居民消费构成统计表

表 33-2

指标名称		2021 年		
		绝对水平（元 / 人）	构成（%）	增速（%）
城镇居民	人均消费支出	27950	100	16.26
	（一）食品烟酒	6308	22.60	5.64
	（二）衣着	1933	6.90	16.17
	（三）居住	5748	20.60	17.93
	（四）生活用品及服务	1955	7	26.03
	（五）交通通信	4818	17.20	5.45
	（六）教育文化娱乐	2513	9	32.54
	（七）医疗保健	3099	11.10	30.18
	（八）其他用品及服务	1576	5.60	38.93
农村居民	人均消费支出	15148	100	13.15
	（一）食品烟酒	3914	25.80	9.41
	（二）衣着	1035	6.80	20.43
	（三）居住	3857	25.50	8.78
	（四）生活用品及服务	713	4.70	9.54
	（五）交通通信	2577	17	8.71
	（六）教育文化娱乐	1491	9.90	35.48
	（七）医疗保健	1080	7.10	18.76
	（八）其他用品及服务	481	3.20	29.03

2020—2021 年平城区居民消费价格指数统计表

（以上年价格指数为 100）

表 33-3

指标	2021 年	2020 年
居民消费价格总指数	101.10	102.70
食品烟酒	100.70	107.50
衣着	99.80	102.30
居住	100.80	99.90
生活用品及服务	99.50	98.90
交通和通信	104.80	96.90
教育文化和娱乐	102.30	99.20
医疗保健	99.60	106.20
其他用品和服务	98.10	101.60

文化及娱乐类上涨 2.30%；医疗保健类下降 0.40%；生活用品及服务类下降 0.50%；交通通信类上涨 4.80%；其他用品及服务类下降 1.90%。全年全市商品零售价格比上年上涨 3.20%。（刘春旺）

【婚姻登记】 2021 年，平城区婚姻登记处办理结婚登记4711对，离婚登记 1403 对，补证 2088 对。

（张亚靖）

【计划生育】 2021 年，平城区计划生育协会开展宣传教育、规范开展生殖健康咨询服务、强化优生优育指导、精准实施计划生育家庭帮扶、公正维护计生群众合法权益、创新流动人口服务，深化基层协会规范化建设，推进街道、村（社区）两级协会组织建设，加强会员之家、会员活动广场、生育文化墙建设，建设会员活动室和文化娱乐戏台，开展“卫计大讲堂” 活动。发放符合条件的 154 户计划生育家庭紧急救助金 30.80 万元。协调保险公司办理 499 户计划生育困难家庭、186 户社区计生服务员家庭意外伤害保险，办理 483 人计划生育伤残家庭、350 人计划生育失独家庭计划生育家庭住院护理保险，组织失独家庭进行免费健康体检。落实国家三孩生育政策，推进区域内母婴设施建设，全区建成妈咪小屋 7 个，母婴室 1 个；区政府出台《大同市平城区人民政府办公室关于促进 3 岁以下婴幼儿照护服务发展实施方案》，开展婴幼儿照护服务机构试点工作，全年建成新世纪和汇悉贝托育中心和 1 所幼儿园托班试点机构（布朗幼儿园魏都 D 园）2 个示范点，截至 2021 年底，平城区有婴幼儿照护服务机构示范点 4 个。

（赵艳樱）

【青春健康教育】 2021 年，平城区计划生育协会在大同大学推广青春健康教育，通过开展主题班会、座谈交流等帮助学生了解和掌握有关性生理、性心理等知识；在社区开展宣传活动帮助青少年树立正确的婚恋观、人生观、价值观；组织家长参与青春健康项目活动，包括心理疏导、青少年维权、青春期性行为教育，提高家长对开展青春健康教育的认识。（赵艳樱）

【健康知识进万家活动】 2021 年 5 月 28 日，平城区计划生育协会开展“健康知识进万家”宣传活动，联合大同市第三人民医院、平城区永泰街道办事处等在迎宾广场开展义诊服务，向群众宣传惠民政策、卫生健康知识，以及健康生活方式与行为、健康基本技能等相关知识，提供保险咨询，提高计划生育保险知晓率。活动发放宣传资料 1600 余份、避孕药具 9000 余份，发放纸抽、湿纸巾、杯子、手提袋 350 余份，400 余名群众现场咨询并接受义诊服务。（赵艳樱）

【“1826”婚姻家庭辅导站】 2021 年 3 月 20 日，平城区委政法委、区民政局在平城区婚姻登记处牵头组建“1826”婚姻家庭辅导站，引入社会专业力量，为有需求的婚姻当事人提供服务。该辅导站团队有具有国家专业资质的心理咨询师、婚姻家庭咨询师等 30 余人，执业超 10 年以上的占 60% 以上。按照《婚姻危机干预工作手册》，坚持受众自愿接受为主的专业干预原则，通过建立档案、访谈、问卷等形式，运用专业知识为草率离婚、冲动离婚的夫妻在冷静期内理性指导、处理婚姻危机，挽救濒临破碎的婚姻家庭。截至 2021 年底，对 100 余对夫妻进行婚姻危机干预和关系修复工作，完成首次咨询后主动接受帮助的二次回访率 50%。（张亚靖）

【婚姻家庭矛盾纠纷调解中心成立】 2021 年 12 月 24 日，平城区民政局、平城区妇联、平城区司法局为预防和化解婚姻家庭矛盾纠纷，促进社会和谐稳定及家庭和睦，在平城区婚姻登记处设立婚姻家庭矛盾纠纷调解中心。该中心为当事人提供针对性、个性化调解服务，对婚姻家庭生活中涉及赡养、抚养、继承等各类矛盾纠纷开展定制化调解，参与排查化解婚姻家庭矛盾纠纷，开展婚姻家庭、妇女儿童权益保护等政策法律宣传，提供婚姻家庭方面的法律咨询和心理疏导，面对面解决家庭矛盾。

（张亚靖）

劳动就业

【概况】 2021 年，平城区城镇

新增就业人数9366人，失业人员再就业4502人，就业困难人员实现就业2064人，农村劳动力转移就业1408人，全年失业率在4.50%以内。（李鹏程）

【就业技能培训】2021年，平城区人社局开展职业技能提升培训96期3294人，创业培训2期51人，企业培训1905人。总计培训5250人，完成全年任务105%。（李鹏程）

【大学生就业帮扶】2021年，平城区人社局招收见习生158人。截至2021年底，见习生在岗123人，离职35人。开展大学生线上招聘会2次，线下招聘会4次，参与用工单位313家，达成就业意向2062人，离校未就业高校毕业生登记管理1909人。招聘零就业公益岗位人员100人。其中，“零就业家庭”公益性岗位安置28人，专项公益岗位人员招聘72人。（李鹏程）

【劳动保障监察】2021年，平城区劳动保障监察执法队出动监察车辆600余辆次，监察人员1200余人次，检查用人单位1721户。欠薪违法案件录入劳动保障监察管理信息系统，实现“一点举报投诉、全网联动处理”全年协调处理投诉案件8223起。其中，“12345”政府服务热线工单7298件、人力资源和社会保障部“根治欠薪进行时”平台775件、国转互联网+督察案件12件、省转投诉线索71件、省市信访局转办57件、本级受理10件。（党翔）

▲2021年3月20日，平城区首届人才招聘会在大同古城仿古街举行（魏希然 摄）

【农民工工资拖欠问题治理】2021年，平城区劳动保障监察执法队开展农民工工资支付专项检查工作和工资保证金征收工作，对平城区在建工程项目开展日常巡视检查，落实工资支付监控机制，实现劳动保障监察“两网化”（网格化、网络化）管理全覆盖。平城区32个在建项目开通农民工工资（劳务费）专户，按月通过银行代发农民工工资，设置维权公示牌。全年征收工资保证金8891.91万元，完成保函替代和转存工作。（党翔）

【破产企业职工安置】2021年，平城区有破产企业37家、参照破产企业3家，职工2823人。截至2021年底，平城区人社局为81人办理失业。（李鹏程）

【平城区首届人才招聘会】2021年3月20日至21日，平城区“春风行动”暨平城区首届人才招聘大会在大同仿古街举行。现场有招聘单位150余家，涉及能源、汽车、建筑、餐饮、高新技术、旅游、互联网公司等15个行业，提供3000余个就业岗位，参与应聘人员3200余人，达成意向1400余人。（魏希然）

社会保障

【养老保险】2021年，平城区社会保险中心开展居民养老保险代缴工作，基本险代缴4000人、补充险代缴4320人。受理灵活就业人员养老保险核定开单业务，累计核定缴费3.83万人。对养老金享受待遇人员开展生存认证，杜绝养老金冒领现象，机关事业单位退休人员资格认证4683人，企业退休人员资格认证2.04万人，城乡居

民认证 1.64 万人。（茹 雪）

【医疗保险】 2021 年，平城区医疗保险事业参保单位 201 家，参保人数 1.36 万人；企业参保单位 1167 家，参保人数 1.85 万人；城乡居民医疗保险参保缴费 32.10 万人，其中享受政府代缴人员 7923 人。城乡居民新参保、转移、注销等信息维护 9602 人。职工医疗保险手工核算报销 627 人，报销金额 579.48 万元；居民医疗保险手工结算报销 1952 人，报销金额 1170.43 万元；辖区内定点医药机构医疗费用结算 2.20 亿元。年内，平城区医疗保险服务中心为全区离退休老干部 64 人次代发医药费 75.32 万元。其中，医疗报销费用 58.67 万元，体检及疫苗费用 16.66 万元。

（魏鸿哲）

【工伤保险】 2021 年，平城区社会保险中心要求用人单位按时缴纳工伤保险费，职工个人不缴纳工伤保险费。年内，平城区发生 4 起工伤保险赔付事件，赔付金额 18.40 万元。（茹 雪）

【失业保险】 2021 年，平城区社会保险中心为依法参加失业保险累计缴费满 12 个月，并取得初级、中级、高级职业资格证书或职业技能等级证书人员发放技能提升补贴 8 人 1.25 万元。（茹 雪）

【生育保险】 2021 年，平城区生育保险报销 270 人，报销金额 262.14 万元。其中，生育津贴 149.81 万元；统筹支付慢性病报销 112.33 万元。（魏鸿哲）

【住房公积金管理】 2021 年，大同市住房公积金管理中心平城区管理部通过网上服务大厅、微信公众号和手机 APP 等多渠道全流程办理公积金业务，实现更多服务事项线上办理，企业注册和住房公积金开户“一网通办”，网厅开通率 80% 以上，网办业务种类占比 86.11%。跨省通办业务包含“跨省通办”购建提取、出具贷款职工住房公积金缴存使用证明指南、开具住房公积金个人住房贷款全部还清证明、提前还清住房公积金贷款、住房公积金单位登记开户、住房公积金单位及个人缴存信息变更 6 项业务。归集业务中大部分建制单位为行政事业单位，学校居多，其他单位有国企、私营、个体、民办、社会团体等，2021 年缴交比例为 5%—12%，月缴基数下限 1700 元，上限 1.82 万元。提取业务包含购建、偿还贷款、租房、退休、死亡等，全年支取金额 7172 万元。贷款业务包含商品房贷款、二手房贷款、拆迁贷款、组合贷款等，累计发放住房公积金贷款上亿元，单职工贷款上限 60 万，双职工上限 80 万，最长贷款期限 30 年，5 年内（含 5 年）公积金贷款年利率 2.75%，5 年以上年利率 3.25%。（张建霞）

【公共租赁住房保障】 2021 年，平城区保障住房服务中心开展平城区低收入住房困难家庭公共租赁住房保障管理工作，保障方式分为货币补贴、实物配租。货币补贴实行分级审核、分层审查，对上年享受货币补贴的 1913 户家庭财产和房产信息进行复核查证，审查 2021 年新申请 300 余户家庭财产；按季度发放货币补贴资金，每户每季度 450 元，第一季度 1880 户、第二季度 1592 户、第三季度 1495 户、第四季度 1433 户，及新申请 173 户。公共租赁住房实物配租开展年度租金收取工作，逐户电话通知住户到指定银行交纳相应租金费用。对公共租赁住房保障对象申请人、家庭联系方式、具体地址、保障情况等进行电子化查阅和管册，纸质档案按街道划分管理，货币补贴和实物配租分别归类，档案管理和信息查询有序合理。（杨 静）

【定点医药机构接收】 2021 年，平城区医疗保险服务中心按照属地管理原则接收市级、云冈区移交的定点医药机构 48 家（药店 44 家、社区卫生服务站 4 家），转隶至市级、云冈区定点医药机构 5 家（药店 3 家、诊所 1 家、社区卫生服务站 1 家）。定点医药机构接收后及时纳入稽核监管范围，开展智能监控筛查、两定机构结算工作。（魏鸿哲）

【定点医疗机构疫苗接种费用拨付】 2021 年，平城区医疗保险服务中心落实定点医疗机构疫苗款拨付工作，拨付疫苗接种专款818.82万元，涉及接种疫苗医疗机构26家，涉及接种疫苗102.35万人次。（魏鸿哲）

【三险统征“一窗通办”】2021年，平城区社会保险中心实现一个窗口集中办理企业养老、工伤、失业3险种相关业务，提高办事效率。企业养老累计参保5.82万人，工伤累计参保1.96万人，失业累计参保1.61万人。推广山西省人力资源和社会保障网上经办服务平台，在平城区参保企业足不出户即可完成开户、人员新增、人员离职和缴费，进一步简化流程。（茹雪）

【电子社保卡推广】2021年，平城区社会保险中心提高群众对电子社保卡的认知度和使用率，发挥电子社保卡便民、惠民作用，建立线上线下相融合应用服务体系，累计办理电子社会保障卡14717张。（茹雪）

【社保政策宣讲】2021年，平城区社会保险中心印发社会保险宣传手册1万份、工伤保险宣传手册5000份、工伤宣传条幅10条、灵活就业手机申报海报30张、灵活就业手机核定指南1万份、电子社会保障卡宣传页5000份、老来网认证服务指南1万份、“民生山西”APP注册流程1万份，开展社会保险宣传工作。（茹雪）

【区属破产企业职工医疗保险补缴】2021年7月14日，平城区召开区属破产及困难企业在职职工医保工作联席会议，解决区属企业在职职工医疗保险费用欠缴问题，为44家区属破产、困难单位在职职工979人缴纳2021年1月至2022年6月职工医疗保险单位部分费用373.92万元，完善企业职工医疗体系，保障破产企业在职及退休职工医疗保险权益。（魏鸿哲）

社会救助

【最低生活保障】2021年，平城区民政局管理服务城市低保4340户6530人，农村低保313户434人。按时发放低保金，完成低保对象提标20元，提标后城市低保金最高610元、农村低保金最高455元。对困难群众临时救助500人次、25万余元。实现对低保对象、特困人员、孤儿等采暖补贴全覆盖，每户补贴376元。（张亚靖）

【特困人员供养】2021年，平城区有特困人员119人，其中养老院集中供养18人。落实特困政策，按时发放特困补助金。有孤儿（事实无人抚养儿童）78人，按时发放福利金每人每月1000元。5月24日，平城区未成年人保护工作委员会成立，宣传新修订的《中华人民共和国未成年人保护法》，落实福彩圆梦、明天计划、孤儿助学等儿童福利政策。开展收养评估工作，办理收养登记5人。（张亚靖）

【残疾人补贴】2021年，平城区有困难残疾人2311人、重度残疾人3927人，按时发放残疾人两补（生活补贴、护理补贴）。从2021年1月起两补提标，从每人每月50元提高到每人每月生活补贴66元、护理补贴89元。（张亚靖）

【流浪乞讨人员救助】2012年，平城区民政局救助流浪乞讨人员50人，上街排查20余人，符合条件的送往救助站，发放棉衣、食品等。（张亚靖）

基层治理

【社区活动场所建设】2021年，平城区社区活动场所面积7.5万平方米。年内，新建新华街道局前社区活动场所1768平方米1处，接收建设单位移交社区公用房4000余平方米。（张亚靖）

【社区队伍建设】2021年，平城区民政局开展上年社区“两委”年终考核，规范社区“两委”人员流动补充，按时对符合条件的社区“两委”人员调整三岗十八级工资。通过政府购买服务，组织社区工作者578名参加社工师考试网络培训和全国统一考试，通过中级13人、初级35人。截至2021年底，取得社工师证书的社区工作者395人。（张亚靖）

【社会组织管理】 2021年，平城区有社会组织400余家，依托社会组织孵化培育中心，通过政府购买服务组织多种群众活动，推进各服务项目落地社区。4月26日至6月30日，平城区民政局联合公安平城分局、区市场监督管理局开展打击整治非法社会组织专项行动，检查22家，取缔非法社会组织2家；8月，对400余家社会组织开展年报年检。建设社会组织党建活动阵地，配合区委组织部对234家社会组织派驻党建指导员23名，规范社会组织行为，开展为民服务活动。 （张亚靖）

【村（社区）“两委”换届】 2021年，平城区民政局与区委组织部配合拟定全区村（社区）党支部委员会、村（居）民自治委员会［简称“村（社区）‘两委’”］换届实施方案，组织开展村（社区）“两委”换届选举工作。综合考虑社区规模、人口数量、管理幅度等因素，向区委建议社区“两委”职数，2000户以下社区设“两委”5人、2000户至3500户社区设“两委”7人、3500户以上社区设“两委”9人。经核算5人社区7个、7人社区90个、9人社区58个，全区社区“两委”职数1187个。指导社区居委会、村委会换届选举工作，督导选举委员会成立、选民登记、候选人提名、选举程序等。11月26日，全区村（居）委会换届选举工作完成。

（张亚靖）

【社区工作服务站建设】 2021年，平城区为实现一区一中心、一街道一站点、村（社区）都有社工服务的目标，作为省级试点县区，在开源街道民和社区、迎宾街道迎宾路社区、振华街道永宁社区、清远街道大齿社区挂牌成立4个乡镇（街道）社会工作服务站，以专业社会工作服务为支撑，采用政府购买服务引进第三方毅源力社会组织发展中心，最大限度处理居民需求、服务社区群众，开展社会救助、养老服务、未成年人保护、公益慈善、社区治理以及志愿服务等社会服务。 （张亚靖）

【行政区划调整】 2021年，平城区根据山西省人民政府《关于同意大同市乡级行政区划调整的批复》，平城区乡级行政区划由原13个街道、3个乡调整为18个街道。在市政府主持下，与云冈区就小站村划归云冈区云冈镇，绿洲西城小区、糖厂社区划归平城区马军营街道事宜开展沟通，于12月签订移交协议。为提高平城区基层治理精细化水平，经平城区政府二届二次常务会、平城区委二届七次常委会审议通过，平城区由145个社区、48个村优化调整为155个社区48个村。 （张亚靖）

老龄事业

【概况】 2021年，平城区60周岁及以上人口19.68万人，占全区总人口17.30%；65周岁以上人口11.66万人。平城区民政局开展养老服务机构疫情防控、安全服务检查，督导18家养老服务机构防疫、食品、房屋、消防等工作，对养老服务机构服务场所进行危房鉴定、消防升级改造。区卫生健康和体育局协调为养老从业人员进行新冠疫苗接种326人次。 （张亚靖）

【养老服务补助】 2021年，平城区民政局争取省、市社区养老服务设施建设补助资金，在育才、迎宾路、柳航里等社区服务场所建设中配套建设养老服务设施；马军营街道十里店村、清远街道惠达社区幸福养老工程项目成功申报，省级、市级补贴各131万元发放到位。

（张亚靖）

【社区助老服务站】 2021年6月26日，平城区在迎宾街道和泰社区举办平城区社区助老服务站启动仪式，引进第三方智慧居家养老和社区服务中心开展助救、助医、助购、助餐、助行、助洁6助服务，打造15分钟助老服务圈。支持推进智慧居家养老服务平台建设，宣传“398助老卡”“贴心宝”等服务项目，发放助老卡1.62万张、贴心宝9739部。截至2021年底，平城区建设社区助老服务站40个。 （张亚靖）

【老年人健康管理】 2021年，平城区承担基本公共卫生服务项目的基层医疗机构均开展老年人健康管理工作，不具备体检条件的机构委托其他医院完成老年人体检或委托专业检验中心完成辅助检查项目，向老年人发放“健康体检报告书”，进行针对性健康指导。全年为4.06万名老年人进行健康体检，体检内容包括一般体格检查（身高、体重、血压、心肺等）和辅助检查（血尿便常规、心电图、胸透、B超等）。（刘海涛）

【老年人生活津贴发放】2021年，平城区百岁老人高龄津贴每人每月300元，分两次发放，1月至9月发一次，10月至12月发一次，第一次发放17人3.81万元，第二次发放12人9000元；市级拨款重阳节百岁老人慰问金发放13人2.81万元，每人2160元；元旦发放百岁老人慰问金10人1.02万元，每人1015元。（刘海涛）

【全国示范性老年友好型社区创建】2021年10月19日，平城区新华街卫星里社区、开源街民和社区被国家卫生健康委、全国老龄办命名为2021年全国示范性老年友好型社区。7月，省老龄事业发展中心主任张林森、医养结合科科长王亚舟等一行4人对平城区开展全国示范性老年友好型社区创建工作现场评估，按照《全国示范性老年友好型社区评分细则（试行）》标准，采取听取汇报、查阅资料、实地查看相关为老服务设施设备等形式，围绕居住环境安全整洁、出行设施完善便捷、社区服务便利可及、社会参与广泛充分、孝亲敬老氛围深厚、科技助老智慧创新、管理保障到位7大项40小项逐项查看核实。全国示范性老年友好型社区的创建，更好地满足老年人居住环境、日常出行、健康服务、养老服务、社会参与、精神文化生活等方面需求，给老年人提供便利服务。（刘海涛）

残疾人事业

【概况】截至2021年底，平城区有持证残疾人1.26万人。其中，肢体残疾6937人，占比54.86%；视力残疾1523人，占比12.05%；听力残疾855人，占比6.76%；言语残疾162人，占比1.28%；智力残疾1466人，占比11.59%；精神残疾988人，占比7.81%；多重残疾713人，占比5.64%。（石晓靖）

【残疾人权益保障】2021年，平城区残疾人机动车燃油补贴在街道登记108人，补贴每人每年260元，全部及时足额发放。平城区残联处理“12345”政府服务热线工单83件，来电来访咨询3485次，解决合理诉求。（石晓靖）

【“残疾人证”办理】2021年，平城区残联把办证事项下沉到各街道，群众向所在街道申请登记，就近方便办理，全年办理“残疾人证”1674人。其中，按残疾类别分为视力残疾198人、肢体残疾832人、智力残疾240人、精神残疾154人、听力残疾138人、言语残疾31人、多重残疾81人；按残疾程度分为一级残疾277人、二级残疾452人、三级残疾385人、四级残疾560人。（石晓靖）

【残疾人职业技能培训】2021年，平城区残联开展残疾人职业培训3期，培训120人，包括灯笼制作、残疾人就业创业技能比赛、盲人医疗按摩继续教育。为6名考取驾驶证的残疾人提供政府补贴，每人1000元。（石晓靖）

【残疾人居家无障碍改造】2021年，平城区残联依据残疾人类别、生活、工作、家庭实际情况等不同需求，为130户重度肢体、视力残疾人提供家庭无障碍改造，涉及坡度改造、地面平整，热水器、扶手、电动晾衣架的安装，配置煤气报警器、沐浴椅、防滑垫等。（石晓靖）

【残疾人康复服务】2021年，平城区残联成立康复服务小组，与家庭医生签约服务包，采取上门入户、残疾人去指定康复机构2种方式服务残疾人，提供健康档案管理、健康体检、康复按摩指导训练等多重服务，为残疾群众提供正确康复训练和准确康复指导、普及家庭养生知识。1月至6月，完成上年有需求的肢体残疾人基本康复服务1400人；7月至12月，完成

▲ 2021 年 10 月 21 日，平城区残联在大庆路街道办事处开展盲人定向行走训练　　（石晓靖　摄）

2021 年肢体、智力残疾人基本康复服务 140 人；为 500 名精神残疾群众提供精神障碍作业疗法及康复训练服务。在大庆路街道、马军营街道、卧虎湾街道办事处开展盲人定向行走训练 40 人，精准康复服务率 97.74%。（石晓靖）

【残疾人居家托养服务】 2021 年，平城区残联打造残疾人居家托养“互联网 + 服务 + 残疾人 + 终端”智慧助残服务新体系，以“阳光残联、温馨家园”为主线，组建“阳光助残服务队”。9 月，完成上年居家托养任务 245 户。2021 年享受中央彩金托养服务残疾群众 50 人，由第三方服务机构提供擦玻璃、卫生保洁、衣物清洗、管道疏通、电路维修等服务。为残疾人赠送暖冬棉被 245 床，防护口罩、新春对联 245 套。为特殊困难群体辅助配送米面油 123 套，发放国庆、中秋慰问品各 50 份。（石晓靖）

【残疾人职业技能培训和精准康复服务年终验收】 2021 年 12 月 12 日，平城区残联组织第三方专家评估组对大同市民生职业培训学校、大同市盛汇职业培训学校、大同市爱美嘉职业培训学校、大同市厚德医院精神残疾人康复服务开展年终集中验收。通过查阅档案资料，第三方评估组对照山西省《残疾人职业技能培训管理办法》要求，逐项验收各培训机构的经费使用明细、课程安排、培训现场及课程时长等内容。康复服务工作依据《大同市精准康复服务行动方案（2016—2020）》，通过查阅档案及抽查回访方式验收大同市厚德医院精神作业疗法及康复服务流程，审查精神残疾人康复档案。实地验收平城区盲人推拿健源店，通过现场实地查看、问询运营状况、查阅档案方式，逐条审核机构资质、基础设施建设、外部环境、人员配置、服务管理、对肢体及智力残疾人基本康复的质量和效果等方面。（石晓靖）

红十字会

【人道救助】 2021 年，平城区红十字会开展“红十字博爱送万家”活动，向 215 户困难家庭赠送米面油慰问物资；为平城区退役军人协会安装自动体外除颤仪（AED）1 台；摸底新考入大学的困难学生情况报市红十字会审核后，在平城区红十字会微信公众号平台公示，确定救助 30 人，资助标准每人 2000 元；与中国人寿保险股份有限公司大同分公司签订协议，由政府出资 100 万元为辖区户籍自然人和具有暂住资格证明的自然人购买“一元民生”保险。（何志瑶）

【红十字宣传活动】 2021 年 5 月 7 日第 74 个世界红十字日，平城区红十字会在儿童公园举行“五八博爱周”宣传纪念活动，组织会员单位为过往群众免费义诊、量血压、检测口腔并开展健康咨询，发放医用外科口罩 3000 只、84 消毒液 300 瓶、《防灾手册》《生活急救小常识》《成人心肺复苏操作流程》等宣传资料各 1000 余份。平城区红十字会微信公众号发布中国红十字基金会“小天使”“阳光天使”等项目，人体器官和遗体捐献等宣传动员相关内容。（何志瑶）

【红十字志愿服务】2021年，平城区红十字会志愿者工作委员会开展扶贫敬老、慰问帮扶、环境维护、安全教育培训、防灾减灾应急演练、应急救护技能培训等活动80余项，志愿服务时长4.40万小时。（何志瑶）

【应急救护教育培训】2021年，平城区红十字会对大同华润公司、越野一族救援队、平城区行政审批服务管理局、大同市古城墙景区、国宾大酒店、金地豪生大酒店、大同市实验中学等单位开展中央专项彩票公益金“红十字关爱生命健康教育”项目初级救护员资格培训9期，培训内容有心肺复苏、创伤救护、常见急症及意外伤害与紧急逃生避险的知识和实践操作，在大同市第三中学等单位开展关爱生命健康教育应急知识讲座，获红十字救护员资格证300人，应急知识普及1500人。（何志瑶）

民族宗教事务

【概况】2021年，平城区有少数民族29个，总人口约1万人，其中60%为回族。御河街道田村为回族聚居村。平城区有佛教、道教、伊斯兰教、天主教、基督教，信教群众4.58万人，各种宗教活动场所39处。（吴文志）

【民族团结教育】2021年，平城区委统战部到清真大寺开展民族融合专题调研，了解民族融合现象的演变和发展。在平城区御河小学设立民族团结活动室，捐赠200余本少数民族知识绘本，学校持续开展民族团结进步教育。在御河街道田村设立民族团结教育活动室，指导田村创建民族团结进步示范村。（吴文志）

【清真食品安全检查】2021年，平城区委统战部联合区市场管理局、市伊斯兰教协会组成清真食品检查组，监督检查全区清真食品经营企业、个体商户、小摊加工点食品安全。主要检查全区经营清真食品的饭店、牛羊肉店、糕点铺、馍饼铺、烧鸡店、兰州拉面馆、新疆烤串店，重点检查其是否办理清真食品生产经营许可标牌、是否有少数民族从业人员、进货渠道是否正规，限期整改不规范经营行为。（吴文志）

▲2021年11月25日，平城区红十字会在大同市实验中学开展应急救护培训（何志瑶 摄）

【宗教事务管理】2021年，平城区登记宗教活动场所39处。其中，佛教活动场所21处（寺院18处、固定处所3处）、道教活动场所7处（宫观5处、固定处所2处）、伊斯兰教（清真寺）活动场所2处、天主教（教堂）活动场所2处、基督教活动场所7处（教堂6处、固定处所1处）。宗教教职人员143人。其中，佛教（汉传）79人、道教26人（全真道18人、正一派8人）、伊斯兰教（阿訇）8人、天主教7人（神甫6人、修女1人）、基督教23人（牧师3人、副牧师2人、长老9人、传道员9人）。信教群众4.58万人。其中，佛教3万余人、道教1100余人、伊斯兰教5500余人、天主教680余人、基督教8400余人。（吴文志）

【宗教领域工作会议】2021年5月27日，平城区委统战部在圆通寺召开宗教领域工作会议，安排部署宗教领域各项工作。会议由平城区委统战部副部长、区宗教局局长仝文跃主持，平城区各宗教活动场所负责人40余人参加会议。会议宣读《平城区关于指导宗教界开展“爱党 爱国 爱社会主义”主题教育活动的通知》《平城区宗教界开展“反邪教知识进场所”活动方案》《平城区关于进一步加强涉及文物宗教活动场所安全监督管理的意见》要求，给各场所发放反邪教宣传海报和宣传手册。组织学习国家宗教事务局公布的《宗教教职人员管理办法》。（吴文志）

【宗教界庆祝中国共产党成立100周年“讲三爱 学四史”专题座谈会】 2021年6月24日，平城区宗教界在纯阳宫召开庆祝中国共产党成立100周年“讲三爱 学四史”专题座谈会，平城区委统战部副部长、区宗教局局长仝文跃主持会议并讲话。五大宗教场所代表负责人、教职人员代表、信教群众代表15人参加座谈。会上，各宗教界代表交流“三爱”（爱国、爱党、爱社会主义）主题教育和“四史”（党史、新中国史、改革开放史、社会主义发展史）学习活动情况，分享相关经验和做法。（吴文志）

【宗教政策法律法规知识宣传】 2021年7月28日，大同市委统战部、平城区委统战部在纯阳宫广场开展宗教政策法律法规知识宣传活动。活动现场，宣传人员向居民群众发放国务院《宗教事务条例》《山西省宗教事务条例》资料100余份，围绕党的宗教理论政策法规知识等内容给居民讲解宗教政策，动员居民群众参与宗教理论政策法规知识学习活动。平城区委统战部在国庆期间组织各宗教活动场所悬挂国旗，举行“迎国庆·升国旗”仪式，开展“学党史·感党恩·跟党走”教育培训；开展国务院《宗教事务条例》《山西省宗教事务条例》等政策法规宣传教育，宣传解读涉及宗教领域决策部署，引导宗教界树立法治意识，维护宗教领域和谐稳定。（吴文志）

【宗教界代表人士迎新春座谈会】 2021年12月28日，平城区委统战部组织宗教界代表人士召开迎新春座谈会。平城区委副书记、区委统战部部长郭雁明出席会议并讲话。区委统战部副部长、区宗教局局长仝文跃主持会议。大同市佛教协会会长、华严寺住持妙真，大同市道教协会常务副会长、纯阳宫住持白明钰，大同市伊斯兰教协会会长、清真大寺管委会主任杨法珍，大同市天主教爱国会主任刘红刚，大同市基督教西堂管委会主任冀培发及五大教代表人士40余人参加座谈会。会上，五大宗教代表人士交流一年工作做法和下年工作计划，提出加强宗教界自身意见和建议。（吴文志）

精神文明建设

【概况】 2021年，平城区委宣传部以培育和践行社会主义核心价值体系为根本，围绕全国文明城市创建工作，开展群众性精神文明创建，提高居民文明素质和社会文明程度。成立新时代文明实践中心1个、新时代文明实践所18个、新时代文明实践站203个；开展各类文明实践志愿活动500余次。开展文明城市创建宣传，发放各类宣传资料1.20万份。运用多种形式宣传普及社会主义核心价值观，用典型引导社会主流价值。（陈　毅）

【文明实践志愿活动】 2021年，平城区成立三级志愿服务队265支，把志愿活动融入重大节日、重要事项以及群众日常生活中，在传统节日期间组织开展宣传、引导、分流、问询、应急等志愿服务活动。全年开展党员教育活动、理论宣讲活动、市民教育活动、宣传文化活动、科普教育活动、社区活动、健身活动等各类文明实践志愿服务活动500余次。3月，平城区开展“弘扬雷锋精神·引领文明新风尚”学雷锋志愿服务月主题活动，全区各单位结合自身实际，利用新时代文明所（站）和志愿服务队组织开展党史学习志愿行动、净化环境志愿行动、扶贫帮困志愿行动、助学支教志愿行动、法律知识普及志愿行动、健康义诊志愿行动、文化服务进万家等志愿活动。（陈　毅）

【社会主义核心价值观建设】 2021年，平城区委宣传部在全区各街道社区（村），通过张贴公益广告、制作展板，发放市民文明手册，线上制作动漫、抖音等方式宣传普及社会主义核心价值观，扩大社会主义核心价值观的影响。春节期间，走访慰问7户国家级、省级、市级“文明家庭”和“道德模范”。清明节期间，区文明办制作“文明祭扫倡议书”，在微信公众号“平城在线”上推广，引导群众弘扬优良文化传统，文明祭祀。“五一”劳动节期间，区文明办组织志愿服务队伍200余人开展引导、分流、问询、应急等志愿服务。（陈　毅）

【文明城市创建】 2021年，平城区委宣传部创建文明城市指挥部办公室起草制定《大同市平城区2021年度创建全国文明城市工作方案》《大同市平城区创建全国文明城市三年行动计划（2021—2023）》《大同市平城区2021年度创建全国文明城市任务分解表》。制作创建全国文明城市倡议书和海报3000余份印发至基层单位，并通过微信公众号“平城在线”、大同电视台《平城故事》栏目等平台推送。指导街道社区工作人员面向辖区内商铺门店、大型商场发放主题漫画公益广告海报6000余份、倡议书2000余份，发放《大同市文明行为条例法律责任解读汇编》1500余本。全年聘请第三方专业机构到各类测评点位实地模拟测评2次。（陈　毅）

【“亮家风　传家训　扬美德”主题演讲比赛】 2021年6月28日起，平城区委宣传部、区委组织部、区纪委机关、区文明办、区总工会、团区委、区妇联联合开展第二届平城区“亮家风　传家训　扬美德”主题演讲比赛。10名选手进入决赛。吕岚荣获一等奖，李文霞、王美霞获二等奖，魏鸿哲、芦超、李海婷获三等奖，童利、李嘉欣、王一菲获优秀奖。（陈　毅）

【平城区新时代文明实践中心工作】 2021年6月30日，平城区新时代文明实践中心揭牌。构建区、乡（街道）、村（社区）三级文明实践体系，18个新时代文明实践所、203个新时代文明实践站全部挂牌，实现街道文明实践所（站）全覆盖。成立三级志愿服务队265支，注册志愿服务队员2856人，培育书香平城大讲堂、大象志愿服务队、西水磨村锣鼓队、小南头党史宣传队、齐家坡村秧歌队等具有地域特色的精品服务项目38个。全年开展理论宣讲、座谈交流、观摩学习、全民阅读、心理咨询、书法绘画交流等活动60余场，接待市、区党员干部、居民群众5000余人次。设计平城区新时代文明实践中心（所、站）Logo，制作统一标牌。（陈　毅）

【创建全国文明城市宣传工作会议】 2021年9月23日，平城区召开创建全国文明城市宣传工作会议。平城区委常委、宣传部部长、创建文明城市指挥部常务副总指挥、办公室主任张文娟出席会议并讲话。平城区城市管理局等13个单位负责人、18个街道党工委书记参加会议。会议强调，全区创建全国文明城市工作进入攻坚阶段，为解决重点、难点、堵点问题，各部门要拧成一股绳，利用宣传阵地，运用一切宣传手段加强宣传。（陈　毅）

▲2021年6月30日，平城区新时代文明实践中心揭牌成立。图为新时代文明实践中心外景（陈　毅　摄）

街　道

古城街道

【概况】 2021年3月，平城区古城街道由原西街街道3个社区、东街街道3个社区、南街街道4个社区、北街街道6个社区组建，面积7平方千米，常住人口5.10万人。6月，把16个社区整合为12个社区，分别是帅府社区、大十字社区、雁塔社区、鼓楼社区、仁和美社区、教场街社区、华严寺社区、纯阳宫社区、云林社区、和阳社区、长青社区、兴云社区。　（石晋达）

【社区“两委”换届】 2021年，平城区古城街道“两委”换届通过选举产生社区“两委”成员102名，“两委”成员交叉任职人数26人，女性成员81人，占比79.40%，12个社区均至少有一名女性“两委”成员；换届后书记、主任“一肩挑”的社区比例100%。　（石晋达）

【民生保障】 2021年，平城区古城街道有低保户1882户，办理最低生活保障金2845人；办理廉租补贴355户，廉租实物配租房400户；为2021年高考达二本录取线的11名困难家庭子女提供助学金帮扶。按照国有企业退休人员社会化管理相关要求，梳理乡街改革后全街道上年接收的社会化管理国有企业退休人员1670人。完成城乡居民补充养老保险2465人，完成政府代缴低保、重度残疾人员补充养老保险958人。完成残疾人数据动态更新工作，全街有持证残疾人1822人。组建30余人的综合应急排。有健身站8个，纯阳宫社区健身站参加2021年新春网络全民健身大联欢，获健身气功、太极拳项目二等奖。对宁馨小区饮水安全问题，通过发函和座谈等方式，督促物业公司整改。　（石晋达）

【社会综合治理】 2021年，平城区古城街道排查1655家（次）单位，发现涉及生产、消防、食品方面安全隐患173处。全年征收平房473户，楼房84户，商铺9户，公建12处，征收完成率82%。摸排各类教育培训机构42家。其中，学科类11家、非学科类21家、益智＋体育类7家、其他类型3家；持有办学许可证机构11家，其他无证违规机构停课停业。12个社区划分为45个网格和18个专属网格。宣传预防电信网络诈骗，悬挂条幅58条，发放预防电信诈骗一封信1.23万份，签订承诺书1.20万余份；发放非法集资宣传册2450份、网络电信诈骗宣传册2430份，“国家反诈中心”APP安装1.16万人次，主干道居民小区宣传覆盖率100%。在森林防火宣传月，悬挂林草防火海报34套、防火条幅44幅，张贴“大同市平城区人民政府禁火令”100份。在第13个全国防灾减灾日开展宣传活动，围绕“防范化解灾害风险，筑牢安全发展基础”主题，发放防灾减灾宣传手册、科普宣传资料600余份，悬挂横幅20条。开展以“落实安全责任、推动安全发展”主题“安全生产月”宣传咨询日活动，接受群众咨询300余人，发放宣传资料600余份。设置大型公益广告30余处，景点、广场、商超、酒店、工地等外墙设置户外文化墙30处，制作宣传展板150个、创城宣传栏150处，悬挂宣传条幅700条，张贴宣传海报3000张，发放创建宣传手册1.50万册，入户宣传2.77万户，利用制作纸杯、纸巾盒、环保袋等形式宣传创城标语，为居民发放2.30万份，开展户外宣传活动20余场。

（石晋达）

▲ 2021年7月24日，平城区古城街道华严寺社区为居民免费开展二胡公益培训　　（石晋达 摄）

【环境治理】 2021年，平城区古城街道有无物业小区19个，日常解决物业失管小区垃圾乱倒、清洁清运问题，定期为污水外溢小区清掏化粪池、污水井。开展城市精细化管理，组织多部门联合集中整治40余次，出动人员100余人，出动车辆20余辆，清运垃圾20余吨，解决城市环境存在突出问题20余件，清理占道经营50余次。（石晋达）

【古城文旅服务】 2021年，平城区古城街道党员“110”志愿服务队联合驻街单位、社区、企业、饭店、客栈优秀职工，组成首批古城文化志愿服务队，聘请大同民俗专家赵佃玺为顾问，讲授古城故事。古城文化志愿服务队在华严寺、鼓楼、鼓楼东西街、关帝庙、纯阳宫、文庙、云路街等处为游客义务讲解古城风情、红色资源、革命地址、旅游场所等。联合区城市管理局在华严寺广场街口建设党员先锋站，集“学雷锋党员志愿服务岗”“便民服务点”“户外劳动者服务站”为一体，为群众提供休息、充电、饮水、阅读等服务。（石晋达）

【“巾帼颂”海报展】 2021年3月8日，平城区古城街道举办“巾帼颂”海报展，用展览海报、宣传画、年画的形式，展览“杨门女将”“木兰从军”“刘胡兰”“江姐”“八女投江”“红色娘子军”“中国女排”等作品。（史志室）

新旺街道

【概况】 平城区新旺街道面积6.15平方千米，常住人口5.15万户12.76万人，辖安信社区、和信社区、御河九号社区、新泉东街社区、御锦源社区、福寓苑社区、馨泰花园社区、工农路社区、工农路北社区、文博苑社区、柳港园西院社区、柳港园东院社区、柳港园南院社区、向阳西街社区、向阳东街社区15个社区。辖区内有小区72个，划分为174个网格。有市直学校1所（大同一中南校区），医院1家（大同市第四人民医院），条管驻地单位3家（大同市水文水资源勘测站、大同海关、大同煤监局），大型酒店1家（浩海酒店）。自乡街区域优化调整以来，新旺乡调整为新旺街道，乡镇下设部门转变为街道“5办1站2中心”，职责延伸到由党群服务中心和便民服务中心为依托的窗口服务上，形成一站式、集中型窗口办事模式。（刘喜华）

【经济发展】 2021年，平城区新旺街道有企业547个、个体工商户8057户，因地理位置因素，全部为以商业、餐饮服务、房地产开发为主的三产企业，无工业企业。全年实现地区生产总值（GDP）

13.20亿元，固定资产投资总额6.50亿元（上华据4.20亿元、百花谷1.80亿元、新旺太阳城0.50亿元），社会消费品零售总额41亿元，城镇常住居民可支配收入3.10万元，农村居民可支配收入4.50万元，财政税收1.90亿元。（刘喜华）

【民生保障】 2021年，平城区新旺街道持续开展原6个村养老等民生保障工作，为2248人补交养老保险254万余元。为332名残疾人免费体检、发放福利，更新网络动态信息；为181名低保户申请医疗救助、临时救助、廉租住房补贴等。办结“12345”政府热线诉求工单3612件，办结率96.90%。解决紫润芳庭小区3号楼供暖和23名住户煤改电等问题26件。

（刘喜华）

【社会综合治理】 2021年，平城区新旺街道系统构建网格架构，设置党群服务中心16个，开展党建引领党群活动等116次；全覆盖建立网格135个。其中，城市网格133个，农村网格2个，配备专职网格员135名。定期开展安全生产工作和消防安全隐患大排查大整治工作。（刘喜华）

【社区建设】 2021年，平城区新旺街道以社会治理为主线，推出省级文明村1个（新泉村），区级最美社区1个（御锦源社区）。开辟“红色影院”，在御河九号社区运用“课堂+影院”方式，为驻辖区单位、学校、幼儿园、结对共建单位、在职党员及广大党员群众提供学习交流平台；开辟“少年科技馆”，打造文博苑社区党群服务中心，建设“科技体验、创新成长”为品牌的“三大馆”（航空主题科技馆、航海主题科技馆、创客主题科技馆），优化升级智慧党建系统、线上有声书屋，构建“社区党组织—党员志愿者—联系党员群众”三位一体服务体系；开辟“家庭党校”，以15个社区为“大家庭”，开办5种课堂，开展红色教育、政策宣传等经常性教育50余次；成立党员110志愿服务队，组建社区志愿服务队16支，开展各类活动23场、志愿服务223次。（刘喜华）

马军营街道

【概况】 马军营街道位于平城区西北部，地处城乡接合部，总面积56.94平方千米，辖9个行政村、3个社区，分别为西水磨村、十里店村、十里铺村、马军营村、阳和坡村、上皇庄村、下皇庄村、安家小村、小石子村，博学社区、绿洲西城、军苑社区，总户数15439户，常住人口37408人。划分社会治理网格74个，配备社会治理网格员74人。耕地总面积424.47公顷，其中设施农业88.27公顷，温室大棚460个。有法人单位和个体工商户2185家。（郝锦绣）

【经济发展】 2021年，平城区马军营街道推动经济全方位高质量发展。小石子村农文旅项目于9月22日开工，占地633.33公顷，滑雪场项目主体完成60%，南街廊亭、十字街楼、环形厕所等项目建设稳步推进。修复阳和坡村知青文化大院，遵循“修旧如旧”原则，复原60年代知青生活、学习和生产环境。山西美川大唐新型建材有限公司一期投资1.44亿元，配套生产线正式投产。西水磨村现代设施农业园区高标准日光温室每年为村集体创收近70万元；小石子村火龙果采摘园区种植玫瑰火龙果5000余株；阳和坡葡萄种植采摘园区种植葡萄0.53公顷年产量2500千克，杏树0.67公顷年产量5500千克，其他果树0.47公顷。（郝锦绣）

【村（社区）“两委”换届】 2021年，平城区马军营街道9个村选出班子成员65人。其中，党组织班子成员39人，村委班子成员35人，妇女干部14人，交叉任职9人，一肩挑4人；村“两委”干部平均年龄44岁；村“两委”班子全部达到高中（中专）以上学历。3个社区选出班子成员28人。其中，党组织班子成员9人，居委班子成员23人，交叉任职4人，书记主任“一肩挑”3人；社区“两委”班子成员平均年龄32岁；“两委”班子成员全部达到大专及以上学历。（郝锦绣）

【乡村建设】 2021年，平城区马军营街道完善农村基础设施配套建设，加强村内污水管网建设，在小石子村建收水井 152 座，检查井口 240 座，污水处理站 1 处，可以对村内污水进行集中处理。推进“厕所革命”，完成下皇庄村 130 户、安家小村 720 户厕所改造；高标准修建博学社区公厕、马军营村公厕，为居民提供便利。解决农业灌溉问题，西水磨村在铁路西及日光温室园区新铺设 40 型 U 型防渗渠约 2700 米。小石子村修建排水工程，9 月投入使用。（郝锦绣）

【环境治理】 2021 年，平城区马军营街道开展“六乱”整治专项行动，清理交通沿线积存建筑垃圾和生活垃圾 70370 吨，拆除遗留废弃广告牌和有碍观瞻视觉污染设施 363 处，消除交通安全隐患 67 处，整修坑洼路面、隔离带和绿化带 86 处，整治提升国道、省道、县道沿线加油站内厕所达到星级标准 8 个，取缔违法占道占地 76 处，开展交通沿线绿化美化 8600 平方米。开展打击破坏生态环境违法犯罪专项行动、推进散乱污企业整治行动，清理取缔同泉路、大塘路两侧废品收购点 2 处。4 月，配合市生态环境局监察大队，在小石子村取缔废品收购塑料加工点 1 家。依托第三方安保公司对企业存在环保问题下达整改通知书 8 份。排摸石材企业 22 家，其中 18 家企业办理环评手续，4 家只销售不加工。

（郝锦绣）

【生态绿化】 2021 年，平城区马军营街道发挥雷公山自然生态较好、天然植被丰富优势，推进荒山绿化进程。在小石子后山绿化区域面积约 32.53 公顷，种植各类树木 19 个品种 20032 株。西水磨新村道路两侧、同泉路到大塘路引道两侧绿化投资 200 余万元，绿化约 2000 米，成片绿化约 0.13 公顷；庆新路马军营村段东侧绿化约 1000 米，面积约 3500 平方米。

（郝锦绣）

白登山街道

【概况】 平城区白登山街道位于平城区东北部，东接云州区周士庄镇三条涧村，西临御河，南至云州街，北与新荣区花园屯接壤，辖东坟村、西坟村、古城村、梓家村、海力村、金家湾村、马家小村、牛庄村、肖家寨村、燕庄村、泉寺头村 11 个村（金家湾村、马家小村、燕庄村、泉寺头村为纯农业村），御东学府南社区、御东学府北社区、桐府社区、御华社区 4 个社区。总面积 33.81 平方千米，常住人口 1.61 万户 4.66 万人。其中，农村人口 2.84 万人，社区人口 1.82 万人。耕地面积 901.37 公顷。驻街单位有大型国企 3 家（新朔国能、联通大楼、东客站）、党政机关事业单位 6 家（含大同市委党校、退役军人事务局、廉政教育基地、铁一中、大同市房产交易中心、大同市消防支队）。（姚佳佳）

【民生保障】 2021 年，平城区白登山街道有低保 165 户 270 人；廉租房实物补贴 834 户、货币补贴 11 户 37 人，完成年度复核。组织各类临时救助 13 次。残疾人数 441 人，发放特困残疾人助残器具 57 具；审核残疾人审批新申请 19 人、换证 39 人，从云冈区迁至白登山街道残疾证 2 人，办理残疾证 48 份；与区残疾人联合会沟通对金家湾村 3 名无法自行去医院鉴定疑似精神类残疾人，对其进行上门鉴定服务或远程视频就诊服务；系统在册残疾人困难生活补贴 106 人、残疾人重度护理补贴 182 人，3 人因死亡退出困难生活补贴，2 人同时享受困难生活补贴和重度护理补贴；为街道无人抚养儿童 3 名、困境儿童 1 名、孤儿 1 名办理储蓄卡并每月探访。建设和完善学雷锋服务站 14 个、老年活动中心 7 个、未成年人活动室 13 个，村、社区家长学校 13 个。（姚佳佳）

【社会综合治理】 2021 年，平城区白登山街道开展安全生产全面排查 7 次，聘请第三方进行安全生产排查 1 次，重点排查整治涉及易燃易爆物品和危险化学品生产领域，组织相关人员参加消防应知应会常识、消防应急救援技能专项讲座。6 月 16 日，在肖怡轩小区开展“安全宣传咨询日”活动，围绕“落实安全责任，推动安全发展”主题，发放宣传资料 2000 余份，提供现场咨询服务；6 月 18 日，对餐饮场所、小饭桌、汽修厂、加气加油站等地方开展燃气安全大检查。

（姚佳佳）

【乡村建设】 2021年，平城区白登山街道金家湾村和燕庄村作为美丽乡村建设先行示范村，拆除违章建筑26处，硬化巷道2.36万平方米，铺设面包砖2750平方米，墙体粉刷2.81万平方米，种植树木360株。金家湾村全面实施农村污水治理项目，完成405户污水管网入户工程；铺设污水管15.32千米；农户厕所改造2270座；新建污水井670个、污水处理设施4个、公共厕所2座、垃圾处理站1处。燕庄村全面推进村内亮化工程，在村内主干道两侧安装太阳能路灯55盏。泉寺头村利用旧砖厂建设用地47.53公顷，引进混凝土搅拌站3家，年租金收入50万元；肖家寨村利用闲置土地吸引私企投资建设便民服务市场、全季酒店，年租金收入100万元。在泉寺头村、燕庄村新打灌溉机井10眼，在泉寺头村、金家湾村更换水泵1台、变频柜5个、阀门井4座，输水管道铺设1002米，春夏季抗旱灌溉面207公顷，灌溉亩次452.27公顷，投入抗旱430人次。 （姚佳佳）

【环境治理】 2021年，平城区白登山街道治理乱搭乱建、乱堆乱放、乱扔乱倒等问题，清理垃圾堆714处、卫生死角138处，清运垃圾12.61万吨，整修路面3.16万平方米，清理污水路面16处，拆除乱搭乱建房屋110间，整理线缆蜘蛛网2处，清理玻璃橱窗广告264处。打造“鲜花大道”，在全街范围内种植格桑花，绿化美化人居环境。 （姚佳佳）

文瀛湖街道

【概况】 文瀛湖街道位于平城区御河东岸中心地带，北接云州街，南抵恒安街，西至御河东路，东至文瀛东三路，面积20.78平方千米。2021年，常住人口2.60万户6.25万人。辖5个村（齐家坡村、水泊寺村、曹夫楼村、马家堡村、泗家庄村），7个社区（富力社区、西京社区、华北星社区、永固社区、瑞湖社区、学苑社区、文瀛社区）。有小区40个，实现物业党建联建比例100%。划分社会治理网格108个。其中，社区网格88个，农村网格20个。配备专职网格员24名。辖区内有省属高校1所（大同大学），市直学校4所（市教育局直属幼儿园、市实验小学、北师大附中、大同高级技工学校），医院2家（市中医院、市五医院），大型国企4家（晋能控股集团、中国电信大同分公司、新华书店、中国移动大同分公司），党政机关单位78家。 （郭 刚）

【村（社区）“两委”换届】 2021年，平城区文瀛湖街道选举出村（社区）“两委”干部101名。其中，村“两委”干部37名，社区“两委”干部64名（包含9名兼职委员）。 （郭 刚）

【民生保障】 2021年，平城区文瀛湖街道有特困人员6人；大病救助6人次；事实无人抚养儿童2人，困境儿童1人；廉租住房货币补贴5户，廉租房实物配租4户；困难残疾人61人，重度残疾人121人；摸底登记残疾人337人，实现残疾人基本社会保障动态管理；为44人办理（变更）残疾证。政府代缴居民养老保险

▲2021年，金家湾村开展美丽乡村先行建设示范村。图为金家湾村村民休闲场所 （姚佳佳 摄）

重度残疾人参加基本险61人，参加补充险64人。办理独生子女父母光荣证25人；对1346名驻街单位职工进行计划生育政策审查；开展“健康知识进万家”宣传活动8次，宣讲健康知识并发放健康知识手册700份。对特殊居民（低保、重残）政府代缴政策全部落实到位；居民养老保险补充险参保新增2600余人，占基本险46%。完成对1000余名现役军人家属、退役军人、优抚对象（含非户籍人员）信息采集工作；慰问退役军人200余人，送去慰问金和生活物资5000余元；帮扶3名困难退役军人和其他优抚对象，完成30名退役军人培训申请。

（郭　刚）

【社会综合治理】 2021年，平城区文瀛湖街道排查调解各类矛盾纠纷95起。通过网格员巡查、消防安全检查发现小区、商铺等消防安全隐患75处并要求整改。网格员71名、网格长12名上报有效事件1268条，办结1265条，办结率99.76%，位列全区第一。全年巡查3160次，巡查3993千米，巡查时间1326时44分，位列全区第三。录入企事业单位337家，特殊人员3人，孤寡老人37人。处理“12345”政府服务热线工单1740件。完成二运家属院、水泊寺村及曹夫楼村永和录西侧房屋征收。到清远街道大齿社区学习新时代文明实践中心（站、所），选定6个2021年度考察站点，科学设立新时代文明实践所（站）位置。

（郭　刚）

【环境治理】 2021年，平城区文瀛湖街道排查出消极空间43处，整改完成38处。推进农村人居环境“六乱”整治百日攻坚专项行动，清理建筑和生活垃圾8000余吨，拆除遗留、废弃广告牌和无实际用途、视觉污染设施3处；清理整治乱堆乱放、乱搭乱建、乱圈乱占62处；清除村内黑臭水体1处；整治线缆“蜘蛛网”5处。村、社区联合物业企业，在冬季清理小区积雪，驻街企业捐助雪铲1000把。

（郭　刚）

【庆祝中国共产党成立100周年系列活动】 2021年，平城区文瀛湖街道举办“百年礼赞，初心如磐”党史教育演讲活动，57位社区工作人员参加永固社区联合亲水湾龙园物业开展主题为“颂党史赞巾帼”合唱活动。华北星社区党支部联合富力社区、西京社区党支部举办“辉煌百年路，舞动新征程”广场舞比赛。

（郭　刚）

水泊寺街道

【概况】 平城区水泊寺街道位于大同市御东新区，东邻柳莺路，西邻御河东路，北邻恒安街，南邻开源街，面积15.02平方千米，辖7个社区（恒大社区、文源社区、重熙社区、永安社区、文兴社区、太和社区、永和社区），2个行政村（石家寨村，沙岭村）。2021年，常住人口3.60万户、6.90万人。其中，户籍人口4万人，暂住人口1.67万人。党政机关事业单位13家。2021年，平城区水泊寺街道完成永和、文兴、太和3处社区办公活动场所的接收及提档升级。与区委组织部等单位共同建成文兴社区1500平方米党建示范社区党群服务综合体投入使用；由大同市图书馆、区文旅局、团区委共同打造太和社区500平方米书香特色社区党群服务中心；联合退役军人事务局提档升级打造永和社区500平方米退役军人特色社区党群服务中心。

（岳小雨）

【民生保障】 2021年，平城区水泊寺街道办理城乡居民医疗保险398人，帮助居民医保电子凭证激活3462人，办理社会保障卡333人。接收57家企业退休人员1204人。残疾人两项补贴99人，办理新增加两项补贴12人；办理新申请残疾证、换证41个；将209位残疾人基本服务状况录入系统。复核低保48户，调整16户享保金额；廉租补贴复核2户、廉租房复核3户。办理“食品小经营店备案证”72个、“食品小摊点备案卡”29个。巩固拓展脱贫攻坚暨防止返贫动态监测工作出动摸排工作人员23人，排查3257户8860人，无返贫监测对象。

（岳小雨）

【社会综合治理】 2021年，平城区水泊寺街道整合各类志愿服务组织，吸纳社会公益力量，组建新时代志愿者服务队14支，注册志愿者280人，开展志愿服务活动76次。成立“老李调解室”，解答法律咨询10余次，开展律师微讲堂9场。排查出基督教私设聚会活动场所2处并上报，督促办理登记手续。开展防范非法集资、电信网络诈骗活动5场，发放“防范非法集资宣传手册”3500份、“防范电信网络诈骗宣传手册”3000份。征收石家寨村院落138个，上缴房屋差价补偿款3500万元。与大同市土地储备交易中心对接征收土地5宗8.43公顷，与平城区土地与房屋征收指挥部对接征收土地21宗60.26公顷。大棚房“回头看”整治47个。房屋产权“清零”宣传发动13场次，入户及电话联系宣传摸底2万余户，完成催办入户摸排住宅257栋、公寓2座、2.45万户，商铺950个。为石家寨村申请水库移民资金，配套楼宇门174套，安装监控配套设施68套。

（岳小雨）

【网格化服务管理】2021年，平城区水泊寺街道划分社会治理网格102个。其中，村网格13个、城市网格89个、专属网格23个。有城市专职网格员33名、选聘网格员56名、兼职网格员80余名。全年开展网格员培训3次。网格员巡查8409次，上报事件1694件，事件办结率97.99%。企事业单位录入744家、特殊人员64人，排查调处矛盾纠纷21起，调处率100%。（岳小雨）

【环境治理】 2021年，平城区水泊寺街道开展城市精细化管理，处办群众举报问题3起，处办市政协副主席、区委书记李继忠调研问题7起，协调解决区生态环境保护督察组、区人民检察院等相关案件5起，开展环境卫生集中整治行动7次，排查“消极空间”4处、“脏，乱，差”地界53处，裸露土地未覆盖处理38处，清运垃圾50余吨，排查废品收购站6家，并依法取缔。与商铺签署门前五包责任书1200余份，整治违法占道经营500余起，乱贴广告450余家，门前堆放杂物处理620余家。开展农村人居环境“六乱”整治百日攻坚专项行动，出动380人次，机械75台，宣传发动670户农民参与，清运建筑垃圾2815吨，生活垃圾347.50吨，覆盖绿网6080平方米，打围档1320米。开展“门前五包”宣传整治活动13次，拆除楼顶违建5处。（岳小雨）

▲2021年6月24日，平城区水泊寺街道重熙社区家庭党校成立

（岳小雨 摄）

【文和园物业服务提升】2021年7月30日，平城区水泊寺街道文源社区文和园物业服务提升促进会启动，由社区党支部牵头，开创“红黄蓝绿”（“红”党建，“黄”监管，“蓝”多方参与社会治理，“绿”矛盾减量破难）物业规范化管理新模式，将党建工作贯穿于物业企业服务管理全过程，形成“135”党建联建联促新架构（1引领、3统筹、5联动），推动文源社区物业服务。（岳小雨）

【石家寨村老年大学成立】2021年，平城区水泊寺街道建立平城区第一所农村老年大学——石家寨村老年大学，倡导“文化养老”理念，丰富农村老年人精神文化生活。协调区老干局及社会组织配齐授课老师，开设固定课堂和

选修课堂，有音乐、书法、舞蹈、棋牌等课程。年内，邀请石家寨卫生所医生为老年人开展以“爱洒夕阳，乐享晚年”为主题的新冠疫苗接种知识讲座；邀请86岁村民王凯在老年活动中心为村民开展“讲村史、忆党史、传精神”为主题的讲村史党史活动。（岳小雨）

【石家寨村被评为“市级文明村”】 平城区水泊寺街道石家寨村是文瀛湖水库建库时整体搬迁的村庄，2021年有人口1403户3607人。为创建市级文明村，石家寨村以“讲文明话、办文明事、做文明人、创文明新村”为目标，制定符合村情、民情的《村规民约》《评选文明农户、“五好家庭”标准》，开展“十星级文明户”“五好家庭”“好婆婆”“好邻里”等活动。7月，石家寨被评为“市级文明村”。（岳小雨）

小南头街道

【概况】 2021年3月小南头街道成立，位于平城区东南部。东南与云州区党留庄乡接壤，西隔御河与平城区御河街道及云冈区西韩岭乡相望，北以开源街为界，毗邻水泊寺街道。下辖寺儿村、小南头村、东王庄村、西王庄村、西谷庄村、艾庄村、塔儿村7个村，面积31.49平方千米，有耕地1332.71公顷。常住人口8279户1.77万人。（梁 超）

【村“两委”换届】 2021年，平城区小南头街道7个村换届工作完成，“两委”干部精简至51人，7个村“两委”主干实现一肩挑。“两委”班子成员大专及以上学历3人，占比43%；45岁以下4人，占比57%；35岁以下3人，占比43%。45岁以下“两委”干部32人，占比63%，比换届前提高43%；35岁以下16人，占比31%，提高26%；大专以上（含在读）干部32人，占比63%，提高40%。（梁 超）

【民生保障】 2021年，平城区小南头街道城乡居民基本养老保险参保8666人，补充养老保险参保7289人；300元生活补发放1126人202.41万元；就业培训3期104人。完成170余名适龄青年兵役登记。1月至9月，寺儿村为全村55周岁以上村民按4个档次发放养老补助金306.44万元，为户籍在村并在本村上学一年级、四年级学生配备冬、春校服48人，给本村户口在册考取一本（AB）、二本（AB）类高考生15人奖励每人5000元奖学金。（梁 超）

【社会综合治理】 2021年，平城区小南头街道7个村划分16个网格。其中，寺儿村4个、小南头村4个、西王庄村2个、西谷庄村2个、艾庄村2个、东王庄村1个、塔儿村1个。完成巡察230次，上报各类事件60余件。发放防范电信网络诈骗宣传册1860册、非法集资宣传册1860册、“一封信”9500份，承诺书签订4051户。11月3日，综合行政执法正式下沉到街道。建立信访六项制度，开门接访15次，带案下访4次，主动约访14次，事后回访5次，街道主要领导接待来访群众情况15次。接办市信访局案件2案，办结1件。办结大排查、大化解1案。摸底企业及生产经营单位并建立台账，全街道有企业和经营单位445家。其中，企业74家，个体单位371家。摸排分类彩钢板房，阻燃3.14万平方米，易燃泡沫2.46万平方米，铁皮1.25万平方米。排查危房间数65间1159平方米。（梁 超）

【乡村建设】 2021年，平城区小南头街道高标准打造西谷庄村口“乡村振兴示范街”、艾庄“文明创建街”、塔儿村“环境文化街”，创建文明示范街巷。制作村规民约、乡村振兴等墙体书画21处。塔儿村新建文化活动中心340平方米，安装污水储存罐14个，实现全村主要巷道全覆盖，改变污水乱倒现象。西谷庄村改造生态环保厕所578个，硬化巷道1000余平方米，植绿500余平方米。艾庄村新建2700平方米文化活动广场，配备健身器材16件。东王庄村硬化村内南北主干道（大塘路至大张高铁）1270米，安装路灯62盏，太阳能路灯88盏。西王庄村内主干道两侧绿化1500余平方米，整修围挡5处，新建围挡210余米，安装LED太阳能路灯227盏。小南头村村内东西向主干道铺沥青8000余平方米，砌墙1200米，安装LED太阳能路灯80盏。清洁取暖煤改电951户。其中，艾庄村煤改电130户，塔儿村煤改电5户，东王庄村煤改电332户，西王庄村煤改电484户。（梁　超）

【农业项目转型发展】 2021年，平城区小南头街道推进农业项目转型发展，创新农村集体经济发展模式，集体经济年收入1000万元村1个（寺儿村），50万元以上村2个（小南头村、西谷庄村），10万元以上村4个（东王庄村、西王庄村、艾庄村、塔儿村）。西王庄村打造120公顷“千亩梨园”项目，在农业转型上先行改革，打造成为农业项目综合体；西谷庄千亩有机旱作农业示范基地在高粱项目建设中，村民以土地入股，由合作社与公司签订合作协议，以土地流转形式发展高粱（制酒）规模种植产业；艾庄村和塔儿村驻有平城区养殖业龙头企业——天和牧业公司，占地20公顷，投资2.50亿元，存栏奶牛5000头，日产牛奶50吨。通过与天和牧业一条龙式合作，增加村民就业，提高村民工资性收入，增加农产品附加值。（梁　超）

永泰街道

【概况】 平城区永泰街道北起北都街，南至向阳街，东起滨河路，西至魏都大道，面积5.79平方千米。有兴国寺社区、柳航里社区、永祥社区、泰安社区、光熙苑社区、平和社区、康吉社区、凯德世家社区、永昌里社区、府南街社区、御河南路社区、锦祥社区、友谊街社区、红旗里社区、水泉湾龙园社区、桥南社区、桥北社区、御馨花都社区18个社区。常住人口11.70万人。（贾美霞）

【民生保障】 2021年，平城区永泰街道有低保户499户，保障人数758人，新申请大同市最低生活保障金3户，取消不符合低保条件64户。发放临时救助金54户5.99万元。廉租补贴复核192户，新申请廉租补贴25户。申请医疗救助47人，申请门诊救助21人。申请办理残疾证35人，到期换证96人；发放残疾人辅助器具25人。“三无”人员申请特困补助2人。入户探访和电话访问困境儿童10名、事实无人抚养儿童8名。（贾美霞）

【社会综合治理】 2021年，平城区永泰街道排查调处矛盾138起，调处成功率100%。开展防范非法集资、电信网络诈骗宣传，发放宣传资料3万余份，提高居民安全防范意识。为吸毒人员建档140人次，与社戒社康人员签订禁毒协议书28份。开展消防安全、电梯安全隐患排查、应急管理专项检查、防汛、占压燃气管线以及建筑领域安全隐患专项排查整治，召开安全消防专题会议50次，排查辖区内小区、门店安全隐患374条，整改343条，出动538人次。18个社区划分网格129个，有网格长19人、网格员126人、专职网格员19人、专属网格11个。社区网格员依托平城网格通APP平台，巡查5572次，录入企事业单位1162家、特殊人员189人、孤寡老人30人、上报事件1490件，办结率95%。推进房屋产权登记确权颁证清零行动，入户1.09万户，办理200户。（贾美霞）

【社区建设】 2021年，平城区永泰街道打造新的便民服务大厅，设有社会保障、医疗保障、民政、计划生育、党建等5个窗口，实行“开放式办公、一站式办结”管理体制。水泉湾龙园社区、桥北社区场所完成升级改造，水泉湾龙园社区场所面积1000平方米，桥北社区场所面积300平方米，为居民提供便捷活动场所。接收工单2456件，全部办结。在泰兴园小区绿色景观区域打造“永远跟党走 共筑中国梦”红色阵地，对围绕绿色景观中心树木取名“怀迁树”，设置红色长廊、健身活动场所、新闻角等。（贾美霞）

【退役军人服务】 2021年，平城区永泰街道退役军人服务站接受退役军人事务部组织的现场观摩，并通过升级标杆服务站验收。为4名农村籍退役士兵申领老年生活补助，为新入伍和退役军人发放（换发）光荣牌31块，发放“光荣在党50年”纪念章89人，办理临时救助13人，慰问13名驻边防现役军人和立功嘉奖现役军人家属，为82名残疾军人办理换证。（贾美霞）

【最美志愿服务社区建设】2021年，永泰街道发挥柳航里社区山西省“最美志愿服务社区”的示范带头作用，在辖区范围内开展形式多样的志愿服务活动，打造志愿社区、诚信社区和文明社区。加强志愿者专业能力培训，引导志愿者有序参与防灾避险、疏散安置、急救技能等公共安全与突发事件应对知识的宣教和普及。（史志室）

清远街道

【概况】平城区清远街道东起魏都大道，西至西环路，南起清远西街，北至平城街，面积4.38平方千米。2021年，户籍人口2.53万户5.15万人，常住人口3.60万人，暂住人口2561人。辖8个社区，分别为大齿社区、互助里社区、清远西街社区、苹果园社区、惠达社区、五星花园社区、五州帝景社区、学府社区；2个村，分别为宋庄村、五里店村。划分社会治理网格78个。其中，社区网格57个，农村网格9个，专属网格12个。配备专职网格员5人。驻街单位26家。其中，省属4家，市属15家，区属7家。（史菊）

【民生保障】2021年，平城区清远街道有低保户176户，取消23户，办理大病救助5户，办理临时救助12户。保障住房货币补贴复核77户，取消21户，新申请通过10户；保障住房复核132户。有困境儿童1人、事实无人抚养儿童3人、特困供养人员4人。慰问独生子女困难家庭23户、失独家庭9户。办理“独生子女父母光荣证”43户、生育服务登记23户，免费孕前优生优育检查40对夫妻。完成退役军人养老保险续缴，为在党50周年退役军人15人发放纪念章，走访慰问退役军人80余人。办理新生儿医保信息录入59人，办理社保卡申请63张。（史菊）

【社会综合治理】2021年，平城区清远街道开展“反邪教知识进万家”法制教育、防范电信诈骗宣传等，依托社区网格化管理服务排查化解矛盾纠纷88起。开展安全生产专项整治三年行动和“零事故”单位创建工作，出动检查组375个，出动检查人员618人次，检查生产经营单位733家次，排查一般隐患163条，整改161条，限期整改2条；组织开展安全生产讲座16场。接收“12345”政府服务热线工单1529个。其中，房屋维修类59个，民生问题595个，树木修剪18个，物业管理416个，无物业小区管理59个，开发商相关188个，违建38个，疫情相关42个，安全事故16个，转办80个，城市管理10个。1月，协调自来水公司、供热公司，解决特教北楼小区自来水异味问题。（史菊）

【环境治理】2021年，平城区清远街道开展环境集中整治30余次，出动200余人，清理卫生死角50余处；出动垃圾清运车10辆，清理生活垃圾20余吨、建筑垃圾10余吨。排查共享单车乱停乱放情况，清理橱窗广告、野广告等130余处。对沿街商铺宣传“门前五包”责任，发放通告500余份。（史菊）

武定街道

【概况】2021年3月，武定街道正式成立，辖区东起滨河路，西至魏都大道，南起平城街，北至北环路，面积3.65平方千米。辖安益园社区、白泊洼社区、红卫里社区、西马路社区、铁牛里社区、岳翠园社区、雁同西路社区、御馨花城社区、操场城东街社区、操场城西街社区、御西苑社区11个社区。2021年，常住人口4.36万户7.75万人。辖区内有居民小区81个，驻有大同站、北关派出所、大同四中等60余家企事业单位（大型国企13家，党政机关、事业单位15家）。设党支部13个（机关党支部1个、社区党支部11个、非公党支部1个），有党员2713人。6月29日，举办“七一”表彰大会，为辖区20名“光荣在党50年”

▲2021年6月29日，平城区武定街道举办“七一”表彰大会

（任晓敏 摄）

党员代表颁发纪念章，为30名优秀个人颁发荣誉证书。（任晓敏）

【社区“两委”换届】2021年，平城区武定街道完成“两委”换届选举，选出支委成员37名、居委成员95名，含兼职委员13名。分批次开展社区“领头雁”培训，学习党的理论知识、党风廉政知识等内容。（任晓敏）

【民生保障】2021年，平城区武定街道有低保户192户312人，低保复核取消52户95人，减人2户2人，减人换户主3户3人，分户1户，调整变动143户，继续享保36户，新办12户18人。申请临时救助3户6760元；医疗救助15人。（任晓敏）

【社会综合治理】2021年，平城区武定街道开展防范非法集资、电信网络诈骗宣传活动8次。全街有社区矫正人员10人，经排查未发现异常情况。办理网上信访案件44件23人次。“中秋节”前后出动检查组21组41人，检查辖区企业42家，未发现安全隐患。组织居民开展灭火疏散逃生等消防演练及消防安全入户宣传活动，利用社区宣传栏、宣传橱窗以及楼宇视频定期宣传消防安全常识，对驻街单位、物业小区楼道乱堆乱放易燃品进行检查整改。完成同聚缘北侧（PPP项目）和铁牛里北侧项目征收。排查存在安全隐患的泡沫夹心彩钢板房23家，易爆物品隐患44家。其中，大型餐厅39家、地下商场2家、加油站3家。排查违章建筑物51家。接收“12345”政府服务热线工单2350条。其中，咨询类92条，投诉类100条，物业类2060条，建议类97条，表扬类1条。

（任晓敏）

【环境治理】2021年，平城区武定街道排查垃圾死角21处，清理12处。发放创建全国文明城市宣传手册3000余份，制作卫生健康知识、传染病防控知识、应急救护知识宣传手册及海报1万余份。

（任晓敏）

鹿苑街道

【概况】2021年3月1日，平城区鹿苑街道办事处成立，辖区位于平城区北出口，东邻白登街道，北接新荣区古店镇，西接新华街道，南抵武定街道，面积约5.03平方千米，辖2个村（先锋村、白马城村）、5个社区（同丰社区、站东社区、北苑社区、北辰社区、崇仁社区），有居住人口5.23万人。

（孙国强）

【民生保障】2021年，平城区鹿苑街道受理新申请低保户数15户，年内通过并上报区低保办5户，未通过2户；复核低保户111户，取消低保户6户。大病救助11户，临时救助4户，特困人员1户。为5名事实无人抚养儿童上报发放补助金，其中1名满18周岁于5月取消；为1名散居孤儿上报发放补助金；开展儿童福利政策进村居宣讲活动3次；开展未成年人保护法宣传活动1次。摸底登记531名残疾人，实现残疾人基本社会保障动态管理；为二级以上215名重度残疾人申领重度护理补贴、153名困难残疾人发放困难生活补贴，为28人进行换证，8人申请新办证，4人申请变更升级。复核

152 户廉租住房补贴，取消 3 户；廉租房实物配租复核 296 户。慰问失独、伤残家庭 40 余人次，为失独家庭发放免费体检卡。

（孙国强）

【社会综合治理】 2021 年，平城区鹿苑街道开展防范非法集资、电信网络诈骗宣传活动 8 次，动员 1.37 万人下载注册“国家反诈中心”APP。为更好地化解矛盾纠纷，每月召开 1 次矛盾纠纷排查调处工作协调会，收到居民反映问题 1353 条，对照问题逐条梳理，妥善解决。针对困难人群、两劳释放人员，社区工作人员入户走访并进行心理疏导，开展有效帮扶。全街划分网格 50 个，设立网格长 7 个，网格员 50 名，其中专职 8 名，网格员每天按时巡查，发现问题及时上报，全年巡查次数 3741 次，事件数 509 次，事件办结率 92.88%。对辖区商铺开展安全生产地毯式大排查、大整治专项行动，发现火灾隐患 5 处、其他安全隐患 2 处并整改完成，主要是电线老化和废品堆积等问题；要求各村（社区）重视文明祭扫、严防火灾；在汛期开展防汛备汛工作；健全工作制度，修订应急预案，完善应急队伍和物资储备，组织宣传演练，开展隐患排查治理。 （孙国强）

【社区建设】 2021 年，平城区鹿苑街道围绕“双百工程”建设要求，全面升级社区办公活动场所。同丰社区位于天锐益城南区 1 号楼，面积 730 平方米，规划家长学校、未成年人功能室、退伍军人室、调解矛盾室、老年人活动室、医疗室等功能室；结合社区实际将站东、北辰、北苑三个社区综合建成一个中心社区，建设面积 2400 平方米；规划崇仁社区办公场所建设面积 570 平方米。 （孙国强）

振华街道

【概况】 平城区振华街道位于平城区西部，东起魏都大道，西至西环路，南连北都街，北接清远西街，面积 3.07 平方千米。2021 年，有居民 3.62 万户 6.76 万人。其中，户籍人口 6.21 万人，暂住人口 1.75 万人。辖 12 个社区（云泉里社区、育才社区、新世纪社区、永宁社区、和平社区、同泉里社区、迎春里社区、天胜雅园社区、大秦佳苑社区、康乐里社区、建设里社区、幸福里社区）。3 月，平城区乡街优化调整后，原新旺乡新中村、永宁村、和平村转入振华街道。 （肖　璐）

【社区“两委”换届】 2021 年 11 月，平城区振华街道 12 个社区完成支委换届，选举产生支部书记 12 名、副书记 12 名、支部委员 12 名、兼职委员 5 名。完成 12 个社区居委换届，选出居委会成员 82 名。其中，社区居委会主任 12 人、社区居委会副主任 24 人、社区居委会委员 46 人。 （肖　璐）

【民生保障】 2021 年，平城区振华街道有低保 272 户 431 人，全年新申请低保 7 户 13 人，取消 23 户 50 人。特殊困难群众申请临时救助 15 人次 3.95 万元，医疗救助 29 人，门诊救助 10 人。享有困难残疾补贴 158 人，重度残疾补贴 303 人。社会散居孤儿 1 名，事实无人抚养儿童 5 名。新办理城镇居民基本养老保险 39 人、参加到龄城乡居民养老保险 12 人、参加山西省城乡居民补充养老保险 249 人，政府代缴基本养老保险 212 人、补充养老保险 222 人，接收 25 个退休单位人员。办理残疾人证 100 人，零就业“残三轮”人员生活补贴 2 人 1.20 万元；残疾人评定补贴 73 人 3440 元，遗失残疾证补办 2 人，贫困残疾人家庭无障碍改造 9 户，精准康复为 32 名精神病人发放药品，为 10 名残疾人发放轮椅、助听器。复核廉租住房货币补贴户 121 户，新增 17 户，补贴金额 24.84 万元。办理独生子女证 15 本，补办 27 本，有计生特殊家庭 53 户。其中，独生子女死亡家庭 40 户，独生子女伤残家庭 13 户。通过“关爱女孩行动”资助计划生育困难家庭孩子就读大学 1 人，元旦、春节期间慰问独生子女困难家庭 70 户。完成退伍军人登记及信息采集 3700 余人，帮扶 17 人，办理低保 35 人，享受廉租住房货币补贴 26 人，实物配租 18 人；安置公益性岗位 16 人。走访慰问抗美援朝老兵、参战参试、生活困难退役军人以及重点优抚对象 10 余人。 （肖　璐）

【社会综合治理】 2021 年，平城区振华街道划分社会治理网格

66个，实现网格员全覆盖。制定“1330”服务群众抓落实工作法及安全监管“五子棋”等特色工作法。建设由调解室、信访接待室、解忧心理咨询室、政协委员工作室、党群会诊室、监控研判室、群众服务大厅、司法所组成的“六室一厅一所”标准化综治中心。全街道划分网格单元82个。其中，城市网格66个、专属网格16个。辖79个小区，其中29个物业管理小区纳入网格管理范围。开展防范非法集资及网络电信诈骗、“4·15”全民国家安全教育日、平安建设宣传月等活动50余次。宣传推广“国家反诈中心”APP，通过“线上＋线下”宣传相结合方式完成“国家反诈中心”APP注册6.84万人。检查餐饮单位237家，检查建筑工地2个，责令整改建筑工地1个，下发整改通知书76份。调处矛盾纠纷131条，调解成功率90%，联合司法所调解成功案例1例，化解易引发民转刑案件59起。规范隐患排查机制，检查单位472家，发现问题358处，324家单位完成整改。开展安全生产“公开课”“大家谈”“大讲堂”及防震减灾知识宣传等活动10余次。宣传推广清洁取暖、用电优惠政策，制止使用原煤、型煤3家，燃烧木材3家，整治露天烧烤、串店6家，督促清理饭店油烟、餐厨垃圾8家，整治同泉里后街、云泉里废品收购站2家。4月14日，邀请平城区消防救援大队在大秦佳苑社区开展消防安全应急演练。

（肖 璐）

【环境治理】 2021年，平城区振华街道开展环境集中整治29次，出动380人，清理卫生死角59处，出动垃圾清运车21辆，清理生活垃圾40余吨、建筑垃圾20余吨。开展环境卫生整治行动投入资金12万元，出动4756人次，出动车辆96辆，清理垃圾死角3489处，清运垃圾210吨。新购置清洁机3台，垃圾箱247个，新建农村垃圾填埋场2个、公厕2个。开展“最美家园行”爱国卫生运动宣传活动，依法拆除900余处各类不规范室外广告牌和300余处破旧条幅，清除“牛皮癣”1万余张。（肖 璐）

【社区建设】 2021年，平城区振华街道11个社区办公场所面积500平方米以上，5个社区办公场所面积1000平方米以上。各社区依据实际，打造“社区品牌特色”，丰富居民生活。永宁社区打造“基层党建示范点”和“新时代文明实践所”；大秦佳苑社区打造“健康佳苑”社区特色文化；建设里社区打造“邻里互助”品牌；康乐里社区推出“颐老怡少，康乐宜居”特色品牌；天胜雅园社区全力打造“芝兰家园”社区服务品牌；新世纪社区打造“综治中心”；幸福里社区打造功能便利、服务健全“360度幸福生活圈”特色社区；迎春里社区打造“书香社区”；育才社区、同泉里社区联合打造“助老服务，乐享银龄”品牌；云泉里社区建设“红色一条街”品牌文化。5月，在建设里社区3个小区搭建凉亭6个、长廊4个、健身器材20余处、公园长椅80余条、路灯20余处并投入使用。（肖 璐）

迎宾街道

【概况】 平城区迎宾街道东起魏都大道北都街口（儿童公园）至魏都大道南环路口（德盛嘉园），南起魏都大道南环路口至南环路云中路口（兴周里小区），西起云中路西环路口（万城华府一期）至西环路同泉路口（大同五中），北起西环路同泉路口至魏都大道北都街口（儿童公园），辖区面积3.82平方千米。2021年，迎宾街道常住人口4.13万户9.16万人，有1个村（周家店村）、15个社区（惠民里社区、和泰社区、惠民南院社区、振华南院社区、明珠社区、绿园社区、永安里社区、华安社区、永康路社区、迎宾路社区、万城社区、北馨园社区、齿欣社区、理想城社区、振兴街社区）。划分社会治理网格89个，有小区104个。辖区内有中小学校9所、大型国企12家、党政机关单位37家。

（李亚桢）

【村（社区）“两委”换届】 2021年11月，平城区迎宾街道党工委完成16个村（社区）“两委”换届，选出“两委”干部118人（村“两委”干部9人，社区“两委”干部109人），对新入职“两委”

工作人员开展 3 个月轮训实习。（李亚桢）

【民生保障】 2021 年，平城区迎宾街道有低保户 274 户 427 人，新申办低保户 2 户、取消 16 户；医疗救助 14 人 9.55 万元，临时救助 25 人次 3.32 万元；办理重度残疾人护理补贴 2460 人次 21.89 万元，办理困难残疾人生活补贴 1141 人次 7.53 万元；通过保障住房货币补贴复核和新增 122 户，公共租赁住房复核和新增 228 户。慰问困难家庭、伤残家庭、困境儿童 158 户，慰问困难党员 46 人；慰问退役军人 27 人，帮扶困难退役军人 5 人；为归侨申报困难补贴 5 人。为居民补充养老参保 1577 人，办理 8 名老人居民基本养老保险的到龄手续，恢复认证养老待遇 22 人、居民养老待遇死亡 8 人、异地转入 3 人；新增就业 185 人，就业登记 143 人，就业困难人员 69 人，创业带动就业人员 55 人，劳动力未就业帮扶 403 人。开展国企退休人员社会化管理服务，接收企业 25 家 105 人；接收晋能集团社会化管理退休人员 129 人；办理政府代缴基础养老保险 82 人、政府代缴补充养老保险 94 人，组织 500 余人参加人才招聘。（李亚桢）

【社会综合治理】 2021 年，平城区迎宾街道设立 89 个网格，巡查 2598 次，上报事件 682 件，事件办结率 95.48%。开展安全生产排查整治、房屋安全隐患排查等 19 项专项行动；16 个村（社区）开展安全、防灾减灾等宣传活动 30 余次，组织消防培训 21 场、消防演练 2 场。开展各类专项排查 29 次，排摸企业、单位 1897 家，排查上报房屋安全隐患 24 处，电气线路安全隐患 1 处，消防类安全隐患 125 处。房屋产权确权登记颁证“清零行动”入户 7104 户，办理 4192 户。受理“12345”政府服务热线有效工单 2139 件，全部办结。（李亚桢）

【环境治理】 2021 年，平城区迎宾街道建立垃圾堆放、私搭乱建、违规废品收购站、市政破损等 9 类问题台账，排查消极空间 49 处，清理 1 处；市政设施破损、缺失类问题 5 个，清理 1 处；园林绿化方面问题 12 个，清理 5 处；违章建筑、私搭乱建类问题 91 个，清理 1 处；广告围挡类问题 21 个，清理 18 处；非法占道经营、游商游贩类问题 26 个，清理 16 处；违规废品回收站点 7 处，清理 2 处；垃圾堆放类问题 176 个，清理 106 处；清理“野广告”29 处；发放“门前五包”责任制通告 600 余份。开展游商游贩、占道经营、振兴街便民市场、惠民里便民市场集中整治行动 5 次；联合多部门开展振华街、振兴街、医卫街等集贸市场、沿街商铺违规订牌、私搭乱建、占道经营、堵塞交通等乱象集中整治行动，集中清运医药公司家属院、五交化小区等多个老旧小区堆积的生活垃圾、建筑垃圾，清理主干道、小区内“野广告”。出动工作人员、网格员 100 余人次，设置公益广告牌 200 余块，协调清运车辆 60 余车次，清理野广告 500 余处，粉刷墙体 20 余处。（李亚桢）

【社区建设】 2021 年，平城区迎宾街道打造平城区党员先锋站（迎宾站）、红色思想阵地（打造党建长廊、开设访谈节目“温暖的力量”）、老年课堂、家庭党校 4 个项目。成立 50 人的党员志愿者队伍，开展“我为群众办实事”系列便民活动，开展宣传国家反诈 APP、养老保险政策、新冠病毒预防、电动车入户危害等系列宣传活动 30 次，参与党员 200 余人（次），服务群众上千人；与驻街单位儿童公园联合，将公园西门音乐长廊打造成“庆祝中国共产党成立 100 周年”主题党建长廊，由重温党史、音乐走廊、红色打卡点等板块组成。按照党员选、群众推、自己荐、组织聘的模式，经街道党工委审核，和泰社区获得以党员郭增亮名字命名的“家庭党校”牌匾。评选并表彰“最美志愿者”10 名、“最美社工”10 名。（李亚桢）

【迎宾路社区老年大学分校成立】 2021 年 4 月，平城区迎宾街道迎宾路社区老年大学分校挂牌成立，设置党员活动室、社区健身房、舞蹈活动室、合唱室、图书阅览室、心理咨询室等 14 个活动区域约1149平方米，开设书法、合唱、模特走秀、民族舞、广场舞、手工、太极等10余项课程。

（李亚桢）

【“温暖的力量”开讲】 2021年11月19日，平城区迎宾街道“红色思想阵地”之一——“温暖的力量”访谈节目正式开讲，全年在惠民里社区等地开展4期，邀请有着丰富社区工作经验的11位工作人员分享社区工作经历故事，传授工作经验。（李亚桢）

新华街道

【概况】 平城区新华街道东起站北街，西至北同蒲线，南接魏都大道花园里前街，北临卧虎湾小区，面积3.55平方千米，有59个小区，划分社会治理网格61个。2021年常住人口2.08万户6.08万人。其中，户籍人口5.34万人，暂住人口7421人。根据山西省人民政府《关于同意大同市乡级行政区划调整的批复》，新华街道成立新桥社区，将局内社区、局西社区整合为（局西社区），将卧虎湾社区更名为新悦社区，优化调整后有社区10个（新悦社区、跃进街社区、东风园社区、局前社区、岳秀园社区、局西社区、局东社区、新华南街社区、卫星里社区、新桥社区）。辖区内有中小学校6所、医院4所、派出所1个、大型国企1家，驻街单位有大西供热段、电务段、工务段等60余家。（兰淑贞）

【社区“两委”换届】 2021年，平城区新华街道10个社区选出“两委”成员79人，其中支委成员30人，7个社区书记、主任“一肩挑”。35岁及以下57人，占“两委”人数79%，支部书记、主任平均年龄34.40岁，比换届前下降3.60岁。大专及以上学历74人，占比93.60%。居委会党员人数32人。

（兰淑贞）

【民生保障】 2021年，平城区新华街道有低保户275户，较上年减少85户；对288户低保户进行收入核定，新申请5户、取消60户、减人口13户。“三无”人员7人，困境儿童36人，孤儿1人，事实无人抚养儿童5人。受理医疗救助10人，申请困难家庭临时救助18户，金额1.93万元。“春节”“中秋”“国庆”慰问困难人员145人，为39名老居委会干部发放政府补贴4.85万元。审核廉租补贴通过624户、取消50户，新增申请19户，通过13户；复核实物配租户145户。开展年龄65岁以上老年人居民基本养老保险核查588人，死亡62人，自愿参加补充养老保险39人；核查符合补充养老保险人员1702人，新增参保816人；政府为贫困人员代缴基本险和贫困人员补充养老保险各200余人。办理城镇居民医保参保续保手续，新办医保500余人，办理残疾人、低保人员个人交40元补贴医保，办理社保卡200余张。新增劳动力帮扶900余人，新增下岗再就业人员、创业再就业人员70余人。有残疾人887人，发放残疾证72个，上报残三轮燃油补贴资料10人；联合厚德精神病医院在新悦社区开展咨询、检查、义诊、培训活动2次，为25名精神残疾人发放药品；走访慰问辖区生活困难残疾党员2人，每人300元；协助平城区残疾人联合会第三方完成贫困残疾人居家无障碍改造5户。开展免费孕前检查夫妇30对，全年新生儿287人、政策内一孩175人、政策内二孩112人，死亡人口139人；办理独生子女父母光荣证11本，补办26本；办理计划生育家庭生育关怀紧急救助36人（次），申请奖励扶助7户；办理大病救助36户，意外伤害保险105份；独生子女伤残家庭22户40人，失独家庭24户41人，复核计划生育奖励扶助116户，新增计划生育奖励扶助2户，发放药具工作手册15本；慰问计生困难家庭63户。退役军人建档立卡发放信息表4894份，收回2892份，录入系统1256份；走访困难退役军人28户，办理困难退役军人临时援助9人9000元；困难退役军人和参战参试过节慰问75人；对残疾军人和烈士遗属发放对联230份；整理规范退役军人资料7600余人。老年体育协会各站参加各种展演活动、比赛150余场。

（兰淑贞）

【社会综合治理】 2021年，

平城区综合行政执法力量下沉新华街道后，排查沿街门店5次，集中整治2次，清理道路和背巷11条，拆除违建8处。开展消防讲座7场。开展安全隐患排查，出动检查组183个，检查人员230人，检查单位259家，排查整改一般隐患27条。房屋征收冬季行动6个项目征收平房144户，集中征收住户予以周边现房安置。网格员巡查网格3275次，事件上报203件、有效事件上报199件，事件办结183件，办结率91.96%。录入企事业单位731家，特殊人员240人，孤寡老人50人。通过基层政法综治队伍帮助群众解决各类诉求199件。街道、社区组建两级人民调解委员会，排查矛盾纠纷12件，通过调解后实现化解。联合区教育局、区市场监督管理局等部门开展校外培训机构专项治理，对于无证无照培训机构予以关停，规范有证照机构挂牌内容，清理违规户外广告牌30块，查处学科类家庭培训机构1个，规范培训机构6家。按照“接诉即办”处理“12345”政府服务热线工单974件。（兰淑贞）

【环境治理】 2021年，平城区新华街道组织开展创城志愿活动12场，参与活动单位16家，志愿者530余人，集中清理辖区脏乱差场所24处，清除小广告3100余个，调动清运车6辆，集中装运建筑垃圾32处20余车。摸排散乱污废品收购站8家，下达取缔通知书，拆除违建围挡，清理堆放废品垃圾。开展集中整治27次，出动199人次、37辆车，清运垃圾170.70吨。将450余户燃煤取暖户列入消极空间开展改造，5户进行“煤改电”清洁替代。发放“清明节绿色文明祭扫倡议书”500余份，悬挂“国际臭氧层保护日”主题宣传条幅30余幅。（兰淑贞）

【社区建设】 2021年，平城区新华街道党工委以社区、家庭为单位搭建“家庭党校”，确定“1N”思路（一个主题，N种开展方式），发挥每个社区优势，形成理论课堂、互动课堂、流动课堂、线上课堂及老年课堂。全街10个社区实现“家庭党校”项目覆盖，开展活动53次，创新活动形式5种。联合区园林管理处治理荒废的“二七”广场，打造“绿色景观红色阵地”，推出3D全息投影科技，连续3个月为居民播放红色经典影片60余部。（兰淑贞）

【卫星里社区入选“全国示范性老年友好型社区”】 2021年10月19日，新华街道卫星里社区获国家卫健委、全国老龄办评选的首批“全国示范性老年友好型社区”称号。新华街道卫星里社区依托老年群体，成立跳舞、合唱、模特、诗歌朗诵、乐器5个社会组织团队，营造起老有所学、老有所乐的氛围。（史志室）

卧虎湾街道

【概况】 平城区卧虎湾街道位于平城区西北，东邻新华街，西至拥军路，北邻北环路，南邻平城街，面积5.36平方千米。2021年，户籍人口2.35万人，有住户1.76万户，常住人口3.79万人。辖1个村（陈庄村）、6个社区（山橡社区、桥西社区、拥军路社区、鸿浩嘉园社区、城北社区、西苑社区）。有小区26个，实现物业党建联建比例33.33%。划分社会治理网格41个，（社区网格40个、农村网格1个），配备专职网格员7名。辖区有学校2所（大同市第十八中学校、平城区第四十九小学校），大型国企4家（山西合成橡胶集团有限责任公司、湖东电力机务段大西车间、山西路桥第四工程有限公司、国新能源）。（段敏）

【村（社区）“两委”换届】 2021年，平城区卧虎湾街道各村、社区“两委”换届后成员58人，其中兼职委员6人（网格员、物业管理企业人员、社区有影响力的老党员等）。街道5个社区为书记、主任“一肩挑”；45岁以下“两委”48人，占比83%，35岁以下“两委”33人，占比57%，各村、社区均配备35岁及以下年轻干部；大专及以上学历46人，占比79%。村、社区支部书记7人，其中陈庄村及鸿浩嘉园社区支部书记为街道下派，45岁及以下6人，占比86%；大专及以上学历7人，占比100%。（段敏）

▲ 2021 年 6 月 30 日，平城区卧虎湾街道山橡社区举办庆祝中国共产党成立 100 周年文艺活动　　（段 敏 摄）

【民生保障】 2021 年，平城区卧虎湾街道有低保户 145 户（农保 13 户、城保 132 户），特困户 3 户（城市特困 2 户、农村 1 户），廉租补贴 80 户。年内，开展庆祝中国共产党成立 100 周年文艺汇演 3 次、送戏下乡惠民演出 4 次。“八一”期间慰问退役军人 23 人次。春节期间为低保户、各类困难户发放米面油。办理独生子女证 10 本，为 48 户家庭办理领取一次性生活补贴。开展“卫生健康到万家”活动，发放宣传单 800 余份，发放药具工具手册 18 本。（段 敏）

【社会综合治理】 2021 年，平城区卧虎湾街道对辖区内大型单位、重点行业及企业、施工现场等人员密集型场所安全生产工作进行经常性安全隐患排查 8 次，排查各类场所 133 处，发现安全隐患 70 个，整改 53 个、未整改 17 个。未整改安全隐患中，老旧小区私搭、违建类 12 个，小区内建筑垃圾未及时清理类 2 个，商铺电表裸露类 1 个，平房漏水类 2 个。联合辖区内物业管理公司开展“防电信诈骗进万家”宣传活动。摸排网格情况，通过上门登记和入户核查，掌握辖区内基本情况。11 月 8 日，平城区卧虎湾街道举行综合行政执法力量下沉对接仪式，卧虎湾街道综合执法队伍有 32 人，开展规范沿街商铺户外经营行为、清理占道经营、辖区巡逻等。（段 敏）

【环境治理】 2021 年，平城区卧虎湾街道联合辖区内 7 家派驻单位、16 家责任物业公司开展环境摸排整治集中行动 20 余次，落实 480 余家商户的城市治理“路长制”和“门前五包”责任制。巡查摸排并立即整改环境问题点位 539 处。其中，清理“野广告”152 处，清理消极空间、垃圾点 58 处，清理私搭乱建 15 处，清理小区晾衣绳、广告条幅等私挂物 117 处，协助 197 家沿街商户清理门前堆物、橱窗广告并督促其整改占道经营现象。（段 敏）

御河街道

【概况】 平城区御河街道北起开源街同煤快线，南至十里河与云冈区接壤，西起魏都大道，东至御河西路，面积 20.38 平方千米。2021 年，常住人口 1.09 万户 2.55 万人。辖 2 个社区（青年路社区、青年路北社区）、4 个行政村（田村、东河河村、智家堡村、七里村）。驻街单位有大同第二发电厂、山西省电建一公司、第六水厂、平城区党群服务中心、平城区委党校、新南客运站、大同市第二十一中学。（吴宗昊）

【村（社区）“两委”换届】 2021 年，平城区御河街道“两委”换届后，村（社区）“两委”有 49 人。35 岁以下“两委”24 人，占比 49%；农村 45 岁以下占比 47%；大专及以上学历 30 人。实行书记、主任“一肩挑”村、社区 2 个，机关下派村、社区 3 个。（吴宗昊）

【民生保障】 2021 年，平城区御河街道有低保户 85 户 116 人，新申请 2 户 5 人，取消 3 户 5 人，低保复核后减低保 2 人；申请医疗救助 10 人 7 万元，申请门诊救助 6 人 6000 元。转入困难残疾人 43

人、重度残疾人90人，新增困难残疾人1人，重度残疾人2人。有符合条件事实无人抚养儿童1名、困境中儿童1名。城乡居民养老保险新参保2786人，补充养老保险2696人。（吴宗昊）

【社会综合治理】 2021年，平城区御河街道开展非法集资、电信网络诈骗主题活动6次、专题会议6次、反邪教知识进万家1次、反邪教警示教育百日宣传活动1次。入户宣传1.13万户，宣传覆盖率100%，发放非法集资手册4500份、电信网络诈骗手册4500份，签订承诺书1.13万户，发放"致全省一封信"1万户，登门入户注册"国家反诈中心"APP2.10万人。网格员通过平城网格通系统录入重点人群73人、孤寡老人8人，企事业单位152家，事件办结率99.60%，回访特殊人群率86%。（吴宗昊）

【乡村建设】 2021年，平城区御河街道东河河村对村内8条巷道（约4200平方米）、1条出村道路（约580米）、12条主巷道进行路面硬化，对大塘路以北8000平方米硬化路面实施下水工程，对村南2000米排水渠进行清淤处理，完成散水建设3100平方米；田村出动人员110人次、各类机械40台班、运输车320台次等进行各类清理整治；智家堡村动用大型装载机3台累计工时837小时、大型挖掘机7台累计工时834小时，各类运输车160余辆等，清理垃圾7万立方米。东河河村、田村、七里村、智家堡村实施清洁取暖"煤改电"确村确户68户。（吴宗昊）

【环境治理】 2021年，平城区御河街道清理大张高铁、京大高速、大运高速沿线积存建筑垃圾和生活垃圾12.04万吨，拆除废弃广告牌16处，拆除残垣断壁、裸露墙体9处。绿化开源街快速路南侧七里村、智家堡段，田村革命烈士陵园同谢路两侧。取缔大型洗沙、渣土堆5处，清理农村街巷粪堆、柴堆、料堆、土堆20处，清理野广告59处，完成农厕改造832户。排查255个大棚，整治东河河村未整改到位8个大棚、田村非农化6个大棚。（吴宗昊）

开源街道

【概况】 开源街道位于平城区西南部，东邻魏都大道，西邻南环西路，北邻南环路，南邻十里河北岸，辖区面积7.63平方千米。辖行政村1个（西河河村）、社区11个（民和社区、民谐社区、民康社区、民泰社区、民悦社区、民富社区、民嘉社区、民华社区、民安社区、民德社区、民懋社区）。有常住人口2.75万户7.02万人。驻街单位有大同市西郊污水处理厂、大同市第三中学校、大同市实验幼儿园、大同市城建开发公司、大同市妇幼幼儿园、大同市公交一公司、开源街道派出所、山西银行魏都支行、平城区第十四小学校、开源街卫生服务中心、平城区实验幼儿园。年内，平城区开源街道立足辖区实际，联合大同苏宁易购&家乐福开展以"战疫情、保民生、促发展"为主题的社区线上活动，以优惠价格开售日常生活用品，送货到家，方便群众。

2021年，开源街道被授予"大同市2019—2020年度文明单位"称号；开源街道民和社区获"全国示范性老年友好型社区""全省先进基层党组织"称号。（刘 蓉）

【民生保障】 2021年，平城区开源街道为114名低保重残人员办理政府代缴居民基础养老保险，为122名低保重残人员办理政府代缴居民补充养老保险，受理居民基础养老保险新参保26人、补充养老新参保1896人，基本险参保登记申报24人，补充险参保及赡养人信息变更申报118人，基础养老保险到龄人员系统发放15人，补充险养老保险到龄人员系统发放29人。为78户低保户办理补充养老、73户低保户办理基本养老，养老认证183人。春节、中秋节等慰问困难居民155人。处理计生系统首页协作信息435条，全员系统改错4712条，录入新生儿323人，办理独生子女证18本；发放计生宣传资料、药具1700余份；开展健康知识进万家活动，选配12名指导员，走访居民40户，程序扫码1099人。接收23家国有企业退休人员209人。联合民和社区服务有限公司，依托社区服务平台“互联网+社区服务”运营模式，于“平城邻里”微信平台推出“社区居民取暖情况意见反馈”版块，结合线上调查和线下入户，确保全街“温暖过冬”摸排到位、服务到位。

（刘 蓉）

【社会综合治理】 2021年，平城区开源街道办理网上信访事项13件，接待信访人员60余次，带案下访8次，组织开展信访人员召开化解协调会16次。解决开源嘉苑车库经营纠纷、正德嘉苑小区天然气开通等信访诉求。开展预防电信网络诈骗、防范非法集资宣传活动，入户走访率98%。联合派出所、司法所、彩虹社工开展专题宣传活动8次；组织网格员推广下载注册“国家反诈中心”APP及关注官方政务号42346人。携手彩虹社工帮扶辖区内社区戒毒（康复）人员75名。与辖区学校、幼儿园等企事业单位主要负责人签订“安全生产目标责任书”。开展为期3个月的安全生产大排查大整治行动，出动检查组46个，人员80余人次，检查企业634家，对发现的272处一般隐患全部整改。开展“防风险、除隐患、保平安、迎党庆”消防安全专项行动，定期开展安全宣传教育。开展为期1个月的易爆物品安全生产专项排查整治活动，组织检查组17个，开展排查103次，排查商铺399家。制定森林防火工作方案和应急预案，成立森林防火应急队伍，建立森林防火工作责任制，对辖区超市、饭店等322家单位开展消防隐患排查整治，对排查出的92项安全隐患全部整改。全年接处“12345”政府服务热线工单2161件。

（刘 蓉）

【环境治理】 2021年，平城区开源街道联合区环境治理监督大队、区环卫处对辖区市容市貌开展地毯式摸排整治，出动人员270余人次、执法车辆27辆，规范出店经营110余处，整治游商游贩70余处，清理野广告410余处，清除占道经营60余处，发放“门前五包”责任书300余份，清除墙体悬挂物34处、杂物堆60处、常年堆积土堆和大石块40余吨。协同区房产服务中心花费近40万元为无物业老旧小区同兴苑小区更换井盖76个、更换管道495米、修缮水泥路面828平方米、清理抽洗污水井98个、清掏化粪池3座。联合区环卫处出动30余人、环卫垃圾车3辆，为无物业老旧小区方园小区48家住户清理生活垃圾及杂物2次，清理卫生死角5处、垃圾8车。组织街道社区干部职工和青年志愿者整体粉刷无物业老旧小区近20个单元楼道墙面，清理各类“野广告”200余处。联合区环卫处20余人，出动垃圾清运车5辆、挖掘机1辆，清理西河河村天主教堂附近大型垃圾堆5处、无覆盖渣土堆4处。清理交通沿线积存建筑垃圾和生活垃圾14吨，拆除遗留、废弃广告牌和无实际用途、有碍观瞻的视觉污染设施58处，拆除违章建筑、废弃建筑和残垣断壁、破旧裸露墙体57处，整修坑洼路面、隔离带和绿化带43处，清理整治乱堆乱放、乱搭乱建、乱圈乱占、乱贴乱画200余处，取缔违法占地100公顷。清理路面污水33处，整治村内黑臭水体15处。开展整治“六乱”宣传活动100余次，签订门前五包责任状29份。联合环境治理监督大队，出动执法车6辆、工作人员50人，对西河河村周边地带存在黑车辆乱运乱倒建筑垃圾和工程渣土情况开展夜间专项整治行动，查获并先行登记保存非法倾倒垃圾渣土车3辆。联合区环境治理监督大队70余人，出动车辆11台、大型机械2台，拆除福盛园小区北侧私搭房屋50余间，摸排整治消极空间3处、裸露土地2处、拆迁空地1处，对4家废品收购站下达责令整改通知书。开展大气污染防治大排查，排查辖区原煤散烧、垃圾焚烧、燃煤锅炉等行为，用绿网覆盖裸露荒地5处，对2家存放、使用蜂窝煤商铺以及1家使用原煤的商铺下达整改通知单。 （刘 蓉）

【文明城市主题示范区打造】 2021年，平城区开源街道围绕“诚信经商营业”“关爱未成年群体”“弘扬雷锋精神”三大主题，将辖区主干道昌荣街打造为文

明城市主题示范区，全长1.60千米，制作公益广告600余块。（刘　蓉）

【村（社区）建设】2021年，平城区开源街道完成民谐社区老年人日间照料中心建设，更新功能室，丰富服务项目和活动；引进5家社会组织，充实社区服务功能，完善社区15分钟生活圈，健全民和社区老年人日间照料中心。在民和社区打造“红心”物业，通过建立物管会，全面提升城市小区管理法治化、科学化、精细化和组织化程度，促进城市治理体系和治理能力现代化。健全新时代文明实践所、站，组建社会志愿队伍14支、179人，开展志愿服务活动65次。（刘　蓉）

【社区服务平台上线】2021年11月8日，平城区开源街道社区平台正式上线启动仪式在街道办事处举行。街道联合大同市遵道网络科技有限公司共同创办“平城邻里”“开源邻里”社区服务平台，以微信公众号为“出入口”，操作简单方便。该平台为街道各社区拓展宣传渠道，及时宣发党建、综治、民政、计生、城管等各类上级政策以及居民身边实时动态；为居民提供线上社区业务办理、信息查询、在线咨询等功能，提高社区办事效率；搭建以惠民为目的的社区团购平台，帮助社区周边商家提升品牌和产品知名度并进行代售，为居民提供商品团购优惠。构建“线上平台运营、减少中间环节、促进消费循环”社区经济模式。（刘　蓉）

【全市首家社区经济组织成立】2021年，平城区在实施“双百工程”过程中，以开源街道民和社区为突破点，成立全市第一家社区经济组织——大同市平城区民和社区服务有限公司，推动社区产业结构优化升级。该公司位于开源街道魏都新城社区党群服务中心，以“居民点菜，社区买单”为民服务经济发展模式，助力社区经济服务项目供给精准化。截至2021年底，社区“菜篮子”直营店、社区餐厅、手工创意坊等项目投入运营，向社区养老服务、家政服务、物业管理、专业保洁清洗消毒服务、教育咨询服务、组织文化艺术交流活动等与社区民生相关的各类服务方向延伸。在打造便民工程同时，该公司为社区45名失业人员提供就业岗位。（刘　蓉）

【民和社区服务有限公司首场意向项目洽谈会】2021年6月23日，民和社区服务有限公司首场意向项目洽谈会在民和社区党群服务中心召开。民和社区服务有限公司法人代表就创业宗旨、发展前景做推介。清创文化、灵丘县锦祥农业公司、比奇科创少儿科创机器人编程、遵道—淘宝大学等11家企业负责人通过现场推介，向参会人员全方位展示各自特色项目。（刘　蓉）

【民和社区入选“全国示范性老年友好型社区”】2021年，开源街道民和社区获评国家卫健委、全国老龄办评选的首批“全国示范性老年友好型社区”称号。民和社区不定期开展老年人权益保障法、关于老年人享受优待服务的规定、老年人心理健康等主题宣传活动，弘扬尊老敬老传统美德，落实各项惠老优待政策。针对社区老年居民较多的特点，以社会组织、社工、社区“三社联动”模式，开办大同市首家社区老年人日间照料中心。整合驻街单位、辖区商铺，推出“宅急送”便民服务。每月6日由“社区党员志愿者先锋队”在社区为老年人开展义务理发，对不方便出行的老年人提供上门服务，每月持续3—5天不等。同时，设置“敬老文明号”监督台，发放“敬老文明号”服务征求意见卡，接受社会监督。（史志室）

大庆路街道

【概况】平城区大庆路街道地处城市西南面，辖区东至西环路，西接十里河，南至南环西路，北邻前进街，面积7.50平方千米。2021年，常住人口3.70万户、7.20万人，有38个小区。辖9个社区（同兴街社区、企业街社区、文化东街社区、文化西街社区、睿和社区、庆丰社区、庆平社区、庆安社区、枫林逸景社区）、2个村（新添堡村、房子村）。辖区内有大同市交警支队、中国北车大同电力有限责任公

司、超高压供电公司等企事业单位，平城区实验小学、平城区第十四小学校同煤新苑分校、大同机车技师学院等6所学校。（白　静）

【村（社区）“两委”换届】 2021年，平城区大庆路街道按照“两委”换届要求，辖区9个社区、2个村换届工作完成，大专以上学历89%，35岁以下67%，5个社区、1个村实现书记、主任“一肩挑”。（白　静）

【民生保障】 2021年，平城区大庆路街道有低保家庭95户，特困供养5人；有困境儿童2人、事实无人抚养儿童1人、散居孤儿1人；救助17人次2.81万元。对5位看病难低保户给予医疗救助2.70万元；门诊救助1人1000元；生活困难居民临时救助24人2.80万元。残疾人两项补贴人员223人，冬季走访慰问65户，发放清洁燃料1吨。开展技能培训8次。办理居民医保71人，城乡居民补充养老保险参保人数158人；宣传电子医保，电子医疗凭证注册380余人；对接企业退休人员社会化管理工作单位50家。慰问退役军人家庭150户，帮助3人申请困难补助，办理农村60周岁生活补贴4人，创业培训41人，发放光荣牌10块。廉租住房货币补贴家庭23户，廉租住房实物配租家庭26户。（白　静）

【社会综合治理】 2021年，平城区大庆路街道共调解矛盾纠纷12次，排查隐患53处，整改30处，发放宣传资料230余份。开展防范非法集资、电信网络诈骗集中宣传活动，网格员入户1.55万户，排查超市60家，未发现“数享易购”超市，与居民签订“自觉防范和远离非法集资承诺书”1.39万份。发放非法集资、防范电信诈骗宣传册、“至全省广大人民群众的一封信”2.05万余份，张贴非法集资、电信网络诈骗宣传条幅63条、宣传海报70余张，发放宣传资料3000余份。在庆丰社区设立“基层法制长廊”。大庆路街道划分网格82个（城市网格60个、农村网格7个，专属网格15个），配备专职网格员20名，网格员利用“平城网格通”上报矛盾纠纷、安全隐患问题，全年开展巡查2422次，完成事件采集上报1664件，事件办结率94.55%。（白　静）

【“健康知识进万家”大庆路街道试点】 2021年，平城区大庆路街道作为全国“健康知识进万家”试点单位，开展“健康知识进万家”小程序的注册与推广工作，制作永久性宣传标语，入户7218户，张贴海报110张。在居民和商铺微信群动员广大群众共同参与，完成注册2.35万户，完成率100%。（白　静）

【平城区首个楼宇党建联盟】 2021年8月23日，平城区大庆路街道桐城怡景楼宇党建联盟揭牌。党建联盟设理事会由1名负责人和2名成员组成，另有3名党建工作联络员。以桐城怡景写字楼为依托，以“建设一个有凝聚力的党组织”为目标，引领企业发展、服务职工群众、培育企业文化、打造党建品牌。12月，区市场监督管理局与平城区桐城怡景楼宇党建联盟、山西美盛立奥贸易有限责任公司开展“首善平城、疫情防控、人人有责”，为坚守在防疫一线工作人员送温暖慰问活动。（白　静）

▲2021年8月23日，平城区大庆路街道桐城怡景楼宇党建联盟揭牌

（岳　鹏　摄）

国家级先进人物

全国市场监管卫士

张宝仓　1970年10月出生，山西繁峙人，大学本科学历，经济师，1992年8月参加工作，2000年6月加入中国共产党。现任平城区市场监督管理局党组成员，二级主任科员，平城区武定市场监管所所长。

张宝仓从事市场监管工作30年，自平城区机构改革3年来，参与查办罚没款万元以上行政处罚案件14件，涵盖食品、药品、特种设备、价格、知识产权等市场监管领域。他对市场监管所的岗位职责、工作流程、管理制度、风险点管理进行流程再造、制度重塑，创新监管模式，为市场监管所规范化、标准化建设打造新样板。

张宝仓的先进事迹在2020年被中国工商报以“他代表的是一种精神”为题进行专题宣传报道，2021年被国家市场监督管理总局授予“全国市场监管卫士”称号。

全国检察宣传先进个人

陶雁飞　女，1986年11月出生，山西朔州人，大学本科学历，2010年9月参加工作，2018年9月加入中国共产党。现任平城区人民检察院政治部副主任。

陶雁飞协助政治部主任开展宣传工作，撰写并注重提升本院信息质量，2021年独自撰写本院信息23篇，审核信息200余篇。其独自撰写的信息被正义伟业、山西法制网、山西新闻网、黄河新闻网、新浪网等平台转发。特别是政法队伍教育整顿期间，为宣传平城区人民检察院教育整顿开展动态和成果作出一定贡献。

2021年11月，陶雁飞被检察日报社评为2021年度全国检察宣传先进个人。

全国先进老干部工作者

杨　萍　女，1974年7月出生，山西大同人，中共党员，大学学历，1994年11月参加工作。现任平城区委组织部副部长、老干部局局长。

杨萍坚持把“强化内涵建设、打造精品服务”作为提升老干部服务水平、推动老干部工作着力点，提升老干部工作新局面。2020年，在利用信息化手段拓展老干部服务方式、提高服务质量、提升服务水平方面，以老年大学为试点，通过现代信息化手段开展网络授课，成功创办华北地区首家老年大学网校。

杨萍2015年、2018年被评为全省老干部工作先进个人，2021年被评为全国先进老干部工作者。

省级先进人物

首届“山西省优秀人才突出贡献奖”

孙秀兰　女，1965年2月出生，山西大同人，高中文化，中共党员，环卫工技师。现任平城区环境卫生服务中心清洁一公司分队长。

1984年参加工作以来，一直在平城区环境卫生服务中心清洁一公司任清洁工。37年来，她对工作尽职尽责，清扫过的街道长度累计6万千米。在工作中坚持提袋分段保洁，每天至少来回保洁20遍，每片废纸、果皮都要捡干净，连每个烟头都不放过，对乱扔乱倒的垃圾杂物做到路面上停留时间不超过15分钟。

孙秀兰2010年3月被省总工会授予"山西省五一巾帼奖"称号，5月被国务院授予"全国劳动模范"称号、获全国"五一劳动奖"；2013年12月被山西省妇女联合会授予"山西省三八红旗手"称号；2016年被省委宣传部评为"感动山西十大人物"；2017年11月被评为全国环卫系统"优秀一线工作者""十大最美环卫工人提名奖"；2018年3月被中华全国妇女联合会授予"全国三八红旗手"称号；2021年12月获首届"山西省优秀人才突出贡献奖"。

全省优秀共产党员

温庭儒 1950年7月出生，山西大同人，中共党员，大专学历，平城区司法局退休干部。现为平城区老温调解工作室负责人。

2015年，平城区委政法委、区信访局、区司法局联合创办老温调解工作室，温廷儒成为一名人民调解员，6年接待信访人员5600余人，排查调处各类信访纠纷1700余件。2018年9月，温廷儒组织老温调解工作室人员成功调解一起银行和某公司的以资抵债案，案件涉及金额7300余万元。

温廷儒2018年被山西省司法厅聘为山西省人民调解专家库成员，2020年被山西省司法厅任命为一级人民调解员，2021年被评为全省优秀共产党员。

山西省优秀退役军人服务中心主任

李　峰 1984年3月出生，山西大同人，中共党员，本科学历。现任平城区退役军人服务中心主任。

李峰对照全国"示范型"退役军人服务中心（站）创建标准，实地指导平城区18个街道、203个社区（村）退役军人服务站全部达到全国"示范型"退役军人服务站创建标准。为全区三级服务体系统一工作制度、工作流程、工作职责，完善制定来访登记、走访慰问、帮扶援助等工作台账40余类。组织建立1738名自主就业退役士兵、1540名重点优抚对象、286名无军籍职工数字档案，受理完成1.06万名退役士兵社会保险接续补缴工作，维护审核41149名退役军人建档立卡及优待证录入工作，帮助126名退役军人申请生活困难援助资金17.50万元，28名退役军人申请大病医疗援助资金29.60万元。为退役军人提供专属、稳定的就业渠道，开发校园保安就业岗位475个，落实再就业岗位600余个，下岗再就业200人。

2021年，李峰被省退役军人事务厅评为优秀退役军人服务中心主任。

山西省档案工作先进个人

陈世艳 女，1970年10月出生，山西大同人，中共党员，本科学历，副研究馆员职称。现任平城区档案馆馆长。

陈世艳从事档案工作30余年，完成指导全区档案业务工作，接收各种载体的档案、资料10万卷；指导全区单位开展档案工作目标管理，定（升）级20余家；对档案破损、目录不全的，组织进行整理、修补，补抄档案目录；组织开展规范各单位档案室全宗卷的工作；每年对基层单位进行档案业务培训。通过进社区宣讲、举办展览等方式，利用电视新闻、报纸等多种渠道宣传档案法律法规和档案知识，提高全民档案意识。主动参加省、市级档案业务培训；积极投稿，发表论文，参与档案编研，完成编研材料10余种。

陈世艳撰写的论文《档案信息化建设与档案管理的探讨》获档案职业联盟委员会、档案管理杂志社举办的"第五届信息化与智慧档案（馆）论坛"二等奖，2021年被评为山西省档案工作先进个人。

山西省住房城乡建设系统劳动模范

王　强 1978年5月出生，山西大同人，中共党员，本科学历，统计师职称。现任平城区新华街道退役军人服务站站长。

王强为人勤奋，努力在平凡的岗位上创造出非凡业绩，始终坚持政治理论学习，认真钻研业务知识，作风严谨、廉洁自律，协调能力强。2009年被大同市劳动竞赛委员会评为一等功，2011年被山西省劳动竞赛委员会评为二等功。

王强2021年被市退役军人事务局评为“优秀退役军人服务站站长”，被省人力资源和社会保障厅、省住房和城乡建设厅授予“山西省住房城乡建设系统劳动模范”称号。

山西省消防救援系统“优秀党务工作者”

李洪涛　1982年12月出生，河南焦作人，中共党员，本科学历，1997年12月入伍，大同市消防救援支队平城区大队党委书记、教导员。

李洪涛从警24年，从一名士兵成长到副团职教导员，带领平城区大队党委一班人打造学习型和服务型消防队伍，每一次学习自己首先学深学透，践行着一名消防党务工作者的职责。带领平城区大队获2020年市级“文明单位”称号，被省总队评为2020年度工作先进大队、全省消防救援队伍安全工作先进大队；2021年，平城区大队被消防救援局授予“集体三等功”，被省总队评为“优秀基层党组织”。

李洪涛曾立“三等功”6次，多次受嘉奖，2021年被省消防救援总队评为“优秀党务工作者”。

市、区级先进人物

2021年平城区获共青团大同市委“新时代青年先锋”称号名单

张　日　大同市平城区消防救援大队大队长

赵振明　平城区天祥街消防站站长

高志超　大同市派拉图文化创新发展有限公司法人

韩方圆　女，平城区第十八小学校教师

2021年平城区获“大同市检察系统先进个人”称号名单

何芮彬　女，平城区人民检察院党组书记、检察长

武雪梅　女，平城区人民检察院综合业务部主任

杨晓瑞　女，平城区人民检察院第一检察部副主任

王俪燕　女，平城区人民检察院第二检察部主任

王　君　女，平城区人民检察院第五检察部主任

李　佳　女，平城区人民检察院检察委员会专职委员

2021年平城区获“大同市法院系统先进个人”称号名单

十佳法院干警

杜渊文　平城区人民法院刑事审判庭审判员、一级员额法官

优秀法院干警

唐　利　平城区人民法院审判委员会委员、综合审判庭负责人

2021年平城区获“大同市优秀政法宣传工作者”称号名单

费逸飞　平城区委政法委一级科员

邱成帅　平城区人民法院二级调研员

陶雁飞　女，平城区人民检察院政治部副主任

刘颖鹏　女，平城区公安分局民警

连　婧　女，御东公安分局人口管理大队大队长

2021年平城区获大同市消防救援支队表彰奖励名单

记三等功（2名）

张　日　大同市平城区消防救援大队大队长

张慧君　大同市平城区天祥街消防救援站副班长

嘉奖（22名）

任吉伟　大同市平城区消防救援大队中级专业技术职务

郎　杰　大同市平城区天祥街消防救援站初级专业技术职务

焦　猛　大同市平城区天祥街消防救援站副班长

李泽仁　大同市平城区天祥街消防救援站班长

刘志胜　大同市平城区天祥街消防救援站分队长

邓恒杰　大同市平城区天祥街消防救援站班长

刘文彪　大同市平城区天祥街消防救援站副班长

金汶镭　大同市平城区天祥街消防

救援站消防员

康　凯　大同市平城区天祥街消防救援站消防员

朱晓峰　大同市平城区天祥街消防救援站消防员

武　浩　大同市平城区西街消防救援站指导员

武瑞成　大同市平城区西街消防救援站初级专业技术职务

屈爱鹏　大同市平城区西街消防救援站副班长

田　兵　大同市平城区西街消防救援站副班长

朱　力　大同市平城区西街消防救援站班长

杨斯奇　大同市平城区西街消防救援站消防员

李怀峰　大同市平城区云中路消防救援站站长

李文翔　大同市平城区云中路消防救援站指导员

常淑铭　大同市平城区云中路消防救援站初级专业技术职务

程　超　大同市平城区云中路消防救援站班长

吴海华　大同市平城区云中路消防救援站分队长

白文开　大同市平城区云中路消防救援站副班长

业务标兵（1 名）

欧　岩　大同市平城区云中路消防救援站副站长

2021 年平城区获“大同市志愿服务先进工作者”称号名单

祁海龙　共青团平城区委员会书记

2021 年平城区获“大同市优秀党务工作者”称号名单

王跃伟　平城区委宣传部党支部副书记、副部长

苏　嘉　平城区委政法委常务副书记

梁云花　女，平城区委统战部党支部书记、副部长

高利兵　平城区直属机关工作委员会书记

武梦迪　平城区永泰街道党工委副书记

马成龙　平城区振华街道党工委副书记

姜保军　平城区民政局党支部书记、局长

任军军　平城区应急管理局党委书记、局长

鲁　林　平城区非公经济组织和社会组织工委书记

王文霞　女，平城区鹿苑街道党群服务中心主任

薛文龙　平城区新华街道办事处党办主任

兰　泽　平城区小南头街道西王庄村党支部书记

王文娟　女，平城区水泊寺街道文源社区党支部书记

高　明　平城区税务局党建工作股股长

杨冬梅　女，大同大学附属小学党支部书记、校长

乔学飞　平城区人民法院机关党委干事

王俪燕　女，平城区人民检察院检察业务党支部组织委员

张旖濛　女，平城区教育局党委办公室副主任

王　慧　女，平城区大庆路街道办事处专职组织委员、党办主任

2021 年平城区获“大同市优秀共产党员”称号名单

张晓天　平城区财政局局长

李秀斌　平城区马军营街道党工委书记

田剑辉　平城区古城街道党工委副书记

马雁骁　平城区小南头街道党工委副书记

刘永胜　平城区发展和改革局党组书记、局长

安志刚　平城区司法局党组书记、局长

杨志杰　平城区住房和城乡建设局党组书记、局长

赵　静　女，平城区纪委监委办公室主任

闫　俊　平城区党群服务中心主任

范顺利　平城区房产服务中心主任

任玉珍　女，平城区第十八小学校党总支书记

纪雨田　平城区御河小学校教师

安宏靖　平城区综合执法大队队长

刘亚军　平城区环境卫生服务中心公共空间运营管理公司经理

苟　钢　平城区园林绿化中心古城队队长

姜海波　大同市公安局平城分局技术中队中队长

赵宏伟　平城区疾病预防控制中心

传染病防治科副科长

郑　军　平城区马军营街道西水磨村党支部书记

张小娇　女，平城区振华街道云泉里社区党支部书记、居委会负责人

臧建军　大同市兰园绿色园林绿化工程有限公司党总支书记

平城区“劳模标兵”名单

赵雁冰　大同市平城区综合执法大队副大队长

张亚靖　大同市平城区民政局四级主任科员

程　军　国家税务总局大同市平城区税务局党委书记、局长

蔡丽娟　女，大同市平城区第二十三小学校副校长

郑曼曼　女，平城区清远街道惠达社区党支部书记

杜渊文　大同市平城区人民法院审判员

田　杰　平城区白登山街道金家湾村党支部书记

郑志强　大同市平城区环境卫生服务中心经理

薛秀珍　女，平城区马军营乡卫生院院长

齐祥宇　大同市平城区振华街道党工委书记　（区委组织部　区总工会）

先进集体

山西省五四红旗团委

共青团大同市平城区委员会

大同市平城区新学道行知学校团委

山西省五四红旗团支部

大同市平城区水泊寺街道沙岭村团支部

大同市五四红旗团支部

大同市平城区迎宾街道迎宾路社区团支部

大同市优秀党组织

中共大同市平城区新旺街道工作委员会

中共大同市平城区卫生健康和体育工作委员会

中共大同市平城区教育局委员会

中共大同市平城区市场监督管理局机关委员会

中共大同市平城区城市管理局支部委员会

中共大同市平城区委党校支部委员会

中共大同市平城区环境卫生服务中心清运二公司支部委员会

中共大同市公安局新旺派出所支部委员会

中共大同市平城区文瀛湖街道齐家坡村支部委员会

中共大同市平城区古城街道太阳城社区总支部委员会

中共大同市平城区迎宾街道迎宾路社区支部委员会

中共大同市平城区税务局第一税务分局支部委员会

中共山西美盛立奥贸易有限责任公司支部委员会

逝世人物

刘　祥　（1927.09—2021.08）河北阳原人，1949年9月加入中国共产党。1948年入伍，1951年参加抗美援朝战争，历任察哈尔省荣誉军人学校干部人事处干事，大同市建筑工程局人事科副科长，大同市城区人民检察院副检察长、检察长，大同市城区电线厂支部书记、大同市城区人民法院副院长，大同市城区工商局副局长、局长，大同市城区司法局局长、调研员。

李秀英　（1929.06—2021.09）女，山西应县人，1949年12月加入中国共产党。历任应县四区、五区妇联会主任，阳高县妇联宣传委员，阳高城关镇委员会组织委员，大同县幼儿园、大同县红旗幼儿园园长，大同县古店公社妇联主任，大同市城区南街办事处组织委员。

管　通　（1934.04—2021.09）山西省怀仁县城关镇人，1956年5月加入中国共产党。历任怀仁县政府科员，大同市公安局文书，大同市口泉公安分局民警，大同市同家梁派出所、王家园派出所、永定庄派出所副所长，大同市口泉区检察院检察员，大同市产业农商协会主任，大同市商业局干部，大同市工商行政管理局副科长，大同市蔬菜公司副经理，大同市矿区人民法院院长，大同市城区人民法院院长。（区委老干局）

2021 年平城区主要经济指标统计表

表 36–1

指　标	单位	2021 年	同比增长 ±%
1. 地区生产总值（季报）	万元	4836449	6.70
第一产业	万元	18777	10.70
第二产业	万元	1052064	6.60
全部工业增加值	万元	592830	0.90
建筑业增加值	万元	459234	13.10
第三产业	万元	3765608	6.70
# 批发和零售业	万元	603356	0.30
住宿和餐饮业	万元	126094	23.80
三次产业构成	%	0.39 ∶ 21.75 ∶ 77.86	
2. 规模以上工业总产值（现价）（33 家）	万元	1489698	1.42
规模以上工业增加值（33 家）	万元	—	–2.50
3. 规模以上工业企业实现利税（31 家）	万元	–55959	–133.85
规模以上工业企业利润总额（31 家）	万元	–99257	–187.21
规模以上工业企业亏损户数（31 家）	个	8	33.33
规模以上工业企业亏损额（31 家）	万元	164696	3225.98
4. 固定资产投资总额	万元	2608172	20.50
第一产业	万元	28101	18.90
第二产业	万元	37069	–18.50
# 工业	万元	37069	–18.50
第三产业	万元	2543002	21.40
# 房地产开发投资额	万元	1996960	40.10
5. 社会消费品零售总额（季报）	亿元	395.48	15.97
限额以上	亿元	107.58	25.90
限额以下	亿元	287.90	15.39
6. 一般公共预算收入	万元	97631	6.10
一般公共预算支出	万元	228141	–21.30
7. 城镇居民人均可支配收入（季报）	元	40147	7.20
8. 农村居民人均可支配收入（季报）	元	20343	10.90

2020—2021 年平城区规模以上工业企业效益统计表

表 36-2 单位：亿元

	2021 年	2020 年	同比增长 ± %
主营业务收入	133.32	126.58	5.33
# 国有控股企业	108.66	100.99	7.59
税金及附加	1.06	1.07	−1.08
# 国有控股企业	0.92	0.91	1.09
利润总额	−9.93	11.38	−187.21
# 国有控股企业	−11.35	9.17	−233.78
应交增值税	3.27	4.08	−19.81
# 国有控股企业	2.61	3.12	−16.37
亏损企业数（个）	8	6	33.33
# 国有控股企业	4	2	100
亏损企业亏损总额	−16.47	−0.51	3225.98
# 国有控股企业	−16.23	−0.22	7380.78

2021 年平城区固定资产投资完成情况统计表

表 36-3 单位：万元

指　标	2021 年	增长速度 %
一、本年完成投资	2608172	20.50
房地产开发投资	1996960	40.10
民间投资	2082566	43
1. 按产业分	—	—
第一产业	28101	18.90
第二产业	37069	−18.50
第三产业	2543002	21.40
2. 建筑安装投资	1946700	32.10
3. 工业行业投资	37069	−18.50
4. 基础设施投资	173004	−20
5. 其他投资	2398102	26
6. 高技术产业	77960	−69.60
二、项目个数	266	18.20
三、商品房施工面积（平方米）	18208642	8.70
商品房销售面积（平方米）	2413425	40.10

2021 年平城区社会消费品零售总额统计表

表 36-4　　单位：亿元

	2021 年	累计同比 ± %
社会消费品零售总额	395.48	15.97
1. 按规模分	—	—
限额以上	107.58	25.90
限额以下	287.90	15.39
2. 按行业分	—	—
批发业	65.86	7.36
零售业	297.51	15.16
住宿业	5.66	104.40
餐饮业	26.45	42.69

2021 年平城区四上从业人员和工资总额统计表

表 36-5　　单位：人、万元

指　标	职工工资
批发和零售业	327443
交通运输、仓储和邮政业	488774
住宿和餐饮业	372293
信息传输、软件和信息技术服务业	258605
金融业	—
房地产业	434377
租赁和商务服务业	212445
科学研究和技术服务业	47195
水利、环境和公共设施管理业	—
居民服务、修理和其他服务业	—
教育	6768
卫生和社会工作	123045
文化、体育和娱乐业	34066
公共管理、社会保障和社会组织	—

2021 年平城区限额以上商品零售情况分类统计表

表 36-6　　单位：亿元

	2021 年	同比增长 ± %
零售额合计（不含住餐）	85.44	8.80
粮油、食品、饮料、烟酒类	5.83	29.90
服装、鞋帽、针纺织品类	2.05	17.10
化妆品类	0.50	17.10
金银珠宝类	5.29	36.90
日用品类	0.70	102.60
五金、电料类	0.01	-67.90
体育、娱乐用品类	—	-61
书报杂志类	0.50	-27
电子出版物及音像制品类	—	—
家用电器和音像器材类	5.81	−12.80
中西药品类	5.19	−30.50
文化办公用品类	1.44	−15.60
家具类	0.05	−18.40
通讯器材类	0.80	7.30
煤炭及制品类	—	—
木材及制品类	—	—
石油及制品类	33.60	12.80
化工材料及制品类	—	—
金属材料类	—	—
建筑及装潢材料类	0.65	113.60
机电产品及设备类	—	—
汽车类	20.41	14.90
种子饲料类	—	—
棉麻类	—	—
其他类	2.61	-3.90

2020—2021 年平城区规模以上服务业营业收入统计表

表 36-7 单位：万元

指　标	2021 年	2020 年	同比增长 ± %
总 计	740847	707729	4.68
铁路运输业	89898	97536	–7.83
道路运输业	51618	48164	7.17
多式联运和运输代理业	4070	4276	–4.81
装卸搬运和仓储业	26277	17712	48.35
邮政业	51171	47383	8
电信、广播电视和卫星传输服务	258397	239517	7.88
软件和信息技术服务业	11290	12052	–6.33
物业管理	31992	30062	6.42
房地产租赁经营	3916	3794	3.23
租赁业	4940	3525	40.14
商务服务业	101106	101250	–0.14
专业技术服务业	23867	23145	3.12
教育	786	791	–0.61
卫生	65883	57115	15.35
新闻和出版业	5047	7072	–28.63
广播、电视、电影和录音制作业	496	231	114.18
娱乐业	10093	14104	–28.44

2021 年平城区主要经济指标与其他县区经济指标比较统计表（一）

（地区生产总值）

表 36-8 单位：万元

指 标	2021 年	总量排队	同比增长 ± %	增速排队
全 市	16860488	—	7.50	—
平城区	4836449	2	6.70	8
云冈区	5132872	1	7.10	7
新荣区	784150	5	3.30	10
云州区	1679877	3	10.70	1
阳高县	732040	6	10.50	2
天镇县	502179	10	7.20	6
广灵县	525813	9	8.30	4
灵丘县	678851	7	7.50	5
浑源县	554101	8	4.80	9
左云县	1432948	4	9.90	3
开发区	1375379	—	6.80	—

2021 年平城区主要经济指标与其他县区经济指标比较统计表（二）

（农林牧渔业增加值）

表 36-9 单位：万元

指 标	2021 年	总量排队	同比增长 ± %	增速排队
全 市	1069301	—	9.50	—
平城区	19830	10	10	6
云冈区	79807	7	10.10	5
新荣区	78735	8	7.60	10
云州区	124684	4	10.20	4
阳高县	245169	1	11.20	1
天镇县	133609	3	10.30	3
广灵县	109619	5	8.20	9
灵丘县	97805	6	11.10	2
浑源县	135032	2	8.90	7
左云县	43803	9	8.50	8

2021 年平城区主要经济指标与其他县区经济指标比较统计表（三）

（规模以上工业企业实现利税）

表 36-10　　单位：万元

指　标	2021 年	总量排队	同比增长 ± %	增速排队
全　市	1751883	—	152.80	—
平城区	-18793	10	-109.20	9
云冈区	688750	2	7690.20	1
新荣区	115086	3	490.80	3
云州区	43155	6	-28.60	8
阳高县	-13050	9	-259.40	10
天镇县	53376	4	35.00	6
广灵县	47664	5	18.20	7
灵丘县	39930	7	1932.10	2
浑源县	10064	8	75.50	5
左云县	785702	1	159.00	4

2021 年平城区主要经济指标与其他县区经济指标比较统计表（四）

（第三产业增加值）

表 36-11　　单位：万元

指　标	2021 年	总量排队	同比增长 ± %	增速排队
全　市	8676518	—	7.10	—
平城区	3765608	1	6.70	7
云冈区	2116987	2	6.60	8
新荣区	236930	10	6.40	9
云州区	635738	3	9.20	3
阳高县	299524	7	9	4
天镇县	246216	8	8	5
广灵县	237037	9	9.40	2
灵丘县	366656	5	9.90	1
浑源县	319803	6	4.20	10
左云县	452019	4	7.50	6
开发区	327887	—	5.70	—

2021 年平城区主要经济指标与其他县区经济指标比较统计表（五）

（一般公共预算收入）

表 36–12　　单位：万元

指　标	2021 年	总量排队	同比增长 ± %	增速排队
全　市	1667256	—	23.50	—
平城区	97631	3	6.10	9
云冈区	160928	2	30.80	3
新荣区	25374	7	31.70	2
云州区	30297	5	18.60	6
阳高县	16607	10	9.70	8
天镇县	18190	9	–6.30	10
广灵县	31621	4	18.30	7
灵丘县	26067	6	29	4
浑源县	20050	8	23.90	5
左云县	175333	1	77.50	1
开发区	90242	—	6.80	—

2021 年平城区主要经济指标与其他县区经济指标比较统计表（六）

（一般公共预算支出）

表 36–13　　单位：万元

指　标	2021 年	总量排队	同比增长 ± %	增速排队
全　市	3731751	—	–4.10	—
平城区	228141	6	–21.30	10
云冈区	323464	1	2.50	3
新荣区	142062	10	7.60	2
云州区	199359	9	2.30	4
阳高县	213856	8	–12.20	7
天镇县	251473	3	–11.90	6
广灵县	236262	5	–18.60	9
灵丘县	218625	7	–14.70	8
浑源县	281996	2	–5.40	5
左云县	236769	4	40.30	1
开发区	110621	—	–23.10	—

2021 年平城区主要经济指标与其他县区经济指标比较统计表（七）

（社会消费品零售总额）

表 36–14　　　　单位：万元

指　标	2021 年	总量排队	同比增长 ± %	增速排队
全　市	7609495	—	16.10	—
平城区	3954764	1	16	8
云冈区	1518963	2	16.10	7
新荣区	158434	7	17.40	3
云州区	505759	3	15.70	10
阳高县	138218	8	16.80	4
天镇县	135053	9	17.60	2
广灵县	128906	10	17.80	1
灵丘县	390160	4	16.30	6
浑源县	382163	5	15.80	9
左云县	297075	6	16.50	5
开发区	326865	—	15.10	—

2021 年平城区主要经济指标与其他县区经济指标比较统计表（八）

（固定资产投资额）

表 36–15　　　　单位：万元

指　标	2021 年	总量排队	同比增长 ± %	增速排队
全　市	7320492	—	9.20	—
平城区	2608172	1	20.50	3
云冈区	1063531	2	20.10	4
新荣区	498805	5	34.30	2
云州区	816782	4	–20.20	9
阳高县	456147	6	14.70	5
天镇县	262395	9	1.80	7
广灵县	189296	10	–49.40	10
灵丘县	825442	3	40.90	1
浑源县	289585	8	–19.50	8
左云县	310337	7	9.70	6
开发区	634787	—	–30.60	—

2021 年平城区主要经济指标与其他县区经济指标比较统计表（九）

（城镇常住居民人均可支配收入）

表 36-16　　单位：元

指　标	2021 年	总量排队	同比增长 ± %	增速排队
全 市	36685	—	8.10	—
平城区	40147	1	7.20	10
云冈区	39102	2	7.60	8
新荣区	30901	5	8.60	3
云州区	25543	10	8	6
阳高县	27383	8	8.80	2
天镇县	27454	7	8.10	5
广灵县	27339	9	8.30	4
灵丘县	33282	4	8	6
浑源县	28453	6	9	1
左云县	33760	3	7.40	9

2021 年平城区主要经济指标与其他县区经济指标比较统计表（十）

（农村常住居民人均可支配收入）

表 36-17　　单位：元

指　标	2021 年	总量排队	同比增长 ± %	增速排队
全　市	12909	—	11.20	—
平城区	20343	1	10.90	7
云冈区	20204	2	10.30	10
新荣区	12564	5	11.20	6
云州区	13212	4	11.90	5
阳高县	10997	7	12.80	1
天镇县	10610	10	12.30	4
广灵县	11078	6	10.70	8
灵丘县	10721	9	12.50	3
浑源县	10907	8	10.50	9
左云县	16684	3	12.60	2

2021 年平城区主要经济指标与其他县区经济指标比较统计表（十一）

（建筑业总产值）

表 36–18　　单位：万元

指　标	2021 年	总量排队	同比增长 ± %	增速排队
全　市	2795936	—	18.90	—
平城区	1491037	1	22.50	3
云冈区	345467	2	8.80	6
新荣区	2532	9	17.60	4
云州区	34556	6	1.10	7
阳高县	65538	3	42.10	1
天镇县	32267	7	–47.60	10
广灵县	38069	5	–25.70	9
灵丘县	65161	4	32.30	2
浑源县	5739	8	14.40	5
左云县	1919	10	–10.80	8
开发区	713654	—	26.50	—

2021 年平城区各社区、村人口基本情况统计表

表 36–19

街道	社区（村）	户数（户）	人口（人）
清远街道	清远西街社区	3176	7212
	大齿社区	3102	7554
	互助里社区	1983	4690
	苹果园社区	2993	7182
	惠达社区	1745	4188
	学府社区	5110	6074
	五星花园社区	1514	3600
	五州帝景社区	4286	7718
	宋庄村	634	1476
	五里店村	830	2353
	合计	25373	52047

续表 36-19

街道	社区（村）	户数（户）	人口（人）
开源街道	民和社区	3318	7635
	民谐社区	2556	6950
	民康社区	2108	6278
	民泰社区	2748	7700
	民悦社区	1705	4036
	民富社区	3674	8651
	民嘉社区	2396	5500
	民华社区	3048	8960
	民安社区	1721	3980
	民德社区	894	2382
	民懋社区	198	911
	西河河村	3152	7213
	合 计	27518	70196
文瀛湖街道	华北星社区	4892	11056
	富力社区	1386	5560
	永固社区	3465	7923
	西京社区	974	6225
	瑞湖社区	1474	7251
	文瀛社区	187	1236
	学苑社区	5078	11031
	水泊寺村	1930	5390
	曹夫楼村	1208	5055
	齐家坡村	899	3385
	马家堡村	653	1746
	泗家庄村	723	1633
	合计	22869	67491
大庆路街道	同兴街社区	3407	9130
	企业街社区	2765	4905
	文化东街社区	3678	5750
	文化西街社区	2195	4367
	睿和社区	3101	7815
	庆丰社区	4706	12002
	庆平社区	3636	6702
	庆安社区	3688	9861
	枫林逸景社区	8389	7002
	房子村	1321	3207
	新添堡村	778	1554
	合计	37664	72295

续表 36-19

街道	社区（村）	户数（户）	人口（人）
新旺街道	御河九号社区	4003	10507
	御锦源社区	2546	5601
	新泉东街社区	1504	4513
	向阳东街社区	2157	4745
	向阳西街社区	1876	4127
	柳港园西院社区	1192	2622
	柳港园东院社区	1480	2960
	柳港园南院社区	2294	5235
	文博苑社区	3984	7968
	工农路社区	3494	7056
	工农路北社区	2012	4253
	馨泰花园社区	2256	4502
	福寓苑社区	3686	5639
	和信社区	2956	5078
	安信社区	3574	8825
	新泉村	389	892
	合计	39403	84523
武定街道	西马路社区	3644	6318
	红卫里社区	3246	5019
	安益园社区	5638	9064
	操场城东街社区	4876	8710
	操场城西街社区	4318	8079
	雁同西路社区	3897	6823
	铁牛里社区	3724	5206
	白泊洼社区	4646	8740
	岳翠园社区	4631	8062
	御馨花城社区	2758	5912
	御西苑社区	2215	5537
	合 计	43593	77470

续表 36-19

街道	社区（村）	户数（户）	人口（人）
振华街道	天胜雅园社区	3389	7829
	建设里社区	2453	5368
	云泉里社区	3393	8020
	育才社区	3997	9894
	同泉里社区	1856	4028
	大秦佳苑社区	1912	3418
	永宁社区	3495	8498
	新世纪社区	2782	6768
	迎春里社区	3319	9293
	康乐里社区	2056	5535
	幸福里社区	3071	5544
	和平社区	3461	7301
	合计	35184	81496
新华街道	新悦社区	2148	3455
	跃进街社区	3446	5766
	新华南街社区	3074	4800
	局东社区	1710	2351
	局西社区	3399	4509
	局前社区	3205	5361
	东风园社区	3428	6962
	岳秀园社区	2360	4527
	卫星里社区	2352	5618
	新桥社区	2639	5562
	合计	27761	48911
卧虎湾街道	山橡社区	2323	5417
	桥西社区	2958	5341
	拥军路社区	3008	6622
	西苑社区	2221	6199
	鸿浩嘉园社区	2202	3545
	城北社区	1947	4509
	陈庄村	745	1769
	合计	15404	33402

续表 36-19

街道	社区（村）	户数（户）	人口（人）
白登山街道	御东学府南社区	2590	4200
	御东学府北社区	2348	5600
	桐府社区	2137	6673
	御华社区	644	1741
	海力村	726	1818
	肖家寨村	1120	3760
	东坟村	350	1521
	西坟村	364	1239
	牛庄村	449	1369
	燕庄村	731	1836
	泉寺头村	619	1536
	梓家村	868	4920
	古城村	1480	6371
	金家湾村	351	856
	马家小村	1310	3154
	合计	16087	46594
马军营街道	绿洲西城社区	4755	11867
	博学社区	2154	3846
	军苑社区	2227	4900
	马军营村	1512	3516
	阳和坡村	1157	2831
	上皇庄村	207	443
	下皇庄村	810	2020
	安家小村	863	1956
	小石子村	268	635
	十里铺村	490	1119
	十里店村	813	1181
	西水磨村	1379	2762
	合计	16635	37076
御河街道	青年路社区	4191	9585
	青年路北社区	2321	5868
	七里村	1954	4881
	田 村	606	1336
	东河河村	974	1884
	智家堡村	897	1968
	合 计	10943	25522

续表 36-19

街道	社区（村）	户数（户）	人口（人）
水泊寺街道	重熙社区	3168	7613
	永安社区	3272	9161
	文源社区	2423	5670
	恒大社区	3378	9458
	永和社区	3490	7628
	文兴社区	5300	13600
	太和社区	10090	4700
	沙岭村	3603	9863
	石家寨村	1655	4103
	合计	36379	71796
小南头街道	西谷庄村	1258	2754
	西王庄村	694	1563
	寺儿村	2480	4960
	东王庄村	801	1944
	艾庄村	875	1833
	塔儿村	242	542
	小南头村	2902	4282
	合计	9252	17878
永泰街道	兴国寺社区	4150	7807
	柳航里社区	2310	5939
	永祥社区	1520	3081
	泰安社区	1639	4066
	光熙苑社区	3177	6306
	平和社区	2653	3931
	康吉社区	2140	4280
	凯德世家社区	3585	8963
	永昌里社区	3487	7124
	府南街社区	3211	7204
	御河南路社区	2698	6745
	锦祥社区	4108	7256
	友谊街社区	2897	5700
	红旗里社区	2356	5456
	水泉湾龙园社区	3664	10843
	桥南社区	3502	11580
	桥北社区	3683	11041
	御馨花都社区	2260	6328
	合计	53040	123650

续表 36-19

街道	社区（村）	户数（户）	人口（人）
鹿苑街道	同丰社区	4453	13359
	北辰社区	3896	7863
	北苑社区	4650	9346
	站东社区	3513	7821
	崇仁社区	2617	7264
	白马城村	1438	3780
	先锋村	413	937
	合计	20980	50370
迎宾街道	和泰社区	1717	4263
	惠民里社区	3548	7563
	惠民南院社区	2430	7117
	方圆社区	1703	3353
	永安里社区	2764	6720
	振华南院社区	2091	4732
	绿园社区	2428	5443
	明珠社区	2091	4809
	北馨园社区	3371	6859
	齿欣社区	2651	5832
	理想城社区	3120	6389
	华安社区	2846	4715
	迎宾路社区	3659	7338
	振兴街社区	3036	7760
	万城社区	2170	4980
	周家店村	1658	3739
	合　计	41283	91612

◎ 统计表中符号使用说明：“—”表示该项统计指标数据不详或无该项指标数据；“#”表示其中项。

附　录

机构设置和负责人名录

中国共产党大同市平城区第二届委员会

书　记　李继忠

副书记　郭　政　郭雁明

常　委　李继忠　郭　政　郭雁明　王义萍(女)高　宁　张文娟(女)李文瑞　王　兴　佘　儒　陈月祥　李之光　王晓峰　侯晓楠(女)

委　员（按姓氏笔画为序）

王　兴　王义萍(女)王丽萍(女)王金栋　王建军　王晓峰　王鸿宾　王琢臻　朱　罡　刘永胜　齐祥宇　李　春　李　徽　李之光　李文瑞　李秀斌　李继忠　何芮彬(女)佘　儒　张文娟(女)张志强　张晓天　陈月祥　范　炜　范尚锋　赵　波　赵世彪　赵永富　侯晓楠(女)姜保军　高　宁　郭　政　郭雁明　樊德武

候补委员（按姓氏笔画为序）

孔　洋(女)祁海龙　李丽莉(女)李林强　李晓艳(女)高利兵

大同市平城区第二届人大常务委员会

主　任　王丽萍(女)

副主任　刘鹏飞　李鹏飞　张瑞林　欧阳宏海

委　员（按姓氏笔画为序）

马文华　马青花(女)马国权　王　文　王丽萍(女)王金栋　王宝林　刘鹏飞　祁海龙　孙秀兰(女)苏如颇(女)苏志远　杜鹃华(女)李术珍(女)李丽莉(女)李迎东　李泽光　李鹏飞　杨有旺　杨根旺　杨　倩(女)张风新　张军燕　张国江　张瑞林　欧阳宏海　赵幼起　赵佃富　赵建宏　侯　泽　秦　宇(女)贾　涛　高　鹏　曾　滨　穆祎娜(女)

大同市平城区人民政府

区　长　郭　政

副区长　王义萍(女)高　宁　侯晓楠(女)赵　波　赵永富　范尚锋　李　春　李　徽　明吉尔(挂职)

政协大同市平城区第二届委员会

主　席　赵世彪

副主席　郝连志　宋丽君(女,满)高　剑

秘书长　郝国春(女)

常　委（按姓氏笔画为序）

马　杰　马　佳(女)马　荣　王　柱　王学蛟

王建龙 王晓文(女)王晓军 王海平(女)艾改梅(女)
白 昱(女)冯 晋(女)冯素芳(女)吕福平(女)朱 凯
任军军 刘 利 刘亚波 刘建龙 刘树峰
闫青梅(女)孙志明 杜 强 李 芳(女)李建飞
李菊清(女)李智骐 杨建军 杨峥峰 佟 伟
谷立强 宋 龙 宋 利 张 琨 张天举
张若非 妙 云 武梦迪 苑 帅(女)赵万涛
郑文明 赵 远 赵志霞(女)赵建华(女)姜世瑞
贾雯棋(女)徐江峰 高海燕(女)崔德华 梁永娥(女)
雷 斌 薛志华(女)霍仕录 魏 巍

中国共产党大同市平城区第二届纪律检查委员会

书 记 佘 儒
副书记 马 腾 赵志霞(女)
常 委 佘 儒 马 腾 赵志霞(女)张 发 钮 平
崔 宇(女)曹志锋 赵 斌 孙卫东
委 员(按姓氏笔画为序)
马 腾 刘亚波 孙卫东 杨亚峰 佘 儒
张 发 张力宏 赵 斌 赵 静(女)赵小云
赵志霞(女)钮 平 曹 彪 曹志锋 崔 宇(女)

平城区监察委员会

主 任 佘 儒
副主任 马 腾 赵志霞(女)
委 员 赵 斌 孙卫东

大同市平城区人民法院

院 长 朱 罡
副院长 陈晓明 苏劲松 翟思东
政治部负责人 郑卫华

大同市平城区人民检察院

检察长 何芮彬
副检察长 刘 富 李青松(挂职)李恒师 李 飞
政治部主任 张雅婷

区委工作部门

区委办公室

主 任 王 兴
副主任 周玉芳(女)张 榕 张 贵*韩慧伟*

区委组织部

部 长 陈月祥
常务副部长 赵幼起(满)杨佳宁*
副部长 李晓艳(女)刘亚波 杨 萍(女)

区委宣传部

部 长 张文娟(女)
常务副部长 张力宏
副部长 靳 力 王跃伟*

区委统战部

部 长 郭雁明
常务副部长 郝永军
副部长 梁云花(女)仝文跃

区委政法委员会

书 记 李文瑞
常务副书记 苏 嘉
副书记 曹海翔

区直属机关工作委员会

书 记 马 腾 高利兵*
副书记 王景英(女)

区委机构编制委员会办公室

主 任 李晓艳(女)
副主任 李永斌 鲁书秀 张瑾宏(女)*

区委老干部局

局 长 杨 萍(女)
副局长 殷文玉(女)张智涛(女)

区委巡察办公室

主 任 钮 平
副主任 李 军

区人大常委会工作机构

区人大常委会办公室
主　任　高　鹏
副主任　王志宇
区人大常委会财政经济工作委员会
主　任　赵佃富
区人大常委会教科文卫工作委员会
主　任　马青花(女)
区人大常委会法制工作委员会
主　任　杨根旺
区人大常委会人事代表工作委员会
主　任　张军燕　解宏元 *
区人大常委会城建和环保工作委员会
主　任　李术珍(女)

民主党派　工商联

中国国民党革命委员会大同市委员会平城区支部
主　委　杨　倩(女)
副主委　王宇杰
中国民主同盟大同市委员会平城区支部
主　委　马　佳(女)
副主委　田志俊
中国民主促进会大同市平城区总支委员会
主　委　王海平(女)
副主委　李叶飞　王爱军
中国民主建国会大同市委员会平城区一支部
主　委　兰　英(女)
副主委　吕福平　张治国
中国民主建国会大同市委员会平城区二支部
主　委　张新颖(女)
副主委　刘　功　马　杰　温海波
中国民主建国会大同市委员会平城区三支部
主　委　渠延庆
副主委　宋海波　杨茂军
中国民主建国会大同市委员会平城区四支部
主　委　田国峰
副主委　王晓军　王晓波　郝万军　成建伟
中国农工民主党大同市委员会平城区一支部
主　委　冯素芳(女)
副主委　刘　鹏　王　柱　刘　文
中国农工民主党大同市委员会平城区二支部
主　委　宋　利
副主委　刘　宁　马丽佳
九三学社大同市委员会平城区支社
主　委　贾雯棋(女)
委　员　闫　谱
区工商业联合会
主　席　赵　远
副主席　邹雯璐(女)吴利华(女)*
秘书长　史丽娟(女)邹雯璐(女)*

区政府组成部门

区政府办公室
主　任　范　炜　杜有权 *
副主任　富　娇　鲁　林　刘　晋　王　英 *
区发展和改革局
局　长　刘永胜
副局长　李　柱　杨学民(女)郭亚明　邢利芬(女)
区工业和信息化局
局　长　曹　春　赵志强 *
副局长　肖　杰　张耀英(女)王武强　齐卫东
区教育局
局　长　李秀斌　王琢臻 *
副局长　李　芳(女)马维强 * 张素苹(女)* 李晓丽(女)*
区科学技术局
局　长　张天举
副局长　赵　钧(女)宋金泰　温以国　郭耀成
区民政局
局　长　孟建梅(女)姜保军 *

副局长　张亚靖　王永明＊　王志东＊

区司法局

局　长　安志刚

副局长　李文静(女)管存斌　张　磊(女)*

区财政局

局　长　张晓天

副局长　邢占梅(女)焦　明

区人力资源和社会保障局

局　长　巩文利

副局长　李　斌　郭雁涛(女)金丽叶(女)

区住房和城乡建设局

局　长　张志强　杨志杰＊

副局长　岳　峰　芦泽辉＊刘建芬(女)*

区商务局

局　长　张媛媛(女)赵志霞(女)*

副局长　张建忠　边国泉＊

区卫生健康和体育局

局　长　王建军

第一副局长　商雁红(女)

副局长　郭鹏飞　臧　杰　卢治华(女)王晓霞(女)
张冬霞(女)

区审计局

局　长　杨亚峰

副局长　张文哲(女)杨树文

总审计师　项东慧

区统计局

局　长　贺　丕

副局长　金云姑(女)

区城市管理局

局　长　高　剑＊

负责人　李云龙

副局长　吕维健　徐婷英(女)*　项　东＊

区交通运输局

局　长　王志全　刘翰龙＊

副局长　李颖聪＊

区水务局

局　长　陈建斌　杨立新＊

副局长　陈殿鹏

区农业农村局

局　长　周志强

副局长　李永武　左宝鑫　李　涛＊

区文化和旅游局

局　长　杨佳宁　宋丽君＊

副局长　赵爱林(女)张　萍(女)张明霞(女)高海军　陈雁飞(女)

区退役军人事务局

局　长　董生海

副局长　焦　炜　李世文

区应急管理局

局　长　王　英　任军军＊

副局长　杨　英　王利军

区市场监督管理局

局　长　夏　强

副局长　赵　越　吴文斌　范宏宇　刘润兵　刘　波
李　刚　崔彦明　黄　叶　何宏儒　杨　贺
杜　敏　卢　涛　郭　丽(女)张宝仓

区医疗保障局

局　长　王　治

副局长　吕建明

区行政审批服务管理局

局　长　赵志强　陈建斌＊

副局长　赵　勇　张素苹(女)刘　晋＊

区信访局

局　长　周玉芳(女)

副局长　杨延军

区自然资源局

局　长　于大泉

副局长　王雨忠　郑树平　左建芝(女)

区政协工作机构

区政协办公室

主　任　郝国春(女)

区政协经济委员会

主　任　杨建军

区政协提案委员会

主　任　薛志华(女)

区政协综合委员会

主　任　杜　强

区委、区政府直属事业单位

区委党校

校　长　李继忠(兼)

第一副校长　陈月祥

常务副校长　王鸿宾

副校长　高峰松(女)刘　雁(女)

教育长　张官平

区委党史研究室（区地方志研究室）

主　任　李宏宾

副主任　张琮敏(女)刘晓东

区档案馆

馆　长　陈世艳(女)

副馆长　闫　凝　吴雪峰

区直属机关事务服务中心

主　任　王　成

副主任　丰卫东　秦　洁(女)

区委、区政府新闻中心

主　任　彭乃栋　靳　力*

副主任　李庆芳(女)

区环境卫生服务中心

主　任　王金栋

副主任　李书斌　李世俊　雷焱文　马　帅　康　波

区园林绿化中心

主　任　闫　伟

副主任　梁士民　张晓世　李东风　马利东

区城镇集体工业联合社

主　任　赵志军

副主任　张　昱　崔　昊

区金融服务中心

主　任　吴　晓

副主任　李静怡(女)

区招商引资中心

主　任　于学慧

副主任　马　佳(女)

区项目推进中心

主　任　任文渊

区古城保护发展中心

副主任　高大兵

区政府工作部门所属正科级事业单位

区政府信息化中心

主　任　王元东

副主任　杨小栋　董夏飞

区职业技术学校

校　长　赵亚中

副校长　柳顺兰(女,朝鲜)

区教师进修学校

校　长　李富荣

副校长　王海平(女)杨　倩(女)庞丽芳(女)

区民政事务中心

副主任　夏春科(女)

区房产服务中心

主　任　范顺利

副主任　徐永清

区农业农村综合服务中心

主　任　张建凯　李　涛*

副主任　王　琳　寇金香(女)

区疾病预防控制中心

主　任　许世民

副主任　杨　玲(女)郭昊清(女)王建新

群众团体

区总工会

主　席　李培荣

副主席　冯　晋(女)刘佳炜

共青团大同市平城区委员会

书　记　祁海龙

副书记　田剑辉　常承志

少工委主任　祁海龙(兼)常承志＊

区妇女联合会

主　席　李丽莉(女)

副主席　赵登峰(女)

妇儿工委办公室主任　叶薇娜(女)

区残疾人联合会

理事长　钟喜弘(女)

副理事长　李爱芬(女)

区科学技术协会

主　席　郑文明

副主席　彭玫青(女)

区红十字会

常务副会长　艾改梅(女)

副会长　李　姝(女)

街　道

古城街道

党工委书记　王　强

办事处主任　张　文

永泰街道

党工委书记　白维毅　李云龙＊

办事处主任　张　玥

清远街道

党工委书记　赵充权　穆志敏＊

办事处主任　侯　昭(女)

武定街道

党工委书记　白丽霞(女)白维毅＊

办事处主任　武梦迪　白丽霞(女)＊

新旺街道

党工委书记　樊德武

办事处主任　赵幼起(满)赵充权＊

迎宾街道

党工委书记　侯晓楠(女,兼)

办事处主任　吴钰鹏

振华街道

党工委书记　齐祥宇

办事处主任　裴　研

新华街道

党工委书记　吴顺利

办事处主任　张　飞

御河街道

党工委书记　史红仁

办事处主任　孙　琳

开源街道

党工委书记　王　岗

办事处主任　范晓燕(女)

大庆路街道

党工委书记　任军军　谭启云＊

办事处主任　王　业

卧虎湾街道

党工委书记　刘　健

办事处主任　白志华

鹿苑街道

党工委书记　孟生泓

办事处主任　韩慧伟

马军营街道

党工委书记　孙绿山　李秀斌＊

办事处主任　刘利平　孙绿山＊

白登山街道

党工委书记　刘　刚

办事处主任　常冠祥

文瀛湖街道

党工委书记　韩守国

办事处主任　刘　玲(女)

水泊寺街道

党工委书记　李之光

办事处主任　刘建业

小南头街道

党工委书记　杨志杰　张志强＊

办事处主任　兰　江　赵振宏＊

区人民武装部

部　长　李玖恒

政治委员　王晓峰

副部长　孙连山

垂直管理机构

大同市公安局平城区分局

局　长　赵　波

政　委　尉明权　刘振坤＊

副局长　贺锦厚　张白洁　耿　峰　武志强
　　　　袁文珂＊

大同市公安局御东区分局

局　长　陈　军

政　委　安　瑾(女)

副局长　陈晓东　罗世英(女)

国家税务总局大同市平城区税务局

局　长　程　军　李志斌＊

副局长　李生祝　张　勇　朱　彪　沙　峰＊
　　　　王希钰＊赵洪斌＊王凤武＊

大同市生态环境平城区分局

局　长　李振强

副局长　郭　宁　许　海

区消防大队

教导员　李洪涛

大队长　张　日

副大队长　赵　洋　周文基

说明：加“*”为2021年调离岗位人员

（区委组织部　区委统战部）

新任区级领导

王义萍　女，1965年11月出生，山西广灵人，大学学历，1994年12月加入中国共产党，1987年7月参加工作。

1984年9月，在山西省雁北农业学校学习；1987年7月，为广灵县宜兴乡干事；1988年10月，为广灵县妇联干事（其间：1989年9月至1991年7月，在山西省委党校行政管理专业学习）；1996年11月，任广灵县妇联副主席；1999年1月，任广灵县平城乡副书记、乡长；1999年4月，任广灵县宜兴乡副书记、乡长（其间：1999年8月至2001年12月，在中央党校函授学院国民经济管理专业学习；2001年8月至2002年9月，在山西省交通厅运管处挂职处长助理）；2004年7月，任广灵县宜兴乡乡长，主持党委工作；2004年8月，任广灵县宜兴乡党委书记；2006年6月，任大同市南郊区委常委、统战部部长；2016年4月，任大同市南郊区政府党组成员；2016年8月，任大同市南郊区副区长；2018年5月，任大同市平城区政府筹备组副组长、大同市南郊区副区长；2018年7月，任大同市平城区副区长；2020年9月，任大同市平城区副区长、三级调研员；2020年11月，任大同市平城区副区长、二级调研员；2021年3月，任大同市平城区委常委，大同市平城区政府党组副书记、二级调研员；2021年4月，任大同市平城区委常委，平城区政府党组副书记、副区长、二级调研员。

王　兴　1977年4月出生，山西左云人，研究生学历，2001年6月加入中国共产党，1995年11月参加工作。

1992年9月，在大同市商业学校学习；1995年7月，待安排；1995年11月，为左云县广电局科员（其间：1996年9月至1999年7月，在山西省委党校经济管理专业在职大专学习；1999年9月至2001年7月，在山西省委党校经济管理专业在职大学学习）；2002年8月，为大同市委统战部二科科员；2004年1月，任大同市委统战部办公室副主任（其间：2002年9月至2004年7月，在山西省委党校政治经济学专业学习）；2009年3月，任大同市委统战部研究室主任；2015年12月，任大同市委统战部办公室主任；2016年4月，任天镇县委常委、统战部部长（其间：2019年6月，兼任天镇县卅里铺党委书记）；2021年3月，任大同市平城区委常委、平城区委办公室主任。

佘　儒　1970年2月出生，山西左云人，大学学历，1990年7月加入中国共产党，1991年7月参加工作。

1987年9月，在山西农业大学林学系林学专业学习；1991年7月，为左云县林业站科员；1997年3月，为大同市城区法院书记员、助理审判员（其间：1997年9月至2000年7月，在全国法院干部业余法律大学法律专业业余学习）；2003年4月，为山西省大同市纪委监委科员（其间：2000年9月至2003年7月，在中国政法大学法学专业函授学习）；2005年4月，任大同市纪委监委副科级检查员；2006年12月，任大同市纪委监察局执法室副主任；2011年12月，任大同市纪委监察局电子公务监察室主任；2014年12月，任大同市纪委监察局第七纪检监察室主任；2017年3月，任大同市监委委员、第七纪检监察室主任；2017年8月，任大同市监委委员；2019年9月，任大同市监委委员，云州区委常委、区纪委书记；2019年10月，任大同市监委委员，云州区委常委、纪委书记、监委副主任（代主任）；2020年5月，任大同市监委委员，云州区委常委、纪委书记、监委主任；2021年2月，任大同市监委委员，大同市平城区委常委、区纪检委书记、监委主任候选人；2021年4月，任大同市平城区委常委、区纪委书记、区监委主任。

侯晓楠　女，1985年7月出生，山西灵丘人，研究生学历，2006年12月加入中国共产党，2007年8月参加工作。

2003年9月，在大连外国语学院日语专业学习；2007年7月，待业；2007年8月，为比亚迪股份有限公司海外商务部职员；2011年8月，为山西省档案局（馆）试用期公务员；2013年3月，任山西省档案局（馆）办公室副主任科员（其间：2011年9月至2015年7月，在中国人民大学信息资源管理学院档案学专业学习）；2016年4月，任山西省档案局（馆）办公室主任科员；2016年10月，任山西省监察厅审计中心干部；2017年6月，任山西省纪委监委办公厅主任科员；2019年6月，任山西省纪委监委办公厅二级主任科员；2019年8月，任山西省纪委监委办公厅一级主任科员；2020年6月，任山西省纪委监委办公厅四级调研员；2021年3月，任大同市平城区委常委、政府党组成员、副区长候选人；2021年4月，任大同市平城区委常委，平城区政府党组成员、副区长，平城区迎宾街道党工委委员、书记。

高　宁　1971年10月出生，山西阳高人，大学学历，1998年9月加入中国共产党，1994年9月参加工作。

1990年9月，在中国政法大学行政管理专业学习；1994年7月，待业；1994年9月，为大同市司法局科员；2002年3月，任大同市司法局政治部副主任；2004年4月，任大同市司法局政治部办公室主任（其间：2011年3月至5月，在市委党校大同市第十四期中青年干部培训班学习）；2013年10月，任大同市司法局党组成员、市依法治市办专职副主任（其间：2014年10月至12月，在市委党校大同市第二十六期县处级领导干部进修班学习）；2017年1月，任大同市司法局政治部主任；2018年2月，任大同市城区政法委书记；2018年5月，任大同市平城区政法委书记；2020年5月，任大同市平城区人民政府党组成员、副区长；2021年3月，任大同市平城区委常委、平城区副区长。

李　春　1971年7月出生，山西灵丘人，大学学历，1995年6月加入中国共产党，1991年1月参加工作。

1987年9月，在朔州农业学校学习；1991年7月，待业；1991年9月，为灵丘县上寨镇政府科员；1992年12月，为灵丘县农委科员；1996年4月，任灵丘县政府办公室副主任（其间：1998年8月至2000年12月，在山西大学行政管理专业学习）；2008年12月，任灵丘县石家田乡政府乡长；2011年5月，任灵丘县史庄乡乡长、党委书记、人大主任；2016年5月，任灵丘县上寨镇党委书记；2020年2月，任大同市水务局党组成员、副局长；2021年3月，任大同市平城区政府党组成员、副区长候选人；2021年4月，任大同市平城区政府党组成员、副区长。

范尚峰 1970年5月出生，山西大同人，中央党校大学学历，1999年12月加入中国共产党，1989年10月参加工作。

1986年9月，在大同师范教育学专业学习；1989年10月，为大同市矿区口泉六校教师；1997年11月，为大同市矿区区委办公室秘书；2002年1月，任大同市矿区区委组织部副部长（其间：2001年8月至2003年7月，在中央党校法律专业学习）；2007年5月，任大同市矿区区委组织部副部长、矿区人事局局长；2011年8月，任大同市矿区人口和计划生育局党支部书记、局长；2015年3月，任大同市矿区卫生和计划生育局局长；2016年1月，任大同市矿区财政局局长；2018年6月，任大同市云冈区财政局党组织负责人、行政副职；2018年7月，任大同市云冈区财政局党组书记、副局长；2019年3月，任大同市云冈区教育科技局党组书记、局长；2020年2月，任大同市云冈区委常委，教育科技局党组书记、局长；2020年3月，任大同市云冈区委常委、统战部部长；2021年3月，任大同市平城区政府党组成员、副区长候选人；2021年4月，任大同市平城区人民政府党组成员、副区长。

赵永富 1969年7月出生，山西灵丘人，大学学历，1993年6月加入中国共产党，1990年8月参加工作。

1986年9月，在山西省畜牧兽医学校学习；1990年8月，为灵丘县检察院科员；1999年8月，任灵丘县检察院反贪局副局长（其间：1996年10月至2001年12月，山西大学自考法学在职大专；2003年4月至2004年12月，山西师范大学自考汉语言文学专业在职大学）；2005年2月，任灵丘县检察院反贪局局长；2011年5月，任灵丘县纪委副书记、监察局局长；2016年5月，任灵丘县独峪乡党委书记；2019年7月，任浑源县政府副县长人选；2019年8月，任浑源县政府党组成员、副县长；2021年3月，任大同市平城区政府党组成员、副区长。

张瑞林 1968年4月出生，河南内黄人，大专学历，民建党员，1989年10月参加工作。

1986年9月，在哈尔滨冶金测量专科学校会计学专业学习；1989年7月，待业；1989年10月，为大同市齿轮厂干部；1994年4月，在大同市评估公司工作（兼职）；1995年3月，在大同日报社工作（兼职）；1996年3月，在大同民航站工作；1998年1月，在大同市第三人民医院财务科工作；2000年10月，任大同市第三人民医院财务科副科长（其间：1998年8月1日至2000年12月，在中央党校函授学院经济学专业学习）；2002年7月，任大同市第三人民医院财务科科长；2014年5月，任大同市第三人民医院总会计师；2017年1月，任民建大同市委驻会副主委；2021年3月，任大同市平城区人大常委会副主任候选人；2021年4月，任大同市平城区人大常委会副主任。

高　剑 1971年7月出生，山西大同人，山西省委党校研究生学历，1991年7月加入中国共产党，1991年9月参加工作。

1989年9月，在山西人民警察学校学习；1991年7月，待业；1991年9月，任大同市南郊区检察院检察员、批捕科副科长、院团委书记（其间：1999年9月至2002年7月，在山西省委党校政治学专业学习）；2003年2月，任大同市南郊区委政法委副书记；2014年10月，任大同市南郊区政法委副书记（正科）；2018年6月，任大同市平城区委政法委副书记；2019年3月，任大同市平城区城市管理局局长；2021年3月，任政协大同市平城区委党组成员、副主席，大同市平城区城市管理局局长；2021年12月，任政协大同市平城区委党组成员、副主席。（区委组织部）

2021 年平城区各社区、村“两委”主干人员名录一览表

表 37-1

<table>
<tr><th>街　道</th><th>社区（村）</th><th>书　记</th><th>主　任</th></tr>
<tr><td rowspan="12">开源街道</td><td>民和社区</td><td colspan="2">沈　媛</td></tr>
<tr><td>民谐社区</td><td colspan="2">张玉婧</td></tr>
<tr><td>民康社区</td><td colspan="2">庞成玉</td></tr>
<tr><td>民泰社区</td><td colspan="2">安振晶</td></tr>
<tr><td>民悦社区</td><td colspan="2">雷艳红</td></tr>
<tr><td>民富社区</td><td colspan="2">赵　敏</td></tr>
<tr><td>民嘉社区</td><td colspan="2">刘　蓉</td></tr>
<tr><td>民华社区</td><td>刘素文</td><td>王瑞红</td></tr>
<tr><td>民安社区</td><td colspan="2">曲韵涓</td></tr>
<tr><td>民德社区</td><td>司　瑞</td><td>韩　敏</td></tr>
<tr><td>民懋社区</td><td colspan="2">马晶晶</td></tr>
<tr><td>西河河村</td><td colspan="2">高福有</td></tr>
<tr><td rowspan="12">古城街道</td><td>大十字社区</td><td colspan="2">侯慧佳</td></tr>
<tr><td>帅府社区</td><td colspan="2">谷　越</td></tr>
<tr><td>仁和美社区</td><td colspan="2">刘　婷</td></tr>
<tr><td>雁塔社区</td><td colspan="2">张　浩</td></tr>
<tr><td>鼓楼社区</td><td colspan="2">张　雁</td></tr>
<tr><td>纯阳宫社区</td><td colspan="2">冯海军</td></tr>
<tr><td>教场街社区</td><td colspan="2">朱雅陶</td></tr>
<tr><td>华严寺社区</td><td colspan="2">马　超</td></tr>
<tr><td>长青社区</td><td colspan="2">齐晓莉</td></tr>
<tr><td>兴云社区</td><td colspan="2">高叶楠</td></tr>
<tr><td>和阳社区</td><td colspan="2">刘继娜</td></tr>
<tr><td>云林社区</td><td colspan="2">张　媛</td></tr>
<tr><td rowspan="11">大庆路街道</td><td>同兴街社区</td><td colspan="2">闫莉莎</td></tr>
<tr><td>企业街社区</td><td>史利春</td><td>麻慧敏</td></tr>
<tr><td>文化东街社区</td><td colspan="2">费晓静</td></tr>
<tr><td>文化西街社区</td><td colspan="2">张　露</td></tr>
<tr><td>睿和社区</td><td>渠新旭</td><td>张文倩</td></tr>
<tr><td>庆丰社区</td><td colspan="2">郭温汉</td></tr>
<tr><td>庆平社区</td><td>王慧英</td><td>傅　华</td></tr>
<tr><td>庆安社区</td><td>石军红</td><td>姜冀雁</td></tr>
<tr><td>枫林逸景社区</td><td colspan="2">王　宁</td></tr>
<tr><td>房子村</td><td>鲍　磊</td><td>王俊权</td></tr>
<tr><td>新添堡村</td><td colspan="2">姜日亮</td></tr>
</table>

续表 37-1

街　道	社区（村）	书　记	主　任
新华街道	新悦社区	李建英	
	跃进街社区	吴燕巢	李雁梅
	新华南街社区	王　强	倪佳兴
	局东社区	仝霁虹	
	局西社区	王志婕	
	局前社区	孙　璐	
	东风园社区	蒋　莉	
	岳秀园社区	籍利华	
	卫星里社区	张　雯	
	新桥社区	冯　超	杨学毓
迎宾街道	惠民里社区	贺文娟	
	迎宾路社区	贾晓丽	
	和泰社区	杨　阳	高铭霞
	理想城社区	葛青霞	张佳峰
	万城社区	李鑫萌	
	北馨园社区	张　晶	常　敏
	振兴街社区	郭志远	
	惠民南院社区	华振伟	
	振华南院社区	孟春林	
	永安里社区	仝　悠	
	华安社区	张晓洁	
	方圆社区	秦媛媛	
	齿欣社区	马仪和	
	明珠社区	张小洁	
	绿园社区	康丽丽	
	周家店村	赵　江	尹忠利
武定街道	西马路社区	刘　佳	杨　艳
	御西苑社区	魏子钦	张　卉
	安益园社区	杜佳楠	
	操场城西街社区	赵　佳	郭铃瑜
	御馨花城社区	张　斌	张文慧
	雁同西路社区	张　君	
	铁牛里社区	杜宇飞	
	红卫里社区	郭　静	
	操场城东街社区	安　娜	
	白泊洼社区	张丽丽	
	岳翠园社区	吴晓雯	

续表 37-1

街　道	社区（村）	书　记	主　任
白登山街道	御东学府南	魏　伟	
	御东学府北	韩晓刚	
	桐府社区	赵鹏程	陈 祥
	御华社区	王雅婷	
	海力村	靳占武	
	肖家寨村	张　枢	
	东坟村	付玉兰	
	西坟村	郭顺斌	
	牛庄村	任　奎	
	燕庄村	王　龙	
	泉寺头村	郭永富	
	梓家村	昝　祥	孙　毅
	古城村	古向军	
	金家湾村	田　杰	
	马家小村	张凤银	岳贵平
振华街道	天胜雅园社区	张　曼	
	建设里社区	张艳芳	
	云泉里社区	孔丹丹	
	育才社区	—	张俊丽（负责人）
	同泉里社区	白　雪	
	大秦佳苑社区	杜晓凤	
	永宁社区	张小娇	
	新世纪社区	雷萃鸣	
	迎春里社区	—	刘佩（负责人）
	康乐里社区	高慧芳	
	幸福里社区	陈玉洁	
	和平社区	赵文超	
清远街道	清远西街社区	孔彩霞	
	大齿社区	郑曼曼	
	互助里社区	栗建国	杜晓英
	苹果园社区	张晓峰	王秀敏
	惠达社区	王江飞	
	学府社区	李宏东	
	五星花园社区	闫慧峰	
	五州帝景社区	徐　凯	
	宋庄村	王　勇	杨彦飞
	五里店村	康建忠	

续表 37-1

街　道	社区（村）	书　记	主　任
永泰街道	兴国寺社区	谢　丹	
	柳航里社区	於　悦	
	永祥社区	靡丽洁	
	泰安社区	马晶晶	
	光熙苑社区	孙　洁	
	平和社区	张文杰	
	康吉社区	常　乐	
	凯德世家社区	杭文娟	
	永昌里社区	白瑜洁	
	府南街社区	昝飞翔	
	御河南路社区	郭润桃	
	锦祥社区	李　博	
	友谊街社区	王满和	
	红旗里社区	王　瑾	
	水泉湾龙园社区	辛雅菲	
	桥南社区	阎瑞珍	
	桥北社区	霍雪岩	
	御馨花都社区	薛　励	
新旺街道	柳港园西院社区	康　洁	
	柳港园东院社区	董　源	
	柳港园南院社区	秦丽莎	
	向阳西街社区	张　燕	王利芳
	向阳东街社区	李雁光	郭　虹
	工农路社区	孔　洋	
	工农路北社区	何运香	
	文博苑社区	杨　伟	张志敏
	福寓苑社区	李颖聪	张守霞
	馨泰花园社区	牛天中	白　静
	御河九号社区	胡明海	葛永平
	新泉东街社区	沈志玲	
	御锦源社区	张舒娟	
	和信社区	王英杰	李　妍
	安信社区	郭俊森	
	新泉村	邢贵仁	

续表 37-1

街 道	社区（村）	书 记	主 任
御河街道	青年路社区	李志萍	
	青年路北社区	王建军	史济涵
	七里村	常志文	张汉勇
	田 村	葛建成	马 良
	东河河村	何建新	刘志平
	智家堡村	周 平	
小南头街道	西谷庄村	李林强	
	西王庄村	兰 泽	
	寺儿村	杨尚东	
	东王庄村	许丽芳	
	艾庄村	鲁 雄	
	塔儿村	李风军	
	小南头村	王新明	
鹿苑街道	同丰社区	张慧芳	
	北辰社区	陈洋洋	
	北苑社区	张海霞	
	站东社区	赵惺宇	
	崇仁社区	辛 娜	
	白马城村	谷俐萱	
	先锋村	陈 强	
卧虎湾街道	山橡社区	何 晶	
	桥西社区	郝卫超	
	拥军路社区	杜秀花	
	西苑社区	赵志强	
	鸿浩嘉园社区	李佳晟	安倩倩
	城北社区	苗 芸	
	陈庄村	张树生	常玉君

续表 37-1

街　道	社区（村）	书　记	主　任
水泊寺街道	恒大社区	张　帆	
	文源社区	王文娟	
	永安社区	付春霞	刘韦辛
	重熙社区	薛颖超	
	太和社区	马超琼	
	永和社区	李志强	朱宏宇
	文兴社区	李秀蓉	
	石家寨村	吴忍清	
	沙岭村	张建军	
文瀛湖街道	华北星社区	黄娅琦	
	西京社区	段文静	
	永固社区	田　润	
	学苑社区	杜叶芳	
	瑞湖社区	吴美荣	
	富力社区	刘　丹	
	文瀛社区	王茹霞	
	齐家坡村	齐海军	
	水泊寺村	冀　勇	刘　杰
	泗家庄村	李云飞	
	曹夫楼村	刘　林	
	马家堡村	马　恒	
马军营街道	绿洲西城社区	孙泽伟	
	博学社区	李姝君	
	军苑社区	王丽华	
	马军营村	赵日红	
	阳和坡村	戎　强	
	上皇庄村	任旭斌	
	下皇庄村	张　磊	贾　红
	安家小村	焦　利	
	小石子村	李志远	姚有山
	十里铺村	王　升	武　岗
	十里店村	贾永富	杜宏阔
	西水磨村	安绍波	兰　云

文件选登

山西省人民政府关于同意大同市乡级行政区划调整的批复（节选）

晋政函〔2021〕29号

一、同意将平城区马军营乡的小站村委会划归云冈区云冈镇管辖。

二、同意平城区撤销东街、西街、南街、北街4个街道，设立古城街道。以原东街街道的东门大巷、东史宅、鼓楼东街3个社区居委会，原西街街道的帅府、朝阳寺、宁馨3个社区居委会，原南街街道的福兴园、善化寺、华严寺、圆通寺4个社区居委会，原北街街道的代王府、法华寺、龙园、太阳城、御河北路、御华帝景6个社区居委会的行政区域为古城街道的行政区域，街道办事处驻古城狮子街12号。

三、同意平城区撤销新旺乡，设立新旺街道。以原新旺乡的安信、和信2个社区居委会和新泉村委会，原向阳里街道的柳港园西院、柳港园东院、柳港园南院、文博苑、向阳东街、工农路北、向阳西街、福寓苑、馨泰花园、工农路10个社区居委会，原东街街道的御锦源、新泉东街、御河九号3个社区居委会的行政区域为新旺街道的行政区域，街道办事处驻永泰路云城建安公司办公楼。

四、同意平城区撤销马军营乡，设立马军营街道。以马军营乡的小石子、安家小村、上皇庄、下皇庄、阳和坡、马军营、十里店、十里铺、西水磨9个村委会的行政区域为马军营街道的行政区域，街道办事处驻同泉路549号。

五、同意平城区撤销水泊寺乡，设立白登山街道、文瀛湖街道、水泊寺街道、小南头街道。以原水泊寺乡的御东学府南、御东学府北2个社区居委会和金家湾、马家小村、泉寺头、燕庄、西坟、东坟、梓家、古城、牛庄、肖家寨、海力11个村委会的行政区域为白登山街道的行政区域，街道办事处驻马家小村；以原水泊寺乡的永固、西京、华北星、富力4个社区居委会和马家堡、泗家庄、曹夫楼、齐家坡、水泊寺5个村委会的行政区域为文瀛湖街道的行政区域，街道办事处驻富力城4期公用办公楼；以原水泊寺乡的重熙、永安、恒大、文源4个社区居委会和沙岭、石家寨2个村委会的行政区域为水泊寺街道的行政区域，街道办事处驻恒安街571号；以原水泊寺乡的寺儿、西王庄、东王庄、小南头、西谷庄、艾庄、塔儿7个村委会的行政区域为小南头街道的行政区域，街道办事处驻小南头村。

六、同意平城区撤销南关街道，设立永泰街道。以原南关街道的兴国寺、柳航里、永泰、光熙苑、平康里、凯德世家、永昌里、府南街、西后场、御河南路、锦祥、东后场、友谊街、红旗里14个社区居委会，原东街街道的水泉湾龙园、桥南、桥北、御馨花都4个社区居委会的行政区域为永泰街道的行政区域，街道办事处驻北都街700号。

七、同意平城区撤销新建北路街道，设立清远街道。以原新华街街道的五星花园社区居委会，原振华南街街道的五州帝景社区居委会，原新建北路街道的惠达、花园里、大齿、苹果园、互助里、清远西街6个社区居委会，原马军营乡的宋庄、五里店2个村委会的行政区域为清远街道的行政区域，街道办事处驻云中路81号院内。

八、同意平城区撤销北关街道，设立武定街道、鹿苑街道。以原北关街道的白泊洼、操场城西街、铁牛里、雁同西路、西马路、操场城东街、红卫里、安益园8个社区居委会，原北街街道的岳翠园、御馨花城2个社区居委会的行政区域为武定街道的行政区域，街道办事处驻武定北路338号；以原北关街道的站东、北辰、同丰、北苑4个社区居委会，原北街街道的崇仁社区居委会，原新旺乡的先锋村委会，原马军营乡白马城村委会的行政区域为鹿苑街道的行政区域，街道办事处驻北苑社区服务中心。

九、同意平城区撤销振华南街街道、新建南路街道，设立振华街道、迎宾街道。以原振华南街街道的新世纪、振华北街、天胜雅园、迎春里、同泉里、育才、云泉里、大秦佳苑 8 个社区居委会，原新建南路街道的幸福里、康乐里、建设里 3 个社区居委会的行政区域为振华街道的行政区域，街道办事处驻同泉路 209 号；以原向阳里街道的齿欣社区居委会，原新建南路街道的万城、迎宾路、永康路、北馨园、振兴街 5 个社区居委会，原振华南街街道的振华南院、永安里、明珠、绿园、和泰、宾西路北、惠民南院、方圆、惠民里 9 个社区居委会，原马军营乡的周家店村委会的行政区域为迎宾街道的行政区域；街道办事处驻云中路振兴街社区服务中心。

十、同意平城区撤销新华街街道，设立新华街道、卧虎湾街道。以原新建北路街道的卫星里社区居委会，新华街街道的卧虎湾、跃进街、东风园、局前、岳秀园、局西、局内、局东、新华南街 9 个社区居委会的行政区域为新华街道的行政区域，街道办事处驻新华街卧虎湾小区；以原新华街街道的拥军路、桥西、山橡、鸿浩嘉园、新华北街 5 个社区居委会，原马军营乡的陈庄村委会为卧虎湾街道的行政区域，街道办事处驻西苑路 298 号。

十一、同意平城区撤销向阳里街道，设立御河街道。以原向阳里街道的青年路、青年路北 2 个社区居委会，原马军营乡的七里村、智家堡、东河河、田村 4 个村委会的行政区域为御河街道的行政区域，街道办事处驻青年路二电厂活动中心。

十二、同意平城区设立开源街道。以原向阳里街道的民和、民富、民谐、民泰、民康、民悦、民嘉、民华、民安 9 个社区居委会，马军营乡的西河河村委会的行政区域为开源街道的行政区域，街道办事处驻开源街延和路 129 号。

十三、同意平城区调整大庆路街道的行政区域。以原大庆路街道的睿和、大庆东路、同兴街、文化东街、文化西街、企业街、庆丰园、庆平、庆安 9 个社区居委会，原马军营乡的新添堡、房子村 2 个村委会的行政区域为大庆路街道的行政区域，街道办事处驻大庆路前进新苑。

大同市平城区人民政府关于同意平城区社区（村）优化调整的批复

平城政发〔2021〕29 号

平城区民政局：

你局《关于申请对平城区社区（村）优化调整方案予以批复的请示》（平城民发〔2021〕11 号）收悉，经区政府二届二次常务会议研究，批复如下：

一、批复意见

根据晋政函〔2021〕29 号山西省人民政府《关于同意大同市乡级行政区划调整的批复》精神，平城区乡级行政区划调整为 18 个街道，同意对各街道所属社区（村）进行优化调整，社区（村）名称对应街道名称相应变更。

1. 同意古城街道将原古城内 12 个社区（鼓楼东街、东门大巷、东史宅、帅府、宁馨、朝阳寺、福兴园、善化寺、圆通寺、华严寺、法华寺、代王府）整合成 8 个社区（大十字、帅府、仁和美、雁塔、鼓楼、纯阳宫、华严寺、教场街）；将御河北路社区名称变更为长青社区、龙园社区名称变更为兴云社区、御华帝景社区名称变更为和阳社区、太阳城社区名称变更为云林社区，同时按照人口和面积科学合理划分社区管理服务区域。古城街道优化调整后设 12 个社区（大十字、帅府、仁和美、雁塔、鼓楼、纯阳宫、华严寺、教场街、长青、兴云、和阳、云林）。

2. 同意新旺街道柳港园 A 社区名称变更为柳港园

西院社区；柳港园B社区名称变更为柳港园东院社区、柳港园C社区名称变更为柳港园南院社区，财富官邸社区名称变更为新泉东街社区，同时按照人口和面积科学合理划分社区管理服务区域。新旺街道优化调整后设1个村（新泉村）15个社区（安信、和信、柳港园西院、柳港园东院、柳港园南院、文博苑、向阳东街、工农路北、向阳西街、福寓苑、馨泰花园、工农路、御锦源、新泉东街、御河九号）。

3. 同意马军营街道成立1个社区（军苑），将原云冈区老平旺街道绿洲西城、糖厂2个社区划归马军营街道管辖，糖厂社区名称变更为博学社区，同时按照人口和面积科学合理划分社区管理服务区域。马军营街道优化调整后设9个村（小石子村、安家小村、上皇庄村、下皇庄村、阳和坡村、马军营村、十里店村、十里铺村、西水磨村）3个社区（绿洲西城、博学、军苑）。

4. 同意白登山街道成立2个社区（桐府、御华），同时按照人口和面积科学合理划分社区管理服务区域。白登山街道优化调整后设11个村（金家湾村、马家小村、泉寺头村、燕庄村、西坟村、东坟村、梓家村、古城村、牛庄村、肖家寨村、海力村）4个社区（御东学府南、御东学府北、桐府、御华）。

5. 同意文瀛湖街道成立3个社区（学苑、瑞湖、文瀛），同时按照人口和面积科学合理划分社区管理服务区域，文瀛湖街道优化调整后设5个村（马家堡村、泗家庄村、曹夫楼村、齐家坡村、水泊寺村）7个社区（永固、西京、华北星、富力、学苑、瑞湖、文瀛）。

6. 同意水泊寺街道成立3个社区（文兴、永和、太和），同时按照人口和面积科学合理划分社区管理服务区域，水泊寺街道优化调整后设2个村（沙岭村、石家寨村）7个社区（重熙、永安、恒大、文源、文兴、永和、太和）。

7. 同意小南头街道优化调整后设7个村（寺儿村、西王庄村、东王庄村、小南头村、西谷庄村、艾庄村、塔儿村）。

8. 同意永泰街道将兴国寺社区、东后场社区、西后场社区3个社区整合成1个社区（兴国寺），将永泰社区分置成2个社区（永祥、泰安），将平康里社区分置成2个社区（平和、康吉），同时按照人口和面积科学合理划分社区管理服务区域。永泰街道优化调整后设18个社区（兴国寺、柳航里、永祥、泰安、光熙苑、平和、康吉、凯德世家、永昌里、府南街、御河南路、锦祥、友谊街、红旗里、水泉湾龙园、桥南、桥北、御馨花都）。

9. 同意清远街道将花园里、苹果园2个社区整合成1个社区（苹果园），将五洲帝景社区分置成2个社区（五洲帝景、学府），同时按照人口和面积科学合理划分社区管理服务区域。清远街道优化调整后设2个村（宋庄村、五里店村）8个社区（五星花园、五州帝景、学府、惠达、大齿、苹果园、互助里、清远西街）。

10. 同意武定街道成立1个社区（御西苑），同时按照人口和面积科学合理划分社区管理服务区域，优化调整后设11个社区（白泊洼、操场城西街、铁牛里、雁同西路、西马路、操场城东街、红卫里、安益园、岳翠园、御馨花城、御西苑）。

11. 同意鹿苑街道按照人口和面积科学合理划分社区管理服务区域，优化调整后设2个村（白马城村、先锋村）5个社区（站东、北辰、同丰、北苑、崇仁）。

12. 同意振华街道成立1个社区（和平），将振华北街社区名称变更为永宁社区，同时按照人口和面积科学合理划分社区管理服务区域。振华街道优化调整后设12个社区（新世纪、永宁、天胜雅园、迎春里、同泉里、育才、云泉里、大秦佳苑、幸福里、康乐里、建设里、和平）。

13. 同意迎宾街道成立1个社区（华安），撤销宾西路北社区，将其管理服务区域划入永安里、振华南院等社区，将永康路社区名称变更为理想城社区、罗马城社区名称变更为方圆社区，同时按照人口和面积科学合理划分社区管理服务区域。迎宾街道优化调整后设1个村（周家店村）15个社区（齿欣、万城、迎宾路、理想城、北馨园、振兴街、振华南院、永安里、明珠、绿园、和泰、惠民南院、方圆、惠民里、华安）。

14. 同意新华街道成立1个社区（新桥），将局内、局西2个社区整合成1个社区（局西），将卧虎湾社区名称变更为新悦社区，同时按照人口和面积科学合理划分社区管理服务区域。新华街道优化调整后设10个社区（新悦、跃进街、东风园、局前、岳秀园、局西、局东、新华南街、卫星里、新桥）。

15. 同意卧虎湾街道成立1个社区（西苑），将新华北街社区名称变更为城北社区，同时按照人口和面积科学合理划分社区管理服务区域。卧虎湾街道优化调整后设1个村（陈庄村）6个社区（拥军路、桥西、山橡、鸿浩嘉园、城北、西苑）。

16. 同意御河街道按照人口和面积科学合理划分社区管理服务区域，优化调整后设4个村（七里村、智家堡村、东河河村、田村）2个社区（青年路、青年路北）。

17. 同意开源街道成立2个社区（民德、民懋），同时按照人口和面积科学合理划分社区管理服务区域。开源街道优化调整后设1个村（西河河村）、11个社区（民和、民富、民谐、民泰、民康、民悦、民嘉、民华、民安、民德、民懋）。

18. 同意大庆路街道成立1个社区（枫林逸景），将大庆东路和庆丰园2个社区整合成1个社区（庆丰），同时按照人口和面积科学合理划分社区管理服务区域。大庆路街道优化调整后设2个村（新添堡村、房子村）9个社区（睿和、同兴街、文化东街、文化西街、企业街、庆丰、庆平、庆安、枫林逸景）。优化调整后平城区共设155个社区48个村。

二、工作要求

1. 将原新旺乡11个合并行政村的居民按照居住地划归临近街道社区；

2. 区民政局按照优化调整方案制作平城区和各街道行政区划图，指导各社区（村）挂牌、刻章；

3. 各街道根据优化调整方案，按道路界线、小区界线、村界等及时明确社区（村）管理服务区域，杜绝管理交叉与空白；

4. 公安机关及早介入，解决人户分离问题，理顺户籍关系；

5. 优化调整的社区（村）要做好人员配置、工作交接；

6. 民生保障部门积极开展居民低保、社保、廉租等事关民生事宜，更好地服务于民。

大同市平城区深化事业单位改革实施方案（节选）

平城区坚持依法依规依事业需要，围绕部门主责主业和公共服务职能，对平城区现有199个事业单位进行重塑重构和功能再造，推进职责任务相近的机构跨部门整合，调整优化规模过小、功能萎缩、分散重复设置的事业单位，严格控制行政执法机构数量，统筹推进相关专项改革，提升事业单位整体服务保障效能。

1. 党委政府直属事业单位

●保留中共大同市平城区委党校（大同市平城区行政学校、大同市平城区社会主义学院、共青团大同市平城区委团校）、中共大同市平城区委党史研究室（大同市平城区地方志研究室）、大同市平城区档案馆、大同市平城区直属机关事务服务中心，为区委直属事业单位。

将区委宣传部所属大同市平城区委、区政府新闻中心（大同市平城区融媒体中心）调整为区委直属事业单位。

●保留大同市平城区金融服务中心，为区政府直属事业单位。

将大同市平城区园林管理处更名为大同市平城区园林绿化中心。

将大同市平城区环境卫生管理处更名为大同市平城区环境卫生服务中心。

将大同市平城区商务局所属大同市平城区招商引资中心调整为区政府直属事业单位。

成立大同市平城区项目推进中心，为区政府直属事业单位。

2. 部门所属事业单位

●将大同市平城区纪委监委所属大同市平城区纪检监察网络与信息管理中心更名为大同市平城区纪检监察网络与信息中心。

整合大同市平城区纪检监察干部教育管理中心、大同市平城区反腐倡廉警示教育基地管理中心，组建大同市平城区纪检监察审计中心（大同市平城区纪检监察教育中心）。

●保留大同市平城区委办公室所属中共大同市平城区委信息化中心（中共大同市平城区委决策咨询中心）。

●保留中共大同市平城区委组织部所属中共大同市平城区委组织部信息举报中心、大同市平城区党群服务中心 2 个事业单位。

将大同市平城区党员电化教育中心更名为中共大同市平城区委党员教育中心（大同市平城区党员干部现代远程教育工作事务中心、大同市平城区公务员教育中心）。

成立中共大同市平城区委组织部干部档案中心，隶属于中共大同市平城区委组织部。

●成立大同市平城区统战综合服务中心，隶属于中共大同市平城区委统战部。

●保留中共大同市平城区委宣传部所属大同市平城区新时代文明实践中心。

成立大同市平城区互联网信息研究发展中心（大同市平城区网络与信息中心），隶属于中共大同市平城区委宣传部。

●保留中共大同市平城区委政法委员会所属大同市平城区矛盾纠纷排查调处中心、大同市平城区综治中心（大同市平城区社区网格化服务中心）2 个事业单位。

●整合中共大同市平城区委机构编制委员会办公室所属大同市平城区事业单位登记事务中心、大同市平城区机构编制电子政务中心，组建大同市平城区事业单位登记事务中心（中共大同市平城区委机构编制研究中心）。

●将中共大同市平城区委老干部局所属大同市平城区老干部活动中心更名为大同市平城区老干部教育活动中心（大同市平城区老年大学、大同市平城区老干部党校、大同市平城区离退休干部服务中心）。

●保留大同市平城区人大常委会机关所属大同市平城区人大常委会信息中心、大同市平城区人大常委会备案审查中心 2 个事业单位。

●将大同市平城区政协机关所属大同市平城区政协委员会信息中心更名为大同市平城区政协委员会综合服务中心。

●将大同市平城区人民政府办公室所属大同市平城区政府服务热线管理中心更名为大同市平城区政府服务热线中心。

将大同市平城区政府信息网络中心更名为大同市平城区政府信息化中心（大同市平城区政府公报室）。

成立大同市平城区民兵武器装备仓库，隶属于大同市平城区人民政府办公室。

●将大同市平城区发展和改革局所属大同市平城区新能源产业发展中心更名为大同市平城区能源产业发展中心（大同市平城区产业转型促进中心）。

将大同市平城区价格认证中心更名为大同市平城区信用信息中心（大同市平城区价格认定监测中心）。

●保留大同市平城区教育局所属大同市平城区教师进修学校。

将大同市平城区招生考试服务中心更名为大同市平城区招生考试中心。

整合大同市平城区教育局教研室、大同市平城区教育局电化教育馆，组建大同市平城区现代教育研究发展中心（大同市平城区电化教育馆）。

成立大同市平城区学前教育中心，隶属于大同市平城区教育局。

●整合大同市平城区平城科技创新中心、大同市平城区科技交流服务中心，组建大同市平城区科技创新中心，隶属于大同市平城区科技局。

●将大同市平城区工业和信息化局所属大同市平城区中小企业服务中心更名为大同市平城区企业服务保障中心。

●保留大同市平城区民政局所属大同市平城区民政事务服务中心（大同市平城区婚姻登记所、大同市平城区社区建设服务中心）。

将大同市平城区城市居民最低生活保障中心更名为大同市平城区低收入家庭认定中心（大同市平城区社会救助服务中心）。

●将大同市平城区司法局所属大同市平城区法律援助中心更名为大同市平城区公共法律服务中心。

●保留大同市平城区财政局所属大同市平城区财政国库集中支付中心（大同市平城区会计函授站）。

成立大同市平城区预算评审中心、大同市平城区政府投资资产中心 2 个事业单位，隶属于大同市平城区财政局。

●保留大同市平城区人力资源和社会保障局所属大同市平城区劳动人事争议仲裁院。

将大同市平城区社会劳动保险管理中心更名为大同市平城区社会保险服务中心。

将大同市平城区人力资源交流中心（大同市平城区人力资源市场）更名为大同市平城区就业和人才服务中心。

●整合大同市平城区自然资源局所属大同市平城区地理信息中心、大同市平城区南关自然资源管理所、大同市平城区西街自然资源管理所、大同市平城区新建路自然资源管理所、大同市平城区北关自然资源管理所、大同市平城区大庆路自然资源管理所、大同市平城区马军营自然资源管理所、大同市平城区新旺自然资源管理所、大同市平城区水泊寺自然资源管理所，组建大同市平城区自然资源综合服务中心。

●保留大同市平城区住房和城乡建设局所属大同市平城区房产服务中心、大同市平城区保障住房服务中心 2 个事业单位。

将大同市平城区政府房屋征收与补偿服务中心更名为大同市平城区房屋征收与补偿服务中心。

整合大同市平城区建筑工程安全监督站（大同市建设工程质量监督站平城区分站）、大同市平城区建设工程招标投标服务中心，组建大同市平城区建设工程事务中心。

●整合大同市平城区城市管理局所属大同市平城区燃气服务指导中心、大同市平城区数字城管服务中心，组建大同市平城区城市公共服务中心（大同市平城区数字城管服务中心）。

●将大同市平城区交通运输局所属大同市平城区农村道路运输服务中心更名为大同市平城区道路运输服务中心。

●保留大同市平城区水务局所属大同市平城区水务综合服务中心。

●保留大同市平城区农业农村局所属大同市平城区农业农村综合服务中心（大同市平城区畜牧兽医服务中心、大同市平城区动物疫病预防控制中心、大同市平城区农产品质量安全中心）。

●保留大同市平城区商务局所属大同市平城区商务服务中心（大同市平城区商务举报投诉中心）。

●保留大同市平城区文化和旅游局所属大同市平城区图书馆。

将大同市平城区文化馆（大同市平城区少年儿童业余艺术学校）更名为大同市平城区文化艺术中心（大同市平城区文化馆、大同市平城区少年儿童业余艺术学校）。

成立大同市平城区文化和旅游发展中心，隶属于大同市平城区文化和旅游局。

●保留大同市平城区卫生健康和体育局所属大同市平城区疾病预防控制中心（大同市平城区地方病防治所）。

将大同市平城区妇幼保健计划生育服务中心更名为大同市平城区妇幼健康服务中心。

●保留大同市平城区退役军人事务局所属大同市平城区退役军人服务中心。

●保留大同市平城区应急管理局所属大同市平城区防震减灾中心。

●将大同市平城区审计局所属大同市平城区经济责任审计服务中心更名为大同市平城区审计事务中心。

●保留大同市平城区市场监督管理局所属大同市平城区 12315 消费者申诉举报中心。

●保留大同市平城区统计局所属大同市平城区城市社会经济调查队。

●保留大同市平城区医疗保障局所属大同市平城区医疗保险服务中心。

●保留大同市平城区行政审批服务管理局所属大同市平城区政务服务中心（大同市平城区数字政府服务中心）、大同市平城区政府采购中心 2 个事业单位。

●保留大同市平城区信访局所属大同市平城区信访服务中心。

3. 学校和卫生机构

●学校：大同市平城区第一小学校、大同市平城区第八小学校、大同市平城区第九小学校、大同市平城区第十小学校、大同市平城区第十一小学校、大同市平城区第十三小学校、大同市平城区第十四小学校、大同市平城区第十四小学校知行分校、大同市平城区第十七小学校、大同市平城区第十八小学校、大同市平城区第十八小学校文瀛分校、大同市平城区第十九小学校、大同市平城区第二十三小学校、大同市平城区第二十三小学校五洲分校、大同市平城区第二十五小学校、大同市平城区文华小学校、大同市平城区第二十九小学校、大同市平城区第三十一小学校、大同市平城区第三十二小学校、大同市平城区御河小学校、大同市平城区第三十五小学校、山西大同大学附属小学、大同市平城区第三十九小学校、大同市平城区第四十小学校、大同市平城区第四十一小学校、大同市平城区第四十二小学校、大同市平城区第四十三小学校、大同市平城区第四十四小学校、大同市逸夫小学校、大同市平城区第四十六小学校、大同市平城区第四十七小学校、大同市平城区第四十八小学校、大同市平城区第四十九小学校、大同市平城区机车第一小学校、大同市平城区第二十三小学校枫林分校、大同市平城区实验小学校、大同市平城区职业技术学校、大同市平城区特殊教育中心学校、大同市平城区新旺联合学校、大同市平城区示范小学校、大同市平城中学校、大同市平城第二中学校、大同市平城区马军营联合学校、大同市平城区文慧小学、大同市平城区小南头联合学校、大同市平城区水泊寺联合学校、大同市平城区文兴小学校、大同市平城区水泊寺乡小南头中学校、大同市平城区御东第一小学校、大同市平城区曙光幼儿园、大同市平城区馨泰花园幼儿园、大同市平城区实验幼儿园、大同市平城区少年儿童业余体育学校 53 个单位予以保留。

●卫生机构：大同市平城区人民医院（平城区口腔医院、西街社区卫生服务中心）、大同市平城区医疗集团开源街开源嘉苑社区卫生服务站、大同市平城区医疗集团南关红旗北街社区卫生服务站、大同市平城区北关西马路社区卫生服务站、大同市平城区新建南路和平里社区卫生服务站、大同市平城区新旺卫生院、大同市平城区马军营乡卫生院、大同市平城区水泊寺乡卫生院、大同市平城区北街社区卫生服务中心、大同市平城区新建北路社区卫生服务中心、大同市平城区向阳里社区卫生服务中心、大同市平城区振华南街社区卫生服务中心、大同市平城区东街社区卫生服务中心、大同市平城区北关社区卫生服务中心（中西医结合医院）15 个单位予以保留。

4. 其他不纳入事业机构限额管理的单位

●保留大同市平城区市场监督管理局所属大同市平城区质量检验协会、大同市平城区消费者协会、大同市平城区个体劳动者协会、大同市平城区民（私）营企业协会 4 个行业协会。

●保留区政府直属大同市平城区城镇工业集体联合社、大同市平城区古城保护发展中心 2 个事业单位。

●保留大同市平城现代农业产业示范区管理委员会，为区政府派出机构。

●保留大同市平城区劳动保障监察执法队、大同市平城区自然资源执法监察分队、大同市安全生产监察大队平城区中队、大同市平城区煤炭安全纠察分队、大同市平城区卫生监督所、大同市平城区食品药品稽查队、大同市平城区市容监察管理处、大同市区环境治理监督大队、大同市平城区城市管理综合执法大队。

5. 撤销的单位

●将大同市平城区云中商贸园区开发建设管理中心、大同市平城区治理非法超限超载车辆工作服务中心、大同市平城区水泊寺畜牧兽医中心站、大同市平城区马军营畜牧兽医中心站予以撤销。

6. 上划的单位

●将大同市平城区人民法院后勤保障中心上划。

7. 纳入群团序列管理的单位

●将大同市平城区计生协会纳入群团序列，归口大同市平城区卫体局管理。

●将大同市平城区关心下一代事业发展中心纳入群团序列，归口中共大同市平城区委办公室管理。

改革后，全区设立事业单位209个，其中：纳入机构限额管理的事业单位71个；不纳入机构限额管理的事业单位138个。

按照将事业单位总体规模控制在合理、可持续的范围内，实现内涵式发展的目标要求，实行事业机构限额管理和编制总量控制。原则上不再设立10名编制以下的事业单位。精干设置为机关提供支持保障的事业单位，原则上一个主管部门最多保留一个支持保障机构，列为公益一类，不得将应由机关承担的行政事务性工作交由事业单位承担。鼓励支持社会力量兴办公益事业，加大政府购买公共服务力度，能够通过政府购买等方式提供的服务，不再直接举办事业单位提供。按照综合行政执法队“市设区不设”的原则，平城区只设立大同市综合行政执法队平城支队。市场监管、城市管理、应急管理、自然资源、卫生健康、劳动保障监察，以上6个领域的现有区级队伍暂予保留，待市级相关政策出台后，再遵照执行。

2021年平城区区直事业单位改革后设置一览表

表37-2

序号	单位名称	主管单位	备注
一、区委区政府直属事业单位			
1	中共大同市平城区委党校（大同市平城区行政学校、大同市平城区社会主义学院、中国共产主义青年团大同市平城区委团校）	区委	
2	中共大同市平城区委党史研究室（大同市平城区地方志研究室）	区委	
3	大同市平城区档案馆	区委	
4	大同市平城区委、区政府新闻中心（大同市平城区融媒体中心）	区委	归口区委宣传部领导
5	大同市平城区直属机关事务服务中心	区委	
6	大同市平城区招商引资中心	区政府	
7	大同市平城区园林绿化中心	区政府	
8	大同市平城区环境卫生服务中心	区政府	
9	大同市平城区金融服务中心	区政府	
10	大同市平城区项目推进中心	区政府	归口区发改局管理
二、部门所属事业单位			
1	大同市平城区纪检监察网络与信息中心	区纪委监委	
2	大同市平城区纪检监察审计中心（中共大同市平城区纪检监察教育中心）	区纪委监委	
3	中共大同市平城区委信息化中心（中共大同市平城区委决策咨询中心）	区委办公室	
4	大同市平城区委党员教育中心（大同市平城区党员干部现代远程教育工作事务中心、大同市平城区公务员教育中心）	区委组织部	

续表 37-2

序号	单位名称	主管单位	备　注
5	中共大同市平城区委组织部信息举报中心	区委组织部	
6	大同市平城区党群服务中心	区委组织部	
7	中共大同市平城区委组织部干部档案中心	区委组织部	
8	大同市平城区新时代文明实践中心	区委宣传部	
9	大同市平城区互联网信息研究发展中心（大同市平城区网络与信息中心）	区委宣传部	
10	大同市平城区统战综合服务中心	区委统战部	
11	大同市平城区矛盾纠纷排查调处中心	区委政法委	
12	大同市平城区综治中心（大同市平城区社区网格化服务中心）	区委政法委	
13	大同市平城区事业单位登记事务中心（中共大同市平城区委机构编制研究中心）	区委编办	
14	大同市平城区老干部教育活动中心（大同市平城区老年大学、大同市平城区老干部党校、大同市平城区离退休干部服务中心）	区委老干部局	
15	大同市平城区政府信息化中心（大同市平城区政府公报室）	区政府办公室	
16	大同市平城区政府服务热线中心	区政府办公室	
17	大同市平城区民兵武器装备仓库	区政府办公室	
18	大同市平城区能源产业发展中心（大同市平城区产业转型促进中心）	区发改局	
19	大同市平城区信用信息中心（大同市平城区价格认定检测中心）	区发改局	
20	大同市平城区招生考试中心	区教育局	
21	大同市平城区现代教育研究发展中心（大同市平城区教育局电化教育馆）	区教育局	
22	大同市平城区教师进修学校	区教育局	
23	大同市平城区学前教育中心	区教育局	
24	大同市平城区科技创新中心	区科技局	
25	大同市平城区企业服务保障中心	区工信局	
26	大同市平城区民政事务服务中心（大同市平城区婚姻登记所、大同市平城区社区建设服务中心）	区民政局	
27	大同市平城区低收入家庭认定中心（大同市平城区社会救助服务中心）	区民政局	
28	大同市平城区公共法律服务中心	区司法局	
29	大同市平城区财政国库集中支付中心（大同市平城区会计函授站）	区财政局	
30	大同市平城区政府投资资产中心	区财政局	
31	大同市平城区预算评审中心	区财政局	
32	大同市平城区社会保险服务中心	区人社局	
33	大同市平城区就业和人才服务中心	区人社局	
34	大同市平城区劳动人事争议仲裁院	区人社局	

续表 37–2

序号	单位名称	主管单位	备　注
35	大同市平城区自然资源综合服务中心	区自然资源局	
36	大同市平城区房产服务中心	区住建局	
37	大同市平城区建设工程事务中心	区住建局	
38	大同市平城区房屋征收与补偿服务中心	区住建局	
39	大同市平城区保障住房服务中心	区住建局	
40	大同市平城区城市公共服务中心（大同市平城区数字城管服务中心）	区城市管理局	
41	大同市平城区道路运输服务中心	区交通局	
42	大同市平城区水务综合服务中心	区水务局	
43	大同市平城区农业农村综合服务中心（大同市平城区畜牧兽医服务中心、大同市平城区动物疫病预防控制中心、大同市平城区农产品质量安全中心）	区农业农村局	
44	大同市平城区商务服务中心（大同市平城区商务举报投诉中心）	区商务局	
45	大同市平城区文化艺术中心（大同市平城区文化馆、大同市平城区少年儿童业余艺术学校）	区文旅局	
46	大同市平城区图书馆	区文旅局	
47	大同市平城区文化和旅游发展中心	区文旅局	
48	大同市平城区疾病预防控制中心（大同市平城区地方病防治所）	区卫体局	
49	大同市平城区妇幼健康服务中心	区卫体局	
50	大同市平城区退役军人服务中心	区退役军人事务局	
51	大同市平城区防震减灾中心	区应急管理局	
52	大同市平城区审计事务中心	区审计局	
53	大同市平城区 12315 消费者申诉举报中心	区市场监督管理局	
54	大同市平城区城市社会经济调查队	区统计局	
55	大同市平城区医疗保险服务中心	区医保局	
56	大同市平城区政务服务中心（大同市平城区数字政府服务中心）	区行政审批局	
57	大同市平城区政府采购中心	区行政审批局	
58	大同市平城区信访服务中心	区信访局	
59	大同市平城区人大常委会备案审查中心	区人大常委会机关	
60	大同市平城区人大常委会信息中心	区人大常委会机关	
61	大同市平城区政协委员会信息中心	区政协机关	
三、保留的学校、卫生机构			
1	大同市平城区第一小学校	区教育局	

续表 37-2

序号	单位名称	主管单位	备 注
2	大同市平城区第八小学校	区教育局	
3	大同市平城区第九小学校	区教育局	
4	大同市平城区第十小学校	区教育局	
5	大同市平城区第十一小学校	区教育局	
6	大同市平城区第十三小学校	区教育局	
7	大同市平城区第十四小学校	区教育局	
8	大同市平城区第十四小学校知行分校	区教育局	
9	大同市平城区第十七小学校	区教育局	
10	大同市平城区第十八小学校	区教育局	
11	大同市平城区第十八小学校文瀛分校	区教育局	
12	大同市平城区第十九小学校	区教育局	
13	大同市平城区第二十三小学校	区教育局	
14	大同市平城区第二十三小学校五洲分校	区教育局	
15	大同市平城区第二十五小学校	区教育局	
16	大同市平城区文华小学校	区教育局	
17	大同市平城区第二十九小学校	区教育局	
18	大同市平城区第三十一小学校	区教育局	
19	大同市平城区第三十二小学校	区教育局	
20	大同市平城区御河小学校	区教育局	
21	大同市平城区第三十五小学校	区教育局	
22	山西大同大学附属小学	区教育局	
23	大同市平城区第三十九小学校	区教育局	
24	大同市平城区第四十小学校	区教育局	
25	大同市平城区第四十一小学校	区教育局	
26	大同市平城区第四十二小学校	区教育局	
27	大同市平城区第四十三小学校	区教育局	
28	大同市平城区第四十四小学校	区教育局	
29	大同市逸夫小学校	区教育局	
30	大同市平城区第四十六小学校	区教育局	
31	大同市平城区第四十七小学校	区教育局	
32	大同市平城区第四十八小学校	区教育局	

续表 37-2

序号	单位名称	主管单位	备　注
33	大同市平城区第四十九小学校	区教育局	
34	大同市平城区机车第一小学校	区教育局	
35	大同市平城区第二十三小学枫林分校	区教育局	
36	大同市平城区实验小学校	区教育局	
37	大同市平城区职业技术学校	区教育局	
38	大同市平城区特殊教育中心学校	区教育局	
39	大同市平城区新旺联合学校	区教育局	
40	大同市平城区示范学校	区教育局	
41	大同市平城区中学校	区教育局	
42	大同市平城区第二中学校	区教育局	
43	大同市平城区马军营联合学校	区教育局	
44	大同市平城区文慧小学	区教育局	
45	大同市平城区小南头联合学校	区教育局	
46	大同市平城区水泊寺联合学校	区教育局	
47	大同市平城区文兴小学校	区教育局	
48	大同市平城区水泊寺乡小南头中学校	区教育局	
49	大同市平城区御东第一小学校	区教育局	
50	大同市平城区曙光幼儿园	区教育局	
51	大同市平城区馨泰花园幼儿园	区教育局	
52	大同市平城区实验幼儿园	区教育局	
53	大同市平城区少年儿童业余体育学校	区教育局	
54	大同市平城区人民医院（大同市平城区口腔医院、大同市平城区西街社区卫生服务中心）	区医疗集团	
55	大同市平城区新旺乡卫生院	区医疗集团	
56	大同市平城区马军营乡卫生院	区医疗集团	
57	大同市平城区水泊寺乡卫生院	区医疗集团	
58	大同市平城区开源街社区卫生服务中心	区医疗集团	
59	大同市平城区医疗集团开源街开源嘉苑社区卫生服务站	区医疗集团	
60	大同市平城区医疗集团南关红旗北街卫生服务站	区医疗集团	
61	大同市平城区北关西马路社区卫生服务站	区医疗集团	
62	大同市平城区新建南路和平里社区卫生服务站	区医疗集团	

续表 37–2

序号	单位名称	主管单位	备　注
63	大同市平城区北街社区卫生服务中心	区医疗集团	
64	大同市平城区新建北路社区服务中心	区医疗集团	
65	大同市平城区向阳里社区卫生服务中心	区医疗集团	
66	大同市平城区振华南街社区卫生服务中心	区医疗集团	
67	大同市平城区东街社区卫生服务中心	区医疗集团	
68	大同市平城区北关社区卫生服务中心（中西医结合医院）	区医疗集团	
四、其他不纳入事业机构限额管理的单位			
1	大同市平城区古城保护发展中心	区政府直属	
2	大同市平城区城镇集体工业联合社	区政府直属	
3	大同市平城现代农业产业示范区管理委员会		政府派出机构
4	大同市平城区关心下一代事业发展中心	区委办公室	纳入群团管理
5	大同市平城区计生协会	区卫体局	纳入群团管理
6	大同市平城区质量检验协会	区市场监督管理局	
7	大同市平城区消费者协会	区市场监督管理局	
8	大同市平城区个体劳动者协会	区市场监督管理局	
9	大同市平城区民（私）营企业协会	区市场监督管理局	
10	大同市平城区劳动保障监察执法队	区人社局	
11	大同市平城区自然资源执法监察分队	区自然资源局	
12	大同市安全生产监察大队平城区中队	区应急管理局	
13	大同市平城区煤炭安全纠察分队	区应急管理局	
14	大同市平城区卫生监督所	区卫体局	
15	大同市平城区食品药品稽查队	区市场监督管理局	
16	大同市平城区市容监察管理处	区城市管理局	
17	大同市平城区环境治理监督大队	区城市管理局	
18	大同市平城区城市管理综合执法大队	区城市管理局	
五、撤销、上划的单位			
1	大同市平城区云中商贸园区开发建设管理中心	区政府直属	撤销
2	大同市平城区治理非法超限超载车辆工作服务中心	区交通局	撤销
3	大同市平城区水泊寺畜牧兽医中心站	区农业农村局	撤销
4	大同市平城区马军营畜牧兽医中心站	区农业农村局	撤销
5	大同市平城区人民法院后勤保障中心	区人民法院	上划

2021年中共平城区委主要文件目录一览表

表37-3

文号	文件标题
平城发〔2021〕1号	中共大同市平城区委 印发《关于实施百项行动牵引和百家组织示范工程 奋力蹚出基层党建科学化基层治理现代化新路的意见（试行）》的通知
平城发〔2021〕2号	中共大同市平城区委 转发《关于印发〈省委第三巡视组关于对平城区开展巡视的反馈意见〉的通知》及在巡视大同市平城区反馈会上的讲话、在省委第三巡视组巡视平城情况反馈会上的表态发言的通知
平城发〔2021〕3号	中共大同市平城区委 大同市平城区人民政府 印发《关于落实省委第三巡视组巡视反馈意见的整改方案》的通知
平城发〔2021〕4号	中共大同市平城区委 关于第二次代表大会代表选举工作的通知
平城发〔2021〕5号	中共大同市平城区委 印发《关于开展党史学习教育的实施方案》的通知
平城发〔2021〕6号	中共大同市平城区委 关于印发《大同市平城区政法队伍教育整顿实施方案》的通知
平城发〔2021〕7号	中共大同市平城区委 关于印发《大同市平城区加强和改进信访工作的意见》的通知
平城发〔2021〕8号	中共大同市平城区委 关于修改《关于落实省委第三巡视组巡视反馈意见的整改方案》的通知
平城发〔2021〕9号	中共大同市平城区委 关于修改《关于实施百项行动牵引和百家组织示范工程 奋力蹚出基层党建科学化基层治理现代化新路的意见（试行）》的通知
平城发〔2021〕14号	中共大同市平城区委 关于印发《平城区庆祝中国共产党成立100周年活动方案》的通知
平城发〔2021〕15号	中共大同市平城区委 关于表彰全区优秀共产党员、优秀党务工作者和先进基层党组织的决定
平城发〔2021〕16号	中共大同市平城区委 大同市平城区人民政府 印发《关于全面推进乡村振兴加快农业农村现代化的实施方案》的通知
平城发〔2021〕17号	中共大同市平城区委 大同市平城区人民政府 印发《关于建设中医药强区的实施方案》的通知
平城发〔2021〕18号	中共大同市平城区委 大同市平城区人民政府 关于印发《大同市平城区深化改革加强食品安全工作实施方案》的通知
平城发〔2021〕19号	中共大同市平城区委 印发《学习贯彻党的十九届六中全会及省、市党代会精神宣讲工作方案》的通知
平城发〔2021〕20号	中共大同市平城区委 印发《中共大同市平城区委关于贯彻执行民主集中制的若干规定（试行）》的通知
平城字〔2021〕1号	中共大同市平城区委 关于王森同志平城区一届区委委员职务自动终止的备案报告
平城字〔2021〕2号	中共大同市平城区委 印发《关于落实中央和省市区委巡视巡察反馈意见整改工作“回头看”的实施方案》的通知

续表 37-3

文 号	文件标题
平城字〔2021〕3 号	中共大同市平城区委 大同市平城区人民政府 关于农村集体产权制度改革工作验收申请
平城字〔2021〕4 号	中共大同市平城区委 关于召开中国共产党大同市平城区第二次代表大会的请示
平城字〔2021〕5 号	中共大同市平城区委 大同市平城区人民政府 关于确定平城区领导班子换届人选考察对象的请示
平城字〔2021〕6 号	中共大同市平城区委 关于平城区人大政府政协换届人事安排的请示
平城字〔2021〕7 号	中共大同市平城区委 关于确定平城区纪委领导班子换届人选考察对象的请示
平城字〔2021〕8 号	中共大同市平城区委 关于中国共产党大同市平城区第二届委员会委员、候补委员和纪律检查委员会委员候选人预备人选的请示
平城字〔2021〕9 号	中共大同市平城区委 关于御东行政中心驻楼单位新冠疫苗接种情况摸排工作的请示
平城字〔2021〕10 号	中共大同市平城区委 关于区委常委分工调整的通知
平城字〔2021〕11 号	中共大同市平城区委 关于启用“中共大同市平城区委办公室”印章的通知
平城字〔2021〕12 号	中共大同市平城区委 关于撤销原新旺乡 11 个村党组织的通知
平城字〔2021〕13 号	中共大同市平城区委 关于全市“两优一先”推荐情况报告
平城字〔2021〕14 号	中共大同市平城区委 大同市平城区人民政府 关于 2021 年表彰先进集体和劳动模范的决定
平城字〔2021〕15 号	中共大同市平城区委 大同市平城区人民政府 关于印发《大同市平城区 2021 年重点任务分解》的通知
平城字〔2021〕16 号	中共大同市平城区委 关于印发《中共二届平城区委巡察工作规划（2021—2025 年）》的通知
平城字〔2021〕17 号	中共大同市平城区委 关于确定中共大同市平城区出席中国共产党大同市第十六次代表大会代表候选人预备人选的情况报告
平城字〔2021〕18 号	中共大同市平城区委 大同市平城区人民政府 关于表彰 2021 年教育系统先进集体和优秀个人的决定
平城字〔2021〕19 号	中共大同市平城区委 关于选举产生平城区出席中国共产党大同市第十六次代表大会代表的情况报告
平城字〔2021〕20 号	中共大同市平城区委 关于开展“我为首善平城做贡献”大讨论活动的通知
平城字〔2021〕21 号	中共大同市平城区委 大同市平城区人民政府 印发《关于开展土地和房屋征收“冬季行动”的实施方案》的通知
平城字〔2021〕22 号	中共大同市平城区委 关于在大同市平城区交通局、水务局、医保局、信访局设立党组的通知
平城字〔2021〕23 号	中共大同市平城区委 关于 2021 年度意识形态领域工作汇报

2021年平城区人民政府主要文件目录一览表

表37-4

文　号	文件标题
平城政发〔2021〕1号	关于做好2021年安全生产工作的通知
平城政发〔2021〕25号	关于废止涉失信约束措施规范性文件的通知
平城政发〔2021〕28号	关于公布区政府部门权责清单的通知
平城政发〔2021〕32号	关于印发《大同市平城区全面推行“证照分离”改革全覆盖工作方案》的通知
平城政发〔2021〕58号	关于印发《大同市平城区深入开展爱国卫生运动实施方案》的通知
平城政发〔2021〕72号	关于印发《大同市平城区2021年冬季清洁取暖实施方案》的通知
平城政发〔2021〕85号	关于印发《大同市平城区能源革命综合改革试点2021年行动计划》的通知
平城政发〔2021〕94号	关于印发《平城区行政复议体制改革实施方案》的通知
平城政发〔2021〕95号	关于印发《大同市平城区“十四五”生态环境保护规划》的通知
平城政发〔2021〕96号	关于印发《大同市平城区两山七河一流域生态保护、生态文明建设、生态经济发展规划》的通知
平城政发〔2021〕97号	关于印发《大同市平城区重点流域水生态环境保护“十四五”规划》的通知

2021 年中共平城区委办公室主要文件目录一览表

表 37–5

文 号	文件标题
平城办发〔2021〕1 号	中共大同市平城区委办公室 大同市平城区人民政府办公室 关于印发《“双百工程”2021 年行动方案》的通知
平城办发〔2021〕2 号	中共大同市平城区委办公室 关于启用“中共大同市平城区古城街道工作委员会”等 17 枚印章的通知
平城办发〔2021〕3 号	中共大同市平城区委办公室 关于启用“中共大同市平城区古城街道办事处人民武装部”等 17 枚印章的通知
平城办发〔2021〕4 号	中共大同市平城区委办公室 大同市平城区人民政府办公室 关于进一步规范全区党政各级公文管理程序的通知
平城办发〔2021〕5 号	中共大同市平城区委办公室 大同市平城区人民政府办公室 关于中国共产党大同市平城区第二次代表大会报到事宜的通知
平城办发〔2021〕6 号	中共大同市平城区委办公室 大同市平城区人民政府办公室 关于印发《关于加强社区物业党建联建，提升社区治理效能的实施方案》的通知
平城办发〔2021〕7 号	中共大同市平城区委办公室 大同市平城区人民政府办公室 关于印发《大同市平城区配合中央生态环境保护督察协调联络工作方案》的通知
平城办发〔2021〕8 号	中共大同市平城区委办公室 大同市平城区人民政府办公室 关于印发《平城区街道权责清单外事项准入制度》的通知
平城办发〔2021〕9 号	中共大同市平城区委办公室 关于修改《“双百工程”2021 年行动方案》的通知
平城办发〔2021〕10 号	中共大同市平城区委办公室 大同市平城区人民政府办公室 关于印发《平城区街道权责清单动态管理办法》的通知
平城办发〔2021〕11 号	中共大同市平城区委办公室 大同市平城区人民政府办公室 关于印发《开展城市环境综合整治 推进精细化管理实施方案》的通知
平城办发〔2021〕12 号	中共大同市平城区委办公室 关于印发《平城区进一步推进市域社会治理现代化工作实施方案》的通 知
平城办发〔2021〕13 号	中共大同市平城区委办公室 关于印发《平城区庆祝中国共产党成立 100 周年组织开展“永远跟党走”群众性主题宣传教育活动的实施方案》的通知
平城办发〔2021〕15 号	中共大同市平城区委办公室 大同市平城区人民政府办公室 关于印发《大同市平城区新发展阶段“人人持证、技能社会”建设助力转型发展提质增效工作方案》的通知
平城办发〔2021〕16 号	中共大同市平城区委办公室 大同市平城区人民政府办公室 关于印发《平城区村（社区）“两委”换届实施方案》的通知
平城办发〔2021〕17 号	中共大同市平城区委办公室 大同市平城区人民政府办公室 关于印发《平城区共青团基层组织改革试点的工作举措》的通知
平城办发〔2021〕18 号	中共大同市平城区委办公室 大同市平城区人民政府办公室 关于印发《大同市平城区维护社会稳定领导责任制实施细则》的通知
平城办发〔2021〕19 号	中共大同市平城区委办公室 大同市平城区人民政府办公室 关于做好综合执法力量下沉工作的通知

续表 37-5

文 号	文件标题
平城办发〔2021〕20 号	中共大同市平城区委办公室 大同市平城区人民政府办公室 关于印发《大同市平城区党政领导干部食品安全工作责任制规定实施细则》的通知
平城办发〔2021〕21 号	中共大同市平城区委办公室 大同市平城区人民政府办公室 关于印发《各街道、区直单位 2021 年度目标责任考核指标》的通知
平城办发〔2021〕22 号	中共大同市平城区委办公室 大同市平城区人民政府办公室 关于印发《关于深化网络化服务管理工作的实施方案》的通知
平城办发〔2021〕23 号	中共大同市平城区委办公室 大同市平城区人民政府办公室 关于贯彻晋办发电〔2021〕76 号文件精神，做好 2022 年元旦春节期间有关工作的通知
平城办发〔2021〕24 号	中共大同市平城区委办公室 关于印发《进一步推动落实中央八项规定精神，系统施治“四风”问题的工作方案》的通知
平城办字〔2021〕1 号	中共大同市平城区委办公室 大同市平城区人民政府办公室 关于印发《大同市平城区 2021 年春节前走访慰问活动方案》的通知
平城办字〔2021〕2 号	中共大同市平城区委办公室 大同市平城区人民政府办公室 印发《关于开展信访矛盾“大排查、大交办、大化解”专项活动的实施方案》的通知
平城办字〔2021〕3 号	中共大同市平城区委办公室 关于会议推荐人选的报告
平城办字〔2021〕5 号	中共大同市平城区委办公室 大同市平城区人民政府办公室 印发《关于强化“答题”意识，提升文件制定质量的工作要求》的通知
平城办字〔2021〕6 号	中共大同市平城区委办公室 大同市平城区人民政府办公室 关于印发《大同市平城区 2021 年度区级督查检查考核工作计划》的通知
平城办字〔2021〕7 号	中共大同市平城区委办公室 大同市平城区人民政府办公室 关于印发《大同市平城区古城街道职能配置、内设机构和人员编制规定》的通知
平城办字〔2021〕8 号	中共大同市平城区委办公室 大同市平城区人民政府办公室 关于印发《大同市平城区新旺街道职能配置、内设机构和人员编制规定》的通知
平城办字〔2021〕9 号	中共大同市平城区委办公室 大同市平城区人民政府办公室 关于印发《大同市平城区马军营街道职能配置、内设机构和人员编制规定》的通知
平城办字〔2021〕10 号	中共大同市平城区委办公室 大同市平城区人民政府办公室 关于印发《大同市平城区白登山街道职能配置、内设机构和人员编制规定》的通知
平城办字〔2021〕11 号	中共大同市平城区委办公室 大同市平城区人民政府办公室 关于印发《大同市平城区文瀛湖街道职能配置、内设机构和人员编制规定》的通知
平城办字〔2021〕12 号	中共大同市平城区委办公室 大同市平城区人民政府办公室 关于印发《大同市平城区水泊寺街道职能配置、内设机构和人员编制规定》的通知
平城办字〔2021〕13 号	中共大同市平城区委办公室 大同市平城区人民政府办公室 关于印发《大同市平城区小南头街道职能配置、内设机构和人员编制规定》的通知
平城办字〔2021〕14 号	中共大同市平城区委办公室 大同市平城区人民政府办公室 关于印发《大同市平城区永泰街道职能配置、内设机构和人员编制规定》的通知
平城办字〔2021〕15 号	中共大同市平城区委办公室 大同市平城区人民政府办公室 关于印发《大同市平城区清远街道职能配置、内设机构和人员编制规定》的通知
平城办字〔2021〕16 号	中共大同市平城区委办公室 大同市平城区人民政府办公室 关于印发《大同市平城区武定街道职能配置、内设机构和人员编制规定》的通知

续表 37–5

文 号	文件标题
平城办字〔2021〕17 号	中共大同市平城区委办公室 大同市平城区人民政府办公室 关于印发《大同市平城区鹿苑街道职能配置、内设机构和人员编制规定》的通知
平城办字〔2021〕18 号	中共大同市平城区委办公室 大同市平城区人民政府办公室 关于印发《大同市平城区振华街道职能配置、内设机构和人员编制规定》的通知
平城办字〔2021〕19 号	中共大同市平城区委办公室 大同市平城区人民政府办公室 关于印发《大同市平城区迎宾街道职能配置、内设机构和人员编制规定》的通知
平城办字〔2021〕20 号	中共大同市平城区委办公室 大同市平城区人民政府办公室 关于印发《大同市平城区新华街道职能配置、内设机构和人员编制规定》的通知
平城办字〔2021〕21 号	中共大同市平城区委办公室 大同市平城区人民政府办公室 关于印发《大同市平城区卧虎湾街道职能配置、内设机构和人员编制规定》的通知
平城办字〔2021〕22 号	中共大同市平城区委办公室 大同市平城区人民政府办公室 关于印发《大同市平城区御河街道职能配置、内设机构和人员编制规定》的通知
平城办字〔2021〕23 号	中共大同市平城区委办公室 大同市平城区人民政府办公室 关于印发《大同市平城区开源街道职能配置、内设机构和人员编制规定》的通知
平城办字〔2021〕24 号	中共大同市平城区委办公室 大同市平城区人民政府办公室 关于印发《大同市平城区大庆路街道职能配置、内设机构和人员编制规定》的通知
平城办字〔2021〕25 号	中共大同市平城区委办公室 关于调整县级领导包联街道的通知
平城办字〔2021〕26 号	中共大同市平城区委办公室 关于印发《中共大同市平城区委全面从严治党专题调研制度》的通知
平城办字〔2021〕27 号	中共大同市平城区委办公室 关于会议推荐人选的报告
平城办字〔2021〕28 号	中共大同市平城区委办公室 大同市平城区人民政府办公室 关于做好平城区深化事业单位改革中档案管理与处置工作的通知
平城办字〔2021〕29 号	中共大同市平城区委办公室 大同市平城区人民政府办公室 关于开展庆祝中国共产党成立 100 周年群众歌咏活动的通知
平城办字〔2021〕30 号	中共大同市平城区委办公室 关于进一步明确平城区重点领域信访工作组工作机构、工作职责的意见
平城办字〔2021〕31 号	中共大同市平城区委办公室 大同市平城区人民政府办公室 关于平城区 2020 年度目标责任考核等次评定结果的通知
平城办字〔2021〕33 号	中共大同市平城区委办公室 大同市平城区人民政府办公室 关于做好 2021 年平城区模范集体和劳动模范评选工作的通知
平城办字〔2021〕34 号	中共大同市平城区委办公室 关于大同市平城区 2021 年上半年意识形态领域分析研判情况的通报
平城办字〔2021〕35 号	中共大同市平城区委办公室 大同市平城区人民政府办公室 关于印发《大同市平城区加快推进农业高质量高速度发展的实施方案》《大同市平城区 2021 年乡村建设专项行动实施方案》的通知
平城办字〔2021〕36 号	中共大同市平城区委办公室 大同市平城区人民政府办公室 印发《平城区关于深化省校合作的实施方案》的通知
平城办字〔2021〕37 号	中共大同市平城区委办公室 关于印发《中共大同市平城区委落实全面从严治党主体责任 2021 年任务安排》的通知

续表 37-5

文 号	文件标题
平城办字〔2021〕38 号	中共大同市平城区委办公室 关于推荐冯永强同志任职的报告
平城办字〔2021〕39 号	中共大同市平城区委办公室 大同市平城区人民政府办公室 政协大同市平城区委员会办公室 关于印发《政协大同市平城区委员会 2021 年度协商计划》的通知
平城办字〔2021〕40 号	中共大同市平城区委办公室 大同市平城区人民政府办公室 关于印发《平城区街道权责清单》的通知
平城办字〔2021〕41 号	中共大同市平城区委办公室 大同市平城区人民政府办公室 关于印发《平城区街道权利事项主体责任和配合责任清单》的通知
平城办字〔2021〕42 号	中共大同市平城区委办公室 大同市平城区人民政府办公室 印发《关于常态化开展扫黑除恶斗争巩固和深化专项斗争成果的实施方案》的通知
平城办字〔2021〕43 号	中共大同市平城区委办公室 印发《关于在全区开展领导干部和党政机关办公用房清理整改“回头看”的实施方案》的通知
平城办字〔2021〕44 号	中共大同市平城区委办公室 大同市平城区人民政府办公室 关于印发《大同市平城区关于推进社区居家养老服务发展行动方案》的通知
平城办字〔2021〕45 号	中共大同市平城区委办公室 关于印发《中共大同市平城区委信息化中心工作职能》的通知
平城办字〔2021〕46 号	中共大同市平城区委办公室 关于区委办公室主任会议推荐人选的报告
平城办字〔2021〕47 号	中共大同市平城区委办公室 关于推荐韩慧伟等同志的任职报告
平城办字〔2021〕48 号	中共大同市平城区委办公室 大同市平城区人民政府办公室 关于分解落实市对区 2021 年度目标责任考核指标的通知
平城办字〔2021〕49 号	中共大同市平城区委办公室 关于中国共产党大同市平城区代表会议报到事宜的通知
平城办字〔2021〕50 号	中共大同市平城区委办公室 大同市平城区人民政府办公室 关于上报 2021 年度各单位责任目标的通知
平城办字〔2021〕51 号	中共大同市平城区委办公室 关于启用“中共大同市平城区委政法委员会”印章的通知
平城办字〔2021〕52 号	中共大同市平城区委办公室 关于对全区党政机关计算机等信息化设备调研摸底的通知
平城办字〔2021〕53 号	中共大同市平城区委办公室 大同市平城区人民政府办公室 关于庆祝第二十五届环卫工人节表彰先进班组、环卫标兵和先进个人的决定
平城办字〔2021〕55 号	中共大同市平城区委办公室 大同市平城区人民政府办公室 关于印发《大同市平城区深化新时代教育督导体制机制改革实施方案》的通知
平城办字〔2021〕56 号	中共大同市平城区委办公室 关于全区下半年意识形态领域形势的通报

2021 年平城区政府办公室主要文件目录一览表

表 37–6

文 号	文件标题
平城政办发〔2021〕1 号	关于同意启用“大同市平城区经济责任审计服务中心”印章的通知
平城政办发〔2021〕2 号	关于印发《大同市平城区“互联网 + 监管”系统运行管理办法》的通知
平城政办发〔2021〕3 号	关于启用“大同市平城区古城街道办事处”等 17 枚印章的通知
平城政办发〔2021〕4 号	关于印发《大同市平城区 2021 年森林防火工作实施方案》的通知
平城政办发〔2021〕6 号	关于区长、副区长工作分工的通知
平城政办发〔2021〕7 号	关于印发《“春满古都·又见平城”2021 群众文化系列活动实施方案》的通知
平城政办发〔2021〕10 号	关于印发《平城区自然资源卫片督察整改工作方案》的通知
平城政办发〔2021〕12 号	关于印发《2021 年〈政府工作报告〉重点工作任务责任分解》的通知
平城政办发〔2021〕13 号	关于 2021 年民生实事项目工作任务责任分解的通知
平城政办发〔2021〕14 号	关于印发《大同市平城区开展入企服务工作方案》的通知
平城政办发〔2021〕15 号	关于印发《平城区林业生态破坏事故应急预案》《平城区重大沙尘暴灾害应急预案》《平城区林业有害生物灾害应急预案》的通知
平城政办发〔2021〕16 号	关于调整部分副区长工作分工的通知
平城政办发〔2021〕17 号	关于印发《大同市平城区 2021 年度地质灾害防治方案》的通知
平城政办发〔2021〕19 号	关于印发《大同市平城区加快推进塑料污染治理行动方案》的通知
平城政办发〔2021〕21 号	关于印发《大同市平城区 2021 年秋季义务教育阶段学校招生工作方案》的通知
平城政办发〔2021〕26 号	关于印发《大同市平城区空气质量巩固提升 2021 年行动计划》的通知
平城政办发〔2021〕27 号	关于印发《大同市平城区林长制实施方案》的通知
平城政办发〔2021〕29 号	关于印发《大同市平城区开展 2021 年度管道燃气居民用户自有设施升级改造工作的实施方案》的通知
平城政办发〔2021〕30 号	关于调整部分副区长工作分工的通知
平城政办发〔2021〕31 号	关于印发《大同市平城区文化和旅游行业安全事故应急预案》《大同市平城区文化和旅游大型活动突发事件应急预案》的通知

续表 37–6

文　号	文件标题
平城政办发〔2021〕32 号	关于印发《大同市平城区 2021 年餐饮业油烟在线监测工作实施方案》的通知
平城政办发〔2021〕34 号	关于印发《大同市平城区推进国控断面水质自动监测站建设工作实施方案》的通知
平城政办发〔2021〕36 号	关于印发《大同市平城区水环境质量巩固提升 2021 年行动计划》的通知
平城政办发〔2021〕37 号	关于印发《大同市平城区服务业提质增效实施方案》的通知
平城政办发〔2021〕38 号	关于印发《大同市平城区 2021 年数字消费券发放方案》的通知
平城政办发〔2021〕39 号	关于印发《大同市平城区重污染天气应急预案等四个预案》的通知
平城政办发〔2021〕40 号	关于印发《大同市平城区农村饮水安全应急预案》的通知
平城政办发〔2021〕42 号	关于印发《确保人民群众温暖过冬的实施方案》的通知
平城政办发〔2021〕43 号	关于印发《大同市平城区农村公路“路长制”实施方案》的通知
平城政办发〔2021〕44 号	关于印发《大同市平城区深化农村公路管理养护机制改革实施方案》的通知
平城政办发〔2021〕45 号	关于印发《2021—2022 年大同市平城区秋冬季大气污染综合治理攻坚方案》的通知
平城政办发〔2021〕46 号	关于印发《大同市平城区冬季清雪工作实施方案》的通知
平城政办发〔2021〕47 号	关于进一步加强政务信息报送工作的通知
平城政办发〔2021〕48 号	关于印发《大同市平城区山洪灾害防御预案》的通知
平城政办发〔2021〕49 号	关于印发《大同市平城区食品安全突发事件应急预案》的通知
平城政办发〔2021〕50 号	关于印发《大同市平城区特种设备安全事故应急预案》的通知
平城政办发〔2021〕51 号	关于印发《大同市平城区药品安全突发事件应急预案》的通知
平城政办发〔2021〕52 号	关于印发《大同市平城区疫苗质量安全事件应急预案》的通知
平城政办发〔2021〕53 号	关于印发《平城区市场监管行业安全事故综合应急预案》的通知

索 引

说 明 ●索引采用主题分析方法，标目按汉语拼音音序排列，汉字打头的标目按首字的音序音调依次排列，首字相同时，则以第二字排序，依此类推；以阿拉伯数字打头的标目，排在最前面；以英文字母打头的标目，列于推后。

●索引标目之后的阿拉伯数字表示该标目所在正文中的页码，其后的小写英文字母（a、b、c）表示正文中的栏别（即版面的 1、2、3 栏），标目后未标小写英文字母（a、b、c）的为文中类目。

●文中的类目、分目、次分目用棕色标明，其余用书宋字排印。

●针对一些标目在多个页码出现或标目本身专指性较差的情况，为避免读者盲目检索，该索引特在部分标目后面设置限定词，表示该标目所在语义环境或所指对象，利于读者有针对性的检索。如“参政议政（民革平城区支部）”则表示该标目是属于民革平城区支部方面的资料。

●特载、大事记、附录、图表、链接不在索引范围内。

C

D

E

F

G

J

K

L

M

Q

R

Y

Z